冯尔康文集

冯尔康 著

清代宗族史论

南开大学历史学院◎编

天津出版传媒集团

天津人民出版社

图书在版编目(CIP)数据

清代宗族史论 / 冯尔康著；南开大学历史学院编. --
天津：天津人民出版社, 2019.9
（冯尔康文集）
ISBN 978-7-201-15060-4

Ⅰ. ①清… Ⅱ. ①冯… ②南… Ⅲ. ①宗族-历史-
中国-清代-文集 Ⅳ. ①K820.9-53

中国版本图书馆 CIP 数据核字(2019)第 156777 号

清代宗族史论

QINGDAI ZONGZU SHILUN

出　　版　天津人民出版社
出 版 人　刘　庆
地　　址　天津市和平区西康路 35 号康岳大厦
邮政编码　300051
邮购电话　(022)23332469
网　　址　http://www.tjrmcbs.com
电子信箱　reader@tjrmcbs.com

策划编辑　韩玉霞
责任编辑　韩玉霞
特约编辑　李佩俊
装帧设计　明轩文化·王烨
　　　　　TEL:123674746

印　　刷　河北鹏润印刷有限公司
经　　销　新华书店
开　　本　710 毫米×1000 毫米　1/16
印　　张　28.5
插　　页　4
字　　数　480 千字
版次印次　2019 年 9 月第 1 版　2019 年 9 月第 1 次印刷
定　　价　260.00 元

前　言

本卷所收的是清代宗族史和谱牒学史的论文。

我从 20 世纪 60 年代初就关注宗族史,写有文章,批判宗族和族权,直到 1978 年写的《论清朝苏南义庄的性质与族权的关系》(《中华文史论丛》,1980 年),仍持批判态度,发出诛心之论。随着改革开放的逐步深入和思想解放,反思个人的治学历程和社会主流意识对学术界的影响,摆脱公式化研究方法,力求从对史实的理解中提出认识,在清代宗族史方面先后写出《清代宗族制的特点》(1990),《简论清代宗族的"自治"性》(2006),《清代宗族族长述论》(2008),《清代宗族的社会属性——反思 20 世纪的宗族批判论》(2012)等文,认为清代宗族具有民众性、互助性、自治性、宗法性和依附性(依附政府),肯定它适合民众物质生活、精神生活需要的性质;在分封制不存在的社会条件下,大宗法已不复存在,小宗法下的族长由遴选法产生,族人合议制约其行动,在它身上既体现宗法因素也体现某种民主成分;宗族对政府具有依附性,秉命于政府,又受政府保护,协助落实某些政策,有某种中介作用。总之是对宗族的社会正负面因素均有分析。

我论说清代族谱编修史及其观念,比较深入论证它的民众史书意义。

我在编辑本文集的同时,进行常建华教授主编的《中国宗族通史》中的"清代卷"写作,在该卷中写有对清代宗族发展变化史的概述,而本卷缺少这一专题,因该《通史》尚未梓行,故未选入。

(2019 年 1 月 14 日初稿,2019 年 5 月 21 日删订)

编者按

为避免文集各卷内容重复,敬请读者垂注:

一、作者为"冯尔康文集"10卷本所作的自序《学无止境,是我治学的座右铭》,置于文集的《社会史理论与研究法》之卷首。

二、作者历年著作之总目《冯尔康著作目录》,以及《冯尔康文集总目录》,置于文集的《师友述怀·序跋札记》之卷末。

以上3篇内容,不再一一列入文集每卷之中。读者如有需要,可以参阅。不便之处,敬请谅解。

目 录

解　题

杜家骥

本卷为"清代宗族史"专题,文章分为4个栏目:①清朝宗亲法及其指导思想;②总论清代宗族特点;③清代宗族载体;④清人族谱。

从某种意义上而言,国家是由众多"家"(家庭、家族)组成,没有家庭家族之人,国家也不存在。国家制度与家族、家族宗法结合,宗族也将宣传并遵守国法及忠君等条文纳入管理族人的宗规族训,便是二者关系的一种体现。第一组文章就是揭示清朝这方面的情况,这种情况也是中国古代国家制度与家族宗法结合的一个缩影。

《国法·家法·教化——以清朝为例》从以下十个方面,对国法中关涉到宗族生活和宗族制度的内容作论述:①职官制度中的宗族法。②法律中的宗亲法。③存留养亲法与存留承祀法。④"救亲情切"免死法与血亲复仇法。⑤宗族的司法参与(送审权、审判过程的参与权及执行过程的协理权)。⑥保护宗族公产,承认宗族对绝嗣族人财产的继承法。⑦实际允许民间设立祠堂祭祖。⑧允许宗族维护社区正常秩序的申请。⑨拟制亲的义父子、继父子以及师徒之间冲突的立法比附于宗亲法。⑩族正制实行与否的反复。而家法对国法的维护,体现在以下三方面:①制定族规中,融入整齐思想,以修身、齐家作为做人的根基,然后治国、平天下。②孝敬长上的伦理。族规以三纲五常为中心内容,范围广阔,包含伦理、职业、理财、婚姻、交友、处下、娱乐诸方面,尤以孝父母、睦宗族为重要。③对君王无限忠诚的伦理。包括感戴君恩、遵守法令、完纳钱粮。族人做官者应恪尽职守、竭诚办公;不贪赃枉法,保持身家;有担待,为君分忧,而不得诿过于皇上。还有,宗族宣讲皇帝的"圣谕"、《圣谕广训》。国法、家法的结合点与教化作用体现在:①国法、家法的思想原则具有一致性,有宣扬孝道和忠道的共同性。②政府重视并利用宗族在民间教化中的配合作用。宗族制定以忠孝观念为旨归的宗规家训,宣扬忠君之道,宣讲朝廷谕令。③国家需要宗族,民众需要宗族,宗族得以成为社会的合法群体,国家则赖以维持社会的稳定。④国法、家法也有不协调甚至冲突的方面,如侵夺国家司法权的完整性;宗族之间的械斗,影响社会秩序的稳定,也是蔑视国法。从总的情形看冲突并不严重,政府进行政策的调整,掌握绝对主动权,使宗族处于被支配、被利用的地位。

《宗法观念与清代职官制度》则专门论述宗法观念与制度对清代官制的影响。文章从任官、科举时的宗亲回避,与服制相关的官员丁忧、起复,封赠(皇帝对官员及其尊属予以荣衔),官员子孙承荫循从宗族的宗法继承原则,以及官员的出继归宗与更名复姓等方面,作具体阐述。进一步认为,清朝在职官制度中实行宗族法是为"移孝作忠",宗法观念在官制中的贯彻,影响到宗族成员的出仕、任职、离职、封赠荣誉及仕途的多种变化。职官制度中宗法思想的贯彻,归根结底是为君主和朝廷。还有一点需要道及的是,与宗法有关的职官制度中防止弊端的措施也甚多。官制中的宗法原则和移孝作忠的愿望,在实践中也存在着许多问题,不是只靠制度所能解决的。

《清律的诸种同罪异罚及制订原则》专门从法律方面,论述国家法律之制定与家族宗亲伦理的关系, 及由此体现的当时法律的一种特性——同罪异罚。文章指出,一般认为的同罪异罚只在血缘家族范围内实施的理解尚欠充分,虽然主要在血亲方面,但与血缘无关的很多方面都有其贯彻内容。文章将同罪异罚的实施范围归纳为八种:①五服宗亲之内。包括人身伤害、状告、咒骂、害命图赖、亲属相盗、发掘坟冢、人命私和等方面的同罪异罚。②五服姻亲之间。③拟制血亲之间。④准(比附)血亲五服关系之人。⑤主仆之间。⑥夫妻之间。⑦两造关系的平民之间。⑧构成冲突关系的官民之间。以上每种人群之间冲突的刑案,都有同罪异罚的判处,将宗亲关系的法律内容推广到社会等级人群中。同罪异罚刑法制订的根据,一是服制差别;二是同罪异罚合于传统观念的天理人伦,是以孝道为重心的宗族伦理起主导作用;三是法律维护等级名分,是名分伦理所要求的。清末改订刑律的争论,也反映了孝道伦理在刑律中的地位及其深刻影响。

《简论清代宗族的"自治"性》既述宗族"自治",也论及与国家的关系。文章首先界定这里的所谓"自治性",虽是团体管理内部事务,但严重缺乏民主性,国家认可其合法性而严加控制,自治程度很低,与近代的自治观念差距甚大。然而不应忽视其具有的自治成分,清代的宗族正是这种状况。其自治而管理宗族事务主要是:①登记族人户口,以便开展祭祀祖先活动、编修族谱、作为发放救济的依据等。②组织祭祖。③制定族人行为规范的族规、家训,施行家法。④管理宗族义产和发放救济,组织族谱的编修,组织宣讲(主要是皇帝的《圣谕广训》等)。宗族进行的祭祖、修谱、登记人口活动,令族人的宗族意识根深蒂固,大大增强了宗族的凝聚力。政府的多项政策,可视为是对宗族某种自治权的认可,如司法上的送审权、审判过程的参与权及执行过程的协助权。国家职官制度中一些内容的实行,如官员丁忧、起复、更名复姓等,命宗族开具甘结、族谱的证明,赋予宗族的证明权。细小的民事纠纷责令宗族处理。赋予宗族行施家法处死族人的不完整的司法权。允许宗族某种程度干预族人财产权。一度实行的族正制,也是政府给予的某种自理权。政府用宗族力量维持社会秩序稳定,宗族的自治性对其内部、对社会和政府均产生一定的影响。

第二组"总论清代宗族特点",既有对清代宗族特点的总体归纳,又有对某些特点及其变化的重点论述。

《清代宗族制的特点》从总体上论述清代宗族的特点是:①宗族民众化,掌握宗族的官僚在层次上比以前明显下移, 且与无身份的富人结合在一起。②宗族紧密为政权服务。宋代以后,政府把族权变为协助统治的得力工具,而清代尤甚,宗族祠堂把忠君教育放在重要地位,宣讲圣谕、乡约、族规,以忠君为重要内容,要求族忠君、遵守皇家法令。清代宗族民众化后,被绅衿、富商地主所掌握,政府可以通过他们控制广大的宗族民众。③清代宗族努力实行"敬宗收族"。尊祖敬宗收族,是宗族制的根本原则,在尊祖的旗帜下,团结全体族人,繁荣宗族。随着民间普遍追祀远祖,清代的敬宗收族也具有了时代的特定内容,继宋、明以后,对发展宗族共有经济颇感兴趣,相当多的宗祠拥有祠田、赡族田,希望以此经济条件达到收族的目的。但效果与理想有一定差距。清代宗族制的实行及其特点,在时间、地域、程度等方面也存在差异。

《清代宗族的社会属性——反思 20 世纪的宗族批判论》对清代宗族问题作多方面阐述、归纳总结,并进一步论述其社会、文化意义。文章指出,人们虔诚的祖先崇拜观念,成为宗族团体建设的思想基础,崇拜祖先与象征宗族团体存在的祠堂之建立非常普遍,尤其是长江流域及其以南地区。祠堂既是宗族祭祀场所,还用作宗族的代称。祠堂的族人会议是宗族生活的普遍现象,赋予族长权威和责任,以其执掌祭祖,平时管理族人,施行教化。宗族具有内部互助性,宗族组织让族人感到有所依靠,有安全感。宗族还有自治性能(详见第一组中《简论清代宗族的"自治"性》),且参与村落建设。政府为社会秩序的稳定,多项政策的实现需要宗族予以协助。宗族之自治、互助的社会作用尤为明显。文章还指出,宗族的社会属性有着多种成分,不能以封建宗法性质来概括,以前的某些做法可重新认识,宗族文化是具有历史、当代双重意义的。

设族长以加强管理,是清代宗族的重要特点之一。《清代宗族族长述论》是这一问题的专论,考察了清代宗族族长的遴选及其条件、实际人选,族长的职责等。文章论述,清人设置族长,其选择以德劭、公正为主,才能为辅,房分、辈分又次之。虽有主次之别,然为有效办事,才能是绝不可少的选择要素。选择族长助手的条件,同样要求德才俱佳,然偏重在才能方面,而财力亦在考虑范围之内。族长通常是以遴选产生,族尊、房长、官员和有功名的族人会起主导作用,但是众多族人的意愿也被容纳进去。族长及管事者是官员、致仕官员、有功名的读书人、热衷于家族建设的有钱田主、商人和一般的农民。在有身份者中,高官少,中下级官员和有生监小功名的人多,而不论是什么官。族长中平民与有身份者,应当是平分秋色的。族长的职责是执掌祭祖,宣讲圣谕,以宗法性伦理教导族人,调解族内外纠纷,管理宗族公产,主持编修族谱。宗族要求族人尊敬族长,服从其指导,以便有效处理族务。族长理事准则,是族规、祖训,族规、祖训是宗族的公约。宗族既要维护族长权威,又要对其有所约束。族长处理宗族事务不得任意妄为、不能独断,需要会同房长、家长共治,重要事务、族长不能决断的事务,须"合族公议"。清末,宗族及其族长性能演变,族长的宗法成分消失殆尽,唯是此类宗族极少,只能反映宗族演变的趋势。

《清人"礼以义起"的宗法变革论——宗族活动的主导意识》着重于宗法变化及其在清代的体现特点。文章指出,先秦周代,社会下层的庶士与庶人并不能立庙,只能在寝室祭祀亡父一代。此后至宋代特别是明代发生很大变化,人们相信"礼以义起"的观念,自行祭祀始祖或始迁祖,祭祀高曾祖祢四代先人。清代"礼以义起"的宗法变革,其主导意识是要通人情,尊重俗礼,尤其是变化了的世情,包括民间的愿望在内,同时又将其变通纳入上古礼法之中,成为新礼法,因而合人情、联涣散,有益于世道人心,从而形成良风美俗。其祠堂祭祖观念与活动,秉承"聚百世于一堂"之"一本观"的宗法观念,起着促进家族凝聚扩大规模的作用,使由上古的贵族宗族走向平民宗族的过程中,又前进了一大步。再发展到 20 世纪，便成为纯粹平民群体了。

《清代宗族文化——从文化角度认识清代宗族》，则专门论述清代的宗族文化。文章指出，清代宗族文化已然不是纯粹的宗法文化、宗法伦理文化，是带有宗法性的文化，或者谓为"变异性宗法文化"。宗族文化有其观念和制度、实物诸种层面，包含政府因宗族文化观念而形成的方针政策，民间宗族的种种活动，它的实体祠堂、祖坟、族产、族学的建立，宗谱的编修，宗规祖训的制订等等，是非常复杂的历史事物。朝廷实行以孝治天下的方针，在律例、官制、丧葬礼仪、旌表孝义等制度和政策中予以贯彻，具有强烈的宗族文化内涵。宗族文化观念的倡扬，激活民间宗族建设和活动的开展，产生多方面影响，宗族文化主导下的宗族，成为施行教化与具有"自治性"的群体，宗族与保甲成为国家治理地方的经纬网络。清代的宗族文化又是具有变异性的宗法文化，其专制主义内涵在削弱，拟制亲冲击宗族血缘原则，其宗法性扩散、辐射到社会结构和人际关系中，宗法是在削弱中发挥作用。

第三组文章考察清代宗族载体下的总体状态、宗族各种规制及其所反映宗族样貌的各种侧面。

《18、19 世纪之际的宗族社会状态——以嘉庆朝刑科题本资料为范围》，以档案材料揭示 18、19 世纪初期宗族的综合性社会事实，并对宗族之功能、社会性质进行分析。档案材料——刑科题本，在案件发生的背景性记录中，有基层社会生活、生产方面的很多内容，这种记录内容与量刑之轻重也关系不大，相对真实，而且甚为详细，很多内容为一般文献所没有。此文利用刑科题本揭示的宗族情况，有以下方面：①宗族成员间的互助、互救的情形。如为族人作中保，并对所保之事负责；为无子的族人立嗣；资助宗亲，乃至承担债务；收容没有直系亲属的宗亲；救助急难之时的族人；帮助族人做活；族人互相吃请；为没有直系亲属或死者子孙年幼的族人人命案件报案，承担责任；为死难宗亲处理后事，等等。反映出宗亲关系体现在宗人生活的诸多方面。②宗族公产及公益事务、买卖借贷等方面发生的纠纷。③族人之间宗亲情义与通财观念、尊卑长幼的等级观念。比如同族之人认为族人之间应有一本共祖的亲情，在生活的各个方面理当互相关照，财物上有无相通。尊卑长幼名分，使族人认识其在宗族内的地位，依本分行事。④反映政府依照"准五服以制罪"而维护宗族尊长利益、压抑卑幼的实践，以及推行孝道的存留养亲法之判处，依靠宗族族长协助处理、解决案件的具体做法。文章最后论述，宗族给族人以经济生活圈、社交圈，形成宗亲文化氛围，是维系族内家庭完整的生态环境圈。族人在宗族中既受到关照，又受其制约。宗族发挥管理公有经济、协调族众的内外人际关系、奉政府之命协助处理族众纠纷、管理或协调社区公共事务等多种功能。

本组中有5篇文章是考察宗族丧祭尤其是祭祀这一重要内容的。《族规所反映的清人祠堂和祭祀生活》揭示，祠堂是宗族组织的机构，族大人众的家族，在祠堂之外还按房分设立支祠。祠堂以管理祭祖为重大事务，宗祠祖坟的祭扫，是族人及其家庭的义务和权利，族规在这方面有系统的条例，如掌握参加祭祀人员的情况，对祭祀对象始祖或始迁祖及其具体人的选择，祔祀者在祠堂中的地位，以有德、功、爵者配享等。族规还反映出，清人宗族祭祀的名目纷繁，日期不一，习惯不同。清明扫墓、冬至祠堂祭祖的两次大祭，各宗族大体相同。还有在元旦、中元日、中秋节、十月初一、各家祖先的忌日等祭祀的。有的家族还有在子孙取得功名、荣耀时回乡祭祖者。祭祖仪式包括祭礼、供品、主祭人，以及分配祭品等内容。有的合族祭祖仪式完成之后还举行族人互拜、会餐，有的举行宗族会议，向族人宣讲宗法。祭祀还反映家族内部的等级。因而祭祀对家族成员生活及社会的影响深广。

《清代宗族祭礼中反映的宗族制特点》，则从祭祀对象、祭礼主持人、祭祖仪式后族人叙礼饮胙礼等祭礼方面，探讨清代宗族祭礼所体现的宗族制特点。文章揭示，始祖、始迁祖是宗族祭祀的首要对象（间以宗族郡望、显宦为始祖的），从祀者之论"德、爵、功"，是相当多宗族的做法；主祭、陪祭的人选，有宗子或族长主祭、辈分高年龄长者或轮值承办人主祭，及宗子或族长主祭、尊贵者陪祭，以及尊贵者主祭等多种情况，其人选体现尊宗子、尚爵秩、崇年辈的原则。祭仪中的族人叙礼，教族人知礼、习礼，明尊卑长幼之序，饮胙颁胙给予绅衿优待，推崇绅衿，也为光宗耀祖，表现出宗族礼仪改革的功利性。宗族祭祖既是形式，又是对族人教化、团聚族人的手段，以实现尊祖敬宗收族、宗族的发展壮大。文章认为，清代民间宗族祭礼发生重大变异：祭祀始祖、始迁祖，突破朝廷只许祭祀高曾祖祢四代的限制，大大超越五服范畴，形成规模较大、门支众多的宗族；启用官员、功名身份的成员主祭，大有取代宗子之势；实行论德爵功、不计辈世的配享，也与传统宗法原则不合。

《清代宗族与族人丧礼》是关于丧礼的专文。此文阐述，清代宗族继承传统丧礼，并遵循朝廷关于丧礼的规范。许多宗族在族谱上刊载服制图，并对难以理解的内容予以阐释,以便族人对照遵守。宗族协助族人治丧,如料理丧事,以利孝子尽哀;吊孝、送赙金,表达亲情;资助钱物棺木,帮助无力丧家完成葬礼等等。有的宗族还设义冢,为贫穷族人提供葬地。宗族极力反对丧葬用僧道、开宴戏、停丧不葬和火葬等习俗,反对厚葬,教导族人根据家庭经济状况操办丧礼。但由于传统的厚葬观念和现实中的浮华风俗,收效甚微。

祖坟,是宗族研究中缺略的内容,北方宗族的祖坟问题尤其被忽略。先生认为,宗族能否形成和活动,其实体除了有祠堂、族产、族谱外,还应有祖坟。因此组有两篇这方面的专文。《清代宗族祖坟述略》考察清代宗族祖坟的基本状况,包括宗族祖坟观念、建设规制、保护措施、墓祭及祖坟功用等。文章认为,宗族祖坟观念,总的来讲是孝道,要实现对祖宗的生养死葬和祭祀,为此而建设祖坟,进行墓祭。用坟墓安置体魄,因而讲究遗体保存和兆域环境,是以有葬地的选择和风水说的流行。在祖茔建设规制上,有墓穴空间布局的昭穆制、房支墓地,竖立碑石牌坊等标志物;为了维护祖坟风水、培植祖坟龙脉,还规范袝葬、余山埋葬办法,另制定特殊身份族人的葬法,禁止族人强葬、乱葬。极少数宗族为维护祖茔和顾恤族人,设置义冢,供贫穷族人下葬。祖坟的维护有诸多做法、措施,如不断为坟墓培土,清除杂草,种植防护林,修茸坟墙,标明界址,扶正碑石等。有条件者还购置墓田,以坟丁保护墓园,少数家族建立寺庙专门看护坟茔。宗族的墓祭,有挂纸钱、上供品、祭奠、宗人饮胙等仪式。祖坟有凝聚宗族群体、为编纂宗族历史提供实物资料的两大功能。《清代北方宗族的祖坟建设与祭祀活动》则专文从祖坟建设、保护、祭祀等方面考察北方宗族的祖坟状况,并认为北方流行扫墓祭祖的清明会,表明其宗族也有活跃性。

以下几篇从另外的不同方面考察宗族情况。清代,具有恤助慈善性质的宗族公产发展,义庄是其中的一种,《论清代苏南义庄的性质与族权的关系》探讨了这方面的情况。文章指出,宋、元两代,义庄偶尔出现。明代,义庄有所发展,数量增多,有的规模还比较大。清代进一步发展,有义庄之设"几遍天下"之说,在长江中下游及其以南地区建立得更多一些,其中江苏省苏州、松江、常州三府的义庄就有二百数十家,清中叶是其发展时期,非官僚地主建庄增多,义庄与宗祠、义塾融为一体。义庄有管理机构,设专门办事人员,其土地采取租佃形式,收入除交纳国赋以外,用作赈济本族贫穷族人、奖励族人进学及义庄管理。义庄是宗祠经济基础的重要成分。

《清代宗族的兴学助学及其历史意义》揭示，清代宗族重视教育子弟，其兴学以开办学塾提供族人义务教育，还利用公产助学，资助族人求学、参加科举，奖励优胜者、考入官学者及科举中试者。宗族的奖助也使贫家子弟有可能读书。族学也是宗族的一种实体，宗族办学和奖学，以培养子弟而光大门庭，提高宗族的社会地位，其兴学对社会也产生多方面影响。

《清代的家庭结构及其人际关系》揭示，清代家庭的类型较多，有父母与其未成年子女组成的"核心家庭"，有两代人夫妇与二、三代子孙之直系亲属组成的直系家庭，有以上两种共组的"联合家庭"，有成员多、辈分多的家族家庭，还有鳏寡孤独畸零户的独身家庭。其中核心家庭和直系家庭为大多数，其家庭成员不是很多。直系家庭又是小结构家庭的主体，也最重要，核心家庭主要孕育在直系家庭中。联合家庭是大家庭，数量不少，在清代家庭结构中也占重要地位。家庭人际关系中，夫妻关系以丈夫为主宰，但丈夫对妻子也有义务。父子是"天合"关系，重于夫妻关系。父子关系的准则是父慈子孝，而着眼点是要求儿子尽孝。家庭财产，有父死子继的传统和法律，清代遗产法仍是诸子继承制。清人家庭尤其是人员构成复杂的家庭，还有兄弟、伯叔子侄、祖孙、婆媳、姑嫂、妯娌、叔嫂、姊妹等人际关系。父家长制形成的家庭等级结构和男尊女卑的社会，父家长对家庭财产、妻子命运，以及子女教育、职业、婚姻和家庭社交等有主理权，是家庭的主宰，妻子儿女处于被支配地位，以致家庭中产生地位不同的等第：父家长—男性成员—妇女。这种家庭等级制是整个社会等级制的缩影，也是它的一个组成部分。

第四组论文是清人族谱的编修及其价值方面的内容。

《宗族不断编修族谱的特点及其原因——以清朝人修谱为例》阐述，明清以来，形成宗族谱不断续修的特点，清代最为突出，相当多的宗族数度修谱，甚至三四十年书写一次。修谱及续修，需要宗族克服重重困难，还有两种难题，即资料难于搜集，其编辑方法的得当与完善也极为不易。疑难问题是：如何真实记录宗族历史，书写什么，不写什么，怎样表达？体例方面如族谱在世系表、世系图的内容之外，宗祠、祖坟、族规、艺文等专门内容要不要反映。书例方面，涉及礼法、伦常的如再婚妇女、义子、嗣子如何写，不肖族人要不要记录，是否只书善不书恶，等等。宗族之所以续修族谱，是对孝道的追求，实现修谱，既可体现孝道，又免遭"不孝"舆论的谴责。续谱还是生活中处理宗族内部人际关系的需要，是"尊祖敬宗收族"、进行宗族建设的手段，是争当望族的必要条件和一种标志。

《家谱的学术价值与现代社会价值》指出，家谱在古代有实用价值，政府选官、私人择婚以其为资料依据，宗族族长、家长以其做伦理教育的教材。今天，作为古文献的家谱保留着大量资料，有学术研究价值：家谱所记述的家族与姓氏源流、迁徙、世系、人物传记、宗祠、坟茔、祭祀、产业及契据、仕宦文书、宗规家训、宗人诗文等，可供历史学、社会学、民俗学、民族学、文化人类学、人口学、文学、优生学等学科的学术研究和创作利用。其对各种专史和历史问题的研究，若作深层理解，可归结为三点：①宗族制是中国历史的特点，认识它须从宗族家庭着眼，可从家谱研究入手。②为勾画中国历史全貌提供丰富的不可缺少的素材。③为史学的综合研究法的进一步实现提供可能。家谱所反映的宗族文化，对今天也有借鉴价值。

《略述清代人"家谱犹国史"说——释放出"民间有史书"的信息》从家谱与国史的异同、关联，论述家谱的价值。文章认为，宗族所修家谱，一定意义上说是家族史，可与官府修史制度相比配，但没有政府修史那样的常设机构、人员、经费和修史规范，所以与国家修史制度不能相比。家谱"隐恶扬善"，实践"家丑不可外扬"，而国史则是善恶并陈，这是国史与家谱在记载上的一种差异。从纂修目的、功用上而言，国史从国家的角度总结历史得失，族谱从宗族的角度研讨历史经验，史功治国，谱功齐家，所研制的范畴广狭相差悬殊，方法因而有异。族谱的宗族史与国史的整体史相为表里，有概括和细致之别：前者概约，后者具体。国史是"正史"，主要是政治史，社会上层的历史。族谱虽然也记族人官绅，但总体而言是民众群体，因而族谱是民众史、民间史。族谱拥有国史写作所需要的材料。族谱记叙家族史，反映社会最基本的状况，是具体而微的国史。国史是一个个族史的综合物。

《清人谱法中求实际与慕虚荣的矛盾观念》具体指出，家谱的写作由于受到慕虚荣观念及资料的限制，一定程度上影响到它的学术价值，主要体现在族源、远年先人世系，某些传记可能有不实的记载，联宗合谱也有这方面问题。另一方面，清人纂修家谱也存在着尚实际的观念和谱法，反对"恶饰"，认为族谱应是全体族人信今传后的真实记录。

《清人谱序阐述的宗族建设理论》，则阐述清人在族谱谱序中论述小宗法与宗族群体组建、合族论与宗族群体扩大、保存宗法遗意等内容，分析这些宗族理论在宗族建设中的作用。文章认为，其谱序反映出清人宗族建设的理论基础是小宗法,许多宗族以始迁祖为祖宗而建宗立族。其合族论,强调修谱的合族作用,扩大宗族成员规模,而又重视宗法伦理的纯正性。其尊重小宗法精神,宣扬的是敦宗睦族的孝义之道,有益于国家政教和宗族兴旺。

清律的诸种同罪异罚及制订原则

同罪异罚,是清代刑律的一个特点,当然也是古代刑法的共同特点(至晚在西晋"准五服以制罪"入律以后),这是学术界的共识,笔者仍以此为题,显然不会有更多的新意,那为什么还要投入精力去做于己于人似乎都无意义的事情?原因在于同罪异罚,一般被认为在血缘家族范围内实施,笔者以为这样的理解尚欠充分。它运用的范围,虽然主要在血亲方面,可是与血缘无关的拟制血亲、准五服关系、主仆关系、夫妻关系,以至具有冲突关系的官民之间、两造平民之间也都有其贯彻的内容。因此笔者是想将同罪异罚的实施范围比较全面地揭示出来,故标题云"清律的诸种同罪异罚",又云"述",乃因理清事实是史学研究的基本目标,也是基本工作,故而笔者有兴趣于这种基础知识的研讨。

制订同罪异罚的理论依据是包含宗法性宗族伦理在内的纲常名教观念,不少学者早已指出古代法律是伦理法律,笔者还要"拾人牙惠",不过是想将宗法宗族伦理与同罪异罚的内在关联作出具体的说明和自家的理解;同时还想探讨古代的等级制度与观念对同罪异罚刑律原则制订的作用,兴许不无新意。

一、诸种不同人群的同罪异罚

同罪异罚施行在各种人群中,以人群及其相互关系作为划分基准,大约可以将同罪异罚归纳为八种类型,其中有有血缘关系的,而更多的是没有血缘关系。

(一)五服宗亲的同罪异罚

五服宗亲间犯罪判刑的同罪异罚最鲜明,在诸种同罪异罚的类型中涉及的生活领域最广泛,执行得也最一丝不苟。

人身伤害。宗亲之间的相互殴打和致死,在犯罪情节完全相同的情形下,两造因为五服关系中地位的不同而有迥异的判刑。

子孙及子媳殴打高曾祖父母、父母，无论成伤与否，均处斩刑，若系谋杀，不论是否实行，都是凌迟处死。①这是十恶之四的"恶逆"罪行，为常赦所不原，即遇大赦等恩诏亦没有幸免的机会。②高曾祖父母、父母故意杀害子孙，已有行动而没有成伤的杖九十，已成伤杖一百，已杀害杖六十徒一年。③祖孙父子同罪，而判刑竟有杖九十与处死、杖六十徒一年与凌迟的悬殊差异。

弟侄谋杀期亲尊长，凡有行动，不论成伤与否皆斩决，造成死亡者凌迟。此亦属恶逆，为常赦所不原。子弟伤害期亲尊属的伯叔父母、在室姑，凡殴打杖一百徒三年，成伤杖一百流二千里，造成肢体折伤杖一百流三千里，若使用金属器具致伤肢体和瞎一目以上绞立决，造成死亡，无论首从皆斩立决。对期亲尊长的同父兄姊，凡殴打杖九十徒二年半，成伤杖一百徒三年，造成肢体折伤杖一百流三千里，若使用金属器具致伤、折肢和瞎一目以上绞立决，造成死亡，无论首从皆斩立决。④子弟谋杀功缌尊长的罪刑，分别是谋杀大功、小功、缌麻尊长，已行而未成伤，为首者流二千里，为从徒三年；已成伤，为首绞决，为从同凡论；已杀，皆斩决。⑤缌麻以上尊长谋杀缌麻、小功、大功卑幼，已行未伤杖一百徒三年，已伤杖一百流三千里，已杀绞监候；谋杀弟、妹、侄、侄孙、子孙妇，已行未伤杖九十徒二年半，已伤杖一百徒三年，已杀杖一百流二千里，故杀弟妹绞监候。殴同姓无服卑幼，从殴打至造成笃疾，均减凡人斗殴一等治罪，造成死亡绞监候，故杀斩监候。⑥以宗亲尊长中最疏远的缌麻亲而论，

---

① 官修《大清律例·名例律上·十恶》《大清律例·刑律·人命·谋杀祖父母父母、殴祖父母父母》(道光六年本)，张荣铮等点校本，天津古籍出版社，1993年，第93、440、496页。下引该书资料，仅注书名、篇章、条目和页码；若在一个注释内，有《大清律例》不同律条，在首见书名后，不再书写书名，仅著录条目名称和页码。

② 《大清律例·名例律上·常赦所不原》第103页；《核订现行刑律·名例上·常赦所不原》原修改律文：凡犯谋反，叛逆，子孙谋杀祖父母父母，内乱，妻妾杀夫，奴婢杀家长，杀一家非死罪三人，采生折割人，谋杀故杀，蛊毒厌魅，毒药杀人，强盗，妖言，十恶等真正死罪，及侵贪入己，军务获罪者，虽会赦，并不原宥。(宣统元年版)

③ 《大清律例·刑律·斗殴·殴大功以下尊长》第490页。沈辛田：《名法指掌》卷1《人命·谋杀卑幼图》，道光刻本，下引该书材料，仅注书名卷目。

④ 《大清律例·刑律·人命·谋杀祖父母父母》第440页；《大清律例·刑律·斗殴·殴期亲尊长》第493页。

⑤ 《大清律例·刑律·人命·谋杀祖父母父母》第440页；《名法指掌》卷1《人命·殴功缌尊长图》。

⑥ 《大清律例·刑律·斗殴·殴大功以下尊长》第490页；《名法指掌》卷1《人命·谋杀卑幼图》。

尊长与卑幼相伤害判刑的差别在斩立决与绞监候,而对期亲尊长则是凌迟与绞监候。

告状。法律有"亲属相为容隐"的条文,允许祖孙父子及同居的家人互相隐瞒罪行,自然不许相互告状揭发了,是以有治罪的规则。凡子孙及其妻妾状告高曾祖父母、父母,虽然是据实告发,亦要判处杖一百和三年徒刑,而祖父母、父母之罪并不科断,等同于自首免罪。若是在所告诸事中有一件是不实的,即为诬告,则将处以绞刑。子弟告五服尊长,所告均系事实,依然判罪,即告期亲尊长罚杖一百,告大功尊长杖九十,告小功尊长杖八十,告缌麻尊长杖七十,被其所告的期亲、大功尊长,亦同于自首免罪,小功、缌麻尊长,亦各得减本罪三等。若是诬告,而且告的罪名重大,加所诬罪三等治罪。父祖诬告子孙,毫无反坐之罪。期亲、大功尊长告发卑幼得实,卑幼亦同于自首免罪;小功、缌麻尊长告发得实,卑幼也减本罪三等。期亲尊长诬告卑幼,减所诬告罪三等,大功尊长减二等,小功、缌麻尊长减一等。①这里的同罪异罚,主要表现在祖孙父子方面,子孙据实告状还要判徒刑三年,诬告则是死罪,而祖父诬告无罪。在其他宗亲方面,宗亲相告得实均有减免罪刑的规定,而诬告,就所告之罪,卑幼加刑三等,尊长减刑三等,显示出同罪异罚。如果卑幼告尊长谋反、大逆、谋叛窝藏奸细及非干名犯义之限的被尊长侵害,则是被允许的。

咒骂。子孙及其妻妾辱骂高曾祖父母、父母,判处绞监候,入于秋审情实案件,一般会被处死。②至于父祖责骂子孙,是在施行教令,是正当的,当然与犯罪无关。这里的同罪异罚,是无罚与死罪的区别。

害命图赖。为了图赖于人,伤害他人性命或遗体,以为嫁祸。祖父母、父母故意杀害子孙,图赖他人,判徒刑一年半。这是因为图赖的关系,比故杀子孙的杖六十徒一年判刑加一等。如前所述子孙杀害父祖是凌迟的罪,如为图赖杀害当然仍是凌迟,若用父祖的未葬遗体图赖徒三年。使用期亲尊长尸体图赖徒二年,将大功、小功、缌麻尊长尸身图赖,则分别递减一等治罪。尊长将卑幼遗体图赖他人,处刑杖八十。③祖孙父子之间图赖他人的同罪异罚前提不一样,一为杀害,一为遗体,而杀人者的父祖所处之刑反而比借用尸体的子孙减

①《大清律例·刑律·诉讼·干名犯义》第522页。
②《大清律例·刑律·骂詈·骂祖父母父母》第504页。
③《大清律例·刑律·人命·杀子孙奴婢图赖人》第463页。

3

三等,少坐一年半的牢狱。至于期亲、大功、小功尊长与卑幼之间则是杖刑与徒刑的差异。

亲属相盗。期亲尊长偷盗卑幼财物,未得财杖六十徒一年,得财杖七十徒一年半;大功尊长盗卑幼财,未得财杖七十徒一年半,得财杖八十徒二年;小功尊长盗卑幼财,未得财杖八十徒二年,得财杖九十徒二年半;缌麻尊长盗卑幼财,未得财杖九十徒二年半,得财杖一百徒三年;无服尊长盗卑幼财,未得财杖一百徒三年,得财杖一百流三千里,比盗凡人之财仍减刑一等。卑幼盗窃尊长之财,依凡人论处,①一点不减刑。从期亲尊长到无服尊长的减刑五至一等,对于卑幼,同罪异罚多的竟达六等。

挖掘坟冢。挖掘的情形区分为是否埋葬、是否见棺椁、是否开棺等类型,分别定罪。期亲卑幼挖掘尊长坟冢,未至棺椁,为首者发配极边足四千里充军,为从者极边充军;挖掘至棺椁,为首云贵两广烟瘴充军,为从极边足四千里充军;开棺见尸、弃尸卖坟,为首斩候,为从云贵两广烟瘴充军。功缌卑幼挖五服内尊长坟冢,未至棺椁,为首边远充军,为从近边充军;见棺椁,为首极边足四千里充军,为从边远充军;开棺见尸、弃尸卖坟,为首斩候,为从云贵两广烟瘴充军。卑幼盗尊长未殡未葬尸柩者,未开棺椁,按服制,与挖掘未至棺椁罪同;开棺见尸,按服制,与挖掘见棺椁者罪同。

子孙挖掘祖父母、父母坟冢,均不分首从,已行未见棺皆绞决;见棺椁者皆斩决;开棺见尸、毁弃地撒死尸皆凌迟;见尸至三冢,除正犯凌迟外,其子发伊犁。子孙将祖父母、父母未殡未葬棺椁打开见尸,不分首从皆斩决;木开棺椁,事属已行,确有显迹,皆绞决。毁坏缌麻尊长以上未葬尸,斩候;弃而不失其尸,毁而但髡发若伤者,杖一百流三千里。毁弃祖父母、父母尸首,不论残失与否,斩候。在缌麻以上尊长坟内熏狐狸,因而延烧到棺椁,杖九十徒二年半,烧及尸身杖一百流二千里;于祖父母、父母坟内熏狐狸杖一百,导致烧棺椁杖一百徒三年,因而烧尸绞候。

尊长挖掘缌麻卑幼坟墓,开棺椁见尸、毁弃未葬尸杖一百徒三年,毁弃未失尸杖九十徒二年半,坟内熏狐狸烧棺椁杖七十徒一年半,坟内熏狐狸烧尸杖九十徒二年半;尊长对小功卑幼坟墓,开棺椁见尸、毁弃未葬尸杖九十徒二

---

① 《大清律例·刑律·盗贼·亲属相盗》第408页;《名法指掌》卷2《盗案·亲属相盗图》。

4

年半,毁弃未失尸杖八十徒二年,坟内熏狐狸烧棺椁杖六十徒一年,坟内熏狐狸烧尸杖八十徒二年;尊长对大功卑幼坟茔,开棺椁见尸、毁弃未葬尸杖八十徒二年,毁弃未失尸杖七十徒一年半,坟内熏狐狸烧棺椁杖一百,坟内熏狐狸烧尸杖七十徒一年半;对期亲卑幼之墓,开棺见尸、毁弃未葬尸杖七十徒一年半,毁弃未失尸杖六十徒一年,坟内熏狐狸烧棺椁杖九十,坟内熏狐狸烧尸杖六十徒一年;父祖对子孙,开棺椁见尸、毁弃未葬尸杖八十。尊长盗卑幼未殡未葬尸柩,开棺见尸,为首缌麻尊长徒二年半,未开棺椁徒二年;小功以上以次递减;为从之尊长亦各按服制减为首之罪一等。①

子孙卑幼挖掘父祖、五服尊长棺椁,重罪至凌迟、斩首;父祖及五服尊长挖掘子孙卑幼坟墓,重罪不过是杖一百徒三年,未至流刑和死刑,差别在五等以上。

人命私和。高曾祖父母、父母被人杀害,子孙私和,杖一百徒三年,若受赃,不计赃数,流三千里;期亲尊长被害,卑幼私和,杖八十徒二年;大功尊长被害,卑幼私和,杖七十徒一年半;小功尊长被害,卑幼私和,杖六十徒一年;缌麻尊长被害,卑幼私和,杖一百。子孙及其妻被杀,父祖私和,杖八十,受贿杖一百;缌麻卑幼被杀,尊长私和,杖九十;小功卑幼被杀,尊长私和,杖一百;大功卑幼被害,尊长私和,杖六十徒一年;期亲卑幼被害,尊长私和,杖七十徒一年半。②同一服制的尊长、卑幼的私和,尊长比卑幼减罪一等,如期亲尊长的徒一年半,而期亲卑幼则为徒二年。

以上同罪异罚是双向的,是罚有轻重之别,现在要附带说一下单向的刑罚,即类似的事情,在父祖尊长那里无可非议,而到子孙卑幼方面则是有罪判刑。比如祖父母、父母犯案被囚禁,子孙自行嫁娶者杖八十,男娶妾、女嫁为妾减二等。③父祖对子孙不存在这样的事情。又如丁忧守制,子孙如果是官员,匿丧不报,革职;补授初选等官丁艰未毕即出仕就考,革职;诸生、举人服丧期间不得参加科举考试。④父祖没有因子孙的亡故而"丁忧守制"的问题。还有专门为侍养老亲的终养制度,即家有八十岁以上的祖父母、父母,并无次丁侍候,

---

① 《大清律例·刑律·盗贼·发冢》第 420 页;《名法指掌》卷 2《发冢·发掘尊长冢图》。

② 《大清律例·刑律·人命·尊长为人杀私和》第 470 页;《名法指掌》卷 1《人命·私和图》。

③ 《大清律例·户律·婚姻·父母囚禁嫁娶》第 220 页。

④ 《大清律例·礼律·仪制·匿父母夫丧》第 293 页;《名法指掌》卷 4《各项处分·官员匿丧短丧图》。

官员弃而不顾,上任或留任做官,杖八十。①

(二)五服姻亲的同罪异罚

姻亲而有服制关系的人,在案件中同样"准五服以制罪",出现同罪异罚的现象,只不过异罚的差别比宗亲间的要小一些。其具体情形,笔者将按照人们各种姻亲关系说明异罚的情况,而不似上一目依发生事故的性质来解说。

外祖父母与外孙的同罪异罚。外孙对外祖父母服制上虽属于小功,犯案在量刑上则以期亲对待。谋杀外祖父母,不论已未成伤斩立决,若致死凌迟处死;殴打外祖父母杖一百徒三年,成伤杖一百流二千里,折伤杖一百流三千里,刃伤、折肢、瞎一目以上绞决,死亡斩决。②外祖父母对外孙是缌麻服,谋杀外孙已行未伤杖九十徒二年半,成伤杖一百徒三年,已杀杖一百流二千里;殴打外孙,造成笃疾也属无罪,致死杖一百徒三年。③在殴打、成伤两级判刑上,外孙比外祖父重一等,而至重伤以上,差别悬殊,一为斩决,一为流二千里,相差三等。

岳父与女婿的同罪异罚。女婿与岳父是缌麻服。女婿殴打岳父,只要有行

----

① 《大清律例·礼律·仪制·弃亲之任》第295页。
以上有关家族内部成员相犯的法律规定,在清代流传于民间的《律例歌》中表述得通俗易明,兹录于后:
以卑犯尊,无分内外,但致笃疾,即拟绞罪。
弟殴其兄,妹殴其姊,分别服制,加等问拟。
同胞兄姊,拟罪犹重,但殴即徒,法难宽纵;
殴至成伤,即问流徒,折伤以上,罪应徒死。
至于伯叔、甥与舅氏,名分尤尊,罪应重治。
莫谓尊长,可抑卑幼,若致殴死,亦拟绞候。
祖父彼杀,子孙私和,拟罪满徒,按律以科;
卑幼彼杀,亦难漠视,尊长私和,重杖惩治。
故杀妻妾,以及子孙,图赖人者,罪拟充军。
毁弃死尸,应拟流罪,若即尊长,斩候不贷。
祖坟树木,子孙砍卖,十株以上,问拟军罪。
奴仆盗卖,与子孙同,名分并重,法律难容。
盗卖祀产,数目攸分,至五十亩,边远充军。
异姓乱宗,拟杖六十,以子与人,罪与同得。
同姓为婚,勒令离异,仍杖六十,并追财礼。(见广西平乐《邓氏宗谱》,光绪十七年刊本)
② 《大清律例·刑律·人命·谋杀祖父母父母》《斗殴·殴期亲尊长》第440、493页;《名法指掌》卷1《人命·殴期亲以上尊长图》。
③ 《大清律例·刑律·斗殴·妻妾殴夫、殴期亲尊长》第489、493页。

动,杖一百徒一年;折伤以上,各加凡斗伤罪二等,折二齿二指以上杖七十徒一年半,折肋、眇二目、刃伤杖九十徒二年半,折跌肢体、瞎一目流三千里,笃疾绞监候,死斩监候,故杀斩监候。岳父殴打女婿是缌麻尊长殴打缌麻卑幼的判刑,不成伤无罪,成伤减凡人一等,即折一齿、一指、眇一目杖九十,折二齿二指以上杖一百,折肋、眇二目、刃伤杖七十徒一年半,折跌肢体、瞎一目杖九十徒二年半,笃疾杖一百徒三年,死绞监候。①总之,翁婿之间的判刑之别,在死刑方面女婿加重一等,而在折伤方面,女婿加重三等。

姑表兄弟、舅表兄弟、姨表兄弟之间均为缌麻服,然因人们之间的少长不同,而有判刑轻重的区别。作为姑舅两姨表弟妹,殴打姑舅两姨表兄姊杖一百,折一齿一指、眇一目杖六十徒一年,折二齿二指以上杖七十徒一年半,折肋、眇二目、刃伤杖九十徒二年半,折跌肢体、瞎一目流三千里,笃疾绞监候,致死斩监候,故杀斩监候。姑舅两姨表兄姊殴打表弟妹,不成伤无罪,折一齿一指、眇一目杖九十,折二齿二指以上杖一百,折肋、眇二目、刃伤杖七十徒一年半,折跌肢体、瞎一目杖九十徒二年半,笃疾杖一百徒三年,死绞监候,故杀绞监候。②判刑之别在于表弟妹重一等至三等。

(三)拟制血亲的同罪异罚

无子立嗣或收养义子、有子收养义子,是社会上常见的现象。立嗣的法定原则是先尽近房昭穆相当的血亲,即所谓"应继",次及少疏血亲,是为"爱继",这些都是有血缘关系的,其继嗣关系形成之后,新的父子关系如同亲子一样,法律地位亦以此关系来确定,他们之间所形成的案件,判处就是按亲生祖孙父子关系的法则,没有任何不同,所以不是这里所要讨论的事情。这里所说拟制血亲关系,系指没有真正的血缘关系而有名分上的血亲关系,即义父与义子、继父与继子,有的义子、继子就是义父、继父的继承人(法嗣)。这种拟制亲的关系,在法律上也是同罪异罚的,只是异罚的程度要小于前述血亲关系者。

义子与义父母,以及义父的父母、祖父母之间犯罪,视其义子与义父母相处年月、婚否区别两种情况来定。十五岁以下进入义父母家、恩养已久,或十六岁以上进入而由义父母为其成亲,义子只要有殴打义父母及义父的父母、

---

①②《大清律例·刑律·斗殴·殴大功以下尊长》第 489 页;《名法指掌》卷 1《人命·殴功缌尊长图、谋杀卑幼图》。

祖父母行为斩立决,致死则凌迟。反之,义父母及义父之父母、祖父母殴打义子至折跌肢体才杖八十,笃疾杖九十,拨给产业,让其复归本宗,致死杖一百徒三年;谋杀义子,已行未伤杖九十徒二年半,已伤杖一百徒三年,已杀杖一百流二千里。以致死而言,流二千里与斩决之间,有四个刑级的差距。过房在十五岁以下,然而恩养未久,或在十六岁以上未曾分产配室,义子殴义父母及义父的父母、祖父母杖一百,成伤流三千里,折一齿一指、眇一目绞监候,致死斩立决,故杀凌迟。义父母及义父之父母、祖父母殴义子成伤并不判刑,折一齿一指、眇一目杖七十,折二齿二指以上杖八十,折肋、眇二目、刃伤杖一百,折跌肢体、瞎一目杖七十徒一年半,笃疾杖八十徒二年,死杖一百徒三年,故杀杖一百流二千里。①仍以致死而言,徒三年与斩决之间也是四个刑级的差别。义子凡骂祖父母、父母绞监候,入于秋审情实,等待他的就是绞决命运。②义父子判刑之别相差悬殊,唯比祖孙父子的差别要小一点。此外,不论什么样情形的义子,殴打家长的期亲、外祖父杖一百徒三年,成伤流三千里,折一齿一指、眇一目绞监候,致死斩监候,故杀凌迟。③

拟制亲的另一种类型,是妇人前夫之子与后夫形成的继父子关系,其中法律上又区分为三种情形。自来没有同居过的继父子之判刑,不实行同罪异罚的原则,而是依凡人论处,下述两种关系就施行同罪异罚了:先前同居今不同居者,义子殴继父杖六十徒一年,折二齿二指以上杖七十徒一年半,折肋、眇二目、刃伤杖九十徒二年半,折跌肢体、瞎一目流二千里,笃疾流三千里、仍须赡养,死斩监候,故杀斩监候;继父殴继子,用手足笞一十,用他物笞二十,成伤笞二十或三十,拔发方寸以上笞四十,折二齿二指以上杖一百,折肋、眇二目、刃伤杖七十徒一年半,折跌肢体、瞎一目杖九十徒二年半,笃疾杖一百徒三年,死绞候,故杀斩监候。继父子现在同居者:继子殴继父杖七十徒一年半,折二齿二指以上杖八十徒二年,折肋、眇二目、刃伤杖一百徒三年,折跌肢体、瞎一目流二千五百里,笃疾流三千里、仍须赡养,死斩监候,故杀斩监候;继父殴继子用他物笞一十,成伤用他物笞二十,拔发方寸以上笞三十,折二齿

---

① 《大清律例·刑律·斗殴·殴祖父母父母》第 496 页;《名法指掌》卷 1《人命·继父殴图、谋杀卑幼图》。

② 《大清律例·刑律·骂詈·骂祖父母父母》第 504 页;《核定现行刑律·骂詈·骂祖父母父母》。

③ 《大清律例·刑律·人命·谋杀祖父母父母》第 440 页;《名法指掌》卷 1《人命·谋杀尊长图》。

二指以上杖八十,折肋、眇二目、刃伤杖六十徒一年,折跌肢体、瞎一目杖八十徒二年,笃疾杖九十徒二年半,死绞候,故杀斩监候。①现今同居者之刑重于不同居者。对继父子的判刑,以笃疾而论,流三千里与徒三年是三等的差别。

还有一种异姓结拜,也是拟制亲关系,不过法律不承认,不仅不实行同罪异罚,甚而对结拜者加重处罚。这就是异姓歃血订盟焚表结拜弟兄,照谋叛未行律,为首者绞监候,为从者杖一百流三千里。②这与本论题无关,不再多说。

(四)准(比附)血亲五服关系的同罪异

所谓准五服关系,是说没有血缘关系的两造,法律按五服关系的原则来判刑,或者可以说比附五服关系判案。具体来说是指受业师徒的斗杀案件的判刑标准。

清律"十恶"第九曰"不义",系指部民杀害本属知府知州知县,军士杀本管指挥千户百户,吏卒杀本部五品以上长官,弟子杀害现在受业师亦属于这一范畴。③弟子与师父的关系,因受业师的职业区分出两种类型,清代在不同时期两类人员亦有变动,在相当长的时间内,以授受儒家文化为内容的受业儒师与儒学生为一类,宗教信仰的僧侣、尼姑、喇嘛、道士、女冠的师徒及匠艺人的师徒为另一类,到宣统年间则以僧尼道士喇嘛女冠师徒为一类,儒学及匠艺人等师徒作另一个类,对不同类型的师徒在法律处断上亦有所差异。④通常的原则是儒师比照五服制的期亲,僧尼、匠役比照大功,即儒师、僧尼分别成为其弟子的期亲尊长、大功尊长,而他们的弟子则分别成为期亲卑幼、大功卑幼。

弟子殴受业儒师,杖九十徒二年半,成伤杖一百徒三年,折伤杖一百流三千里,折跌肢体、瞎一目、刃伤绞决,笃疾绞决,致死斩决,故杀凌迟。儒师因弟子违犯教令以理殴责,成伤、折伤均勿论,折跌肢体以上始治罪,按殴期亲卑幼律问拟,致死处刑杖一百徒三年。弟子故杀儒师属于恶逆罪,常赦所不原,故凌迟处死。⑤因按期亲尊长、卑幼论刑,故此种师徒相犯,处刑差别甚大。

---

① 《大清律例·刑律·斗殴·殴妻前夫之子》第500页;《名法指掌》卷1《人命·继父殴图》。
② 《名法指掌》卷2《匪类·异姓结拜图》。
③ 《大清律例·名例律·十恶》第93页。
④ 《大清律例·刑律·斗殴·殴受业师》第481页;《核定现行刑律·斗殴·殴受业师》。
⑤ 《大清律例·刑律·斗殴·殴受业师》第481页;《名法指掌》卷1《人命·师弟相殴图》。

弟子殴僧尼、道士、喇嘛、女冠、匠艺人等之师父杖七十徒一年半,折一齿一指眇一目杖八十徒二年,折二齿二指以上、髡发杖九十徒二年半,折肋、眇两目、刃伤杖一百流二千里,笃疾杖一百流三千里,致死绞监候,故杀斩决。师父以理殴责弟子,造成折跌肢体以上重伤开始按殴大功卑幼律问罪,致人命的绞监候。①

(五)主仆名分的同罪异罚

这里说的是主人与奴婢、雇工人(法律名词,与"雇工"不是一种含意)关系的法律,并且涉及到旧主、与主家毫无关系的良人,所以又不仅是主奴关系的同罪异罚。奴婢与主人不仅生活在一起,并被视为"家人",八议中的应议之人指的是勋贵和高级官员及其直系亲属,然而在"应议者之父祖有犯"条例及释文中特别提到"其余亲属、奴仆、管庄、佃甲",或"其余亲属、家人、管庄、佃甲",或"家人、伴当、管庄、佃甲",②条例特别指明他们犯罪不但不减罪,反而加刑,无非是让应议者严加管束他们,可见在法律认定上他们与主人的关系非同一般,实际上在给奴婢治罪时是将他们置于子孙地位,处刑是同样的。由于主奴同居,碰撞必定是多方面的,所以相关律文也多。

在伤害方面,奴婢谋杀家长及家长期亲、外祖父母,已行,不论已未成伤,预谋之奴婢皆斩决,已杀皆凌迟。与子孙处刑完全一样。奴婢谋杀家长缌麻以上内外亲,已行未伤为首者流二千里、为从者徒三年;已伤,首绞决,从同凡论;已杀,皆斩决。家长故杀奴婢徒一年。

在私和方面,家长及其祖父母、父母被杀,奴婢私和杖一百徒三年,受贿者不论赃数俱流三千里;奴婢被杀,家长私和者杖八十,受贿至多杖一百。

在图赖方面,奴婢将家长未葬尸身图赖人者徒三年;家长故杀奴婢图赖人者徒一年半。因为是为图赖他人,才比故杀罪加一等,由一年加为一年半。这同父祖图赖他人杀子孙又是同罪的。

在告发方面,奴婢告家长及家长缌麻以上亲者,与子孙卑幼罪同;家长诬告奴婢勿论。与此相关的家长、奴婢相为容隐方面,奴婢为家长隐者,皆勿论;家长不得为奴婢容隐,因为主人有责任自主或协助政府治他们的罪。

---

① 《大清律例·刑律·斗殴·殴受业师》第481页;《名法指掌》卷1《人命·师弟相殴图》。
② 《大清律例·名例律·八议·应议者之父祖有犯》第95页;《核定现行刑律·名例·应议者之父祖有犯》。

在辱骂方面,奴婢骂家长者徒二年,骂家长期亲及外祖父母杖一百,大功杖六十,小功笞五十,缌麻笞四十,而主人辱骂奴婢无罪。

在互盗财物方面,奴婢盗家长财物,为首者减凡盗罪一等,为从又减一等;奴仆若是强劫家长财物及勾引外人同劫家长财物者,悉照凡人强盗律定拟,其有杀伤家长者从重论。

在挖掘家长坟冢方面,奴婢挖掘家长坟冢,已行未见棺椁,为首者绞候,为从者近边充军;见棺椁,为首绞决,为从绞候;开棺见尸,为首斩决,为从斩候;毁弃撒撒死尸皆斩决。盗家长未殡未埋尸柩,未开棺椁为首绞候,为从近边充军;开棺见尸,为首绞决,为从绞候;毁弃撒撒死尸皆斩决。家长没有挖掘奴婢坟墓的罪。①

赎身奴婢谋杀旧主(原先的主人),同对现在主人一样,皆斩立决,已杀则处凌迟。判处如此重刑,是因为"主仆恩义犹存"②。远远超过凡人斗殴的刑罚,令后世之人难以想象。

奴婢与同家长无关系的良人发生斗殴,并不按凡人关系来处刑,也是加重刑罚,即加凡人罪罚的一等,致人于笃疾,绞监候,致死则斩监候,而良人侵害他人奴婢则减凡人罪的一等,即使故意杀害,也仅罪至绞监候。这样一出一入,就有二等罪的差别。至于家长的内外缌麻、小功亲属打伤奴婢,各减凡人罪二等,大功亲则减三等,致死,减刑为杖一百徒三年。③因为奴婢是贱民,不是良人,也就没有凡人的法律地位,对他们的惩罚就来得特别重,同罪异罚在他们身上体现得极其鲜明。

奴婢之外,还有雇工人,与主家也是同罪异罚,其具体情况放在注释中略

① 以上俱见《大清律例·名例·亲属相为容隐》《刑律·盗贼·亲属相盗、发冢》《刑律·人命·谋杀祖父母父母、杀子孙及奴婢图赖人、尊长为人杀私和》《刑律·斗殴·良贱相殴、奴婢殴家长》《刑律·骂詈·奴婢骂家长》《刑律·诉讼·干名犯义》第134、408、420、440、463、470、483、484、505、522 页。

② 《大清律例·刑律·人命·谋杀故夫父母》第449 页。

③ 《大清律例·刑律·斗殴·良贱相殴》第483 页。

述,不再多说。①

(六)夫妻的同罪异罚

夫与妻、妾在五服制里就不对等,不在一个服制里,妻为夫、妾为家长服斩衰之服,夫为妻服齐衰服,为有子之妾服小功服,到了法律里同罪异罚就显现出来。

夫妻殴杀的判刑。妻谋杀夫、妾谋杀家长,已有行动处斩,已杀处凌迟。妻殴夫,只要有行动,即处杖一百;至折伤以上加凡斗伤三等治罪,折一齿一指、眇一目则杖八十徒二年;折二齿二指、髡发杖九十徒二年半;折肋、眇二目、刃伤流二千里;折跌肢体、瞎一目流三千里;达到笃疾的程度,判处绞决;致死斩决;故杀凌迟。妾殴家长(夫)比妻罪行重加一等,但殴杖六十徒一年;折一齿一指、眇一目则杖九十徒二年半;折二齿二指、髡发杖一百徒三年;折肋、眇二目、刃伤流二千五百里;折跌肢体、瞎一目绞决;笃疾绞决;致死斩决;故杀凌迟。夫殴妻,不到折伤程度不论罪,至折伤以上减凡人二等;杀死妻,拟刑绞监候;故杀,也是绞监候。若妻、妾殴骂夫之祖父母、父母,夫遂擅自杀死妻、妾杖一百,而且由祖父母、父母亲投诉才治罪。若夫殴骂妻、妾,被殴骂人因而自杀,并不论夫之罪。家长殴伤妾,至折伤以上,减殴伤妻二等,至死者杖一百徒三年。家长谋杀有子之妾,已行未伤处杖一百徒三年;已伤杖一百流三千里;已杀绞候。殴打折一齿一指、眇一目杖八十;折二齿二指、髡发杖九十;折肋、眇二目、刃伤杖六十徒一年;折跌肢体、瞎一目杖八十徒二年;笃疾杖九十徒二年半;致死绞候;故杀绞候。就夫妻致死罪刑而言,妻、妾必是死刑立即执行,甚而凌迟处死,夫则是绞监候,仍有存活的可能,所以不是一个刑级之别。

---

① 雇工人与主人及其亲属相犯,处罚介于奴婢和凡人之间,比奴婢轻,比凡人重,但接近奴婢。雇工人殴家长及其祖父母、父母、期亲尊长、外祖父母杖一百徒三年,成伤杖一百流三千里,齿落、骨折绞监候,致死家长斩立决,致死期亲尊长、外祖父母斩监候,故杀家长凌迟。若系误失造成伤亡,各减本罪二等,如殴家长缌麻亲处杖八十,小功亲处杖九十,大功亲处杖一百,造成重伤的缌麻、小功亲加处凡人罪一等,大功亲加处二等,致死处斩监候。家长及其期亲尊长、外祖父母殴雇工人,不论有理与否,折伤以上才以减凡人三等论处,致死处杖一百徒三年,故杀处绞监候。如雇工人违犯家长及其期亲尊长的教令,遭到处责,造成意外死亡,家长不负法律责任。雇工人与奴婢比较,就同对家长讲,家长致死奴婢徒一年,致死雇工人徒三年,比对奴婢重四等,所以雇工人比奴婢的同罪异罚是有所不同的,但是从凌迟的用刑上来讲,雇工人在受刑又类似于家长子孙的法律地位。(裕禄辑注:《大清律例根源》卷59《刑律斗殴·奴婢殴家长》,同治辛未安徽敷文书局聚珍版。)

妻、妾对夫被害私和,杖一百徒三年,受财流三千里。夫对妻、妾被害私和,杖八十,受财杖一百。流三千里与杖一百,有七个刑级的差别。

妻弃夫尸体,绞监候,损坏尸体,则减一等;夫毁弃妻尸体,比依尊长毁弃期亲卑幼死尸律,于凡人杖刑流刑上递减四等,杖一百徒一年半,仅是毁损,再减一等。这是死刑与徒刑之异,中间隔着流刑。

夫、妻、妾同罪异罚,还体现在妻、妾对夫之祖父母、父母身上,妻对舅姑、妾对家长犯罪,至极刑凌迟处死,家长谋杀子孙妇,最严重是杖一百流二千里;故杀亦是流二千里,故杀子孙妾徒一年半。①双方的同罪异罚,在三个刑级以上。

(七)两造关系的平民同罪异罚

这里是专指平民之间的人命案件,凶犯因存留养亲、存留承祀制度而得免死,不去抵罪,而不够存留养亲、存留承祀条件的凶犯当然以死刑抵罪,相同案子的案犯因家庭成员状况的不同,而有相异的结果,笔者认为这是一种同罪异罚的类型。

杀人犯抵罪判死刑,但致死人命系由误杀、戏杀、擅杀和情节轻的斗杀造成,或因救亲情切而伤人致死,并非常赦所不原的十恶之罪,而高曾祖父母、祖父母、父母年龄在七十岁以上,或有疾病,家中又没有十六岁以上成丁的人可以侍养,经过审理,可能不按一般常规拟抵——判处绞监候,而将凶犯存留下来侍养老亲。还有一种情形,即罪罚是独子,母亲是孀妇,且守节已二十年,本身年龄已经达到五十岁,也属于存留养亲范围。又有一种情形,就是兄弟都犯死罪,若全部处死,家中老亲无人侍养,于是存留一人养亲。此外,胞弟殴死胞兄及大功、小功尊长,本律是斩决的罪名,若家有老亲而无以次成丁者,可以改为斩监候,遇秋审、朝审再议。当然,存留养亲的罪犯死罪饶过,另处刑罚,并追埋葬银二十两(数量前后有变动)给死者家属,无经济能力者追一半。这种存留养亲固然使得凶手老亲有人侍养,可是被害人的祖父母、父母年龄也在七十岁以上,或者有笃疾,家中亦没有十六岁以上成丁的人侍养,或者其母是孀妇,本身是独子,他的被害,弄得老亲无人侍养,凶手的老亲却有人侍奉,岂不出现新的不公平,因此法律改定,被害人家无以次成丁者,凶

---

① 《大清律例·名例律·十恶·恶逆、不孝、不睦》《刑律·盗贼·发冢》《刑律·人命·谋杀祖父母父母、夫殴死有罪妻妾、尊长为人杀私和》《刑律·斗殴·妻妾殴夫》第93、420、428、440、463、470、488页。

犯就不能留养。①符合存留养亲条件的凶犯得以留下性命，而不具备条件的凶犯就受死刑，这二者比较，岂不可以视作同罪异罚！

以上是存留养亲的基本情形，实际上留养的情况要复杂得多。若凶犯有老亲，家无以次成丁，可是有兄弟或侄儿出继，甚而本身就是出继者，要不要存留？于是规定，出继的兄弟、侄子归宗养亲，本身所继之家另行立继，因此不许存留养亲；倘若兄弟、侄子所继之家无可另继之人，不能归宗，罪犯本人所后之家亦无可另继者，仍准许申请存留养亲。随后对此有所改定，凡犯徒罪的人犯，兄弟及侄不必归宗，以免所后之家另立继嗣的烦难，以及兄弟、侄归宗后出现的新纷争，如此罪人又可能留养。尊长故杀卑幼，如系亲老丁单，亦有可能存留养亲。杀死犯罪嫌疑人的凶犯可以留养。②被害人系不孝之独子，凶犯仍可留养。③

存留承祀，系从存留养亲条例分离出来。存留养亲是施恩，然若无老亲，犯人没有留养必要，不过同胞兄弟相残，主要是弟杀兄，弟抵罪处死，若家中再无其他男子，则会户绝，故出现承祀的问题。又，夫杀妻亦同样有承祀之事。雍正四年五月刑部议复吕高戮死胞兄吕美一案，奉旨：一家兄弟二人，弟殴兄致死，而父母尚存，家无次丁，则有存留养亲之请，倘父母已故，而弟杀其兄已无请留养亲之人，一死一抵，必致绝其烟祀，此处甚宜留意。遂议定有此情状者免死，减等枷号三个月、责四十板，存留承祀。④另有丈夫过失殴死妻子，父母已故，家无承祀之人，于雍正十一年议准定例准许存留承祀，并将该犯枷号两个月、责四十板。⑤

有老亲需要侍养的凶犯得到免死的机会，而无老亲，或虽有老亲但家有

---

① 《大清律例·名例·犯罪存留养亲》第106—112页；《大清律例根源·名例五·犯罪存留养亲》。

② 《大清律例根源·名例五·犯罪存留养亲》。事情的起因是乾隆五十四年，直隶陈相卜中殴烧贼人韩晚成致死，二人皆为独子，本不应留养，然因死者是犯罪嫌疑人，陈相卜中从而免抵，相应产生案例：擅杀罪人之案，与斗殴致毙平人者有间，有亲老丁单应行留养者，该督抚照例取结送部核办，毋庸查被杀之人有无父母，是否独子。

③ 《大清律例根源·名例六·犯罪存留养亲》。嘉庆二十四年，安徽鲍怀友扎死王悰成，二人均系独子，鲍怀友母王氏年逾七十，王悰成之父王华山年七十，王华山供称其子自幼不服管教，亦不养赡，将其摈逐。因此刑部认为死者系忘亲不孝之人，生前虽有应侍之亲，而其亲实与无子无异，所以鲍怀友可以存留养亲。

④ 《大清律例根源·名例五·犯罪存留养亲》；《大清律例·名例·犯罪存留养亲》第107页。

⑤ 《大清律例根源·名例五·犯罪存留养亲》；《大清律例·名例·犯罪存留养亲》第108页。

其他成丁侍养,这样的凶犯就要处死,这一死一留不也是一种同罪异罚吗!家无承祀之人的杀兄凶犯可以获得存留承祀,而家有承祀之人的杀兄凶犯则不能存留免死,这同样情形的凶手有了异样的处刑,也应是同罪异罚。

(八)构成冲突关系的官民同罪异罚

贵胄与平民之间亦具有类似同罪异罚的状况。官员与民争执犯案,可以以赎代刑,这其实也是同罪异罚。这且不说,单讲皇亲的民事纠纷中的同罪异罚。八议中的议亲对象,包括皇家祖免以上亲(皇帝五服宗亲和皇帝高祖的兄弟之后裔),以及太皇太后、皇太后缌麻以上亲,皇后小功以上亲,皇太子妃大功以上亲。平民但殴皇家祖免以上亲杖六十徒一年,但殴缌麻亲杖七十徒一年半,但殴小功亲杖八十徒二年,但殴大功亲杖九十徒二年半,但殴期亲亲杖一百徒三年;成伤,祖免以上亲杖八十徒二年,缌麻亲杖九十徒二年半,小功亲杖一百徒三年,大功亲流二千里,期亲亲流二千五百里;折肋、眇二目、刃伤,祖免以上亲徒三年,缌麻亲流二千里,小功亲流二千五百里,大功亲、期亲亲流三千里;折跌肢体、瞎一目,祖免以上亲流二千五百里,功缌期亲均流三千里;瞎二目折两肢,均绞候;致死均斩候。①皇亲殴打良人,因议亲之故,审判程序就受到优待,所谓"凡有所犯,另加拟议",就是应议者犯罪,实封奏闻取旨,不许擅自勾问,若奉旨推问者,开具所犯及应议之状,先奏请议,议定奏闻,取自上裁;应议者的祖父母、父母、妻及子孙、外祖父母、伯叔父母、姑、兄弟姊妹、女婿、兄弟之子犯罪,听从有司依律追问,议拟奏闻,取自上裁。应议者及其亲属的最后判决,均由皇帝裁决,司法官只是提出处刑的建议。②他们和凡人的斗殴之罪,经过减免,又要比凡人相殴轻了许多。

此外,由于奴婢、雇工人与同罪异罚的关系,令我们想到地主与佃户有没有同罪异罚的问题。清朝在礼仪方面规定:"佃户见田主,不论齿叙,并行以少事长之礼;若亲属,不拘主佃,止行亲属礼。"③既然明确主佃是少长关系,那么是否在判刑上区分出尊卑呢?在法律上没有发现平民主佃的异样规定,应该说同罪异罚没有出现在这种关系中。

综观上述八种同罪异罚,不难理出一个共同点,即以五服关系论罪——

① 《大清律例·刑律·斗殴·宗室觉罗以上亲被殴》第478页;《名法指掌·人命·殴皇亲图》。
② 《大清律例·名例·八议·应议者犯罪、应议者之父祖有犯》第93—95页。
③ 《大清律例·礼律·仪制·乡饮酒礼》第296页。

实行"准五服以制罪"刑罚原则。法律严格地细致地区分宗族的尊卑长幼,父祖子孙间的、期亲间的、大功间的、小功间的、缌麻间的、无服尊长与无服卑幼间的,甚而在尊者方面还要区分出尊属、尊长。如此严格尊卑长幼之别,是为强调尊卑长幼的秩序,亲疏、尊卑、长幼关系在判案量刑中几乎成为决定性因素:尊与卑是一个基本的划线,崇尊抑卑,所以对二者的处断,一减刑一加刑;亲与疏是另一个重要原则,卑幼对越亲近的尊长犯罪,处刑越重,反之尊长对越亲近的卑幼犯罪,处刑越轻;长与幼是进一步区分人们在五服制中的位置,同样是判刑的不可忽视的原则,故而长幼同罪异罚。

由同罪异罚,让我们知道"准五服以制罪"的实行范围,不限于血亲关系的人,还有拟制血亲者、比附血亲者、主仆关系的人、夫妻(妾)关系的人,以及因冲突构成案件的平民、官员。所以"准五服以制罪"实施对象的内涵是宗亲和姻亲,外延是拟制亲、主仆、师徒,以至官民,可见施行范围之大,影响人群之广,更可见它在中国古代法律中的重要地位和作用。

二、同罪异罚对宗族制的维护

上一节叙述了各种类型的同罪异罚,这一节将从它的量刑与凡人刑律比较看其对宗法制的维护。

同罪异罚是对两造的同罪而异罚,笔者在前面的交代中有时也指明哪种处刑比凡人的斗殴处刑是轻或是重,不过重心是要说明两造所得到的不同的刑罚,这里就来考察同罪异罚之罚与凡斗量刑的异同以及它的立法原则。

为了比较,先将凡人与凡人斗殴的刑罚抄录于次:凡是斗殴,用手足笞二十,用他物笞三十;成伤,手足笞三十,他物笞四十;拔发方寸以上笞五十;血从耳目中出、内伤吐血、以秽物污人头面杖八十;折一齿一指、眇一目杖一百;折二齿二指以上、髡发杖六十徒一年;折肋、眇二目、堕胎、刃伤杖八十徒二年;折跌人肢体、瞎一目杖一百徒三年;瞎二目、折两肢以上、笃疾、断舌、毁败阴阳杖一百流三千里,断财产一半予受害人赡养;致死绞候;故杀斩候。[1]

明了凡斗的判刑,我们来看同罪异罚的重刑与减刑,各是什么人对什么人,以及加重或减轻刑罚的程度。

---

① 《大清律例·刑律·斗殴》第 472 页。

加重刑罚。殴打方面,子孙对高曾祖父母、父母,但有行动即斩决,比凡斗的故杀之刑——斩候还重,至于致死即凌迟的刑罚,在凡斗中是绝对不会出现的。侄、同父弟妹对期亲尊属、尊长但有行动,分别为杖一百徒三年、杖九十徒二年半,致死斩决。最轻的受刑杖九十徒二年半,是以徒刑第四等作起点,比凡斗的折肋处刑还重,可见加重的程度,至于斩决,也非凡斗的绞候所能比拟。五服卑幼殴打功缌尊长,但殴,处刑最轻的是对缌麻尊长的杖一百,这是越过笞刑,以最高杖刑论处,是相当于凡斗的折一齿一指、眇一目的刑罚;在致死功缌尊长中同样是处刑最轻的是对缌麻尊长的斩候,同于凡斗的故杀罪,比凡斗的绞候刑重一等。

如前所述义子有两种类型:受恩久者与子孙受刑全部相同;受恩浅者相当于期亲卑幼,不必赘述,受刑远高于凡人。亦如前所述,继子殴继父分两种情况:现不同居者,但殴杖六十徒一年,越过了凡斗的笞杖之刑;折肋、刃伤杖一百徒三年,系凡斗的折跌肢体之刑,即加罪一等。妻殴夫起刑杖一百,相当于凡斗的第六等刑(凡斗处刑由笞二十起,递加笞三十、笞四十、笞五十、杖八十、杖一百……);笃疾的绞决,比凡斗的致死绞候还重。妻殴丈夫的祖父母、父母是斩决,致死则是凌迟,完全按子孙犯罪处刑的,其刑重于凡斗不可以道里计。奴婢、雇工人对家长犯罪以子孙论处,其重于凡人,自不必说。外孙殴外祖父母,从杖一百徒三年开始,是凡斗的折跌肢体、瞎一目之刑。女婿殴岳父致笃疾绞决,致死斩决,均加罪二等。儒学生对业师犯罪,受期亲卑幼之刑,僧道匠艺之门徒殴打受业师,判大功卑幼之刑,重于凡人的状况,同于五服宗亲。民人殴打皇亲中最疏远的袒免以上亲,凡殴杖六十徒一年,是凡斗的折二齿二指之刑,最亲近的期亲是杖一百徒三年,相当于凡斗的折跌人肢体之刑,比对袒免的又加四等。误失损害他人坟墓尸体的刑罚,凡人掘人坟不掩埋杖八十,烧及棺椁徒二年,烧尸徒三年,若是卑幼不知情而误烧缌麻以上尊长坟椁,各递加凡人罪的一等,即掘墓杖九十,烧棺椁徒二年半,烧尸流二千里。[①]砍伐祖坟树木至二十一株以上者流三千里,而他人盗卖非本族人的坟树,犯至三次,才是充军之罪。[②]

---

① 《大清律例·刑律·盗贼·发冢》第420—427页;《名法指掌》卷3《发冢·发掘尊长冢图、发卑幼冢图》。

② 《大清律例·刑律·盗贼·盗园陵树木》第364—366页。

至此可以总括一下，因殴打罪加重刑罚方面，加重者系子孙妻妾（妾是类子孙的半奴婢）、五服宗亲卑幼、拟制亲卑幼、姻亲卑幼、比附五服制治罪的卑幼——门徒、刑罚中的类子孙——奴婢、雇工人，殴打皇亲的民人与哪一类的子孙卑幼都不沾边，但是他们殴打的是君父——皇帝的亲属（也即"类尊长"），他们既是子民，也不妨借用"卑幼"一词给他们定位，所以简单地说卑幼殴打尊长、长上就加重刑罚。至于加重的程度，还是要看两造双方在五服制、类五服制中的地位，卑幼所面对的尊长在五服制中地位越高，刑罚就越重；尊长地位相对低一点，卑幼的刑罚就相对少加一点。其重者，如殴父祖即斩决，死即凌迟，与凡斗之笞二十、三十，是何等的悬殊！其轻者，也是罪加一等，一般来讲，在造成折二齿、二指重伤以前，判刑加重好几等，判徒刑的加等相对少一点，判死刑的情况多，加重更表现在这里。

减轻量刑。尊长殴打卑幼全部减刑，轻于凡斗。父祖殴打子孙，非理殴杀杖一百，相当于凡斗的折一齿、一指之刑。伯叔殴侄、侄孙致死杖一百徒三年，还没有到流刑，相当于凡斗的折跌人肢体。同父兄姊殴弟妹无罪，致死杖一百流二千里，比凡斗笃疾杖一百流三千里尚轻二等。大功、小功、缌麻尊长殴卑幼均无罪，至折一齿一指、眇一目，分别杖七十、杖八十、杖九十，比起凡斗的杖一百，分别减三等、二等、一等，殴无服卑幼至造成笃疾为止，皆减凡斗一等。殴义子折一齿一指量刑定罪杖七十，而凡斗是杖一百，差三等，致死杖一百徒三年，同于凡斗的折跌人肢体，而不是绞候。继父殴现不同居的继子，笞一十或二十，比凡斗少责十鞭（板），笃疾杖一百徒三年，为徒刑最重级，而凡斗则杖一百流三千里，是流刑最高级，是徒刑与流刑之别。而殴同居的继子，笃疾斩监候徒二年半，当然与凡斗的处刑等级又拉大了。父祖致死子孙妇杖一百徒三年，同于凡斗的折跌人肢体；致死子孙妾杖六十徒一年，是凡斗的折二齿二指的罪。夫殴妻减刑二等，殴妾比妻又减二等，即减四等罪。岳父殴女婿致笃疾杖一百徒三年，比凡斗的杖一百流三千里轻，是两种（徒刑与流刑）不同刑级的差异。外祖父母殴外孙至死判罪杖一百徒三年，儒师殴弟子亦然，均同于凡斗的折跌人肢体。僧道、匠艺人等业师殴弟子，笃疾杖八十徒二年，而凡斗是杖一百流三千里，致死弟子绞候与凡斗相同。尊长对卑幼坟墓误掘、误烧棺椁及尸体，各依凡人罪罚递减一等。尊长盗窃卑幼财产，均比凡人盗窃罪减等。总之，减刑是父祖及宗亲、拟制亲、准五服亲的尊长，减刑的幅度与凡斗量刑比较，也是以五服亲等为准，减的量级与前述卑幼加刑是对称的，亲等越高，被害亲等越低，减刑越多，在折一齿、一指伤以前诸罪多不受刑，在笃疾以下诸罪减刑甚多，至致死重罪，除期亲以上尊长不判死刑，其余的多判绞候，这方面没有明显的轻于凡斗。

还有一种同罪异罚之刑与凡斗之刑的判刑量度的比较，即同罪异罚人士之刑均比凡斗重。私和人命，尊长、卑幼虽然也是同罪异罚，但所受之刑，期亲、功缌尊长最轻的受刑杖九十，卑幼最轻的受刑杖一百，而常人私和人命杖六十，都比常人罪重。五服亲与路人不同，理应互相关切，亲人出了命案，本应告官鸣冤，怎能私和了事，当然应予比凡人加重的刑罚。

比较令我们产生四点印象：

其一，刑罚的加重与减轻以及比凡斗的或轻或重，是为了维护宗族制，尤其是宗族尊长制。

无论是家族血缘的尊卑长幼，还是比拟、比附的尊卑长幼，凡在人身、人格冲突的案件中，对尊长的惩罚一定比凡斗减等变轻，对卑幼的惩处又一定比凡斗加等变重，这就使同罪异罚具有双重含义，即令尊长与卑幼在法律上不平等，偏袒尊长压抑卑幼；这种尊长、卑幼处刑之别，不仅是两造之间对比的一重一轻，更是同凡斗的定罪比较，尊长、卑幼判罪的比凡斗畸轻、畸重的事实更堪注意。这两种内涵，愈发凸显国家偏向尊长压抑卑幼的严重程度，表明国家的强烈支持宗族尊长制的方针和政策。维护宗族尊长制，就是肯定、支持宗族制，尊长不过是宗族制的符号。这样说同罪异罚维护宗族制，不只是逻辑的推衍，而是在同罪异罚的律条中鲜明表现出来的，又在私和人命的宗亲之罪均重于凡人的律例中表达出国家法律保护宗族制的意向。

其二，由族内等级制到社会等级制。

本来祖孙、父子、叔侄、亲兄弟、堂兄弟、再从兄弟、族兄弟之别，是血缘关系的自然伦序，丧礼五服制的出现使它变为家族等级制，于是父祖子孙的尊卑、期亲尊卑（又区分齐衰杖期、齐衰五月不杖期、齐衰三月不杖期尊卑）、大功尊卑、小功尊卑、缌麻尊卑、无服族人的尊卑六个等次成为宗族群体等级制。这个等次有其社会性，但主要体现在宗亲群体内，是在丧礼和礼仪范围内行施的，具有小范围的社会性。及至准五服以制罪的刑律成立，用刑法确立宗亲等级关系，宗亲间的冲突事件，就不再是宗族内部的事情，而是由国家直接处治的社会事务，其宗族内的等级社会性，已经变成社会的等级社会性。

其三,宗族制与等级制的结合。

准五服以制罪和同罪异罚的后果,不只是将宗族内的等级性固定为国家社会的等级性,更向宗族以外社会群体扩展:一方面将义父子、继父子的拟制亲,血缘关系被忽略的姻亲(外家、姑家、舅家、两姨家),均纳入五服关系或准五服关系体系,这样将宗亲关系推广到社会相关人群,令宗族关系扩大化。另一方面是将毫无血缘关系的人群纳入准五服以制罪,使得具有主奴、师徒、男女(夫妻)、官民关系的人也被笼罩在宗族等级制内。当然,妻妾是家长的家属,奴婢是家人,师徒如父子,与宗族观念比较好联系,那么官民之间呢?与准五服以制罪似乎没有明确关系,然而两造在实际上是仿照五服关系定罪的。试举一例——谋杀官长的判刑:部民谋杀本府州县正印官(知府、知州、知县)、军士谋杀本营官、吏卒谋杀本部五品以上长官,已行未伤,造意者杖一百流二千里,为从同行杖一百徒三年,这个刑罚同于卑幼谋杀缌麻以上尊长;成伤,为首绞决,此刑罚同于卑幼谋杀缌麻以上尊长之首犯;已杀,不论为首、为从加功者皆斩决,[①]而民间卑幼杀害缌麻以上尊长亦皆斩决。如此一致,表明官员真是"父母官",是属民、属卒、属吏的缌麻以上尊长。

我们明确了五服制的适用范围不限于当时概念的血缘宗亲,还有各种姻亲、拟制亲,更有准五服原则的师徒、官民各色人等,准五服以制罪的同罪异罚所涉及的人员范围因扩展而更具有社会性。由此我们不难发现准五服以制罪的实施范围,是以五服宗亲推衍到社会上各种人,换句话说,是以宗族、宗法观念为核心,向外扩延,涉及到社会各种人群。而这各种人群,本来就处于社会等级结构之中,有着不同的社会地位:官员、贵族是特权等级,奴婢、雇工人是贱民、半贱民等级,一般人是平民等级。准五服以制罪将宗族内部等级社会化,又将社会等级纳入宗族等级,两方面交融,形成宗族等级与社会等级的密切结合,而最主要的是宗族等级的社会化和扩大化。

其四,清代依然是宗法性社会。

准五服以制罪,宗亲法,扩大范围的宗亲法与等级制,不仅成为人际关系的一种准则,还是刑法的制订原则之一,表明那种社会是具有宗法性的社会。西晋即开始实行这一原则,则中古社会为宗法性社会。延续至清代已经有一千数百年的历史。清代的承袭,自然依旧是宗法性社会的反映。更有甚者,清

---

① 《大清律例·刑律·人命·谋杀制使及本管长官》第 440 页。

代在这方面还有所加强，"杀一家三命"（杀一家非死罪三人）的刑罚，唐律以来是斩决，而乾隆年间修订为"杀一家二命"。一家，指同居的本宗五服至亲，或不同居，凡属期亲者皆是。乾隆四年(1739)定例，杀死功缌卑幼一家二命斩决，改变原来的绞候刑法，[①]加强对宗族的维护。

三、制订同罪异罚的宗族伦理和名分法理

同罪异罚刑法制订的根据，可以从四方面来考察：一是由服制的不对等来分析，准五服以制罪，服制不对等，处刑自然也不会相同；二是从宗族伦理方面来了解，同罪异罚是合于传统观念天理人伦的，是顺理成章的；三是看等级观念、名分观念的作用；四是再从清末改订刑律的争论中观察孝道伦理在制律中的地位。

(一)五服亲人服制不对等的前提

宗亲和姻亲，在许多人中是处于不同的五服地位，不是乙是甲的儿子，乙对甲是服斩衰服的丧，甲对乙也服那样的丧，双方是处在不同的丧服之中。子及在室女为父母斩衰服；父母为子、在室女齐衰服。过继子为嗣父(为人后者为所后父母)斩衰服；嗣父为过继子齐衰服。妻为夫斩衰服；夫为妻齐衰服。以上是斩衰服与齐衰服之别。子女为父母、妻为夫服斩衰服，父母为子女、夫为妻服齐衰服，区别最显著。因为斩衰服三年丧，而齐衰服一年丧，大功九月，小功五月，缌麻三月，最重的是斩衰服。出嫁女为父母齐衰服；父母为出嫁女大功服。孙男、孙女(不论在室与否)为祖父母齐衰服；祖父母为嫡孙齐衰服，为众孙及在室女孙大功服。曾孙男女、玄孙男女为曾祖父母、高祖父母服齐衰服；曾祖父母、高祖父母为曾孙男女、玄孙男女缌麻服。外孙为外祖父母小功服；外祖父母为外孙缌麻服。以上的服制差别在一个级别或以上，在服制上都是不对等的。准五服以制罪的实行，区分亲疏、尊卑、长幼，以服制定罪，处于不同服制地位的人，罪状相同而判以不同的刑罚，是理所当然的。

有的人在服制上相同，如为人后者为本生父母、父母为子为人后者互为齐衰服。侄为伯叔父母与伯叔父母为侄均为齐衰服。亲兄弟姊妹之间亦为齐衰服。外甥与舅父、姨母之间为小功服。岳父与女婿互为缌麻服。姑表兄弟之

[①]《大清律例·人命·杀一家三人》第 450 页；《核定现行刑律·人命·杀一家二命》。

间、舅表兄弟之间、姨表兄弟之间均为缌麻服。这些人服制虽同,但辈分、年龄有着尊卑、长幼之别,故而判刑有异。弟子犯师父的儒师照期亲、僧尼照大功治罪,即是以五服制的尊卑论罪的典型。

(二)以孝道为重心的宗族伦理的主导作用

要明了宗族伦理与制订同罪异罚律文的关系,先交待笔者对宗族伦理(宗亲伦理、宗法伦理)、等级名分观念的理解。宗族伦理,是规范有血缘关系者的尊卑长幼秩序的道德意识,并以孝道为核心。名分观念,实即纲常名教,是放大了的宗族伦理,它的运用范围将君臣、官民包括在内,是规范、约束所有社会各等级成员的滥觞于宗族伦理而以忠君为核心的伦理意识。

同罪异罚是根据宗族伦理制定的,当然也是以宗法伦理为依据的。清朝君臣说到立法,都要讲人伦、纲常名教。乾隆帝讲"慎重伦常,明刑弼教"①,就是以司法来辅弼纲常名教伦理道德的实现,明白地道出伦理观念主导法律的事实及法律实现伦常的目标。历来法律以"名例律"开篇,而"十恶""八议"又为首列。清朝刑部在制作律例汇编文件时,将"十恶"放在"名例"之首,部臣云:"十恶皆罪大恶极,王法所不容,其罪至死者固恩赦所不原,即罪不至死者,亦俱有乖伦理,故特揭其名目于律首,使人知所警也。"②法律首严十恶之教,在于敦崇伦理、反对乖戾伦理。所谓人伦、纲常名教,可用"忠""孝""节""义"四字来概括,可谓是"四字箴言"。"孝"是宗族伦理,清朝君臣所强调的,笔者以为是五个字,即"慈""孝""友""恭""睦",可谓"五字箴言"。这是从康熙帝、雍正帝上谕里概括出来的。

康熙帝"圣谕十六条"的前两条是"敦孝悌以重人伦""笃宗族以昭雍穆"③,雍正帝的《圣谕广训》讲解"笃宗族以昭雍穆":"《周礼》教民,著为六行:曰孝,曰友,而继曰睦,诚古今不易之常道也。长幼必以序相洽,尊卑必以分相联。父与父言慈,子与子言孝,兄与兄言友,弟与弟言恭。"揭出慈、孝、友、恭、睦五项内容。慈孝友恭是父子、兄弟关系的相处准则,睦是讲睦族(和睦宗族),说的是族人相处原则,它系由孝悌人伦推衍而生,亦如雍正帝所言,"盖

<hr />

① 《清朝通典》卷83《刑典四》,浙江古籍出版社,1988年,第2639页。"明刑弼教",是乾隆帝借用古人常用成语,语出《尚书·大禹谟》之"明于五刑,以弼五教"(中华书局《十三经注疏》本,第135页下)。

② 《大清律例根源·名例一》雍正三年刑部按语。

③ 《清实录·康熙朝》卷34,九年十月癸巳条。

22

宗族由人伦而推,雍睦未昭,即孝悌有所未尽"。雍正帝进而讲到睦族与国家世道的关系:"尔兵民其交相劝励,共体祖宗慈爱之心,常切水木本源之念,将见亲睦之俗成于一乡一邑,雍和之气达于薄海内外,诸福咸臻,太平有象,胥在是矣,可不勖欤!"①他说明因宗族雍睦而达到国家太平的道理,也就是说因睦族而尽忠了。其实,孝的最高层次是显亲扬名,就是尽忠所致,所以孝的最高境界是忠。

五字箴言以孝为核心,为根本。十恶之四为"恶逆",谓子孙殴及谋杀祖父母、父母、夫之祖父母父母,杀死伯叔父母、姑、兄、姊、外祖父母及夫。十恶之七"不孝","谓告言咒骂祖父母父母、夫之祖父母父母;及祖父母父母在别籍异财,若奉养有缺;居父母丧身自嫁娶,若作乐释服从吉;闻祖父母父母丧匿不举哀;诈称祖父母父母死"②。这四、七二恶都是单向的,均指卑幼渎犯尊长,与十恶之八的"不睦"、之十的"内乱"不同,那是约束卑幼、尊长双向的,虽然处刑上同罪异罚。法律一味要求子孙卑幼尽孝,如有违法动辄处刑,乃至常赦所不原和凌迟处死。出于孝的观念及与"不孝"定罪原则配合,有子孙"违犯教令"及"奉养有缺"的具体条例达九项之多:子孙违犯祖父母父母教令及奉养有缺,杖一百;祖父母父母呈首子孙屡次违犯触犯,除重辟罪外,民人发烟瘴充军,旗人发黑龙江当差;子贫不能营生养赡,致父母自尽,杖一百流三千里;子孙犯奸盗致祖父母父母忧忿戕生,或被人谋故殴杀,子孙绞立决;祖父母父母纵容祖护,后经发觉,畏罪自尽,子孙发云贵两广烟瘴充军;祖父母父母被人谋故殴杀,子孙绞监候;祖父母父母教令子孙犯奸盗,后因发觉畏罪自尽,子孙杖一百徒三年;祖父母父母被人谋故殴杀,子孙杖一百流三千里;子孙罪犯应死及谋故杀人,事情败露,致祖父母父母自尽,照各本犯罪名拟以立决。③后七种父祖非正常死亡,乃子孙不孝的表现,故治以重罪。与子孝相对应是父慈、弟恭相对应的是兄友,父兄侵害子弟有的也要判刑,只是减轻,这表示对父兄的慈、友要求,违犯也是不行的。

五字箴言体现在律例中,同时落实在司法行政中,即实践中。这里仅举乾隆帝两个指令的事实就可以明了了。乾隆十八年(1753)九月,山西陆三杰将

① 雍正帝:《圣谕广训》,天津广仁堂版。
②《大清律例·名例·十恶》第 93 页。
③《大清律例·刑律·诉讼·子孙违犯教令》第 524 页;《名法指掌》卷 1《人命·子孙违犯图》。

所分田宅荡卖,乘父病危,又要分田地,其叔陆应唐气愤地责备他,并用刀扎伤他的额头,陆三杰夺刀回扎,致死乃叔,山西巡抚以陆三杰是拿刀恐吓,有情有可原处,乾隆帝上谕,陆三杰"致毙胞叔,悖伦灭理,莫此为甚"。不言而喻自应按杀害期亲尊属罪名斩立决,像晋抚这样的"有关伦常,亦多迁就"的弊病,以后再犯应"从重论处"①。乾隆帝于二十九年(1764)四月上谕,遇有子孙蔑伦重案,各省定谳,一面奏闻,一面正法,盖因此等案犯情罪重大,不便稍稽显戮。②不仅按照已经体现了人伦精神的刑罚条文量刑,而且还应再次思考是否符合伦理,真正是以伦理为指归。

允许存留养亲和存留承祀都是孝道伦常所致。如同雍正朝刑部大臣所说,订立存留养亲条例,"是矜恤罪人之亲,以广孝治也"③。嘉庆三年(1798),刑部大臣说存留养亲,"原系国家矜恤孤独,特施法外之仁"④。道光十二年(1732),御史金应邻讲,为守节孀妇而存留养亲,是"以此体恤妇女苦节抚孤、矜全贞节之意"⑤。存留罪犯,不是可怜他们,而是同情他的老亲,为的是让老疾、孤寡之亲得到子孙的供养,以实现人伦。同时考虑被害人家是否家无以次成丁,亦有老亲需要侍养,为的是"例本人情,人各有亲,亲皆侍养"⑥,是从被害方进行尽孝的考量。但是罪犯若是游荡在外省犯案,或是忤逆被逐,均属于忘亲不孝之人,不得留养。犯有关伦理罪的,也不能存留养亲。所以从不同的角度来看存留养亲制度是孝道伦理的产物。存留承祀为延续家庭的香火,不仅像存留养亲那样顾及活人,还顾及到死人,但是它的意义更为重大,因为关系一个家庭的存殁。杀一家二命、三命之所以为常赦所不原的重罪,是因其要灭人一家。"不孝有三,无后为大",维持家庭的延续是孝道的基本要求。

同罪异罚出于孝道伦理的思考,那么为什么要尽孝呢?而这伦理又是从尊长对卑幼的教养、恩重着眼的,法律又是据此而订的。子女是由父母所生所养,父母有生功、养功,还有教养之功,故而恩重如山。外孙对外祖父母服小功服,处刑则以期亲服论,法律的解释是"外祖父母服虽小功,其恩义与期亲并重"⑦。

---

① 《清朝通典》卷83《刑典四》,浙江古籍出版社,1988年,第2639页。
② 《清朝通典》卷83《刑典四》,浙江古籍出版社,1988年,第2641页。
③⑤《大清律例根源·名例五·存留养亲》。
④ 《大清律例根源·名例六·存留养亲》。
⑥ 嘉庆24年刑部大臣语,见《大清律例根源·名例六·存留养亲》。
⑦ 《大清律例·斗殴·殴期亲尊长》第493页。

清季改定刑律,将原先的受业儒师、僧道与门徒比作期亲、大功的处刑原则作出变动,颠倒两种业师的地位,原因是僧道教养之功兼备,所谓"僧尼道士之于受业师,名例所以视同伯叔父母者,以教养兼备,侍奉终身,名为师徒,义则尊属,故特严其法,非谓凡儒生及百工技艺之受业师皆应视同伯叔父母也"①。

(三)等级名分观念的影响

前引雍正帝的话"尊卑必以分相联",这"分"是谓"名分",具体的是指家族名分。尊与卑是族人在家族内的名分,然而"名分"的适用范畴不限于宗族,遍及于全部人际社会关系。举凡君民、君臣、官民、同寅、上下级、主佃、东伙、结义、师徒、夫妻、主仆,以及良贱,莫不是名分关系,就中莫不有对人的行为的伦理规范,《论语·颜渊》所载孔子说的"君君、臣臣、父父、子子",就是关于各种人遵守名分的经典之论。包括君主在内的各种人都有其本分,应依本分行事:为君爱民,使民以时;为民忠君,安分守己、完纳钱粮,做顺民;为官爱民如子、廉洁奉公,做忠臣;为子尽孝,做孝子;为父祖慈爱子孙,做慈父"严君"。这里要特别说一下主仆名分。奴婢被视为由家长所养活,恩义并重,被当作家人,法律定罪如同子孙,祖孙父子相为容隐,法律也允许奴婢为家长隐匿罪行,究其原因,律例的注释是家长对其"义重"②,义即道义,主人有教养奴婢之义,奴婢则有听从主人使唤、护卫主人之义,这就是主仆名分。维护名分是法律的任务,自然要落实在条例中,可知准五服以制罪及同罪异罚也是名分伦理所要求的。

名分观念,在古代,其实就是等级制度的观念。《左传》记录上古时代人们说"天有十日,人有十等"③,"十等"就是等级之谓。普天下之人皆在等级之内,只是处于不同的等级地位而已。人在哪一个等级,就有相应的名分。等级制度和名分观念适用于所有的人际关系。

宗亲伦理强调孝道,等级观念强调忠道,俗语"人伦之中,忠孝为本",宗亲观念和等级观念,兼具忠孝,融合了人伦之本。

写到这里,我们不由得不认为:准五服以制罪及因之而来的同罪异罚,是宗法制度及其宗亲伦理与等级制度及其名分观念相结合的产物,而前者是观

---

① 《核定现行刑律·斗殴上·殴受业师》按语。
② 《大清律例·名例·亲属相为容隐》第 134 页。
③ 杨伯峻编著:《春秋左传注》昭公七年,中华书局,1981 年,第 4 册第 1284 页。

念核心,后者具有普世性质,两相结合使得准五服以制罪成为法律的重要原则,令同罪异罚的怪异现象具有合理性、实践性及其持续性。

(四)晚清改订刑律中争论的焦点在于对宗族伦理的态度

同罪异罚,在古代人、在清朝人看来,是天经地义的,没有任何疑义,也是不容许质疑的;在现代人看来是不合理的,是不言而喻的。两种见解,乃因观念的变异,古人信仰天赋君权,倡扬君权、亲权(父权),近代人笃信天赋人权,主张平等博爱。不管怎么说,清律没有卑幼的正当防卫权是最让后人诟病的。尊长殴打卑幼,卑幼防卫失手打伤、打死尊长,就按服制,轻则流徒,重则凌迟,完全没有正当防卫权。到了近代,西方的人权、平等的观念有所传入,光宣之际修订新刑律开始用一点西方观念,遂与传统观念产生冲突,其核心处是要不要保存宗族伦理、宗法法理,这是问题争论之所在。

光绪帝诏令修订法律宗旨:"中国素重纲常,故于干名犯义之条、立法特为严重。良以三纲五品,阐自唐虞圣帝名王,兢兢保守,实为数千年相传之国粹,立国之大本……凡我旧律义关伦常诸条,不可率行变革,庶以维天理民彝于不敝。"①也就是传统的宗法伦理原则不能更改。随后清朝筹备立宪,采用"保护人权"的观念,不许人口买卖和蓄养奴婢,宪政编查馆大臣奕劻并谓,"买卖人口,久为寰球所指摘,而与立宪政体保护人命权利之旨尤相背驰",故而将刑律之中有关买卖人口及奴仆奴婢诸条一律删除改定;②同时取消凌迟处死之刑。宣统元年(1909),修律大臣沈家本等奏进修正新刑律草案,未将传统的有关伦常的律例写入,引起江苏提学使劳乃宣的指责:"对义关伦常诸条,未依旧律修入。"至于新律欲将十恶中亲属容隐、存留养亲、亲属相奸、相盗、相殴、发冢诸条,别辑单行法予以保留,是把法律与道德教化分离为二,与明刑弼教之义不合。因此要求将有关礼教伦纪各节逐一修入正文,并拟补干名犯义、犯罪存留养亲、亲属相奸相殴、无夫奸、子孙违犯教令各条。同时各省批评草案,也是"以维持风化立论"③。可见对刑律草案争论的焦点在于是否以礼教为原则,重点又在宗族伦理。这种争论再次表明宗亲伦理是传统法律的立

---

① 《清朝续文献通考》卷245《刑考四》,浙江古籍出版社,1988年,第3册考9893。
② 宣统元年《核订现行刑律·奕劻奏疏》。
③ 《清史稿》卷142《刑法一》,中华书局点校本,1976年,第15册4191页。

法准绳,同罪异罚的准绳。①

拙文拉杂写来,归纳笔者的意见,即:"同罪异罚"刑法的适用对象以五服宗亲为主,兼及姻亲,然而大大超出这个范围,将具有拟制血亲关系、夫妻关系、师徒关系、主仆关系,以及具有两造关系的平民、官民都涵盖在内,成为清代,也是古代刑法的一大特色。同罪异罚的刑法量刑,固然是对具有同样罪行的两造,为尊长减刑,给卑幼加刑,事情尚不止此,如将那种量刑同凡斗的判刑作一比较,乃知加刑者重于凡斗,减刑者轻于凡斗,更表明这种原则和法律条文的确定,是为着维护宗族制度,尤其是宗族尊长制。同罪异罚是"准五服以制罪"法律原则的落实,是亲人之间服制不对等的产物。然而为何服制不对等,为何准五服以制罪?意识形态的理解,在于贯彻以孝道为核心的宗族伦理和以忠君之道为核心的等级名分观念,是宗法制和等级制、孝道和忠道伦理结合的产物,是"慎重伦常",用以教忠教孝,实现"明刑弼教",或者用康熙帝《圣谕十六条》的话说,是"讲法律以儆愚顽"。

（2006 年 9 月 12 日修订稿,原题《略述清律的同罪异罚及制订原则》,载《文史哲》2007 年第 3 期）

----

① 关于晚清改订刑律的写作,参阅瞿同祖:《瞿同祖法学论著集·法律在中国社会中的作用——历史的考察》,中国政法大学出版社,2004 年。

国法·家法·教化
——以清朝为例

国法是法律、政令,本文论述国法,仅仅关注国法中与宗族相关的律令;家法是宗族活动形成的族规,是习惯、传统的被遵守,讲述家法,留意的是家法与国家关系的内容。国法中的宗族观念和制度,体现在职官制度宗亲回避、宗亲法、存留养亲法、救亲情切法、宗族的司法参与、保护宗族公产、默许民间设立祠堂、允许宗族维护社区秩序、拟制亲比附宗亲法的立法、族正制的存废等十个方面。家法对国法的维护体现在宗族制定人伦规范并强调其实践性,宣扬孝道和忠君之道,不许族人随意告官。国法、家法的结合令宗族与国家共同进行对民众的教化,因为制定国法、家法的宗法思想原则的一致性令二者具有宣扬孝道和忠道的共同性;教化权由国家、宗族分享,宗族在民间教化中起着特殊的重要作用;国法的实行激活了人们的宗族群体观念,增强了宗族的凝聚力,使它能够得到稳定的发展,也使清代社会长期延续下来。

一、研究国法与家法关系在于明了古代宗法社会的基础

君统、宗统合一与分离,使得国法、家法关系发生巨大变化。

国法、家法最早是合一的。在周代实行分封制与宗法制结合的政体时代,君统、宗统合一,相应的是国法、家法的合一,即两者是一体,而不是某种一致性。其时是贵族宗族制社会,是中国典型的宗族制时代。秦汉以降,宗族演变为民间宗族制,即逐步实现民间化、大众化,成为贵族、士人、平民各阶层人士的社会群体,这种性质发展到清代尤其显著,即宗族实现了普遍的民间化、大众化。在宗族民间化的社会里,国法与家法不再是合一的,而分离为两种法规,国法是国法,家法是家法,然而两者又有着极大的一致性,相互维护,当然主要是家法配合国法,国法支持家法及其对宗族的治理权,宗族协助国家实行"以孝治天下"方针,起着辅助教化的作用。

本文研讨国法与家法,试图揭示其间的关系及两者共同的教化民众作用,明了中国清代,乃至古代社会以宗族为基础的特征及宗族长期存在的原因。

二、国法中有关宗族的立法

国法中关涉到宗族生活和宗族制度的内容相当多,涉及的社会生活面相当广阔,这里将从十个方面作出交待。

(一)职官制度中的宗族法

同宗回避。同宗之人不得在同一衙门或地区任职,其中有一人必须调离该衙门或地方;回避范围,京朝文官在三代以内,地方文官则为同宗而又同一居地,武官以五服及同居地为限;回避原则与方法是,小官让大官,后至者让先到者,晚辈让长辈,违反者将受到处罚,轻者降级调用,重者革职。

丁忧、起复。丁忧是父祖尊长死亡,子孙回籍守制;起复是丁忧的人服丧期满,恢复官职。丁忧范围为曾祖父以下四代宗亲。丁忧及起复,往往要有家族的甘结。丁忧违制,重者革职,永不叙用。

终养。官员因有七十岁以上老亲,回籍侍养。

封赠。是皇帝对所有品官及其尊属的一种恩典,系下达覃恩诏书所特别加恩给予的。封赠位号荣誉,名目为大夫、文林郎、夫人、孺人等,依官员品级而定。受封赠范围,亦依品级,以祖父母、父母为主体,扩大到旁系亲属的伯叔祖父母、堂兄嫂、从堂、再从堂尊长。

荫袭。是皇帝给高级官员子孙的恩典。恩荫是给四品以上京官、三品以上地方官子孙的国子监读书权和出仕权;难荫是给殉难官员子孙的,待遇优厚,有的可以直接出任知州、知县。

出继归宗与更名复姓。官员出继异姓者,后来归宗,遂有更复姓名的事情,为此需要族人甘结,呈验宗图(族谱),由吏部为其改正三代姓名。

上述有关官员的任职法规贯彻和体现了五服制度,使职官制度中融进了宗法制度的因素,这类制度就成为职官制度、宗法制度的重合点。因而笔者认为职官制度鲜明地表现出宗法观念与宗法伦理。[①]

---

① 本子目的写作,参阅冯尔康:《宗法观念与清代职官制度》,《文史知识》2005 年第 10 期。

（二）法律中的宗亲法

主要体现在同罪异罚、不孝罪等方面。

同罪异罚。自晋朝以来实行"准五服以制罪"的刑法原则,清朝亦然。依据这个法则,原告、被告由于在宗族内的身份地位之别,相同的罪状,却有差异迥然的处罚,即为卑幼加刑(比凡人之刑加重),给尊长减刑(比凡人之刑减轻,或相同),形成同罪异罚,如在人身伤害、告状、咒骂、害命图赖、亲属相盗、挖掘坟冢、私和人命诸方面,子孙凡有殴打高曾祖父母、父母,不论成伤与否,均处斩刑,若系谋杀,无论是否实行,都是凌迟处死;而高曾祖父母、父母故意杀死子孙,仅判刑杖六十徒一年,与流刑、死刑均不沾边,至于咒骂子孙,是施行教令,并没有罪。①

不孝罪。法律中名例律的"十恶"之七为"不孝",前述告言、咒骂父祖是不孝,而"祖父母父母在别籍异财,若奉养有缺;居父母丧身自嫁娶,若作乐释服从吉;闻祖父母父母丧匿不举哀;诈称祖父母父母死"都是不孝,与此相配合的条例"违犯教令"及"奉养有缺"有九项之多:子孙违犯祖父母、父母教令及奉养有缺,杖一百;祖父母、父母呈首子孙屡次违犯触犯,除重辟罪外,民人发烟瘴充军,旗人发黑龙江当差;子贫不能营生养赡,致父母自尽,杖一百流三千里;子孙犯奸盗致祖父母、父母忧忿戕生,或被人谋故殴杀,子孙绞立决;子孙违犯国法,祖父母、父母纵容袒护,后经发觉,畏罪自尽,子孙发云贵两广烟瘴充军;祖父母、父母被人谋故殴杀,子孙绞监候;祖父母、父母教令子孙犯奸盗,后因发觉畏罪自尽,子孙杖一百徒三年;祖父母、父母被人谋故殴杀,子孙杖一百流三千里;子孙罪犯应死及谋故杀人,事情败露,致祖父母、父母自尽,照各本犯罪名拟以立决。后七种父祖非正常死亡,乃子孙不孝的表现,故治以重罪。与子孝相对应是父慈、弟恭相对应的是兄友,父兄侵害子弟有的也要判刑,只是减轻,这表示对父兄的慈、友要求,违犯也是不行的。②

（三）存留养亲法与存留承祀法

这是两种相关联的立法,其中存留养亲法基本是清代创造的,存留承祀

① 道光朝官修:《大清律例》卷4《十恶》、卷25《刑律·盗贼·发冢》、卷26《刑律·人命·谋杀祖父母父母》、卷28《刑律·斗殴·殴殴亲尊长、殴大功以下尊长、同姓亲属相殴》、卷29《刑律·骂詈·骂祖父母父母》、卷30《刑律·诉讼·干名犯义》,张荣铮等点校本,天津古籍出版社,1993年。本文带有概论性,且参考文献主要是《大清律例》,故引文仅注明图书作者、书名、卷、目及版本,而不著录页,以免繁琐,请读者谅宥。冯尔康作有《略述清律的诸种同罪异罚及制定原则》(刊于《文史哲》2007年第3期)。

② 《大清律例》卷4《十恶》、卷30《刑律·诉讼·子孙违反教令》;沈辛田:《名法指掌》卷1《人命·子孙违犯图》,道光刻本。

法则因存留养亲法而衍生。

存留养亲：死罪囚犯，家有七十岁以上老人，或有守寡二十年、年龄在五十岁以上的寡母，而家内无有次丁，因此承审官员可以请求皇帝开恩，免去犯人死罪，留下来赡养老人，但同时应该查看被害人家庭状况，是否也有与罪犯家中相同的孤寡老人的情形，若有，则不得留养，以免出现不公平的现象。①

存留承祀：此条例由存留养亲分离而来。若系胞弟杀死胞兄，家中别无其他男子，倘若依法处死凶犯弟弟，则会出现户绝的情形，故而为他减刑免死，避免产生香烟断绝的户绝现象。②

（四）"救亲情切"免死法与血亲复仇法

子孙眼见祖父母、父母被人殴打，或与人斗殴，处于危急性命的关头，出手救护，误失致死他人。政府考虑到他为孝亲，可以减刑，免去杀人偿命的死罪，是以律文及条例云："凡祖父母、父母为人所殴，子孙即时救护而还殴，非折伤勿论，至折伤以上，减凡斗三等。""人命案内，如有祖父母、父母及夫被人殴打，实系事在危及，其子孙及妻救护情切，因而殴死人者，于疏内声明，分别减等，援例两请，候旨定夺。"③清朝皇帝秋审决囚，有四种方式，前面说过的"留养"为其一种，"情实""缓决"两种之外，就是"可矜"，即情有可原，"救亲情切"就属于这一范畴。

血亲复仇是古代常见的现象，越往上古政府越加肯定，而后世则严加控制。清律不鼓励这种行为，但对凶犯仍考虑"可矜"因素，有所顾恤，视行凶状况可能在量刑上给予减等："祖父母、父母为人所杀，凶犯当时脱逃，未经到官，后被死者子孙撞遇杀死者，照擅杀应死罪人律，杖一百。其凶犯虽经到官拟抵，或于遇赦减等发配后，辄敢潜逃回籍，致被死者子孙擅杀者，杖一百，流

----

① 《大清律例》卷4《名例·犯罪存留养亲》；裕禄辑注：《大清律例根源·名例五·犯罪存留养亲》，同治辛未安徽敷文书局聚珍版。

② 《大清律例根源·名例五·犯罪存留养亲》。

③ 《大清律例》卷28《刑律·斗殴·父祖被殴》。父祖被族外人殴打的救护伤人如此处理，即在宗族内部斗殴，凶犯只要为救亲，就不按前述同罪异罚之律例处断："祖父母、父母被本宗缌麻尊长及外姻小功、缌麻尊长殴打，实系事在危急，卑幼情切救护，因而殴死尊长者，于疏内声明，减为杖一百，发边远充军，照例两请，候旨定夺。"可见对于救亲情切的关照。同上书卷，又见《刑律·斗殴·殴期亲尊长》。本子目正文书写较多，注释又录律文，盖因所述事项，不像同罪异罚那样为学术界所关注，故而多说几句。下面与此类似的事项亦作同样处理，不再说明。

三千里。"①

(五)宗族的司法参与

总的情形是司法上的送审权、审判过程的参与权及执行过程的协理权。

宗族的送审权。法律允许族长纠送为恶的不肖族人到官府治罪;家长控告忤逆之子。

宗族法庭作证、协助执行判决。两造的同姓同宗、同姓不宗、或五服关系的实际情况的认证,由族长出庭,提供族谱及其他家族文书作为证明的证据;宗人与异姓形成的民间纠纷,官府有时要求两造尊长出庭作证;存留养亲、存留承祀均需要宗族证明;某些族人的立嗣、族产纠纷判决后遗留问题,如宗族公产的经营,判令家族处理;族人间小的财产纠纷交由家族协调处置;尊重宗族立嗣、祖先木主放置祠堂的习惯。②

(六)保护宗族公产与继承法

族人若有犯罪籍没家产,祖坟、祠产不在没收范围之内,即予以保留:"凡亏空入官房地内,如有坟地及坟园内房屋,看坟人口,祭祀田产,俱给还本人,免其入官变价。"③宗族多有祭祀产业,有的数量很大,甚至建设义庄及施舍性质的义田、义塾,子孙盗卖这种宗族公产的罪罚,比凡人盗卖加重处刑:"凡子孙盗卖祖遗祀产至五十亩者,照投献捏卖祖坟山地例,发边远充军。不及前数及盗卖义田,应照盗卖官田律治罪。其盗卖历久宗祠一间以下,杖七十,每三

---

① 《大清律例》卷28《刑律·斗殴·父祖被殴》。又卷26《刑律·人命·杀一家三人》:"为父报仇,除因忿逞凶,临时连杀一家三命者仍照律例定拟外,如起意将杀父之人杀死后,被杀者家属经见,虑其报官,复行杀害,致杀一家三命者,必究明报仇情节,杀非同时,与临时逞凶连杀数命者有间,将该犯拟斩立决,妻子免其缘坐。"

② 本子目写作,参阅冯尔康:《十八、十九世纪之际的宗族社会状态——以嘉庆朝刑科题本为例》,《中国史研究》2005年增刊。如河南郾城县刘姓家庙有祖遗祭田六亩,族人轮种,嘉庆五年族人争种,发生冲突,知县断案,并命该族"公议招佃";又如陕西同官县王必升于嘉庆五年打死王规,县官审案,令王姓族长王新直出庭,他呈验宗图(族谱),证明两造宗族关系已隔十七代,并无服制,于是按凡人法断决,而不考虑宗亲法。乾隆四十二年,安徽歙县方志好与无服族人方起之妻通奸,经族中公议,"生死不许入祠",并禀报县衙存案,乾隆六十年方志好亡故,其子要求将其木主送进祠堂,族人阻止,打起官司,县府的断决是尊重宗族意见,"不准入祠"。以上案例均出自清代档案,今存中国第一历史档案馆,编目为《内阁全宗·刑科题本·土地债务类·嘉庆朝》。

③ 《大清律例》卷12《户律·仓库·隐瞒入官家产》。

间加一等,罪止杖一百,徒三年。"①承认宗族对绝嗣族人的财产处理权,为其立嗣与给予寡妇赡养费,而寡妇不得独自处置故夫遗产。条例云:"无子者,许令同宗昭穆相当之侄承继,先尽同父周亲,次及大功、小功、缌麻。如俱无,方许择立远房及同姓为嗣。""妇人夫亡无子守志者,合承夫分,须凭族长择昭穆相当之人继嗣。其改嫁者,夫家财产及原有妆奁,并听前夫之家为主。"②

(七)实际允许民间设立祠堂祭祖

元代以前官员可以设立家庙祭祀四代祖先,士庶人等不得建设祠堂,只能在家中堂屋祭祀父、祖两代,明朝允许士民祭祀四代先人,可以祭始祖(但要祭毕烧化灵牌),仍然不得建祠堂。清朝继承明朝制度,亦规定士庶祭祀四世祖先,所谓"奉高、曾、祖、祢,妣配之"。可是民间违反规制,建设祠堂,供奉始祖,至清代,此种风气愈演愈烈,民间普遍建设祠堂,祭祀始祖、始迁祖以来的祖宗。丧葬祭祀礼仪,不只是家庭成员参加,有服族人乃至无服族人均应出现。清朝政府规定,品官、庶士家祭,"主人率族姓行礼"③。品官家丧礼,"族人各服其服",祭奠时,"族人齐集,丧主以下再拜,哭奠如礼。卒奠,大功者易素服"④。祭祀对象不限于五代祖先,表明宗族范围扩大,宗族群体壮大,社会影响力大增。

(八)允许宗族维护社区正常秩序的申请

一些宗族对所在地区的社会秩序,特别是赌博、盗窃风气不满,为了反对,由绅衿和族长出面,呈请府州县衙门立碑永禁,以强化乡约职能,施行教化,往往得到府县的准允。如安徽徽州府婺源县余氏宗族族长和宗族上层分子(绅衿耆民)、乡约因赌博与民风不正,于光绪三十一年(1905)向知府提出禁止的请求,呈文谓:"因兵燹,条簿凋残,狡悍匪徒觊觎顽法,间有窝赌者,见被拿获,报知六约绅耆齐诣在(申明)亭议罚,即从暗煽匪徒蜂拥亭中,从旁作梗喧哗帮辩。"因此请求知府出示立碑永禁,黄知府遂"给示立案,以禁赌风":"自示之后,尔等务须遵照条例,互相戒约,以期赌风永熄。倘敢违禁不遵以及知情故纵,即许随时呈送从严究惩,决不稍贷。"徽州王氏宗族所居村落有小

①《大清律例》卷9《户律·田宅·盗卖田产》;又光绪《清会典事例》卷755《户部·户律·户律田宅》:"盗卖义庄田产至十五亩,即照盗卖祀产五十亩治罪。"中华书局版。

②《大清律例》卷8《户律·户役·立嫡子违法》。

③《清史稿》卷87《礼志六·吉礼·品官士庶家祭》,中华书局点校本。

④《清史稿》卷93《礼志十二·凶礼·品官丧礼》。

溪流过,妇女在此浣洗,可是临近的人来此打鱼,并裸体戏水,王氏宗族为保护水资源及维持风化,向婺源县令呈文,乾隆二十五年(1760),胡知县发出禁令:"严禁该地居民并各乡渔户人等,毋许仍前日集河干灰网鱼竿,肆行杂沓,以及裸体水泅等事。"①

(九)拟制亲的义父子、继父子以及师徒之间冲突的立法比附于宗亲法

义父子、继父子、师徒之间的冲突案件,处刑原则不同于凡人,采取比照宗亲法论断的办法,即同罪异罚,严惩义子、继子、弟子、徒弟,优待义父、继父、师父。

义父子间的刑罚,几乎与有血缘关系的祖孙、父子的同罪异罚相同,只是差别等级要小一点,即义子比亲子略轻,义父比亲父略重,以致死而论,义子是斩决,义父则是徒三年,连流刑都不到,更与死刑不沾边。流刑分三等,死刑分绞、斩二等,因此义父比义子量刑减轻四等。②

继父子间的同罪异罚的等级,应视是否同居及现时是否同居而定,不过总情形是量刑之差别,比义父子的要缩小一点,仍以致死来看,继子是流三千里,继父是徒三年,比义子轻三等。③

儒师与业儒弟子,宗教、手工业中的师徒发生纠纷,以至命案,清朝在长时间内的立法是:"凡谋、故杀及殴伤受业师者,业儒弟子照谋、故殴杀及殴伤期亲尊长律;僧尼、道士、喇嘛、女冠及匠艺人等,照谋、故殴杀及殴伤大功尊长律,分别治罪。如因弟子违犯教令,以理殴责致死者,儒师照尊长殴死期亲卑幼律杖一百徒三年;僧尼、道士、喇嘛、女冠及匠艺人等,照尊长殴死期亲卑幼律拟绞监候。"④光宣之际制定的《现行刑律》将宗教界中的师徒关系,从原先的大功亲属改为期亲关系,对徒弟刑罚加重,原因是"僧尼道士之于受业师,名例所以视同伯叔父母者,以教养兼备,侍奉终身,名为师徒,义则尊属,故特严其法"⑤。

① 参阅黄山市政协文史资料委员会编:《徽州大姓》中的《徽州余氏》《徽州王氏》等篇,安徽大学出版社,2005年。

② 《大清律例》卷28《刑律·斗殴·殴祖父母父母》。

③ 《大清律例》卷28《刑律·斗殴·殴妻前夫之子》。

④ 《大清律例》卷27《刑律·斗殴·殴受业师》。

⑤ 奕劻、沈家本:《现行刑律·斗殴上·殴受业师》,宣统元年版。

（十）族正制实行与否的反复

族正是清朝所特有的制度，始行于雍正朝，[1]乾隆朝继之，然经过多次讨论，最终取消之，[2]不过嘉道期间及其后的一些时间内，在局部地区（府县）仍有实行。族正由宗族提名，选择"族中人品刚方素为阖族敬惮之人，立为族正"[3]，即人选由政府确认。族正稽查不良分子，交祠堂教化或送官审究；调节民人族内外纠纷；报告孝悌节义之人，表彰善人善事。族正是一种职役，与保甲、乡约类似，[4]是政府与宗族双方密切结合的产物，是沟通双方的桥梁，然而身为族正的那些人，常常为非作歹，不安本分，致使制度的废除。

三、家法对国法的维护

许多宗族特别制定宗规、族约、家训、家诫，有的在修纂族谱时，制订条例，这些训诫，涉及到人们生活的各个方面，诸如对家庭、宗族、亲友、君主的态度，成为全面规范人们行为的准则。值得注意的是，它不仅是人伦规范，制订者尤其强调它的实践性——希望族人认真实行。而所讲的纲常名教，核心是讲究对长上的孝道，对君主的忠道，集中地体现国法中以孝治天下精神，反映孝道与忠道的内在联系及其一致性。下面将从四个方面加以说明。

（一）制定族规的必要性——整齐思想，为齐家的首要条件

为什么要有族规、家训，江苏武进城南张氏讲到订立的原因："王者以一人治天下则有纪纲，君子以一身教家人则有家训，纪纲不立天下不平矣，家训

---

① 如广东州县有巨堡大村聚族满百人以上，保甲不能编者，选族中品行刚方之人立为族正，以察族之不肖，徇隐者治罪。（雍正《广东通志》卷7《编年志二》。）又如安徽寿州为滨淮之区，盗贼"聚族而居，假捕鱼为业，每出劫掠，已次第捕治，（今）令渔船编甲。孙、平、焦、邓诸姓设族正，有盗不时举发"。（《清史稿》卷302《徐本传》，中华书局点校本。）

② 乾隆三十三年，御史张光宪奏请设立大姓族长，乾隆帝不准，上谕："民间户族繁甚，其中不逞之徒，每因自恃人众，滋生事端，向来聚众械斗各案大半起于大姓，乃其明验。惟在地方官实力弹压，有犯必惩，以靖器凌之习，政体不过如是。若于各户专立族长名目，无论同宗桀骜子弟未必遽能受其约束，甚者所主非人，必至藉端把持，倚强锄弱，重为乡曲之累，正所谓杜弊转以滋弊也，张光宪所请不可行。"（《清朝文献通考》卷19，浙江古籍出版社，2000年。）

③《清朝文献通考》卷23《职役》。

④ 乾隆《大清律例》卷25《刑律·贼盗下》："若有匪类，令其主报，倘徇情容隐，照保甲一体治罪。"《四库全书》台湾商务印书馆版。

不设家人不齐矣。"①所谓"家训不设家人不齐",即族人要对宗族取得共识,能够众志成城,依靠家训取得认识上的一致,族人才能接受族长的治理,宗族才能团结,成为牢不可破的群体和望族。张氏是从正面讲道理,而浙江山阴柯桥杨氏则从正反两面来讲同样的道理:"自古教国必先教家,故能不出家而教成于国,诚由平时父诏兄勉,有以启其为善之心,而杜其从恶之念也。盖一家之内,贤愚不齐,若非尊长时切提撕,愚者既茫然而无所适,贤者亦因循怠忽,渐即寝弛。遂至目染耳濡,习与性成,礼义廉耻之心灭,孝友睦姻之俗坏,为人伦患,为世道忧,关系匪轻。此家训之不可不亟讲也。"②山东即墨杨氏认为,对普通人必须加强伦理教育,所以致意于家训的制定,所谓:"上品之人不教而善,下品之人虽教亦不善。品之最上最下者寡,而中人常多。教则成,不教则败,是故教不可以已也。"③儒家讲"修身、齐家、治国、平天下",这修身、齐家是做人的根基,然后才会治国、平天下。宗族规范做人准则,从家庭、家族做起。所以这种整齐思想的族规的制定是完全必要的。

(二)孝敬长上的伦理

族规以三纲五常为中心内容,范围广阔,包含伦理、职业、理财、婚姻、交友、处下、娱乐诸方面。

孝父母。康熙时县令、山东即墨杨玠撰拟的《家训》:"孝于亲,忠于君,友于兄弟,义于乡党。立志希圣贤,学文追古昔,此其大者。"将孝亲置放于人伦总纲的首列地位。至于如何孝亲,他的族人云:"人子于父母,所谓昊天罔极,只是随分尽职。士则读书,农则力田,百工则执技业。先得父母心安,再尽孝道。将为善,思贻父母令名必果;将为不善,思贻父母羞辱必不果,乃孝子极致。父母之前,不可有愁苦之容、悲叹之声。孝乃庸行,却是一生做不完的事。宁死不伤亲心,所以为恭。今人往往以小事伤其亲心而不恤,岂非名教罪人乎!"又云:"人子孝,当及时。古人云:'树欲静而风不宁,子欲养而亲不待。'一念及此,能不儆省乎!"④可见杨氏家族的孝,首先是自身有个正常的职业,能使父母安心;其次是为人做事力求稳妥,因为他关乎父母荣辱,就应做良善的事情,要让父母因子孙的善行得到好名声,即做扬名后世、振兴家声的事

---

① 民国《毗陵城南张氏宗谱》卷2《宗规》。

② 光绪浙江绍兴《山阴柯桥杨氏宗谱》卷1《家训》。

③④ 山东即墨《杨氏家乘·家训》。

情;再次是永远不让父母伤心;最后是尽孝应一辈子坚持,要及时进行,不可等待,孝事既然是庸行,不要考虑任何事情,做子孙都要始终孝顺父祖。江西宜黄谢氏因养育之恩讲孝顺原因:"夫人生于来,三年乳哺,万状劬劳,恩深罔极,塞天横地,为人子者综甘旨奉养,和颜悦色,昏定晨省,犹恐难酬于万一,矧敢忘生我育我之恩于膜外乎。嗣后子侄急宜猛醒。"①湖南平江叶氏家训,将孝顺父母区分出三种情况,一是儿子不仅奉养双亲,更能体察父母之情,加以满足,同时本人声名好,不辱父母教诲;二是从事十农本业,生活上能够赡养老亲;三是充当工匠、商贾的人,尚能做到省吃俭用以养活老人。②综合各个宗族的家训,将遵行孝道视为做人的根本,是关于敬天地神明与远离鬼魅的大事,并将孝亲区分为三个层次,即普通的孝子,能够赡养老人,做到衣食无缺;良好的孝子,不仅生活上关照无缺,还要做到父母所未曾想到的、不要求的事情,让他们心情舒畅,大喜过望;大孝子,在孝养之外,为人尽忠于朝廷和对社会有善举,能够扬名显亲于世。

睦宗族。前面说到即墨杨氏将睦族与孝亲同时表达出来,广东嘉应州洪氏家族亦复如此,祖训第一条讲述孝亲与睦族:"一谕族人,子必孝亲,弟必敬兄,幼必顺长,卑必承尊,处宗族以和恭为先,处乡党以忠厚为本,凡我族人,尚其勉诸。"第七条"睦族乡",复申睦族之道:"宗族于我固有亲疏,然吾祖宗视之,则均是子孙,无亲疏也。"③绍兴吴氏族训讲到睦族及其原因:"宗族者,吾祖宗一体之分也。于服制固有亲疏,于祖宗实为同气。故睦族之道,贫乏相赒,患难相恤,疾病相扶,事业相劝,过失相戒,财产相让,酒食相与,能如是则宗族之恩谊实笃,而祖宗之灵爽亦安矣。"④江西清江县杨氏讲求"敦族谊":"水源木本,百世犹亲,虽富贵贫贱不同,而一脉之传堪念,故患难必相扶持,颠危务加怜恤,即有睚眦小嫌,经尊长处断,正宜冰解,若以大凌小,以贵欺贱,以富虐贫,以强暴弱,以众残寡,以卑抗尊,构衅成仇,大伤祖志,此风胡可训哉。"⑤洪氏、吴氏、杨氏不约而同地运用"一本观"论述族人的共同根源,即

---

① 同治宜黄《宜邑谢氏六修族谱·家规》。

② 光绪《平江叶氏族谱》卷1《家训五条》。

③ 《洪氏宗谱·原谱祖训·续训》,浙江人民出版社,1982年。

④ 民国浙江绍兴《汤浦吴氏宗谱》卷1《吴氏家训》。

⑤ 乾隆江西《清江永滨杨氏三修族谱·族戒》。

一个宗族的人,不论有多少世代,都是一个老祖宗的后人,就不应当有亲疏厚薄之分,为此强调族人间的有无相助,宣扬家族共财观念。

(三)对君王无限忠诚的伦理

感戴君恩。嘉庆元年(1796),嘉应州进士洪钟鸣为家族撰拟家训《读训》,第一条是忠君:"君恩重于亲恩,谚云'宁可终身无父,不可一日无君',生当圣明省刑薄敛,敬先尊贤,永享太平,其敢忘诸!"①认为生活在人世,特别是在太平盛世,是因皇帝宵衣旰食的治理所致,应当感谢皇上恩德,尽忠皇上。平江叶氏祖训:"家训莫大于人伦,人伦莫先于君父。君也者,祖宗所赖以存身家、所赖以立子孙、所赖以生长陶成而绵绵延延维持于勿替者也。世徒见身在草茅,业安耕凿,若无所谓臣,无可为忠,不知'普天之下莫非王土,率土之滨莫非王臣',不必搢笏垂绅也。即此食旧德、服先畴,凡隶版图,悉归统属,皆所谓臣矣。不必鞠躬尽瘁也,但使安家室、训子弟、早完程课、不犯律条,亦可为忠矣。况自先世以来,久享太平之福,使吾侪得有今日,何莫非受用不穷、所当图报者哉!伏读圣谕广训十有六条,纲举目张,言言切至,何一非生民日用之资。今欲一道同风,宜于岁时会合,集族中父老子弟当堂听讲,而又恭录其尤关于宗族最为切近而易行者。每门刊布几条,使之家谕户晓,相与父诫其子,兄勉其弟,是亦同文不倍遵道无偏之意也,愿与吾族勉之。"②理喻族人不要以为平民百姓与皇帝没有关系,能够安居乐业就是皇帝赐予的,不能身在福中不知福。江苏武进高氏《家训》亦就平民百姓与皇帝的关系进一步地说:皇帝对天下臣民都有恩,一个小民能种田,有居处,安居乐业,就是因为皇帝"宵旰忧劳,为之兴利备患",否则怎能享太平之福。③基于同样的理解,江西清江徐氏《宗训》说:"食毛践土,福享太平,黎民尤当尽乎忠顺。"④

完纳钱粮。清江徐氏"谨遵国法"家训云:"田畴赋税,国家岁有常供,务须及早完纳,以报君恩,方见遵王守法之实意。凡我族人,宜凛此为首训。"又说"天下之治,治于王法,人能循理奉法,遵王道路,则可以寡一生之过而优游于化日之中"⑤。清江聂氏"完国课"的宗训:"维正之供,朝廷之常法,以下贡上,

① 嘉应《洪氏宗谱·原谱祖训》。
② 光绪湖南《平江叶氏族谱·家训五条》。
③ 江苏《毗陵高氏宗谱》卷1《家训》。
④⑤ 嘉庆江西清江《云溪徐氏族谱·宗训》。

小民之输将。古语云:国课早完鸡犬静,衙门不到梦魂安。我等族内凡有钱漕,各宜及时早完,免致追呼滋扰。愿世世子孙无欠官粮也。"①临淦黄氏订立"早输纳以免差扰"的族规,原因是:"粮为国课所系,微论绅衿士庶皆当早纳,无待追呼,诚能依限输将,俯仰无累,妻孥宴然。倘有违缓,胥役叩门,多方需索无名之费,或反浮于应纳数目,甚至捶楚日加,仍不能为宽贷,与其去钱受刑而完之于后,曷若守法良民而完之于先为愈也。"②江苏武进胡氏家训讲"赋税宜依期完纳,差徭合依理承认"③。归纳家训讲述按期限完纳赋税及其原因,可以看到四个方面:①人人都应纳税,平民、士绅均包括在内;②要按期及时完纳,不可让差役追比,受刑辱祖,而完粮之后,可以安心地过生活,如此才是守法良民;③纳粮当差是天理国法所应当承担的,是感戴天恩的表现;④完粮是守法行为,如此才是顺民、良民。说到底,赋税是国家的经济基础,纳税是尽忠的表现,是对国家的支持,是所有农民应尽的义务。

遵守法令。完粮是守法,遵守法律、政令也是守法的基本内容。许多族谱登载政府的有关法律条文,如《丧服之制》《本宗九族图》《三父八母服制之图》《律例歌》等。这些律文的载入,是让族人懂得法律,遵守法律。此外,许多宗族郑重其事地制定其他守法的家规,尤其关注禁赌与防盗。清江杨氏家规"遵功令",即是关于禁赌、禁盗的事:"赌博上干法纪,奸邪冒触王章,然由赌入盗往往皆然,须防闲惩创,斯为良善,若因赌丧家,流入匪类,一投宪纲,有玷家声。"④湖南益阳熊氏家规"戒赌博":"吾见有以赌博开场者,利以诱之,食以啖之,女色以煽炽之,此所谓迷魂阵也。世人误入其途,废时旷业,败家荡产。一经发觉,亏体辱亲,为害不浅。近今更可耻者,男女混入,一场交头蹑足,不独体统无存,而淫盗之门亦自此而开也。愿我子孙永以为戒。"⑤康雍乾之世,文字狱盛行,宗族修谱,特加留意,以免犯罪,临淦黄氏为此立出专门条规:旧谱有的文字,在当今犯禁,故行删削,所谓"阙旧文以遵功令":"吾族谱年远,文翰参差,字面不无违碍,已奉各宪明示,不许记载,故今谱以新修序为首,前代旧序行谊一概不镌。"⑥

---

① 光绪江西清江《湖庄聂氏四修族谱·宗训八条》。

②⑥ 道光江西《临淦窗前黄氏重修族谱·条例》。

③ 《毗陵修善里胡氏宗谱》卷1《家规》。

④ 乾隆江西《清江永滨杨氏三修族谱·族戒》。

⑤ 湖南益阳《熊氏续修族谱·家训》。

出仕守则。族规对外出做官的人有特殊的规范,主要是:尽职守,竭诚办公;不贪赃枉法,保持身家;有担待,为君分忧,而不得诿过于皇上。即墨杨氏,在清代修谱,特设"仕宦事君之道"的祖训,举出明代祖先做官之道,尊奉传承。如嘉靖朝"太原公"曰:"居官尽职,只宜图报,不可望报。"万历朝"沛令公"曰:"做官为名宦乡贤,为以清白为第一义。""云和公"曰:"官府莅事,民呼曰爷。爷者,人呼父之称。要思父之于子,其保护爱惜如何笃挚,我果可以不愧其名耶?日日警省,自不敢不处官事如家事。"所谓只宜图报,是说做官的唯一目的,是报皇上的委任之恩,实心实意替皇上办事,扶绥黎民。所谓清白,就是为官清廉,不做贪赃枉法的事。所谓官被民尊为爷,就要为民作主,爱护百姓。

杨氏基于这种认识,于是规定:①忠君与对君主负责:"事君要存得一点真实忠爱之心。不尔,即声誉赫然,不过功名之士。况名者,鬼神所忌。有名无实,自古及今,鲜有不败者,可畏也。""事君要有担当。关系大,故以身任之。若左瞻右顾,如何办得天下事。"这儿特别讲"担当",不要"好名",意思是上头有不对的地方,自家承担下来,不要让人感到皇上有错,那就罪过了。担当的另一层意思是勇于任事,不可瞻前顾后、畏缩不前。②廉洁奉公,不可贪赃:"贪墨是居官首戒。"显亲扬名是做官的一个目标,但是"贪墨残忍,上挂弹章,下致诅咒,是未能显亲,先辱其亲矣。身没之后,何以见祖父于地下",而且"身死名污,子孙至为羞称"。③做官应进退有度,不得朋比结党:"大臣事君,第一要远权势,绝贪缘,去朋比。君子难进而易退,禄位之场不可久恋,功名之地不可久居……贪进无厌,即是廉耻道丧,非君子之节。"①

宣讲"圣谕"、《圣谕广训》。宗族集会,族尊宣讲族规家训,儒家伦理,尤其是康熙皇帝的"圣谕"和雍正皇帝的《圣谕广训》,以便族人明白做人的道理,遵照行事。为此,有的宗族在族谱刊刻《圣谕广训》,以便利学习。有的宗族为郑重其事,特设宣讲人员(讲正、讲副),专司其职。在宣讲中,宗族告诫族人不得有不良行为,不得与不良分子交往,遇到不良分子应报告县官。所以宣讲族规及圣谕,是对族人的思想教育,同时是思想控制,而对维护地方治安有利。

---

① 山东即墨《杨氏家乘·家训》。

（四）不许告官与惩罚族人的族规

历代相承，我国民间普遍有着畏讼心态，[1]民谚说到家庭残败原因是："一场人命三把火"，"人命"就是指命案，一打官司，家就败亡了，哪里还敢轻易打官司呢？

宗族禁止族人告状的宗规，在族谱中屡见不鲜，可以说比比皆是。江西徐氏戒词讼："天下词讼之结，多起于争，一忿未惩，而相与斗狠不已，致鸣于官，纠缠日久，奔走道路，匍匐公庭，辱身荡家，往往致贻后悔。族间稍有不平之事，念属同宗，经报尊长，无不可以劝释，至乡邻外侮，亦须酌量事势，不得任一时之气，致两造之穷。语云：讼则终凶。是诚居家之切诫也。"[2]告诫族人打官司败家受辱之害，还是听从族尊劝诫为好。清江杨氏讲求"息争讼"："匍匐公庭，原非美事，倘万难获已，不得不鸣之官，若口角细务，须听人排释，如欲终讼，恐贻凶占，至于好勇斗狠，尤非善类，更宜禁阻。"[3]益阳熊氏："讼者，至危之事也。人非有大不得已之事，切莫与人构讼。若以好讼为能，破家所由起也。夫被人之凌辱，不讼止受气于一人，既讼则受辱于人人。仇人之刁唆，光棍之把持，干证之翻覆，讼师之刁难，差人之需索，经承之舞弊，贪官之鱼肉，清官之误断，皆不免焉。与其只受一人之凌辱者，大相悬矣。兼之本业抛荒、精神凋敝、举家惊怖，种种弊端不一，有识者宜慎之。"[4]宗族在禁讼同时，教导族人和睦处世："排难解纷，吾人居心之要道。邻里乡党，总宜和好，出入相友，守望相助，自古井田之法所以有百姓亲睦之风焉。易曰：讼则终凶。愿世世子孙无罹法网也。"[5]

总之，宗族认为族人打官司，不论胜负，都与己无益，也有损于宗族的形象，因而规定一般性纠纷不得告官，而应到祠堂，由族尊召集两造来排解，即"在祖宗神位前论曲折，剖是非"。处理原则是"以尊卑定顺逆，以曲折定是非"[6]。这就同国家的宗亲法一样，实行"同罪异罚"，维护尊长、压抑卑幼。既然论是

① 参阅王冰如：《古人"畏讼"心理剖析——由"奉票传人无获吓逼犯属自尽案"说起》，《判例评论》1996 年第 9 期。

② 嘉庆江西清江《云溪徐氏族谱·宗训》。

③ 乾隆江西《清江永滨杨氏三修族谱·族戒》。

④ 湖南益阳《熊氏续修族谱·家训》。

⑤ 光绪江西清江《湖庄聂氏四修族谱·宗训八条》。

⑥ 《毗陵庄氏族谱》卷 11《训诫》。

非,就不得因人的地位而有袒护——"殷实富豪者为之左祖,贫穷疏阔者为之右祖"①。如若违反宗族的这类规范,就要处以家法,具体规则是:原告,即使有理,也要首先处罚他——惩治不先到祠堂理论、迳直告官的错误。如武进王氏处分这样的族人,在祖宗神位前罚跪,办酒席一桌赔礼;②如果被告藐视祠堂权威,不到祠堂听从调解,祠堂先惩治他抗拒之罪,然后再判定是非;两造都愿意上衙门,则处分双方;倘若卑幼到官府告尊长,处罚更重;判断是非,处以家法,不服制裁,送官究治,情节严重,削除宗籍。不许告官,是细微的民事纠纷,是在国法允许范围内的事情,政府所以允准,也是为减少行政成本。

既然不许告官,宗族必然有其处治族人办法,遂有相应的族规。其惩处的规则,包括肉体的、经济的、精神的、人格的各方面:体罚、打板子、罚跪;罚钱,经济制裁的一种;罚宴席,赔礼道歉,兼其经济与精神两种惩罚;记过,精神惩罚的一种;捆绑示众,人格惩治;开除出宗,不许进祠堂,不许上谱;送官究治;打死、活埋、投江、沉塘。

四、国法、家法的结合点与教化作用

前面分别讲述国法中的宗族法,家法中与国法有联系的内容,那么国法与家法的关系究竟是怎样的呢?

(一)制定国法、家法的宗法思想原则的一致性令二者具有宣扬孝道和忠道的共同性

从前述第二、第三两目的叙述,想来读者早已理解到国法、家法的最显著的共同点,是劝喻并强制实行孝道和忠道。家法规定子孙卑幼对父祖族尊尽孝和所有族人对皇上的尽忠,令子孙成为宗族的孝子和国家的顺民;国法——法律中的宗亲法、职官制度中的若干宗法内容(回避、丁忧、封赠等),在强调所有民人(包括官员)对国君尽忠的同时,要求民人在宗族尽孝,既是顺民又是孝子。国法包含忠道和孝道,家法同样包含孝道和忠道,而忠道、孝道又是相通的,实际上孝道之中已经将忠道的基本内容涵盖在内,并且使它

---

① 山东即墨《杨氏家乘·家训》。
② 《晋陵王氏宗谱》卷1《凡例》。

成为孝的高层境界。①所以简单地说,国法、家法的共同理念是孝道,换句话说是孝道精神的落实,令国法、家法具有教忠、教孝的共同性。

孝道、忠道是宗法思想的具体化。宗法观念产生历朝政府和民间普遍崇信的孝道和国家的"以孝治天下"方针,为此政府实行维护宗族政策,遂有举孝廉、旌表孝义、五世同堂的措施,宗族与此相配合,努力实现忠孝传家的目标——新正对联所表达的"忠厚传家久,诗书继世长"愿望,达到"移孝作忠"的境地。以孝治天下、孝道,成为国家、宗族的共同思想基础,国法、家法的结合点。

(二)教化权由国家、宗族分享,宗族在民间教化中起着特别重要的作用

教化权,本来是政府所有的,政府所实行的各项社会政策,就是在行使教化权。它所施行的优待老民,赐民民爵,蠲免钱粮,举行乡饮酒礼,旌表孝义之门、孝子顺孙、五世同堂、节烈妇女,设立养济院、育婴堂等善堂,设置常平仓、义仓,均是政府行使教化权的手段。而明代设置的"老人",清代所设立的乡约,专司表彰义行。惩戒恶行之职,是行使教化权的专门人员。

政府认为,仅仅由自身实施教化是不够的,需要宗族的配合,遂赋予或默认其教化族人的权利:宗族因而能够制定以忠孝观念为旨归的宗规家训,并使它成为纲常伦纪观念集大成的文书;宗族有权在祭祖及其他聚会中宣讲族规和皇家政书、关于民间的诏书;宗族可以按照其族规处罚族人及将不孝、不肖族人送官究治。在利用民间力量进行教化之中,政府特别期待宗族表率——乡绅发挥作用。嘉道时期文人姚莹讲述这种道理甚为透彻。他说,绅衿族尊"平素指挥其族人,皆如奴隶",因为族人怕见官,有事由绅衿出面。因此他主张官府联络绅衿,使"绅士信官,民信绅士,如此则上下通而政令可行"②。宗族亦是如此看待绅士的,故家训有"敬重斯文":"斯文乃族中之俊秀,名或列胶序成均,或职衔在身,或乡饮曾与,是皆一姓衣冠之望。"③在政府与民人之间,由乡绅连接,乡绅代表宗族,族人听命于他,由他教化民众,对培养顺民

---

① 忠君是孝道、人伦的最高层次。孝,有不同层次的要求,即始于事亲,中于事君,终于立身扬名,以显父母。孝养父母,是低层次的孝,能够出仕为官,为国家效力,是中层次的孝,若以贤能而扬名光宗耀祖,才达到最高层次的地步。"中于事君"是孝的固有内涵,孝于亲与忠于君是一回事,在家要尽孝,出仕就要尽忠。所以人们早就认识到,"求忠臣于孝子之门"的道理。

② 姚莹:《复方本府求言折子》,《清经世文编》卷23,中华书局,1992年。

③ 嘉庆江西清江《云溪徐氏族谱·宗训》。

与稳定社会秩序都是有益的。这是宗族分享政府教化权的一种渠道。

政府虽然采取许多推行教化的措施，但不一定能够取得预期的成效。这是因为有的措施只是偶尔采用，具有临时性，如颁布恩诏之时的蠲免钱粮；有的则是管理不善，往往形同虚设，如常平仓、义仓；有的权威不足，如乡约。宗族不同，有权威，为族人所乐于参加的群体，乐于接受其管理的组织，能够起到教化的作用。宗族的权威体现在族长、族尊、族内绅士身上，为此族规作出相应反映："听命尊长。尊长为一族之望，老成练达，见事多而处事必正。后生辈有所行，当先禀请商议，议定遵奉无违，敢有藐视不听从者，众共叱之。"①"卑幼宜听令于族长，公事咸禀而后行，毋恃势，毋倚财，违命自专，不遵礼法者，以家法绳之，不服会众呈究。"②清江杨氏冬祭毕宣讲家规，"择绅士中声音响亮者一人，明白朗诵，在祠子孙无论长幼，俱恪恭敬听"③。当然，族长也应做出表率，才能取得族人发自内心的尊敬："族长为合族之主，必谨守礼法，以群御子弟。毋贪财，毋徇情，抑豪纵，惜孤寡，敦风化，谨祭祀，庶几卑幼率服，风淳俗美矣。"④政府允许宗族拥有教化权，也就是认可宗族的某种"自治"权。政府目的之一是为有效治理，之二是为降低行政成本，之三是"分县官忧"⑤，强化国家——"扶人纪而张国势"⑥。政府使宗族成为教民、养民的群体。

教化权由国家、宗族分享，其实往往由宗族主导进行。清初理学家张履祥认为，教化在家族中进行则容易实现。⑦顾炎武指出："自三代以下，人主之于民，赋敛之而已。凡所以为厚生正德之事，一切置之不理，而听民之所自为，于是乎教化之权，常不在上而在下。"⑧冯桂芬认为，国家要想达到"郅治"必须实行"圣人宗以族得民之法"⑨，因为"宗法者，佐国家养民、教民之原本也"，地方官虽然有教民、养民的职责，但养不能解衣推食，教不能到每家每户，因之所说的教养是不切实际的空话，而宗族就不同了，牧令遂不能治者，宗子能治

① 嘉庆江西清江《云溪徐氏族谱·宗训》。

②④ 民国浙江绍兴《汤浦吴氏宗谱》卷1《吴氏家训》。

③ 乾隆江西《清江永滨杨氏三修族谱·族戒》。

⑤ 魏源：《魏源集·庐江章氏义庄记》，中华书局，1976年。

⑥⑧ 顾炎武：《顾亭林诗文集·文集》卷5《裴村记》，中华书局，1983年。

⑦ 张履祥：《张杨园先生全集·文集》卷18《记乡约》，清代刻本。

⑨ 冯桂芬：《校邠庐抗议·自序》，中州古籍出版社，1998年。

之，这是由于宗法森严，能够"弥平牧令、父子之隙者也"①。这就将宗族作为传播忠君、教化思想的重要工具表述得极其清晰。看来，宗族实行教化权，是经常的、持续的、普及的，在对民间的人伦道德教育中起着特殊的作用，是政府难以做到的，因而也可以说起了主要的作用。

（三）国法、家法的互相维护、冲突与整合的努力

家法与国法有着不协调，甚至冲突的方面，表现在：家法规定族人纠纷不得径自告官，而由家族先行处断，从而影响国家司法权的全面实施；宗族擅自处治族人，拷打，乃至致死，这在无形中削弱了国家司法权的完整性；宗族之间的械斗，甚至造成（众多）人命，这是藐视国法，影响社会秩序的稳定；有的豪族为恶一方，以至窝藏匪类。

政府给予宗族某种司法权，只是在政策中、在行政实践中令宗族参与，其权限有无、大小，完全看政府的需要，即主动权操控在政府手中。政府根据情况，不时地调整所认可的家法，比如雍正朝允许宗族掌握"处死权"——族长擅自处死有罪族人，判处杖刑，而非死刑；罪不至死而擅杀，减一等论罪。②这就不惜与杀人偿命原则相违背。乾隆朝发现不法族长滥杀族人，以及国家司法权的不完整性问题，乃将"下放"的权力回收。族正制的实行，如前所述带有实验性，是雍正朝兴，乾隆朝否，但是嘉庆、道光之时及其后，福建等处地方官还在依据当地情况，不时地实行，即实验在继续，表明政府在寻觅有效治理宗族的政策。如果我们再往清朝以前看，族正制具有北魏宗主督护制的遗意，宗主督护制是合宗主与督护为一，清代的族正没有达到这种程度。从历史全过程看，家、国统一分离后，一度以宗主督护制来弥补，又企图用族正制补苴，不过均不成功，表明君统、宗统不可能合一，哪怕是在极其狭小的范围之内。国家、宗族调整国法、家法中不协调的方面，达成一致，需要双方让步，也需要智慧，并有一个磨合过程，而且不可能完全弥合。

家法维护国法，在地方社会治安方面尤有成效。这有两层意思，一是本家族不出不良分子，二是不允许不良分子在本地区立足，消弭祸患于未然。宗族制盛行的地方，流行着"国法不如家法""乡评严于斧钺"的俗语，可知宗法的森严及其作用。宗族惩治不肖族人的规范，本文业已有专门子目交待，这里不

---

① 冯桂芬：《校邠庐抗议·复宗法议》。

② 《雍正朝起居注》，雍正五年五月初十日。

赘述,而这种宗族惩治族人的现象,已经为当时人所认识。道光时安徽怀宁政府修县志,即说当地风俗,"(族人)有不率教者,族尊得施鞭扑,居然为政于家"①。如此一来,族人不敢违背宗法,纵然有犯禁者,宗族或惩治,或开除出宗,不允许留居本村,从而除去本地不安定因素。再说宗族本来就以守护社会秩序为使命,清江徐氏族规特立"相助守望"之条:"重门击柝,御暴防奸,伊古为然。近世窃盗难弭,暮夜多警,吾姓聚族而居,有患同恤,一闻盗警,须互相搜捕,或有不肖子弟,陷入匪党勾引,尤宜留心查察,锄莠安良,合族无寇攘之扰,尽人避瓜李之嫌,岂不风淳而俗美也哉。"②这是宗族教导族人弭盗,不得与叛逆分子交往,因而使外来不安定分子无法立足,更无从发展力量。这也是清人普遍认识到的:聚族而居之地,"各有保室家,长子孙之意,无虑乎伏莽"③。极力主张实行族正制的陈宏谋对这种作用看得更透彻:"族长以族房之长,奉有国法,以纠察族内之子弟,名分既有一定,休戚原自相关,比之异姓之乡约保甲,自然更易于觉察,易于约束。"④

从总的情形看,国法与家法的局部内容的冲突并不严重,政府进行政策的调整,掌握绝对主动权,宗族处于被支配、被利用的地位,不可能与政府抗衡,是以国法总在支持家法。

(四)国法的实行激发人们的宗族群体观念,增强了宗族的凝聚力,能够得到稳定的发展,也使清代能延续近三百年

国法,尤其是宗亲法的实行促进了人们的宗族追求,增强了宗族意识和凝聚力,使宗族得到延续和稳定发展。宗亲法、同罪异罚刑律的实行,令宗族上层分子对组建、维持宗族特别感兴趣:这是他们的根基、拥有社会权力及作为社区代表的社会因素之所在——能够代表宗族与县官对话, 成为社区领袖;一般族人也因族长的出庭作证,而有修族谱、建宗祠的需要,特别是在社区社会资源的争夺与享用中,族人都要借助于宗族的力量,那些大族、望族的成员,更因宗族在当地的势力,得益尤多,怎么能不对宗族因感怀而靠拢哩!自然会有向心力的产生;宗族中有人中举、出仕要立旗杆,建牌坊,制匾额,成

---

① 道光《怀宁县志》卷9《风俗》。
② 嘉庆江西清江《云溪徐氏族谱·宗训》。
③ 朱云锦:《皖省志略》卷1《徽州府志》。
④ 陈宏谋:《选举族正族约檄》,《清经世文编》卷58。

了全体宗族成员的荣耀;官员的丁忧、起复和更名复姓均要有宗族或族人的证明,也离不开宗族。所以有关宗族的国法及其执行,增强了族人对宗族的向心力,加大了宗族凝聚力。

包括清代在内的中国古代社会是以宗族制为基础的社会,是人们普遍认为的宗法社会。所以华裔学者许烺光著作《宗族·种姓·俱乐部》①将中国、印度、美国社会的差异,用"宗族""种姓""俱乐部"来表述,是相当准确的。在清代社会,宗族是社会基础,是国家制定根本政策的依据和出发点,这就是我们今天所说的"国情",明乎此,才深深懂得清朝法律、法令、政策何以那样地同宗族、宗族活动联系在一起,那样地具有宗法性;明乎此,才深刻理解清朝人为什么在受宗法姓族长制制约之下,还会那样依附于宗族,热衷于参与宗族活动。须知,在宗法性社会,个人一旦离开宗族,意味着失去宗族的保护,就成为流离于社会之外的人,就成为无根之人。人岂可须臾离开宗族!

国家需要宗族,民众需要宗族,宗族得以成为极其缺乏社会组织社会的合法群体,国家则赖以维持社会的稳定,政权得以延续下去。

(2006 年 11 月 25 日初稿,载《南京大学学报》特刊《南京大学法律评论》2006 年秋季号)

---

① 许烺光:《宗族·种姓·俱乐部》,薛刚译,华夏出版社,1990 年。

宗法观念与清代职官制度

贯穿中国古代社会有两种基本观念和制度,就是等级和宗法。等级观念和制度与本文无关,不去管它。只谈宗法观念和制度,它体现在国家制度和民间生活的许多方面:国家的君主专制和家天下,民间的父家长制;司法"十恶"的"不孝""不睦","八议"的"议亲",宗亲法的判刑原则和条文,民间的家法(精神的、肉体的、经济的,乃至活埋、沉塘);皇家的纂修玉牒,民间的兴修族谱;在继承制度方面,整个来讲是男子继承制,不过皇家强调嫡长子继承,而在民间则是诸子平分制,然而在爵位承袭和恩荫方面,则行嫡长优先制,这就涉及到职官制度了。宗法观念和制度对社会方方面面的影响本文也不再道及,仅仅叙述它同职官制度的关系,并且专门剖析清朝的官制与宗法观念及制度的联系。

宗法观念与制度影响到清代官制的很多方面,笔者将从宗亲回避、终养、丁忧、封赠、恩荫、更名复姓等制度中道出宗法的内涵,然后进行简单的归纳分析。

一、官员的宗亲回避

清代官员任职的回避有多种情形,凡是同籍贯、有姻亲和师生关系的官员都要相互回避,不能在同一衙门或地方做官,宗亲回避与上述三种不同,有其特定的内涵。

清朝康熙三年(1664)规定,中央官员,嫡亲祖孙、父子、伯叔、兄弟若在同一衙门任职,官小者回避,分配到另外的衙门当差。康熙十年(1671)补充规则,官员分派到新衙门,若遇有宗亲,官职又相同,后来者要让先到者,另行安置到其他机构,这是实行以新让旧的原则。就此嘉庆十七年(1812)又做出补充,若祖孙父子分到同一衙门,如系同样官职,品秩稍有大小的差别,身为祖父或父亲的人虽然是后来分派来的,但应令其子其孙回避。官员嫡亲三代人员中有人做盐商,那么他就不能出任管钱粮的户部官职。这是京官的宗亲回避,地方官的回避范围不限于嫡亲祖孙三代,而要广得多:官员之间凡是具有刑名、钱谷、考核、纠参关系的,只要是同族的人,即使服制已远,出了五服,也要官小者回避。如果有官大到道员、知府以上的同族人,官小者的回避要被调往别省,而不是同省的其他府县。

以上是文官回避,武官又有不同,兵部的汉官,只要是五服内亲,以至居住在同一村落的族人,都要官小者回避官大者。满洲内外文武官员的宗亲回避规制比汉员略有松动,如武员的回避仅限于五服以内,出服不再执行。

官员宗亲回避还有两种情形:一是拣选和大挑知县,被拣选人与主持拣选的官员不得有宗亲关系,起初的办法是被拣选人放弃机会,因为拣选者官大,而后以拣选机遇难得,令其放弃不公平,于是不再派遣与被拣选人有宗亲关系的人出任拣选官。另一种是官员子弟乡会试回避,为避免科举中官员凭借职权舞弊,起初令考官子弟不得与试,以免他们占便宜中试,后来觉得不让考试也不是妥善办法,遂定出官卷取士制度,即在京三品以上及大小京堂、翰林科道、吏礼二部司官,在外督抚藩臬提镇以上等官子弟,另编字号与试,给予一定的取中名额,既不妨碍孤寒人士进身,又不令官员子弟向隅。

对于违犯回避制度的人员,定有处分则例:隐匿不报回避,给予行政处分,情形轻者降级调用,重者革职。回避是一种消极防范的方法,怕的是同族的互相举荐、提拔,或者互相徇隐包庇,因此用回避制度以求得吏治的澄清;对武官限制到不让同族的人在一起任职的严重程度,则含有防止武人造反的意思。

二、官员的丁忧与起复

丁忧,是官员遇到父祖亡故离职返乡的制度。对于官员的父母、祖父母、(出继他人者的)本生父母、本生继母、生父之生母丧事,清朝定有回籍治丧的丁忧规则,方法是依据服制,一般是守丧三年(实际是不计算闰月的 27 个月),离职,必须回原籍,在此期间自身不得婚姻,也不许为子女嫁娶,不许交游地方官府。由于离职,自然失去升迁可能。丁忧与回避一样,区分旗员、汉员、文员、武员,有相同之处,也颇有差别。在京满员、蒙员穿孝百日之后,必须到衙门当差,惟在守丧期间不得升转,不得穿吉服、听音乐;外任的满员遇丧事必须回到京城所在旗,百日后则仍回原来外任衙门当差。旗员百日后表中当差,一则乃因他们系朝廷主干,人数又少,难于有那么多合格人员顶替;二则是他们不像汉人会谋生,没有差事生计就会出现问题;三是不当差出力,容易变得懒散无用。汉人武职中,高级官员副将以上遵制丁忧,参将以下只给几个月的奔丧假期,期满回营当差,为的是怕有紧急军情需要处理。极少数的官员因为职务和紧急事务的需要,在任守制,是为"夺情",此乃历代传统制度,清代予以保留。此外官员的有服伯叔祖父母、伯叔父母之丧,也有短期穿孝制度,但不离任回籍。这样,官员丁忧涉及到曾祖以下四代人。

在籍守制官员丁忧服满,写报告说明原委,并由宗族和邻人提供证明材料,到吏部起复铨选,重新履任。丁忧违制要受到处罚,如若闻知祖父母、父母丧事,恋职不报,继续留任,是为"短丧",事发,革职处分;倘若闻丧后急于奔丧,不等待批准,自行离任,及至起复时降二级调用;倘因职位不理想,捏造丁忧离任,也是革职处分。丁忧是制度,带有强制执行的性质,有的官员贪图官位利禄和升迁,匿丧不报,照例处理,如同治三年(1864),湖南学政钱宝廉父故,遵制丁忧,而其弟、署怀来知县钱葆延不报丁忧,被革职,而且永不叙用。几年后的同治九年(1870),贵州补用同知谢邦鉴闻讣,到下年仍不呈报,希图短丧,被发现后又捏造情节蒙混,被视作丧心作伪,蔑法忘亲,情节恶劣,革职,永不叙用,从重罚往黑龙江充当苦差,遇赦不准援赦,以示炯戒。

三、官员终养

终养,是官员因有老亲回籍侍养的制度。顺治十三年(1656)下令,汉人官员一律实行终养制度,其祖父母、父母年老,本身无伯叔兄弟,回籍侍养。康熙三年(1664)制定较全面的终养规则:官员的父母年龄在70岁以上,所有的儿子都出仕在外,户内别无次丁,或者虽有成年人,但系残疾不能侍奉,皆准回籍终养;父母年至80岁以上,家中虽有次丁,愿意归养者准予终养。乾隆五十年(1785)饬令,独子之亲年龄到70岁以上,官员只需说明情况,即可终养。嘉庆五年(1800)补充规定,出继官员,继父母在世,不得为本生父母告请终养,已故者听之;教职官员在本省任职的,虽不在本府,毕竟离父母很近,不必饬令弃职终养,愿意者听其自便;内外大小各官,凡是派有军差和军营事务的,无论父母年至70岁、80岁以上,是否独子,均不准终养;不符合终养条件,而情有可悯(如亲人有残疾),本人申请,准予开缺终养。

终养制还有一种变通办法,就是迎养,将老亲迎至官署侍养,就是准许留任,但不得在终养期间升官。这在皇家来讲,是体恤臣工,令其做到公私兼顾。旗人京官不得告请终养,因为老亲就在京城,没有终养的必要。满洲、蒙古旗人外任官开始实行终养制,继而取消,实行凡有老亲者可以回京任职,或者有老亲者不放外任,留京供职的制度,也就没有终养的问题。惟有捐纳试用人员,不准改用京职,俟养亲事毕,仍赴原省之任。汉军旗人由于文化背景及生活能力等因素,其终养制介于满洲蒙古旗人与汉人之间,康熙间定例外任汉军与汉官一体终养,乾隆间改回京城任职。官员终养事毕,起文赴部补用。官员有利用告请终养作弊的,主要是虚报尊亲年龄,规避不满意的缺分,惩治办法是革职。

四、官员及其尊亲的接受封赠

封赠,是皇帝对所有品官及其尊属的一种恩典。清朝皇帝在下覃恩诏书中常常有给予所有官员(一品至九品的现任、候补、候选、署事、在任守制、丁忧、终养的文武官员)封赠的内容。在清朝初年,官员三年考满,也能得到封赠,随后不再实行这一政策,所以官员获得封赠只剩覃恩诏书一条途径。封赠的办法是依据官员的职务高低,给予不同代数的封赠,一品官封赠三代,即曾祖父母、祖父母、父母;二品、三品官封赠两代,为祖父母、父母;四品至七品官封赠父母一代,以上官员不仅先人受封赠,本身及妻室也荣获诰命;八品、九品官只封赠其父母,而本身及妻室不得受封,如果父母已经有了封赠,本身和妻室就可以接受。封赠官员的上代,是为推恩,男性的曾祖父、祖父、父亲的封号同于官员本身,为荣禄大夫、资政大夫、朝议大夫、文林郎、修职郎等18类。命妇的封号,以其子孙官品的高低区分为夫人、淑人、恭人、宜人、安人、孺人。宜人以上命妇所得的荣誉证书名曰诰命,安人以下则叫敕命。封赠制度中有虚封条例,是应当受封赠的人不要而让给他人,如四品至七品的官员只能封赠父母一代,如果本身及妻室不授封,可以虚封祖父母;除了直系亲属,还可以旁及伯叔祖父母、伯叔父母、庶母、兄嫂、堂兄嫂、从堂及再从堂尊长,关乎家族成员较为广泛。

清朝还实行报捐加级封赠办法,官员捐纳加级,然后按新级封赠,如四品官捐级至二品,则依二品官封赠其祖父母。道光以后,政府为多得捐纳,允许四品至七品官员捐请虚封曾祖父母,八品、九品官捐请虚封祖父母。这在政府来讲是卖鬻封典,而对官员则是显亲扬名,令他们的平民父祖先辈因为子孙的居官任职而拥有诰命、敕命的荣誉,亦即虚拟的官品。封赠只能上推到第三代曾祖父母,有的官员以己身不要封赠,请求虚封其高祖父母,就是上推到第四代,然而清朝掌握一条原则——不许逾越三代,绝不封赠官员的高祖父母。乾隆十七年(1752),广东提督林君升、山西按察使唐绥祖奏请将本身和妻室应得封典虚封高祖父母,皇帝斥责他们不懂礼法,因为臣子封赠之典以三代为限,合于上古大夫三庙之义;上及三代,已是臣子能得到的最高荣誉,不应再有分外之请。

五、官员子孙的承荫恩典

恩荫,是皇帝给官员子孙的恩典。清朝皇帝的覃恩诏书多有恩荫的内容,即给予官员子孙功名、官职。根据官员级别和特殊经历,恩荫分为恩荫、难荫、特荫三类。获得恩荫的条件是,中央文官四品、地方文官三品、武官二品以上,无论现任、丁忧、给假、候补官员各荫一子,侍郎、学士、男爵以上官荫子为荫生,以下官员之荫子为荫监生。

荫生的出路有三种:进国子监读书,直接出仕,或文途改武途。15岁以上进国子监读书,20岁后出仕。出仕的官职,取决于父祖的官品,正一品官荫子为正五品,从一品官荫子为从五品,正二品官荫子为正六品,以此递降,至从四品官荫子为从八品。

殉难官员的给荫范围比一般恩荫广阔,所有官员,以至未入流的,其子孙均享受难荫待遇,而且荫叙级别也高。如难荫三品监生出仕则为部院主事,一般恩荫则需要二品监生才能得到这种官位;再如难荫三品官子孙可以出任知州,一般荫生只能出任知县。

特荫是皇帝特别加恩于进入贤良祠的某些官员和特加推崇的官员的后人,比如雍乾时期的大学士朱轼、尚书孙嘉淦的后裔没有人能够出仕,嘉庆帝因他们居官清正,怜悯后裔不能振作,特予加恩,录用其中一二人。

荫子以嫡长制为原则,凡承荫,先尽嫡长子孙,若嫡长子孙已经出仕,或有其他原故,改荫嫡次子孙,如无,才能由庶长子孙承荫,若仍无有,方能荫弟,或兄弟之子。

给荫完全以官职为条件,官员犯事革职,其子孙的恩荫随之革除;及至复职,仍可获得恩荫。对难荫则是特别开恩,张芾在侍郎任内,使其子张师劬获得二品荫生,张芾革职,张师劬革荫,张芾重新取得官职,并没有达到侍郎品级,张师劬就不能复为二品监生,可是同治元年(1862),张芾在陕西原籍与回族战斗中殉难,奉旨照侍郎例从优赐恤,上谕指出张芾殁于王事,忠烈可风,赏还张师劬二品监生。

六、官员的出继归宗与更名复姓

出继有两种情形,即继异姓与继本宗。更复姓氏者,是出继异姓的人,而后认祖归宗,恢复原来姓氏。对于异姓为后的官员来讲就涉及他为谁(继父母、本生父母)丁忧守制、为谁终养、封赠中推恩给谁的问题,清朝政府为此作出相应的规定——更名复姓制度,准许出继异姓的官员认祖归宗,以维护宗族制度和宗法原则。读者稍事回忆,会在前述丁忧制度中看到官员为本生父母守制的规定,因而对现在叙述的事情并不陌生。

根据规定,异姓为后的官员更名复姓要经过申请批准和办理注册手续。由于有的人假捏出继归宗,而规避丁忧守制,所以政府的规则还有防范作伪的内容。康熙三十一年(1692)定制,官员更名复姓,自己写出申请报告,同乡官员要为他提供甘结(证明报告人情况属实,否则出结人甘愿受罚);在籍候选官员,不必同乡官甘结,但应有邻里、宗族的甘结,以防造假。嘉庆五年(1800)规定,官员因继父生有亲子,且已经长大成人,情愿归宗,其原籍的地方官取具宗图册结,以及亲族甘结,咨送报部,准其归宗。光绪十一年(1885)定例,官员自幼出继异姓,从其姓出仕者,遇异姓父母病故,即饬令该员复归本宗,并取具原籍地方官印结及邻人、族人甘结,呈验宗图清册,报告吏部改正三代。官员更名复姓还有三个先决条件,一是出仕之时要报告本生三代姓氏存殁;二是任内无事故,以免官员凭借姓名的更换逃避责任;三是吏员不许复姓,以防止其作弊。

宗族与职官制度的联系大致是这些,此外同世爵制、选举制(尤其是孝廉方正科)等方面均有诸多联系,本文不再涉猎。

从上述 6 种规制和一些事实,对于职官制度与宗法观念、制度的关系,我们似乎可以归结出四个方面：

其一，职官制度中贯彻五服制度使其具有宗法制度的成分。宗亲回避、丁忧起复、封赠推恩、恩荫子孙，所涉及人员的范畴的规定，都是出于五服制度的考虑。五服制原为丧服而设，活人因与死者的五服关系，各自有其服丧的义务和内容，这与官员丁忧是直接的关系。五服制更是亲等关系的法则，在宗亲关系中，是具有普遍意义的原则，官制中凡是关乎宗亲内容的，都是依据五服制来制定的。以己身为基准，父亲、祖父是直系亲属中最接近于自身的尊亲，所以丁忧、终养、推恩首先关照他们；儿子、孙子是直系亲属中最接近己身血缘的人，因此恩荫为他们而设。上下三代关系最重要，曾祖、曾孙同样在封赠、恩荫范围之内。高祖、玄孙很难与己身同时活动，故而职官制度中缺少他们的因素。出了五服的族人，关系已经疏远，官制一般不予关注，但也不是绝对的，在宗亲回避中就有所涉及。五服制贯彻到官制之中，使得官制具有了宗法内容，即令宗法渗透到官制中，在一定意义上说官制的相关内容就是宗法制度，换句话说是宗法制度与职官制度的重合。

其二，职官制度体现出基本的宗法观念和宗法伦理。宗亲回避、丁忧、终养、封赠、恩荫、更名复姓等项法规中，尽管有满汉、文武、朝内、朝外官员的差异，然而共同体现出宗法观念、宗法伦理和宗族制度的基本内容：崇尚大宗观念和尊行大宗法，在承荫法规中表现得特别明显；强调家族名分，君君臣臣父父子子，长幼有序，宗亲回避法中的同等职务，子孙回避父祖就是表现之一；政府相信，或者说利用族谱和宗亲甘结，处理职官的有关事务，丁忧起复、终养、更名复姓，均须有宗亲甘结，复以族谱佐证。

其三，清朝在职官制度中实行宗族原则是为"移孝作忠"。宗法观念在官制中的贯彻，影响到宗族成员的出仕、任职、离职、封赠荣誉及仕途的多种变化，如宗亲回避，造成有的人被调职，以至短期内没有职务。宗族关乎族人做官的某种命运，影响不可谓不大。那么清朝为什么制定这样的制度呢？理由很简单，就是为要求做孝子的人成为忠臣。至晚在东汉时期人们就懂得求忠臣于孝子之门的道理，在家尽孝的人，出仕就会尽忠，故而乾隆帝就终养制度说："士人读书明理，策名入仕，自当敬事后食，移孝作忠。"乾隆帝还就封赠制度说："朕登极恩诏内，凡内外满汉官员，自一品以至九品，均予封赠，所以锡类敷恩，遂臣子显扬之愿，励移忠作孝之风也。"移孝作忠与移忠作孝是互动的，不过前者更重要。终养、封赠等制度虽说使官员做到忠孝两全，其实定制的原则是以国事为第一,即尽忠居第一位,而家事为第二,即尽孝占第二位,服从于第一位。官员闻讣,不待批准离任奔丧,会遭到降职处分,就是国事第一、家事第二的显证。职官制度中宗法思想的贯彻,归根结底是为君主和朝廷,令臣下移孝作忠。

其四,职官制度实行宗法原则促进宗族的凝聚,并成为它的活动资源。丁忧起复、终养、更名复姓要有宗亲甘结,还要提供宗图(族谱)作佐证,官方的这些规定和做法促成官员与族人密不可分的关系,宗族是他的根,是不可以离开的。这仅是事情的一个方面。另一方面,封赠和恩荫,前者上达曾祖父母,后者下及子孙,令官员的九族因其出仕而得到诰命的荣耀和读书做官的机会。真是一人做官,九族沾光。可见做官的族人与宗族相得益彰。这种官制中的宗法因素,使得人们更加懂得宗族对他们生活的重要性,因而增强了宗族内在的凝聚力。宗族出了做官人,如若再得到封典,是荣耀乡里的大事,增加了宗族在地方上活动的资本,有利于提高其社会地位。所以官制中的贯彻宗法原则,激活了宗族的兴旺及其社会活动的活跃。

另外还有一点需要道及的是,与宗法有关的职官制度中防止弊端的措施甚多,如防止隐匿宗亲关系、恋职匿丧不报、捏造终养规避不满意的缺分、假借更复姓名逃避责任、不许吏员更名复姓等措施。政府为此定出处分则例,表明官员中存在着不愿丁忧、终养的实际情形。也就是说孝道并不是所有官员乐于遵守的;假借终养、更名复姓,反映吏治并不澄清。官制中的宗法原则和移孝作忠的愿望,在实践中存在着许多问题,不是只靠制度就能解决的。

主要参考文献:

1.光绪《清会典事例》,中华书局,1991 年。

2.乾隆《清朝通典》,浙江古籍出版社,1988 年。

3.赵尔巽等:《清史稿·职官志、选举志》,中华书局,1976 年。

(2005 年 7 月 30 日草,载《文史知识》2005 年第 10 期)

简论清代宗族的"自治"性

宗族与"自治"关系的学术研究,学术界关注不多,需要有所开展,以期明了其历史意义,以及当代价值:村治的历史渊源和可供借鉴的传统文化素材。

一、何谓"自治""自治性"

"自治",是近代外来词汇,在中国古代找不到,但是并不等于说古代没有自治性质的事务,比如清代宗族就具有自治性。何以这么说,先交代"自治"和"自治性"的概念,然后再观察、分析清代宗族自治的成分以及学术界对它的研究。

所谓"自治",具体到自治团体讲,是指民间自行组建的团体,管理其内部事务;它的组织及管理原则是民主的,而非管理人的专断;它是得到政府承认的合法组织,甚至可以说是"受国家之委任,自己处理本团体内之事务"①,这样的团体是政府和社会的中介物。笔者在这里讲"自治性",是指团体虽是管理内部事务,但严重缺乏民主性;国家认可其合法性,而严加控制,也就是说其自治程度很低,与近代的自治观念差距甚大,然而也不应当忽视其具有的自治成分,故而用"自治性"的概念来表述这种状态。清代的宗族正是这种状况,用以界定它,或许对认识这类事物是有意义的。

二、清代以来人们对宗族"自治"的认识

将宗族群体同"自治"联系起来,是 20 世纪人们的事情,在此以前的清朝人根本就没有自治的概念,无从将宗族与自治连接在一起。国人,特别是学人对宗族自治的认识有一个起步和稍微开展的进程,为着明了这个问题研讨的

---

① 《辞源·自治》,商务印书馆,1933 年。

学术价值,我们暂且把清代宗族自治性的历史事实放一放,而对学术界的认知过程先作出说明。

清朝人对宗族"自教养""教化权在下"的认知已具有模糊的自治意识。国家对百姓进行教化,百姓自身也在自我教化,"教化"将政府、百姓联系起来。顾炎武对此提出见解,他说宗法的实行,是"扶人纪而张国势者",又说:"自三代以下,人主之于民,赋敛之而已。凡所以为厚生正德之事,一切置之不理,而听民之所自为,于是乎教化之权,常不在上而在下。"①他认为宗族实际上拥有了教化权,而这种权力可以张大国势,使国家强大。魏源称赞宗族设立义庄和政府的保护政策,他说建设宗族义产,是"自教养""则鳏寡孤独废疾者皆有所养,水旱凶荒有恃,谣俗有所稽查……人心维系,磐固而不动,盗贼之患不作矣",这是"分县官忧"②。"自教养",也是说民间具有教化权。冯桂芬认为国家要想达到"郅治",必须实行"圣人宗以族得民之法"③,因为"宗法者,佐国家养民、教民之原本也"④。分别属于清代早、中、晚期的顾炎武、魏源、冯桂芬,都把宗族看成是佐助国家"教民""养民"的群体,实际上拥有教化权。教化权原本是国家的,宗族也得分享,不就是政府给予的吗!他们的意识里不具有宗族自治的观念,不过教化权由宗族与国家分享中隐藏着宗族自治的成分,这个概念是隐约可见的,是呼之欲出的。

20世纪初的清朝人明白地将自治桂冠奉送给宗族。宣统年间编纂的广东《南海县志》讲到该县冯氏宗族活动,谓其在子姓齐集祭祖之后,"凡乡中有更革者,有纷争者,祭之明日,大集而调理之,亦可谓能自治者也"⑤。县志的编纂者已经懂得宗族是有自治功能的,比前人只讲教化权在认识上大大前进了一步。

民国时期学者论述到清代宗族的自治性。陈独秀在1919年刊出的《实行民治的基础》文中写道:"乡村有宗祠,有神社,有团练;都会有会馆,有各种善堂……像这些各种联合,虽然和我们理想的民治隔得还远,却不能说中国人的民治制度没有历史上的基础。"⑥他肯定这些基层社会的组织具有民治精

---

① 顾炎武:《顾亭林诗文集·文集》卷5《裴村记》,中华书局,1983年,第101页。
② 魏源:《魏源集·庐江章氏义庄记》,中华书局,1976年,下册第502页。
③ 冯桂芬:《校邠庐抗议·自序》,中州古籍出版社,1998年,第68页。
④ 冯桂芬:《校邠庐抗议》下篇《复宗法议》,中州古籍出版社,1998年,第166页。
⑤ 宣统《南海县志》卷4《风俗》。
⑥ 《陈独秀文章选编》,生活·读书·新知三联书店,1984年,上册第431页。

神,发掘宗族的自治性,并宣示于世人。梁启超在《中国文化史》讲到地方自治的社会基础,以他的家乡广东新会民间自治的传统为例:"上祠堂"的"耆老会"是乡治组织,除了交纳钱粮是地方政府的事,其他的乡间事务都由他们办理,"此盖宗法社会兑余之遗影,以极自然的互助精神,作简单合理之组织,其于中国全社会之生存及发展,盖有极重大之关系"①。对乡治的态度,表明他对宗族自治合理成分的认同。不过应当明确的是,无论陈独秀还是梁启超,均不是专门论证宗族与自治的关系,只是在讨论乡治、地方自治时考虑到宗族的因素。

20世纪90年代以来学者再次讨论清代宗族自治。清代宗族与自治的历史关系问题,在几十年的受冷落之后,②到90年代被重新提起。1991年,张研在《清代族田与基层社会结构》一书中指出:清代的宗族、乡族组织,"表现出更多的独立性和自治性的特点,其中盛行于南方的宗族组织最为典型"③。她的宗族自治性说,比以前的学者说得更鲜明。同年,王沪宁在论述到传统家族存在的原因时说:"由于自然屏障长期没有突破,各村落家族共同体实际上是一些自治的共同体。"④同样是将宗族与自治挂上了钩。笔者在《18世纪以来中国家族的现代转向》⑤书中开设两个子目,即"宗族教化权与宗族'自治'"与"家族'自治性'论",探讨宗族自治的历史问题。⑥

上述事实表明,宗族与自治关系的学术命题,经历一个世纪的研讨,其实才把问题提出来,开了个头,学术研究的进展何其缓慢矣! 这当然与整个社会环境、学术研究氛围密切相关。19世纪与20世纪之交,政府和社会都在议论君主立宪、议会政治,随着西方近代自治观念的传入,人们从而开始将宗族视作自治因素了。民国前期推行县治,讨论乡村建设,正是在这种背景下陈独秀、梁启超等人才从宗族等地方民间团体谈到中国古代自治的有限传统,作

———————————

① 梁启超:《饮冰室合集》第10册专集之86,中华书局,1989年,第15、58页。

② 20世纪下半叶的一个时期内,"自治"一词在社会上消失。1980年出版的《辞海》不见"自治""自治主义"词目。

③ 张研:《清代族田与基层社会结构》,中国人民大学出版社,1991年,第201页。

④ 王沪宁:《当代中国村落家族文化——对中国社会现代化的一项探索》,上海人民出版社,1991年,第34页。

⑤ 冯尔康:《18世纪以来中国家族的现代转向》,上海人民出版社,2005年。

⑥ 拙作中所使用的材料,有许多被移植于本文。

为当代实行的社会意识的基础。而其时家族自治的实际情形要比学术探讨走得远。比如1922年,潮州洪姓联宗修谱,将家族视为追求进步的自治团体,谓各种事业,"非从家族求自治团结"做起,"国之团结始于一家,家家有自治之能力,则一国有自治之能力"[①]。1928年四川长寿县李姓建立"长寿李氏同宗自治会",宣称自治精神是建设团体的出发点。是时各种类型的自治会大量涌现,如学生自治会等,宗族自治会也成为一员,自治的民主内涵也为一些家族所认识。1931年江西萍乡刘氏修谱,主事人在《凡例》中说:"自治主义,首先家族法约不敢私议,家规自当明定。"[②]既然是自治团体,就应当实行民主,而不能是族长专断。抗战、内战的相继发生,打断宗族的自治化、民主化进程,宗族自治议题的研究随之而中断。这样的研究历程启示学术界,清代宗族与自治关系史的研讨需要进行下去。

三、清代宗族内部生活中自治性的表现

宗族的自治性体现在宗族事务内部的管理和参与外部事务两大方面。宗族管理的内部事务主要内容是:

登记族人户口。宗族为明了其成员状况,设立"纪年簿"之类的簿籍,登记所有的族人。组织严密的宗族规定,对于新生儿,出生三天或者满月,必须报告族长,依据宗族的辈分字序(派语、辈字)命名,登录在册,并备香烛告祭宗祠。这样的登记,使得宗族能够将族人编制起来,为内部管理之基础,以便开展活动,如作为祭祀祖先、编修族谱、发放救济的依据。

组织祭祖活动。祭祀是宗族最重要的、最严肃的事情。为了祭祖,有条件的宗族建造祠堂,以置放先人木主,同时制定一整套的祭祀规则,包括木主安放、祭祀仪式、祭器祭品、出席人员、纠察设置、祭后议事、会食馂余、祭祠费用,以及无故缺席或与祭不敬的惩罚。祭祀种类繁多,祠祭之外,是清明的扫墓,以及其他忌日、节日的祭祀。这样繁杂的祭祖,在成百上千人的宗族,若全部祭祀过程中肃穆有序地进行,不出纰漏,诚属不易。这必须是组织力量强,

---

① 民国潮州《洪氏宗谱·修谱例言·汕头三瑞堂创修宗谱序文》。
② 民国萍乡《刘氏家谱·凡例》,1994年新刻本。

宗族管理人员有权威才能做到。

制定族人行为规范和施行家法。宗族制定族规、家训,作为族人行事的规矩和阐述做人的道理。规范很严密,涉及到生活的各个方面,包括:职业的选择,四民之外的行当不准介入;婚姻不得失类,良贱不能通婚;纲常伦纪的遵守,违反伦常甚至是处死、告官送审的重事;族人间的纠纷首先由祠堂处理,不许擅自告官;参与宗族活动,如祭祀、宣讲等;信仰、娱乐活动的选择,不得有悖伦理;族人不得做伤天害理及违法的事。对行为失范的族人制定成套的处分办法,有体罚,即打板子、罚跪;有罚款,或交纳银两,或摆酒席赔罪;有精神惩罚,即记过,捆绑在祠堂门前示众;有开除出宗,不许进祠堂上家谱;处死,即执行家法,打死、活埋、沉潭;以宗族的名义将为非作歹的族人送官究治。族人生活的方方面面,宗族都有权力来管辖,并付诸行动,予以实现。

管理宗族义产和发放救济。多数宗族有少量的祭祀产业——祀田,有的宗族拥有较多的、甚至大量的田产,具有多种用途:祭田的出产用作祭祀;义庄田,赈济贫苦族人;书田,宗族学塾的经费之所恃。宗族公产有特定的管理制度和管理人员,如义庄设有庄正、庄副,负责收租、保管、出纳。发放粮物,应凭借族人登记簿,依据族人经济状况的调查,确定发给的粮食数量。此外,管理人还要根据年成收入,调整当年发放数目。宗族的公产收入,还有祠堂管理费用一项。维护祠产,不许族人盗卖、佃户侵蚀、豪强侵占。诸如此类,管理祠堂公产是一项复杂、繁难的事情。

组织族谱的编修。清朝人常说"家之有谱,犹国之有史",族谱是宗族活动的记录,是宗族的历史,也是宗族文化的载体,修谱就成为宗族的必有活动项目,一种努力目标,所谓"三世不修谱,即为不孝",一些宗族规定十年一小修,二十年一大修,或三十年一修。修谱会遇到一系列的必须克服的难题:要筹措经费;要有撰写的人才;族人要心齐,乐于出份子钱;外迁族人资料之获取;要不要联宗修谱;凡例如何确定,这不是个人的事,必须议而后定。修谱是宗族的一项大建设,乘这个时机,宗族常常增订族规祖训,收入谱牒。修谱是文化工程,是财力的显示,是人心的体现,是实行自我教育。宗族修谱,最能反映它的凝聚力和组织管理能力。上面说的是汉人族谱,满人的族谱还另有功能,即满人出仕、承袭的凭证。

组织宣讲及其内容。祠堂以维护纲常伦纪为使命,特别看重对族人的思想教育,"宣讲"就是一种手段和仪式。有的宗族特地设立讲正、讲副,专司宣讲事务。宣讲有定期,频繁的定为初一、十五,一般的是在祭祖之后。宣讲的内容是皇家的《圣谕广训》,每次讲解一条,十六次讲毕。为了达到宣讲的效果,让众人懂得皇帝的教导,有的宗族摘录其中特别结合农村实际的内容,刊刻在族谱上,以便族人阅览遵循,这就是我们今天能够在许多清代修纂的族谱上看到《圣谕广训》的原因。宣讲还有其他的内容,如讲圣贤语录,注重在伦常方面的内容;再或者讲解家训,也是重在做人的教育,即在家做孝子,对皇家做顺民,按期完粮,遵守国法。

宗族对其内部的管理,其实质,可以用顾炎武说的"教化权"和魏源说的"自教养"来概括。宗族进行的祭祖、修谱、登记人口活动,令族人的宗族意识根深蒂固,大大增强了宗族的凝聚力,从而使得宗族有了施行教化权、自教养的牢固的意识前提,令族人可以接受。宗族活动中,挚爱国君为主题的宣讲,崇拜祖宗为内容的祭祀,钳制和处置族人各种行为的族约宗规,都是在进行教化,也无一不是在行使教化权。至于宗族义产的救助,不就是自行养育吗!然而亦是贯彻教化精神,寓奖惩于周济之中,不率教的子弟,不但不能领救济物品,丧葬费用,上义塾领膏火费,还要受到惩戒,所以赡养也是控制族人的一种手段。宗族自教养,就是在其内部行施教化权。

四、国家赋予宗族的自治事项及其原因

既然清朝政府没有自治的观念,也就不可能明确宣布给予宗族自治权,不过在政府的多项政策中、在行政的某些实践中,命令宗族参与执行,无形中使得宗族有了政府认可的某种自治权。下述各项法规及宗族的参与,可视作国家、宗族之间范围内宗族所享有的自治权。

司法上的送审权、审判过程的参与权及执行过程的协助权。宗亲法是清朝法律的一项重要原则,因此在审理案件的时候要弄清两造的宗亲关系,乃至涉案人员、犯人的父祖与子孙状况,而这类情节,就需要由宗族提供材料,作为佐证。政府法定,允许父祖、宗族将情节严重的不孝子孙扭送官厅,审理判罪,这是宗族的送审权。宗亲法对两造的判刑,要根据他们之间的服制关系来定,子孙、卑幼伤害父祖、尊长,应比平人加重量刑,而尊长伤害卑幼则照常人处断。两造服制关系的明确,需要靠宗族提供证明材料。所有这类案件,族长往往出庭作证,并且携带族谱,验证两造的服制关系。政府法令中有存留养

亲、存留承祀条文，即犯有死罪的罪人，若其祖父母、父母年逾七十，或寡母守节超过二十五年，家中别无次丁，可以考虑为其减刑，以便养活老亲，或保持家庭的传承，不致断绝香烟，谁去证明犯人家庭的这种情形，政府认定宗族有此资格。有的案子审定之后，交由宗族去执行，如宗族祭田的轮种或招佃，继承案中的重新确立嗣子，常常交给宗族商定，县官不再过问。

职官制度中一些内容的实行，需要宗族的协助。官员的丁忧、起复、更名复姓、荫袭、封赠，都需要有族人的甘结，或族谱的证明，而对出继、兼祧、出继归宗的官员审核更加严格，愈加需要宗族的证明材料。

比较细小的民事纠纷责令宗族处理。立嗣法，原则是先应继，后爱继。立嗣中发生的案件，县官常常推给宗族解决，如若不能平服两造，再由官方审断。族人内部数量不大的财产纠纷，族人被开除出宗引起的案子，有时政府也让宗族内部协调，以减少案件。

赋予宗族行使家法处死族人的不完整的司法权。清朝政府一度规定，宗族因为公愤，将不肖子孙用家法致死，若其人罪应死者，致死他的为首分子按擅杀罪处以杖刑，而不必偿命；其罪不应至死的，擅杀者照应得之罪减一等，亦是免其抵偿。这是给予宗族一定的杀人权，客观上强化宗族的自治权。

允许宗族某种程度干预族人财产权。寡妇对于故夫的遗产，不能私自处置，倘若变动其所有权——出卖、转让，必须通过家族，得到族人的认可才能实现，如果违反的话，引起官司，官府会站在宗族一方，宣布买卖的无效，本应对肇事人寡妇治罪，惟因其系妇女无知，免了处罚。

保护宗族公产。宗族建立义庄或大量的义田，向政府备案，政府遂在法律上给予保护，如果族人伙同他人盗卖、盗买义田，处以加重的刑罚，或流放，或枷号示众，或交由宗族依族法议责，同时旌表义庄的设立者。正是政府的鲜明支持态度，宗族对义产的经营管理有了法令的保障，促成义产的相对稳定性。

政府一度实行的族正制反映政府与宗族双方密切结合的愿望。族正的产生办法是，宗族荐举合适人员，由政府指定，故而它是政府、宗族协作的产物。族正是职役，与政府最基层的保甲、乡约成员类同。它的职责和权力是：稽查宗族中的不良分子，施以教化，或交祠堂劝诫，情节严重的送官审究；断理族人内部的经济纠纷；调解本族人与外族人的纠纷；向政府报告族人孝悌节义的善行，为之请求旌表，监督宗族公产收入的使用。政府的本意是让族正协助维持地方治安，协调宗族与政府的关系。可是不良族正凭借官府、宗族双方的力量,恣意妄行,把持一方,有一点世袭土司的味道,为政府所不允许,予以取消。族正制是政府的一种试验,以此调节与宗族的关系,但是没有成功,是政府试验的失败。不过它反映了政府与宗族进一步密切结合的意愿。

上述各项内容令人产生两个想法:一是政府主动给予宗族的自治性权利,司法中的送审权、参与权、协助权,宗族对族人的某种处决权,宗族的立嗣权和干预族人财产处理权,官员丁忧、起复、更名复姓中宗族的证明权,族正的某种中介作用,政府的保护宗族公有财产,所有这一切均是政府赋予的、认可的,在一定意义上说是对宗族自治性的表态。二是上述事务的参与,是宗族走出内部活动范畴,到外部去,在官民之间的范围内进行活动,显示其力量和管理能力,应当说这是其自治性的不可忽视的表现。

现在我们要提出问题,在君主专制时代,政府为什么给予宗族民众某种自理权?笔者以为它是基于下述四个方面的考虑:

(1)落实"移孝作忠"的方针、政策所必需。职官制度中官员的丁忧、更名复姓、世职制、封赠制,法律制度中的宗亲法、存留养亲、存留承祀等政策的实现,如若没有宗族的配合是不可能的。

(2)利用乡绅治理民众,以改善政权与民间的隔阂,这是又一种必需。清朝政府深知,对民间的治理,在政权系统之外,需要借助绅衿的力量。绅衿与民众发生直接的关系,族人乐于或因畏惧而听从绅衿的指挥,对他们的服从,尤甚于官府,所谓"愚民不知畏官,惟畏若辈,莫不听其驱使"。可是绅衿是遵从官府的,效忠皇上的,以此可以利用绅衿为中介,令其教化民众,服从官府,也即所谓"绅士信官,民信绅士,如此则上下通,而政令可行矣"!绅衿能够发挥这种作用,是因为他们掌握着宗族,是宗族的主持人和代表。政府假手于他们,可以收到事半功倍的实效。给予宗族的自理权,换句话说是给绅衿的,是让他们协助政府治理宗族民众。

(3)减少官府一些繁杂事务的麻烦和行政成本,也使得政府利用宗族成为必需。政府系统的基层在州县,县以下有巡检司,职司在军事、治安方面不理民政,州县之下的行政系统是都图、保甲、乡约,协助政府收税和维持治安,可是这些机构的人员均非正式职官,没有俸禄,具有职役性质。因此州县的事务相当庞杂和繁忙,而其主要的职责是保证税收和稳定社会秩序,官员为了集中精力从事要务,于是把民间细小纠纷的解决交给宗族代劳,以减少麻烦和行政压力,以及行政开支。

(4)地方政府借用宗族力量维持社会秩序的稳定。前述政府基层在州县，由此可知政府的治民，并不能一竿子插到底，因而控制能力是有限的，为此觅求补助办法。所以明定都图、保甲、乡约制度，并将它们纳入政府体制，而民间因为血缘关系自发组织的、客观存在的宗族，正可以利用，使其帮助政府，教忠教孝，督促其民众完纳钱粮和遵纪守法，因之给它一些自理权，是完全必要的和可行的。

总而言之，政府为其多项政策的实现，社会秩序的稳定，需要宗族予以协助，故而赋予某种自理权利，令其赋有我们所说的宗族"自治性"。

五、宗族"自治"的社会作用

宗族的自治性对其内部和对社会、对政府均产生一定的影响，至少表现在三个方面。

第一，增强了宗族的凝聚力。政府实行宗亲法、存留养亲法等法令，致使有服制关系的族人在法庭上处于不平等的地位，接受不同的量刑；一人犯案，族亲受到牵扯，至少房亲要出庭作证；族人被害，知情不举，亦要遭受刑法。由此可以想象，宗亲法、宗法观念、宗亲案件的事实必然教育人们懂得九族有着共同的命运，互相受着牵连，尊卑长幼宗族观念必须具备，孝道必须遵守，宗亲之间应该相互关怀，应有"共同体"的意识，以维护宗族群体利益。

第二，宗族协助政府维护社会秩序，有着某种中介作用。宗族对族人职业、婚姻、信仰、娱乐、社交各方面的规范，让人懂得并遵守人伦道德和国家法令，成为顺民，如若有违反，宗族先施以家法，所谓"为政于家"，而且相当有效，以致出现"国法不如家法"的俗谚，如果再有行为严重失范的人，宗族将他们送官究治。如此双管齐下，宗族、官府双方合作，容易使社会问题消弭于未形成之前。不仅如此，宗族对与其成员有联系的人也要考察，不许族人"窝藏匪类"，不准结盟会党，不得妖言惑众，不许制造匿名揭贴(张贴匿名信，后世人们所说的"小字报""大字报")，否则将族人及与其结交的人一并扭送官厅。在这种情况下，就会"奸伪无所托足"，从而消除一些不稳定的社会因素。宗族的送审，宗族的出庭作证，以及族正的介于官民之间，都起着某种中介的作用。

第三，宗族促使贫乏的社区生活的面貌有所改变。宗族同所在的地区社会处于不可分离的状态,参与社区事务的管理。活动的内容主要有四个方面:一是参与寺庙管理。有的寺庙就是宗族独立建设的,是祠堂之外的另一种所谓"家庙";有的是宗族成员参与捐助的,与其他宗族的成员,以及僧人共同管理寺庙。二是宗族与地区的各种社会力量配合,共同组织迎神赛会、庙会,祈求农业丰收、驱逐瘟神,并且给民众创造娱乐的机会。三是各个宗族联合管理水利资源。农业社会人们靠天吃饭,水利是命脉,而江河水渠湖泊不是一个个宗族所能消受的、管理的,于是就有水利兴修、维护、分配和管理的问题,尤其是水资源的分配常常引起纠纷,酿成宗族之间的械斗,不过在这激烈斗争之前,宗族之间还是先行协商的,不愿意造成恶性事件。四是联保维持治安。前述宗族维护社会秩序,是就其本身讲的,在地方上常有联甲组织的出现,即各个宗族联合组建巡逻打更的队伍。

六、宗族自治性研究的当代意义

考察清代宗族自治性的历史问题,对清代宗族史的研究提出一个新的思路,有其学术意义,不必多言。

清朝灭亡九十多年了,近百年来宗族发生了巨大变化,它的宗法性基本消失,政治功能衰退到接近于零的程度,而文化功能突显出来,甚至有的族群朝着同姓俱乐部方向发展。在这种情况下宗族自治史研究对于当代家族、当代社会还有价值吗?笔者以为陈独秀就县治提出的包括宗族在内的自治传统的见解,并没有过时。

当今农村,"村民自治作为国家的主导政策,是作为政府行为来推行的"[①],村治是一种自治,村治绕不开宗族,那么宗族与自治是什么关系呢?此扣的解开,途径之一,可能就是往前追溯,考察先前宗族与自治的关系,如果像陈独秀所理解的,古已有之,既然是传统,今天自然可以有选择地继承了。所以研究宗族自治,应当有益于村治政策的推行。

这是就村治、自治、宗族三者之间关系讲的,那么宗族与自治的直接关系如何呢?当代宗族本身有没有自治的问题?有的学者已经提出见解,认为宗族是自治性群体,比如钱杭、谢维扬在江西泰和农村调查后认为:人们"热衷于

---

① 萧唐镖等:《村治中的宗族——对九个村的调查与研究》,上海书店出版社,2001年,第2页。

宗族活动,主要是因为在目前的社会格局中,宗族几乎是唯一一种可以真正与他们的实际生活结合在一起的自治性团体形式"①。

自治,不仅是社会团体自身的事情,必然涉及到宗族外部社会,要同政府、社区发生瓜葛。所以笔者认为,讨论村治、自治、宗族三者关系是一种研究方法,直接研讨宗族—自治也不失为可取之途。

(2005 年 6 月 8 日初稿,载《华中师范大学学报》2006年第 1 期)

---

① 钱杭、谢维扬:《传统与转型:江西泰和农村宗族形态———项社会人类学的研究》,上海社会科学院出版社,1995 年,第 27 页。

清代宗族的社会属性

——反思 20 世纪的宗族批判论

20 世纪,人们对于宗族(家族①)、宗族文化(家族文化)恒持批判态度,时或非常激烈,以致后来曾采取抑制的政策,时至今日,人们说到贪官污吏横行的无以遏制,必以家族文化为祸胎。家族文化是必须如此对待的历史糟粕吗? 晚近历史上就毫无正面意义吗? 今日建设新时代的社会伦理,难道毫无文化价值吗? 对此我们不妨以 20 世纪之前的清代宗族及其文化为例,考察它的历史地位与作用。笔者这样提出问题,是从自身的宗族史研究历程中领悟出来的,盖因原来相信"族权"万恶说,而后深入对宗族史,尤其是清代宗族史、当代宗族、宗亲活动的研究,遂质疑于秦汉以后宗法社会说。②近日,偶然因素阅读林语堂的《吾国与吾民》(*My Country and People*),见他在批判家族文化声中,对它采取两分法,颇有感触,是以从他的观点说起,探究清朝人的宗族活动史,进而论及全盘否定宗族论之失当。

一、从林语堂对家族制度的认识谈起

林语堂著《吾国与吾民》,英文版问世于 1936 年。③书中对中国宗族与家族文化着墨甚多。其时,人们对宗法社会、家族文化已于五四时代猛烈批判过,而后在民间有所反弹,在苏维埃区不仅是思想批判,更从政治上打击、乃

---

① 关于"宗族""家族"的界定,学术界有所讨论,然无共识,笔者无意在此论及,惟含混用之。

② 笔者先后写出与本论题特别有关系的文章有:《论清代苏南义庄的性质与族权关系》,《中华文史论丛》1980 年第 3 期;《二十世纪中国社会各界的家族观及家族活动》,《中国社会历史评论》第二辑,天津古籍出版社,2000 年;《简论清代宗族的"自治"性》,《华中师范大学学报》2006 年第 1 期;《秦汉以降古代中国"变异型宗法社会"试说——以两汉、两宋宗族建设为例》,《天津社会科学》2008 年第 1 期;《清代宗族族长述论》,《江海学刊》2008 年第 5 期。

③ 林语堂:《吾国与吾民》。本文所据为黄嘉德译本,香港天地图书公司,2005 年。

至意欲消灭之。

(一)林氏以前及同时期社会各界对家族的认识

1.持激烈批判态度学者的观点

陈独秀、吴虞分别在《东西民族根本思想之差异》[①]《家族制度为专制主义之根据论》[②]文中对家族做出激烈批判,要点有四:一是家族主义是封建专制的基础;二是以家为本位压制家庭成员,致使个人无自由、平等与人格;三是家族共财,养成个人的依赖性,缺乏创造力,令生产和社会不能进步;四是消除这种"洪水猛兽"——宗法家族,促使中国成为近代社会的国家。

2.持温和批判态度学者的观点

梁漱溟在《乡村建设理论》中讲到大、小家庭优劣,从情感与勤惰两方面做比较:"二者各有其长,各有其失。大家庭在情谊上说能很洽和,固然很好,但不容易做得到,并会养成依赖恶习;小家庭较冷枯,但利于创造。"[③]是从正负两方面看待家族,赞赏大家庭可能有的温馨,批评它养成子弟依赖性的弱点。

3.国民党总理孙中山的改造论

孙中山在《三民主义·民族主义》书中说明对家族主义的态度,是将它改造为国族主义,团结国人,外御列强。其要点有三:一是民众信奉家族主义而对国家冷淡,是所谓:"中国人的团结力,只能及于宗族而止,还没有扩张到国族。"[④]因此必须对它进行改造。二为改造的途径,是"合各宗族之力来成一个国族"[⑤]。三是改造目标——提倡民族主义(国族主义),用民族精神救国,挽救危亡:"我们四万万人有了民族的大团体要抵抗外国人,积极上自然有办法。"[⑥]孙中山的改造主张,并没有真正可行的办法去实践。当然,这不等于说他的理论没有意义,因为他的国族论已被许多家族活动家所接受。

4.共产党、毛泽东的消灭论与政策

毛泽东在农村做过调查,制订土地革命政策,并领导其实践,他关于家族

① 《陈独秀文章选编》,生活·读书·新知三联书店,1984 年,第 98 页。

② 《吴虞文录》卷上,民国丛书第二编,上海书店据亚东图书馆,1927 年版影印本,第 1—6 页。

③ 《梁漱溟全集》第 4 卷《婚姻问题》,山东人民出版社,1991 年,第 118 页。

④ 《孙中山选集》,人民出版社,1981 年,第 617 页。

⑤ 《孙中山选集》,第 676 页。

⑥ 《孙中山选集》,第 677 页。

的理论最具权威性,所以共产党的家族理论及其相应政策的实践,是以考察他的活动来作分析。他的理论大约可以归纳为四个方面:

(1)宗法家族是一种系统的权力——族权,是封建"四权"之一。毛泽东在《湖南农民运动考察报告》中说:"政权、族权、神权、夫权代表了全部封建宗法的思想和制度,是束缚中国人民特别是农民的四条极大的绳索。"他所说的族权是"宗祠、支祠以至家长的家族系统"权力,并由族长和祠款经管人对族下子孙实行"打屁股""沉潭""活埋"等酷刑,不许女人和穷人进祠堂吃酒,侵占祠堂公款等事,具体说明族权性质。①

(2)主张促进农村阶级分化,破坏、战胜家族主义,推翻祠堂族长的族权。为此要提高农民的阶级意识。毛泽东说要战胜家族主义,在家族内,首先要农民觉悟,自己起来造族长族尊的反;在社会上,"家族主义的破坏,是政治斗争、经济斗争胜利后自然的结果"②。也就是说,打倒地主政权,实行土地改革,以战胜家族主义。

(3)祠产是封建性质的,为地富控制,应予没收。毛泽东将祠堂公有土地视为"祖宗地主"所有制。③这是1930年的认识,到1933年写《怎样划分农村阶级》一文,讲到地主,说"管公堂和收学租也是地租剥削的一种",即将祠堂的收租划入地主阶级的剥削行为范畴,管理人一般划为地主成员。④既然祠田及其管理人属于封建地主性质,必然成为农村革命的对象。所以毛泽东在其手订的《兴国土地法》中规定:"没收一切公共土地及地主阶级的土地归兴国工农兵代表会议政府所有,分给无田地及少田地的农民耕种使用。"⑤祠田是公共土地的一种,成为没收对象。所以农村革命必然触动祠堂和族长。

(4)破坏家族主义不能勉强进行,应有策略。总之,毛泽东将家族问题放在农村土地革命任务中来考虑,所运用的是阶级与阶级斗争分析方法,认为祠堂族长制形成封建族权,是家族主义的体现,从而成为革命的对象。

毛泽东、共产党不仅是从理论上反对族权,更以苏区政府的土地政策予

---

①《毛泽东选集》,人民出版社,1966年,第33页。

②《毛泽东选集》,第34页。

③《毛泽东农村调查文集·关于农村调查、寻邬调查》,人民出版社,1982年内部发行本,第26、106、108页。

④《毛泽东选集》,第121页。

⑤《毛泽东农村调查文集·关于农村调查、寻邬调查》,第38页。

以实践。1930 年 5 月《全国苏维埃土地暂行法》规定：“凡属于祠堂、庙宇、教会、官产……占有的土地，一律无偿没收。”①1931 年 12 月《江西苏维埃没收和分配土地条例》：“祠堂、庙宇、公堂、会社的土地、房屋、财产、用具须一律没收。”②这些法令性文件都规定没收祠堂的田产，以及房屋、财产、用具等一切宗族的所有公共财产。有的法令讲到祠田与其管理人的阶级属性，既给管理人定性，也是为祠田定性。全国苏维埃区域代表大会通过的《土地暂行法》在讲到没收祠田的地方解释说：“这些祠田、庙宇、教会、官产……等的土地，大半都是归豪绅、僧尼、牧师、族长所私有。即或表面上是一姓一族或者当地农民公有，实际上还是族长、会长、豪绅所垄断，利用来剥削农民，所以这样的土地一律没收。”③豪绅、族长管祠田，不论他们原来是否为地主，管了祠田，使他们本身成为地主，不用说，豪绅应当受到惩治，祠田应归入没收之列。

5.民间改进派的微弱声音

有的民间家族活动家对于社会给予家族的冲击做出变革其宗法因素的回应，也可以说是反弹，他们有意识地将小团体的宗族纳入国族范围。江西萍乡刘氏于 1931 年修谱，制订的《家训十六条》，其第六条为：“爱国家以保种族”，认为“家族乃民族基础”，是民族集聚的莫大力量。④成为孙中山的国族论追随者，要把宗族变成国族的基础，达到全国人民的团结，共同对抗外国的侵略，以保卫中华种族。反帝爱国是中国人民时代性的重要任务之一，在这样检验人们使命感的方面，如此注意改革的家族绝不落后于时代。广东潮州洪氏懂得建立家族组织是为自治和奋发自强，他们说“有所团结，始能演为社会上种种之事业……非从家族求自治团结，不足与人竞争”，他们的出发点是给宗族争社会地位，但他们不仅要自身的发展，还要全国的团结进步，故云：“国之团结始于一家，家家有自治之能力，则一国有自治之能力。”⑤民间宗族适应时代发展的改良活动，在对宗族的批判语境下，只是微弱的声音，未能引起学界和政界的稍许注意。

上述五种派别和观念，有着三方面的异同：所有派别均认为宗族、家族文

---

①③《第一、第二次国内革命战争时期土地斗争史料选编》，第 392 页。

②《第一、第二次国内革命战争时期土地斗争史料选编》，第 629 页。

④ 1931 年修萍乡《刘氏家谱》，刘洪澄《三修家谱序》。

⑤ 民国潮州《洪氏宗谱》之《修谱例言》、洪己任《汕头三瑞堂创修宗谱序文》。

化中含有宗法因素,应该变革;激进派认为应该铲除它,没收其公产,惩治其主事人;温和派希望宗族能够变革,克服其宗法成分。即使自我更新的宗族,认识到家族有温情的一面,都缺乏对家族和家族文化积极意义的评价,恰恰在这个重要方面,林语堂触摸到了。

(二)林氏的正负两面认识

林语堂在叙述中国人和中国历史特点时,认为"家族制度是中国社会的根底,中国的一切社会特性无不出自此家族制度"。是以屡屡述说家族与家族文化,并对它进行正负两面的评论。

1.家族制度对中国社会的正面价值

林氏所述宗族和家族文化的历史价值,可以概括为四点:即宗族文化促使民族国家的延续;宗族人口增殖,使民族不可灭息;从事社会公益事业;对于人生的教育,强调责任感。①林氏认为,"在巩固民族持续力的文化力量中,最有价值者,当首推中国之家族制度"[①]。这是宗族文化认同对中华民族延续的重大意义。②"家族制度的存在,使子孙蕃育,扩大民族之量",与考试制"相辅而行,使中华民族永久长存,不可灭息"[②]。从人口增长说明宗族对民族长存价值。③传统社会缺乏公共精神,可是家族关照自己的成员,家族长老还能成功地调解人们的纷争,比律师效率还高。林氏说乡间遇有争端,"常请出年老者或族长来公断是非曲直,公断标准不是单纯根据理由而是依照'人情公理'两者兼顾……判断公正,常使人心折服"[③]。④"家族制度所教导吾们的孩子们的第一个课程,是在人与人之间的社交的义务:自重,礼貌,责任心,和相互调整补充的要务……它教导人以一种家族光荣的意识。"[④]虽然责任心只限于家族,不过也是人生应有的道德要求。

2.负面作用

在家族制度的有害方面,林氏意识到三点:否定个人主义,即个性发展:"家族制度为个人主义之否定,它又限制个人的活动。"使得社会不能产生天才、良材:"剥夺了青年的事业心和发明天才。"[⑤]在五伦之外,没有顾及他人,

---

① 《吾国与吾民》,第32页。

② 《吾国与吾民》,第33页。

③ 《吾国与吾民》,第197页。

④ 《吾国与吾民》,第169页。

⑤ 《吾国与吾民》,第170—171页。

没有博爱精神,是小我限制了大我。①

上述林氏对家族文化的正负面二分说,是笔者归纳的,他并没有深入论证,像写专题论文那样。不过笔者认为,林氏的负面说与众说雷同,但在根本态度上不同于铲除说,所抱持的是实事求是的研究态度;他的正面说法,涉及面广泛,观点明确,不仅当时人没有像他那样多方面地肯定家族文化,即在今日亦无人全方位论述。因此笔者意欲有所赓续。

二、拥有众多成员的宗族团体的普遍存在

包括清朝人在内的传统社会的人们基本上没有团体生活,有之则多在宗族之内,而且具有相当程度的普遍性,换句话说,清朝人普遍地生活在宗族团体里面,宗族生活伴随他们走过人生。

清朝人的宗族团体的组成,血缘亲情是先决条件,聚族而居是其形成的便利因素,人们虔诚的祖先崇拜观念成为宗族建设团体的思想基础,于是建立崇拜祖先与象征宗族团体存在的祠堂。祠堂几乎遍及各直省的乡村,尤其在长江流域及其以南地区,拥有众多成员。

(一)宗族形成的便利因素——聚族而居

清代乡村居民普遍聚族而居,城市是"五方杂处"之地,制约了家族的集中居住形式,然而也颇有聚居者,表明这是人们的共同追求。乾隆朝协办大学士陈宏谋说:"直省惟闽中、江西、湖南皆聚族而居,族皆有祠。"②同时期广东按察使潘思榘奏称,"粤民多聚族而居,各建宗祠"③。嘉道间江苏吴江举人张海珊撰文《聚民论》,谓"今者强宗大姓所在多有,山东西、江左右,以及闽、广之间,其俗尤重聚居,多或万余家,少亦数百家"④。综合上述各家之说,可知宗族聚居出现在各个直省,以至出现聚居者多达数百家、上万家的状况。

血族亲人生活在一个村落、一条街道,朝夕相处,有着建立宗亲团体的便利条件,若与祖先崇拜的思想基础相结合,就会建立自己的团体。

---

① 《吾国与吾民》,第173—174页。
② 陈宏谋:《寄杨朴园景素书》,《清朝经世文编》卷58,中华书局版。
③ 《清高宗实录》卷137,乾隆六年二月下,中华书局清实录版,第2册第381页。
④ 张海珊:《小安乐窝文集》卷1《聚民论》。

（二）清朝人的祖先崇拜观念是形成宗族的先决条件

祖先崇拜是将祖宗视作英雄、恩人加以礼敬，认为祖先是生命之源，给后人创造生存环境、生产资源、人际关系资源，所以对祖先感恩戴德；人们又笃信神鬼之说，若对祖宗不敬，害怕祖先不再保佑，将有灾祸降临。有这敬、畏两种心理，形成崇拜祖先情结，表现形式是在丧葬和祭祀两个方面。丧葬，是从长远着想妥善安置先人遗体；祭祀，是永远怀念祖先的表达形式。古代社会流传人有"三魂七魄"（或"三魂六魄"）之说，这"魂"（灵魂）导致宗族的祠堂兴建，"魄"（体魄）则引发祖茔的修筑。康熙朝吏部尚书、河南商丘人宋荦在《祖茔祭田碑纪》中写道："神依于主（木主），体魄藏于墓。"①湖南零陵龙氏《家规》亦云："祠乃祖宗神灵所依，墓乃祖宗体魄所藏。子孙思祖宗不得见，见所依、所藏之处即如见祖宗焉。"②宋氏、龙氏一致认为，祠堂和坟墓具有不同的功能：祠堂供奉的神主为祖灵所依凭，祖墓埋葬的祖宗遗体是体魄依归之所。祠堂、祖坟使得灵魂与体魄各有所依附，祠与墓的建设是子孙对先人孝道的体现。可见在清朝人的观念中，祖坟、祠堂二者并存、并重，缺一不可。重视祖坟，必须讲求坟山的选择，茔地的修建、维护，清明和祖先忌日的祭扫；重视祠祭，就需要祠堂的营建和祠祭。

（三）祠堂建立及其普遍性

清朝人建设祖茔的情形这里从略，单讲对祠堂的建造。先看一些个案，人们是怎样竭力经营的。直隶交河李氏原来建有宗祠，乾隆二十六年（1761）被水冲塌，地基亦损坏，嘉庆九年（1804）春，十一世族人名杰将空宅捐为公所，十一世文亮、十二世培元，亦将宅基捐出一弓，作为建造祠堂的基地，但是地亩仍嫌狭窄。于是公议将一条公共巷道拿出一弓，合成建祠地基，动工兴建，另成新祠。③安徽绩溪高氏历时百数十年建成规模恢宏的宗祠：明季建造后室寝堂，康熙年间建成前堂享堂及两庑，与事族人一百七十一人，雍正间扩建中堂五大间，以适应支分派别、人数愈繁的需要。然大门左右之地尚属他姓，及至购置，又因与外族结讼经年，无从营造，等到官司结束，复议接造门楼，于嘉

---

① 宋荦：《西陂类稿》卷 26《祭田碑记》。

② 民国零陵《龙氏六续家谱》卷首下《家规》。

③ 沧州交河马连坦《李氏族谱》，嘉庆《宗祠记》，民国八年七修本。

庆间建成。其间,居住在城乡的各支派均参与出力。①陕西郃阳马氏于清代三建宗祠,其中为举族所共有、经始最早的是"家佛堂",至咸丰间,族人深感庙貌倾颓,基址狭隘,每值春祀秋尝,与祭者不能容纳,决计重修,添建主房三楹,以原来三间主房作献庭,屋宇改观,规模扩大,于十年(1860)告成,这是马氏之祖祠;另有"报本堂",为新二房一支之宗祠,建于道光二十七年(1847);"衍绪堂",建于道光三十年,祠堂前后院共一亩一分六厘五毫,祠内后院为读书地。②

前引陈宏谋聚族而居之文,他同时指出"族皆有祠",即聚居的宗族都建有祠堂。这不是他一个人的说法,且看记载之多:江西人、雍乾时侍郎李绂谓其家乡"聚族而居,族必有祠"③。光绪二十四年(1898)拔贡刘忠英在《霸州胡氏家祠记》中写道:"余观畿辅世家大族,祠宇相望。"④广东咸丰间《顺德县志》谓该地人"以祠堂为重,大族祠至二三十区"⑤。编纂《国朝先正事略》的李元度建设家庙时云:"今祠堂遍天下矣!"⑥聚族而居者往往建有宗祠,聚族而居遍布于各直省,祠堂也是各省皆有,谓为"遍天下"当是事实,并非虚语。

祠堂,由于祭祀对象的不同,区分为总祠(宗祠)、支祠、分祠和专祠(专门供奉、祭祀某个对本宗族有特殊贡献的先人)。祠堂的基本结构为宗祠—支祠—分祠。

(四)祠堂兼具宗族祭祀场所和团体代称的双重含义

前面说到宗族建构享堂、寝堂,是为置放祖宗神主和举行祭典,不言而喻祠堂是祭祀祖先场所,诚如清初大儒、直隶容城人孙奇逢所言:"我等聚族而处,佳辰令节,生忌朔望,得来祠堂瞻礼,是祖父之魂气常在也,儿孙之诚敬常存也。"⑦可知祠堂是祭祖的神圣之地,这是祠堂的祭祀功能。

祠堂还被用作宗族的代称,就是将祠堂与宗族视作同一事务。宗族始迁

---

① 高富浩纂修绩溪《梁安高氏宗谱》卷 11《祠堂记》,光绪三年活字本。

② 《郃阳马氏宗谱》,道光《南渠西马氏宗祠记》《重修家佛堂碑记》《南渠西马氏宗祠记·衍绪堂规约》,民国二十五年增订本。

③ 李绂:《穆堂初稿》卷 24《别籍异财议》。

④ 民国霸州《胡氏族谱》。

⑤ 咸丰《顺德县志》卷 3。

⑥ 李元度:《家庙碑》,《皇朝经世文续编》卷 73。

⑦ 孙奇逢:《孝友堂家规》,载徐梓编注《父祖的叮咛——家训》,中央民族大学出版社,1996 年,第 25 页。

祖、老祖宗的祖坟和祠堂的营建是族中公众的事情,不可能是个人的行为,应是家族全体成员或大部分成员的共同意愿和努力的产物。那么统一行动之前和建设过程,应有众人口头的或文字的协议,应有倡议者、组织者;再说,祖坟、祠堂不只是兴建,竣工之后的保护、维修,以及举行祭礼,还需要组织者继续发挥作用。所以家族要有管理人员,形成"组织机构"。此外聚居的家族,尤其是成百、成千户的族人村落,公共事务需要相应的社会机构来维系,来协调、处理家族内部房支之间、族人之间的关系,协调与本地区其他家族的关系,以便族人村落的生产、生活、文娱各方面的有序进行。凡此种种,具有血缘亲情的各个家庭,在祖宗的旗帜下组成宗族团体,既管理本宗族事务,也与本地区的其他宗族协调地方事务,维持生活的正常进行。宗族团体遂应运而生,但是为什么用"祠堂"来表示呢?清朝人并没有"社会团体"的概念,有的则是血缘家族观念,然而家族成员如何能够凝聚在一起,是由祠堂组织起来的。清初理学家浙江桐乡人张履祥在《家堂》文中说:"今欲萃人心,莫大于敦本收族;欲敦本收族,莫急于建祠堂。"①收族,是将涣散的族人联为一体,成为宗族团体。后人遂将祠堂用作宗族的代称,又由于祠堂实行族长制,人们又有"祠堂族长制"之说。②

清代民众选择了宗族组织,参加它的活动,这是事实,后人需要正视这一历史的真实。

三、族长的产生、职权与族人合议

宗族首领的族长是怎样产生的,有何职能,它的权力有无制约的机制?

(一)小宗法制与产生族长的遴选法

族长如何产生?在典型宗族制的周代实行大宗法时相对简单,大宗嫡长子承袭宗子地位。而在清代,大宗法早已废弃,虽然仍有人相信小宗法的二重性,认为小宗中的长房长子应为宗子,实际上这种宗子并不能主持宗族事务,

---

① 张履祥:《家堂》,《皇朝经世文编》卷66《礼政十三·祭礼上》,中册第 1660 页。

② 《章太炎全集》第 4 卷《社会通诠》商兑认为,进入军国社会(近代社会),必会"定法以变祠堂族长之制,而尽破宗法社会之则矣"(上海人民出版社,1985 年,第 334 页),即将祠堂制度视为"祠堂族长之制"。

至多只是一种象征,是以此法不能通行,普遍实行的是族长制,如同嘉道间江苏举人张履所说,"今俗专族长",而宗子制不能实行。①族长既然不能由血缘房分地位来决定,就得有其产生的方法,人选也得具备相应的条件,否则就无法确定。

族长的产生,通常是实行遴选方法。在清朝人撰写的宗族文献里,讲到族长及其助手的产生,常用"遴选""选举""举""择""推"等词语,从而得知清朝人使用"遴选"的方法产生族长及其助手。甘肃兰州颜氏宗族制订有选择族长的规则——《遴选家长规则四条》,定于每年正月初六日,"各房旧家长以及老成并青衿与懂事之子弟,辰刻齐赴祠堂,公同商议。有合上条(指《遴选家长规则四条》)者举之⋯⋯若遴选时,不言贤否,而背面讽议者罚;不到者罚。"②族人定期在祠堂集会,参与遴选族长,有资格出席的族人相当广泛,有各房房长、老年人、读书有功名者,以及已经懂事的青壮年,这是一大群人,应能反映众多族人对族长人选的意愿。故乾隆二年(1737年)颜穆如说他"谬为诸父昆弟委以族长,经纪家政,不敢不尽心勉副众望"。同治十三年(1874年),族众以颜勉斋"端严正直,才识练达,公举(为)族长"③。

族长系族众遴选、公举出来的,是委任他为宗族首领,不是血缘地位自然继承的。族长有任期,届时去留由族人决定,直隶东光马氏族规:"凡族长与诸办事者年终即各自请求告退,或去或留,族人自有公议。"④族长不称职,族人可以罢黜他。湖南湘乡匡氏《家规》:"倘户长有私,通族合议重罚;择房长中贤而有德者更立之,房长有私,通族合议,择本房中之才而有能者更立之。"⑤即经过通族合议,从房长中择立新族长,从族人中择立新房长。安徽绩溪南关许余氏宗族的祀产管理者,"必由公举,不得恋霸"⑥,是族长助手也是公举,不许谋求久任。看来,从东南的长江中下游到华北平原、西北黄土高原的宗族多是采取遴选、公举的方式,产生自家的主事人——族长。遴选,是在一定范围内

---

① 张履:《答陈仲虎杂论祭礼书》,葛士濬辑:《皇朝经世文续编》卷60《礼政十一·祭礼》,光绪十四年,上海图书集成局版。

② 兰州《金城颜氏宗谱》,《敬拟遴选家长规则四条》,光绪十二年刻本。

③ 兰州《金城颜氏家谱》,乾隆《重修家谱序》、光绪《重修祠堂记》。

④ 东光《马氏家乘》,乾隆《马氏建立祠堂约》,1999年十一修本。

⑤ 湘乡《匡氏续修族谱》首卷《家规》,道光八年解颐堂刊本。

⑥ 《绩溪县南关许余氏惇叙堂宗谱》卷10《宗祠规约》,光绪十五年刻本。

选择族长,在公举过程中,无疑族尊、绅衿起主导作用,但是众多族人的意愿也会被容纳进去。

(二)族长的德才条件

前述兰州颜氏宗族的《敬拟遴选家长规则四条》,规定了出任族长的四项条件:"德才兼优老成练达,若矜才使气者不与焉";"德长才短厚重自持,若轻浮佻达者不与焉";"端严正直内外如一,若口是心非者不与焉";"清廉宽慈小心谨慎,若刻责疏忽者不与焉"。①以德才兼优为上,清廉宽厚亦需具备,即使才有所短,而德高亦可考虑,但傲气、浮躁、刻薄、表里不一者,虽有才亦不能用。零陵龙氏《家规·慎族长》亦从正反两方面讲解族长应具备的条件:"族长之立,必择齿德兼优者以为之,庶足以胜任而无弊。盖优于齿则谙练多端,事无轻举;优于德则端方自处,品自超群,以正己者……尝见世之人不明礼义,妄司族间事务之权,溺于钱财,颠倒乡中是非之准,以一己之爱憎无定,致背公以忘私……凡我族人必慎简正直、明决、老成、可法者,以树族中坊表,或释疑难于庭内,或讲礼于祠堂,俾子孙久仰仪型,则族长之为益,岂有穷哉?"②龙氏要求合格的族长,集中在年龄和品德两方面。年长,经验丰富,处事明达,不致有误。有德,能正己而后能正人,因以礼律己、律人,乃能服人,令贤者振奋,愚者畏惧,宗族振兴;而贪图私利的族长不能用。综观族长的条件,以德劭、年尊、公正、才能为主,房分、辈分次之。虽有主次之别,然为有效办事,才能是绝不可少的选择要素,其实尊崇老年,也是因其阅历(即经验)与能力有同样价值。

(三)族长的权威与事务

宗族设置族长,赋予权威和责任,如浙江绍兴王氏于乾隆二十八年(1763)议定,"家长为一族之长上承继述,下殿贻谋"③。即族长应该带领子弟实现祖宗遗训,教导族人,谋求福祉。为此族人要尊敬族长,听从指令。直隶宁晋张氏要求族人对族长必须事事禀命,勿得率意妄行。凡婚丧等急事不拘朔望,竭诚请教族长,允准方行,不准则罢;如自己所见为是,异日再请教族长。④

---

① 兰州《金城颜氏家谱》,《敬拟遴选家长规则四条》,光绪十二年刻本。
② 零陵《龙氏六续家谱》卷首下《家规》,民国十年敦厚堂木活字本。
③ 王大泉修绍兴《中南王氏宗谱》卷首,《宗祠条规》,民国三十一年三槐堂木活字本。
④ 宁晋《百忍堂张氏增修族谱》,同治十二年本。

铜梁安居乡周氏尊重族长的规训:"合族之人,当谨遵族长约束,不得以分高凌之,以力众排之,以巧诈乱之。不遵者群起而公讯之,庶体统一严,家法肃而争端泯焉。"①

族长所管的合族事务,以执掌祭祖最为重要,而繁杂的在于管理族人,行施教化。具体事项是:祭祀祖先,主持祠祭、墓祭,需要筹措经费,肃穆礼仪,举行族人相见礼和聚餐,若能样样做到、做好,反映宗族的自治力和族长的领导有方,均属不易;训导之务,族长平时以家法伦理教导族人,宣讲圣谕和祖宗人生格言,予人启迪,不生事端;调解族内外纠纷,排解细小争执,对有重大过失的族人,则绑送官府惩治;管理宗族公产,若经营不善,或被人盗蚀,关乎宗族的祭祀、兴建大事,所以是族长的重要职责;主持编修族谱,修谱是繁难的事情,需要一大笔经费,物色编纂人员,搜集资料,动员全体族人参与,族长以此为重任。

(四)制约族长权力的族人合议与祖训

宗族既要维护族长权威,又要对其有所约束,族规、祖训是其行为准则,并要与族人合议相配合,始能很好地履行职责。族规、祖训是宗族的公约,有类于国家的法规制度,包括族长在内得人人遵守。山西离石于氏宗族在康熙间公议以城南祠堂为合族公所,"遇有族中大事商议者,俱群集此祠议行"②。江西浮梁郑氏祖训,族中所有之事,应认真公议,所谓"宗事于众,无小大俱集庙,从长公议"③。安徽绩溪邵氏原有族规,于光绪三十三年(1907)"公议重订祠规",形成《祠规合议》。其制作办法是"集族众将祠规公同核定,缮列粉牌,悬挂祠内,俾有遵循,用垂久远",并立合议一样四纸,三门各存一纸,祠堂存一份,永远存照。④这些是将先人行事和共识,作为祖训、族约,与当时人的议事结果,作为"合议"——宗族合约,共同遵守。

族人会议是宗族生活的普遍现象,是一种客观存在,是以"合族公议""集众合议""族众公约""祠规合议"之说屡见于清人文献。宗族会议议论的是宗族重大事务,与族长主持的事务相同,集中在修祠堂、编族谱、营建祖坟、处断纠纷等方面。如江苏常州庄氏于康熙五十三年(1714),"合族公举",建成始祖

① 周泽霖纂铜梁《安居乡周氏宗谱》卷1《训规》,光绪十年刊本。
② 于准纂修离石《于氏宗谱》,《垂训·族规》,康熙年间刻本。
③ 郑培先修浮梁祁门《郑氏宗谱》,《祖庙训》,咸丰十一年刊本。
④ 邵俊培纂绩溪《华阳邵氏宗谱》卷首《祠规合议》,光绪三十三年叙伦堂刊本。

祠堂。①直隶丰润董氏宗族的祖坟房屋毁损，树木干枯，乾隆十八年(1753)，族人为缅怀先泽，"公议一堂，皆有同心，各出资财共襄厥事(维修)"②。江西义宁陈氏多次修谱，光绪十八年(1892)冬祭之时，"合族父老云集，议将谱牒重修，询谋金同，于是梓单传布，设局州祠"，至二十一年(1905)告竣。③光宣之际绍兴吴氏坟山争执，房长吴瑞经"邀族开祠公理"，对无礼一方，"经族众理斥，伊等理屈词穷，挽中情愿服礼"。为避免以后发生类似事情，经派内"公议"，情愿将是山永远禁止，遂订立"公禁坟山议约"④。

族人会议，族长、房长是当然参加者，一些族人亦可出席，与所议事务相关的族人更不可缺少。每房都有发言权，族长不能专断。会议的内容是多方面的，只有族人会议同意，才便于族长推行。族人的与议族政，是实现权利，是为谋求切身利益，族长不得不考虑族人的意愿，否则难以实行。有祖训和族人合议，族长处理宗族事务，既有规可循，又不得任意行事。合不合族约，是族人判断族长行事是否合理、是否公正的标准，可以监督他，当他行为失当的时候，可以要求他改正。所以族人合议和祖训对族长的治理族政起着制约的作用，理论上说令其不能率性而为，不能为非作歹，破坏宗族，戕害族人，因为还有罢黜权力可以剔除他。

(五)罢黜不端族长

族长是族人遴选产生的，意味着宗族可以罢黜他，一些宗族的规训对此有明确的条文。对为人不端、办事严重不公的族长，宗族会施行处罚，以至撤换。前面说过湘乡匡氏的规定，乾隆间直隶交河李氏、东光马氏、丰润毕氏等族规不约而同地作出同样的规则。交河李氏对于不肖族长，"行止有愧，触犯规条，合族齐集公讨其罪，如稍有改悔，聊示薄惩以警其后，不然则削去族长名字，永远不许再立"⑤。东光马氏祠堂规约："族长并诸办事者务要秉公，如有不公处，无论尊卑长幼皆得指摘，倘有大不公处，从众另立一人。"⑥丰润毕氏《家规》"举族长"条，要求宅长、族副、族察在剖断族人纷争中不得徇私偏护，

① 民国《毗陵庄氏族谱·仿鹤公谱序》。
② 丰润《董氏家谱》，《石碑十三：文附》，民国十五年刊本。
③ 陈出新等修铜鼓《义门陈氏大成宗谱》，陈文凤《光耀堂谱跋》，民国十年本。
④ 吴金璠等修绍兴《汤浦吴氏宗谱》卷36宣统《禁止坝头山造冢议约》，民国五年孝思堂刊本。
⑤ 交河马连坦睦族堂《李氏族谱》，《谱例》，民国八年七修本。
⑥ 东光《马氏家乘》，乾隆《马氏建立祠堂约》，1999年十一修本。

倒置是非,更不得欺软怕硬,"违者众共更置之"①。族长的不肖,主要是犯法,贪占族中公产,处事不公,迫害族人,破坏族规,尤其严重的体罚甚至致死族人。族长,一族之长,不能公平对待族人,是为宗族所不能容忍,乃至采取退黜的强硬手段。

四、"自治":宗族对族人、村落的管理与社区生活的参与

这里主要考察宗族的自治性能,它与族人、聚族而居的村落和社区生活的关系,同时了解族人在宗族组织内生活的情状。

(一)宗族对内部的管理

宗族对其内部的管理主要是:

登记族人户口。制作"纪年簿"、草谱,登记所有男性成员和娶进门的媳妇,兼亦著录未出嫁的族女;作为内部管理的依据,以便开展宗族活动,便利修家谱、发放钱米。如山西离石于氏族规:"族中生子者,满月后赴祠堂报知,某人某年月日生子,照昭穆次序于五音字内挨顺请一字为名,即注入册,仍留香烛钱三十文在祠。如不报知或不依谱序请名者,宗子、司仪,同族众量其人之贫富议罚。"②

组织祭祖活动。宗族的凝聚力来自祖先崇拜,祭祀是宗族最重要的活动。为此举行隆重的祠祭和墓祭仪式。山西洪洞薄村王氏族规《祭祀》表示永远祭祖的态度:"吾族清明祭扫之仪,先人所定,是百世所当遵。"该族将认识落实到行动,于乾隆二十八年(1763)制定清明《祭祀》规则,对首事、主祭、参与者、经费、通知单、祭仪、祝文、族人序礼、享胙各事作出具体规定:主祭者为族长,礼生、执事协助之;发送祭期与份金通知单给各户,"凡族中已授室及幼童应嗣者,各输份金一星,预送首事,倘至日份金不到,除不许享胙外,仍罚补送份金,决不徇情";处罚无故不到者,加份金一星;祭祖仪式之后,举行尊卑长幼相见礼;与祭者享胙、颁胙。③

制订族人行为规范和施行家法。宗族制订族规、家范,阐述做人道理和行

---

① 丰润《毕氏宗谱》,《毕公裔家训》,民国十九年排印本。
② 于准纂修:离石《于氏宗谱》卷5《垂训·族规》,康熙年间刻本。
③ 《洪洞薄村十甲王氏族谱》卷27《祭祀》,嘉庆印本。

为规矩。诸如职业的选择,四民之外的行当不准介入;婚姻不得失类,良贱不能通婚;纲常伦纪的遵守;族人间纠纷由祠堂调处,不许擅自告官;参与宗族活动,违反者处责;信仰、娱乐活动的选择,不得有悖伦理;族人不得做违法的事情。对行为失范的族人制定成套的处分办法,有体罚,即打板子、罚跪;有罚款,或摆酒席赔罪;有精神惩罚,即记过,捆绑在祠堂门前示众;有开除出宗,不许进祠堂上家谱;处死,即执行家法,打死、活埋、沉塘;以宗族的名义将为非作歹的族人送官究治。族人生活的方方面面,宗族都有权力干预。

编修族谱。族谱是宗族活动的记录,各个宗族都以定期兴修谱牒为职责。修谱要人心齐,有经费、合格编写人才,还要联系外迁族人,是家族凝聚力和组织管理能力的体现。江苏宜兴筱里任氏以"作谱牒,所以明宗法"的精神,屡次编纂族谱,到咸丰间续修成第十一次宗谱。[1]山西平定州张氏于康熙间修成族谱图,并刊刻于远祖墓碑阴,因风雨剥蚀,乃于雍正九年(1731)续修,无力印刷,保存写本。道光二十八年(1848)再事修谱,族人凑集经费,"共助厥事",乃行枣梨。[2]任氏、张氏的行为,反映宗族克服种种困难连续撰修谱牒。修谱是宗族的追求,也是宗族之成为团体的一种标志。

管理宗族义产。多数宗族有少量祀田,有的有较多义田、义庄田。田产出息,用作祭祀,多余的发给族人,或者专门给贫穷族人。江苏松江人张永铨说"祠堂者敬宗者也,义田者收族者也"。无祠堂则无以妥亡者,无义田则无以保生者,"故祠堂与义田原并重而不可偏废者也"[3]。所以宗族需要建设义田。道光时李兆洛说:"自范文正置义庄,当时以为美谈,至今慕而仿之者几遍天下。"[4]同光间冯桂芬说,"今义庄之设普天下"[5]。可知一些宗族拥有义田、义庄。族田的收入,纳粮、祭祀之外,分给族人,雍正七年(1729)张汇制定的华亭张氏《义庄条例》作出详细规定,如给族人粮、衣、婚嫁丧葬费的数量,赞助姻亲的方法,族人支领口粮衣物的条件,以及族人应遵守的纪律,设立寺庙的原

---

① 任承弼编《宜兴筱里任氏家谱》卷1咸丰《第十一谱序》,民国十六年一本堂刊本。

② 张文选等修《平定张氏族谱》,雍正《张氏族谱序》,《重修族谱序》,道光二十八年刻本。

③ 张永铨:《先祠记》,贺长龄、魏源辑:《皇朝经世文编》卷66《礼政十三·祭礼上》。

④ 李兆洛:《养一斋集》,道光二九年刊本。

⑤ 冯桂芬:《显志堂稿》卷4《汪氏耕荫义庄记》,光绪二年校邠庐刊本。

因与供养,义庄经理人员及守祠、守庄杂役人法规、待遇。①

组织宣讲教化活动。祭祖、修谱都有教化内容,此外还有特定的宣讲仪式,由特设的人员讲解皇家的圣谕和宗族的规约,教导子弟做孝子和顺民。江苏武进胡氏规定:"祠堂特设讲正讲副,每朔望率族中子弟以往祠堂听讲。或讲四书,或讲乡约,上以严父兄之教,下以谨子弟之率,耳提面命,最足遏恶于未萌,悔过于已往,迁善于将来。且进而听讲必拜,毕而退必拜,聚而必揖,散而必揖。肃肃雍雍,弟子习仪莫便于此。"②既让子弟懂得做人道理,又练习了礼仪,是为一举两得。

调解族人间的纠纷。在未经调解之前,族人不得打官司,违者,不论是非,先责其擅自告官之罪。绩溪邵氏家规:"倘宗族有事宜禀之宗长,会于宗祠,当与者从公议行;设有忿争,听从处分,不可径自告官,以伤祖宗一体之义。所谓'家之事,宗为政'是也。"③

(二)宗族的参与村落建设④

村落是个小社会,有公共事务需要众人取得共识和有人管理,就以用水来说,哪口池塘供作居民饮用水,哪口池塘是为洗涤衣服、牲畜使用的,商定好,大家遵行。笔者到徽州参观西递明清古村落,村中有小溪流过,据说历来用水的规矩是,上午溪水供人提取食用,午后才可以在溪中洗涤秽物。在聚族而居的村落里,宗族自然担当起村落建设的责任,它的作用表现在:

村庄规划。主要是规划主体建筑祠堂的位置,街巷的区划,水源和下水道的处置。

信仰性建筑的兴建,有祖先崇拜的祠堂,有的宗族建有总祠,还有多个支祠;有天地崇拜的社坛,安徽绩溪庙子山王氏在村庄东南的凹口亭祀土神,亭下数百步有土地庙,光绪间又在村北建灰灶头土地庙,⑤一个村庄有三个祀土神的小庙。宗教信仰的寺观,宗族和个人都有修建寺庙的;文化教育类的书

---

① 《华亭张氏义庄条例》抄本,南开大学图书馆藏。

② 胡伯良修《毗陵修善里胡氏宗谱》卷1《祠规》,光绪五年敦本堂刊本。

③ 绩溪邵俊培纂《华阳邵氏宗谱》卷18《家规》,光绪三十三年叙伦堂刊本。

④ 与本子目及下一个子目内容相关,笔者撰有《宗族与村落建设述略》(载朱炳国主编:《家谱与地方文化》,中国文联出版社,2008年),所使用的资料基本转引自刘立威主编的《徽州大姓》(安徽大学出版社,2005年),此处对该文作了节写,少注资料出处,有兴趣的读者请参阅该文和该书。

⑤ 王集成纂:《绩溪庙子山王氏谱》卷8《宅里略一·井亭》,民国二十四年排印本。

院、族塾、文昌阁;伦理教育的建筑,如孝子节妇烈女牌坊,功名仕宦的牌坊、旗杆、匾额,还有乡约的申明亭。

生产类的兴修水利,疏浚河道,围堰蓄水,管理水资源利用。婺源漳村王氏宗族为维护水资源和禁止滥肆捕鱼,于乾隆二十五年(1760)呈文婺源县令,请求"赏示养生勒禁维风杜患"告示,知县批准勒石示禁。婺源洪村洪氏宗祠光裕堂有嘉庆十五年(1810)的"奉宪养生"碑,同治二年(1863)的石碑"加禁养生",先后关注鱼类资源保护,力求渔业的正常生产。

服务于生产生活的筑路修桥,建设方便行人的凉亭(路亭、茶亭)。山西平定州何氏先人修桥梁、设茶亭,后裔表示继承先志:"绍祖德,吾家世传忠厚,祖父以来,颇称积善,如修理桥梁,捐施棺木,给贷籽种,建立茶亭,增修脯以立义学,设糜粥以济荒年,振贫起瘠,载人口碑。凡我子孙宜均体先人意,见一可为之事辄曰:'此吾先人所为者,我当踵而行之。'"[1]

生活类的设施亦有多种:铺设路面,或土或石;饮用水水源不充足或利用不便的地方,私人打井之外,更凿公用井;路灯,有的村落设有路灯,如许村从明代嘉靖年间开始设立,从酉时末(十九点以前)到子时(二十三点至凌晨一时)燃点,人们称为"天灯",在有灯杆的地方,人们称为"天灯下"。

象征性建筑,如村门,或为牌楼,或为亭阁,作为村落的标志;八景,以建筑物(如祠堂、文昌阁)、植物(树林、古树)、自然与人为的景观,作为村落兴盛繁荣的象征,并具有风水观念的含意。古人以八景象征名胜之多,首都、省会、各府州县城多有八景之说,然而徽州的许多村落亦有八景,甚至十景,可见当地人对于景点建设的认真。

村落的建设,有些是个人力量进行的,但是必有宗族的协助,可以视为与宗族共建。

(三)宗族、村落与社区生活的协调

生活在独姓村、主姓村、复姓村的人们,无论是哪种村落,都需要本宗族与他姓宗族协调生活中的公共事务,各姓宗族会主动承担起来。诸如共同管理社区寺庙道观。除了一姓独资建立的以外,各姓宗族要监督寺宇的财产管理,督察僧人道士遵守清规,必要的时候要资助寺观进行维修,保持其香火不断。又如联保维护地区治安。各村落自保之外,各个村庄协作维持地方安定,

----

[1] 平定州《何氏族谱》卷7《家训八则》,道光刻本。

在政府允许之下，建立联保组织，打更巡逻，盘查陌生人。再如调解宗族间的冲突，因为自然资源的利用、不同宗族的成员间买卖借贷等因素造成的细小纠纷，多由两造双方的宗族协商调解，不成功，告到官府，甚而引起宗族械斗。

民俗活动的合作，在全国性的节庆日，各个宗族协商共庆，比如元宵节的耍龙灯，全社区组织，在一个公共场所"会演"，各宗族的村落都会精心准备，以便表演出色，拔得头筹，所以这类活动多少含有竞赛性。独自一姓的节日活动，吸收他姓人士参加。歙县许村盛行姬王节，因为有周文王赐鼎许氏之说，许氏感念而有这个节日，日期在九月十三日，又因鸡、姬同音，故又称鸡王节，吃鸡也就成为节日必有的项目。这天不仅许氏过节，他们的亲友也携带鸡只前来祝贺同乐。活动安排是上午在姬王庙举行仪典，下午姬王像开光，全村人游行，鸣放土铳，数十班锣鼓齐奏，晚上开锣唱戏，连演三天。

社区活动中各宗族的协作，往往由各族的绅衿、族长出面，尤其是缙绅起主导作用，因为他们比一般人有号召力和组织能力。

（四）族人与宗族的互动：奉献与得益

族人参加宗族活动，是热忱自愿，或无所谓，或被迫参与，都是在宗族内生活，有其乐趣，也受到约束和作出奉献，宗族既接受族子的忠诚又给予恩惠，形成互利互惠关系。

族人的生活，在许多方面是在宗族管理下进行的，大体上有四种内容：一是参加祭祀活动，表达对祖先怀念的感情，也是服从祠堂的规定。二是"上谱"，在草谱、族谱登记全家男性成员和媳妇的名字，取得"宗籍"（族籍）——族人的资格。三是族人向祠堂交纳份子钱，没有集体经济，或公共财力不充分的宗族，在举行祭礼、编修族谱、修缮祠堂时需要族人交钱，或交实物（如木材、砖瓦），族人需要按时间、按数量照办。四是照顾族人，特别是五服近亲，族人有丧事需要致送赙仪，本房人要帮办丧礼，接待前来吊唁的宾客，抬棺材出殡，为丧家送饭，结婚则送贺仪。此外是特别捐献，笃信宗亲伦理的富人，相信家族通财——"有余则归之宗，不足则资之宗"的古训，向祠堂捐献田产房屋，成为祀田、义田、义庄田，也即宗族公共财产，收入归祠堂所有和支配。另有部分族人在宗族内部组成小的互助团体，如文昌会，交纳钱财入会，享受其利益，不参加者不得受惠。

族人可以从祠堂活动中得到许多好处——实惠，主要有"享胙"，意思是在祭祀典礼之后，族人或聚餐，吃食祭品，意味着享受祖宗的余荫，得祖宗赐福,或者不聚餐,将猪肉分给族人,常常会依据年龄、在祠堂里的地位,分给不同数量的肉,以事敬老尊贤。祠堂义田、义庄田收入多,公用之外的大量盈余,分配给族人,特别是贫窭者和寡妇,华亭张氏义庄的顾恤族人即为显例。婚丧中会得到帮助,包括物质的、人力的、精神的。如果祠堂办有族学,族人可以送子弟入学,不需要交学费,甚至可以领取膏火费。族人在对外族人的纷争中,必然会得到祠堂的庇护,帮助获胜,或从争执中摆脱出来。至于族人与遴选族长的关系,不是所有的族人都有资格被遴选为族长,一般的族人没有"被选举权",但是多数人有权出席遴选会议,有权参加合族会议,这种接近选举权、议事权,也不应忽视。

综观族人在祠堂管理下的活动,他有必须的付出,也相应地得到回报,用现代的语言讲就是族人有"义务",也有"权利"。这种义务与权利可以概括为:族人有出席祠堂祭礼、上谱、交份子钱、帮助宗亲的义务,接受颁胙、救济、赡养、入学、庇护等项权利。对于这种权利,换个角度看,设若犯有不可饶恕过失的族人,被宗族削谱黜宗,即被取消族籍,不再是族人,就不能参加祭祀,不能领取祠堂发放的财物,自然不再受庇护,甚而连本村都不许居住,成为流浪人,完全被社会唾弃的人,由此更可看出有祭祖上谱是族人的一种权利。要而言之,族人对祠堂应尽义务,祠堂反馈施与族人实惠,族人与祠堂的这种互动关系,表明两者有共同利益,不是族人无条件奉献祠堂,寻求祠堂的控制。

(五)宗族具有"自治"性能

"自治",是从西方传入的近代社会概念,与前近代的清朝人有关系吗?这个词汇在中国古代找不到,并不等于说没有自治性质的事务,清代宗族就具有自治性。所谓"自治",具体到自治团体讲,是指民间自行组建的团体,管理其内部事务;它的组织及管理原则是民主的,而非管理人的专断;它是得到政府承认的合法组织,甚至可以说是"受国家之委任,自己处理本团体内之事务"①。这样的团体是政府和社会的中介物。笔者在这里讲"自治性",是指团体管理内部事务,然而民主性不足;国家认可其合法性,而严加控制,也就是说其自治程度很低,与近代的自治观念差距甚大,但不能忽视其具有的自治成分,故而用"自治性"的概念来表述这种状态。

前述宗族对内部事务的管理,外部事务的协调,具有团体自治的成分,清

---

① 《辞源·自治》,商务印书馆,1933年。

朝人是从宗族"自教养""教化权在下"的角度来认知的。清初顾炎武说:"自三代以下,人主之于民,赋敛之而已。凡所以为厚生正德之事,一切置之不理,而听民之所自为,于是乎教化之权,常不在上而在下。"①认为宗族实际上拥有了教化权。嘉道时期魏源称赞宗族的设立义庄和政府的保护政策,他说建设宗族义产,是"自教养","则鳏寡孤独废疾者皆有所养,水旱凶荒有恃,谣俗有所稽查……人心维系,磐固而不动,盗贼之患不作矣",这是"分县官忧"②。同光时期冯桂芬认为,国家要想达到"郅治",必须实行"圣人宗以族得民之法"③,因为"宗法者,佐国家养民、教民之原本也"④。分别属于清代早、中、晚期的顾炎武、魏源、冯桂芬都把宗族看成是佐助国家"教民""养民"的群体,实际上拥有教化权。教化权原本是国家的,宗族也得分享,不就是政府给予的、默许的吗!他们的意识里不具有宗族自治的观念,不过宗族与国家分享教化权中隐藏着宗族自治的成分。

后人对于宗族与自治的关系,比只讲"自教养"的顾炎武、魏源、冯桂芬前进了,但也有曲折过程。20世纪初的清朝人明白地将"自治"桂冠奉送给宗族。宣统年间编纂的广东《南海县志》讲到该县冯氏宗族活动,谓其祭祖之后,"凡乡中有更革者,有纷争者,祭之明日,大集而调理之,亦可谓能自治者也"⑤。县志的编纂者已经懂得宗族是有自治功能的,明确使用"自治"一词,比前人只讲教化权在认识上大大前进了一步。民国时期有学者讲到清代宗族自治性质,陈独秀在1919年著文《实行民治的基础》写道:"乡村有宗祠,有神社,有团练……像这些各种联合,虽然和我们理想的民治隔得还远,却不能说中国人的民治制度没有历史上的基础。"⑥他肯定这些基层社会的组织具有民治精神,发掘宗族的自治性,并宣示于世人。在中国大陆,20世纪50年代以后的几十年中宗族自治说备受冷落,⑦到90年代话题被重新提起。1991年,张研在

---

① 顾炎武:《顾亭林诗文集·文集》卷5《裴村记》,中华书局,1983年,第101页。

② 魏源:《魏源集·庐江章氏义庄记》,中华书局,1976年,下册第502页。

③ 冯桂芬:《校邠庐抗议·自序》,中州古籍出版社,1998年,第68页。

④ 冯桂芬:《校邠庐抗议》下篇《复宗法议》,中州古籍出版社,1998年,第166页。

⑤ 宣统《南海县志》卷4《风俗》。

⑥ 《陈独秀文章选编》,生活·读书·新知三联书店,1984年,上册第431页。

⑦ 20世纪下半叶的一个时期内,"自治"一词在社会上消失。1980年出版的《辞海》,不见"自治""自治主义"词目。在海外则不同,黄仁宇在《中国大历史》中说到明朝的农村政策,"主要仍是农村自治,设乡约,建立申明亭、旌善亭,绅衿是社会的中坚"。(台湾联经出版事业公司,1993年,第223页。)

《清代族田与基层社会结构》一书中指出：清代的宗族、乡族组织，"表现出更多的独立性和自治性的特点，其中盛行于南方的宗族组织最为典型"[1]。笔者在《18 世纪以来中国家族的现代转向》[2]书中开设两个子目，即"宗族教化权与宗族'自治'""家族'自治性'论"，探讨宗族自治的历史。宗族与自治关系的学术命题，经历一个世纪的研讨，其实才把问题提出来，开了个头，学术研究的进展何其缓慢！这当然与整个社会环境、学术研究氛围密切相关。

宗族自治对社会产生一些影响，如增强了宗族内部凝聚力，令宗族成为政府与社会之间的某种中介组织，促使贫乏的社区生活的面貌有所改变，有益于社会秩序的稳定。

五、宗族的忠孝伦理与依附朝廷

宗族与朝廷形成互动关系，朝廷赋予宗族某些自治权利，力图控制宗族，宗族依附朝廷，又有出格行为，两者在统一中有着小摩擦，宗族具有依附性和自立性的多面性。

（一）宗族忠君伦理与实践

宗族以孝道为核心，但是众所周知，孝道的最高层级是立身扬名，光宗耀祖，怎样才能做到呢？是事君的清、慎、勤，即为忠君而获得功名利禄，所以孝道的终极点是忠君。宗族的忠君在观念和实践方面主要是：

君恩胜过亲恩，应讲求忠君之道。草民与皇帝似乎是没有关系可言的，可是宗族的规训说出关系之所在。洪秀全的先世、广东嘉应州进士洪钟鸣作《原谱祖训续训》，专写"忠君"一条，他说"君恩重于亲恩，谚云：'宁可终身无父，不可一日无君'"[3]。把忠道、孝道的位置确定为前者重于后者，为人应先忠后孝，所以要做孝子顺孙，更应当先做良民百姓。湖南平江叶氏《家训》教导族人："君也者，祖宗所赖以存身家，所赖以立子孙，所赖以生长陶成，而绵绵延延维持于勿替者也。"[4]说明宗族和家庭所以能够生存、延续，就是因为有国

---

① 张研：《清代族田与基层社会结构》，中国人民大学出版社，1991 年，第 201 页。

② 冯尔康：《18 世纪以来中国家族的现代转向》，上海人民出版社，2005 年。

③ 陈周棠校：《洪氏族谱》，浙江人民出版社，1982 年，第 20 页。

④ 《平江叶氏族谱》卷 1《家训五条》，民国刻本。

君,虽是草泽小民也应当尽忠。这一类的族规祖训,把忠道作为进行伦理教育的重要内容,让人感戴君恩,知恩图报。

草民尽忠主要是纳粮,不犯法,读书人不要议论官员和政事。宗族多懂得赋役是国家大典,纳粮是民分,如广东乳源余氏家规的"遵供赋役"条云:"任土作贡,朝廷大典;力役之征,国家常制。"①康熙间,河南道州周氏宗族的诸生拖欠钱粮,知府张大成将该族祖先、宋代大儒周敦颐的濂溪祠堂的神像枷锁三日,警告周氏族人完粮。②侮辱祖先,这种教训对于各个宗族是极为深刻的。宗族在关注完粮之外,教导族人守法。康熙时,南海霍春洲制订家训,讲到"农家三十六善",第一条就是"畏王法"③。一些宗族为了不犯法,强调要懂得法律,为便于族人学习和掌握法律知识,特地将律条录入族谱中。铸私钱、私造官印、酿酒是违法行为,平江叶氏《宗约》警告族人,不可"铸造私钱";"不可违禁烧熬,消耗谷米";印信是国家权威的象征,因而"不可描摹印信,绐骗财物"④。对于读书人,尤其是有了秀才功名的年轻人,宗族更告诫他们不得议论政事和县官。直隶任丘边氏祖训有二禁,一为"不许谈朝廷政事",二为"禁谈县父母得失"⑤,免得招祸。

(二)朝廷允许宗族自我管理权利及原因

宗族与政府互动,是尊君守法纳税,朝廷则以相关政策、制度允许宗族享有一些自主活动的权利,鼓励民间建设宗族及自我管理,保护宗族公有财产,令其协助官府实现一些制度和维持地方社会秩序。

鼓励民间进行宗族建设,即承认它的合法性。康熙帝"上谕十六条"第二条是"笃宗族以昭雍睦",雍正帝的《圣谕广训》就此作出解说,"立家庙以荐蒸尝,设家塾以课子弟,置义田以赡贫乏,修族谱以联疏远"⑥。雍正帝所说的建祠堂、设族学、置义田、修家谱四事,其实这四项实物是宗族的实体,有了它们和祖坟,就标志血缘宗亲组成了宗族团体,不再是生物性的血缘家族,而是社会组织的祠堂。这四项恰是民间宗族所追求和实践的目标,民间宗族与朝廷

---

① 《乳源余氏族谱》卷1《家规并引》,嘉庆刻本。
② 王士禛:《池北偶谈》,中华书局,1982年,第473页。
③ 道光南海佛山《霍氏族谱》霍春洲《家训》,转见《明清佛山碑刻文献经济资料》第480页。
④ 《平江叶氏族谱》卷1《家训五条》,民国刻本。
⑤ 任丘《边氏族谱》,乾隆三十五年刻本。
⑥ 《圣谕广训》,天津津河堂宣统元年。

如此合拍,形成互动关系。一些宗族宣讲和翻印"上谕十六条"和《圣谕广训》,前面说到的华亭张氏义庄,雍正间侍郎张照在建立义庄奏折中声称,早年臣祖张淇,曾以己田一千亩作为义田,赡给族人,然恐义田不能经久保存,庆幸的是如今皇上颁布《圣谕广训》,号召"置义田以赡贫乏",是以臣祖张淇"此举仰符圣主化民成俗之至意",因而呈请政府保护宗族义田。①张氏义庄遂在政府立案,受到保护,是臣子与君父密切配合的产物,是典型事例。总之,宗族建立祠堂组织,管理内部事务,是政府政策允许的,是在朝廷号召下产生的合法团体。虽然当时不兴"团体"之名,而有其实。

政府支持宗族对族人的治理。政府让宗族拥有司法上的送审权、审判过程的参与权及执行过程的协助权。政府法规,允许父祖、宗族将严重违反伦常成员扭送官厅,这是送审权。宗亲法是清朝法律的一项重要内容,它有两点亟须注意,一是同罪异罚,宗亲间犯罪,为卑幼加刑,给尊长减刑;二是制定这种刑法的观念依据是伦理孝道,是所谓"准五服以制罪"。在判案过程中,要确认两造服制关系,因而需要宗族提供证明材料,族长往往携带族谱出庭作证,以便官方验证两造服制关系。与宗亲法相联系的存留养亲法、存留承祀法,也要宗族提供资料,证明两造家庭成员及年龄状况,以利官府判断是否减刑。一些民事纠纷责令宗族处理或协助官方执行,如立嗣案件,县官常常推给宗族调解。族人内部数量不大的财产纠纷,族人被开除出宗引起的案子,寡妇出卖故夫遗产案,有时政府也让宗族内部协调。政府让宗族参与立嗣案、寡妇财产案,实质是允许宗族某种程度干预族人财产权。

政府职官制度中一些规则需要宗族协助才能实现。官员的丁忧、起复、更名复姓、荫袭、封赠,都需要有族人的甘结,或族谱的证明,而对出继、兼祧、出继归宗的官员审核更加严格,愈加需要宗族的证明材料。

保护宗族公产。宗族建立义庄,或有大量的义田,主动向政府备案,政府遂在法律上给予保护,如果族人伙同他人盗卖、盗买义田,处以加重的刑罚,或流放,或枷号示众,同时旌表义庄的设立者。宗族的祀田,即使有成员犯了籍没重罪,也不在没收范围,予以保留,这是保护宗族公产另一项内容。

支持宗族对社区事务的管理。政府允许宗族与乡约共同管理社区事务,婺源理坑余氏村落建有申明亭,咸丰元年(1851)呈文徽州知府,请求批文悬

---

① 《华亭张氏义庄条例》抄本,南开大学图书馆藏。

89

挂申明亭,以强化当地社会秩序,获得批准。五十年后,余氏于光绪三十一年(1905)联合朱氏宗族为地方治安呈文徽州府,报告由候补同知余显谟及其族人中的补用知县、职员、贡生、生员、监生、耆民、乡约等三十二人,和乡约朱彝叙共三十三人具名,代表居住在五个村落、属于六个乡约的三个姓氏成员,反映太平天国兵燹之后,治安混乱,赌博成风,为挽救颓风,"邀集约内,重整旧章",请求知府"钤印立案",准予恢复乡约职能,亦得到批准。这一呈文表明,以绅耆为代表的宗族在本姓及他姓村落拥有乡约的管理权,为官府效力。

官民互动的一种政策性试验——实行族正制。在雍正、乾隆年间,清朝在宗族制发达而社会治安状况不良地区实行族正制,后虽取消这一政策,然而有的地区时或实行。族正的产生,是宗族推荐人员,由政府确定。族正的职责和权力是:稽查宗族中的不良分子,施以教化,或交祠堂劝诫,情节严重的送官审究;监督宗族公共财产的管理;断理族人内部的经济纷争;调解本族人与外族人的纠纷;向政府报告族人孝悌节义的善行,为之请求旌表。族正介乎宗族、政府两者之间,以联络双方,成为沟通桥梁。族正是平民承担职役,是以乾隆间官修《皇朝文献通考》叙其事于《职役》[1]中。族正的官民配合产生法,表明族正制是政府、宗族协作的产物,反映政府与宗族双方密切结合的愿望。清朝实行族正制,直接插手宗族内部事务,是宗族制度的一项发明,不过未能坚持实行,成为政府一种实验性的政策。宗族本来是合法的,族长拥有对族人的教化权,政府实行族正制虽是为控制宗族,但无形中加大了对宗族制肯定的程度,使宗族进一步组织化,有益于宗族的凝聚与发展。[2]

(三)宗族、政府互动下宗族的自治性与依附性

综合第四节和本节所叙述的,祠堂负责的族内外各项事务是:①管理宗族公共事务,维修祖坟、祠堂和组织祭祀,经营族产,编纂族谱,在条件具备时创办族学;②采取多种形式对族人进行教化,处理族内人际纠纷和惩治违犯族规者;③从事家族村落的建设和管理;④参与组织社区的信仰、文化娱乐活动,与政府系统的乡约保甲配合,组建社区的治安联防系统;⑤协助官府调处

---

① 《皇朝文献通考》卷 23《职役》,浙江古籍出版社,2000 年影印本,考 5055 页。

② 参阅常建华:《清代宗族"保甲乡约化"的开端——雍正朝族正制出现过程新考》,《河北学刊》2008 年第 6 期;《乾隆朝的闽台族正制》,《明清论丛》第九辑,紫禁城出版社,2009 年;《乡约·保甲·族正与清代乡村治理——以凌燽〈西江视臬纪事〉为中心》,《华中师范大学学报》2006 年第 1 期。

族人立嗣、财产纠纷案件,祠堂有义务提供实现职官制度和法律中所需要的证明材料;⑥祠堂具有官府赋予的送审权,以及实际上的教化权。如此多方面的自我管理,走出内部活动范畴,扩大到社区,得到官府赋予的一些权力,在官民之间的范围内进行活动,显示宗族力量和祠堂管理能力。归结起来,是宗族祠堂拥有教化权,具有自治团体的某种性能,无疑它是自治团体。

宗族的公共领域参与是官府认可的,允许的,它是按照政府的要求、愿望办事的:它笃信忠孝伦理是朝廷倡导的官方哲学;家法与国法基本上保持一致;在实践上祠堂督导族人移孝作忠,做守法与纳税良民,维护地区安宁,并以自教养,为官府分忧。这三点表明祠堂是依附于政府的群体。

为什么清朝对宗族爱护有加,令其享有教化权、公共领域管理的参与权,原因有三:①落实"以孝治天下""移孝作忠"的方针、政策,必须有宗族的配合。②利用宗族治理民众和维护基层社会秩序的稳定,弥补政权(基本上)不下县造成的缺位。③减少行政成本。总而言之,政府为其多项政策的实现,社会秩序的稳定,需要宗族予以协助,故而主动及接受宗族请求赋予其某种自理权力,令其赋有"自治性"。

六、宗族是含有宗法因素的自治性、互助性团体

回到本文的第一节,激进的学者和政党猛烈批判"宗法"宗族,林语堂别开生面讲述它的正负两面性, 笔者业已用了四节的文字叙述了宗族大众性、自治性、互助性、宗法性、依附性特点,在这里将对各种论说进行综合评论,并分析宗族及其族长的社会属性,宗族、宗族文化的历史价值,所谓"宗法社会""宗法""宗法成分"究竟是什么概念。笔者的总体认识是:宗族是含有宗法成分的自治性、互助性的团体,其宗法因素具有变异型宗法社会的属性,并非典型宗法社会宗法性质,而且宗族的自治互助的社会作用尤为明显,是宝贵的中华精神文化遗产。联想到20世纪相当长的时期中,激进者忽视宗族的正面作用,忽视宗族正在向现代社会团体方向转化的趋势,显然有不尊重历史之嫌,对它采取没收族产、人为消灭的方式和政策,看来需要检讨其历史误失,以及今日对宗亲活动的应有态度。

(一)自治性、互助性——民众需要宗族

宗族具有自治性、互助性与民众的愿望是什么关系? 清代的民众需要自

家的宗亲团体,乐于接受它的管理,原因在于能通过宗族祠堂,使得祖先崇拜的情结得以舒怀,与宗亲互助互济以缓解生活中的困难,减弱恐惧心理而多少获得安全感。一句话,为的是生产生活正常进行,是为生存而需要宗族的自治和互助。

1.祖先崇拜情结的表达——伦理心态的满足

两三千年传承的忠孝伦理,与蒙昧时代形成的祖先崇拜观念相结合,清朝人祖先崇拜的情结真正是根深蒂固,这种情结只有表达出来,才感到尽孝了,自己也才是有来历的人,有根基的人。敬祖有多种方式,在家庭的堂屋,供奉"天地君亲师"的牌位,依礼上香顶拜,是最简便的方法,家家户户都能做到;往父母、祖父母的坟茔祭扫,也容易办到。但是远祖坟墓的维护、祭祀,不是一家一户的事情,不可能由一家一户来管,或长期由一家一户进行祭扫,而若无人培土植树、清明扫墓,致使老祖坟茔荒芜,他人就会讥笑,说这一族人都死光了,绝代了,这是多么丢人的事情!又怎么能体面地立足于社区社会!为避免这种尴尬局面的出现,必须成立团体,有组织地进行老祖坟的维护祭祀。扫墓是在清明、冬至和先人忌辰进行,其他时日的家族的而非个人的祭礼,就需要建立祠堂,在享堂为祖宗设立神主,举行祭祀大礼。人们为慎终追远,为祖先崇拜情结的抒发,为人伦孝道的实现,情愿建设自家的宗亲团体。

2.社会公共领域生活需要宗族的管理

清代是个体社会,以一家一户为生产单位,生产生活靠自家安排进行,但是许多事情,社区公共领域的诸种事情,一家一户处理不了,必须有个公共领域组织者(国家机构、社会团体)来管理,然后人们的生产生活才能有序地、正常地进行。由于政权(基本上)不下县,这些公共事务政府不管,只有出了大事,民间打官司,政府才作出决断,不过这已经是事后了,未发生事情之前呢?就只有宗族来管。第四节已经交待宗族参与村落建设的事实,这里不再重复。总之,宗族由内部管理发展到外部管理的参与,本身起到了自治作用,也充分发挥了自治的能量。

3.不可或缺的生活中的互助

社会的现实是多数人需要互助互济,处境艰难者尤为迫切。那么,人遇到困难找谁求助呢,谁又真能帮助他呢?20世纪80年代末沉石等人对农民的调查能够提供给我们理解素材。沉石等人就农民"经营中遇到困难时先后找谁""经营中所得到帮助的大小来之于谁""选择合伙经营者的次序"等三个问题,在个人与十种人的关系中做了调查,这十种人是直系亲属、旁系亲属、姻亲、同宗、邻居、村民、乡村干部、党组织、经济组织及朋友。调查结果是:农民经济活动中设想的求助对象,第一位是直系亲属,第三位是旁系亲属,第六位是宗人。真正能够提供经营援助的,第一位是其所预期的直系亲属,旁系亲属则处于第四位,同宗是第八位。选择经营伙伴的实际情形是,第一位的仍是直系亲属,旁系亲属则降为第五位,同宗依然是第八位。①直系和旁系是五服近亲,同宗是出五服的族人,仍有血缘关系。统计数字表明,农民在经营中所想到的和实践的,能够进行帮助和合作的人,血缘亲属占居重要的地位。换句话说,基本上是血亲帮助农民实现家庭经济的经营。

当代是这种情形,清代更是如此。宗族和宗亲就是人们的求助对象。宗族倡导宗亲间互助就是帮助族人找到救助人,互助,这次你帮我,下次我帮你,宗族的规范和族长、房长的出面,救助人主动上门,为事主排忧解难。宗族有公有财产,能使族人、尤其是穷人受惠。祠堂组织的互助互济、救助、兴学助学,令族人得益,或许能够生活下去,或者得到发展机会。所以宗族是族人生活中不可缺少的元素。因此人们热衷于参加祠堂组织的宗亲活动。

4.安全感的心理需求

清朝人有着传统的自然物和人造神的崇拜心理,普遍地信仰上天、土地神、风神、雷神、龙王、山神、火神、灶王爷、药王、瘟神,而且还相信鬼魅,十八层地狱故事广泛流传。这些神灵鬼怪的信仰,是人们恐惧心理的反映。试想,在生产力水平低下的状态下,人们抵御自然灾害的能力极其有限,不能不害怕天灾人祸的降临,没有安全感。宗族组织的活动,让人感到有所依靠。族人和宗族共同建设土地庙,大年初一清晨,家家户户抢着去上供,以为最早到者将有好收成,心理上有了快感。天旱,宗族和社区组织求雨仪式,人们抬着龙王塑像游街祈求老天爷降雨,令人寄予希望。宗族的祠堂、祖坟祭祀,七月十五中元节,宗族组织盂兰会,超度祖宗亡灵,宗族这类活动的举办,族人感到尽孝了,会得到祖宗保佑,不会有鬼魅缠身的灾祸,获得身心安宁。万一有了不测之事,族人找宗族、找宗亲求助,可能会得到某种程度的救助。在与外族、外人的竞争中,必定得到宗亲、宗族的护卫。凡此种种,人们会在精神上得到某种慰藉,心理上获得些许平衡。在传统社会,人们的恐惧心理是不可能克服

---

① 沉石主编:《中国农村家庭的变迁》,农村读物出版社,1989年,第89—94页。

的,但是个人对群体,族人对宗族祠堂的归依、投靠,产生一定程度的安全感是可以理解的。此种族人依靠宗族的心理需求,又成为归依宗族的一种动力。

5.后人应当尊重前人需要宗族的感情及其合理性

人们生活中有种种难题,个人不可能克服,谁来关照? 百姓的疾苦,民间基层社会公共事务,政府统统不管,只能是民间自行解决,在这种情势下,宗族发挥自治功能,关注公共领域事务,举办公益事业,给族人一些物质的好处,些许的文娱享受,精神上的少许满足。正是这些作为,宗族才吸引族人参加它的活动。

宗族的自治性、互助性使它拥有广大民众,如果以乾隆时期的三亿人口、道光年间的四亿人口而言,当有亿万民众生活在宗族团体之内。他们的信仰,他们的生活需要宗族组织——祠堂,也是他们出力、出钱建设宗祠、祖茔,宗族成为清代社会最具大众性、民众性的团体。对这种团体的组建和其成员的意愿,后人在评论中难道不需要思考人们的意愿、感情的合理性,不需要思考宗族存在的合理性? 何必一味地批评它的负面作用而不作全面的评介呢!

(二)祠堂宗族的宗法因素及其弱化

章太炎、吴虞、陈独秀、毛泽东均将传统社会、清代社会说成是"宗法社会",宗族是宗法性质的。其实清代是变异型宗法社会,并非是简单所说的宗法社会。因此也涉及到清代的宗族性质,它也不是简单概括的宗法宗族,不过是具有宗法成分而已。这是给事物定性,当然事关重大。

1.宗法制的内涵与清代宗族的宗法因素

前面屡次说到宗族的宗法性质、宗法性、宗法成分、宗法因素,宗族究竟同它们是什么关系? 如何理解这些"性"的概念?

众所周知,上古的商、周王朝实行分封制与宗法制结合的制度:实行宗子制,宗子在一个房支中产生;天子的大宗给小宗土地、人民及管理权,令小宗拥有孟子所说的"三宝"[①],成为诸侯,也即世袭贵族;产生天子诸侯卿大夫士的社会等级制度。这种制度形成的社会,被后人概括为宗法社会、宗法性质的社会。所谓宗法、宗法性质,内涵是:国家实行君主专制独裁统治,宗族成员的血缘地位对于他的社会地位具有决定性意义,社会成员在等级制度中置身于特定的等级,有着宗法世袭贵族。对于后世而言,商周宗法制是典型意义上

---

① 《孟子·尽心篇》。

的宗法制度。秦朝废除分封制，宗法制度从而改变了原先的重要内涵：宗法世袭贵族消失了，宗子制只能在皇家实现，大宗法在民间宗族几乎完全不能实行；但是血缘宗法精神仍然保持着，君主抓住"宗法基因"，使得它"一直在传统及当代中国政治文化中起着主宰的作用"①。也就是说，典型的宗法制不存在了，而宗法制的一些因素、宗法精神保存下来。所以笔者认为，秦汉以降是变异型宗法制度，社会成为变异型宗法社会。这种社会不能再说成是"宗法社会""宗法性质社会"，而所保存的宗法内容，可以概括为"宗法成分""宗法因素"，或者说是具有"宗法性"。

关于秦汉以后的宗法制的历史地位，张传玺的见解应当引起我们的注意。他认为皇帝制只保存家天下因素，宗法制已日薄西山；家天下表现在"皇位世袭制"和"皇族特权制"两方面，"皇统虽可以借宗法制度以维系，但此后（汉代以降）宗法制度已日薄西山，灵光失尽。所以为皇位的斗争而发生的父杀子、子杀父、兄杀弟、弟杀兄、母杀子、臣杀君之事，几乎历代有之"②。

秦汉以后的变异型宗法制和观念主要是：

（1）皇帝制度下的忠君伦理。

（2）祖先崇拜的孝道伦理。

（3）从家族血缘伦序观念进入社会等级伦理。祖先崇拜的一本观产生宗族自然伦序的等第观念，已经具有社会意义，而当晋朝政府实行"准五服以制罪"法律原则之后，依宗族的血缘伦序关系，实行法律上的尊卑"同罪异罚"，就使得血缘等级进一步社会化。

（4）宗法精神规定人的从属性。个人，在宗族属于宗族血缘伦序结构之内，在社会属于社会结构之内。在这两种结构中，处于一个特定的地位，与上下左右发生各种关系。在家庭，从属于父家长，从属于家庭；在宗族，从属于宗族。个人服从家长，家长服从族长，族长服从官府，官员服从皇帝，形成层层的隶属关系。这种关系，渊源于宗法制度和宗法观念。

（5）宗法伦理扩散到拟制亲领域。中国家族，严守血缘的认同法则，不许异姓的掺入，可是在对非血统人员排斥的同时，又按照宗法观念的模式，接受拟制血亲，即并无血缘关系的人，以拟制亲的身份成为家庭、家族成员，或

---

① 何炳棣：《读史阅世六十年》，广西师范大学出版社，2006年，第442、447、448页。
② 张传玺：《中国古代国家的历史特征》，《文史知识》2007年第1期第14页、第3期第25页。

非正式成员,而具有类似宗亲的关系。这类拟制亲关系,上自帝王,下及草民,在在皆有:学校的师生、寺观的师徒、行会的师徒、帮会的结拜兄弟、义父子、干亲家、拜把子,莫不是拟制亲的表现。它使意识上的人际关系宗亲化,泛血缘化。

2.受制约的祠堂族长权威的有限性

如前所述,祠堂族长对族人拥有发号施令权,种种族规也让族人听从族长指挥,否则将有惩罚。但是族长权威是有限的,这是因为它有先天性的缺陷,有制约它权力的多种因素,故而不能为所欲为。

所谓先天性缺陷,有两方面内容,一是第三节说明的族长产生的遴选制,不是宗子制,小宗制下遴选的族长位置不稳定,限制了它的权威。另一个缺陷是宗族公共经济力量不足以有效地控制族人,在私有制的人们自我谋生的清代社会,族人主要是靠自家能量来生活,自然不可能完全听从族长的摆布。

制约族长权力的因素也有两种,就是我们在第三节讲到的祖训族规和族人会议,族长需要据以行事。如果说族规祖训是死的条文,执行中予以漠视,那么族人合议则是现实的,不执行决议,事情就很难进行了。

综合来看,作为族长,能否上任、久任是处于被动地位的,行事之中需要尊重族规祖训和族人意愿,手中又没有充足的经费可以使用,怎么可能有绝对的权威?怎么可能不顾及族人的愿望?试想,宗族的各项活动都需要经费,而且为数不少,有较多的公有经济固然很好,但是多数宗族难于具备这种条件。缺少共有财产的收入,各项事务的开展需要向各户敛钱,然而有的族人凑不起份子钱,或因不信任主事人而不乐意交钱。众人出资出力的宗族事务,不能像政府那样强行征收,必须族众商定而后行动。显而易见,族长的权力有限,他在行事之中有独断专行的一面,也有与族人合议、合作的一面。因此说族长兼具独裁与民主成分,强调任何一方面,抹杀任何一方面都是不符合清代宗族族长历史的实际状况的。

拥有有限权力的族长是否无恶不作、穷凶极恶?此种人有之。乾隆帝于五十四年(1789)谴责安徽南陵刘姓族长刘魁一,"起意将缌麻服弟刘种活埋毙命,并致刘种之母因子碰死"①。这一案件载入《清高宗实录》,可见事情的重

_____

① 《清高宗实录》卷 1335,乾隆五十四年七月辛亥条,中华书局,1986 年,第 17 册第 1101—1102 页。

大,不是特例,但是少见。族长杀族人,系犯法行为,要受惩治,一般的族长也不敢以身试法,故而致死族人不是常见现象。族长体罚族人,以及偶见的戕害族人是宗族具有宗法因素的集中表现。

3.族会的出现与宗族宗法成分的几近消失

祠堂族长制下族人通过"合议"形式表达意愿,到清末发展出"族会"形式,进一步伸张族人权利,也令宗族基本上清除宗法成分,走向近代社会团体。

族人会议,宗族时或举行,成为某种习俗,然而不是固定的规则,多系因事而临时召开,因而族人的话语权并没有保障;族长遴选法,表达部分或大部分族人的意愿,但究竟与选举制不同。清末出现的宗族组织形式的"族会",就使选举族长、定期开会"制度"化了。

光宣之际清廷表示改革政体,宣布预备立宪,议会、选举法被引入政坛,影响及于民间宗族,个别宗族摒弃推举法,采用选举法。安徽绩溪华阳邵氏于光绪三十三年(1907)率先使用这种方法,规定:"本祠首事人等宜仿国家新定选举法,由族众投票公举,以得票多寡为去取准绳。一经选定,不得推诿,一年一次,善则留任,不善则不举。如肯任劳怨而公直者,谓之善;如毫无建白而诡谲者,谓之不善。其被选者只论公正,不论有无功名;选人者必平日省事正派,方准列名投票以防弊端。至被大众留任至五年之久者,其为正直勤劳可知,应列入纪善籍,以表劳勤,异日修谱当立传以表彰之。"①有选举人与被选举人,以票数多寡定人选;有任期,可以联选联任;有劳绩者奖励;选举人必须懂事正派,不是人人都有选举权。邵氏的宗族组织习惯上称为"祠堂",它虽实行选举法,名称依旧,而上海则出现"族会"。光绪三十一年(1905),上海地方政府宣布实行"地方自治",社会上议论纷纷,议会政体已为一些人所知,朱氏、王氏两个家族按照议会、自治会的精神,"集族人为'族会',从事家族立宪",分别成立自家的族会。曹氏宗族,鉴于宗族组织形式的发展,意欲模仿朱氏、王氏的建立族会,于宣统元年(1909)十月在宗祠崇孝堂两次举行族众会议,决意仿行,拟具简章。十一月冬至祠祭,族众通过简章,公举职员,正式成立族会。待至民国十三年(1924)由临时大会修改简章,使组织完善。因曹氏一般以

---

① 邵俊培纂绩溪《华阳邵氏宗谱》卷首《新增祠规》,光绪三十三年叙伦堂刊本。

谯国为郡望,故其族会定名为"谯国族会"①。

族会类型的宗族组织,实行民主管理原则及方法,由选举的执事人员依照会议的决议处理族务,族人是"会员",有明确的权利和义务要求。所以族会成为近代社会的宗族新型组织。族会及其名称是清末出现的新事物,为数极少,实系凤毛麟角,不能反映清代宗族组织的普遍状况,但是它的出现,表明宗族发展的方向是会议制和选举制的民主制。

从历史上看,近古以来宗族组织的管理有三种类型,即祠堂族长制、族老制、族会制,前两种是传统的,后一种是在晚清社会转型时期产生的,新鲜的,导致传统宗族的性质转变,令具有宗法因素的宗族向民主性方向大步转化,表明具有宗法因素的宗族已经走到尽头,近代社会团体的宗族业已产生。惟因后世社会环境巨变,中断了宗族民主化的进程。

(四)宗族历史的再认识

究竟如何认识传统社会宗族社会属性和功能,笔者将总括要点,就教于方家。

1.宗族社会属性的多种成分,不能以封建宗法性质来概括

宗族具有多方面属性,在它的观念和社会活动中,表现出大众性、自治性、民主性、互助性、宗法性、依附性多种因素,从其社会功能看,有着正负面两方面作用。这是历史实际,后人需要看到这种现实,需要以尊重现实的态度去认识它。虽然变异型宗法社会内的宗族确有宗法成分,但与典型宗法社会的宗法性质不是一回事。因此笔者的认识是:宗族是含有宗法因素的自治性、互助性的团体,而且自治互助的社会作用尤为明显,如若简单地用封建宗法、封建族权来给宗族定性,就没有反映它的多面性,并不能概括它的本质。所以"宗法宗族""宗法性质"的定性是不够准确的,不能成立的。

2.强制消灭宗族和没收族产的历史需要再认识

土改中没收族产,清除祠堂组织,销毁族谱,被认定是革命行为,是天经地义的,但是作为历史,是可以重新认识的。

人们在实践中早就作出反思,并以实际行动表示了异议。从土改到"文革",族谱被收缴、销毁,宗族活动也处于销声匿迹状态;可是三年困难时期有

---

① 曹浩等续修《上海曹氏族谱》卷 4《族会缘起》《续修族谱记》《谯国族会简章》,民国十四年崇孝堂排印本。

人续修家谱,出现宗族活动迹象;改革开放以后,人们不管宗族、修谱是否合法,修祠堂、编族谱、拜祖坟在许多地方形成风气。时至今日,虽然民间新修族谱不能正式出版,但是民间一直在编纂,在印刷,在家族内部流传。家族是具有正负双重功能及性质的事物,不应是革命对象,强力打击的办法可以奏效于一时,而难于维持于久远。于是民间就以实际行动来"再认识"了。

海峡两岸的土改手段迥异,一是暴力方式,一是基本上的和平方式。台湾地区采取的是后一种方式。这里引用黄仁宇在《中国大历史》中的概述:"1953年的'耕者有其田'以麦克阿瑟在日本的土地改革为蓝本,一家的所有地大致以中等地七英亩半为最高限额,多余的由政府接收重新分配,其代价只有两年半的收成数。实际的付出以百分之三十将自日本接收的工商业股票作数,其余的以农产证券用稻米甘薯付给,预计二十年偿清,内代百分之四的利息。"①和平的方式能够在台湾行得通,在大陆当然不一定能行。不过,当时之所以要采用暴力方式,直接目的是为土改,更高层次的目标是为革命。为革命而制造农村的阶级分化,制造阶级对立,这是毛泽东明确说出的:"无论哪一县,封建的家族组织十分普遍,一姓一村或几村,非有一个长时间,阶级分化不能完成,家族主义不能战胜。"②为此给宗族及其族长确定封建性质,以敌对势力对待宗族及其产业。

3.宗族文化历史的、当代的意义

宗族文化的价值,前面介绍林语堂的四点见解,笔者也认识到它是宝贵的中华文化遗产,也从四个方面作出评说:

其一,宗族文化是促进中华民族凝聚、发展的一种动力。诚如林语堂所言,宗族文化促使民族国家的延续。中国人的观念总是将家与国联系在一起,家族起着桥梁的作用,孙中山意图通过家族建设国族,就是看到这种作用。改革开放之初,引进外资是大事,有关部门就希图利用海外华人的宗族文化基因,通过寻根问祖活动,吸引他们的投资。事实是确有一些台湾、香港及海外华人到大路祭扫祖坟和投资。这对中国的发展也是一种文化上的、经济上的

---

① 黄仁宇:《中国大历史》,台湾联经出版事业公司,1993 年,第 362 页。张立凡在《君子之交》中说到台湾土改:"以赎买方式进行的'和平土改',没有死什么人,不过规模比大陆要小得多。"(香港明报出版社,2005 年,第 25 页。)

②《毛泽东选集·井冈山的斗争》,第 71、76 页。

有利因素。

其二,宗族互助救济的传统,对社会公益事业的发展是一种文化资源。林语堂说,中国的慈善事业是从宗族做起的,如果我们研究中国救济史,个人的善行之外,以社团来讲,就数佛教和宗族最早和最有力。宗族成员中富有者资助贫困者,自古有之,而宋代范仲淹设立义庄,赡养族人,可以视为宗族救济不再是个人的偶然行为,而是"制度"化了。宗族的互助性已经形成社会传统,影响深远。流衍至今,有的宗族,特别是台湾、香港和海外华人的宗亲会多设有基金会,给优秀学子发放奖助金,保存古代宗族互助救济遗意。中国的现状是大国家小社会,社会公益事业之不发达,与国家富有极不相称,发展社会公益事业,民众呼声极为强烈,政府对此已有所认识,有所表示。宗族的互助、赈赡传统精神需要大加发扬。

其三,自治的传统,也是建设社会的不可或缺的文化资源。宗族的自治性能有无后世价值? 前面介绍陈独秀的宗族、宗教是实行"民治"社会基础的见解,已经做出肯定的回答。君主独裁制度,尚且允许有限度的宗族自治,民间也有自我管理的习惯和能力,这种传统的力量是不可小觑的。即如祠堂坟茔的祭祖仪式的程序和细节,宗族修谱具体步骤和细节,笔者的书本知识是有的,而在农村田野调查中发现农民懂得的细节远远超过图书的记载,给了笔者许多新知识。回过头来说民间宗族自治问题。人们时不时地说,中国人奴才性,只能对他强制管理,不会自治,不能选举,否则会乱套,国家会大乱。九十多年前陈独秀已经认识到民治的条件, 难道今天民智的开化反倒不如从前! 应当承认宗族的自治成分,承认这种民间传统,予以继承、发扬,建设民主自由的现代社会。

其四,家庭本位与个人本位兼容的文化资源。提出这种兼容问题,似乎是思维的错乱,本来是批判家庭、大家庭本位,张扬个人本位,如何让它们兼容?笔者认为,个人本位的提出,是在家长制家庭的情况下提出的,有其必要性,而这个问题早已解决,须知个人与家庭、大家庭不是绝对对立的、不可兼容的,倘若将它们对立化,对个人与家庭均是不利的,不公正的。试问子女没有帮助父母养老的义务,可是有继承遗产的权利,而父母却没有权利,这种权利、义务的不对等,就不合理了,所以只强调个人本位是不近情理的,需要强调个人本位与兼顾家庭(父母)。同时,兼顾是社会、亲情两方面的需要,父母年老,难于自立,或失去自理能力,社会公益事业发达,固然可以由公益服务帮助老人解决生存的困难,但是它代替不了亲情——老人缺乏亲情的孤独感是无法解决的。有人在医院的同一间病房里看到两个病人,一位有子女七人,轮流照顾,病人心情愉悦,有助于治疗康复;另一位只有一个子女,不可能终日陪伴,他在对比之下,心情抑郁,当然治疗效果受到影响。可见亲情的力量,也可知它是社会公益事业所不可替代的。在发达社会,有的独居老人死后几年才被发现,反映出一种社会病,是需要医治的。话说回来,亲情是不可或缺的,然而它的实现,必须个人本位与家庭本位兼容,令个人主义与家庭观念相结合。兼容,在当代社会,子女对父母,基本上不是经济方面的赡养,而是精神上的慰藉,帮助老人解决体力不足造成的生活料理上的困难。"养儿防老",被批判是"做买卖"观念,老人如果以此要求子女孝养,容或有这种成分,但从人类再生产来讲、从社会延续和持续发展来讲,还是有一定道理的,不能全盘否定。以上,从必要性与内容诸方面分析了个人本位与家庭本位的兼容。

中国人浓郁的家庭、家族文化,在人们进行中西文化对比时,常常是自豪的。最早以《中国人自画像》向外国人介绍中国文化的陈季同说:"中国人的家庭好比是合作社,所有成员都生活在一个共同体内,有义务互相帮助","家产统一调配,资金统一开销,所有收入无论多寡一律归公,家在'平等'和'友爱'的基础上建构——这两个伟大名词在别的地方(指西方国家)写在墙上,在中国则写在人们的心中"[①]。他认为平等、友爱在西方是纸上的东西,而中国人是存在内心的,现实的。他说的并非完全符合实际,但中国人的家庭温馨是真实的,传统的。今日已然丧失多多,能否保持和在新的思想基础上进行有选择的发扬,在于新时代人们的努力了。笔者以为,若能让个人本位与家庭本位有机地结合,成功地兼容,不仅对建设中国社会新伦理有意义,也是对世界文明的贡献。让孤独者有亲情关怀,这才是真正美好的社会。

20 世纪 50—70 年代的宗族史研究者,是在宗族是革命对象、是封建宗法性质的血缘组织、是历史糟粕的语境下开展工作的,因此把宗族作为批判对象是势所必然的,笔者亦受主流意识的影响,将宗族宗法性质说视为定论,批判族权。80 年代中期以来,对清代、20 世纪宗族史和宗亲活动深入研讨之后,发现近古以来的宗族不是那种被认定的反动事务。历史上的宗族具有大众

---

① 陈季同:《中国人自画像》,1884 年法文版,黄兴涛等据英译本汉译,贵州人民出版社,1998 年,第 7 页。

性、自治性、互助性、宗法性、依附性诸种特性,如果再去概括定性的话,它是含有宗法成分的自治性、互助性团体。在这里需要明确的是:宗族的宗法因素,是变异型宗法社会里的东西,与典型宗法社会的宗法性质不能相提并论,应该看到其间的差异,即不能把它夸大成"宗法性质";宗族自治、互助的功能适应了民众生存生活的需要,这种社会作用应该给予恰如其分的肯定。宗族文化中的互助精神、自治意识、亲情意识是宝贵的中华精神文化遗产,是建设当代社会文明的有益的文化资源。宗族还有一个特点,即顺应社会的发展变化,自变、应变,在 20 世纪由传统宗族向现代社会团体方向转化。尊重历史,是人们的共识,还原宗族历史的本来面貌,是研究者的共同愿望。执政者需要检讨对宗族的历史误解,以利确定对现实中宗亲活动的正确态度。

(2011 年 7 月 18 日—9 月 19 日初稿,载《安徽史学》2012 年第 2 期)

清代宗族制的特点

1987 年,我和常建华教授合撰的《清人社会生活》①一书中由我撰写的《清人的宗族社会生活》一章,将清代宗族制的特点归纳为三条,即①宗族制度的规制的不断完善与其不能彻底实行的矛盾;②一般地主拥有了对宗族的控制权;③政府注意调节政权与族权的矛盾关系,并拥有绝对的主动权,迫使宗族处于被动地位。近两年,我对古代宗族史作了初步探讨,同时陆续读到李文治先生的《明代宗族制的体现形式及其基层政权作用——论封建所有制是宗法家族制发展变化的最终根源》等三篇宏文,②受到很多启发。今因从我国古代宗族发展史的角度,从宗法宗族制度的变化过程,进一步考察清代宗族史,有了一些新的理解,故不厌其烦,草此小文。其有史料重复利用之处,当乞读者谅宥。

一、宗族的绅衿化与富裕田主商人化

有血缘关系的人相互之间是为族人,但他们是否成为一个社会群体,还要看他们是否有组织,这组织在古代就体现于祭祀祖先的宗庙祠堂。在周代,天子七庙,诸侯五庙,大夫三庙,士一庙,庶人祭于寝,③即天子所祀之祖先百世不祧,诸侯五世而祧,大夫祭曾、祖、父三世,士只能祭父亲一世,庶人无庙制,祭祀自然不能超过一世。不同社会集团的人有不同的祭祖法则和宗族组织,社会层次越低,祭祀祖先的权力越小,宗族组织因受到较多的限制而不健全。到了我们所要论述的清代的前一个王朝的明朝,如李文治先生在《明代宗

---

① 天津人民出版社,1990 年。

② 载《中国经济史研究》1988 年第 1 期;另二文为《中国封建社会土地关系与宗法宗族制》,载《历史研究》1989 年第 5 期;《西周宗法制释义——论西周典型宗法制从属于封建领主制》,载《谱牒学研究》第一辑,书目文献出版社,1989 年。

③《礼记正义》卷 12《王制》,十三经注疏本,上册第 1335 页。

族制的体现形式及其基层政权作用》一文中所说的,明朝政权废除关于建祠及追祀世代的限制,于是"庶民户皆有权建置祠庙,在一村镇中几乎所有农民都被纳入一个族姓的宗祠或家庙,由祠庙所联系的族众人数大为增加"[①]。这就是说,由于祠堂被允许在民间设立,宗族组织民众化了。

清承明制,宗族政策亦然,允许民间建设祠堂,追祀远代祖先。清人,尤其是农村居民,大多聚族而居,因而设置祠堂。乾隆朝协办大学士陈宏谋说:"直省惟闽中、江西、湖南皆聚众而居,族皆有祠。"[②]他说的闽、赣、湘三省宗祠多,自是事实,此外,江苏、安徽、浙江、湖北、广东、四川宗族建祠堂的也很普遍,北方各省亦有宗祠的建立,不过要比南方少得多。聚族而居的人们建立宗祠祭祖,在清代是一个普遍现象,宗族组织确实是民众化了。现在要提出的问题是宗祠由什么人掌握,它的性质如何?与古代有何不同?由于宗祠是打着祭祖的名义设立的,所以需要从祠堂祭祀制度来解释这些问题。

自从明朝解除民间祭祖代数的限制之后,清代民间追祀远祖,所谓"自始祖以下皆立主而祀之"[③]。而且亲尽不祧,故祀至十几代、几十代,正如嘉道间学者李兆洛所说:"今士庶家宗祠,动辄数十世,族之繁者,木上几无所容。"[④]这些宗族皆把祖先牌位放在宗祠的正堂,有的宗族考虑到正堂不可能容纳那么多神位,就有选择地在正堂设始祖木主,并另辟享堂,供奉其他祖先。江苏宜兴筱里任氏宗祠一本堂,奉祀始祖,而把二世至十一世祖先、十二世以降的先人的配享,于康熙五年(1666)、嘉庆四年(1899),先后议定,视其德、功、爵的情况来定:"十二世以下,论德、论爵、论功,率众论者配享。"论爵,指文官七品、武官三品以上的官员;论功,是子孙给祖先向祠堂捐银、捐多少,又根据其人生前地位而定,如文官八品、武官四品皆交银40两,从九品员70两,吏员90两,无职者100两。[⑤]论德的条件,可以参看明代广东南海人、曲靖知府庞嵩宗族的祠制,该族祠堂有崇德龛,供奉"隐而有德,能周给族人,表正乡里,解

---

① 高达观在《中国家族社会之演变》一书中,对宗族普遍化已有所涉及,见该书正中书局1944年版第72页。

② 《皇朝经世文编》卷58《寄杨朴园景素书》、卷58陈宏谋《选举族正族约檄文》、卷58辅德《请禁祠宇流弊疏》、卷23《复方本府求言札子》、卷59《别籍异财论》。

③ 张惠言:《茗柯文四编·嘉善陈氏祠堂记》。

④ 李兆洛:《养一斋文集》卷3《孟岸金氏族谱序》、卷9《薛民义庄记》。

⑤ 民国《宜兴筱里任氏家谱》卷2之4、2之5;卷2之1、9之6。

讼息争者,秀才学行醇正,出而仕,有德泽于民者",即能够在族内外帮助别人,有善教、义行。任氏以德、爵、功决定祀享者,屈大均在介绍上述庞嵩的祀法之后,表示"吾族将举行之"①,可能也是实践了的。江苏武进庄氏的庄恒,明季浙江督学御史,于顺治八年(1651)"修芳宗祠,增置义田",康熙间刑部郎中庄朝生再次兴修祠堂,至道光间庄氏特设"缔造祠",奉祀庄恒、庄朝生,并且规定,此后子姓中有增修祠宇、续捐祭田,大有功于祠堂的,可以祔祀缔造祠。②任氏、庄氏而外,还有一些宗族以德、爵、功作为祖先从祀标准。《洛阳戈氏宗谱·例言》写道:"宗庙之礼,以序昭穆,此不刊之典也。曾见绅士家止序贵贱,不论尊卑长幼,其与名分何?"虽对以贵贱定祔祀的宗族表示不满,但反映这样的宗族为数不少。

祠堂祭祖,若按昭穆之序,依亲尽则祧的原则,符合血缘关系的自然法则,可是论德、爵、功则违背了人之常情。然而任氏等宗祠那样做,也有其道理。论爵,是尊族内做官的成员;论德,是推崇有功名的读书人和行为高尚者;论功,是嘉尚对祠堂有贡献者。这些人以其修祠宇、设族产,团结宗族;以其为官作宦,科举进学,提高宗族的社会地位,为此表彰他们,而不惜破坏宗族伦理常情。这就是它出现的必然性。

宗祧配享的德、爵、功原则,表明活着的人是怎样看待祠堂祭祖的,这祠堂是为了论德而设立的,那就是说官员、读书人、田主和大商人生前是宗祠的主人,死后是崇祀对象。

这个结论还可以从宗祠祭祀后的食馂余活动来观察。各宗族在冬至大祭之后,有经济条件的要向族人发放少许钱物,有的给制钱,有的分胙肉,有的举行会餐——食馂余。在发钱、会餐中,一般根据敬老的原则,多予高龄者以钱物,但是也有一些家族,按照族人的社会地位,给以不同的对待。浙江山阴王氏宗祠于雍正十一年(1733)规定,"宗庙之中,亲亲又当贵贵,凡有超群衣顶子弟,其给胙又较执事者次第倍之,以表奖劝之意"③。凡具有举人、进士和品官身份的族人,分到的胙肉比祠堂主事人员还要多,更不要说一般成员了。胙肉加倍给,所值有限,问题在于这是荣誉,表示获得者在族内有崇高的地

---

① 屈大均:《广东新语》,中华书局,1985年,第2册第46页。

② 《毗陵庄氏族谱》卷15《祔祀缔造祠旧记》《旧定经理何产各条》。

③ 《中南王氏宗谱》卷首《宗祠规制》。

位。食馂余中的贵贵原则,使活着的官员和科举功名者在家族祭祀中获得高于族众的地位。

祠堂祭祀与故世、存世绅衿的关系由族长掌握,他们的身份地位又是如何呢?传统的宗法法则,族长应由大房的尊长担任,在清代有遵行的,而较多的是另有原则。如武进城南张氏于道光时定议:"族长虽序行序齿,以有德为主,若分虽尊而德不足以信于人,即强为武断,众共摈之,弗听命,焉可也!倘信义足重,品行端方,即非尊长,当共推为族贤,凡事必资禀而听命焉。"①该族族长之任,辈高年尊之外要有贤德,与此同时还要设立能干的"族贤",与族长共理事务。许多家族与张氏一样,有若干祠堂管理人员,如武进庄氏公举"有身家、能干办、励廉节者"为祠堂经济的"经管"。②由此可知,祠堂的管理人员要具备四项条件:一是位尊年高,二是为人贤德公正,三是家庭经济富有,四是能廉节奉公。这样不依传统宗法用人,注意德、才、财的条件,是希望选出合适的人来,真正把宗族事情办好。符合这四个条件的人,不会是一般的城乡贫民,实际情形呢?请看下述几个族长的事例:

宜兴筱里任氏祠堂,宗子由大分出任;宗相,任惇典,其父朝铨有田五万亩;宗正,任烜,通永道道台;任绳隗,举人;任允淳,夔州知府。③徐州李氏,浙江总督李卫为"大宗嫡长,平素家居,族内诸事,例得主之"④。直隶(河北)雄县何氏,族长何珠,是监生。⑤绍兴山阴欢潭田邦俊,务农兼经商,晚年为族长。⑥民国间纂修的《云阳县志》记载,该县清代所建立的宗祠、支祠,说明其姓氏、所在镇乡、建设朝年、创始人及有无祠产、在建祠人名下书写或不写功名,不载者显系无有,占大多数。今录其所记者如下表⑦:

①　民国《毗陵城南张氏宗谱》卷 2《宗约》。
②　《毗陵庄氏族谱》卷 15《祔祀缔造祠旧记》《旧定经理何产各条》。
③　民国《宜兴筱里任氏家谱》卷 2 之 4、2 之 5;卷 2 之 1、9 之 6。
④　《朱批谕旨·奏折》,雍正六年七月十八日折,第 41 册第 58 下。
⑤　中国第一历史档案馆藏档,《内阁全宗·刑科题本·土地债务类》,第 3085 包。
⑥　《欢潭田氏家谱》第二本《鼎和公行述》。
⑦　民国《云阳县志》卷 23《族姓宗祠堂》。

祠　名	建祠人	功　名
刘氏祠	刘选梅	贡生
王氏祠	王师位	贡生
谭氏祠	谭兆兰	廪生
冉氏祠	冉云鹏	贡生
曾氏祠	曾锡光	贡生

许多宗族有公共经济,如祭田、义庄、义塾田、堂舍等,其大项产业,多系族子个人捐献建置,他们有侍郎、布政使、州县官、生监、商人、田主。[①]

综观祠堂的建设者、族长、家祀的对象和祭祖中优待的成员,使我们知道,清代宗祠所尊崇的人物是官员及其致仕者、有功名的读书人、有钱的地主和商人。这中间高官少,中下级官员多。而不论是什么官,他们对祠堂的经营和掌握,多半是在做官以前或致仕之后,即在为绅衿的时候。这些人中有一些人员是通过捐纳获取的官职,他们原来是富有的地主和商人。因此有特权的绅衿和平民的地主富商是家族祠堂的主要经营者和管理者。换句话说,是这类人员管理着祠堂,祠堂实际上是属于他们的。桐城派大家姚鼐曾经就山西代州冯氏宗族的状况,指出它的兴旺,"非第仕宦贵显也,盖贤哲君子多矣"。与姚鼐周游的冯氏族人冯弼,官湖北按察使,弼从弟右军,为安徽布政司经历,右军弟汝咨无官职。[②]代州冯氏不凭高官显宦取得望族地位,缙绅和丰财才是该族维持的条件。姚鼐以当代人总结出清代宗族掌握在缙绅和富有的平民手中的特点。

至此,我们可以回顾古代宗族制度发展史,明了清代的特质。先秦时期,士大夫以有不同规制的家庙,有不等的祭祖权,而祭始祖是周天子的特权,诸侯只能以始封君为祖,卿大夫以"别子为祖",庶人无家庙,虽有宗族活动,但是附属于领主贵族的。所以那时是贵族掌握宗族,是贵族宗族制时代。汉唐间,世族、士族是社会重要成分,他们控制宗族,反映了宗族制的特质。宋以后,士族消失,官僚,尤其是大官僚,有兴趣于对宗族的经营,将之置于自身的

---

① 参阅冯尔康:《清代地主阶级述论》,载《中国古代地主阶级研究论文集》,南开大学出版社,1984 年,第 262 页。

② 《惜抱轩集·文集》卷 3《代州道后冯氏谱序》。

掌管之下。

到了清代,掌握宗族的官僚在层次上明显下移了,且与无身份的富人结合在一起,这同当时的社会结构和政治特色正相吻合。雍正朝河东总督田文镜说:"绅为一邑之望,士为四民之首"①,地方官"平日奉缙绅如父母,事缙绅若天地"②。绅衿在清代是城乡社会力量的主宰,宗族也自然成为他们的囊中物。所以从古代宗族制度的发展和宗族史来看,绅衿和富有的地主、商人成为宗族的掌握者,是清代宗族制民众化之后的特点,以此区别于先秦时代的贵族宗族,汉唐间的世族士族宗族,宋元的大官僚宗族。结论是一句话:清代宗族民众化了,但它是以官僚、绅衿、富有的地主和商人为主体的社会组织。

二、宗族紧密为政权服务

宗族与国家、族权与政权的关系,在古代历史上有相当大的变化。先秦时期,宗统与君统合一,分封制与宗法制结合,周王既是天子又是姬姓诸侯宗子,诸侯、卿大夫、士也是相应层次的宗族的宗长,他们分层地集政权、族权于一身,使政权、族权合二为一。汉唐间君统、宗统分离,君权力图制驭族权,但士族对君主做了有力的抗争,以至出现东晋时期士族和天子共掌朝政的局面;在南朝,寒人要想进入士族,天子不能过问,非要士族领袖首肯不可,即君主难于干涉宗族内部事务;士族对天子宗室敬意不足,所以唐太宗下令编纂《氏族志》,经过争取,才把皇族列为族姓的第一等,唐代经过二百年的统治,大士族尚不以与皇族通婚为荣。这个时期宗族是宗室与士族的结合,政权要通过士族的族权统治宗族制下的民众,士族既是政权的依靠力量,又是它的对抗势力,随着士族的消亡,宋代以后,政权把族权完全变为附属物,成为协助统治的得力工具,而清代尤甚。为什么这样说呢?

清朝允许民间建祠堂家祀祖先,是要民人"移孝作忠",做君主的顺民,而祠堂则把忠君的教育放在重要的地位。祠堂要在祭祀时,或者在朔望聚集族人,由族长讲解儒家忠孝伦理,有的宗族特别设立宣讲人员负责其事,如直隶

---

　①《钦颁州县事宜·圣谕条例事宜·待绅士》。
　②《清代档案史料丛编》第5辑《徐乾学等被控渔肉乡里荼毒人民状》。

南皮侯氏宗族"择族中之贤者讲解家规"①，又如武进修善里胡氏置有讲正、讲副，"每朔望率族中子弟以往祠堂听讲，或讲'四书'，或讲乡约"②。乡约的内容，有地方官的告示，而主要是康熙帝的"圣谕十六条"和雍正帝的《圣谕广训》，所以有的宗祠根据官府的要求，明确规定讲《圣谕广训》。湖南平江叶氏宗族《家训》："宜于岁时会合，集族中父老子弟当堂听讲"《圣谕广训》，还要"恭录其尤关于宗族，最为切近而易行者，每门刊布几条，使之家喻户晓"③。

宗祠宣讲圣谕、乡约、族规，以忠君为主要内容之一。洪秀全先世、广东嘉应州进士洪钟鸣作《原谱祖训续训》，专写"忠君"一条："君恩重于亲恩，谚云：宁可终身无父，不可一日无君。生当明圣省刑薄敛，敬先尊贤，永享太平。其敢忘诸！"④以忠君重于孝亲。清人宗族讲的忠君，对官吏、平民又各自的内涵。山东即墨杨文敬对做官的族人讲四项要求：①"事君要存得一点真实忠爱之心"，②"事君要有担当"，③"大臣事君，第一要远权势，绝贪禄，去朋比"，④"贪墨是居官首戒"，⑤把官员的忠君要义说得相当透彻。平民不像官员有职务、俸禄，和身居九重的皇帝关系疏远，还谈什么忠道？平江叶氏《家训》就此教导族人："普天之下莫非王土，率土之滨莫非王臣，不必搢笏垂绅也，即此食旧德，服先畴，凡隶版图，悉归统属，皆所谓臣也。"草泽小民当然要尽忠的，这就要遵守皇家法令，叶氏家训因而又讲"不犯律条，亦可为忠矣"⑥。如制钱是国家货币，私人不得伪造，所以叶氏《宗约》警告族人，"不可销毁铜器，铸造私钱"⑦。

清朝保护宗族公共财产，凡祠宇、祭田、义庄田，只要向政府登记，他人不得侵占、盗卖，否则处以重刑。其中的义庄田，由宗族申请，各级官府上报，直到皇帝批准，发给凭照，于创办人以旌表，赐匾额，建牌坊，予顶带。同时，若宗人犯罪，别的财产可以没收，唯独宗祠、义庄给予保留，可见官府是多么重视保护宗族。与此相适应，宗族要以行动表现出对君恩的感激，这就是要求族人和族有经济按时完纳赋税和服徭役。安徽潜山王氏《家箴》告诫族人"早完国课"；"田有租，身有佣，民分应尔，所有编折银两依限交纳，米粒照征送完，庶

① 南皮《侯氏族谱·家规》。
② 《毗陵修善里胡氏宗谱》卷1《祠规》。
③⑥⑦ 《平江叶氏族谱》卷1。
④ 《洪氏族谱》，浙江人民出版社，1982年，第20页。
⑤ 山东即墨《杨氏家乘·家训》。

免拖欠之罪"①。江苏震泽任氏有义田,其规则的第四条是"完课所以急公也,每年岁入先完国课,无得稽迟",如果司事人员不能交纳钱粮,祠堂就要先行对他处罚。②赋役的数量和征收状况,是政权盛衰的标志,宗族要求自身及其成员的完纳国课,是对政府的最重要的支持,祠堂也成了政府催征的辅助工具。

　　清朝政府实行表彰模范宗族和孝子顺孙的政策,对累世同居共爨的家族给予银两建牌坊,在州县忠孝节义祠内题碑,有时皇帝亲赐匾额、诗章和缎匹。这种被旌扬的宗族,见于光绪《大清会典事例》的有二十二个。清政府又设"忠义孝悌祠"于各州县学宫之内,每年春秋二次祭奠。清朝表彰五世同堂家族,仅乾隆五十年(1786)一年,旌表192户。③民间宗教与清朝旌表政策相配合,争取做模范宗族,自觉实行宗法,约束族人。牟平曲氏义庄规定,对"败行检、不自爱者"给予记过处分,如果不能改正,就开除出宗。④为了处罚族人,祠堂还有各种惩罚的条例,如罚祭宴席、捆绑祠堂示众,以及"笞杖夏楚诸家法"⑤,这还是在族内进行的,严重的要由宗祠"送官律治"⑥。这些规则,有的能见诸实行,安徽怀宁人清明、冬至"群集宗祠,有不率教者,族尊得施鞭扑,居然为政于家"⑦。婺源(今属江西)詹氏祠堂处理族内外各种纠纷及违礼事务,康熙四十一年(1702),詹彦章强占仆妇之妻为妾,未通知族众,因此在他承认错误后罚银18两,修理祠墙。⑧乾隆间,南陵刘姓族长刘魁一将缌麻服弟刘种活埋,致使刘种之母因痛子之死而自杀。⑨

　　清朝为密切政府与宗族的关系,于雍正、乾隆两朝试行族正制作为两者的中介。族正由宗族提出,经政府认可,它的职责是查举"该族良莠"⑩,即代表政府督察族人是否守法,所以族正是官方的职役,与宗族自定的族长作用不

　　①《潜阳琅玡王氏三修宗谱》卷1。
　　②任兆麟:《有竹居集》卷13《任氏义田规条十二则》。
　　③光绪《大清会典事例》卷405、卷158。
　　④《安吴四种》卷29《宁海曲氏义庄规约序》。
　　⑤《澄江袁氏宗谱》卷3《祠规》。
　　⑥《毗陵唐氏家谱·宗规》。
　　⑦道光《怀宁县志》卷9《风俗》。
　　⑧詹元相:《畏斋日记》,《清史资料》第4辑,第233页。
　　⑨《清高宗实录》卷1335。
　　⑩光绪《大清会典事例》卷405、卷158。

同。执行族正制的官员以为族正与族人因同宗缘故而休戚相关,比异姓的乡约保甲长更了解族人的奸伪之情,"易于约束"①,可以强化地方治安。但族正制实行,促进宗族势力发展,一些宗族为壮大自身的力量,搞同姓联宗,建立规模庞大的祠堂,经济力量雄厚,于是宗族内部、宗族之间矛盾剧增,兴讼祀,聚赌窝匪,②制造宗族械斗,反而不利于地方秩序的稳定,因此又有地方官反对设立族正,乾隆帝遂于五十四年(1789)将其取消。

族正兴废史说明,政府对宗族采取既利用又限制的政策,政府有足够的力量令宗族沿着它的政令走,而宗族只能服从,无力抗拒,它只能在政府允许的范围内进行活动,不能像汉唐间那样与皇帝、政府作某种抗衡。这时君主是绝对的权威,族权是它的附属品。这两者的关系,从历史发展进程分析,皇权上升到顶点,而宗族的力量落入最低点。当然这是就社会权力分配而言,宗祠在其内部还有一定的权威性,也正因此,政权才来利用它。

清代宗族民众化后,被绅衿、富商地主所掌握,而这些人也正是政府的社会基础,政府可以通过他们控制广大的宗族民众。国家、绅衿、宗族人民三者间的关系,绅衿在其中的作用,嘉庆朝地方官姚莹讲到了:"搢绅之强大者,平素指挥族人,皆如奴隶,愚民不知畏官,惟畏若辈,莫不听其驱使。"若能礼遇绅衿,使"绅士信官,民信绅士,如此则上下通,而政令可行矣"③。绅衿通达官、民两方,处于中介地位,其治民之力不让于官府。政府倘能处理好与绅衿的关系,绅衿就能发挥协助治民的作用。而允许绅衿掌握祠堂的发展,使其有了发挥作用的途径,所以政府允许家祠民众化,这是为了借用绅衿富民的力量治理民人,而绅衿富民有了祠堂也得以发挥其社会作用。祠堂成了官府、绅衿富民共同利用的社会组织。

三、"敬宗收族"的努力与成效的不相适应

尊祖敬宗收族是宗族制的根本原则。在先秦,诸侯因无祭始祖权而敬宗,周天子则可以分封同姓诸侯而收族。自封建废,宗子收族也无法实现。所以秦汉以降,尽管人们还讲尊祖敬宗收族,但它的内涵变化了,尤其在清代,随着

---

①②③《皇朝经世文编》卷58《寄杨朴园景素书》、卷58 陈宏谋《选举族正族约檄文》、卷58 辅德《请禁祠宇流弊疏》、卷23《复方本府求言札子》、卷59《别籍异财论》。

民间普遍追祀远祖,敬宗收族也具有了时代的特定内容。

清人继宋、明以后,对发展宗族公有经济颇感兴趣,相当多的宗祠拥有祠田、赡族田;有的宗族设立义庄,仅江南苏州、松江、常州三府就多达 200 余家,每庄占有几百亩至几千亩土地;有的宗族还有书田,兴办义塾。义庄田、义塾田、祭田,多是族中富有者施舍的,作为族中公产,希望以此为经济条件,在尊祖的旗帜下,团结全体族人,使贫困者在资助下生存,婚姻能及时进行,以繁衍宗族,子弟能读书进学,为官作宦,光大宗门。分封制度废除后,如果没有宗族经济,敬宗收族成为无法实现的空话;有了宗族义田,宗族定的规矩,族人就不敢不遵从,就得依附于宗祠了。因此乾隆间诗人沈德潜说办义庄,"尊祖敬宗收族莫善于此"①。义庄不始于清代,但它的发展却在此时。这时宗族上层分子有意识地以办义庄等宗族公有经济来联络族人,企图达到收族的目的。举办宗族公有经济的方法,与周天子以赐田收族的方式不同,但其意义却有共同之处,正如冯桂芬所说:"事有创自晚近,不必为三代之法,而转足以维三代之法无穷者,士大夫家之建义庄是也。"②要之,创办宗族公有经济,在清代的社会条件下,是宗族上层分子用以收族的手段,是清代宗族制的一项内容。

宗法制讲敬宗,是要求小宗服从大宗,实质是以兄统弟。这种大宗法,实行于周代,清人仍有主张遵行的,嘉道间举人张海珊提出"严土断之禁,重谱牒之学,立大宗之法,以管摄天下之人心"③的政治设计,强调重视大宗法。南皮侯氏《家规》要求族人共建一所"百世不迁之大宗"庙,五世以后各立附于大宗的小宗祠。④婺源县人,"祠上大宗,有支宗",祠祀以宗子主祭。⑤祠分大小,兄弟在家族中地位颇不相同。即墨杨氏家法,祀祖后举行族人相见礼,向尊长致敬外,兄弟之间"则弟拜见",其方法是群弟先拜长兄,接着群弟拜次兄,依次拜三兄、四兄,直至拜尽,即凡为兄者都要单独领受弟辈的礼敬,且这种礼拜,"不间亲疏,但以齿,一日一月之长亦然"。为什么把礼仪搞得这么繁琐,其制定人杨文敬说"事亲从兄,礼之大者",只有这样的礼仪,才"使兄弟名分昭

---

① 沈德潜:《归愚文钞余集》卷 4《陶氏义日记》。
② 冯桂芬:《显志堂稿》卷 4《任氏耕荫义庄记》。
③ 张海珊:《小安乐窝文集》卷 1《聚民论》。
④ 南皮《侯氏族谱》。
⑤ 乾隆单修《婺源县志》卷 4《风俗》。

然若揭"①。清人所说的大小宗祠、大小宗法、兄弟名分,是有恢复古代大宗法的意思,但也不等同于宗法原意。清朝皇室尊贵,与民间宗族没有大小宗关系,各族之间不相统属。一族内部,有支派之别,长房高于其他房分。名义上是这样,实际是哪一房出人才,就在宗族内有势力,地位高。武进庄氏分建大小宗祠,像是行大宗法,其实该族大宗祠祭田甚少,小宗祠祀田倒多,盖因小宗出了庄存与、庄培因兄弟鼎甲,使庄氏族望大增。屈大均说:"今天下宗子之制不可复,大率有族而无宗,宗废故宜重族,族乱故宜重祠,有祠而子孙以为归,一家以为根本,仁孝之道,由之而生。"②他重视实际,深知大宗法行不通,要维系宗族,只有建设祠堂,团聚族人。建一族之祠,就无所谓大小宗了。

综上所述,清人讲"尊祖敬宗收族",乃是宗族中绅衿富商地主在宣传尊祖敬宗同时,经营宗族公共经济,顾恤同宗,使族人服从其治理,以提高其社会地位。这是古义中的大宗赐田收族的变异,表明清代的宗族制,不是上古的大宗法,是清代的宗法,不过人们思想上难以完全摈弃旧的东西,习惯于袭用大宗法制下的思想语言。

清代笃信宗族制的人做了种种努力,而其效果,并不像他们所理想的那样,其实践情形可以归纳为:

1.宗族公共经济有限,且难以维持

如前所述,宗族有公共经济的,在南方较多,苏州、松江、常州尤盛。但即使在这样的地区,义庄在整个社会经济比重中仍然占比不大。苏州府吴县、长洲、元和三县前后出现26个义庄,共有土地250余顷,三县在乾隆间有耕田20530余顷,义庄田占总耕地的1.22%。从少数义庄占田达到全县的1%以上这个角度讲,为数不少,值得引起注意;从宗族经济的发展程度看,它在全社会经济中的比重不高,地位就不重要了,它多少能解决本族民众生活中一些困难,但缺乏公有经济的宗族更多,广大民众无从设想依靠宗族渡过艰难的生活。

义庄、义田,依其建造者的设想,以为能保之久远,然而觊觎这份产业的大有人在,侵蚀它的收入,盗卖田业,破坏它的存在。乾嘉间学者王昶就华亭张照祖孙所建义庄说,该义庄建立不过几十年,"今其田幸而获存,而义庄亦

① 山东即墨《杨氏家乘·家法》。
② 屈大均:《广东新语》,中华书局,1985年,第2册第46页。

将鞠为茂草矣"①。又说许多祠堂,初建时规模宏大壮观,"比三四传,子孙降为皂隶,祠屋亦沦草莽间,何可胜数"②。在苏州,"盗卖义庄之案,层见叠出"③。族内争利之外,有义田的宗族势大气粗,与外族争竞,所谓"因以激不法,成衅端,或内阋而致讼,或外肆而犯令"④。宗族公产不能保持,反成为社会弊病,为建义田者所始料不及。

2.尊祖不够虔诚,宗法名分观念削弱

祠堂由有钱势者建设,但不是所有的富厚之家均热衷于此,建祠堂的人都会受到社会舆论的赞扬,说明建祠并不是简单的事情。它需要物质条件,单寒之族难以做到。宗族制发展的苏州吴县,"宗祠之立,在士大夫家固多,而寒门单族鲜有及之者"⑤。在四川崇庆州,"富贵之家有宗祠,有蒸尝公产",平常人家就没有祠堂了。⑥

宗法伦理的信仰也遇到了危机。人们为加强宗族活动,制订了许多宗规族约,讲了那么多的祖训家诫,就是针对人们忽视或违犯宗法伦纪从事补救的。即墨杨文敬制定繁琐的兄弟相拜礼,是看到"流俗衰薄,长幼凌竞"的实况。他说,人们对于胞兄,有的还知道尊敬,至于对从兄、再从兄,每每疏于礼节,嬉闹侮慢,违背以弟事兄之礼,为严防此弊,才定出礼仪,令子弟遵守兄弟名分,希望"孝友家风,庶籍以不坠"。杨氏族法甚严,族人纠纷一定在祠堂内解决,如果擅自告官,不论是非,先责打三十板,并罚白银十两,以惩治藐忽祠堂之罪。"数十年以来","族人无具两造者矣。邑父母官尝曰:'尽如杨宅家法,直到刑措'"⑦。无疑,这是一个模范宗族。这样的宗族尊长还说:"长幼凌竞"严重,可知清人并不那么笃信宗法伦理。

3.宗族制的实现在南北地区的不平衡

前面讲的清人宗族活动,事例多在长江以南地区,这是因为宗族制的实行,确实是南方盛于北方。宗族活动的前提是聚族而居,清人普遍有聚族习惯。然而南方更加流行,近代史家吕思勉即已指出:"聚居之风,古代北盛于

---

① ② 王昶:《春融堂集》卷37、卷48。

③ ⑤ 民国《吴县志》卷31《义庄》、卷52《风俗》。

④ 李兆洛:《养一斋文集》卷3《孟岸金氏族谱序》、卷9《薛民义庄记》。

⑥ 光绪《崇庆州志》卷2《风俗》。

⑦ 山东即墨《杨氏家乘·家法》。

南,近世南盛于北。"①这里不再赘述。宗族活动由南方影响到北方。清初陕西华阴人王宏撰在浙江婺州寄居两年,受此地宗亲活动启发,返乡后修祠堂"以奉其始祖,聚其子姓而告之以尊祖敬宗之道",感动得乡老们说:"不见此礼久矣。"②编修族谱是清人宗族活动的一项重要内容,撰纂甚多,如北京图书馆已清理的藏谱2250种,其中有1100种为清人所辑,占藏谱的51.56%。③修族谱是尊祖敬宗的一个手段,江西人李绂说其地"族必有祠,宗必有谱","尊祖敬宗收族之谊,海内未可或先"。④

修谱,南北很不平衡,康雍时江西高安人朱轼说:"燕晋士大夫不能言五世以上祖,而吾乡田夫野老动曰:吾宋祖某,唐祖某,周秦汉祖某某"⑤,对于南人的虚夸贵宗不满意,但他的文章反映当时北方人少写家谱,不知族史,而南方人反是。同时期直隶蠡县人李塨讲:"平居尝叹南人好虚大,家谱追溯瓜瓞,牵曼昔贤,虽伪冒不计也;而北人又逆弇陋,先世显绩卓行,不四五传,遂恍惚不复记忆。"⑥与朱轼之说,如出一辙,表明北方人远远不像南方人重视家族史。这个情况,锺琦在《皇朝琐屑录》中说:"蜀、陇、滇、黔诸省于谱牒茫然不解,殊属疏漏鄙俗,两江、两浙、两湖诸省,崇仁厚,联涣散,各村族皆有谱牒。"⑦他说出了西南、西北人不懂谱牒学,长江流域人精于此道的实情。

这种南北不平衡性,有其深刻的社会原因。在历史上,南方多北方移民,土客籍冲突多,双方为发展生存,需要团结宗族,共同奋斗,而中原北方"族姓之衰,与江南相去迥绝"⑧;政治中心在北方,南方人要占有显要地位,乡籍、宗族、科举均是可以利用的手段;南方经济、文化比北方发达,有条件从事宗族活动——修祠堂,续家谱;南方商品经济、海外交通发达,商人仍要借助于宗族组织开展活动,华侨也要利用乡族势力到留居地立足。由于这些政治、经济、文化、历史传统的原因,南方宗族活动必会盛行,北方则要逊色得多。

① 吕思勉:《中国制度史》,上海古籍出版社,1985年,第395页。

② 顾炎武:《顾亭林诗文集》,中华书局,1983年。

③ 杨宝华:《北京图书馆藏家谱简介》,《谱牒学研究》第1辑,第265页。

④《皇朝经世文编》卷58《寄杨朴园景素书》、卷58陈宏谋《选举族正族约檄文》、卷58辅德《请禁祠宇流弊疏》、卷23《复方本府求言札子》、卷59《别籍异财论》。

⑤ 朱轼:《朱文端公集》卷《高氏族谱序》。

⑥ 李塨:《恕谷后集》卷1《刘氏家谱序》。

⑦ 锺琦:《皇朝琐屑录》卷38《风俗》。

⑧ 顾炎武:《日知录》卷23《北方门族》。

4.宗族制盛衰在清代不同时期发展不一

清朝初年,由于明末清初的战争频仍,宗族活动也遭到破坏,虽然有人更懂得家族的作用,但是没有条件发展它。如顾炎武看到明季山东、河北地方的战争,凡是没有被农民军攻占的,并不是官府的保护作用,而是"多得之豪家大姓之力",所以他深知"藉士大夫之势以立其国本,其在重氏族哉"![1]他徒为感叹,自身浪迹于山陕鲁豫,何暇去实践!

乾隆之世,国力强盛,经济发展,宗族活动随之活跃起来,此后得到了发展,道光间纂辑的安徽《怀陵县志》的记载反映了这一情况:"乾隆中叶,始有葺祠堂、修谱牒者,然不过一二望族。近则比户皆知惇叙,岁以清明冬至子姓群集宗祠……各族皆以公堂互相佽助,急公慕义,无有难色。"[2]义庄的建设,以苏、松、常三府为例,在200个义庄中,建于清初的很少,设置在雍、乾、嘉、道(前20年)的计75所,是它的发展期,鸦片战争后继续扩建,同光时期达到高潮。

雍乾时期实行族正制,应是政府最重视宗族制的时代,它也相应反映那时宗族制的兴盛。

大约可以这样认为:清初宗族制度不健全,行施不力;中期发展起来,且与政府密切结合,为政权的得力工具;后期仍保持发展的趋势,但政府对它的控制力随着国势的虚弱而有所减轻。

总之,清代宗族制的实行,有时间、地域、程度的差异,以为在全国范围内,整个清代都深入实施了,是过高估计它的活动状况,忽视南方宗族的频繁活动及社会影响,也不合清代实际。清人希望按照他们理解的敬宗收族原则,努力实现宗法制,并且取得了部分实效,但离热衷者的理想差距甚远,这就是说清人信仰宗法制的原则的程度要高于它的实践,这也是清代宗法制的一个特点吧。

(原载《社会科学战线》1990 年第 3 期,2018 年 12 月 31 日阅定)

---

① 顾炎武:《顾亭林诗文集》,中华书局,1983 年。
② 道光《怀陵县志》卷 9《风俗》。

清代宗族族长述论

族长及其助手由遴选法产生,与宗子制的继承大不相同,其出任与否以及能否久任,没有自主权,甚至会被免职,因而权威不会太高;族长及其助手的行事,应以族规、祖训为准则,又受族人会议的制约,权力有限,他需要与族人会议密切结合,才能够很好地领导族人进行祭祖、修祠、修坟、修谱、处理族人纠纷等事务,只有双方配合得好,族人作用得到发挥,宗族事务才能顺利开展;宗族为光大门庭,提高社会地位,遴选有才德的族人担任族长,要求他振兴族务、遵守国法和自律,当然不乐于恶劣族长的出现。在此种条件下行事的族长,一般应该能够持正主理族务,而作恶多端,以至致死族人者为不常见现象;作为血缘群体的宗族,有其宗法性,族长有专制的因素;清末,在极少数宗族中出现选举制、议会制的"族会",实行民主管理原则,是宗族组织的新形式,表明宗族制和族长性能在演变,族长的宗法成分消失殆尽,惟是此类宗族极少,只能反映宗族演变的趋势。

相当一段时间内,清代宗族族长被视为宗法专制者,欺压族人,能够致死族人的穷凶极恶之徒。将族长宗法性质概念化之后,学术界对族长的实际情形,诸如产生、职责、权限及其制约习俗、族长行为实况,均未做深入研讨,停留在"封建宗法"概念层面,从而对族长的行为、宗族活动中族人的作用,乃至族长的性质,产生严重的误解、误评。本文将从遴选族长及其条件与实际人选,族长的职责,对其要求、自律,族规祖训、合族会议与族长行事的关系等方面进行粗略的讨论,从而论及族长的社会属性。

一、族长的遴选、条件与实际人选

宗族必然设有族长,主持一族事务。任何社会团体都要有负责人,是不言而喻的事情。直隶宁晋张氏康熙三十二年(1693)族规《睦族十事》,首先言明设立族长的必要:"族之立长者何,盖一国总于君长,一邑总于官长,一宗总于

117

族长,理也势也。不然族人众多,无长者管摄之,人持己见,事无统御,相争相压,吾未见其相睦也。是故欲睦族者,当先于族中择齿德俱尊立为族长。"①设置族长,也是各个宗族的惯例,如同湖南零陵龙氏宗族《家规·慎族长》所言:"族无论大小莫不有长"②。四川铜梁周氏宗族《规训·尊族长》条则云:"尝考之他省,一族之中,设立户长、分长,户长者长一户,分长者长一房,轮立之日,谋族告庙,以表一家之楷模。"该族认为"齐家之道,莫善于此",模仿实行,族内六房,"一房各立房长,六房总立族长"③。嘉道间江苏举人张履说"今俗专族长",而宗子制不能实行。④这些家族和个人共同说明宗族由族长进行管理。族长的称谓,各地习惯不一,亦有称作宗长、户长、家长、宅长的。宗族管理人员在族长之外,因宗族的结构状况不同,有的有一套管理人员,分管祭祀、财务、教化诸种事务,如直隶丰润毕氏宗族有"宅长",另有"族副""族察"(负责监察)⑤,有的则仅有族长、房长。

族长如何产生?在周代实行大宗法时相对简单,大宗嫡长子承袭宗子地位,族人认可,不会有争议。而在清代,大宗法早已消失,虽然仍有人相信小宗法的二重性,拥护小宗中的大宗嫡长子为宗子,成为宗族的名义领袖,然而实际上大多不能主理宗族事务,只是一种摆设,是以此法不能通行,⑥普遍实行的是族长制。族长既然不能由血缘房分地位来决定,就得有其产生的方法,人选也得具备相应的条件,否则就无法确定。

(一)充当族长的德才年龄条件

关于族长人选,前引零陵龙氏《家规·慎族长》从正反两方面讲解族长应具备的条件,颇具典型性,兹不嫌繁琐,照录于次:

---

① 宁晋《百忍堂张氏增修族谱》,同治十二年本。

② 零陵《龙氏六续家谱》卷首下《家规》,民国十年敦厚堂木活字本。

③ 周泽霖纂修铜梁《安居乡周氏宗谱》卷1《训规》,光绪十年刊本。

④ 张履:《答陈仲虎杂论祭礼书》,葛士浚辑:《皇朝经世文续编》卷60《礼政十一·祭礼》,光绪十四年,上海图书集成局版。

⑤ 丰润《毕氏宗谱》《毕公裔家训》,民国十九年排印本。

⑥ 清代有的宗族主张按照小宗法二重性实行大宗法,设立宗子,作为首脑,主理宗族事务,要求族人听命于他,如江西清江龚氏族规:"本宗一应事务,俱要禀白,不许辄擅,违者议罚。"(龚克刚清江《龚氏十四修族谱》,《族约》,民国三年刊本。)然而在实际生活中宗子制行不通,因为长房宗子可能既贫穷,又无见识,无能辖众,亦不能令族人宾服,纵或勉强立之,他亦难于理事。而其他房可能会出现具有功名、职官身份的子弟,他们既有社会地位,又有财富、能力,可以服众。在实践上,实行宗子制的,也只是让其主持祭祀,其他则无能为,而不论房分的强人出任族长,则为通常的情况。

慎族长。族无论大小莫不有长,族有长所为明理论义、排难解纷者也。而族长之立,必择齿德兼优者以为之,庶足以胜任而无弊。盖优于齿则谙练多端,事无轻举;优于德则端方自处,品自超群,以正己者。正人于礼乐则讲明之,于邪淫则切禁之,纲常之体不失,义利之辨必严,使子弟有所效法。而且族中有事不平则鸣,鸣则冀其平也;无理必斥,斥则归于理也。事无大小,一皆秉公直剖;人无论亲疏,绝无徇情庇纵,庶曲直攸分,真伪立判。贤者得以奋兴,行为归于正道;愚者益加畏惧,言语出于本心,家规以振,讼狱不兴。族长之幸即合族之幸,而合族之幸皆族长之力也。尝见世之人不明礼义,妄司族间事务之权,溺于钱财,颠倒乡中是非之准,以一己之爱憎无定,致背公以忘私,或共事之意见各殊,谓彼非而我是,不顾利害相厚,则稳为主唆,不论盈亏包揽,则诱以贿赂,情弊若此,又何怪纲常颓坏而争讼生乎……凡我族人必慎简正直、明决、老成、可法者,以树族中坊表,或释疑难于庭内,或讲礼于祠堂,俾子孙久仰仪型,则族长之为益,岂有穷哉?[1]

对为何设立族长,族长人选的条件,族长的事务,以及族长如何处理好族务,这一规则既概括又细致地作出说明。龙氏要求合格的族长,集中在年龄和品德两方面。年长,经验丰富,处事明达,不致有误。有德,能正己而后能正人,因以礼律己、律人,乃能服人,令贤者振奋,愚者畏惧,宗族振兴;而贪图私利的族长不能用。

龙氏族长的年齿、品德衡量标准,为许多宗族的共识,只是有的宗族另有解释和偏重。宁晋张氏《睦族十事》,谓于"族中择齿德俱尊立为族长,使宗子尊且贤,即立宗子为族长"[2],即以齿德俱高为原则。甘肃兰州颜氏制定遴选族长规则四条:"德才兼优老成练达,若矜才使气者不与焉";"德长才短厚重自持,若轻浮佻达者不与焉";"端严正直内外如一,若口是心非者不与焉";"清廉宽慈小心谨慎,若刻责疏忽者不与焉"。[3]颜氏的家长,即通常所说的族长,

---

① 零陵《龙氏六续家谱》卷首下《家规》,民国十年敦厚堂木活字本。

② 宁晋《百忍堂张氏增修族谱》,同治十二年本。

③ 兰州《金城颜氏家谱》,《敬拟遴选家长规则四条》,光绪十二年本。

以德才兼优为上,清廉宽厚亦需具备,即使才有所短,而德高亦可考虑,但傲气、浮躁、刻薄、表里不一者,虽有才亦不能用。武进城南张氏于道光间定议:"族长虽序行序齿,以有德为主,若分虽尊而德不足以信于人,即强为武断,众共摈之,弗听命,焉可也!倘信义足重,品行端方,即非尊长,当共推为族贤,凡事必资禀而听命焉。"①表明族长由有德者出任。四川铜梁周氏立族长的条件,着意于品德:族长不拘班辈尊卑,年齿长幼,但择品谊卓越者当之。②山西尉迟氏,于族中选有才行者为族长,有事,则至宗祠理之。③浙江绍兴柯桥杨氏族长、房长、司事等在光绪十七年(1891)呈请县衙文中说:"族长有故,系应分尊者为之,非尽年高有德,是以祠规另举,司事协理。"④强调以分尊者为族长。

综观族长的条件,以德劭、公正为主,才能为辅,房分、辈分又次之。虽有主次之别,然为有效办事,才能是绝不可少的选择要素,长房辈分的因素亦不可完全忽视。选择族长助手的条件,同样要求德才俱佳,然偏重在才能方面,而财力亦在考虑范围之内。山东牟平曲氏建立义庄,于捐建人子孙中"择贤能者一人为总理,于族中择贤能者二人为董事"⑤。武进庄氏公举"有身家、能干办、励廉洁者"为宗族公共经济的"经管"⑥。湖南宁乡南塘刘氏设立总管一人及分管四人,轮年办理祠中银谷出入,四年一换,交代清楚,如有簿账不对,即系侵蚀,彻底根究赔偿不贷。⑦管理经济者要求有财产,是为防止贪占家族公共资财,而且能够责令其赔偿。

(二)产生族长的遴选方法

族长产生的办法,通常是实行遴选方法。前述周氏族规所说的立分长,"轮立之日,谋族告庙",是说设立新房长,族人参与,决定人选之后,要到祠堂报告祖宗,以昭郑重。族人参与的办法是"遴选"。兰州颜氏宗族定于每年正月初六日,"各房旧家长以及老成并青衿与懂事之子弟,辰刻齐赴祠堂,公同商议。有合上条(指《遴选家长规则四条》)者举之……若遴选时,不言贤否,而背

---

① 民国《毗陵城南张氏宗谱》卷2《宗约》。
② 周泽霖纂修铜梁《安居乡周氏宗谱》卷1《训规》,光绪十年刊本。
③ 徐珂辑:《清稗类钞》,中华书局,1984年,第5册第2116—2127页。
④ 杨惟春等修绍兴《山阴柯桥杨氏宗谱》卷2《县案》,光绪二十年敦伦堂木活字本。
⑤ 包世臣:《安吴四种》卷29《海宁曲氏义庄规约序》,同治十三年注经堂重印本。
⑥ 民国《毗陵庄氏族谱》卷15《旧定经理祠产各条》。
⑦ 《宁乡南塘刘氏四修族谱》卷2《族规》,民国十年存著堂木活字印本。

面讽议者罚;不到者罚"。参与遴选族长的族人相当广泛,有各房房长、老年人、读书有功名者,以及已经懂事的年轻人,这一群人,应能反映众多族人对族长人选的意愿。故乾隆二年(1737)颜穆如说他"谬为诸父昆弟委以族长,经纪家政,不敢不尽心勉副众望"。同治十三年(1874),族众以颜勉斋"端严正直,才识练达,公举(为)族长"①。湖南湘乡匡氏《家规》:"倘户长有私,通族合议重罚;择房长中贤而有德者更立之,房长有私,通族合议,择本房中之才而有能者更立之。②通族合议,从房长中择立族长,从族人中择立房长。江西浮梁郑氏祠堂每年元旦、冬至两次祭祀,"主祭、陪祭、通讚诸司事推斯文老成"。主祭者即族长,由推举产生。③南昌的豫章黄氏公祠,系合省黄姓公建,其首事人员定期轮换,采取签举办法:"公议,签举首事限定二人……每届签举,必须该府公正数人保举方准交接,以端人之取友必端也。"④意即各府提名本府人选,而保举人必须端方正直,才能举出端正之人。

依据各个宗族的规则,族长以及房长由遴选产生。规则中所说的"遴选""选举""举""推",是同义词,就是由众人协商推选出合意的宗族首领。这里特别需要注意"选举"一词,不是近代意义的民主选举,而是与遴选同义。

在遴选族长过程中,无疑族尊、房长、官员和有功名的族人会起主导作用,但是众多族人的意愿也应被容纳进去。

(三)族长的社会身份

族长的出任条件、遴选方法如此,实际产生的族长是些什么社会身份的人? 史籍中明确记载某某身份的人是族长,有一些,并不多见,而代表宗族进行活动的一些人,则身份明显,如果他们不是族长,也应当是宗族的实际主事人,从中也可窥视族长的社会地位。

载籍揭示族长身份者,笔者见到的有:江苏徐州人、雍正朝浙江总督李卫,"身系大宗嫡长,平素家居族内诸事,例得主之",在浙江任内,因家乡族弟李怀瑾、信枝"任意放纵,不循礼法",遂将他们"拿解赴浙,以家法惩治,圈禁

① 兰州《金城颜氏家谱》,《敬拟遴选家长规则四条》、乾隆《重修家谱序》、光绪《重修祠堂记》,光绪十二年本。
② 湘乡《匡氏续修族谱》首卷《家规》,道光八年解颐堂刊本。
③ 郑培先修浮梁《郑氏宗谱》,咸丰十一年刊本。
④ 黄祖络等修纂《豫章黄祠四修主谱》,《道光庚戌公议条规》,光绪二十五年刊本。

在署"①。可知他在家乡是以长房而为族长,到浙江仍是族长。直隶雄县何氏宗族嘉庆间的族长何珠,系监生,族人与外族人打官司,他到官厅作证。②乾隆五十五年(1790),江苏溧阳史一沅讹诈族人史受六,被告到官厅,族长史其凤出庭作证,事后被史一沅挟仇杀害。③史其凤,是无功名的族长。进士许一清是族长,故在家族"主宗政,修宗谱,定礼制,别嫌疑,严赏罚,抑强扶弱,置祸福于度外"④。宜兴筱里任氏宗族有多种管理人,其先后任宗正者有任烜,直隶通永道道员;任绳隗,举人;任允淳,四川夔州知府;宗相,任惇典,其父朝铨有田五万亩。⑤浙江萧山田氏宗族田邦俊,务农兼经商,晚年为族长,该族族谱在其传记中谓之为"耕氓"⑥。前述兰州颜氏族长颜穆如,自云"穆不敏,粗知章句"⑦。他知书达理,但没有取得功名。颜氏族谱记录有好几位族长的活动,或者收录他们写的谱序,但他们均无功名。

兴建祠堂,纂修族谱,代表宗族打官司,多有举贡生监和官员参与,主持制定有关族长遴选方法族规的,也多系有功名者。如四川云阳县是移民区,祠堂多建立在清代中期以后,在民国间《云阳县志》登录的200余个宗族中,有刘、王、冉、曾、谭五姓宗族的建祠人有功名,即刘选梅、王师位、冉云鹏、曾锡光是贡生,谭兆兰是廪生。⑧宁晋张氏康熙三十二年(1693)族规《睦族十事》,由十二世孙庠生国楹抄录,乾隆二十二年(1756)由十四世孙庠生真达编辑。⑨山西平定州《晋氏族谱》雍正九年(1731)的序言,由该族十一世孙、郡庠廪膳生员晋德撰写。⑩嘉庆二十二年(1811),安徽绩溪城西周氏请求知县发布告示保护祖茔,具呈人有生员周荣、监生周广辉、生员周邦镇、监生周槐堂、生员周宗燮、监生周玉章、廪生周启锦、生员周宗栋及其他族人等。⑪咸丰五年(1855)

---

① 《朱批谕旨·李卫奏折》,雍正六年七月十八日奏折,光绪十三年上海点石斋缩印本。

① 《朱批谕旨·李卫奏折》,雍正六年七月十八日奏折,光绪十三年上海点石斋缩印本。
② 中国第一历史档案馆藏档,《内阁全宗·刑科题本·土地债务类》,嘉庆朝第3085包。
③ 中国第一历史档案馆藏档,《内阁全宗·刑科题本·土地债务类》,嘉庆朝第4588、4603包。
④ 潘天成:《铁庐集》卷2《乡贤先生传》,《四库全书》本。
⑤ 任承弼编《宜兴筱里任氏家谱》卷2,民国十六年一本堂刊本。
⑥ 萧山《欢潭田氏家谱》第二本《鼎和公行述》,光绪三十年刻本。
⑦ 兰州《金城颜氏家谱》,乾隆《重修家谱序》,光绪十二年本。
⑧ 民国《云阳县志》卷23《族姓宗祠表》。
⑨ 宁晋《百忍堂张氏增修族谱》,同治十二年本。
⑩ 晋荣如修平定《晋氏族谱》,同治八年刻本。
⑪ 《绩溪城西周氏宗谱》卷19《禁碑》,同治八年刻本。

山东莱州赵氏得到知县屠道彰保护该族祖坟的布告,这是回应举人、候选知县赵华琳等的申请。①光绪三十三年(1907),绍兴汤浦吴氏告状,起诉人是族长吴秀墀、族董监生吴龑墙等。②这些宗族申诉人,除少数平民(如吴秀墀),多是候选官员、举人、生员和监生,这些人无疑是宗族的实际主事人。这类人员是不是族长及其助理,虽不明确,然而可能是合一的,如云阳的五位贡生、廪生既是建祠人,亦疑是族长。黄爵滋说到福建泉州、漳州的族长,"多系生监或行辈居长者为之,力能钳束"③。民国《龙岩县志》说到当地宗族祭祀,"主以宗孙,或以族之官达子姓"④。广东佛山冼氏家族于光绪中重修大宗祠,竣工刻石立碑,署名为"诒燕堂绅耆"⑤。可知官绅和平民耆老均有当族长、主理家政的。

"耕氓"族长田邦俊、史其凤、吴秀墀之类虽然记载中不多见,但是笔者在族谱、刑事档案中见到许多族长的名字和活动,均不提他们的身份,乃因有功名、官职、封赠必定会书写出来,不注明者,则系平民,由此可知农民族长是很多的。可以设想,多数宗族没有仕宦之人,也没有进学者,它的族长只能是平民。黄爵滋所云"生监或行辈居长者为之",道出有功名者和平民担当族长的实情。

从上述事例可知,族长及管事者是官员及其致仕者,有功名的读书人,热衷于家族建设的有钱的田主、商人和一般的农民。在有身份者中,高官少,中下级官员和有生监小功名的人多;而不论是什么官,他们对宗族的经营和掌握,多半是在做官以前或致仕之后,即在为绅衿的时候。族长中平民与有身份者,应当是平分秋色的,勿因记录中多见有身份的人,而忽略大量平民族长的客观事实。总之,绅衿和平民是宗族的主要管理者和建设者。

二、族长的职责及对其要求

宗族设置族长,就有其职责,同时有对他的要求,并且还要求他自律,以

---

① 赵琪等撰《东莱赵氏家乘》,《坟墓附保护坟墓布告·清咸丰五年二月九日知县屠道彰保护坟墓布告》,民国二十四年永厚堂铅印本。
② 吴金墦等续修绍兴《汤浦吴氏宗谱》卷36《谕禁友竹公坟山碑寅大房》,民国五年孝思堂刊本。
③ 《黄爵滋奏疏》卷14《会议查禁械斗章程》,中华书局,1984年,第120页。
④ 民国《龙岩县志》卷21《礼俗》。
⑤ 宣统《岭南冼氏宗谱》卷3之6《重修大宗祠碑记》,转见《明清佛山碑刻文献经济资料》,第461页。

尽其责,避免其胡作非为,令族人受苦和宗族蒙羞。兰州颜氏宗族要求族长"上体祖宗历世垂训,下教子弟各归善良"①。绍兴王氏于乾隆二十八年(1763)议定,"家长为一族之长,上承继述,下殿贻谋"②。都是为着让族长实现祖宗遗训,教导族人,谋求福祉。

(一)族长事务

族长所管的合族事务,以执掌祭祖最为重要,而繁杂的在于管理族人,行施教化。兹分项说明其治理诸事。

祭祀祖先。关于祭祀,此处仅从祭祀行政方面说明族长的管理,而不涉及祭祀礼仪。族长关注的是按时进行祭祖和维持祭仪中的纪律。绍兴中南王氏祀事仪制本来完备,然因太平天国战争,祀田地租难于收交,因而多年不能举行祭礼,族长王绍锡认为虽有客观原因,但也是执事者不肯齐心,逡巡趋避,倘不重整规条,愧对祖先在天之灵,是以于同治三年(1864)邀集各房,点定执事,达成恢复祭祀的共识,书写议约,与议者各自书名画押,希冀以后务必做到踊跃从公,不徇私作弊,祭祀克期举办,如再蹈故辙,作不孝论,签字画押的有六房执事十二人及族长绍锡本人。光绪十四年(1888),族长世贵因六房轮流值年管理祭祀事务和地租,每年盈余,各房执事往往拖欠不归祠堂,恐怕将来祭祀难于正常进行,乃会同各分执事,秉公议规,嗣后如有拖欠之家,不准值年。立约人为六房执事各三人,即十八人,另有监议人、执笔人和族长签字画押。③直隶东光马氏族长检查祭品是否合格,务要粢盛丰洁,如或仍从俭啬,族长同公责罚;四季与忌辰应祭之日,凡十五岁以上者,须整衣冠至家庙瞻拜,不衷之服不得进入,如有不拜庙不谒墓者,享惠之时,族长责罚不恕;祭祀中如有不循礼法,互相喧哗,以及恃酒乱嚷者,族长立即责罚。④坚持祭礼的严肃性。

训导之务。族长平时以宗法性伦理教导族人,宣讲圣谕和圣贤、祖宗人生格言,予人启迪,不生事端。安徽婺源(今属江西)长溪余氏族规:每岁正旦族人团拜,族长"开读祖训,幼辈拱听于阶下,实有益心身之语也"⑤。湖南湘乡匡

---

① 兰州《金城颜氏家谱》,《敬拟遴选家长规则四条》,光绪十二年本。
② 王大泉修绍兴《中南王氏宗谱》卷首《宗祠条规》,民国三十一年三槐堂木活字本。
③ 王大泉修绍兴《中南王氏宗谱》卷首《议约》,民国三十一年三槐堂木活字本。
④ 东光《马氏家乘》,乾隆《马氏建立祠堂约》,1999 年十一修本。
⑤ 余章耀等修《婺源长溪余氏正谱》卷首《祖训》,道光二十八年宝善堂刊本。

氏每岁正月十五日,各房房长约集子侄,将家规、家训一一告诫。①四川铜梁周氏清明祭扫后,族长宣讲皇帝圣谕,所谓族长"躬率合族人众,将谱内所载圣谕规训,为之讲解劝导,俾共知守法"②。直隶南皮侯氏在每年祭祖时,族长择族中之贤者讲解家规,以为警惕。③

调解族内外纠纷与送官惩治。族人细小纠纷,族长排解调处。湘乡匡氏《家规》赋予族长、房长调解纠纷的职能:本房族人有争执,房长开释;如不服房长,会集各房房长理断;再不服房长,一齐告禀户长(族长),唤纠纷双方入祠听户长公处。④宁晋张氏族规,族人争竞,族内调解,不得告官,否则惩戒。族人赴官投递状词,就算有理,亦是不守族约,事后族长唤之公所,斥其不奉约束之罪,以为后来之戒。⑤绍兴汤浦吴氏族长处断坟山争执,并立禁约。该族祖遗坝头山坟山,历年已久,相安无异。宣统初,族人某在山造坟,另有族人某妄认公山为己山,致酿讼端。族长吴瑞经邀族众公理,理屈词穷者挽中情愿服礼。⑥对不法族人,族长执送官府。如兰州颜氏宗族倘遇刁顽族人,不遵启迪者,族长呈官惩治。⑦

管理宗族公产。宗族有无公产,或经营不善,或被人盗蚀,关乎宗族的祭祀、兴建大事,所以公产的经营、维护与扩充是族长的重要职责。绍兴柯桥杨氏宗族拥有祀田,出佃收租,上供课赋,下延祭祀,而族中不肖之辈,将田产觊觎盗卖,当经族长开明户号,呈报知县,注册禁止。又因太平天国战争,田业契据毁失,族房各长及掌祠司宰相继去世,次第更换,间有不肖族人朋串不法党类,仍欲背盗祠田,族长、房长、司事等闻知,即赴各田庄查禁,始绝盗念。为永保无虞,族长等呈文县筛,请求给示勒碑永禁,以保护族产。⑧

主持编修族谱。修谱是宗族重大事务之一,族长以此为己任。洪洞刘氏族长殿凤于光绪二十三年(1897)自云,族谱已三十六年未修,应该续修,"余忝

---

① 湘乡《匡氏续修族谱》首卷《家规》,道光八年解颐堂刊本。

② 周泽霖纂修铜梁《安居乡周氏宗谱》卷1《训规》,光绪十年刊本。

③ 民国南皮《侯氏族谱》,《家规十条》。

④ 湘乡《匡氏续修族谱》首卷,道光八年解颐堂刊本。

⑤ 宁晋《百忍堂张氏增修族谱》,同治十二年本。

⑥ 吴金璠等续修绍兴《汤浦吴氏宗谱》卷36宣统《禁止坝头山造冢议约》,民国五年孝思堂刊本。

⑦ 兰州《金城颜氏家谱》,《敬拟遴选家长规则四条》,光绪十二年本。

⑧ 杨惟春等修《山阴柯桥杨氏宗谱》卷2《县案》,光绪二十年敦伦堂木活字本。

为一族之长,责诚在我",故而约集族人,筹集经费制钱一千余串,在祠堂设立谱局,延用能文的族人修辑,并于四年后竣工刊刻。①刘殿凤纂谱,是族长修谱的典型。修谱是族长要务,于此仅举一例,不必多叙。

在族长理事中,一般宗族有一条原则,即遵守国法,不得残害族人。安徽绩溪南关许余氏的规约反映此种观念,并说明其道理:"作奸犯科,国家有例,犯国法者鸣官治之,非家法所当治也。家法祗以祖宗前杖责为止,杖责以上非宗祠所可预。闻乡蛮宗党往往有活埋活葬惨情,妄谓家法尔尔,不思治人家法,自己已罹国法,即家法杖责、跪香、革逐亦必悖伦逆理、盗卖祀产等情,有关宗祠乃可。非关宗祠者,宗祠为之排解,不得妄施家法,开宗族以强欺弱之衅。尤有事关宗祠,非家法所能预定,又非家训所能备载,不得不另立一则以定准绳,谓为规约。有背约者,阖族阻止之,阻之不可,再议拟家法以治之可耳。"②

(二)维护族长权威及对其要求

宗族对族长,既要维护其权威,又要对其有所约束,族规、祖训是其行为准则,以便族长能够正常地发挥作用。

宗族要求族人尊敬族长,服从其指导,以便有效处理族务。宁晋张氏有一套礼敬族长的规则:其一,每月十五日族人聚会,向族长致敬,如同对待严君。族辅邀集族人到祠堂迎候族长,卑幼迎于大门首,照行次成列,族赞先行一鞠躬礼,导引族众同行一鞠躬礼,族长行至堂内,南面立,众皆北面排班,齐向上一揖,族长答礼,众复东西对面一揖,俱用族赞赞之。侍立行礼,俱整齐严肃,不得纷扰笑语,如无事议,族长命回,即回家各干生理。其二,要求族人对族长必须事事禀命,勿得率意行事。凡婚丧等急事不拘朔望,竭诚造族长之侧,请教方行,不准行则罢;如自己所见为是,异日再请教族长。③铜梁安居乡周氏尊重族长的规训:"合族之人,当谨遵族长约束,不得以分高凌之,以力众排之,以巧诈乱之。不遵者群起而公讯之,庶体统一严,家法肃而争端泯焉。"④绍兴吴氏要求子弟遵从族长家规:卑幼宜听令于族长,公事咸禀而后行,毋恃势,毋倚财,违命自专,不遵礼法者以家法绳之,不服,会众呈究。⑤

① 刘殿凤修《洪洞刘氏宗谱》卷1《重修宗谱自序》,光绪二十七年刻本。
② 《绩溪县南关许余氏惇叙堂宗谱》卷10《宗祠规约》,光绪十五年刻本。
③ 宁晋《百忍堂张氏增修族谱》,同治十二年本。
④ 周泽霖纂修铜梁《安居乡周氏宗谱》卷1《训规》,光绪十年刊本。
⑤ 吴金璠等续修绍兴《汤浦吴氏宗谱》卷1《吴氏家规》,民国五年孝思堂刊本。

族长理事有其准则,就是祖训与族规,要求族长遵守。宗族立有族规、族约,多系出于众人之集议,非一人之私;宗族有共同遵守的祖训、宗训,开始拟自一人,然非一次形成,往往是多人言论的汇集。族规、祖训是宗族的公约,有类于国家的法规制度,得人人遵守。乾隆间兰州颜氏宗族"条约"的制定就反映这种过程:"惟是家有条约,犹国之有令典。令典之设期于无犯,条约之陈岂必相厉。今谱中所载典礼懿训,悉采先辈成规。而条约数事,则自吾远祖以来立为家法,经三百年如一日者,不敢妄有增损而轻重出入。随时小变之处,亦尝会同合族细加商酌,而后载之于谱。惟望我族本尊祖敬宗之心,为持身保家之计,不干条约,则人人能修己,人人能治人。"①族规是众人合议而成,而且"人人能修己,人人能治人",族长亦应遵从。绩溪邵氏原有族规,于光绪三十三年(1907)"公议重订祠规",形成《祠规合议》。其制作办法是"集族众将祠规公同核定,缮列粉牌,悬挂祠内,俾有遵循,用垂久远",并立合议一样四纸,三门各存一纸,祠堂存一份,永远存照。②有条约、合议、祖训,族长处理宗族事务,既有规可循,又不得任意妄为,不能独断,需要会同房长、家长共治。

对族长的要求。宗族对其族长的职权、为人行事有其规范和严格要求,主要是为人正直,处事公道,不徇私情,不畏强凌弱,如有违背,施行处罚,以至撤换。乾隆间直隶东光马氏、丰润毕氏、湘乡匡氏等族规莫不作出同样的规定。东光马氏祠堂规约:"族长并诸办事者务要秉公,如有不公处,无论尊卑长幼皆得指摘,倘有大不公处,从众另立一人。"族长有任期,届时去留由族人决定,故族规又云:"凡族长与诸办事者年终即各自请求告退,或去或留,族人自有公议。"③丰润毕氏家训"举族长"条,要求宅长、族副、族察"各宜秉公持正,明大体,服人心"。族人有争持,实事求是处断,要凭良心敢于剖断,"不得徇私

① 兰州《金城颜氏家谱》,乾隆《重修家谱序》,光绪十二年本。
② 邵俊培纂绩溪《华阳邵氏宗谱》卷首《祠规合议》,光绪三十三年叙伦堂刊本。附录《祠规合议》:立合议邵宗祠派下人等,缘本祠越主事毕,公议重订祠规,以期通族亲睦,勉为盛世之良民,作祖宗之令子。顾立规难,行规尤难,一或有不肖者,任意阻挠以行其私,则祠规破坏,百弊丛生,通族之人莫不并受其害。爰集族众将祠规公同核定,缮列粉牌,悬挂祠内,俾有遵循,用垂久远。并立合议一样四纸,各存一纸附列条款,永远存照。条款列后:一、合议四纸,宗祠存一纸,上、中、下三门各存一纸。一、祠中公事必须同心协力,秉公办理,不得偏执异议。至私事禀祠,祠中议事者必与两造无嫌疑,方得与议,否则当回避远嫌。一、倘有违祠规者,即应集众会议,依规办理,不得畏难退缩。光绪三十三年丁未冬月日邵宗祠集众合议。
③ 东光《马氏家乘》,乾隆《马氏建立祠堂约》,1999年十一修本。

植党,偏向回护,以致是非倒置,亦不得专伸法于寒弱而屈法于强宗,即使三尺难加,亦须明存公论。违者众共更置之"①。湘乡匡氏族长、房长"务要公平、正直,不可苟且徇私"。对族人的争执,"倘户长有私,通族合议重罚撤换之;另择房长中之贤而有德者更立之,房长有私,通族合议,择本房中之才而有能者更立之"②。绍兴中南王氏乾隆二十八年(1763)议定,族人纷争,族长当秉公匡直,勿任情科断,亦不得随势依违。③强调族长的秉公持正。为了实现公正,绩溪华阳邵氏祠规特设族长回避条目:"祠中公事必须同心协力,秉公办理,不得偏执异议。至私事禀祠,祠中议事者必与两造无嫌疑,方得与议,否则当回避远嫌。"④

宗族对族长为人行事作出规定,要求他们行为端正,应当自律,做族人的表率。宗族此种规范的目的是在用人得当,令族众乐于听命族长,使其能够将宗族事情办理妥善。直隶交河李氏对族长的要求就谆谆以此为言:"族长必须品端心正,性情和平,乃可服人,亦可拿事;族长必须恪遵家训,方可约束族人,训教子弟,如行止有愧,触犯规条,合族齐集公讨其罪,如稍有改悔,聊示薄惩以警其后,不然则削去族长名字,永远不许再立;不许恃族长名色做事不端,处事不公,以至家法紊乱,凡族人有犯训者公议明白,按事定罪,秉公处断,不得妄出己见,致令人心不服。"⑤绍兴吴氏家规,要求族长应循分守职,必谨守礼法,以群御子弟;毋贪财,毋徇情,抑豪纵,恤孤寡,敦风化,谨祭祀,庶几卑幼率服,风淳俗美。⑥前述宁晋张氏族规要求服从族长,同时要求族长以身作则,成为道德的楷模:"为族长者,要见得责任宏钜,务以道义礼法持身,务以公平正直存心,务以天地沧海扩量,视一族事如一身之事。"⑦

族长对自身也应有严格要求。康熙六十年(1721),经理上海曹氏祠堂产业的曹南巢说:"余自念忝为众举司事,倘外托公平,内怀欺诈,假仁假义,作法于凉,则上蔑祖宗,下辜群望,族之人安赖有余,而余亦何面目以对族之人

① 丰润《毕氏宗谱》,《毕公裔家训》,民国十九年排印本。
② 湘乡《匡氏续修族谱》首卷《家规》,道光八年解颐堂刊本。
③ 王大泉修绍兴《中南王氏宗谱》卷首《宗祠条规》,民国三十一年三槐堂木活字本。
④ 邵俊培纂绩溪《华阳邵氏宗谱》卷首《祠规合议》,光绪三十三年叙伦堂刊本。
⑤ 交河马连坦睦族堂《李氏族谱》,《谱例》,民国八年七修本。
⑥ 吴金璠等续修绍兴《汤浦吴氏宗谱》卷1《吴氏家规》,民国五年孝思堂刊本。
⑦ 宁晋《百忍堂张氏增修族谱》,同治十二年本。

乎！余老矣，知我惟天，仰天无愧。所望廉儿承顺我志，恪守我法，毋使日久懈弛，弊端潜起，则余父子可告无罪于祠堂……后有贤者主持斯事，踵而成之，益务光大于前人，我曹氏尚永有后于海上哉！"[1]以对天祖负责的精神，要求自身及儿子为族人谋求福利，令曹氏在上海发扬光大。

三、族人会议与族长权限

宗族的事务，族长最有发言权和处断权，然而在其行使权力以前，有前面说到的族规、祖训的依凭，常常还有宗族成员举行会议的决定，房长会议的议决，族长不便、不得违碍。族人会议是宗族生活的普遍现象，是一种客观存在，是以"合族公议""集众合议""族众公约""祠规合议"之说屡见于清人文献。如零陵龙氏分成瑛、璋、瑄三房，房内事务房长管理，族长不能过问，全族事务共议解决："族众公约，凡三房之分者各专其任，凡三房之合者，三房会议汇而综之。"[2]浮梁郑氏祖训，族中所有之事，应认真公议，所谓"宗事于众，无小大俱集庙，从长公议"[3]。山西离石于氏宗族在康熙间公议以城南祠堂为合族公所，"遇有族中大事商议者，俱群集此祠议行"[4]。族人会议，族长、房长是当然参加者，一般的族人亦可出席，与所议事务相关的族人更不可缺少。每房都有发言权，族长不能专断。会议的内容是多方面的，凡涉及宗族的重大事务，如造祠堂、编族谱、修祖坟、订宗约等事，往往要族人会议同意，才便于族长推行。于此可见族人与族长双方的权利。族人的与议族政，乃因切身利益所致，族长不得不考虑族人的意愿，否则难以实行。

族人会议内容很多，主要的有：

（一）宗祠的修建、祭祀与管理

常州庄氏于康熙五十三年（1714），"合族公举"，建成始祖祠堂。[5]兰州颜氏在族长与族人合力经营下，屡次修葺祠堂。原有始迁祖祠堂，年久倾圮，然

---

① 曹浩等续修《上海曹氏族谱》卷4《祠堂祭田记略》，民国十四年崇孝堂排印本。

② 零陵《龙氏六续家谱》卷首《五续谱序》，民国十年敦厚堂木活字本。

③ 郑培先修浮梁祁门《郑氏宗谱》，《祖庙训》，咸丰十一年刊本。

④ 于准纂修离石《于氏宗谱》，《垂训·族规》，康熙年间刻本。

⑤ 民国《毗陵庄氏族谱·仿鹤公谱序》。

遗址尚存,康熙五十九年(1720),族长如心意欲修复,"遂聚族而谋",房长颜丹如立即响应,助园地二畦,于是"扩地修祠,轮奂一新,顿然改观"。乾隆二十年(1755)十月初一,族长凤翥"率众祀祖毕,议家政",众人以祠堂新近维修竣工,归功于族长,凤翥则推为众人之力,并云"倡之非余一人,修之亦非一世"。道光二十七年(1847),修建纪念颜渊的复圣殿,所需经费,族长文谱"商同户众,每丁各出月会,按日收齐,陆续积贮",次后又由少数有力者出资生息,工成,立碑说明兴建过程,归功于族长和族人:"董其事者,则各房之家长、户首、绅衿、老成以及懂事子弟,靡不各尽乃心竭乃力。"同治六年(1867),因战祸祠堂毁坏,族长勉斋欲行修复,"商之诸父老兄弟侄,合族咸曰善,皆踊跃助捐,愿成义举",乃于光绪十一年(1885)竣工。① 绩溪周氏于乾隆三十四年(1769)重建宗祠,与事的骨干人员称作"能干",计四十人之众。可见族人参加建祠工程之踊跃。② 陕西郿阳马氏于道光三十年(1850)创建衍绪堂宗祠,至同治二年(1863),以丁盛族繁析居五分,并订立规约,"祠事议定轮流典守,每届清明更番交代,一切器物如或遗失,管者赔补。倘有不遵,五分同究"。恐日久不克守成,特立碣以志之,碑的署名为"五分同立"③。

(二)维护祖坟

为了祖茔的修缮、祭祀、看坟人工费用,宗族成员会合力进行。直隶丰润董氏宗族的祖坟房屋毁损,树木干枯,乾隆十七年(1752),族人为缅怀先泽,捐资修茔房,而备祭、培树及看坟工费尚无着落,次年"公议一堂,皆有同心,各出资财共襄厥事"④。沧州刘氏的六世祖一人、七世祖三人、八世祖四人的茔域近于河岸,久被雨水冲刷,将被损害,遂有十三世孙九江、十四世孙桂林、十六世孙恩荣,"集族人公议",于同治九年(1870)将七世祖、八世祖茔迁葬,次年春又"公议重修吾族之谱",并于次年修成。⑤ 江苏宜兴筱里任氏九世祖澹菴的墓被人伐木,侵占坟地,任成俞委托其弟景龙出面,联络守桥、惺韦、鸣岐、学鲁诸人,并"遍谋于族,而族之欣然和者十之五",有的捐地、捐资,终于拓展

① 兰州《金城颜氏家谱》,康熙《颜氏建修牌坊墙垣记》《迁修祠堂记》《创修复圣殿碑记》《重修祠堂记》,光绪十二年本。
② 周赟等修《绩溪城西周氏宗谱》卷首《刻祠谱记》,光绪三十一年敬爱堂木活字本。
③ 《郿阳马氏宗谱》,《南渠西马氏宗祠记·衍绪堂规约》,民国二十五年增订本。
④ 丰润《董氏家谱》,《石碑十三文附》,民国十五年刊本。
⑤ 沧县《刘氏族谱》,同治《序》,刘辛庄、刘德瀛等收藏。

祖茔地亩,随后"集族之长幼相与要言曰:'凡我澹菴公子姓,毋伐木,毋坏垣,毋侵地,尤毋得入,以懈越灵气'"①。

(三)编纂族谱

一般宗族修谱,有倡首,有热心人,合族会议赞同,推举理事人员,修谱始得蒇事;即使不能立即修谱,为此而做的准备也要族人会议来决定。

修谱成为合族行为,族人、族长共同致力。嘉庆十年(1805),绩溪周氏编写祠谱,五房分长与阖族斯文,共同厘定章程,分为八卷,颁之同族。②参与之众多达一百数十人。同治间,山东黄县王氏宗族的十五世孙敷传倡议续修族谱,赞助者不乏其人,旋以他故中辍。光绪三十二年(1906)"阖族会议"于始祖茔房,佥以族谱未续为憾,乃公推十六世基鸿、志澄、澂基、基楹、阜基,十七世慕曾、慕韶,十八世常奎、常师,十九世衍升、衍韶等十一人为首事人,获得捐款二千余缗,编次粗成,但仍有疑难未决之事,"不得已而复开会议",定出有关事例,要求以后办理合于"阖族之公议"。并于宣统元年(1909)作成谱序,谓为"阖族公序"③。江西义宁陈氏多次修谱,其光绪谱的修纂完全是众人合志合力。光绪十八年(1892)冬祭之时,"合族父老云集,议将谱牒重修,询谋金同,于是梓单传布,设局州祠",至光绪三十一年(1905)告竣,主事人是进士、退职知县陈文凤。④

由谱序署名透露宗族修谱是全族事务,众人出力的事实。沧县于庄子于氏在乾隆四十八年(1783)修谱,谱序署名"合族"⑤。不凸显族长、总纂,表示修谱是合族之事。该地刘氏光绪九年(1883)修成族谱,作序者十五世孙奉璋、十六世孙毓鑫、十七世孙庆斌等九人联合署名,亦反映修谱系众人之力而成。⑥同地李氏于乾隆三十九年(1774)修谱事竣,编纂者希莲作序,东支族长生贵、西支族长树附属,表明族长不能攘夺族人之功。⑦

修谱虽未编修,然做准备,合族先议。平定州窦氏旧有道光二十七年

① 任承弼编《宜兴筱里任氏家谱》,任景龙《祖墓记》,民国十六年一本堂刊本。
② 周赟等修《绩溪城西周氏宗谱》卷首《刻祠谱记》,光绪三十一年敬爱堂木活字本。
③ 王次山修《黄县太原王氏族谱》,《重修族谱序》,宣统元年刊本。
④ 陈出新等修铜鼓《义门陈氏大成宗谱》,陈文凤《光耀堂谱跋》,民国十年本。
⑤ 于兴泉整理沧州《于氏分谱》,乾隆合族《序》,2002年印本。
⑥ 沧县《刘氏族谱》,光绪《序》。
⑦ 交河马连坦《李氏族谱》,乾隆《序》,民国八年七修本。

(1847)重修族谱,至光绪十七年(1891)已经五十余年,"阖族复有重修族谱之议",为了续修,先于各支内旧谱所未载者按世续名,不至临时有错。[①]

(四)处理族人纠纷与不肖族人

族人纠纷与不肖族人之事,族长往往会同房长、家长以及有关人员共同商定。第二节所述绍兴吴氏坟山争执,房长吴瑞经"邀族开祠公理",对无礼一方,"经族众理斥,伊等理屈词穷,挽中情愿服礼"。为避免以后发生类似事情,经派内"公议",情愿将是山永远禁止,遂订立"公禁坟山议约","除联名禀请邑尊,给示勒石谕禁外,特立合同议约一式六纸,每房各执一纸,并存案一纸,永以为据"。立禁约房长吴瑞经,"全议"者有瑞高、瑞云、瑞珠、金鼎、金安、金檀、金才、金瑭、玉振,"议中"宋芝轩、董子琛、王和德,"代字"吴凤笙。[②]在整个过程中"族众""公议",形成的是"公禁""议约",是族人与族长共同发挥作用。

(五)制定奖励进学规则

铜梁安居乡周氏的族产收入,在祭祀用度之外有盈余,为鼓励子弟进学,于嘉庆七年(1802),经由"合族公议",订出"奖赏条目,惠子弟以励厥志"[③]。奖学规章系合族公议而定,非族长一人所决断。

此外,族长与族人共同商订族规,在第二节已有所交待,这里从略。

宗族会议所议的修祠堂、编族谱、营建祖坟、处断纠纷等事,是宗族最主要的事务,是家政之荦荦大者,由族长和族人共同会议来处置。这令人得出认识:

其一,会议,是族长、族人的共同行为。会议由族长出席与主持,所以此种会议,绝不是近代的"议会",排斥政府首脑,它还是传统社会的家长会议。所以族长在会议中的重要地位和作用不可忽视。另一方面,更重要的应当看到,宗族会议,族人出席,可以发表意见,房分的看法更会得到较为充分的表达,表明族长尊重房分观点及族人意愿。族长如果不看重族人,族务就可以独断独行,不必召开族人会议了。是以宗族会议的举行,证明族长与族人相互认可,乃成一致的行动。

---

① 窦志默等增修《窦氏族谱》,《三盛堂谱序》,光绪二十年增补印本。
② 吴金璠等续修绍兴《汤浦吴氏宗谱》卷36宣统《禁止坝头山造冢议约》,民国五年孝思堂刊本。
③ 周泽霖纂修铜梁《安居乡周氏宗谱》卷1《祠堂碑记》,光绪十年刊本。

其二,会议,是族长、族人的共同认识。共同的行为是在共同的认识前提下产生的,若无共识,哪里会有统一行动。共识,是利益的一致所致,"尊祖敬宗收族"的统一目标所致。如若族长理事不公,自私自利,违背大目标,族人自然不会听命于他;族人也会有自身的难处,或有房分的私利,同样影响宗族意见的统一。族长、族人,任何一方,或因客观条件所限,或因有人私心作祟,有的宗族要办的事办不起来,或半途而废。比如黄县王氏于乾隆四十四年(1779)编成族谱,行将刻印之时,"孰意人心不齐,众论难一,而此事竟终辍",编纂者克亨只得誊写纸本。①族谱的刻印未成,即在于人心不一。直隶滦州边御野编成族谱,疑懒人吉氏为之书写序言,谓其成事不易,而"犹难者商洽合族同心"②。"合族同心"即族人有共识,而此共识,尤其难得。合族同心,是族长与族人达成共识,推动宗族事务的开展。

其三,宗族会议对族长权力的制约。族人会议,使得族长不能为所欲为,即使为人霸道的族长,也不得不有所顾忌,即使坏人当道,他也会多少有点克制,作恶少些。宗族会议,族长主持,族人因利害攸关,必然会发表自己的意见,并且会要求意愿的实现。族长对族人的意见,可能完全吻合自家的想法,也可能部分或大部分相同,对不同的意见他需要考虑到族人意见背后的利害所在,不能不有所关照,否则协商破裂,族人不乐意参加宗族活动,反而不好。有些宗族出现的修祠堂、修家谱要经过几代人努力才能实现的状况,固然有宗族与族人的财力不济的原因,而所谓"人心不齐"也是重要因素。族长要想把事情办得妥善,就必须经过协调,各自有所妥协,取得共识。于是族人与族长的意愿都能实现,这就是现代话语的"双赢"。这种协调本身,就是对族长权力的某种制约,同时并不影响族长的权威。

族长不能恣意违背族人的意愿,还因在一定意义上说是族人出钱让族长办事,族长不能不考虑这种因素。有些宗族规约给族长些许酬劳。宜兴任氏宗族规定:宗子每岁给米三石六斗;宗史每人每岁给米一石;宗课每岁总给辛力十六千八百文。③绩溪南关许余氏的管理祀产者,若系殷实之家,不取薪资;若平常之家不能不取薪资,给以祠堂出息的十分之二。凡有事,火食人

① 王次山修《黄县太原王氏族谱》,乾隆四十四年《序》,宣统元年刊本。
② 滦州《边氏家谱》,《边氏家谱约叙》,民国二十七年唐山华美印书局本。
③ 任承弼编《宜兴筱里任氏家谱》卷2之5,民国十六年一本堂刊本。

功另支。①绍兴王氏给胙,优待族长之外,每节另给胙肉四斤,分长领胙肉一斤,执事亦每人一斤。②豫章黄祠,道光间议定给首事身俸,由原先的每人每年给钱三十千文,外加伙食钱二十千文;首事二人每月各给火夫工资钱六百文。③有的宗族给予族长精神奖励,允许神主进入有限额的祠室。绩溪南关许余氏规定,理财的祠董,如其诚心经理,使公堂丰足,合族受惠,死后于报功祠立神主以祀之;倘或侵公肥己,无功有过,虽终身管理祠堂,没后不许滥入。④

四、族长宗法成分的削弱

宗族,作为古老的血缘群体,族人与生俱来的是房分、辈分的地位,自然就有宗法性,大宗以房分地位统领全族,具有独裁性,特别是在周代宗法制与分封制结合,大宗给予小宗土地,从而有经济力量控制小宗。周代宗法制与分封制破坏之后的宗族,宗法性沿着削弱的方向在减少,越往后宗法成分越少。清代宗族活动的现实,更加鲜明地显示宗族宗法因素的削弱及其程度。

(一)从族人会议到"族会",宗法成分的严重减弱

族人会议,宗族时或举行,成为某种习俗,然而不是固定的,极少形成为宗族族规的,多因临时临事而召开,因而族人的与会权并没有保障;族长遴选法,表达出族人的意愿,但究竟与选举制不同。清末出现的宗族正式组织形式的"族会",就使选举族长、定期开会"制度"化了。

光宣之际清廷表示改革政体,宣布预备立宪,议会、选举法被引入政坛,影响及于民间宗族。个别宗族摒弃推举法,采用选举法。绩溪华阳邵氏光绪三十三年(1907)即率先使用这种方法,规定:"本祠首事人等宜仿国家新定选举法,由族众投票公举,以得票多寡为去取准绳。一经选定,不得推诿,一年一次,善则留任,不善则不举。如肯任劳怨而公直者,谓之善;如毫无建白而诡谲者,谓之不善。其被选者只论公正,不论有无功名;选人者必平日省事正派,方准列名投票以防弊端。至被大众留任至五年之久者,其为正直勤劳可知,应列

① 《绩溪县南关许余氏惇叙堂宗谱》卷10《宗祠规约》,光绪十五年刻本。
② 王大泉修绍兴《中南王氏宗谱》卷首《酌议领胙并收租条欵》,民国三十一年三槐堂木活字本。
③ 黄祖络等修纂江西《豫章黄祠四修主谱》,《道光庚戌公议条规》,光绪二十五年刊本。
④ 《绩溪县南关许余氏惇叙堂宗谱》卷8《惇叙堂家政》,光绪十五年刻本。

人纪善籍,以表劳勚,异日修谱当立传以表章之。"①有选举人与被选举人,以票数多寡定人选;有任期,可以连选连任;有劳绩者奖励;选举人亦需懂事正派。邵氏的宗族组织习惯上称为"祠堂",它虽实行选举法,名称仍为祠堂,而上海则出现"族会"。光绪三十一年(1905),上海地方政府宣布实行"地方自治",社会上议论纷纷,议会政体已为一些人所知,朱氏、王氏两个家族按照议会、自治会的精神,"集族人为'族会',从事家族立宪",分别成立自家的族会。早在康熙年间就建立祠堂的曹氏宗族,鉴于宗族组织形式的发展,意欲模仿朱氏、王氏建立族会,于宣统元年(1909)十月,由族人曹润甫于宗祠崇孝堂两次邀集族众会议,决意仿行,拟具简章。十一月冬至祠祭,族众通过简章,公举职员,正式成立族会,推润甫为议长。待至民国十三年(1924)由临时大会修改简章,使组织完善。因曹氏一般以谯国为郡望,故其族会定名为"谯国族会"②。

族会的宗族组织,以及实行选举法的宗族,大不同于传统的具有宗法因素的宗族,成为宗族走向民主管理的近代性社会组织。它基本上实行民主管理原则及方法,由选举的执事人员依照会议的决议处理族务,族人是"会员",有明确的权利和义务要求。所以族会成为近代社会的宗族组织,与"祠堂""清明会"一样,是宗族的组织名称,与族人有事临时开会的称为族会不是一回事,它是晚清社会的新事物,是宗族的新型组织。族会及其名称,出现于清末政治改革的社会背景和得风气之先的一些地方,如在上海,是刚刚出现的事物,为数极少,实系凤毛麟角,不能反映清代宗族组织的普遍状况,但是它的出现,表明宗族发展的方向是会议制和选举制,在这种组织原则下,族人权利上扬,宗族负责人类似于职员。选举法、族会组织法虽不完善,然民主选举、民主管理之意业已表达出来。选举法、议会式民主管理,大大破坏族长产生中和族长管理中的宗法因素,甚至可以说宗族的宗法成分消失殆尽。

近古以来宗族组织的管理有三种类型,即祠堂族长制、族老制、族会制,前两种是传统的,后一种是在晚清社会转型时期产生的,新鲜的,在管理理念及方式方法上殊为不同,导致传统宗族的性质有所变异,令具有宗法性的宗

---

① 邵俊培纂绩溪《华阳邵氏宗谱》卷首《新增祠规》,光绪三十三年叙伦堂刊本。

② 曹浩等续修《上海曹氏族谱》卷 4《族会缘起》《续修族谱记》《谯国族会简章》,民国十四年崇孝堂排印本。

族向民主性方向转化,表明宗法性宗族已经走到末路,具有宗法因素的宗族管理人——族长也走到了尽头。

(二)遴选法、族人会议和轮管法产生的族长权力有限度

以贤能为条件、以遴选为方法产生的族长,方法本身就表明族长权力的有限度,与因血缘房分地位自然继承的大不相同。族长的出任,是部分、甚至较多族人协商产生的,他若行事不端,有的宗族会处罚他、撤掉他,如同东光马氏、丰润毕氏、湘乡匡氏等族规所定那样。与遴选法并存的宗族会议,商定宗族大事。在这种情况下,族长自身地位尚在他人掌握之中,又有宗族会议的议定意向,族长不可能独揽大权,不能为所欲为,他必须留意族人的意愿和宗族会议的意见。

许多宗族对某些事务实行轮管制度,按房出人管理,轮流替换,都有管理权,也都尽责任。前述邵阳马氏五房轮流主管祠堂祭祀,每届清明更番交代,主事人任期只有一年。绩溪黄氏分三大房,负责祭祀的人员司值,是"轮挨",管祠三年,司值系每房"公举殷实老成者","不得推委强霸"[1]。遴选法的族长,尤其是轮值的主事人,都不能久任,无形中限制他们的权力。

拥有有限权力的族长,是否无恶不作、穷凶极恶?此种人有之,但不普遍。前述绩溪许余氏规约反映,有"乡蛮宗党往往有活埋活葬惨情,妄谓家法尔尔,不思治人家法,自己已罹国法"[2],反映有的宗族族长活埋族人的罪行,不过也为许余氏等一些宗族反对。乾隆帝于五十四年(1789)谴责安徽南陵刘姓族长刘魁一"起意将缌麻服弟刘种活埋毙命,并致刘种之母因子碰死",因而说"各处族正,鲜有奉公守法之人"[3]。族长刘魁一案件载入《清高宗实录》,可见事情的重大,不是特例,然而少见。乾隆帝说这种话,是为取消族正制,因有很强的倾向性,所说是否客观,不便骤行认可。族长杀族人,系犯法行为,要受惩治,一般的族长也不敢以身试法,故而致死族人是不常见现象。族长挟有私心,贪图私利并不乏人,但从遴选法和宗族本能要求来看,族长难以恣意妄为

① 黄耀廷等辑绩溪《黄氏家庙遗据录》卷1《祠制·换班规则》,咸丰元年绩东黄氏宗祠叙伦堂刊本。

② 光绪《绩溪县南关许余氏惇叙堂宗谱》卷10《宗祠规约》。

③《清高宗实录》卷1335乾隆五十四年七月辛亥条,中华书局,1986年,第17册第1101/1—1102/2页。

和长期作恶:遴选制不允许恶人长久恣肆,为人不端则会被换掉;宗族立足当地,为自身发展,要求有德才者理事,尊祖睦族原则及宗族荣誉,不允许恶人长久恣肆破坏其名誉;要事的合族会议,限制族长为恶。

(三)缺少公共经济的宗族族长权力自然有限

清代宗族有的拥有较多公共产业,族长权威相对较大,如收入除公用之外,尚能赈济贫困族人的,族人若违反族规宗约,就不能领取救济,因此不得不秉命于族长。但是这类宗族极少,大多在设有义庄的宗族才能实现。多数宗族只有少量的产业,出息有限,仅能维持宗族祭祀,无能帮助族人。至于毫无公共经济的宗族,连清明祭祖都是临时凑份子,仪式草草了事,族人与祭与否,族长难以过问,就不能像祭祀后分发胙肉的宗族,族人若不出席祭仪,不允许食馂余、分胙肉,连一点制约力也没有。宗族不能在经济上给族人以实惠,族长就控制不了族人,只有从宗法伦理来约束之,对于穷苦人,这种道义的说教就发挥不了多少作用,族长影响力实在有限。

至于宗族的各项活动,都需要经费,修祠堂、编族谱、修祖坟,每一项都要用钱,而且为数不少,有有钱的族人捐献固然很好,但是多数宗族没有这种条件。缺少共有财产的收入,各项事务的开展需要向各户敛钱,然而有的族人凑不起份子钱,或不信任主事人,不乐意交钱。众人出资出力的宗族事务,不能像政府那样强行征收,必须族众商议而后定,所定事项,是族人意志的表达,族长的遵行乃情理中的事情,自然成为对族长权力的制约。

写到这里,似乎该对清代族长作出总括说明:族长及其助手由遴选法产生,与宗子制的自然继承大不相同,其出任与否以及能否久任,没有自主权,甚至会被免职,因而权威不会太高;族长及其助手的行事,应以族规、祖训为准则,又受宗族会议(族人会议)的制约,权力有限,他需要与族人会议密切结合,才能够很好地领导族人进行祭祀祖宗、建造祠堂、修葺祖茔、编修族谱、处理族人纠纷等事务,只有双方配合得好,族人作用得到发挥,宗族事务才能开展得好;宗族为光大门庭,提高社会地位,遴选有才德的族人担任族长,要求他振兴族务、遵守国法和自律,当然不乐于恶劣族长的出现,在此种条件下行事的族长,一般地应该能够持正主理族务。不过,作为血缘群体的宗族,有其宗法性,在传统社会专制制度下,宗族虽有制衡族长权力的规则,但在实践上难以实现,故而有作恶多端的族长致死族人,这是族长有专断的因素;清末,在极少数宗族中出现选举制、议会制的"族会",实行民主管理原则,是宗族组织的新形式,表明宗族制在演变,宗族及其族长性能在演变,族长的宗法成分消失殆尽,惟是此类宗族极少,却能反映宗族演变的趋势。

(2008 年 6 月 20 日草于旅次,载《江海学刊》2008 年第 5 期)

清代宗族文化
——从文化角度认识清代宗族

　　清代宗族文化,长期以来被人们视为宗法文化、宗法伦理文化,属于君主专制主义文化体系,笔者原先亦持此种见解。然近二十年深入考察,认识颇有改变,认为它已然不是纯粹的宗法文化,如族长的遴选制、宗族事务的合族公议、出现对家族通财观念的议论,尤其是在晚清出现族会制及选举制之后,它既有宗法成分,又有前近代自治性与民主性因素,可以概括为"宗法性文化",或者谓为"变异性宗法文化",简单地谓为宗法文化,似不合于历史实际。宗族文化有其观念和制度、实物诸种层面,包含政府因宗族文化观念而形成的方针政策,民间宗族的种种活动,它的实体祠堂、祖坟、族产、族学和宗谱的兴建、开办和编修,宗规祖训的制订与内涵,是非常复杂的历史事物,笔者将不按照它的制度、实物、观念层面划分进行分别的叙述,而是在制度、物质文化中探讨其观念文化的涵义,意在争取不脱离"文化"涵义的主旨下比较全面地说明宗族文化。

一、清朝倡导宗法伦理及宗族政策

　　清朝皇帝大力倡导宗法伦理,并在此种观念主导下,实行以孝治天下的方针,在律例、官制、丧葬礼仪、旌表孝义等制度和政策中予以贯彻。这种宗族文化观念的倡扬,激活民间宗族建设和活动的开展。

　　康熙九年(1670)颁布"圣谕十六条",雍正二年(1724)公布讲解它的《圣谕广训》,并以之为向民间进行教化的教材,其中第一、第二两条是宣传孝悌、睦族之道的纲领,也是民间建设宗族的指南。第一条"敦孝悌以重人伦",讲述家庭的孝悌之道和人伦之本,首先指明孝为天理所规定,"夫孝者,天之经,地之义,民之行也"。其次讲尽孝原因——报答养育之恩:"方其未离怀抱,饥不能自哺,寒不能自衣,为父母者审音声、察形色,笑则为之喜,啼则为之忧,行动则跬步不离,疾痛则寝食俱废,以养以教,至于成人。又为授家室,谋生理,百计经营,心力俱瘁。父母之德,实同昊天罔极。"再次讲尽孝的主要内容,竭力赡养,不可成为不孝逆子,以及忠君之道。最后讲述弟道,子弟对尊长必须尊重,凡事禀明而行,礼貌周到。行孝的后果是成为孝子、悌弟,"在田野为循良之民,在行间为忠勇之士"。

家庭是宗族的当然成员,是宗族建立的基础,孝道行于家庭,需要延伸于宗族,而睦族之道反过来促进孝悌之道的实现,即《圣谕广训》第二条"笃宗族以昭雍睦"所说"宗族由人伦而推,雍睦未昭,即孝悌有所未尽";"雍睦昭而孝悌之行愈敦"。此条全面说明睦族原因、族人关系、不睦之由、如何睦族。为何睦族?宗族成员系"一本"所出之故。所谓"家之有宗族,犹水之有分派、木之有分枝,虽远近异势、疏密异形,要其本源则一。故人之待其宗也,必如身之有四肢百体,务使血脉相通,而疴痒相关"。为此族人之间应当讲究慈、孝、友、恭、睦的相处准则。要做到和睦宗族,富者不得吝啬,贫者不能多求而生怨望之念,需要笃信"一本"之情,向古来模范宗族学习:"尔兵民独不思子姓之众,皆出祖宗一人之身,奈何以一人之身分为子姓,遂相视如途人而不顾哉!昔张公艺九世同居,江洲陈氏七百口共食。凡属一家一姓,当念乃祖乃宗,宁厚勿薄,宁亲勿疏。"建设和睦的宗族,应有四项内容:"立家庙以荐蒸尝,设家塾以课子弟,置义田以赡贫乏,修族谱以联疏远。"[①]立家庙、设家塾、置义田、修族谱四事,对宗族建设至关重要,血缘人群是否能够组成家族群体,能够以宗族的面貌出现于社会,需要具备祠堂、祠产、族谱等要素,亦为后世宗族史研究者视为能否成为宗族群体的标志因素。雍正帝讲此四项,是抓住宗族建设的根本,对民间宗族建设、发展有着重大影响。

"圣谕十六条"和《圣谕广训》集中体现清朝以孝治天下的政治思想纲领:以孝悌开其端,次及睦族。强调睦族,乃因"教先宗族,王化之原"[②],"明人道必以睦族为重"[③]。旨在用孝道和宗法观念教导民众,在家庭、宗族做孝子顺孙,在国家为良民。推行孝治需要宗族文化、宗族制度和民间宗族的辅助。无疑,清朝以制订、宣讲"圣谕十六条"、《圣谕广训》,向民间灌输宗法宗族伦理,从而利用宗法思想和民间宗族推行以孝治天下的政策,同时促进宗族制度和民

---

①③ 雍正帝:《圣谕广训》,宣统二年版。
② 康熙帝:《圣祖仁皇帝御制文》第三集卷33《杂著·古文评论·与彭城王勰书》,《四库全书》本。

间宗族的发展。所以宗族文化、宗族制度与民间宗族的发展也是清朝宣传《圣谕广训》和以孝治天下方针的必然产物。

清朝依照宗法观念和以孝治天下方针，在法律、职官、选举、丧葬制度的制订中予以贯彻，令这些制度充满宗法伦理精神，从而具有强烈的宗族文化内涵。

律令体现宗法观念。清朝君臣说到立法，都要讲纲常名教。乾隆帝说"慎重伦常，明刑弼教"[①]，表示用司法来辅弼伦理道德的实现，道出伦理主导法律的实质及法律实现伦常的目标。乾隆十八年(1743)，山西民人陆三杰将所分田宅荡卖，乘父病危，要求再分田地，乃叔责其不孝，陆三杰将他刺死，山西巡抚认为陆三杰是拿刀恐吓，情有可原，乾隆帝上谕，陆三杰"致毙胞叔，悖伦灭理，莫此为甚"，自应按杀害期亲尊属罪名斩立决；晋抚的"有关伦常，亦多迁就"弊病，若以后再犯，应"从重论处"。[②]杀人偿命，陆三杰若杀他人，应判刑绞监候，而致死胞叔，犯的是"十恶不赦"罪，故斩立决。此乃法律以"准五服以制罪"为原则，实行宗亲法的同罪异罚案例。同罪异罚，凡有家族血缘关系的两造，在人身、人格冲突案件判处中，为尊长减刑，为卑幼加刑，此种量刑若同凡斗的定罪比较，尊长、卑幼的处刑畸轻、畸重，更凸显国家偏向尊长压抑卑幼的严重程度，表明国家在宗法伦理观念支配下强力推行维护宗族制度的方针和政策。存留养亲法始见于北魏，明代亦有施行，清代雍正年间将它制度化。存留承祀法则因存留养亲法而衍生。存留养亲、承祀，是"死罪人犯存留养亲，原系圣朝法外之仁"[③]，"是矜恤罪人之亲，以广孝治也"[④]。体现了维护孝道伦常的宗法精神。

同罪异罚刑法之外，尚有许多维护和限制宗族权益的法律条文，如送审法、救亲情切法、血族复仇法、保护宗族公产法、分家法、继承法(立嗣法)、亲属连坐法、亲属窝盗法、出庭佐证等。宗亲法将宗族内部血缘等级性固定为国家社会的等级性，更向宗族以外的社会群体扩展：将义父子、继父子的拟制亲，血缘关系被忽略的姻亲(外家、姑家、舅家、两姨家)纳入五服关系或准五服关系体系，将宗亲关系推广到社会相关人群，令宗族关系扩大化。又将毫无

---

①② 清朝官修：《清朝通典》卷83《刑典四》，浙江古籍出版社，1988年，第2639页。

③ 裕禄辑注：《大清律例根源·名例六》，同治辛未安徽敷文书局聚珍版。

④《大清律例根源·名例五·存留养亲》。

血缘关系的人群纳入准五服以制罪,使得具有主奴、师徒关系的人也被笼罩在宗族等级制内。

宗法观念和宗族制度贯彻在国家职官制、科举制中,产生宗亲回避、终养、丁忧、封赠、恩荫、科举官卷、出继归宗、更名复姓、世爵世职等制度,从而影响到宗族成员的科举、出仕、任职、调职、离职、封赠以及仕途的诸种变化,同时影响及于其父祖、子孙,以至于五服内外族人的荣辱。

宗亲回避,有宗亲关系者不得在同一衙门、同一地方任职。康熙间定例,地方官员回避宗亲中的督抚两司大员和统管全省专门事务的道员;凡同族官员之间,具有刑名、钱谷、考核、纠参关系者,虽服制已远,均令官小者回避。终养,是官员因有老亲回籍侍养的制度。乾隆帝告诫官员遵守终养制:“士人读书明理,策名入仕,自当敬事后食,移孝作忠。”[1]不能尽孝,也就不能尽忠,终养是忠孝兼顾。丁忧,是官员遇到父祖亡故离职返乡的制度,令臣子借申哀伤之情,亦为贯彻以孝治天下方针。对于官员的父母、祖父母、本生父母、本生继母、生父之生母丧事,朝廷定有回籍治丧丁忧制度,方法是依据服制,一般是守丧三年,离职回原籍,在此期间自身不得婚姻,也不许为子女嫁娶。荫子以嫡长制为原则。顺治初年定,凡承荫,先尽嫡长子孙,若嫡长子、嫡长孙已出仕,或有他故,改荫嫡次子孙,无嫡次子孙,庶长子孙承荫。封赠是皇帝对所有品官及其三代尊属的一种恩典。官员本身受皇家恩典,而祖先或系布衣,封赠制度令其以官爵荣身,实现臣下光宗耀祖之愿。所谓“国家覃恩,推仁中外,俾人子均沾庆泽,荣及其亲”[2]。咸丰三年(1853)奏准,报捐贶封曾祖父母、伯叔祖父母、伯叔父母、庶母、兄嫂,并嫡堂伯叔祖父母、嫡堂伯叔父母、嫡堂兄嫂、从堂再从堂尊长,均准其按例定品级,一体捐请贶封。

官员子弟乡会试回避。康熙三十九年(1700)会试,经九卿议复,嗣后顺天乡试,在京三品以上及大小京堂翰林科道吏礼二部司官,在外督抚提镇藩臬等官子弟,俱编官字号,另入号舍考试。雍正元年(1723)恩科,实行官卷制,士子回避不得应试者,另派大臣拟题,考试取中。

实行孝廉方正科,选拔孝义人才。始于康熙六十一年(1722)十一月雍正帝登极,诏直省府州县卫各举孝廉方正,赐六品章服,备召用。乾隆元年四月

---

① 光绪《清会典事例》卷140《吏部·终养·汉员告养》,中华书局,第 2 册第 801 页。
② 光绪《清会典事例》卷143《吏部·封赠》,中华书局,第 2 册第 833—837 页。

诏举孝廉方正,由地方绅士、里党合辞公举,州县官采访公评,详稽事实;所举或系生员,会学官考核,申送大吏,核实具题,给六品章服荣身;果有德行才识兼优者,督抚逾格保荐赴部,九卿翰詹科道公同验看,候旨擢用。

职官制中贯彻五服制,使其自身具有宗法制因素,体现出宗法精神。宗亲回避、丁忧起复、封赠推恩、恩荫子孙涉及人员基本上在五服范围之内,出五服之族人,关系疏远,官制一般不予关注,然非绝对,在宗亲回避中武官和州县官会涉及所有族人。职官制度体现出崇尚小宗法二重性中的大宗法观念和尊行大宗法,在承荫法规中表现得特别明显。

礼制与旌表节孝政策。清朝传承历代的生养、死葬、祭祖的孝道观念,制定官民的祭礼、丧礼。为保证这些礼仪的实现,制定保护宗族祖坟、祭产、公产法,表彰累世同居的楷模宗族、赡族义行者和孝子顺孙的一系列政策。

丧礼规定,凡守孝三年者百日薤发,在丧不饮酒,不食肉,不处内,不得婚嫁,不参加吉庆宴会;其他有服制的守丧者,也不能参与燕乐。律例明定,盗卖祖宗坟山,处以重罪,至五十亩者,发边远充军。政府又制订鼓励、保护宗族建设公共财产的政策,凡民间倡立义田、义仓、义学,许具呈本州县,详报上司立案,仍听本人身自经管;胥吏土豪不得干涉,希图渔利;有此义行者,督抚或提请旌奖,或自行奖励。如若子孙盗卖祀产义田,至五十亩以上者,依盗卖坟山例问发充军;不及前数者,依盗卖官田律拟罪。盗卖宗祠者,计间数一体办理。禁止民间盗卖宗族公产的同时,政府特别开恩,对罪犯人的宗族公产特予保存,《大清律例》:"凡亏空入官房地内,如有坟地及坟园内房屋,看坟人口、祭祀田产,俱给还本人,免其入官变价。"①

世代同居的家族,笃信宗法宗族观念,多制定家规家训,族人乐于遵从,尤能遵守国法,行动合于礼制,成为一方楷模。中央及地方政府对此多加旌扬,或皇帝赐匾额、诗章、缎帛,或地方官赠匾额。表彰之频繁,仅乾隆五十年(1785)就旌表 152 个家族。

律例、职官制、丧礼制表现出朝廷实行以孝治天下的方针和政策,而其实现,需要民间宗族的相与呼应。实现亲情法,倘若五服关系不明,没有族谱,没有祠堂及其族长,宗族如何能够向法庭提供判案所需要的证明材料,族长又如何能出庭作证。孝治政策和亲情法的实现,相应的是宗族组织的健全和人

---

① 《大清律例》卷 12《户律·仓储》,天津古籍出版社,1993 年点校本,第 255 页。

们的具有宗族意识。不仅如此,政策的权威,促进了宗族成员一体化的意识和某种共同利益,促使族人凝聚和宗族开展活动,客观上起到活跃民间宗族的作用。

二、民间宗族组织形态、活动与宗法观念

在宗法观念的支配之下,民间有意识地将血缘群体组建成宗族,建设祠堂,培护祖坟,设置族产,兴办族学,编修族谱,这些宗族实体的建设过程,本身构成宗族活动的重要内容,更为持续开展活动奠定物质基础。宗族为何进行建设,赋予其何种使命,令其具有何种涵义,在在均饱含宗族文化成分。

(一)建立祠堂及宗族其他组织形式

祠堂是宗族祭祀的场所,同时是宗族组织形式之一,也是最重要的、代表性的形式。宗族还有其他组织,多种类型组成宗族群体,作为组织它有管理机构与办事人员。

清初大儒直隶容城孙奇逢,晨起率子孙祠堂焚香,训导儿子:"我等聚族而处,佳辰令节,生忌朔望,得来祠堂瞻礼,是祖父之魂气常在也,儿孙之诚敬常存也,只此是人生第一吃紧事,明此而为农,是良善之民,明此而为士,是道义之士,祖父恬熙于上,儿孙敦睦于下,岂非一室之太和,而一家之元气哉,愿我子孙世世勿替。"[1]上祠堂成为人生第一等大事,做孝子良民兴家立业的头等大事,可见宗族祠堂在人们心目中极其重要的地位。

血缘亲属是自然形成的人群,并未构成社会组织,只有按照一定的社会组织原则,在人们的共同努力下,才能够建成为社会组织,成为血缘群体的宗族。宗族组织的形成,在传统社会必须具备其成员聚族而居的前提,宗族形成的标志是有祠堂及其管理人员,或无祠堂而有管理人员及相应的规则。

清朝人具有建祠愿望,是孝道和礼制教育传承所致。人们反复讲建造居室之前应先建设祠堂。江苏仪征蒋氏宗族认为:"古云宗祠不建,不营私室,盖以祠宇为祖宗神主之所栖,祖宗安而子孙亦安耳。若不为修建,以致风雨浸露,灵爽无依,不孝莫大于此。所以仁人孝子无则建之,有则修之。"[2]康熙间进

---

[1] 孙奇逢:《孝友堂家规》,《丛书集成初编》,中华书局,1985年影印本。

[2] 民国仪征《蒋氏宗谱》,《建宗祠》。

士、松江人张永铨在《先祠记》云:"祖宗之神依于主,主则依于祠堂,无祠堂则无以妥亡者。"又说"祠堂者,敬宗者也"①。在清人的观念中,宗祠安放的神主是祖先灵魂依托之所,又是敬宗收族的手段。这种妥先灵与敬宗收族的双重目标,成为清代民间修建祠堂的共识和努力方向,力争实现。福建莆田人,"营室先营宗庙,盖其俗然也"②。既然是风俗,真是将建立祠堂作为首要事务并予以实现。清人的祠堂,有传承明代而加以维修的,更多的是清时营造的。一座座建筑群出现在各行省大地上,只是南方多一些,北方少一些。

宗族组织的管理有四种类型,即祠堂族长制、清明会族老制、族会制、联宗会制,前两种是古老的、传统的,第三种是在社会转型时期的晚清产生的,最后一种类似于祠堂族长制。

祠堂。有祠堂的宗族,必有族长管理全宗族事务。庞大的宗族,在宗祠之外另建支祠,有房长。于是祠堂区分为总祠(宗祠)、支祠和专祠,形成宗祠—支祠—分祠的结构式。有的宗祠内还有特别的经办某种事务的组织,如文会,崇祀文昌帝君,反映设会者和宗族对文化功名的高度关注;祀会,或曰诞会,特为崇祀宗族中有特殊贡献的先人,或为绝嗣者而设;利济会,系族人为举办迎神赛会筹备基金而设;义塘会,宗族为管理水力资源的分配而设立;桥会,经理义渡;济贫会,以赡济族中贫困者为目标。

清明会,是家族为清明节祭祖而设立的组织,任务单纯,然已成为宗族正式组织,其实质与祠堂相同。在一些地方,特别是北方和移民区的四川,家族公共财产很少,甚而全无。如在四川万源县,"有无祠而置业,名为'某氏清明会'者,每岁清明扫墓,中元化财,胥以此款开支"③。在直隶、山东农村家族组建清明会,一般仅有几亩坟地的公共产业,地租用作清明祭祖的开销。清明会,由族长负责,清明祭扫,长老带领后生,指认哪一座坟茔是哪一位先人的,仪式完备后聚餐,族长讲话,表扬族中好人好事,批评出问题的人,希望以此达到教育族人的目的,不令出现不良子弟使家族蒙羞。

"族会",与祠堂、清明会一样,是宗族的组织名称,与族人有事开会称族会不是一回事。族会及其名称出现于清末政治改革的社会背景和得风气之先

---

① 张永铨:《先祠记》,贺长龄、魏源辑:《皇朝经世文编》卷66,中华书局,1992年,中册第1659页。
② 乾隆《莆田县志》卷2《风俗》,清刻本。
③ 1932年编纂四川《万源县志》卷5《教育门·礼俗》。

的一些地方,如在上海,光绪三十一年(1905),苏松太道袁树勋准绅士所议,开始实行"地方自治",朱氏、王氏两个家族按照议会、自治会的精神,"集族人为'族会',从事家族立宪",分别成立族会。早在康熙年间就建立祠堂的曹氏宗族,鉴于宗族组织形式的发展,模仿朱氏、王氏建立族会,于宣统元年(1909)两次族众会议,通过族会简章,公举职员,正式成立族会。它实行议员制,有议长、评议员和办事员,由全族大会投票产生,任期一年。会议有两种,一是议员会,另一是全体族员大会。家族成年人为会员,有选举权、被选举权。族会主要做两项事情,一是联络族人,二是处理族中公共事务,即族产、祖坟的经管保护和家谱的续修。①

同姓氏祠堂与联宗会。联宗,是不同宗族的人,甚至不同姓氏的人认为有共同的祖先,遂相认为同宗。同姓氏祠堂,其成员跨地区居住,近则跨州县,远则跨省份,不同于聚族而居者的祠堂。江西黄姓于乾隆二十一年(1756)建立阖省宗祠于省会南昌,道光三十年(1850)重新修葺,光绪中再次修缮。祠内有尚义堂、节孝祠及东西试馆两座。建祠目的有二:祭祀祖先;为乡试本姓各府士子前来居住。同姓祠堂与血缘近亲祠堂不同,在一定程度上背离宗族组织的血缘原则,也是宗族变异。

(二)祠堂的管理机构、族长及其他管理人员

祠堂的建置,意味着宗族的成立。然而也需要人们有意识地去组建相应的机构,宗族始能正式形成。四川铜梁周氏的设立管理人员即为显例,其宗规"尊族长"云:"我族自六房分支以来,人众事繁,无所表率,因之愈远愈疏,而乖戾以起,此虽由于本实先拨,亦未始非族规不立之故也。嗣后我六房中,务必一房各立房长,六房总立族长。"②

宗祠的管理机构,因祠堂结构的状况而定,有简单与复杂之别,最简单的只有族长,复杂的则有一套管理人员,分管财务、教化等事。浙江绍兴王氏在族长之外设分长,职司教导子弟;执事,主管祭产。直隶丰润毕氏族中一应事宜,宅长主之,族副副之,族察察之。广东南海陈氏宗族,由八人组成大宗祠祠务机构。机构最复杂的是江苏宜兴任氏,按大宗法设立宗子,此外有七种祠堂职员,为宗长,总管全族事务;宗正,协助宗长理事;宗相,为宗子、宗长的参

① 民国《上海曹氏族谱》卷4,《族会缘起》《续修族谱记》。
② 周泽霖纂修铜梁《安居乡周氏宗谱》卷1《训规》,光绪十年刊本。

议;宗直,处理族人内部纠纷;宗史,记录宗族历史;宗课,掌管宗族公共经济;宗干,为宗长处理勤杂事务。另有一些勤杂人员,如宗守,管理仓库;守祠人,看管祠堂;守坟仆役,看管坟山。

宗族设立族长为的是管理好族务,湖南零陵龙氏宗族"家规"所叙甚明:"族无论大小莫不有长,族有长所为明理论义、排难解纷者也。"①族长所管的合族事务,以执掌祭祖最为重要,而繁杂的在于管理族人,行施教化权。

族长所管诸事。祭祀祖先,族长主理祭祀,要做到持之以恒,中断的予以恢复,祭祀过程则关注伦纪。训导之务,族长平时以宗法伦理教导族人,宣讲圣谕和圣贤、祖宗人生格言,予人启迪,不生事端。调解族人间的纠纷,不服者祠堂理断;刁顽不遵启迪者,呈官惩治。管理宗族公产,经营、维护与扩充之。主持编修族谱,族长以此为己任。在族长理事中,一般宗族有一条原则,即遵守国法,不得残害族人;亦有族长活埋族人,谓为实行家法,适已罹国法。

族长人选一般视房分、辈分、年龄、贤能等综合条件,以分尊辈高德劭为主,才能、公正为辅,虽有主次之别,然为有效办事,才能是绝不可少的选择要素。江苏武进张氏于道光间定议:"族长虽序行序齿,以有德为主,若分虽尊而德不足以信于人,即强为武断,众共摈之,弗听命,焉可也!倘信义足重,品行端方,即非尊长,当共推为族贤,凡事必资禀而听命焉。"②四川铜梁周氏选立族长,着意于品德:"六房总立族长,不拘班辈尊卑,年齿长幼,但择品谊卓越者当之。"③至于族长助理则以人品好、精明能干而又家境富裕的族人为宜,能否胜任是为重要条件。

族长产生的办法是"遴选"。兰州颜氏宗族定于每年正月初六日,各房旧家长以及老成并青衿与懂事之子弟,辰刻齐赴祠堂,共同商议。参与的族众较广泛,有各房房长、老年人、有功名者,以及已经懂事的年轻人,故乾隆二年颜穆如说他"谬为诸父昆弟委以经纪家政,不敢不尽心勉副众望"④。绩溪许余氏的管理祀产者,"必由公举,不得恋霸"⑤。依据各个宗族的规则,族长产生于众

---

① 民国湖南零陵《龙氏六续家谱》卷首下《家规》。

② 民国《毗陵城南张氏宗谱》卷2《宗约》。

③ 铜梁《安居乡周氏宗谱》卷1《训规》。

④ 光绪《金城颜氏家谱》,乾隆《重修家谱序》,光绪十二年本。

⑤ 光绪《绩溪县南关许余氏惇叙堂宗谱》卷10《宗祠规约》,光绪十五年刻本。

人的推选,就中族尊、房长和有功名的族人起主导作用,但是众多族人的意愿也被容纳进去。光宣之际清廷表示改革政体,宣布预备立宪,选举法被引入政坛,个别宗族摒弃推举法,采用选举法,如前述上海曹氏。绩溪邵氏光绪三十三年(1907)规定:"本祠首事人等宜仿国家新定选举法,由族众投票公举,以得票多寡为去取准绳。一经选定,不得推诿,一年一次,善则留任,不善则不举。……其被选者只论公正,不论有无功名;选人者必平日省事正派,方准列名投票以防弊端。"①选举法虽不完善,然民主选举之意业已显示出来。

宗族的事务,族长最有发言权和处断权,然而在其行施权力以前,宗族成员举行会议对宗族事务做出决定,或者房长会议,交由族长执行,是以"合族公议""祠规合议""集众合议""族众公约"之说屡见于清人文献。湖南零陵龙氏分成瑛、璋、瑄三房,"族众公约,凡三房之分者各专其任,凡三房之合者,三房会议汇而综之"②。陕西邠阳马氏于道光三十年(1850)创建衍绪堂宗祠,至同治二年(1863),以丁盛族繁析居五分,并订立规约,"倘有不遵,五分同究"。恐日久不克守成,特立碣以志之。这个碑为"五分同立"③。山西离石于氏康熙间宗族公议:城南原有祠堂,虽非合族宗祠,永宁支派即以城南祠为公所。遇有族中大事商议者,俱群集此祠议行。④

20世纪的人说到宗族及其族长,常常是大谈它的宗法性质,令其面目可憎,其实祠堂族长人选之产生,是接受了族人的意见;族长的行施职权,也要顾及宗人的意愿,并受族众合议的限制,族务绝非完全是宗法族长的独裁。

(三)祖坟与祭祀

祠堂和坟墓,都是宗族祭祀祖先的场所,湖南零陵龙氏《家规》云:"祠乃祖宗神灵所依,墓乃祖宗体魄所藏,子孙思祖宗不得见,见所依所藏之处即如见祖宗焉。"⑤祠堂木主是祖宗神灵所依,坟茔则是"祖宗体魄所藏",这是清朝人的共识,所以个人属文,宗族规约,族人谱序,在在言之。康熙朝吏部尚书、江宁巡抚宋荦在《祖茔祭田碑纪》写道:"神依于主,体魄藏于墓,厥重惟均,仁

① 邵俊培纂绩溪《华阳邵氏宗谱》卷首《新增祠规》,光绪三十三年叙伦堂刊本。
② 湖南零陵《龙氏六续家谱》卷首《五续谱序》,民国十年敦厚堂木活字本。
③ 陕西《邠阳马氏宗谱》,《南渠西马氏祠记·衍绪堂规约》,民国二十五年增订本。
④ 于准纂修山西离石《于氏宗谱》,《垂训·族规》,康熙年间刻本。
⑤ 民国湖南零陵《龙氏六续家谱》卷首下《家规》。

人孝子固宜并致其追远之诚,而不容恝也。"①强调祠堂和祖墓并重,不可偏废,而其原因在于坟墓是体魄藏所。

敬重祖茔,一定做好保护。就中选择葬地,乃理所当然之事。人们营造坟墓,都要卜兆。山东黄县王氏"来黄十有余世,先代祖茔卜城之坤隅"②。卜葬,选择墓穴与茔域,目的是寻求风水宝地,令先人安宁和子孙发达,而尤以活人的发达兴旺为目标。风水的追求,产生四种现象,一是留意穴位方向;二是族人为培植风水,害怕伤害祖坟龙脉,于是有禁葬祖山的规定;三是迁葬;四是因争夺风水宝地而打官司。

重视墓祭,体现孝思,尤其是祈求祖宗庇佑,人丁兴旺。广东乳源余氏的祖训云:"各处宗祖坟墓,岁节轮该祭扫,务在孝敬,以尽报本之诚。""人所贵者,子孙为其死而坟墓有所托耳,世未有坟墓不祭守而子孙昌盛者也。"③

(四)置族产的追求与其功用

宗族之祭祖,必须有宗族公共财产——祭田、义田,才可能持续地顺利地进行。江西清江龚氏宗规《祭田》所表达的就是有田与祭的关系:"礼曰有田则祭,所以实笾豆,备时享也。"④有无祭田的祭祀,虽然都在祭祖,可是人们的感受迥然有别。武进吴氏原来没有祭田,每到墓祭之时,按丁摊派祭祀费用,因而"祭仪、祭品以及饮福俱草焉",不能展示对祖先崇敬诚意,宗人亦难于畅叙亲情,族人吴翰遗憾地说:"无田非不祭,虽祭而未尽乎祭之义也。"⑤祭祀与祀田是二而一之事,清朝人感受深刻,从而以购置、增加祭田为使命。

清人深知无宗族公共产业(如义田)则难于聚族。江苏嘉定黄宗起因宗族设义田写道:"敦睦之道,不外教、养二端,而养为先务,养不给,教无由施也。"⑥说的是收族在于有义田,也即雍正帝所说的"置义田以赡贫乏"。因为有了义田,可以一定程度上实现家族通财,用以联络族人之间的感情,才能进一步培养一本观念及其得到发挥。义田的功能是济众,绍兴吴氏《义塘碑记》云,

① 宋荦:《西陂类稿》卷26《祖茔祭田碑纪》《文康公赐茔祭田碑记》,四库全书本。
② 宣统黄县《黄县太原王氏族谱》,《序·祖茔建碑记》。
③ 余有璋等纂修广东《乳源余氏族谱》卷1《余襄公训规十四条》,嘉庆二十五年木活字本。
④ 民国江西清江《龚氏十四修族谱》,《祭田》。
⑤ 民国江苏《毗陵薛墅吴氏族谱》卷12吴翰《捐田记》。
⑥ 黄宗起:《知止盦文集》卷3《义田后记》,1915年嘉定光明印刷社刊本。

"盖义田以养济群族之人"①，一语中的。义田收入，帮助贫穷族人，是历久相传的家族通财观念，所谓"有余则归之宗，不足则资之宗"。宗族公产收入之用途，完粮之外，用作祭祀、恤贫、助读，特别是义庄的租入较多，主要用作赡济贫宗。建设祀田、义田、义庄的族产，某种程度实现通财的宗族，其社会功能在于，第一使用经济手段部分实现赡族、收族之愿望；第二寓奖惩于周济之中，提高家族成员的素质；第三义田赡族扩大了家族收族范围。

由于宗族通财观的某种实践，引发人们思考宗族公产与个人私财的关系问题。社会经济制度是人人各自谋生，家族不得侵占族人的财产。在这种情形下为何宗族通财？浙江宁波徐时栋家族建有义庄，然而他说"人生无饥寒，则天下皆游民也"。因此对范氏义庄接济所有族人的做法不以为然，认为赈济的只能是鳏寡孤独罢癃废疾的人。②意即宗族互助是帮助想努力而无法实现之人，绝不养成游民惰民。清朝人对于宗族公有财产和家族通财观念，表面上看都认可，实际上有两派，即一派完全信守，另一派则有相当保留。

(五)设家塾以课子弟，为族增光

兴办族学，是宗族的共同愿望，希望以此培养子弟而光大门庭，提高宗族的社会地位。其能够办学者，也因财力等缘故，开办不同类型的学塾，多数是蒙学。办学方针很明确，是品学并重，出端人名士和官宦，为此请明师，订学则，重奖励。

宗族人士，与清代社会人士一样，认为四民之业是正当的，而四民中又以士为贵。江西浮梁郑氏宗训："各瞳子姓要先读书，或以缙绅，或以青衿，皆可以增光俎豆，荣施宗族"。③山东即墨杨氏强调唯有读书高，康熙间杨文敬说："人家子弟惟读书为美事。除却读书，皆是贱业。人家子弟肯读书，便是家门兴旺之兆。"④令子弟读书，一般人家谈何容易，故而江西清江聂氏《宗训》开导族人："子弟聪明秀丽，能肄业者宜读诗书，父兄亦宜苦赡，以大振其家声。"⑤一个家庭"苦赡"，也是力量有限，宗族就自觉地担当支援的责任，利用族产兴办子弟学塾，希望培养出仕宦人才，成为望族。在传统农业社会，人们根深蒂固

① 民国浙江绍兴《汤浦吴氏宗谱》卷33。
② 徐时栋：《甬东吴氏义庄碑记》，《皇朝经世文续编》卷67。
③ 咸丰浮梁《郑氏宗谱》，《祖庙训》。
④ 山东即墨《杨氏家乘·家训》。
⑤ 聂典训等修清江《湖庄聂氏四修族谱》，《宗训八条》，光绪二十四年刊本。

的生活理想是耕读传家,耕是生活之本,读是攀登社会阶梯的唯一通途。走科举之路,教子弟读书,是家庭、宗族的共同大事。家族以集体的力量培养子弟,期望改变或维护家族地位,是极其正常的事情。

宗族办学以"先德行、次文艺"为方针,即培养目标首重品学,次重学业,为此选择教材,《圣谕广训》《御纂性理精义》《孝经》为必读书目。甘肃兰州颜氏族长穆如家训,讲到学习内容和方法,所读之书,最当先读的是《小学》,次为《四书》《五经》,以立主敬存诚之基;《通鉴》《性理》,及长读之。

宗族以钱财鼓励族人的学业,有四种方式:资助族人求学;会课法,奖励优胜者;资助与试者;奖励进学者。在资助族人求学之中,对于有望学成的贫生给予特别关照。安徽茗洲吴氏家规:"族中子弟有器宇不凡、资禀聪慧而无力从师者,当收而教之。或附之家塾,或助以膏火。"①

(六)修族谱以联疏远

宗族编纂族谱,是宗族的一种重要活动,宗旨是联涣散维宗法,成果是形成宗族的一种载体——族史。修谱是宗族建设中极其重要的一环。

清人凡论说编修族谱,尊祖敬宗收族之说不离笔端,动辄曰:"若夫谱牒所纪,期无失乎先王尊祖敬宗收族之遗法,而示后人以崇本返始之心。"②曰:"盖闻族大则涣,涣必予之以萃,宗谱者,其即萃族之义欤。"③曰:"族之有谱,所以承先德,启后昆,俾绵绵瓜瓞,永敦水源木本之思也。"④

修谱"收族",是因族人处于涣散状态。族人原系一个祖宗的后裔,但因代远人众,人们区分出亲疏远近,又由于各自谋生,亲疏远近的利害关系更显得分明。于是相互间缺少关爱,严重到喜不庆贺,丧不吊慰,相互间成为"途人"。编修族谱,就是要改变这种状况,令族人凝聚为一体,故曰"联涣散"。"联疏远"的基础是族人源于"一本"。在修谱过程,族人辨明各自的亲缘关系,各自在族谱世系表中的位置,从而明了族人间的一本之谊,若漠视为途人,对不起祖宗。这就是修谱令人明一本、联涣散的道理。江苏武进庄恒于顺治八年(1651)续修族谱成功,自谓"是编一定,家法井然,宗规画一,敦族广孝之道,

---

① 吴青羽撰《茗洲吴氏家典》卷1《家规》、卷2《学田议》,雍正十三年刊本。

② 宋荦:《西陂类稿》卷24《三订家乘序》。

③ 广东博罗《林氏族谱》卷4康熙《四修谱序》,宣统版。

④ 山西《洪洞李氏宗谱》《后序》,同治版。

庶几在是矣"①。修谱倡扬尊祖敬宗的孝道,不修谱则为不孝。所以清人常常引述前人的"三世不修谱则为不孝"的话。宗族修谱之始及谱成,举行祭祖仪式,告慰宗祖,然后举行颁谱仪式,成为宗族喜庆节日。修谱促进宗族开展活动及制订族规、派字,向族人施行教化。所谓读家谱"孝悌之心油然而生"②。

族谱,起到了收族作用,还被宗族、族人用为各类官司佐证。清代人常说"家之有谱,犹国之有史"。数以千计的清人家谱是后世历史学、人类学、社会学、人口学、优生学等学科的资料宝库。

宗族的兴修祠堂、祖坟、族学、宗谱,建设族产,所有这一切,都是在尊祖敬宗收族观念下进行的,尊祖是旗帜,敬宗是手段(凝聚成为宗族群体),收族是目标。理念与行为的结合,清代人成功地进行的宗族建设,以群体的面目开展了宗族活动,出现在社会舞台上。

三、变异性宗法宗族观念

如果说本文第一个子目是讲述清朝政府政策与宗法观念的联系,第二个子目则是明了宗族活动与宗法观念的关系,至此需要讨论宗法观念本身及其属性的问题。宗族是传统的社会群体,宗法观念也是传统的社会思想和伦理,但是又具有时代特色,成为变异性社会观念。

清朝人遵循"礼以义起,权不反经"③的精神,对大小宗法论开展讨论,又集中在小宗能不能祭祀始祖的问题上。周代行大宗法,小宗不能建立始祖庙。清朝人主张实行小宗法,无论大小宗均可以祭始祖,从而促进了宗族的民间化、大众化。

(一)大小宗法的讨论与宗族建设中小宗法的实行

1.否定大宗法

清朝人思考礼仪与宗法制关系,探讨大小宗法理论,并否定大宗法。

第一,世道变异,宗族理论和制度必须随着更新,分封制废除使得与之具生的宗法制失去依据。清朝人认为清代与周代的不同,最根本的是有无分封

---

① 江苏武进《毗陵庄氏增修族谱·谱序》。
② 湘乡《匡氏续修族谱》卷首《自叙》,道光八年解颐堂刊本。
③ 民国《宜兴任氏家谱》卷 2 之 5 任源祥《宗祠议》,民国版。

建国制度,分封制下产生世卿世禄的大宗,大宗凭借其经济实力,顾恤小宗,因而使小宗产生向心力,宗法得到维系;清朝不分封,本应为大宗的房系,不能有足够的经济力量去照顾小宗,因之宗族难于团聚,不得不进行改革。清初官员、诗人吴伟业在《任氏宗祠记》,直隶任丘人、官员旁垲在故城《祕氏族谱》,嘉道间知县、岭南学者朱次琦在《家谱序例》①中都讲了这种道理。

第二,大宗法的宗子制不可能恢复。上古宗法中的大宗制具有两重含义,即大小宗相对应的大宗,周天子为宗子,并垄断这个位置,统治小宗,即所谓"以兄统弟",这是"大宗"的主要含义;在诸侯卿大夫的小宗内部,又区分出大宗和小宗,于是乎小宗制下的大宗支配其小宗,这是"大宗"的次要意思。后世大宗制度废除,所谓大宗,不过是小宗制里的大宗,失去了原来天子为宗子的内含。因此乾隆时的文坛名人袁枚直截了当地说:"今无封建,所谓大宗者,皆小宗也。"②

第三,宗法改革的主导意识是要通人情、重俗礼。主张改革宗法礼制的,往往讲制礼应当尊重世俗人情,不但现在这样,先王早就如此了。如直隶总督方观承所说:"礼者义之实,先王所以体性而达情也。"③清初魏禧讲到俗礼违制,祭祖不合庙制,可是符合人情,为众人所接受,因此应当承认它。④礼法的制定要依据情理,尤其是变化了的世情,包括民间的愿望在内,也即纳入上古礼法之中,成为新礼法。

2.小宗法成为主流观念及通行法则

其一,阐释别子为宗的古意与今用。上古的大宗法不可行,要行宗法,只有小宗法可行,故而嘉道间桐城派学者方东树说:"今天下之人惟天子之子与始为大夫者而后可为大宗,其余则否,独小宗之法犹可行于天下。"⑤事虽如此,然而实行小宗法,总要讲出符合于宗法的道理,所以许多宗族、学人从"别子为祖"的理论方面去作思考和说明。秦蕙田认为有三种情况相当于别子为祖:一是有世爵(王公)之家,虽无封地,但可看作古代的诸侯,其始受封者可

---

① 分别见吴伟业:《任氏宗祠记》,民国《宜兴筱里任氏家谱》卷2之4;故城《祕氏族谱》,康熙《序》,宣统二年重修本;朱次琦:《朱九江先生集》卷8《南海九江朱氏家谱序例》,光绪二十六年版。

② 袁枚:《小仓山房全集》卷17《与清河宋观察论继嗣正名书》,乾隆三十四年版。

③ 方观承:《五礼通考序》,秦蕙田:《五礼通考》卷首,乾隆味经窝藏版。

④ 《任氏宗祠记》,民国《宜兴筱里任氏家谱》卷2之4。

⑤ 方东树:《仪卫轩文集》卷12《族谱序》,同治七年版。

以被奉为始祖进行祭祀;二是做官的人家迁离故乡,后世子孙繁衍成族,奉其时为官者为始迁祖予以祭祀;三是士人出仕,与古代命官相类,他的子孙可以尊奉他为始祖。[1]方观承同意秦蕙田的意见,并为之补充一条,可谓"四是"道德文章出众的人,子孙可以为其建祠奉祀。[2]这样将官绅乡贤及其后人的建祠堂、祭祖先视为合于古礼的精神,不存在僭礼越分的问题。清人解释别子为祖古礼的另一个意思是小宗可以立后。古代宗法是大宗不可绝,小宗无嗣则不能立后。闽人蔡新对此持有异议,倡言宗不论大小,子不分支庶,凡无后者皆可立后。他重点是讲小宗应该立后的道理,因为不孝有三,无后为大,小宗难道不是人,怎么能不立后;人家有财产,无后又不能立嗣,岂不造成族人争夺遗产的纠纷,而且对亡灵亦不能慰藉;至于从哪里找继嗣,凡是始祖的后人都可以,而不必区分支庶,当然在具体操作上要先亲后疏。[3]别子为祖的理论为许多宗族所奉行,宗祠祭始祖、始迁祖。

其二,提倡贵贵的宗法观念。上古宗族是从天子到各级贵族的组织,自然含有崇尚贵胄的观念和原则,到了清代,宗族成为官绅和平民的民间群体,可是贵贵的观念却得到发展,更成为组建宗族群体和进行活动的准则,主要体现在两方面:一是族人中的"贵人"成为宗族的核心,且不计其在宗法血缘关系中的地位;二是以本人身份或其后裔身份决定其神主在祠堂中的位置,也不论其辈分和嫡庶。许三礼主张贵人主持宗族,因为他有俸禄,以禄赐祭祖,合于宗法古意。这样的子孙有责任照管宗族,要知道祖宗积德多年,才能发达一二子孙,这是祖宗呵护,让他为宗子,以便上祀祖先,下护昆季。如若没有做官的族人,就依尊尊、长长、贤贤确定族长。[4]贵贵的思想原则实质上是以社会地位的贵人治理宗族,取代自然血统的宗子地位,即使在有宗子之宗族,宗子也不过是象征性的,还是功名仕宦者在起作用。

(二)尊祖的"一本观"

宗法观念肯定始祖、始迁祖、合族之祖、房支之祖在宗族中的祖先地位,然而不论哪类祖先,与现存后裔之间的祖孙关系,虽然人人承认,但是对那些

---

[1] 《五礼通考》卷109《大夫士庙祭》。
[2] 《五礼通考》卷109《大夫士庙祭》,方观承按语。
[3] 《继嗣说》,《清经世文编》卷59,第1494页。
[4] 《补定大宗议》,《清经世文编》卷58,第1474页。

远逝者,与现存者并无直接联系,为什么还要崇拜他们? 裔孙需要弄清与祖先的关系,以及由此而来的现存者之间的关系,一本观和一气说应运而生。同治元年(1862),江西义宁义门陈氏之茂萱谓其族"敦同气之谊,收一本之心"①。"同气"与"一本"相联,反映祖先与裔孙、裔孙之间的关系。

1.一本观的祖宗裔孙"一气"说

宗族讲"一本",是说族人虽然众多,都是一个老祖宗的后人,犹如一棵大树有枝有叶,但都出于一个树干的主体。宜兴任氏宗族的"精通性理之学"的任启运将他的宗祠大堂"一本堂"得名的原因说得很形象:"我祠堂名一本,譬之如树,祖宗其根也,宗族伯叔兄弟其枝叶也。"②比喻固然形象,然而未能从理论上说明祖宗与后裔的内在联系,而"一气说"则讲出道理。老祖宗亡故年头太久,形体早已朽化,远年后人从来没有见过他们,除了可能有的一点传说,后人对他们毫无印象,如何去崇敬怀念! "一气说"回答这一问题,认为先祖与裔孙以"气"相联,共有一个气脉,所以裔孙离先祖虽然世代相隔久远,但是气脉相通,是为一体。如《国朝先正事略》作者李元度所言:"气者何? 吾今日之一呼一吸是也;吾之一呼一吸,即吾父祖之呼吸,即吾始祖之呼吸,即自有天地以来始初之祖之呼吸。使中有一时之息,则气不属矣。"原来后裔所呼吸的气是各个时代的祖先所呼吸的,是一气相承。如果气停息了,就不能一脉相传,所谓后人就不是祖先的遗胤了。③祖宗与后裔的关联,重要的不在于形体,而是呼吸的气,是一气相承,是气脉的一脉相承、一脉相传,故祖先与裔孙统于一气,宗人之间也是统于一气,众人出于一个祖宗的"一本",实质就是有一个共同的"气"。所以一本所生,就是一气相承,"本"是通过"气"实现的。族人既然源于一本、一气,对本根、原气的祖宗应当崇敬,对一本一气所出的宗人应该亲爱无间,才合祖宗的意愿。

2.一本观与祠堂的建立及祭始祖、始迁祖的讨论

宗族成员产生于一本,具有渊源于祖先的气脉,对祖宗永志不忘的恩德需要表达出来,方式是祭祀先人,有条件的则是建造祠堂祭祖,如果有条件而不去建设,就会被认为缺乏一本思想,受到舆论的批评,这是有清一代常见的

① 陈出新等修《义门陈氏大成宗谱》,同治《濂江陈氏迁宁四户五次接修支谱原序》,民国十年本。
② 《清史列传》卷68《任启运传》,王钟翰点校本,中华书局,1987年,第17册第5485页。
③ 《家庙碑》,《皇朝经世文续编》卷74。

现象。

一本观的宗族之本,有远近不等的厥初生民之祖、始祖、始迁祖、始分祖,宗族建祠堂祀先,祀到哪一代? 对这个问题,民间和学者的议论中,一本观是基本的依据。既然是一气相属,祭祀祖先,可以上溯到不可知之祖,或者不可能确切知道的厥初生民之祖,多数宗族认为这样的祖先太渺茫,应从可知之祖开始祭祀,即以始迁祖为始祖,祭祀自始迁祖开始。乾隆间纪大奎认为时人的观念,始迁祖就是始祖,他说"始祖者,始迁之祖而已,非先儒所谓厥初生民之祖也"①。袁枚赞同祭祀始迁祖之说,认为收族不能忘祖,而此祖若为远祖亦不可,"然则尊祖何始?曰以始迁某郡者为始"②。人们的祠堂之祭自始迁祖始,已成多数宗族的共识。

3.祠堂行一本之谊与收族

一本观念的祭祖与收族是一个事物的两个方面, 即因一本观而崇拜祖先,而团聚族人,联系双方的是体现一本观的祠堂。祠堂祭祀始祖、始迁祖,将数十、数百、数千的族人联结在一起,分散的族人有了祠堂中共同认可的祖先,产生水源木本之思,认识到无论亲疏的族人均出于一本,都是一棵树上的枝叶,有了亲近的愿望,容易结合为一个整体。清初屈大均说,庶人建立始祖之庙,"追远也,收族也。追远,孝也;收族,仁也"③。李元度讲到建立祭祀始迁祖的祠堂,族人在祭礼中序昭穆,"则于敬祖中又寓收族之义"④。任启运直接从一本观出发,说明尊祖与恤族的道理:人薄于祖宗,父母根本便断了;薄于宗族,伯叔兄弟枝叶便凋了,几曾见无根无枝叶的树能开花能结子乎? 愿宗族上念祖宗,事事要为祖宗增光,莫为祖宗蒙羞,莫想在祖宗面上侵占,莫想在房族身上刻薄,念念记着"一本"二字。⑤"一本"联系着祖宗、族人两头。宗族关注一本,并非无的放矢,而是有着强烈的针对性,即不满意于族人的涣散,希望借助一本观的传播,改变族人思想,扭转这种局面。一本教育的实质是尊祖敬宗,祖宗是宗族之本源,是宗族的旗帜,祠堂是宗族的组织的、物质的体

---

① 《宗法论四》,《清经世文编》卷58,第1467页。
② 《小仓山房全集》卷10《陶氏宗谱序》,乾隆中刻本。
③ 《广东新语》卷17,中华书局,第464页。
④ 《天岳山馆文钞》卷4《宗祠碑》,光绪六年爽溪精舍藏书版。
⑤ 民国《宜兴筱里任氏家谱》卷2之5《钓台公劝谕》。

现,尊祖敬宗既成为族人的共识,就使族人对宗祠产生凝聚力,族人就能团结一致。

清代小宗法观念的流行,有力地推动宗族建设及其民众化,主要表现在祠堂规模的扩大和修谱的普遍两个方面:其一,实行小宗法,祠堂规模的扩大,参与祭祀者多。民间祠堂可以祭祀始祖、始迁祖,令宗族组织可以容纳更多的成员,在扩大祭祀对象的同时,令宗族成员的范围大为扩展,不以五服宗亲为限,使它可以包括十几代、几十代祖先的后裔,比五服族亲的人员自然成倍、若干倍地增多,一个祠堂团体里,不会只有十几人,而会是几十人,几百人,成千人,几千人,反映了清代宗族有更多的人参与活动,宗族成为更加普遍的民间组织,散布于乡村乃至一些城镇,使其成为不可忽视的社会组织和社会力量。其二,促进、便利族谱的兴修。毛奇龄说:"自宋人大作氏谱,遍及庶姓,横门曲户皆得有谱,其于睦属大义,可谓悉周而独是。"①庶民之家能够修谱,是清代宗族的普遍现象。田雯说:"谱牒之兴,宗法废也。"②庶人能修谱,是上古宗法制的破坏表现,本身就是宗法改革的成果。

总之,清人宗法改革,相信小宗法和"一本观",开展祠堂活动,宗族扩大规模,宗族进一步民众化、大众化,使得上古贵族宗族走向平民宗族的长过程中又前进了一大步:宗族已经成为官员绅衿和平民的社会组织,再发展到 20 世纪,就成为纯粹平民群体了。

(三)宗法伦理

宗族制订有祖训、族诫,从内容来看,关乎到人生伦理和行为规范:对国家完纳赋役和遵守法令,在家庭和宗族尊祖敬宗、维护祠堂祖坟族产、父慈子孝、兄友弟恭、夫和妻顺、勤守本业、和睦宗族姻亲邻里、善于御下、择友相交,要义是孝睦之道、夫妻之道、生活之道和忠君之道四个方面。

孝睦之道,即孝道和睦族之道。家训讲孝道,核心是孝顺父母,并扩大到对族人的礼敬与关爱。宗法观念认为父子之道是天性,孝道是天理所决定的。宗规要求的子孙孝顺是多层次的,最高层级是读书上进扬名显亲,即能够光宗耀祖;次一层是做到曲体亲心,父祖想要的东西、想做的事情还没有说出来,子孙早想到了,给他们办到了,甚至父祖的朦胧意识,子孙体察入微,为他

---

① 《西河集》卷 54《重修横河张氏族谱序》,四库全书本。

② 《古欢堂集》卷 26《萧氏族谱序》,四库全书本。

们做了,令他们大喜过望;下一个层次是赡养老亲,衣食无缺。一般人能够做到这一地步已经不容易了,但是在孝道要求方面仅仅是符合最低程度的标准。如果不能赡养,就是不孝。倘若子孙有严重不良行为,辱及父祖,则是逆子。如若有忤逆行为,则成为罪人。孝,曲体亲心,在父母之外,要讲手足之情。家训讲的是这样一些道理:同为父母所生,自吾兄弟视之,则各有一身;自吾父母视之,则均为一体。人纵不恤兄弟,独奈何不思父母乎!同胞兄弟应通有无,对兄弟的困难当惟力是视,断不可自居饱暖而忍彼以饥寒。父母而上,由高曾以上溯一源,皆父母辈;父母而外由伯叔以旁通五服,亦皆父母辈。若能爱父母,而于祖宗之稍远者或忘之,伯叔之稍远者或忽之,怎么体现出孝心呢? 曲体亲心,倘或父母的其他子女生活有困难,父母心里难受,就不能不伸出援手;推而上之,祖父母的子女,即己之伯叔父母、堂兄弟有困难,祖父母心里不安,再推而上之,高、曾祖父母之后人,即己之堂伯叔祖、再重与三重堂兄弟,他们有难处,本着一本之情,应该给予帮助,才能够符合亲心。由孝亲而睦族,道理就是如此。孝与顺相联,孝就得顺,父母之命一定得听从,即使乱命,亦不得反抗,最多是劝谏。这就是家训中一再出现的"天下无不是的父母"的话。

夫妻的伦理是夫为妻纲,可用"和"与"别"两个字来概括。和,夫妻和睦,夫倡妇随,不致于乖离,而得以成家道;别,男正位乎外,女正位乎内,妻主内,不预外事,是为顺。夫妻关系固然有主从之别,但又是敌体关系,故而祖训大讲刑于之道,要求夫贵和而有礼,妻贵柔而不媚。夫妻相敬相爱,夫对妻之不如人意处需要宽容,亦须厚待。如此始能和气致祥,家道兴旺。

生活之道。祖训对人生生活经验的总结,主要是勤俭,即勤业、节俭。家规中的贻谋之道:勤俭为治生之本,日用宜常,劳力职业,毋得怠荒,量入为出,不可奢侈而用有常度,亦勿致过啬,盖节俭者有余,靡丽者不足也。勤俭,必须同正当职业是一致的,故云:生业为财用之原,士农工商皆为正业,甚可谋生,若弹唱、赌博、游食江湖,俱非正术,慎宜戒之。勤职业、崇节俭的同时,严禁游惰、赌博。勤与俭哪一方面更重要? 家训认为勤、俭一源,总在无欲,无欲自不敢废当行之事,自无礼外之费,不期勤俭而勤俭矣。就是人生观端正,就能不去刻意追求勤俭,而能实现勤俭。

忠君之道,包含出仕者的臣道和百姓的顺民之道。出仕之道中的臣道:事君要存得真实忠爱之心,居官尽职,敢于承担责任,要有担当,不可左瞻右顾,应远权势,绝夤缘,去朋比,只宜图报君恩,不可望报,贪图俸禄;做官为名宦乡贤,为以清白为第一义,奉公守法,若贪墨残忍,上挂弹章,下致诅咒,是未能显亲,先辱其亲,身没之后,何以见祖父于地下,故贪墨是居官首戒;及时隐退,须知禄位之场不可久恋,功名之地不可久居。驽马恋栈豆,鲜有不及于祸者,且贪进无厌,即是廉耻道丧,非君子之节。普通百姓与皇帝没有直接关系,如何产生爱君之心?家训指出君恩重于亲恩:皇帝宵旰殚食,致天下太平,百姓才能安居乐业,绵延勿替,因此图报,按期完纳钱粮,不犯律条,做守法顺民。

清人礼以义起的宗法改革论,尊重人们宗族生活的现实,强调小宗法,反对大宗法,是对传统宗法伦理的背叛;然而从伦理观方面观察宗族祖训,倡言三纲五常,尽忠、尽孝、尽妇道,系古代传统宗法观念和伦理。看来清人的宗法观处于矛盾状态。

四、宗族文化的影响

(一)宗族文化主导下宗族成为施行教化与具有"自治性"的群体

在中国古代社会,宗族是罕见的合法群体,意味着它有某种自治性和自治权利。宗族聚居于农村,与村落管理密不可分,又成为村落的主宰,即使众姓杂聚的村落,宗族也对村落生活起着协调作用。

宗族对内部的自我管理。宗族在一本观支配下,以尊祖敬宗收族为目标,主理族人的宗族公共生活和部分私人生活,体现在:"纪年簿"、族谱登记族人户口,作为内部管理的依据,以便开展宗族活动;组织祭祖活动;编修族谱;管理宗族义产;兴办族学;组织宣讲教化活动;制订族人行为规范和施行家法;调解族人间的纠纷。宗族在其内部行施教化权,无疑宗族将族人置于其治理、控制之下。

宗族参与村落的建设。在聚族而居的村落结构形态下,宗族对村落建设起着重大作用,表现在:村庄选址,何处适合谋生,不仅考虑现有人口,更需要虑及日后人口增多,可否维生,因此要选择有大片农田、靠近水源的地方建立村庄。整体规划,家族建设村落,不能说村村有规划,但是有设计的很多,其主要内容是规划主体建筑位置,街巷的区划,水源和下水道的安置。信仰性建筑的兴建有多种类型:祖先崇拜的祠堂,天地崇拜的社坛,祭祀社神和土地神的地方,几乎所有村落都有,但规模不大。宗教信仰的寺庙道观,有的宗族利用佛寺管理祖坟的族产;神灵和英雄崇拜的庙宇,历史上的名人和传说中的名人,被英雄化和神灵化,变为崇拜的对象,建立庙宇供奉,有全国性的,如关帝庙,地方性的更多,如江西人的许真人庙,徽州人的汪公庙。文化教育类的书院、族塾、文昌阁。伦理教育的牌坊,表彰孝子顺孙节妇烈女的牌坊,功名仕宦的牌坊、旗杆、匾额,还有申明亭,进行表彰和诫饬正反两方面教育。生产类的兴修水利,疏浚河道,围堰蓄水,管理水资源利用。服务于生产生活的筑路修桥,建设方便行人的路亭、茶亭。生活类的设施有多种:街道,铺设路面,或土或石;饮用水和排污,在水溪流经之处的村庄引水食用和洗用,水源不充足或利用不便的地方,私人打井之外,更凿公用井;路灯,有的村落设有路灯,夜晚点燃,对此种设施,颇出今人意料之外。此外,有的村落有标志性建筑,如村门,或建牌楼,或设亭阁。村落的建设,有些是个人力量进行的,可以视为与宗族共建。

宗族、村落与社区生活的参与及协调。无论是独姓村、主姓村、复姓村,宗族村落与他姓宗族村落的生活协调问题,因为情况的复杂,可以区分为如下几种情形:其一,各宗族共同管理社区寺庙道观。除了一姓独资建立的以外,各姓宗族共同监督寺宇的财产管理,督查僧人道士遵守清规,必要的时候要资助寺观进行维修,保持其香火不断。其二,联保维护社区治安。各村落自保之外,各个村庄协作维持地方安定,在政府允许之下,建立联保组织,打更巡逻,盘查陌生人。其三,调解宗族间的冲突。因为自然资源的利用、不同宗族的成员间买卖借贷等原因造成的细小纠纷,多由两造双方的宗族协商调解,不成功,告到官府。至于世仇引起的械斗,是宗族间的大冲突,惟有政府处断,而且常常不能彻底解决问题。其四,民俗活动的助兴与合作。有的宗族有独特庆日,并有自身的庆祝方式,这时邻村的、本村的他姓宗族会有某种参与,表示祝贺、支持,主办宗族也表示欢迎共庆。至于地方性、全国性的节庆日,各个宗族联合,协商共庆。如元宵节的耍龙灯,全社区组织,在一个公共场所"会演",各宗族的村落都会精心准备,以便表演出色,拔得头筹,所以这类活动多少含有竞赛性。社区活动中各宗族的协作,往往由各族的绅衿、族长出面,尤其是缙绅起主导作用,因为他们比一般人有号召力和组织能力。哪一个宗族有的绅衿多,在社区就有较多的发言权和主事权,因而社区中的宗族在事实上是不平等的。

160

宗族的内部和社区管理,使得宗族成为族人村落及其社区公共生活的组织者、管理者,并成为具有"自治性"的群体。近代意义上的自治,指民间自行组建的群体,以民主的原则管理其内部事务,并得到政府的承认。清代的宗族,管理自身的事务和参加社区事务的处决,但它民主性与宗法性混杂,尤其是它的活动受到政府的严格控制,自治程度很低。因此说它具有自治成分,而不是近代式自治团体,但是不可忽视的是它具有"自治性"。宗族治理族务,同时也是在向族人行使教化权。顾炎武说,宗法的实行是"扶人纪而张国势者"①,又说:"自三代以下,人主之于民,赋敛之而已。凡所以为厚生正德之事,一切置之不理,而听民之所自为,于是乎教化之权,常不在上而在下。"②认为宗族实际上拥有了教化权,而这种权力可以张大国势,使国家强大。魏源称赞宗族设立义庄是"自教养","则鳏寡孤独废疾者皆有所养,水旱凶荒有恃,谣俗有所稽查……人心维系,磐固而不动,盗贼之患不作矣",这是"分县官忧"③。"自教养",也是说民间具有教化权。他们都把宗族看成是佐助国家"教民""养民"的群体,实际上拥有教化权。教化权原本是国家的,宗族也得分享,是政府允许和让度的。

(二)宗族与保甲成为国家治理地方的经纬网络

政府机构设到县级,下面虽然设有管理治安的保甲、教化的乡约,但是常常流于形式,不能正常发挥作用。有鉴于此,政府看重宗族的教化活动及其作用,以弥补乡约的不足。故而赋予宗族多种权利:为实现宗亲法而给予宗族的司法参与权;为节约行政成本而给予宗族某些民事纠纷调解权和族人遗产的处理权;实现官员管理制度中的宗族佐证权;宗族管理内部事务权;宗族协调社区事务权,支持宗族为维护公共社会秩序而作出的请求,如宗族反对赌博、盗窃等风习,排解水资源、林木资源利用而发生竞争,请求地方官干预,政府多予批准,宗族因而将批文刻石,作为强化乡约作用的依据。④

晚清思想家、政论家冯桂芬充分认识到宗族的教化作用,提出"以保甲为

---

① 顾炎武:《顾亭林诗文集·文集》卷5《裴村记》,中华书局,1983年,第101页。

② 顾炎武:《顾亭林诗文集·文集》卷5《华阴王氏宗祠记》,第109页。

③ 魏源:《魏源集·庐江章氏义庄记》,中华书局,1976年,下册第502页。

④ 参阅冯尔康:《简论清代宗族的"自治"性》,《华中师范大学学报》2006年第1期。

经,宗法为纬"①的政治设计,用国家政权末梢的保甲与民间宗族结合,保甲是自上而下的经线,宗族教化是横向的纬线,如此经纬交织,组成严密的统治网,以达到基层社会的稳定、皇朝的长治久安,从而令宗族赋有某种基层政权性质。"保甲为经,宗法为纬",显然是政府有关宗族教化权的理论概括。

政府、宗族双方分享教化权,有的是政府主动给予的,有的则是经过申请取得的。就政府而言,处于主动地位,自动让予也好,被动应允也好,都是政府出于自身利益而采取的。政府让渡某些权利的原因在于:落实"移孝作忠"方针政策的需要;节约行政成本;利用宗族的代表人物——乡绅协助治理民间事务,改善政府与民间的隔阂;借用宗族力量维持社会秩序的稳定。宗族的自治性和教化权,令其成为民众与政府之间的"中介"物,表明民治制度在中国有历史基础,在当代也不无某种借鉴意义。

(三)清代宗族文化的特异性——变异型宗法文化

本文开篇说到清代宗族文化是带有宗法性的文化,而非纯粹宗法性质,或者谓为"变异性宗法文化",是基于三个方面的考虑。②

1.皇家的大宗法与民间的小宗法

皇家实行大宗法的家天下帝制。皇统神圣合法,皇位在爱新觉罗家族内传承。皇帝高度关注皇族建设:建立宗庙,进行祭祀,象征家族政权的存在;设置宗人府管理皇族,凝聚为一体;分封宗室王公,食俸禄,极少数贵族尚能世袭罔替。皇家建设缜密,完整地保持大宗法以及贵族制的残余。

民间宗族的情形迥异。清代社会已非典型的周代封建社会,宗法观念亦非典型的宗法观念,而是经历秦汉以来,特别是清朝人的礼以义起改革论,民间宗族在自身的建设中,也即在实践中,对传统的宗族加以改造,思想家和文人对传统宗法理论进行研讨,又结合民间宗族活动的实践,依据礼以义起的原则,对传统的宗法观念进行了修正。清人之宗法观,摒弃大宗法,主张小宗法,即是在号称实行小宗法中的大宗法的宗族,宗子制也是名存实亡,甚至"名"亦不显。清代民间的宗法观念,绝对不是周代的大宗法的"以兄统弟",而是自身的小宗法。它的特点是实行贵贵制,有身份者、贤人治理宗族,并不怎

① 冯桂芬:《校邠庐抗议》下篇《复宗法议》,中州古籍出版社,1998年,第166页。
② 冯尔康:《秦汉以降古代中国"变异型宗法社会"试说——以两汉、两宋宗族建设为例》,《天津社会科学》2008年第1期。

么理会血缘房分的地位。由于小宗法实行,人人可以祭始祖,宗族乃民间化、大众化,群体规模大,力量强,显现出活力。形成三个特点:宗族成为历史久远的几乎是唯一的民间合法群体,清代社会缺乏民间社团,表明君主专制程度很高,在此情形下却对宗族情有独钟;士人、绅衿在宗族与国家之间起着桥梁作用,他们在社会上,尤其是基层社会有崇高地位,发挥独特作用,为国家与宗族共同需要和认可;宗族具有某种自治权与教化权,因此增强了宗族的凝聚力。

2.皇家倡导宗法伦理,民间宗族文化的专制主义内涵在削弱

君主专制与宗法共生、共存,互为表里,浑然一体,宗法本身具有专制性。朝廷实行"以孝治天下"的方针政策,强力推行宗法伦理、忠孝之道。

民间宗族,作为血缘群体,仍然保留家长制的某些因素,如一本观,产生并表达祖先崇拜;族长的一定程度的专断(甚至于非法活埋族人)、族人对宗族的一定程度的依附性;血缘伦序观念与孝悌之道结合,追求孝道和移孝作忠。然而清代不存在上古式的大宗收族、小宗制和家庭私有制,使得宗族很难收族,令族人秉命于族长。遴选产生的族长,其行事之前,需要合族公议,需要吸取族人意见,因而专权有限。族长不肖,族人可以撤换。至于清末的族会制、选举法,更令宗法专制变异。对传统的家族通财观念也出现异议。简单地说,民间有宗法性观念,也流传宗法性伦理,不过已经不是纯粹的传统的宗法文化、宗法伦理,是削弱了的宗法文化。

3.拟制亲冲击宗族血缘原则,而其宗法性又扩散、辐射到社会结构和人际关系中,宗法在削弱中发挥作用

中国宗族严守血缘认同法则,不许异姓掺入,否则是不孝行为。可是排斥非血统人员的同时,又按照宗法观念的模式,接受拟制血缘成分为家庭、宗族成员,或非正式成员。宗法性思想及其派生物拟制亲观念影响了社会结构中的群体关系。君民的君父、子民关系具有宗法成分。儒学、工匠、商人、艺人中的师徒关系,佛教、道教中的师徒关系,根据"准五服以制罪"原则,师傅相当于期亲、大功尊长,生徒相当于家族的卑幼地位。

(2008年2月19日草,应邀给某论文集,然迄未见书。2019年1月10日记)

清人"礼以义起"的宗法变革论
——宗族活动的主导意识

　　讲到家族礼法、祠堂、祭礼,清朝人有言必"三代"的习惯,不论对古礼有什么样的理解,总要说它如何如何,今礼又当怎样。说到家族、家庭关系更离不开周代的宗法制度和家法思想。周代实行的是大小宗法制,实质是大宗法制与分封制相结合,家国一致,以兄统弟,受封的小宗(即各级贵族)可以立祖庙,但不可以祭祀始祖。至于社会下层的庶士与庶人,并不能立庙,只能在寝室祭祀亡父一代。典型的周代宗法制的破坏,及与其相联系的分封建国制的基本消失之后,人们逐渐变通对祖先的祭礼,至宋代以后,特别是明代发生了很大的变化,由于理学家的提倡,人们相信"礼以义起"的观念,不顾朝廷规定的礼制,自行祭祀始祖,或始迁祖,祭祀高曾祖称四代,明廷也放宽禁令,允许民间祭祀四代先人。

　　清朝人面对已经有 3000 年历史的宗法观念和宋明的祭礼规制及习俗,思考他们的祀礼和家族建设。他们既要不违背"三代"的经典和宋明理学家对宗法理论的诠释,又要照顾到现时代的俗礼,于是乎"礼以义起,权不反经"的见解成为人们的共识。这就是要根据新情况变革古典礼制,但不能离开经典精神。对此,著作《五礼通考》的乾隆朝刑部尚书秦蕙田说得相当明白,他就古代大小宗法中的立嗣规制,说明变革的必要:"礼以义起,法缘情立。不衷诸古,则无以探礼之本;不通于时,不足以尽物情。如宗法为人后一事,此极古今不同之殊致也。"按古礼,大宗无嗣必须立后,小宗无子则不得立后,秦蕙田说这是"三代以上之言,不可行于后世"。他认为现时不能照办,而应当准许小宗立后;这种规范不能实行,则由于世事变化,世卿世禄制已不存在,大宗不能长保富贵而收族,小宗却可能出人才脱颖而出,不能不许他立后;如若不然,强立大宗,压抑小宗,违背情理人意,家族则不能兴旺;再说有小宗来祭祀,总比先人没有后人祭祀要好；他最后告诫世人："论礼者慎无泥古以违今也。"①秦蕙田的变通论得到许多支持者，可谓清人"礼以义起"论代表性的说明。不过我们这里仅做了概括的介绍，毫未展开。下面将对各种"礼以义起"的观点稍做清理，进行分别的叙述，在此基础上略谈这种观念对家族建设的社会意义。

一、世道变异，家族理论和制度必须更新

对于宗法与社会基本制度的关系来讲，人们认为"三代"与清代的不同，最根本的是有无分封建国制度。分封制下产生世卿世禄的大宗，大宗凭借其经济实力顾恤小宗，因而使小宗产生向心力，团聚在大宗周围，也即实现大宗"收族"，宗法得到维系；清朝不行分封制，不能出现世卿世禄阶层，本应为大宗的家族房系，不能保证世代有足够的经济力量去顾恤小宗，不能让小宗产生强烈的向心力，因之家族难以团聚，不得不进行变革。

清初诗人吴伟业从宗法制和井田制的废除说明家法变革的必要。他说："先王有助法以聚天下之小人，有宗法以联天下之君子。助法行而井邑邱甸通力合作，故授田者无窭人；宗法行而高曾祖祢有无相共，故赐族者无敝室。是宗法实与助法相为表里。"井田制与宗法制互为表里，井田制破坏，宗法制也实行不了。至于历史上是否实行过井田制，在这里并不重要，因为吴伟业认为施行过，以此立论，是在说明世道变迁，先前的宗法就行不通。他又说，古代卿大夫"世食其采地，实任收族之责，而族人亦严事之"，然而"今宗子或为氓隶，无以收恤其族人；而支庶间有贤劳官爵，安能尽屈于宗子"。这样就不能不改制，要对古礼"斟酌损益，宜乎人情，合乎时俗，世人安然由之，然后可以经久而无弊"②。乾隆时大学士蔡新以周代鲁国三桓、郑国七穆得以实行宗法为例，说那时大宗是"宗社人民之所依赖，土田里居族姓之所维系"，但是，"今则不然，大夫多起于单寒，不分支庶"，因此笃信大小宗法就不合时宜了。③乾嘉时

① 贺长龄、魏源辑：《清经世文编》卷59《辩小宗不立后》，中华书局，1992年，中册第1492页。
② 民国《宜兴任氏家谱》卷2之4，吴伟业：《任氏宗祠记》。
③ 《清经世文编》卷59《继嗣说》，中华书局，1992年，中册第1494页。

期学者钱大昕说:"三代以后,仕者不世禄,大宗不能收族而宗法废。"①也是将着眼点放在能否世禄上。道咸时期的岭南学者朱次琦赞成秦蕙田的见解,在为其家族谱所作的《序例》中云:"古者大宗诸侯世国,卿大夫世禄,族人莫不恃以收族合食,是以(宗祀)百世不迁。今则井田世禄之制绝,而宗法废,则人人可以为别子之祖。"所以"礼贵从宜,亦以义起也"②。沈垚具有同样的认识,他说:"夫礼缘义起,制随时变,立后之意,古今殊绝,古者惟大宗立后,今则无人而不立后。"既然古代宗法已经废除,不可恢复,人们何必还要附会古代的说教!③瞿家鳌也是看到制度的变化对宗法的重大影响,故云:"自井田坏而比闾族党之制堕。"④

从清代初年到后期,人们认识到古代宗法制失去了与以相依为命的分封建国制度,已无存在的社会条件,必须对它加以改造,而不能墨守其成规。这是古今异宜,宗法必变的第一个内涵。

其二,大宗法的宗子制不可能恢复。古代宗法中的大宗制具有两重含义,即大小宗相对应的大宗,周天子为宗子,并垄断这个位置,统治小宗,即所谓"以兄统弟",这是"大宗"的主要含义;在诸侯卿大夫的小宗内部,又区分出大宗和小宗,于是乎小宗制下的大宗支配其小宗,这是"大宗"的次要意思。后世大宗制度废除,所谓大宗,不过是小宗制里的大宗,失去了原来天子为宗子的内含。因此乾隆时的袁枚直截了当地说:"今无封建,所谓大宗者,皆小宗也。"⑤所以清人在讲究大小宗法时,与古代天子的大宗法没有联系,仅是就小宗法中的大小宗法而言。清初屈大均清楚地看到大宗制不能建立,故云:"今天下宗子之制不可复",要想团结族人,只有建设祠堂。⑥同时期的许三礼也说:"封建废,则宗法格而不行。"⑦即大宗制行不通。汪琬则讲述了大宗法不可能恢复的社会原因:"非宗法之难复也,制度之变,风俗之浇为之也。"为此他

---

① 钱大昕:《潜研堂文集》卷21《钱氏祠堂记》,《潜研堂全书》光绪十年长沙龙氏重刊本。

② 朱次琦:《朱九江先生集》卷8《南海九江朱氏家谱序例》,1990年;另见同治《南海九江朱氏家谱》卷首之三《序例》。

③ 盛康辑:《皇朝经世文续编》卷72《为人后者为所生服议上》,光绪二十三年武进盛氏思补楼刊版;下引《皇朝经世文续编》均盛康辑本,不再注明。

④《皇朝经世文续编》卷67《复小宗论》。

⑤ 袁枚:《小仓山房全集》卷17《与清河宋观察论继嗣正名书》,乾隆三十四年。

⑥ 屈大均:《广东新语》卷17,中华书局,1985年,下册第464页。

⑦《清经世文编》卷58《补定大宗议》,第1474页。

谈了三方面的内容,尤其说明制度的变异,是分封不行,大宗失去统率族人的能力。"古者大夫三庙,又有采(邑)以处其子孙,今之大宗降为编氓者多矣,无庙也,无田也,其能率其族之贵且显者以岁时旅荐于寝乎,此不可行者一矣。"再说如今财产为私家所有,已不同于宗法制之时,"有余则归之宗,不足则资之宗"。这样的制度性变化,不复古制,大宗法自然行不通。①

理学家李光地比汪琬分析得更深刻和有条理,他认为有三个难处令宗法制不可行:第一是古代实行世官仕禄制度,宗子是用官禄祭祖,而现时无世官世禄,长房长子则不能充作宗子去做无世禄的祭祀;第二是古代宗子是朝廷所立,他们熟悉礼法,今若平民百姓做宗子,不懂得祭礼,而充祭祀的主持人则会闹出笑话;第三是古代宗子必为族人所敬重,管理族内和族人的事务,现在平民宗子为人轻视,根本没有管理族人的权威,由他们来主管祭祀,祖先也不能接受。②雍乾时期官员学者李绂在《宗子主祭议》文中,针对后世某些人以长子为宗子的观念与做法提出异议,并认为不可行。他说:"后世乃欲自始祖而下,并以长子之子孙为宗子,毋乃误甚。长子之子孙,其世世之长子,不惟不能皆贵,亦不能皆贤。于是有降在隶庶者,甚或辱身贱行,饥寒不能自存者,安得奉为宗子,以主祭而统族人!"③

其三,要变革,必须批评泥古观念。世道变异,宗法行不通,可是人们常常拘泥于古法和先前观念,不敢改制,主张变异的人就批评食古不化的观念,以便扫除思想障碍。前述吴伟业的变革宗子制度意见,就要求人们不要泥古,只是要依据它的精神实行变革:"古礼之在今日,不当泥其法,而当行其意,亦在善行者变通之而已。"④与他同时的王应奎也批评拘泥论调,"今人拘五庙、三庙、二庙、一庙之说,谓士庶人止应祭一代,而不知非也"⑤。道光时期的成毅批评小宗祭四世、亲尽则祧的观点,又进一步说:"大抵言礼之家,每多泥古而不深求古人议礼之意,与夫后世时势之所不可行者,不敢变而通之,无惑礼教之愈微也。"⑥他将泥古理解为不懂得古人立论的精神,是并不知晓古礼,言简意

① 《清经世文编》卷 58《汪氏族谱序》,第 1473 页。
② 李光地:《榕村全书》卷 21《家庙祭享礼略》,道光九年版。
③ 李绂:《穆堂初稿》卷 24,乾隆五年刊本。
④ 民国《宜兴任氏家谱》卷 2 之 4,吴伟业:《任氏宗祠记》。
⑤ 王应奎:《柳南续笔》卷 3《庶人祭高祖》,中华书局,1983 年,第 174 页。
⑥ 《皇朝经世文续编》卷 67《宗法议》。

赅,说得相当透彻。同光之际,因慈安、慈禧两宫太后不给同治帝立嗣及其升祔典制问题,朝中发生了礼制的讨论,其中方宗诚主张礼以义起,反对泥古,他说:"后世庙制,既不同三代,则祧礼自不必泥古。"周朝王室是七庙之制,清朝从太祖到穆宗同治已经九世,穆宗的神主如何升祔太庙,是实行祧法,抑或为穆宗另外立庙? 他因不泥古,故赞成九世同堂之议。①

其四,变革的主导意识是要通人情,尊重俗礼,然而要按照礼法精神使它合乎规范,也即纳入上古礼法之中,成为新礼法。主张变革宗法礼制的,往往讲制礼应当尊重世俗人情,不但现在这样,先王早就如此。《三礼义疏》馆副总裁方苞对族人方观承说:"礼者义之实,先王所以体性而达情也。"②认为先王制礼之时,是体察民情而予以反映的。比方苞早一点的魏禧讲到俗礼违制,可是符合人情,为众人所接受,因此应当承认它。他说民间祭始祖,"虽以圣人之礼、时王令典所不许,而世之悉奉其始祖以下合食于庙者,在在皆然,其贤者循而行之,不以为过","所谓缘人情制礼,礼以义起,皆可通其意"③。方苞在制定其家祠规则时说,有的礼法,在先王那里不合时宜,而后世能"协诸人心,而众以为安",则可制作,他所作的祭礼和祠规,"皆以思私心所安,依古礼经,而准以众人所能行,吾子孙能恪守之,则于古者立宗收族之义,犹有什一之存焉"。又说士大大与庶民皆祭始祖是不合政令的,但朝廷"以人情所安,不可强抑耳"④。

乾隆时纪大奎讲到新定适宜的礼法,重要的是要顺乎人情,故云:"若夫宗法既废,礼以义起,无贵贱嫡庶远近之嫌,而皆可以相为后,此又古今异宜,而人情之永无憾者也。"⑤编辑《切问斋集》的陆燿制作家族祭礼,自认为"与世制既协,人情亦安"⑥。李鸿章议论穆宗升祔之事,认为朝臣中主张增设龛位的,意在"斟酌时宜";要求改变庙制的,则"志在考求古礼"。他的意思是"准古酌今,改庙实有难行,礼缘人情,可以义起,因时立制,自以仿照奉先殿成案,增修龛座为宜"⑦。其立论的出发点也是制礼要合于人情。晚清俞樾特别

① 《增辑皇朝经世文统编》卷 54《答吴挚甫论祔祧书》,1901 年上海慎记石印本。
② 方观承:《五礼通考序》;秦蕙田:《五和通考》卷首,乾隆味经窝藏版。
③ 民国《宜兴任氏家谱》卷 2 之 4《任氏大宗祠记》。
④ 方苞:《望溪先生文集》卷 4《教忠祠规序》,商务印书馆"万有文库"本,第 1 册第 72 页。
⑤ 《清经世文编》卷 58《宗法论五》,第 1467 页。
⑥ 陆燿:《切问斋集》卷 5《祠堂示大儿恩绶》,嘉庆元年晖吉堂藏版。
⑦ 《皇朝经世文续编》卷 62《遵议升祔典礼疏》。

讲到"礼"与"理"的关系,他提出"礼"是否根据"理"来制定的问题,他认为:"礼虽先王未之有,可以义起也,是礼固出理也。然而圣人治天下,则以礼而不以理,以礼不以理,无弊之道也……礼者治之于未讼之先,理者治之于既讼之后。"①礼法的制定要依据情理,尤其是变化了的世情,包括民间的愿望在内。

清初毛奇龄著作《辨定祭礼通俗谱》,议论当时祭礼与古礼的关系,乾隆时修《四库全书》,评论该书,谓作者"大意务通人情,故不免有违古意,然大致斟酌变通,于古礼之必不可行及俗礼之误托于古者,剥析考证,亦往往厘然有当"②。也就是说毛奇龄考察祭礼是否得当,要看民情意向,编修《四库全书》的史官也是如此考虑的。变革祭礼,要通人情,这是不易的准则。

其五,变革既要使礼法合于时宜,又要符合于古礼精神。前面指出,清人议礼时总要考虑合不合"三代"古礼,这是思想包袱,表示人们即使在改制之中,也不能太背离古礼准则,否则离经叛道的指责谁也承受不起。正因此,方苞对建祠收族,认为犹合古代宗法"什一"之意。他的同僚李光地家族的祭礼,既不是大宗法的,也不是小宗法的,而是大小宗法结合的,李光地因而说,"古礼不可复,则存其意焉"。又说他家的各种祭礼,"苟失礼意,不可不正"③,虽是民间改制,也一定要合于古礼精神。方观承在说到李光地家族祭礼时颇为赞成,并云:"此亦礼以义起,于随俗之中仍寓存古之意,庶不似俗下祭祀全然灭裂也。"④方观承在赞扬李氏家族祭礼中,看到他的变革合于人情,保存古意,同时批评不符合礼法精神的某些俗礼。看来改制一定不能越出礼制规范。常州词学家张惠言认为"三代而下,宗法不立",祠堂祭祖的出现,"聚百世之主于一堂,而合子孙之属以事之,使俱生其水源木本之思,而因进之以敬宗收族之教,于以惇化善俗,莫近于此。然则祠堂非古礼而得礼意,后之君子恒兢兢焉务之"⑤。沈垚说:"今宗法虽不行,然特不袭其名耳,未尝无其实也。"⑥怎样才是礼以义起而不违背古意呢?张惠言、沈垚等人说得很明确,就是尊祖敬宗

① 《增辑皇朝经文统编》卷53《礼理说》。
② 《四库全书总目》卷22《辨定祭礼通俗谱》,中华书局,1965年,上册第181页。
③ 李光地:《榕村全书》卷21《小宗家祭享礼略》。
④ 《五礼通考》卷115《大夫士庶祭》,方观承按语。
⑤ 张惠言:《茗柯文编》四编《嘉善陈氏祠堂记》,中华书局"四部备要"本,第52页。
⑥ 《皇朝经世文续编》卷72《为人后者为所生服议下》。

收族,无论大宗法、小宗法都讲究尊祖;敬宗,原先是服从宗子,现在是敬重宗族主事人——族长、族尊;达到凝聚宗族、族人的收族目的。

顺治、康熙间宜兴任源祥着力建设大宗祠,制定宗法,自谓此举是"礼以义起,权不反经",这八个字,可以说是清人变革宗法的总原则,是主旨所在。他的认识原委是,当时"聚族而居者往往至数十世,属疏指繁,欲萃其涣,而收其心,非祠堂不可"。然而祠堂非古制,是遵从"程子家祭先祖,朱子祭迁祖之意"而兴的,可以实现人们怀念祖先的心意,所以是"礼以义起,权不反经,而萃涣敦风,于世教有裨益焉"①。他的意思是,先王制礼是依据礼法的要求和人情的意向,后人则要考虑变化了的世情和人们的新意愿,在制礼的时候,既要有适时的灵活性(权),更应注意原则性(经),不要违背经典,这样制定的新宗法就能合人情、联涣散,有益于世道人心,从而形成良风美俗。任源祥是他同时代名家所称赞的学人,明清之际江南四公子之一的侯方域说他"神采速通,骨坚而气雄,横视一世"②。宁都"三魏"的魏禧谓之为"隐君子,学古而能文者也,其人易直淳古,故其文多真气,而又深于古人之法"③。任源祥这样好古而深思的人,确有条件提出宗法变革的总则。晚清方宗诚在论述慈安、慈禧册立光绪,不为同治立后,但宣布未来为其立嗣一事,认为是"权不违经,变不失正"的"通经达变"之举。④这"权不违经,变不失正"八字,与任源祥所讲的八字同义,是清人变革宗法的总则。看来有"经"有"权",是清人改造宗法的共识。

二、小宗法主张者的立论与内涵

清人笃信礼以义起,变革宗法,然而具体意见却有许多不同,可以区分出崇信小宗论的,坚持小宗法中的大宗论的,兼采小宗法中的大小宗论的。这里专述清人的小宗论。

(一)阐释别子为宗的古意与今用
上古的大宗法不可行,要行宗法,只有小宗法可行了,这是不说自明的道

---

① 民国《宜兴任氏家谱》卷 2 之 5《宗祠议》。
② 侯方域:《壮悔堂集》卷 2《任王谷诗序》,中华书局"四部备要"本,第 25 页。
③ 魏禧:《魏叔子文集》卷 8《任王谷文集序》,林时益辑《魏氏全书》,清刻本。
④ 《增辑皇朝经世文统编》卷 54《继统论下》。

理。故而方东树说:"今天下之人惟天子之子与始为大夫者而后可为大宗,其余则否,独小宗之法犹可行于天下。"①事虽如此,然而实行小宗法,总要讲出符合于宗法的道理,所以许多学者从"别子为祖"的理论方面去作思考和说明。

古代宗法讲别子为祖,即诸侯的庶子为别子,因为他不能成为诸侯国的宗子,然而可以有封地,成为卿大夫,世代相传,被他的子孙尊为始祖,享受后人的祭祀。秦朝以降无封邦建国之制,但有某种类似情形,还有职官制度,可以供后人比附、解释与利用。秦蕙田就以别子为祖的古礼说明清人祠堂祭祀始祖符合于经意,即有其合理性。他认为有三种情况相当于别子为祖:一是有世爵(王公)之家,虽无封地,但可看作古代的诸侯,其始受封者可以被奉为始祖进行祭祀;二是为官的人家迁离故乡,后世子孙繁衍成族,奉其时为官者为始迁祖予以祭祀,这就相当于古代别子之公子,自他国而来成为别子为祖的一种;三是士人出仕,与古代命官相类,他的子孙可以尊奉他为始祖。②方观承同意秦蕙田的意见,并为之补充一条,即道德文章出众的人,子孙可以为其建祠奉祀——"先世有德行道艺闻于时,虽爵位不显,是亦古之乡先生,殁而可祭于社者,而子孙岂不可以俎豆终古耶!"③这样将官绅乡贤及其后人的建祠堂、祭祖先视为合于古礼的精神,不存在僭礼越分的问题。

别子为祖的观念为许多人所掌握和运用。明末诸生浙江瑞安人董应科(龙溪),在明清易代之后隐居,怀念明朝,节义为人所钦敬,后来"黄姓子孙以高节推龙溪先生为别祖,为祠堂祀之,所出皆祔"④。康雍之世的理学家杨名时以为始迁祖、始受封者即古代的别子为祖,他说:"后世讲礼者,远取别子为祖之礼,近依程朱祭及高祖之义,以为宜推先世始迁或初受封爵者为始祖,世祖之,而统把高曾祖祢为一堂五龛之制。庶几援据古今备追远之道,为士大夫家可酌而行者。"他的家族祠堂就实行祭始祖和高曾祖祢一堂五龛之制。⑤嘉道间包世臣认为族人之所以尊奉宗子,是因为有小宗的别子与宗子发生联系。因此有宗子就得有别子,别子就成为小宗族人的尊奉对象。基于这种认识,他

---

① 方东树:《仪卫轩文集》卷12《族谱序》,同治七年版。
② 《五礼通考》卷109《大夫士庙祭》。
③ 《五礼通考》卷109《大夫士庙祭》,方观承按语。
④ 恽敬:《大云山房文稿·二集》卷3《瑞安董氏祠堂记》,中华书局"四部备要"本,第102页。
⑤ 《清经世文编》卷66,杨名时《家庙记》,第1658页。

说:"先王立大宗以收族,尊祖故敬宗,族人百世以高祖之服服宗子,所以尊别子也,宗子奉祖以收族,则别子之有祭必矣"。①杨椿从区分宗庙与家祠(祠堂)的差异,说明支庶可以建立祠堂:"今家庙与古宗庙不同,宗庙以敬宗也,亦所以贵贵,故世数有多寡,必立于宗子之家;家祠则祭于寝之意,非庙也,凡为子孙者皆得立之,不必定长嫡也。"②

　　清人解释古礼别子为祖的另一个意思是小宗可以立后。古代宗法是大宗不可绝,小宗无嗣则不能立后。《仪礼》云:"大宗者,收族者也,不可以绝,故族人以支子后大宗也。"③魏晋时期何休理解古经,认为小宗无后当绝,后来的儒家采取了他的说法。蔡新对此持有异议,倡言"宗不论大小,子不分支庶,凡无后者皆可立也",他重点是讲小宗应该立后的道理,因为"不孝有三,无后为大",小宗也能立后;若小宗有财产,无后又不能立嗣,就会造成族人争夺遗产的纠纷,而且对亡灵亦不能慰藉;至于从何出寻找继嗣,认为凡是始祖的后人都可以,而不必区分支庶,当然在具体操作上,要先亲后疏。④秦蕙田同样主张小宗可以立后,认为既然人人可以为别子,那么皆可以立后——"今则人人可为卿大夫,则人人可以为别子,别子未必非支庶也,而谓支庶不立后可乎?"再说,如若支子不立后,就可能剥夺他的财产,转给可能是不肖的宗人,这太不近人情!⑤

　　纪大奎认为,先儒"大宗无子立后,小宗无子则绝",并非是经典的意思("非经意也"),因为家族共财,"故无子则族人成宗其昆弟之子,因为之后,如何而有当绝之义也"⑥。小宗也不应当不立嗣子而使其绝后。沈垚与纪大奎有所不同,他承认小宗不能立后的说法,但从现实与人情出发,认为应该允许小宗立嗣。他看到"今则无人而不立后"的社会实况,又认识到现实已不是家族共财的上古社会,而是"今则人人各私其财",如若"有积贲而不立后,则争端纷起,而乱狱滋丰矣,故不当立后而亦立后者,后王之所不得已也"。这就叫做

① 包世臣:《安吴四种·齐民四术》卷29《三溪赵氏续修宗谱序》,同治十一年注经堂重刊。
② 《清经世文编》卷66《答沈毓鋆论家祠书》,第1655页。
③ 《仪礼注疏》卷30《十三经注疏》本,中华书局,1980年,上册第1106页。
④ 《清经世文编》卷59《继嗣说》,中华书局,1992年,中册第1494页。
⑤ 《清经世文编》卷59,秦蕙田:《辨小宗不立后》,第1492页。
⑥ 《清经世文编》卷58,纪大奎:《宗法论二》,第1466页。

"不得已而徇情立后,以止人之争"①。不论对先儒小宗不能立后之说与儒家圣人原意是否一致,持有何种看法,清人都为小宗立后张目,大加宣扬。

(二)提倡贵贵的宗法观念

上古宗族是从天子到各级贵族的组织,自然含有崇尚贵胄的观念和原则,到了清代,它成为官绅和平民的没有世袭性的民间群体,可是贵贵的观念发展了,更显得突出了,更成为组建团体和进行活动的准则,主要体现在两方面:一是族人以贵人而成为家族的核心,并不论其在宗法血缘关系中的地位;二是以本人的身份或其后裔的身份决定他的神主在神堂中的位置,亦不论其辈分和嫡庶。下面分别言之。

以有身份的贵人为核心建设祠堂及其管理机构。许三礼认为,如果不将宗法的原则确定下来,如何建立祠堂、进行管理,就无法施行。至于要什么样的宗法,他建议"以贵贵为定,俾代任宗职,不得委卸",用家族中的贵人主事,世代相传,而且不得推卸。选择贵人主事,是因为他有俸禄,古代即用官禄祭祖,现在仍然用皇家的禄赐祭祖,合于宗法古意;同时其子孙也有责任照管家族,由于祖宗积德多年,才能发达一二子孙,这是祖宗呵护,让他为宗子,以便上祀祖先,下护昆季,这不是他的僭越,他因有官位而带头祭祀先人,还应当感谢国恩,去尽忠报国;一个家族如果有多个贵人,就要论他们的房分地位,或者将尊尊、长长的原则也考虑进来,以便确定;如若没有入仕的族人,就依尊尊、长长、贤贤确定族长。②

方苞、李绂等人都从主祭人的身份与祭礼等级的关系来谈论贵贵的必要。方苞说:"主祭者,由正途官翰林科道郎中知府以上者,乃用少牢,余用特系?无登仕籍者,则廪增附生以次主祭,入国学而不由庠序者不得先。"③知府以上正途出身的官员主祭,可用少牢之礼,其他人则不能;至于捐纳的国子监生因并非真正科举出身,则在诸生之后,不得越位,可知主祭人与祭礼等级相一致,当然要由高等身份者来主祭,也就是由他来管理宗族。李绂说:"主祭者,祭之主,即礼文所谓主人也,主人行礼必视其爵,士祭以三鼎,大夫祭以五鼎,庶人无田不祭,故朱子释《中庸》,谓祭用生者之禄,宗子而庶人,则荐而不

---

① 《皇朝经世文续编》卷 72,沈垚:《为人后者为所生服议上》。
② 《清经世文编》卷 58《补定大宗议》,第 1474 页。
③ 方苞:《方望溪先生集外文》卷 8《教忠祠规》,第 6 册第 199 页。

得祭矣,何主祭之有!幸而支子之子孙有大夫焉,则可祭以五鼎,不然而仅有士,亦可祭以三鼎,因其名分以行祭献则礼法俱合,足为宗祀之光,而贵贵尊贤亦足以鼓舞其族人。"①他说的"因其名分以行祭献则礼法俱合,足为宗祀之光",道出了在不能实行大宗法的情况下,实行贵贵原则对于家族建设的绝对重要性。袁枚也讲到大夫士三鼎五鼎祭祀等级的道理,以提倡贵贵的宗法。他说:"贵人贵贵之礼于宗祀尤重,故贱可祧,贵不可祧,士三鼎,大夫五鼎,祭以士,不如祭以大夫。"②江西人鲁仕骥同样主张以有爵位者主持家族祭祀,而废掉庶人宗子。③

一些家族基于贵贵的原则,在祠堂为生前富贵者或因子孙富贵者设立神位,其中以任源祥的宜兴任氏家族做得既有理论又有规制而成为典型,并且成为他人模仿和议论的焦点。

任氏于康熙前期建造大宗祠之初,就议定了配享原则。该宗族最高的祭祖大堂叫"一本堂",供奉十一世以上的共主,十二世以下的祖先配享,以论德、论爵、论功的"三论"原则作出选择。所谓论德、爵、功,乃"其子孙德盛爵尊功高者,先人亦得配享,所以兴孝慈之思",这是以配享实现有作为的子孙的孝思。所谓"论德",是说其人"孝悌忠信礼义廉耻,有一二字无愧者",或者"勤俭恭谨长厚朴直无愧者",即道德水准高的人可以入选;"论爵"是科举和恩荫出身的官员,或者非正途出身的七品以上文官、三品以上武官均符合条件;"论功",是急公好义和有著述能为宗族增光的人,有功于宗族建设的人——"成家立业,急公好义,激浊扬清,博物洽闻,修典著训,凡有裨于宗族,有光于前后者",具体到建设祠堂,其主事人和捐资人,就相当于"急公好义"的条件。④

在操作上,康熙五年(1666)定议,凡是子孙为宗祠捐银100两者,其先人牌位可以进入一本堂。⑤嘉庆四年(1799)续定配享规则,放宽标准,将原定论爵中因不够品级祖先不能配享的情况,改用为祠堂捐银作弥补,以便配享。具体办法是正八品捐银40两,正九品及贡生捐银60两,未入流捐银80两,其

---

① 李绂:《穆堂初稿》卷24《宗子主祭议》。
② 袁枚:《小仓山房全集》卷17《与清河宋观察论继嗣正名书》。
③ 《皇朝经世文续编》卷66,张履:《与沈子敦论宗子不必有爵书》。
④ 民国《宜兴任氏家谱》卷2之5《宗祠议》。
⑤ 民国《宜兴任氏家谱》卷2之5《附录配享定议》。

他以此类推。总之是官职、功名越低,捐银越多。职衔、功名和捐银配合的结果,这类人的父亲可以取得配享资格。①到了民国年间的 1921 年,任氏家族再次议定配享规则,因为国体的变更,根据新的官制和学位制度,定出配享新规矩。②由此可知,任氏家族在两个半世纪中,坚持论德、爵、功的配享观念和做法。

同样有贵贵观念的浙江绍兴府山阴县王氏家族,在雍正十一年(1733)制定的《宗族规例》中讲:“宗庙之中,亲亲又当贵贵,凡有超群衣顶子孙,其给胙必较执事者次第倍之,以表奖劝之意。”③因为有贵贵的观念,故在祠堂祭祖后的食馂余、分胙肉中给予不同于一般族人、乃至祠堂执事人员还要高的待遇。江苏江阴袁氏于道光初年,就馂余的规范,大讲贵贵的道理:“凡族中有贵且贤者,当专席以尊显之,盖贵贵、尊贤,义有均重,非阿谀也。且使有志子孙睹兹尊显,以激发其读书上进、显亲扬名之心,而此贵且贤者,亦更直谦恭和逊卑以自牧,不可因此而生骄夸之气,以轻易同宗。”④贵者贤者为宗族增彩,同时成为族人的表率,激励族人上进,对于建设家族有重大的作用。宁海曲氏祭祀以后的会餐,不是全体族人参加,只是少数能为宗族增光的人:“其有功于祠谱义庄及敦行学文能显亲者,又有于祭后为会食之礼,以宠之。”⑤江阴人李兆洛对于宜兴任氏家族的“三论”颇不以为然,进行严厉批评,他说:“今世宗祠,吾所知者,宜兴任氏为最,盖王谷(任源祥)先生所定也。然吾谓其立法太夸,用意太衰,有入无祧,已无限断;论德论爵,复起争端。”⑥

李兆洛指出,论德论爵会引起争执是有道理的,因为论德的标准不好掌握,会因人而异,偏高偏低,难得为众人所折服。江阴戈氏家族则从血缘关系的角度作出批评:“宗庙之礼,以序昭穆,此不刊之典也。曾见绅士家止序贵贱,不论尊卑长幼,其时名分何?”⑦家族祠堂应当依照昭穆制度安排神主,而论爵,可能使辈分小的亡人得到配享的尊崇,而辈分高的未亡人却要去拜祭他,这就违背了不可变异的家族血缘原则,即昭穆制度,这对宗法制度本身是

---

① 民国《宜兴任氏家谱》卷 2 之 5《配享续议》。

② 民国《宜兴任氏家谱》卷 2 之 5《配享再续议》。

③ 民国《中南王氏宗谱》卷首《宗祠规例》。

④ 民国《澄江袁氏宗谱》卷 3《祠规》。

⑤ 《安吴四种·齐民四术》卷 29《海曲义庄规约序》。

⑥ 李兆洛:《养一斋集·文集》卷 9《祠堂记》,中华书局“四部备要”本,第 113 页。

⑦ 民国《洛阳戈氏宗谱》卷 1《例言》。

175

一种破坏,批评得相当有力。但是道理仅仅是理论上的,家族如果没有富贵人的支持,就难以组织起来开展活动,难以在地方上取得崇高地位和享有盛誉。因此对于家族顺利发展来讲,论德爵功又是必要的,不可或缺的。为了家族的发展,就难于顾及昭穆原则与论德爵功的某种不协调性,这种家族的实用主义看来是不可避免的。

贵贵的宗法思想实质上是以贵人治理家族,官员缙绅为家族的族长和各种名目的管理人,取代宗子的地位,即使在有宗子的家族,宗子也不过是象征性的,还是族长在起真正作用。这也出现一些问题,主要是不肖族长败坏族长治理家族的名声。道光间湖南湘乡人成毅对于这种问题,权衡利弊,并且与宗子制做出比较,认为还是不以嫡长定宗子,而以有能力的人为家族管理人为好。他说:"吾乡旧俗,族各一祠,祠择一人以为之长,上主族之祭祀,下治族之教诫,揆诸礼制,并所不悖,而议者或谓体统未尊,及多不公不正败坏家事之人,汲汲援宗子说以为愈焉,然能必教育无素之宗子定为贤智乎,似诚不如族人之所共择共推者之尚足以称为家督也。"①多数嫡长为平民身份或缺乏管理家族的素养,让他做宗子,只是徒有虚名,甚或碍事。而实事求是,以非嫡长的能人为族长理事,对家族的发展好处将大于弊病。

三、坚持小宗论中的大宗说

前已指出,上古宗法思想中的大宗有双重涵义,后世的大宗其实就是小宗制里的大宗,而非上古宗法的真正大宗。就是这种"大宗"也有人支持,有人反对。

小宗制里的大宗论,以长房为宗子,主持家族祭祀和事务,就是无能力理事,主祭之事也一定得由他承担;如果宗子无子,一定要为他立嗣,以承袭宗子的地位;他们针对贵贵说,坚持血统秩序,认为平民的嫡长仍应为宗子,主持祭祀,并不一定非要有身份的嫡长才能成为宗子。他们看到的是血缘自然秩序,而不是社会等级秩序。兹将各个主张者的说法缕叙于次,以见他们的立论。

清初陆世仪深知上古宗法制已不能实行,但仍依据大小宗法的精神,主

---

①《皇朝经世文续编》卷 67《宗法议》。

张不同的祭期祭祀不同的先人,岁初祭始祖,全族人参与;仲春祭四代,仲夏祭三代,仲秋祭二代,仲冬祭一代,分别由所属族人参加;所有的祭祀,由各级宗子主持,所谓"皆宗子主祭,而余子则献物以助祭",好处是令族人既知礼敬始祖,又知崇敬晚近的直系先人:"如此不惟爱敬各尽,而祖考高曾,隆杀有等,一从再从,远近有别。"①

桐城人方苞,先世迁居金陵,在此有两房,为行三的副使公房,行五的宫詹公房,方苞明确认为,在金陵的方氏,以桐城方氏为大宗,金陵为小宗;在金陵,则以行三的副使公房为大宗,此房嫡孙为宗子。方苞属于这一房,他兄长之子被方苞之父定为宗子,根据大宗说他的子嗣世代为宗子,所以方苞说:"道希(方苞兄长之子)之世嗣,当为百世不迁之宗,虽有异爵者,祗事焉。"宗子的地位,一般是不能动摇的,"唯有大过不废,废则以子承;无子,支子以序承;虽有贵者,别为小宗,不得主祭"。这里值得注意的宗子以房分地位世袭,不可改变房系地位;宗子地位不可变动,即使有贵人也只能用别子为祖的原则另立小宗,仍隶属于大宗,以此反对贵人夺宗,坚持大宗说。②

李兆洛家族本姓王,冒姓李,传到他这一辈已经有七代,要求复入王氏家族未被允许,继续留在李氏家族也不合适,于是自行营建宗祠。开始是他兄长经手,随后长兄之子继续营造,祠堂建成,依照祧法,奉始分祖和高曾祖祢神主。他虽是进士出身,做过知县,是社会名流,但笃信大小宗法,宗子由其长兄之世系承袭,他则甘为庶支,即使在身后亦不得进这种大宗祠,如果子孙懂得宗法伦理,可以按照继别为祖的道理为他另立祠堂,所以在《祠堂记》作出遗嘱式的规定:"吾死不得入主此祠(指大宗祠),吾曾元(即'玄')有读书明理者,则别设祠堂,奉吾为祖,吾子吾孙则别祀吾于私室,而共祀吾之曾祖祖考于此祠。此古人继别继祢之义,乃宗法之可通行者,所谓厚当其所当厚,各亲其亲之道也。"③

嘉道时期著有《宗法通考》的张履,认为庶人可以为宗子,建祠堂,作主祭,所持的理由有两条:一是先秦时代有事例,他经过考证,知道"宗子有庶

① 《清经世文编》卷58《论宗祭》,第1479页。

② 《方望溪先生全集》卷17《已亥四月示道希兄弟》,第4册第381页;《方望溪先生全集·集外文》卷8《教忠祠规》,第6册第199页。

③ 李兆洛:《养一斋集·文集》卷9《祠堂记》,第112页。

人"，而且这是汉儒郑玄、唐代注疏家孔颖达所肯定的事实；同时是实践中众人这样做的，所谓"今令甲凡聚族而居者得立始迁祖庙，民间谓之宗祠，是宗法人人可立"①。倡言"宗法人人可立"，嫡长的庶人当然可以充任宗子。

陆燿对世俗的祭祖，认为有越礼犯分的嫌疑，因为祭祀始祖是大宗的权力，小宗不宜乱祭，因而说世人"不问宗之大小而皆祭始祖，何如不问宗之大小而皆祭四亲，使人得各尽其诚于有服之尊，而不至于越礼犯分乎"②！可知他是主张大宗法的。

方东树是桐城人，祖先由徽州迁至，因年远代久，与徽州方氏接不上宗亲关系，于是自居于小宗，而以徽州之方氏为大宗，他认为这是"人心义理之大公"，是众人所公认的，不只是方氏独家的观念。③

光绪初年朝廷发生同治嗣统的辩论，实际上是主张大宗法的人发难的。慈安、慈禧两太后不给同治帝立嗣子，册立光绪帝，为咸丰帝嗣子，并宣布将来在光绪帝之后，再为同治帝立嗣，即承继同治帝的嗣统。原任监察御史、转任吏部主事的吴可读反对这种做法，以死上疏抗争，他认为应当直接为同治帝立嗣，而不必为已经有了嗣统的咸丰帝再立嗣；现在已经立了光绪帝，虽说未来君统归诸同治帝，可是新皇帝治理时间一长，难保不出佞臣为当今皇帝立嗣，使异日嗣统不能回归同治帝，而令同治帝绝嗣。④其实吴可读的意思是同治帝为宗子，宗子不能无后，无子则一定要立即为他立嗣。可见他是大宗论的信仰者，并以自杀身亡付诸实践。

如上所述，清代小宗法中大宗论的主要论点是庶人可以为宗子，不一定是有功名、官位的人才能建祠立宗；宗族血缘秩序不能变，长房就是宗子。与任何一种观念一样，大宗论者在实行中于某些方面是有所通融的，如宗子主祭中有一定的灵活性，像方苞家族的宗子方惟敬（方苞亲侄之子，即侄孙）年幼，故以方苞主祭，惟敬助祭，而且方苞还做了如下的规定："苞身后，子孙爵列相近，则三房主之，三房无爵，则五房有爵者主之。"所谓爵列，"以甲科、乙科、荐举、承荫、副拔岁恩贡生为差，武途降文途二等，官至提镇

---

① 《皇朝经世文续编》卷66，张履：《与沈子敦论宗子不必有爵书》。
② 陆燿：《切问斋集》卷3《述闻·家祭》。
③ 方东树：《仪卫轩文集》卷12《族谱序》。
④ 《皇朝经世文续编》卷62《请预定大统遗疏》。

者降一等,捐资入仕,与武途同"①。他遵循大宗永远为大宗的古礼,可是主持家族祭祀,则不论房分,而要依官爵、功名出身的高低来定,就与宗法血缘原则不相符合了。

清人之所以还要强调小宗法中的大宗法,是在于利用它联络族人,建设大的家族。依照古代小宗法,族人不能祭祀始祖,主要祭高曾祖祢四代,宗族范围根本不可能扩大。而当时人需要建设大的家族群体,观念上的武器就是祭祀始祖、始迁祖,这样他们的后裔才能因建祠祭祖而联系在一起。这就是杨名时所说的"祀始祖则族有所统而不涣。足与谱系相维"②。

四、以小宗法为主的大小宗结合论

有的人相信大宗法,可是遇到大宗法实行中的问题,又以小宗法处理起来方便,于是并不坚持纯粹大宗法的观点,对它加以改造,形成大小宗法结合的理论。这是李光地家族所主张的,并为一些人接受。

李光地家族于康熙四年(1665)建成祠堂。人们说要实行大宗法,于是又感到难以产生合格的大宗宗子, 就是我们前面介绍过的李光地所说的"三难",然而他们又认为大宗法不能没有,宗子还一定要设置,理由是没有大宗就没有小宗,所谓"大宗不立,则小宗益无所附丽而据依",而且只有明了大小宗的隶属关系,人们间的亲疏关系才能明确,家礼的实现就不会是形式上的,而是贯彻到思想意识中了。大宗既要有,纯依古法又不可能,如何解决?这就要在保留大宗法精神前提下,实行贵贵的宗法原则,房支中有仕宦的则祭祖,无禄的就不祭,以"禄"为祭,是符合古礼的。支派繁衍的家族房分多、人口众,有的实行值年祭祀法,即某年由某房筹办祭祖事务,各房轮流承递,李光地家族即施行这一办法。当然,各房轮值的做法本身就是不讲究大小宗法的,诚如李光地所说:"吾家旧所通行,又皆不论宗支,轮年直祀。"③

综合起来看,李氏的宗祠祭祖,如李光地所说:"使禄于朝者,执爵奠献;而设宗子之位,参焉。其祝告曰'主祭孙某''宗孙某'。盖权以古今之宜,势不

---

① 《方望溪先生全集·集外文》卷8《教忠祠规》,第6册第199页。
② 《清经世文编》卷66,杨名时:《家庙记》,第1658页。
③ 李光地:《榕村全书》卷21《小宗家祭礼略》。

得不出于此也。寒家族人极众,既有始祖之庙,则又将使合族均劳而申其敬,于是又有直年祭孙,其位亦参与主祭孙、宗孙之末。"①原来李氏由仕宦子孙担任主祭,宗子为陪祭,值年孙末祭,从祭祀中各人的地位可知,有宗子陪祭,还是有大宗法内涵的,不过主祭是小宗,所以基本上是实行小宗法。李氏的礼以义起的变革,得到方观承的赞同,故云"榕村李氏家祭法颇有可采"②。

以上讲了几种宗法论,实际上还有一种不讲求任何大小宗法的宗法观,如乾隆间的山东胶州法氏家族,既没有宗子,也不以社会地位选择贤人做族长,只是以辈分高、年龄长的人主持祭事,贤者协助之,所谓"宗子流亡无后,今之存者,(始迁祖)学博公之支庶也,循序而求,不必贤,择贤而立则不顺……今使宗老之长者代主其鬯,而择族姓之贤者迭执其事"③。至于安溪李氏家族祭祀中的轮值方法,为许多家族所采用,这种不分大小宗的做法,还以另外一种形式表现出来,这就是嘉定钱大昕家族以占卜决定祭祀主持人的办法。钱大昕说该家族建立祠堂后,每到祭祀日期之前,"卜族之一人主其祭,而族人相醵钱以助之"④。表明家族没有宗子,祭祀不固定由哪一房主管,临时用占卜方法确定祭祀主祭人。这实际上是轮值法,是家族祭祀中不可忽视的现象,而其宗法观念则是不分大小宗。由此可见在家族活动的实际状况中所体现出的家族观念,要比我们上面所说的三种类型复杂得多,我们的归类不过是就其大者而言。

五、"聚百世于一堂"的"一本观"

各种家族观念,抒发于文字的表达,也体现在家族活动中,特别是家族祠堂活动中,这个子目拟就清人的祠堂祭祖观念与活动,进一步了解清人的宗法观念。

在清代,作为家族群体标志的祠堂,几乎遍布各地,只是长江流域及其以南地区多一些,北方少一些。祠堂,是建筑群,为家族祭祖、议事和施行家政的

---

① 李光地:《榕村全书》卷21《小宗家祭礼略》。
② 秦蕙田:《五礼通考》卷115《士大夫庙祭》,方观承按语。
③ 法坤宏:《迂斋学古编》卷1《胶西法氏宗祠记》,海上庐祠本。
④ 钱大昕:《潜研堂文集》卷21《钱氏祠堂记》,《潜研堂全书》光绪十年长沙龙氏重刊本。

场所;祠堂,同时是家族组织的代称,是家族组织的体现,更是宗法思想的写真。前面我们屡屡提到祠堂祭祖及其与大小宗法的关系,但是没有做稍微有条理的交代。

"一本"概念的滥觞于孟子,将它同家族祭祖联系在一起,形成一种宗法观念则是在宋明时期,在祭祀上经历了从厥初生民之祖之祭向始迁祖之祭的转化。[①]这里将说明一本观与祠堂祭祖、大小宗法的关系。

(一)"一本"观的祖宗裔孙"一气"说

家族讲"一本",是说族人虽然众多,都是一个老祖宗的后人,犹如一棵大树有枝有叶,但都出于一个树干的主体。宜兴任氏家族的"精通性理之学"的"三礼"馆副总裁任启运将他的家祠大堂——"一本堂"得名的原因说得很形象:"我祠堂名一本,譬之如树,祖宗其根也,宗族伯叔兄弟其枝叶也。"[②]这种说法形象生动,令人易于明了,知道树木的源头在树根,枝杈叶茎因根而茂密,因此不要忽视根源的恩赐。作为子孙后裔,应当想着祖先,要懂得没有祖先就没有自身的道理,因而要感念祖上,由此想到同宗的伯叔兄弟都是一祖的后人,应该相亲相爱。

比喻固然形象,然而对早先的老祖宗与后世裔孙的关系并不能描画清楚,于是有"一气说"的产生。老祖宗亡故年头太久,形体早已朽化,远年后人从来没有见过他们,除了可能有的一点传说,后人对他们毫无印象,如何去崇敬怀念!"一气说"就是回答这一问题,认为先祖与裔孙以"气"相联,共有一个气脉,所以裔孙离先祖虽然世代相隔久远,但是气脉相通,是为一体。对此,著作《国朝先正事略》的李元度说得相当清晰:"祖宗者,吾形气所自来也。分父祖之形气以有吾,又分父祖之形气以有兄弟伯叔,皆一气所衍也;等而上之,吾父祖实分始祖之形气以有其身;吾始祖又分厥初生民之祖之形气以有其身。今虽莫举其名讳,然形已故而气相承。"身形业已腐朽的厥初生民之祖、始祖与后裔以气相承,那么这"气"是什么?李元度接着说:"气者何?吾今日之一呼一吸是也;吾之一呼一吸,即吾父祖之呼吸,即吾始祖之呼吸,即自有天地

① 阎爱民:《宋明以来庶民始祖之祭与"一本"观念的倡导》,韩国《东洋学研究》第 4 辑,1998 年 6月,第 167 页。

② 《清史列传》卷 68《任启运传》,中华书局,1987 年,第 5485 页;民国《宜兴任氏家谱》卷 2 之 5《钓台公劝谕》。

以来始初之祖之呼吸。使中有一时之息，则气不属矣。"原来后裔所呼吸的气是各个时代的祖先所呼吸的，是一气相承。如果气停息了，就不能一脉相传，所谓后人就不是祖先的遗风了。那么这"形"与"气"是什么关系呢？李元度又讲了已经朽化了的无形的祖先与后裔是如何以气相通的："人生以气不以形，祖宗之死者，死其形耳，气则发扬于上为昭明，未尝亡也。"形体可以腐化无存，气则是始终存在的，而且对于后裔做不间断的关怀，还能知道后人的思维意识，比在世的时候了解得还要清楚，即所谓"祖宗之生为人，人以形治形，不能无所隔；其死也为神，神以气治气，则无所不通，一念之起，无所不知"[1]。

　　总而言之，李元度的"一气"说，是说祖宗与后裔的关联，重要的不在于形体，而是呼吸的气，是一气相承，是气脉的一脉相承、一脉相传，故祖先与裔孙统于一气，宗人之间也是统于一气，众人出于一个祖宗的"一本"，实质就是有一个共同的"气"。所以一本所生，就是一气相承，"本"是通过"气"实现的。族人既然源于一本、一气，对本根、原气的祖宗应当崇敬，对一本一气所出的宗人应该亲爱无间，才合祖宗的意愿。李元度所理解的一本论、一气论也是相当多的清代学者和家族所共同认识的，如江阴姚氏在讲述和睦宗族的道理时说，"氏族虽远，犹吾祖宗一气也"[2]。这个家族的始迁祖是"虎士公"，他的父亲是"崇本公"，家族修谱，世系从崇本公开始，是因为"礼尊所自出"，以其为始祖，是"尊所自出也"[3]。

　　将"一气""一本"上推到厥初生民的远祖，李兆洛有不同的意见。当然他同样相信"一气""一本"说，只是不推得那么远，而强调崇敬近世祖先和近世族人间的关怀。他认为"礼缘人情，非其身之所接，及所得闻于祖父者，则恩不相及，义不相周，即气脉不相贯注，而礼于是止，非于一本有所靳也。疏其所当疏，乃能亲其所当亲，断其所不得断，乃能不断其所不得断，一由乎天理之自然已耳！"[4]他又说："盖闻先王之制礼也，非虚加其文而已，本乎情以推之，权乎义以正之。……夫祭者尽其诚也，尽其敬也，自祖以上目所不睹，即情所

　　① 《皇朝经世文编》卷73《家庙碑》。
　　② 同治《辋川里姚氏宗谱》卷3《家训·政家篇》。
　　③ 同治《辋川里姚氏宗谱》卷1，姚煦：《辑谱说》。
　　④ 李兆洛：《养一斋集·文集》卷5《魏氏分谱序》，第66页。

不接,情不接则诚不通。"①这就是说如此祭奠也不会表现出多大敬意。远年之祖与今人从无接触,今人没有得到他们的恩情,祖宗、裔孙之间气脉不相贯注,后人对先人的敬礼可以有所欠缺,这并不是不讲究一本之情。李兆洛比较实际,气脉的贯注要通过接触、恩义来实现,否则难以认同厥初生民之祖的一气说。

(二)"一本"观与祠堂的建立及祭始祖、始迁祖的讨论

家族成员产生于"一本",具有渊源于祖先的气脉,对祖宗的恩德应当永志不忘,需要表达出来,方式是祭祀先人,有条件的则是建造祠堂祭祖,如果有条件而不建设祠堂,就会被认为缺乏"一本"思想,受到舆论的批评,这是有清一代常见的现象。清初顾炎武在赞美陕西华阴王宏撰家族修建祠堂祭祖时,不满意一些家族忽视祖先的礼敬,气愤地说:"列在缙绅而家无主祏,非寒食野祭则不复祭其先人;期功之惨,遂不制服,而父母之丧,多留任而不去。"②同时期的理学家、浙江桐乡人张履祥有鉴于民间家堂祭祀多神,而不专在祖先,千百家不一定有一家祠堂的状况时说:"风俗之薄,莫甚于不尊祖、不敬宗,而一本之谊漠如也。今欲萃人心,莫大于敦本收族;欲敦本收族,莫急于建祠堂;其规制大小,称财称礼,无不可为,愿与同志共勉之也。"③李光地对许多官员家族应建祠堂而不建表示痛恨:"世之公卿士大夫,敝敝宦路,几忘其所生……其家则斥居室,盛园亭,至祖宗祭享之处,虽祀秩所应得者,莫人肯举,礼尚俗偷,此其最大者。"④

康雍之世江苏华亭举人张永铨对当地缙绅热衷于家庭花园,而"未尝有寸椽以妥先灵,斗粟尺布以给族人"的现象很是伤心,遂劝人"崇古道,挽时趋",但是一半的人对他的行为不理解,另一半的人则讪笑他。于是他以舌耕之资勉力建祠堂,祭祖既有了场所,还想设立义田助族,但终因无力而未果。他仍不甘心,在祠堂写对联作座右铭,联云"敬宗来此地,收族待其人"⑤。建祠敬宗收族的愿望何其强烈!道咸时期的江苏六合人进士徐鼐说,一些显赫官

---

① 《养一斋集·文集》卷3《孟岸金氏族谱序》,第42页。

② 顾炎武:《顾亭林诗文集·文集》卷5《华阴王氏宗祠记》,中华书局,1983年,第109页。

③ 《清经世文编》卷66《家堂》,第1660页。

④ 李光地:《榕村全集》卷14《宜城梅氏重修祠堂记》。

⑤ 《清经世文编》卷66《先祠记》,第169页。

员拥厚资，广田宅，为子孙计谋不遗余力，却"于祖德家风置焉不讲，抑所谓合其本而图其末者欤"？①同光时期的宜兴任氏家族的任朝桢认为，世俗"于祖宗栖息之区则置于漠然，绝不介念"，"而士大夫家尤甚"。②从顾炎武到任朝桢都不满于世人对祠堂的兴建，不满意敬宗收族的状况。

其实，从实际情形看，祠堂建设得并不少，家族义田也有一些，甚至于还有一些义庄，否则李元度就不能说"今宗祠遍天下矣"！③更不会有陆燿的下述严厉批评："徒见世俗于通衢隙地建立祠庙，炫耀乡邻，以示贵异，不知其停礼违义，不足学也。"④也不会有李兆洛关于祠堂义庄的以下一系列文章：《无锡李氏祠堂记》《常熟庞氏宗祠记》《六安晁氏义庄碑记》《曹氏祠田碑记》《薛氏义庄记》《祠堂记》《昭文归氏书田记》，等等。⑤但是家族为数太多，建祠堂置义田的总是有限，远远不合于顾氏、任氏等人的理想，所以他们愤懑，他们批评世俗。这一现象，充分反映人们，特别是热衷于家族活动的士人笃信"一本"观念，极力要把它落实到多数的家族生活中落实到修建祠堂，频繁开展尊祖敬宗收族活动方面。

"一本"观的家族之本，即祖先，有远近不等的厥初生民之祖、始祖、始迁祖、始分祖等，家族建祠堂祀先，祀到哪一代？对这个问题，众所周知，宗法制度中最为讲究，朝廷有规定，民间有习俗，而学者间理解不一。在民间和学者的议论中，"一本"观是基本的依据。既然是一气相属，祭祀祖先，可以上溯到不可知之祖，或者不可能确切知道的厥初生民之祖。有的家族认为这样的祖先太渺茫，以始迁祖为始祖，从他开始祭祀，这在宋明时期已经出现。

不过清朝人仍在讨论始祖或始迁祖之祭，并且按各自的理解去实践。宜兴任氏以大小宗法并行的观念，主张祭祀始祖，他们认为大宗祠是通族的家庙，其祭祀自然从始祖开始，哪怕一百世也不妨，各个小宗祭自身的高曾祖祢，不必祭始祖。所以该族对此的规范是："高祖之大宗祠重四亲，而远者祧；通族之大宗祠重先祖，而后者祔；四亲之祭不可逾，而小宗之祭，虽百世可也。"⑥乾嘉

---

① 徐鼒：《未灰斋文集》卷7《兴国钟氏四修族谱序》，咸丰十一年版。
② 任朝桢：《任午桥存稿》卷2《重建卢氏大宗祠碑记》，光绪九年刻本。
③ 《皇朝经世文编》卷73《家庙碑》。
④ 陆燿：《切问斋集》卷5《书二·祠堂示大儿恩绥》。
⑤ 《养一斋集·文集》卷9。
⑥ 民国《宜兴任氏家谱》卷2之5《宗法·祠堂议》。

时期王元起与任氏有相同的见解,他说"家家祭始祖固不可,无一家祭始祖尤不可"。即大宗祭始祖,小宗祭四亲;小宗祭始祖不合适,但若没有一家祭始祖,则宗法废,是更为可悲的事情。他之如此重视祭礼的讨论,就在于要有始祖之祭,以此恢复宗法。①事实上有一些家族进行数十世的始祖之祭,如广西全州的谢济世家族祠堂中龛祭"始祖尧卿公以下本支五十七代本支世次图"②,即将自始祖以来的57世均作为祭祀对象。其他如广东,"大小宗祖祢皆有祠","其曰大宗者,始祖之庙也"③。江西临川吴氏以吴泰伯为始祖,据吴氏外甥李绂说,他的外祖父及许多族人都能记诵自泰伯以来的世系,李绂也赞扬这个家族"分支派衍,能尽举其名",并说江西风俗淳朴,聚族而居的恒数十世,历千余年,数千家,"子姓繁若不可纪,然昭穆秩然不乱"④。江西有许多家族祠堂里祭祀数十世的祖先,为陆燿所讥笑:"(宗法废)人自为礼,家自为尊,必至于人人尽祭其始祖。近者江右此风最盛,戴姓之人至奉戴沩为其始祖,以此传笑四方,藉为口实,本以复古而适以乱俗。"⑤

更多的人是主张以始迁祖为始祖,祭祖自始迁祖开始。明朝人丘濬就主张以始迁祖及有封爵者为始祖,认为这是符合于上古别子为祖之义。⑥纪大奎解释时人以始迁祖为始祖的观念,他说"始祖者,始迁之祖而已,非先儒所谓厥初生民之祖也"⑦。他排除厥初生民之祖及始迁祖以前的祖先,不将他们列在祭祀范围之内。或如秦蕙田所说:"厥初生民之祖者,理属渺茫,于经无据。若今人家之始祖,其义与宗法之别子同者固当祭也。"⑧还是把别子为祖当做理论根据,祭祀可知的开创家族的先祖。袁枚赞同祭祀始迁祖之说,认为收族不能忘祖,而此祖若为远祖亦不可,"然则尊祖何始?曰:'以始迁某郡者为始'"⑨。胶州法坤宏具有同样的认识,该家族建祠堂,以始迁祖学博为始祖,作"百世不祧"之祖,"凡我学博公之子孙,各祀其高曾祖祢于私寝,而公祀始祖

---

① 《清经世文编》卷66《与陆朗夫论祭祀书》,第1669页。

② 谢济世:《谢梅庄遗集》卷1《家庙记》。

③ 屈大均:《广东新语》卷17,第464页。

④ 李绂:《穆堂初稿》卷32《荣溪吴氏族谱序》《湖山许氏族谱序》。

⑤ 陆燿:《切问斋集》卷3《述闻·家祭》。

⑥ 秦蕙田:《五礼通考》卷115《大夫士庙祭》。

⑦ 《清经世文编》卷58《宗法论四》,第1467页。

⑧ 秦蕙田:《五礼通考》卷109《大夫士庙祭》。

⑨ 袁枚:《小仓山房全集》卷10《陶氏宗谱序》,乾隆刻本。

于祔"①。他在讲修撰宗谱以始迁祖为始祖时,进一步说明此中的道理:"宗谱为始迁祖作也。为始迁祖作者,称大宗以治小宗也,书始迁,志始也。"②人们的祠堂之祭自始迁祖始,已成多数家族的共识,即如雍乾时期上海曹一士家族建祠堂,时该族由嘉定移居上海已历七世,即以始迁祖为始祖。③浙江桐乡阳信劳氏于明初由乐安迁阳信,雍正间修族谱,"以阳信始迁祖为一世"④。前述李兆洛家族建祠,以始分祖为始祖,也是祀始迁祖之意。有一些家族所说崇奉始祖,实际祭祀的是始迁祖。要之,祭祀、修谱自始迁祖开始,为多数清人所主张和实践。

无论是祭渺茫的始祖,还是较为实际的始祖,抑或始迁祖、始分祖,还有着祧与不祧的区别。古代大宗法,大宗"百世不迁",不行祧法;小宗五世则迁,实行祧法。所谓祧法,是始祖不祧,其他的四亲神主依"亲尽则祧"的原则撤出享堂,置于储藏室,祭祖时再请出。清人在实践中,大宗祠(实际是小宗法中的大宗祠)不行祧法,如宜兴任氏的大宗祠,"配享准不祧之义"⑤。陈仲虎说:"今民间宗祠,祭自始祖,而下无祧制。"⑥这类的宗祠神主有的多达数十辈,李元度所说:"祀至数十世以上,旁亲皆得入主,族姓无贤愚贵贱,并得直皂以将事。"⑦实行小宗法的家族,祠堂神位设五位,中间为始祖(始迁祖或始分祖)牌位,左右分昭穆为高曾祖祢四亲牌位,四亲是主祭人的五服四亲,主祭人辈分的变化,其四亲也随之变异,新四亲进享堂,老四亲被替出。还有一种祭祖观点,遵从《朱子家礼》,不祭始祖,只祭四亲,如反对建设大宗祠的陆燿,在家人要求下建立祠堂,立神主"一如《家礼》之制,自吾高祖以至吾父,共为四代","不可奉始祖之祖",其四亲神主排列法为,中间左边为高祖妣,中间右边为曾祖妣,高祖妣的左方为祖妣,曾祖妣的右方为考妣。他这是权宜之法,到他的后人就会出现要不要实行祧法、要不要祭始祖的问题,所以他说"此俟后世酌行,不必预定"⑧。

---

① 法坤宏:《迂斋学古编》卷 1《胶西法氏宗祠记》。
② 《迂斋学古编》卷 1《叙次宗谱例言》。
③ 曹一士:《四焉斋文集》卷 6《曹氏世谱》,宣统二年刊印。
④ 劳乃宣:《桐乡劳先生遗稿》卷 2《续修劳氏遗经堂支谱序》,1927 年桐乡卢氏校刊本。
⑤ 民国《宜兴任氏家谱》卷 2 之 4《大宗祠述》。
⑥ 《皇朝经世文续编》卷 73,张履:《答陈仲虎杂论祭祀书》。
⑦ 李元度:《天岳山馆文钞》卷 4《家庙碑》,光绪六年爽溪精舍藏版。
⑧ 陆燿:《切问斋集》卷 5《书二·祠堂示大儿恩绶》。

清人的祠堂祭祖,无论是在观念上还是在实践上,重视始祖之祭,这个始祖,即使是始迁祖、始分祖,也是世代较多,年代较远,这是继承了程颐祭始祖的观念。由于不行祧法,祠堂祭祖的祖宗就有很多代;而尊《朱子家礼》祭四亲的则是始建之分祠,随着时间的推移,也会发展为祭祀若干代祖先。祠堂祭祖向多代发展,从观念上说,是渊源于"一本"意识,是建祠堂的目标所决定的。雍正间进士汪师韩比较上古宗庙与唐宋时代先庙之不同, 他认为宗庙是重宗,"等而下之之义";先庙尚崇先,"推而上之之义"①。先庙祭祖是推而上之,是在下者上推祭祖先,依照"一本"观念就可能往原始的始祖方面追溯,上推的代数会增加,并且会不断地增加。唐宋时期上推的代数尚不多,到清代则是越推越多,是"推而上之之义"逻辑发展的必然结果,是继承了唐宋时代家族活动家的思想。所以祭祀多代祖先,而且愈来愈发展。

(三)祠堂行"一本"之谊与收族

"一本"观念的祭祖与收族是一个事物的两个方面,即因"一本"观而崇拜祖先,而团聚族人,联系双方的是体现"一本"观的祠堂。祠堂祭祀始祖、始迁祖,将数十、数百、数千的族人联结在一起,分散的族人有了祠堂中共同认可的祖先,产生水源木本之思,认识到无论亲疏的族人均出于"一本",都是一棵树上的枝叶,有了亲近的愿望,容易结合为一个整体。屈大均说,庶人建立始祖之庙,"追远也,收族也;追远,孝也;收族,仁也"②。李元度讲到建立祭祀始迁祖的祠堂,族人在祭祀中序昭穆,"则于敬祖中又寓收族之义"③。朱次琦转述杨名时的话:"祀始祖,则族有所统。"④他们都说明祖先与收族是一个事物的两个方面的关系。任启运直接从"一本"观出发,说明尊祖与恤族的道理:人薄于祖宗父母根本便断,薄于宗族伯叔兄弟枝叶便凋,几曾见无根无枝叶的树能开花能结子? 愿宗族上念祖宗,事事要为祖宗增光,莫为祖宗蒙羞,莫想在祖宗面上侵占,莫想在房族身上刻薄,念念记着"一本"两字。⑤时时事事想"一本",就要做给祖宗颜面增光的事,就要顾恤族人。"一本"联系着祖宗、族人两个方面。

---

① 《清经世文编》卷 66《唐宋卿大夫庙制考》,第 1647 页。
② 屈大均:《广东新语》卷 17,第 464 页。
③ 李元度:《天岳山馆文钞》卷 4《家庙碑》,光绪六年爽溪精舍藏版。
④ 朱次琦:《朱九江先生集》卷 8《南海九江朱氏家谱序例》。
⑤ 民国《宜兴任氏家谱》卷 2 之 5《钓台公劝谕》。

念"一本"而尊祖,尊祖就是敬宗,敬宗有双重含义,即崇敬祖先,尊重祖宗的法嗣——宗子、族长,这种尊重不是简单地针对法嗣个人,主要是体现在对祠堂的态度上,也就是服从祠堂的安排与教诲。龚自珍在《农宗》文中说:"蓬跣之子,言必称祖宗,学必世谱牒。"[1]民国《长寿县志》讲到当地农民在清朝时期的孝顺观念:"乡村愚民相聚,而谈不离'孝'字,如想尔身从何处来,十月怀胎娘辛苦,孝顺还生孝顺子,忤逆还生忤逆儿等语。万口同传,认为无上道德,于风化甚有裨益。"[2]学者与县志异口同声地说,清代人人都有敬祖的意识,哪怕是无知识的村夫也懂得孝道,这是自发懂得的道理,但是这并不够,还需要祠堂进行"一本"观念的教育。光绪年间江苏嘉定黄氏的《家祠祭祀嘏辞》云:"一本之谊,虽远莫忘,分忧同乐,和气致祥。塞源拔本,迺底灭亡。祗承禋祀,临上质旁,无忝厥祖,永念宗祊。聪听彝训,受福无疆。"[3]在家族祭祖的祝辞中,告诫族人讲求"一本"之谊,不忘祖宗,乃能受到先人的保佑,生活幸福。在清初,山东德州举人赵起风,依时举行家祭,又"撰《一本歌》以训宗族"[4],用歌咏的形式讲述"一本"的道理,更便于族人接受。"一本"教育的实质是尊祖敬宗,祖宗是家族之本源,是家族的旗帜,祠堂是家族的组织的、物质的体现,尊祖敬宗既成为族人的共识,就使族人对宗祠产生凝聚力,宗族就能团结一致。

"一本"观念下祠堂祭祖与收族,张惠言讲得极为清晰:"夫聚百世之主于一(祠)堂,而合子孙之属以事之,使俱生其水源木本之思,而因进之以敬宗收族之教,于以惇化善俗,莫近于此。然则祠堂非古礼而得礼意,后之君子恒兢兢然务之"[5]。清人讲究"一本"观念,慎终追远,祭几代、十几代,乃至数十代的始祖、始迁祖、始分祖,最终目标是联合世代关系已经疏远的族人,聚合在祠堂之下。杨名时说:"苟怀木本水源之思,未有不惜其族人者。"[6]尊祖就要顾惜族人,这是孝子顺孙体会祖宗心理悟出来的道理。因为祭祖是孝敬先人的表

---

① 龚自珍:《龚定盦全集》卷上《农宗》,光绪丁酉万本书堂刊本。

② 民国《长寿县志》卷4《礼志·杂俗》,《中国方志丛书·华中地方》,台北成文出版社,第1册第250页。

③ 黄宗起:《知止盦文集·补遗·家祠祭祀嘏辞》,嘉定光明印刷社刊,1915年。

④ 王士禛:《池北偶谈》卷10《谈献》,中华书局,1982年,第235页。

⑤ 张惠言:《茗柯文编》四编《嘉善陈氏祠堂记》,中华书局"四库备要"本,第52页。

⑥ 《清经世文编》卷58《与族人书》,第1488页。

现,祭品丰盛整洁,祭礼虔诚肃穆固然很好,但是族人中有富贵者,祖宗看了高兴,可是必定有贫乏者,祖宗看了就会伤心,自然食不下咽,这不能算是好的祭礼,而是孝道有亏,因为祖宗是希望所有的子孙都生活得幸福。因此族人以祖宗之心为心,有能力的人就应当帮助"一本"所生的贫弱同宗,逐个地资助,不一定是好办法,不如建设家族公有经济,以便从制度上保证对贫穷族人的资助,使他们脱离窘境,如此祖宗才会愉快地接受子孙的祭奠。祠堂能体恤族人,众人有了靠山,必然增强"一本"观念,意志归一,就能步调一致,自觉自愿地聚拢在祠堂组织之内。其实收族,包含着两重意思,即祠堂顾恤族人,族人因笃信"一本"观念而信服于祠堂。

六、各派家族观共同的思想成分

上述各种人的家族观念虽有许多差别,然有两个共同的成分:一是都有变革意识,二是都宣布不离开上古宗法精神。这就表明宗法观念的变化是有限度的,仍是传统宗法制范围内的观念,只是冲击上古宗法不合时宜的内容。在此将对其共同点进行申述。

诸家的相通之处在于:相信"礼以义起",更应适合时宜地变革与制定新礼制;所谓大宗法,非如上古之大小宗法制中的大宗法,而是小宗法中的大宗法,是上古大宗法的次要涵义;所谓大宗法说、大小宗法结合说,都是实质上的小宗法;所谓祭始祖之祖,并非厥初生民之祖,基本上是始迁祖、始分祖;所谓宗子,是虚有其名,或为族长的代称,远非上古的"以兄统弟"的真正大宗法下的宗子;对于俗礼,多采取宽容的态度,至多自家不实行,极力反对者并不多见;尊重人情,是制礼、议礼必须思考或遵循的原则。这些相同之处,最根本的是"礼以义起"的更新精神。

遵循古礼精神,意思是说,虽然改制,但是并不违背古礼的原意,所以变革及其观念有道理,应当得到承认和尊重。所谓符合古意,一是围绕祠堂的建立及其作用,讲它能反映急功近利收族的古意,合于人情和时宜,如陈于廷说:"祠堂非宗法也,而宗法非祠堂不行。"[1]意即没有分封制下的宗庙,可用祠堂以实现敬宗收族。或如钱大昕所云:"祠堂之设,以祀其先祖,俾族姓不忘其

---

① 民国《宜兴任氏家谱》卷2之4《任氏大宗祠记》。

所自出,犹有宗法之遗意焉。"①也是说祠堂有敬宗收族的功能。方苞认为自家建设教忠祠,"于古者立宗收族之义,犹有什一之存焉,其或愈于荡然不为之制欤"?②建祠堂得古遗意,总比不设置要好一些。成毅说祠堂以族长祭祖治众,"按诸礼制,并所不悖"③。二是讲人们的行为只要符合家法伦理的规范,就具有宗法精神,并不一定要实行大宗法,如同汪琬所说:"凡为吾父兄子弟者,苟能知仁义尊亲之说,而使内外有别,长幼亲疏有序,有无相周,吉凶患难相助,伏腊煺蜡祭飨饮食相周旋,如此则虽不言宗,而宗法寓其中矣"④。三是无宗法之名,而有其实,就是沈垚说的,有少数望族,"有不袭宗法之名,而阴合宗法之实",又说"今宗法虽不行,然特不袭其名耳,未尝无其实也"⑤。

七、变革观念产生于社会实践和家族民众化

"礼以义起"更新观念的产生,源于社会生活中存在的俗礼,源于实践的需要,源于要对流行中的俗礼进行符合于古代礼制精神的规范、纠正和说明。

民间对家族礼仪的实际处理提供了变革的某些依据。上古礼制既不合后世的人情意愿,民间则设法自动地变更古礼,进行自以为是的实践,这种现实生活就为礼制变革家提供了思想素材。如在祠堂祭祖方面,按古礼,庶士庶人不能设庙祭祖,更不能祭始祖,可是清人不顾上古的禁忌,继明人之后,建立不同于宗庙的祠堂,祭祀始祖。由于是民间自发开始的,礼法上就不可能像规制那样整齐划一。比如安徽徽州婺源县(今属江西)民间,"俗重宗祠,祠有大宗,有小支,而家自为礼"⑥。家自为礼,即出现各种俗礼,并且为不少人所尊重,如前面引述过的魏禧的说明:"世之悉奉其始祖以下合食于宗庙,在在皆然,其贤者循而行之,不以为过。"⑦礼法一经形成,就成为不易改变的习惯,诚如李光地讲到祠堂祭礼时所说:"复古之难,而变今之不易,则几所讨论而仅

---

① 钱大昕:《潜研堂文集》卷21《钱氏祠堂记》,《潜研堂全书》光绪十年长沙龙氏重刊本。
② 方苞:《方望溪先生文集》卷4《教忠祠规序》,第1册第73页。
③《皇朝经世文续编》卷67《宗法议》。
④《清经世文编》卷58《汪氏族谱序》,第1473页。
⑤《朝经世文续编》卷73《为人后者为所生服议下》。
⑥ 乾隆谕修《婺源县志》卷4《风俗》。
⑦ 民国《宜兴任氏家谱》卷2之4《任氏大宗祠记》。

存者,亦多贤人君子区区饩羊之意,自其身不能尽行,而望人之从而行之,尤不可得也。"①他深知恢复古礼很难,而改变现在流行的俗礼也是非常不容易的,就是那些议论变革的贤人君子,自身亦不能全部实行,也就根本不能承望众人随从他,而不过是发表一些议论而已。可知人们对俗礼不会随意设想改造它,即使反对它的人也不得不对它有所宽容。

实践而形成的俗礼,为人们所尊重,民间的实际情形就成为宗法理论家改造礼仪的部分依据。所以众人都承认小宗法,即使所说的大宗法,也是小宗法理论里的大宗法;对古礼所没有的祠堂,人们知道它不同于古代的宗庙,但称之为合于古礼遗意;多数人赞成祭始祖,使始祖与高曾祖祢四亲合成五龛一堂制,被人们认为是满足民间情绪的适宜之制;贵贵的原则本是古制,不过古时的"贵",如前所述是指世卿世禄制下的贵族,而清代无此制度,所谓的"贵"基本上是指百官之家,并无世卿世禄可言,世官世禄的贵族可以"收族",官员有社会权威和某种经济力量,因而具有一定的"收族"条件。正是有了他们,许多家族才得以建祠堂、修家谱,开展宗事活动,所以在祠堂中实行贵贵的原则,因议德、议爵、议功的"三议"而使他们的祖先神主进入宗祠的享堂,他们自身也拥有在祠堂的特殊地位,分胙肉、食馂余,不同于众。其实家族的贵贵原则就是从各个家族对有功名者的特别礼遇中提出来的。所有这些宗事活动中的做法,被宗法理论家加工、提炼,作出"礼以义起"与符合于古礼遗意的解释。

给予俗礼规范、纠正和说明。俗礼有其"野"的一面,往往不符合礼制,甚而很不符合。有的祀先行动尚够不上俗礼,更加"荒诞不经",在礼学家看来未免对先王礼制有所渎亵,有失于对先人的尊崇,必须对不经之说加以纠正,对不经之行予以制约。无锡人孙希朱说,该族传统习惯是将祖先神牌奉入祠堂,以便子孙祭拜,可是当世人在亲丧之后,立即将神主焚毁,这本是犯罪行为,可是不以为非。孙希朱从实际考虑,知道这是人们居室狭窄之故,在家中无处安放神主,因此制定《宗约》,要求几房共建一个家堂,放置神主,至少要设置一龛,放在房屋的高处,以便祭祀。②焚烧神主是非礼的行为和习俗,礼学家看不惯,必须作出规范不可。有的人在分家之时,为自身留一小部分财产和房

① 李光地:《榕村全书》卷21《家庙祭享礼略》。
②《皇朝经世文续编》卷68《宗约》。

舍,预备身后作祠堂之用,以便神主有个安放之地,并传承为祠堂,这是祠堂增多的一个原因。小宗无嗣不能立后的古礼,到了后世当然行不通,比如他生前若有立嗣的愿望或他的遗产难于处理。不许立嗣是不通人情,立嗣没有完善的办法,又会出现为争遗产而争继嗣的纠纷。一些学者正是看到这种社会问题,赞许小宗立后,以制止争遗产的丑恶现象出现。

焚神主、争继嗣等行为,大大地违背宗法精神,礼学家致力于改变它,所以陆燿说家族活动,"苟无礼以范之,则贵贵之义无分,而亲亲之道反晦,故虽格令之所不及,而必参之经训,证之先儒以求万一之合"①。纠正俗礼、世俗习惯中大违古礼的内容,肯定其符合于实际需要的部分,说明其合理之所在,礼学家用"礼以义起"为理论,规范人们宗法礼仪实际生活中出现的问题,切合了社会要求。

"礼以义起",尊重俗礼,家族活动的变更,相对简化繁琐的宗法礼仪,便于人们的家族活动,特别是实行小宗法,民间可以祭祀始祖、始迁祖、始分祖,令家族组织可以容纳更多的成员。换句话说是无形中扩大了家族成员,使它不仅仅限于五服之内,而扩充到始祖、始迁祖的裔孙范围,可以包括十几代祖先的后裔,比五服宗亲的人员自然成倍、若干倍地增多。一个祠堂团体里,不仅会有十几人、几十人,而且会是几百人、几千人、上万人,反映了清代的家族活动,在明代基础上有更多的人参与,家族成为更加普遍的民间组织,散布于乡村乃至一些城镇,使其成为不可忽视的社会组织和社会力量。

总而言之,清人用"礼以义起"的观念为思想武器,即具体地为相信小宗法和"一本观",开展祠堂活动,为家族活动作出某种规范,起着促进家族扩大规模的现实作用,从思想上、理论上支持民间家族扩大活动范围,令家族进一步民众化,使上古的贵族宗族走向平民宗族的成长过程中又前进了一大步:宗族已经成为官员缙绅和平民的社会组织,再发展到 20 世纪,就成为纯粹平民群体了。

(原题《清人"礼以义起"宗法变革论》,载朱城如、王天有主编《明清论丛》第二辑,紫禁城出版社,2001 年。2018 年 12 月 30 日阅定)

---

① 陆燿:《切问斋集》卷 5《再答王惺斋论家祭书》。

族规所反映的清人祠堂和祭祀生活

乾隆五年(1740),许时熙为江苏武进胡氏家谱作序,他说:"谱必有例,有宗约,有祠禁,有孝悌力田之规,俾子孙世世循守,斯不失裕后之至意。"①是的,清人编纂的宗谱中,多有《宗约》《宗规》《宗禁》《族规》《族约》《族范》《祠约》《祠规》《家规》《家训》《家范》《家礼》《家法》《家诚》《家箴》《祖训》《训诚》《条诫》《规条》《条例》等名目和内容,有的文集也有《宗约》《祖训》。这些规约在向族人子孙宣讲做人行事的道理同时,规定宗族祠堂的组织办法,宗族祭祖及其方法,宗族经济的管理制度和教育制度,家长和治家条教,祠堂对族人的法规,祠堂、族人与政府的关系,族人行为准则及越轨的惩治办法。宗规不仅名目繁多,内容也庞杂。本文不拟全面论述清代族规家训,仅说明它所规范的宗族祠堂和祭祀生活、反映的社会等级状况。

一、宗约确定祠堂组织法

清代有很多祠堂,有的是当事者先建立,后订规条,有的则是先立了条例,然后创建。前述武进胡氏宗族在嘉庆二十年(1815)制定的《家范》,训令族人承建宗祠:"祠堂者,祖宗英灵所由栖,子孙昭穆所由序,尊祖敬宗之道、报本追远之情所由达也。……固宜协力,谋捐资,建治所,以奉先灵,俾存有所趋,没有所托,而百千万以一族如一家,一家如一人焉。"②胡氏宗族的首领通过家规的形式,肯定设祠的必要,并予以实现。宗规希望族人创立祠堂是一种愿望,祠堂成立制订规约,祠堂、宗约两者互为因果。

---

① 《毗陵修善里胡氏宗谱·纂修胡氏宗谱原序》。
② 《毗陵修善里胡氏宗谱》卷2《家范》。

如同宗约愿望那样，祠堂出现在各个地方。乾隆间在江西做过巡抚的陈宏谋说："直省推闽中、江西、湖南皆聚族而居，族皆有祠。"①他是从全省范围讲，闽、赣、湘多祠堂，其实别的省份也有聚族而居建立宗祠的。像安徽石埭县，"一姓率聚族而居，谱牒精良，酿财建宗祠"②。有的地方清朝初期祠堂不发展，而后多了起来，如道光间修纂的《怀宁县志》说该县，"乾隆中叶始有葺祠堂、修谱牒者，然不过一二望族，近则比户皆知惇叙，岁以清明，冬至子姓群集宗祠"③。说明清中叶祠堂增多了。笔者从一些方志获知，如道光中撰写的《休宁县志》特立《氏族志》一卷，备列该县二百九十七个祠堂的名称、所在地点和建设时间。④同治中编辑的《祁门县志》也在《舆地志》卷内辟置《祠堂》一目，记载该县所有的一百七十五个祠堂。⑤民国时兴修的四川《云阳县志》亦作有《族姓宗祠表》，记录该县在嘉庆至民国期间所建立的一百三十个宗祠和支祠。⑥根据上述情况，大体上可以这样说：长江流域及其以南地区，聚族而居的现象比较普遍，设立的祠堂较多，北方不如南方发展，然亦有许多祠堂。

祠堂兴建后，要长远保持，需要不断地维修，许多宗族的族规就此作了相应的规定。江苏宜兴篠里任氏家族条例："祠堂每岁整顿一次。"⑦吴江任氏家族祠规："修葺所以计久也。堂户阶屺逐时整顿，庶不至以风雨之漂，致亵神爽，可三年一修，七年大修。"⑧大修的周期比宜兴任氏所定的还要短。江阴姚氏宗规：祠堂"栋宇有坏则葺之，罅漏则补之，坦砌碑石有损则重整之，蓬棘则剪之，树木什物则爱惜之，地界被人侵占则同心合力以复之，松柏被人侵损则同心合力以攻之"⑨。从多方面维护祠堂及其财产。

祠堂是宗族组织的机构，在族大人众的家族，祠堂之外，另按房分设立支祠。直隶南皮侯氏《家规》："族人共有一庙，此百世不迁之大宗也，五世以后，宜各立先祠，为小宗，以伸其情而联其支，然后同归大宗，则可不劳而

① 《皇朝经世文编》卷58《寄杨朴园景素书》。
② 康熙《石埭县志》卷2《风俗》。
③ 《怀宁县志》卷9《风俗》。
④ 《休宁县志》卷20。
⑤ 《祁门县志》卷9。
⑥ 《云阳县志》卷9。
⑦ 民国《宜兴筱里任氏家谱》卷2之5《例》。
⑧ 任兆麟：《有竹居集》卷13《任氏宗祠六则》。
⑨ 《辋川里姚氏家谱》卷3《宗规》。

理。"①大宗祠由长房掌握,其他支派建立的为小宗祠、支祠。所以依照家规,祠堂有大宗祠、小宗祠、支祠、分祠的区别。

祠堂是一种机构,一般设有数种职务,由它们构成祠堂实体。其机构建设,就笔者所知,宜兴筱里任氏规制最严密。清朝初年该族宗法规定,设立八种职务:一是"立宗子,以主裸献"。宗子主管祭祀,是宗族代表。二是立"宗长,以定名分"。宗长管理全族事务,是实际上的族长。三是"宗正,以秉权衡",或曰"以总纲维"。宗正协助宗长处理一族事务,是副族长的角色。四是"宗相,以揆礼义"。宗相用传统伦理道德、宗族规范衡量和约束族人,职掌教育事务。五是"宗直,以资风义"。宗直处置族人内部的纠纷事务。六是"宗史,以掌簿版"。宗史负责记载宗族历史,如修撰家谱。七是"宗课,以管钱谷"。宗课掌管宗族集体经济。八是"宗干,以充干办"。②宗干管理勤杂事务,是宗长的助手。此外,还有一些勤杂职务,如宗守,管理仓库;守祠人,看管祠堂。

像这样拥有一整套职务的祠堂,只能是人多的大族,而且有一批热心于家族事务的上层分子的活动才能做到。一般的宗族只有族长。有宗族集体经济的,则设立专门管理职务。各地各个宗族祠堂设置的职位和名称不尽相同。武进王氏宗族设立"祠正,统理一应大小祠事"③。祠正,与宜兴任氏的宗子、宗长相同。同县吴姓祠堂祭田,"举一人总理,二人监察"④。这个总理相当于任氏的宗课。雍正间设立的江苏华亭张氏义庄,其条例规定设置庄正、庄副二职,庄正称"总管","用以总理诸事"。庄副有二名,一叫"司仓","专管收租籴米舂臼及各色米粮出入";另一叫"司庄","专管给发米布银钱请物,祭祀备理"。⑤有的宗族还有一般家族不设的职务,如武进胡氏宗约规定,祠堂特设讲正、讲副,"每朔望率族中子弟以往祠堂听讲"⑥。

一个大的宗族,族长之外,各房还有房长,或者叫分长,管理各房事务,协助族长工作,如武进庄氏宗规:"祠中一切事宜,每分轮年族长暨各分长公同

---

① 《侯氏族谱·家规》。
② 民国《宜兴筱里任氏家谱》卷 2 之 5《宗法》,卷 2 之 4 任源祥:《大宗祠述》,魏禧:《任氏大宗祠祭》。
③ 《晋江王氏宗谱》卷 1《凡例》。
④ 《吴氏宗谱》卷 1《宗规》。
⑤ 《张氏捐义田奏折·附义庄条例》,抄本,南开大学图书馆藏。
⑥ 《毗陵修善里胡氏宗谱》卷 1《祠规》。

率有身家能干办励廉节者一人或二人为经管。"①分长与族长共同决定宗族具体办事人员的人选，具有一定的权力。

祠堂各科执事人员的充任，宗约中都有明确的规定。综观起来，有三条原则：一是某种职务，只能由宗族内特定的人承担，如宗子，宜兴任氏宗法议"于大分中择立"②，即必须由长房中人员充任，小宗成员则没有这种资格。二是大多数职务，选择辈分高、为人贤德而又有能力的人承当。武进城南张姓《宗约》讲："族长虽序行序齿，以有德为主，若分虽尊，而德不足以信于人，即强为武断，众共摒之，弗听命，焉可也？倘信义足重，品行端方，即非尊长，当共推为族贤，凡事必咨禀而听命焉。"③强调的不是辈分高、年龄大，而是品德高尚，因为这样的人才能有效地行使各自的职权。其他宗族也多作同样的规定。三是管理钱财职务的人，德才条件之外，还要有资产。吴江任氏负责祭祀物品的人，"必择族之殷实而贤能者任之"④。常熟庞氏祭田管理人，"择子姓殷实者司之"⑤。强调有钱财，乃是祠堂认为有钱者不会贪占公物，即使有亏空，亦有力量赔补。正是由于这样的考虑，武进庄氏祠规又说："命管者不得辞，谋管者不可付。"⑥即不许谋占祠产的人觊觎祠堂职务。大宗、尊长、才德、资产这些条件的规定，祠堂的各种职务，多半得由家族的上层分子控制着祠堂组织。

作为宗族群体表征的祠堂负责诸多事务：祭祀，宗祠经济，宗族教育，制裁族人等，宗约对此都有说明。比如武进王姓祠规关于祠正的职权作的规定是："统理一应大小祠事，凡有不肖，无端构衅，戕贼宗支者，俱先白祠正，协族分长惩治"，"如或强项不遵约束，竟可协力鸣官黜治"。⑦再如南皮侯氏《家规》明确地说："族中兄弟伯叔有争，宗长令各房长会议处分，不致成讼。……其匪类无赖者，宗长会众愧厉之；不悛，会众棰之，又不悛，禀于官而放绝之。"⑧又如武进唐氏宗祠管理日常事务外，有重要事情需全族讨论的，《宗规》讲："至

---

① 《毗陵庄氏族谱》卷15《旧定经理祠产各条》。
② 《宜兴筱里任氏家谱》卷2之5《宗法·立宗子议》。
③ 《毗陵城南张氏宗谱》卷2《宗约》。
④ 《有竹居集》卷13《任氏祠规六则》。
⑤ 李兆洛：《养一斋文集》卷9《常熟庞氏宗祠记》。
⑥ 《毗陵庄氏族谱》卷15《旧定经理祠产各条》。
⑦ 《晋陕王氏宗谱》卷1《凡例》。
⑧ 《侯氏族谱·家规十条》。

公事兴革,俟冬至并扫墓日议夺。"①即由祠堂主持,召开宗族大会,处理有关事务。

总之,宗族设立祠堂的组织机构,有一批管理人员,拥有治理一族事务的权力。而宗族的成员,受宗族祠堂管辖,参与祠堂的活动,要把自身的生活、命运与祠堂联系起来。

二、族人参与祭祖及其方法的族规

"国有宗庙,家有宗祠,所以崇报享而齐众志也。"②在宗法性社会的国家,把祭祀与兵戎当作头等大事,祠堂则以管理祭祖为重大的事务,因此宗规有着关于祭扫的一系列条例。

(一)规定族人及其家庭的义务和权利

江阴姚氏宗规讲:"时而祠祭,时而墓祭,皆展亲大礼,必当敬谨。"③要求按时进行宗祠祖坟的祭扫。到该祭扫的日期不举行祀典,就是犯了忘本的过愆,是不允许的,所以江阴袁氏《祠约》规定:"祭期不许旷缺不举及有事不到。"④不准祠堂司事到期不举行祭礼,不容许族人无故不参加祭扫仪式。南皮侯姓家规也作了同样的训诫:"朔望率子弟谒先祠""勿怠废先人祀"。⑤

参加祭祖是族人的义务。康熙间山东即墨杨文敬教训后人:"子弟幼时嬉戏,当令习拜跪,学揖让,设祭祀,扮长官。"⑥小孩做游戏,就教他学习祭扫的礼节,以养成参加祭祀的习惯。男子"年十六为成丁,与祭"⑦。十六岁算是成年了,就正式出席祠堂的祭礼。届期如果不到或迟到,就会受到宗法所规定的惩处。江阴袁氏《祠规》:"如有并非远出、患病,三年不入祠与祭报者,罚祭筵三席。"⑧安徽潜山王氏家法,每年腊月二十四日、正月初一日族人两次到祠堂礼

① 《毗陵唐氏家谱·家规》。
② 《宜兴筱里任氏家谱》卷 2 之 4《募建大家祠序》。
③ 常州《锏川里姚氏宗谱》卷 8《宗规》。
④ 常州《澄江袁氏宗谱》卷 8《祠约》。
⑤ 南皮《侯氏宗谱·家规》。
⑥ 山东即墨《杨氏家乘·家训》。
⑦ 《宜兴筱里任氏家谱》卷 2 之 4《宗法》。
⑧ 常州《澄江袁氏宗谱》卷 3《祠规》。

拜，"倘有托故不到者，每名下罚稻一硕"①。女子也参加一部分祭祀，即墨杨氏家法，凡元旦的祭扫，男子举行过后，退出祠堂，"妇女齐集参神，四拜，非疾病不得免"②。

族丁的参加祭祀，有的祠堂要族人出祠费。江阴袁氏祠堂每当大祭时，各房由一人出面敛钱，每一丁交一钱银子："付祭分，各一钱。"③如不交钱，祠堂就要处以家法："族中有抗赖祠逋者，二祭日系于祠门，追完释放。"④对拖欠祠赋的人捆绑示众，处罚严厉。所以在有祠堂的地方，族人必须出席合族家礼，交纳分例的祭费，这就成了宗族成员的义务。

参加祭祠也是族人的权利。宜兴任氏对犯"族恶大条"的人有一项特殊的规则："生不得与祭，死不得入庙。"⑤武进高氏宗族对过失严重的族人，"不准入祠入谱"⑥。不许进祠堂，不得与祭，都是不准参加宗族祭礼。参与宗族的祭扫，是被承认为宗族里的人，也是一种权利，一旦失去祭祀资格，就不被当作族人对待，不再受宗族保护，也就失去相应的权利。

有的宗族向与祭人员发放钱物，如安徽庐陵王姓"家祠祭祖，向来等齐族众，一同礼拜，祭毕每人分钱八文"⑦。公有经济雄厚的家族，还向贫穷的族人发放粮食、布匹、银钱，若被取消族人资格，当然这类救济就无从享受。由这些宗规可知，参加祭扫，是族人义务与权利的一种体现形式。

为了掌握参加祭祀人员的情况，要求族人报告人口，增添男儿要及时登记。山东曾参后裔宗祠设有年纪簿，由族长收贮，"凡诞子之家，于三朝命名后报知族长，登名于簿，将生辰注于名下"。这是登录新生的男子。死亡也限期报告："春秋二祭，子姓毕集，各将半年内寿终者注其月日及葬某处。"娶媳妇要声明系何家之女，何日出生。迁徙者应与祠堂保持联系："其迁居四方者，每岁一次汇列寄报，凡挈眷迁居某州县某乡镇，族长亦逐为记载。"⑧武城曾氏作为

① 安庆《潜山琅玡王氏三修家增》卷1《家箴》。
② 山东即墨《杨氏家乘·祭法》。
③ 《澄江袁氏宗谱》卷3《祠约》。
④ 《宜兴筱里任氏家谱》卷2之5《例》。
⑤ 《宜兴筱里任氏家谱》卷2之5《同族相讼议》。
⑥ 《毗陵高氏宗谱》卷1《凡例》。
⑦ 中国第一历史档案馆藏档案。
⑧ 《武城曾氏重修族谱·例言》。

儒家大师的后裔,礼法严密,以杜绝他人冒入宗籍。其他家族也有这种防范,宜兴任氏,"生子弥月必告于宗子、宗长,具香烛见庙,命名入谱,远居者具帖告庙"①。在宗祠报户口,以便届时参加祭祀。中国传统礼法,有新娘子"三日庙见"之礼,清代宗规亦多所强调,即墨杨氏《家法》;"(新)妇三日,姑率之庙见,返中堂拜尊长,其卑幼并见于新妇。"②新娘拜了祠堂,婚姻得到宗族的承认,才可以与祭。

(二)祀始祖及配享

宗族祭祀,祭什么人,大有讲究,族规对此颇为重视。祠堂祭祖,主要是祭宗族的祖先,这就是始祖、始迁组。江阴姚氏以隋代姚允为祖先,为"报本追远""宗祠内推忠武王(按即姚允)为初祖"③。以他作被纪念的主要人物。即墨杨氏合族祭始祖、一至八世祖。这些被祀的人的牌位置于宗祠大堂。还有祔祀的,被子孙认为有善行而值得纪念的,神主置于大堂的两侧,面向东或向西。有的宗祠规模大,在大堂外,别建祠屋,以安插其他祖先的牌位。如湖南益阳熊氏宗祠主堂外,还置有忠孝堂、廉节堂。④在神主设置上,宜兴任氏祠堂也是一个典型,它建大宗祠一本堂,奉祀十一世以上先祖,十二世以后的要进一本堂,需别具资格:"十二世以下论德、论爵、论功,率众论者,配享两列。"即以德、功、爵作为入祠的条件。

按辈分排列祖先在祠堂的地位,这是祠堂尊祖敬宗原则的体现,本不足怪,但论德、爵、功,则与这条原则不全相合。如果只是宜兴任氏一族如此,尚不必多所注意,可是它却不是个别现象。武进庄氏于道光二十年(1840)重修宗祠,决定为始建祠堂的庄恒、庄朝生设立祠室,名曰"缔造祠",岁时祭祀,以鼓励后人效法,并决定,"其后凡有子姓增修祠宇,续捐祭田,大有功于兹祠"的人,"准其身后祔位入祠,大祭时一体享祭"⑤。《洛阳戈氏宗谱》讲:"宗庙之礼,以序昭穆,此不刊之典也。曾见绅士家止序贵贱,不论尊卑长幼,其与名分祠?"⑥

---

① 《宜兴筱里任氏家谱》卷2之5《例》。
② 山东即墨《杨氏家乘·家法》。
③ 《辋川里姚氏宗谱》卷8《谱例》。
④ 《熊氏续修族谱》卷末《祠堂图》。
⑤ 《毗陵庄氏族谱》卷15《附祀缔造祠旧记》。
⑥ 《洛阳戈氏宗谱》卷1《例言》。

(三)祭祀种类

各个宗族祭祀的名目纷繁,日期不一,习惯不同,为各家族的规则所制约。即墨杨氏家族定有《祭法》,给我们留下较清晰的记录:元旦祭祖,先男子,后妇女。元宵节祭祠堂,晚间举行。清明前二三日,合族扫墓,祭始祖,各房祭本房始祖,各家祭祖,并祭伯叔高曾祖、伯叔祖、伯叔、兄嫂。初伏日献新,祭于祠堂。中元日,晚上在祠堂祭祠。中秋节亦祭于祠堂。十月初一日祭扫部分祖先坟墓。冬至前一日祭于祠堂。各家祖先的忌辰,各自往墓前祭奠。①

古人秋祭曰"尝",冬祭曰"烝",江阴袁氏宗祠"祭期定于二月、八月,效昔人烝尝之义"②。这是春祭和秋祭,符合古人祭奠之义。吴江任氏《祠规》:"合祭所以收族也。每十月朔期早齐集,历四时而一会,水木之思,何人蔑有,务望各致其诚。"③以十月初一日为全宗族的大祭。南皮侯氏《家规》:"朔望率子弟谒先祠。"④即每月初一、十五两日拜祠堂。总起来说,清明和冬至,一次扫墓,一次祠堂祭祖,是两次大祭,各宗族大体相同。

以上是常规的祭祀,还有特殊的。子孙有了荣耀,回乡祭祖,或新得功名,表示感谢天恩祖德,举行临时性祭祠。江阴袁姓《祠规》:"凡子孙入泮者,备祭三席;补廪者捐钱三千,作二年交清;中乡举者捐钱三十千,本年交足十千,中甲科者捐钱五十千,本年先交二十千,余皆匀二年交清;其登仕籍而有俸余官资者,临时公议酌捐。"⑤中秀才祭祖,功名高的更要捐钱祭祀了。

(四)祭祀仪式

光绪间武进、阳湖两县合修的县志,谈到当地民间祭祀习俗:"春分秋分祀宗祠,羊一豕一,酒盏菹肴具,族人以昭穆为次,重行北上。"⑥这里讲了祭仪和供品,是反映了家族祭祀仪礼。不过我们还是看族谱宗约的规定为好。祭祖仪式包括祭礼、供品、主祭人,分配祭品等内容。

"宗子以主裸献。"宗子、族长主持祭祀仪式,这是他们的权力,也是他们

---

① 山东即墨《杨氏家乘·祭法》。

② 《澄江袁氏宗谱》卷3《祠约》。

③ 任兆麟:《有竹居集》卷13《任氏祠规六则》。

④ 《侯氏族谱·家规》。

⑤ 《澄江袁氏宗谱》卷8《祠规》。

⑥ 光绪《武进阳湖县志·风俗》。

统理族人权力的标志。

"司仪所以谨褒也。主祭者先行礼,设茅行灌,出迎牲,既奠,读祝,焚明器,工奏乐,子姓拜,以世及昭穆相祭礼,行之献,毕,彻俎。"①这是吴江任氏的祭法,族尊先向祖宗牌位行礼,接着亲自摆上供品,奠酒,宣读纪念文字,焚烧纸糊的各种明器,奏乐,然后是族人按照辈分次第行礼,反复三次叩头,典礼完毕,撤出供品。族人以辈分排列位置向祖宗行礼,这是各宗族共同的,至于三叩还是四叩等细节,则有不同。

"备物所以致敬也。羊一豕一,大宗祠祭席一;羊一豕一,宗祠席三,支祠二。嘉荐均十有二品,爵席以三,羹食从之,物惟其时。"②任氏祭品主要是猪羊,果品菜蔬依祭祀季节,选择新鲜果菜。在这方面即墨杨氏规定得详明。其除夕祭三世以上祖先,用大馒头、蒸卷各五个,糯米、黍米糕各二大方,牛羊猪三牲各一分,另有茶、酒,祭时烧纸钱。祭四至八世祖,馒头、蒸卷、糯米糕、黍米糕同于前,另外每位还有米饭、粉汤五碗,猪肉、鸡、鱼做的荤腥菜五碗,时下素菜五碗,油果、山果各五个,茶二遍,酒三巡。上元之祭,蒸食五尖碟,荤素菜十种,二十蔬,油果、山果各五个。清明扫墓,祭品除同于前述的,又有韭饼、米糕、米蒸饼。初伏日祭祀的供物有新麦馒头十碟。中秋节祭祠堂,用月饼、西瓜。所用供品及器皿,"皆子孙手设之,不得用童仆"③。以此表示子孙祭祖的虔诚态度。

"祭毕,相率以齿会拜而宴。"④这里说的是合族祭祖仪式完成之后做的两件事,一是族人互拜,一是会餐,分食祭品。族人之间在祠堂的行礼,即墨杨氏于康熙间实行的家法极严,其规则相当繁琐,然为明其究竟,不妨录其原文。

　　岁首元旦祀,先毕行最尊者。有兄弟则弟拜见,毕,则东西相向对立。无兄者独西向立。子侄辈群拜之,四叩,退;孙、侄孙辈群拜之,四叩,退;曾孙辈群拜之,四叩,退。最尊者坐于旁,以次尊者弟拜见,毕,东西相向立,子侄辈群拜之,四叩,退;孙、侄孙辈群拜之,四叩,退。以次尊者立于

①②《有竹居集》卷 13《任氏祠规六则》。

③ 山东即墨《杨氏家乘·祭法》。

④《熊氏续修族谱》卷首《家训》。

旁,俾者弟拜见,毕,东西相向立,最卑者群拜之,四叩,退。凡尊受卑者拜,揖则答半,拜则直受,不止不扶。凡兄弟拜,如五人,最长者居西,以肩为比,次居稍西,三中央,四稍东,五极东,皆此向,其四人揖则同揖,其四人跪,四叩,则最西者立而扶之,四人叩毕起,又同揖,最西者退;其三人揖则同揖,其三人跪,四叩,则稍西者立而扶之,三人叩毕,又同揖,稍西者退;其二人揖则同揖,其二人跪,四叩,则中央者立而扶之,二人叩毕,又同揖,中央者退,其一人揖则同揖,其一人跪,稍东者立而扶之,一人叩毕,又同揖,并退。不问亲疏,但以齿,一日一月之长亦然,或数十人,或两人,皆准此。①

这个礼节,极力强调尊重兄长。若能敬兄,对尊亲自然不会失礼。长兄为大宗,诸弟为小宗,尊崇大宗,是中国宗法制度的特点,杨氏的礼节典型地表现了这种特性。

祭品死者不能吃,如何处理呢? 有的宗族举行会餐,令与祭者吃食,像益阳熊姓那样;即墨杨氏亦然,在元宵节祭后,"与祭者飨馂余"②。有的家族人数太多,不能举行宴会,就分配祭品,如吴江任氏:"颁胙所以均惠也。子姓众多,不及设席燕饮,祭后各颁胙肉,数起以斤,六十者倍之,七十、八十者倍递之,尚年也,不以分限。"③对族人不分行辈,平均分配,惟照顾高年人,多分一些。有的宗族别有分配办法,浙江山阴王氏雍正十一年(1733)的《宗祠规例》:"宗庙之中,亲亲又当贵贵,凡有超群衣顶子孙,其给胙必较执事者次第倍之,以表奖劝之意。"④具有举人、进士和品官身份的人分到的胙肉,比一般祠堂办事人员还要多,问题不在猪肉多少,而是宗族给予的荣誉。可能是给有功名者的地位过高了,该族于嘉庆九年(1804)又议定:衣顶之家的胙肉与分长、执事相同。⑤江阴袁姓宗祠在食馂余时给尊贵者以专席优待:"凡族中有贵且贤者,当专席以尊显之,盖贵贵、尊贤,义有均重,非阿谀也。且使有志子孙睹兹尊显,以激发其读书上进,显亲扬名之心。"⑥

---

①② 山东即墨《杨氏家乘·祭法》。
③《有竹居集》卷13《任氏宗祠六则》。
④⑤《中南王氏宗谱》卷首《宗祠规例》。
⑥《澄江袁氏宗谱》卷3《祠规》。

祭祀仪式后,有的宗族举行会议,向族人宣讲宗法。如南皮侯氏,族长于初一、十五日拜祠堂后,即"击鼓而诵家法,使列听之"①。表彰孝子顺孙,教育忤逆及有过失者。

在整个祭祀过程中,有的宗族设立纠察人员,如宜兴任氏规定:"祭,设纠仪二人。"②纠仪专门检查与祭人员祭祖是否真诚,对亲长是否尊敬,宴饮是否合乎礼仪,以便惩罚那些不守祠规的人。

无需赘言,宗族祭法把祭祠的各种问题都考虑进去了,遵行礼法实在严格。

三、各类祠堂体现血缘的、社会的等级制

宗族成员在祠堂组织下生活,参加祭祖活动,一切行为要符合祠堂的规范,这使我们看到,一个宗族成员,既是皇帝的子民,家庭的成员,又是宗族的属子,使他增添了一种人际关系。这是从单个人来看,就宗族讲,由于祠堂的设立,以一个群体处于社会中。个人在宗族中的处境、宗族在社会中的地位,宗族的祭祀礼仪清楚地透露出来。

祭礼反映宗族的盛衰。祭礼表达宗族慎终追远的愿望,子孙对祖先孝道、宗族现在和未来的状态。故云"观其敬而时也"③,察看宗族是否依时进行,祭时是否隆重虔诚。当清明扫墓之时,一个宗族若能千百人到祖坟拜扫,祭奠后族人举行团拜礼、会餐,热闹喧天,表现出"追养续孝"④的模范宗族的气派;设若一个宗族只有少数人去祖墓应景,祭扫后每人分点祭品,匆匆离去,祖坟地冷冷清清。一个是大族望族,另一个是寒门小族,显现出在社区的不同处境和地位。

祭礼明确族人血缘等级和社会等级的某种成分。祭祖仪式,族人按辈分次序次第进行,祭后的族人相见礼,依辈分、少长拜揖,令每一个人明了在宗族中的血缘等级地位。在实行论德、论爵、论功的宗族,不按照血缘等级,为亡故者在祠堂设置灵牌,是因为他有官职、功名的社会等级身份。同样的辈分,

---

① 《侯氏族谱·家规》。
② 《宜兴筱里任氏家谱》卷 2 之 5《例》。
③④ 《礼记·祭统》。

平民身份的人就没有那样优待,透露出社会等级身份的因素。本来,宗族成员在族内,只有血缘等级身份,设若讲究"三论",同时具有了社会等级因素。祠堂祭礼把族人分为不同的等次,正是宗族内部人们本来就因政治、财产状况不一而分为不同社会等第关系的反映。

祭礼反映宗族在社会等级中的地位。宗族祭礼分胙、食馂余中把生人分出高低,视其社会地位及其先人的地位而定,是为祭礼规格所需要、维护宗族社会地位所需要。

祭祀中的等级制,清朝政府制订有明确的法规。品官家庙之礼是:一至三品官员的家庙,中堂五间,台阶三级,东西两庑各三间,中门外设南门,左右两边各设侧门;四至七品官的家庙,中堂三间,台阶三级,两庑各一间;八九品官的家庙,中堂亦为三间,但台阶仅有一级,没有两庑,只有一个垣门。建筑规模不同,特别是大堂,间数不一,台阶不等,一看家庙式样,就可知道这是什么样的官僚家庭的,其主人的身分也即显示出来。祭祀物品也视官阶而异:三品以上官祭祖用羊一豕一,每案置俎二、铏二、敦二、笾六、豆六,四至七品官用特系,祭器为俎一、笾四、豆四;八品以下官用豕肩,不特杀,祭器为俎一、笾二、豆二。四品以下官祭器铏、敦同与三品以上官。祭毕会食,三品以上官员之家,每祭必举行,四品至七品官在春秋两次祭祖时举行,八品以下官只在春祭后会餐一次。[①]庙堂、祭品、祭器、食馂余都不一样,品官家庙礼法中等级制度森严。宗族中有为官宦子孙,宗族就可以按照他们的品级举行祭礼,表示该宗族是官宦之族,不同于平民宗族的特权宗族。官员子孙是真正地光宗耀祖了,宗族在祭礼中给予特殊地位是势在必行的。

朝廷法定的祭祀等级,存在于宗族和全社会,使等级制从各个方面渗透到民间,可见君主专制社会等级制是基本制度,影响社会群体、社会成员的生活至为深广。

(原载南开大学历史所明清史研究室编《清王朝的建立、阶层及其他》,天津人民出版社,1994年。2019年1月2日改订)

---

① 《清朝文献通考》卷124《品官家庙》。

论清代苏南义庄的性质与族权的关系

清代中期,在江苏布政司的苏州、松江和常州三府,义庄不断地出现,引起人们的重视和赞扬。嘉、道时期学者、常州江阴人李兆洛说设立义庄,厚待同祖的叔伯弟兄,使人人得尽自己的义务,真是"今俗之逾于古者也"①。比他稍晚的苏州吴县人冯桂芬说:"事有创自晚近,不必为三代之法而转足以维三代之法之穷者,士大夫家之建义庄是也。"②然而义庄发展状况究竟如何,为什么这个时期有较多地出现,它起了怎样的历史作用,反映了何种历史趋势,理清这些问题,对于了解清中叶的历史将是有益的。

一、义庄遍布苏、松、常三府

义庄,最早出现在北宋。宋仁宗皇祐中(1049—1054),知杭州事范仲淹在家乡苏州吴县,"置义庄","以赡族人"③,开创了设立义庄的先例。自此以后,义庄陆续出现。南宋初年,平章政事张浚"置义庄,以赡宗族之贫者"④。元代,婺州永康吕文遂的祖辈"立义田,以食族人"⑤。宋、元两代,义庄偶尔出现,是其开创时期。到明代,义庄有所发展,数量增多了,有的规模还比较大。如明孝宗朝首辅徐溥在常州宜兴"置义田八百亩,赡宗族"⑥,皇帝特免其徭役。明神宗时首辅申时行致仕后,在苏州以一千一百多亩土地设立义庄,⑦同时期,他的同乡、金事沈玷、吴之良、沈德仁等分别建立了各自宗族的义庄。⑧在无锡,

① 李兆洛:《养一斋文集》卷9《常熟庞氏宗祠记》。

② 冯桂芬:《显志堂稿》卷4《汪氏耕荫义庄记》。

③ 《宋史》卷314《范仲淹传》。

④ 朱熹:《魏公行状》,见《毗陵城南张氏宗谱》卷2。

⑤ 宋濂:《芝园续集》卷2《吕文遂墓表》。

⑥ 《明史》卷181《徐溥传》。

⑦ 乾隆《苏州府志》卷21《坛庙》。

⑧ 乾隆《吴江县志》卷37《别录》;民国《吴县志》卷31《义庄》;乾隆《震泽县志》卷24《别录》。

翰林院侍读吴情置吴氏义庄,华云置华氏义庄,①在这个地区建立义庄,成为一股热潮。

明、清的易代,使义庄发展中断了,到乾隆年间,官僚地主又开始重视义庄建立。他们把建立义庄当作实现最高尚道德准则的神圣事业。乾隆时礼部侍郎沈德潜说,欧阳修给范仲淹做神道碑,不写建义庄的事,显然是因他政绩多,这件事算不了什么;但是沈德潜不以为然,他强调说,"尊祖敬宗收族莫善于此"②。这表明清朝人比北宋人更认识到义庄的重要性。乾嘉学者嘉定人钱大昕讴歌范仲淹,称他"义田遗泽尚如新,古貌依稀佛地人"③;又说范氏义庄建立已经七百年,"其规条具在,可谓善之善者也"④。还有人把范仲淹建义庄编成歌谣,定为祖训,进行传颂:"子孙贵盛,家门之幸。当思范公,顾恤同姓。……"⑤于是一些有条件的人纷纷设置义庄,一些条件不足的人在准备条件,或者指令后人完成,有的人刚在修理祠堂就打算设义庄了。⑥

随着富有者对义庄的重视,义庄的建立增多了。李兆洛说义庄"至今而几遍天下"⑦,冯桂芬也说"今义庄之设普天下"⑧。在长江中下游及其以南地区,建立得更多一些。

苏州是义庄的策源地,又比别处为多。被人们奉为楷模的范氏义庄,宋代以后的族人不断经营。雍正七年(1729),大同知府范瑶增置田一千亩,使该庄土地达三千亩;乾嘉时编修范来宗加以整顿,增田一千八百亩,市廛百余所,每年有一万两银子收入。⑨在范氏义庄整顿扩建的同时,苏州及其邻郡松江、常州相继效尤。现据民国《吴县志》、光绪《锡金县志》、光绪《常昭合志稿》、李光度的《国朝先正事略》、沈德潜的《归愚文钞余集》、光绪《奉贤县志》、嘉庆《松江府志》、钱大昕的《潜研堂文集》、邓琳的《虞乡志略》、彭绍升的《二林居

---

① 光绪《无锡金匮县》卷30《风俗》。
② 沈德潜:《归愚文钞余集》卷2《陶氏义庄记》。
③ 钱大昕:《潜研堂诗续集》卷8《范文正祠》。
④ 钱大昕:《潜研堂文集》卷20《陆氏义庄记》。
⑤ 民国《吴氏宗谱》卷1《家训·先祖明训》。
⑥ 如道光时常州武进人金驹因为该族有人捐款重修祠堂,就断言"必有感其风而起者,增祠产,饬规条,稽出入,俾吾祠得仿范氏义庄不难也"。见民国《毗陵庄氏族谱》卷14《重修大宗祠碑记》。
⑦ 李兆洛:《养一斋文集》卷9《六安晁氏义庄碑记》。
⑧ 冯桂芬:《显志堂稿》卷4《汪氏耕荫义庄记》。
⑨ 民国《吴县志》卷31《义庄》;钱泳:《履园丛话》卷6《艺岩太史》。

集》、光绪《毗陵薛墅吴氏家谱》、道光《江阴县志》、李兆洛的《养一斋文集》、光绪《黎里续志》、任兆麟的《有竹居集》、同治《上海县志》、冯桂芬的《显志堂稿》、民国《黄埭志》、俞樾的《春在堂全书》等书记载,从康熙时期到19世纪末20世纪初,苏、松、常三府出现的大大小小义庄计二百数十家。①最大的系吴县范氏义庄,拥有垦田三千亩(据民国《吴县志》)。最小的系同治十三年(1874)建庄的无锡怀仁周氏义庄,占田一百一十二亩(据光绪《锡金县志》)。从中不难看出,在义庄遍天下时,苏、松、常三府的义庄具有为数多和以下几个特点:

其一,非官僚地主建庄增多。

清朝以前义庄的建立者大都是大官僚,如范仲淹、张浚、徐溥、申时行等都是宰辅。但是,到清中叶,许多建庄的并非都是官僚地主,家族也不都是望族,而是所谓"素族"。

其二,清中叶是义庄发展时期。

从整个清代看,清初义庄设立很少,中期的雍、乾、嘉、道(前二十年)计为七十五个,是发展时期,鸦片战争后继续发展,同、光时期达到高潮。

清中叶苏、松、常三府有七十多个义庄,占有土地很多,一般的为一千亩,多的至二三千亩,少的也有数百亩。每一个义庄就是一个大土地拥有者,把它们的土地合起来就很可观。如元和县九家义庄,土地总计为一百零五顷余,该县的耕地在乾隆年间是六千一百六十六顷,②义庄土地占到总耕地的百分之

---

① 笔者本来依据上述文献制作出清代苏、松、常义庄表,内含义庄名称、地区、建设者、建设时间、拥有土地亩数、资料来源,惜于本文刊出时被删掉了。及至笔者发现,给《中华文史论丛》编辑部索要原文的义庄表,回信云找不到了。我虽惋惜,但我理解。其时在十年内乱之后、改革开放之初,发表文章和出书,这中间有三者关系,即印刷厂、出版方(出版社和杂志社)、作者三方,由于纸张和印刷能力短缺,所以形成出版社、杂志社求印刷厂的状况,于是印刷厂成为老大,出版方降为老二,作者屈居老三。那时,刊物少,发文难;刊物希望多发文章,大多限制每篇篇幅在万言以内,拙文中的义庄表颇占篇幅,删去是自然之事,再说制表格、捡活字颇为麻烦,印刷厂也不会愿意做。今日作此注解,实在是可惜那个义庄表丢失了,笔者因为需要进行新课题的研讨,无法再查原书重新做出义庄表。笔者丝毫没有埋怨编辑部的意思,而是真诚地感谢编辑部发表拙文,谢谢编辑先生的辛劳。拙文刊出在1980年第三季度,投稿当在一年前,即1979年中,初稿当写于1978年,1979年定稿而后寄出。那时阶级斗争为纲、阶级分析方法还在主导我的学术研究,以此全面批判义庄及其建设者和宗族,发出诛心之论,今日观之,除改动若干字,保持文章原貌,用以反映我的学术研究历程,也是时代的意识形态烙印,绝非还有那种观点。——2019年1月11日注。

② 乾隆《苏州府志》卷9《田赋》。

一点七。又如长洲县七家义庄,有土地七十八顷余,占该县总耕地七千一百七十八顷的百分之一点一。以少数人口的家族占到这样的比例,其地位之重要可以想见。

综观义庄的发展,在清中叶的苏、松、常有较大幅度的增加,成为不可忽视的社会成分。但是在整个社会经济结构中,它所占的比重毕竟还是微小的,因此不能夸大它的地位。

其三,义庄与宗祠义塾的融为一体。

有的宗族在义庄田之外还有祭田、书田。祭田,各地称谓不一,也叫祠田、祀田、烝尝田,它的收入用于宗祠祭祀。祠田多的宗族,还用余财赈济贫穷宗人,这种情况就和义庄的作用差不多了。书田,是宗族学田,为举办宗族学校而设。义庄也往往建有家塾,义庄田的一部分实际上是书田。有些宗族在义庄田之外还有书田,更加表示对办学的重视。义庄田、祭田、书田都是宗族的"公田",而以义庄田"公"的程度最大,作用范围也最广。所以从传统的宗法观念讲,宗祠和祭祀最重要,但在宗祠的经济基础中,义庄田、祭田、书田等宗族公田结成一个整体,其中义庄田尤有特殊地位。

二、义田的性质和作用

考察义庄的建肇史,可以发现,它既是土地兼并的产物,也是土地兼并的表现形式之一。义庄田是官僚、地主和少数大商人建造的,他们靠俸禄(容或有灰色收入)、田租、高利贷、商业盈利的钱财购置土地,建成义庄。如吴县人州同丁锦心和他的父侄用一万五千多两银子购买一千亩土地,建成丁氏济阳义庄,知县丁士良又置书田三百亩,设义塾。[1]同县陶筱经商二十年,买田一千亩,构成陶氏浔阳义庄土地的主要部分。[2]无锡地主屈人秀经营农业,置四百亩赡族,他的孙子屈廷栋遵其遗命,陆续添置土地,建成有千亩田的义庄。[3]

建庄者不管采用何种手段兼并土地,基本上是向劳动农民进行剥削。他们凭借财势,抢掠农民的小块土地。乾隆时的状元武进庄培因和于珍艺的祭

---

① 民国《吴县志》卷 31《义庄》。
② 沈德潜:《归愚文钞余集》卷 4《陶氏义庄记》;同治《苏州府志》卷 88《陶筱传》引《元和县志》。
③ 光绪《无锡金匮县志》卷 25《义行》。

田,在山桥头的三十亩,"佃户恳求放赎,即以田价归还"①。这是说明地主祭田兼并农民土地的一件事实。在湖南辰州,有一份五百多亩的义田,其中有一百七十亩,是从只有一到三十八亩土地的十二户农民手中购买,并役使他们为佃农。②这都说明地主靠掠夺农民小块土地来积累义庄田或其他义田,乃是一个普遍的现象。

义庄田的形成,既是兼并土地而来,那么它的性质又是怎样呢?魏源给它下了一个定义:"井田废,而后有公恒产者,曰义田。"③义庄田是一种不动产,当然是一种恒产,问题就在这公产上。地主说义庄田是他们捐给宗族的,是宗族的公产,他们还以公产的名义向官府备案,如吴江任氏义田条规中"立户"条云:"同族所捐田号、数目、坐落地方,存有底册,其田亩总计若干,共立一册,册名'任祠义田'。"④但是,要弄清所谓家族公产义庄田的性质,必须根据这种土地的真正支配者、经营方式、分配方式诸方面的状况来确定。

义庄有一个管理机构,设有专门的办事人员,一般叫作"庄正""庄副"。义庄的筹建者在庄内享有特殊地位,所谓"生则高下任意,没而子孙轮管,因缘为利"⑤。他们是义庄的当然监管人。即使他们及其子孙不直接管理,所用的庄正也是地主分子。如常熟庞氏祠田,"择于姓殷实者司之"⑥,武进庄氏祠产选择"有身家能干办廉励者"⑦经管,同宗族的一般农民是不能染指于义庄的管理事务的。筹建义庄的大地主,以及他们吸收的一些同族地主或亲信,方能掌握义庄土地的所有权和支配权。

义庄的土地经营,完全采取封建的租佃形式,出租给农民耕种,同私人地主一样收取地租,而且一样的残酷。如昭文归氏义庄一千亩田出租,实行定额税制,每年收租米九百八十石,合每亩一石米,大约相当于农民收获量的一半。常熟屈氏义庄,一份田四百九十亩,额租米四百石;一份田四百六十亩,额租米四百石,另收钱六十余千文;一份棉花田三百五十亩,收豆、麦二百九十

---

① 民国《毗陵庄氏族谱》卷15《本淳公祭田》。

② 《辰州义田记》卷下。

③ 《魏源集·庐江章氏义田记》。

④ 任兆麟:《有竹居集》卷13《任氏义田规条十则》。

⑤ 民国《吴县志》卷31《义庄》。

⑥ 李兆洛:《养一斋文集》卷9《常熟庞氏宗祠记》。

⑦ 《毗陵庄氏族谱》卷15《旧定经理祠产各条》。

石,钱九十八千文。①义田主人还采取种种措施保证实现对农民的剥削,如武进庄氏祠堂规定了详细的地租管理办法,内有"征税法"一项:"至有刁佃缺欠成色及掺和水谷等弊,经管同督管须合心着力征讨,毋得循纵,偶有挂欠,亦必簿上注明,以便下熟再追。"②这些条规,显示了地主对佃农抗租、欠税的凶狠面目。还有一点须要指出,即义庄不向本族人出租土地。早在北宋年间,范氏义庄规定"族人不得租佃义田"。到清代,吴县杨氏义庄也有同样规定:"族人无论远近,不得租种义田。"③义庄的地租剥削,以及为了保证剥削而不租给族人的特点,从分配关系反过来证明,这种土地制度是地道的地主土地所有制。

义庄地租的开销情形也能反映土地所有制性质。义庄的收入除交纳国赋以外,一般还有三项支出:一为赈济本族贫穷族人,一为奖励族人进学,一为义庄管理费用。这里不可避免的是义庄司事者的擅作威福和侵蚀中饱。有的义庄更要给它的建立者提供大量费用。俞樾《右台仙馆笔记》中记有一事:江西南安府有个叫陈朝赞的巨富,将二十万家产捐入始祖祠,十万给予支祖们,约定每年收入三分之二归宗祠祭祖和赡贫,三分之一归其子孙。又据记载,吴县朱宗元"创义庄","与族人共","而岁收其赢备私用"。④祭田在江宁府高淳县的方苞,说他"药物及随身用度","取之祭田"。⑤这都说明义庄地租,有相当部分落入建庄和管庄的地主手中。

这种义庄地主同贵族地主、官僚地主、无身份地主、商人兼地主、寺院地主等一样,是构成地主阶级的一个组成部分。特别在清代,由于义庄的发展,这种地主已成为清代地主阶级的主要构成部分。

义庄田采取宗族公有的形式,是有其产生和发展的社会根源及历史作用的。

封建社会后期,大土地所有制更加发展,江南地区尤其严重,常州人钱泳说土地转移极其迅速,"十年之间,已易数主"⑥,反映了土地兼并的剧烈。

---

① 光绪《常昭合志稿》卷 17《善举》。
②《毗陵庄氏族谱》卷 15《旧定经理祠产各条》。
③《吴郡杨氏家谱·义庄条规》。
④ 彭绍升《二林居集》卷 10《仲舅光禄公葬记》。
⑤《望溪全集·集外文·教忠祠祭田条目》。
⑥《履园丛话》卷 1。

而其结果,迫使农民进一步失去土地所有权,造成贫困,促使阶级矛盾激化,农民要求占有小块土地。在江南,农民"抗租霸种,习为故常"①。清朝地主阶级为保持自己的统治地位,千方百计地镇压农民运动,发展义庄或其他义田,就是他们掩盖土地兼并、瓦解农民斗争的一个手段。具体说来,义田起了以下作用:

(1)地主、官僚以义田掩饰土地兼并。如前所述,义庄田是土地兼并的产物和一种表现,但是它的主人给自己的行动披上建立义庄的漂亮外衣,因而使一部分人拥护这种兼并,或者对它熟视无睹,漠然置之。

(2)义田掩盖了地主土地所有制及地租剥削的本质。地主阶级赋予义庄田以宗族公产的美称,似乎贫无立锥之地的农民和义庄主一样,都是义庄土地的主人。这就隐匿了义庄田为地主所霸占及其地主土地所有制的本质。

(3)义田保障了地主对土地的长期占有。义田的迷人外衣,有助于它的稳定性。一些地主分子对他们占有土地的不同形式做过比较,方苞说:"每见士大夫家累巨万,不闻置义田,即祭田亦仅有而少丰满,俄而其子孙已无一垅之植矣。"②这是经验之谈,实际情形也确实如此。如宋宗元先以一千四百亩土地建义庄,不久给子孙分家只留四百亩做义庄田,待他死后五六年,他的子孙因打官司把家产卖光了,只剩下义田。③俞樾在记叙陈朝赞义举故事时大发感慨,说"陈翁此举非独高义,抑亦明智也;拥三十万资于一家,不三十年必尽矣!今推之于一族,而仍使归其所入三分之一,则是子孙长有十万也"。此中道理,康、雍间吴县孙璜做了总结,他说"义行"是"一以行惠,一以保家"④。以"行惠"来"保家",保家才是真正的目的。事实上,义庄土地也像私人地主土地一样不能长期保存,但一般讲它比后者保存得久一些,能够保留几世以至更多。有鉴于此,地主分子以之作为保产的良方。

归根到底,"义田"不义,它被地主利用为反对农民土地斗争、保持本身产业的手段。

① 邓琳《虞乡纪略》卷8《风俗》。

② 《望溪全集》卷17《己亥四月示道希兄弟》。

③ 彭绍升《二林居集》卷10《仲舅光禄公葬记》。

④ 《归愚文钞余集》卷5《文学孙古愚传》。

三、义庄是维护封建宗族制度的重要措施

封建的宗法制度是封建制度的一个组成部分,封建的族权,即由宗祠、支祠以至家长的家族系统的统治权,是地主阶级统治权力的一个支干。封建的宗族制度随着生产力、商品经济和阶级斗争的发展而逐渐衰落。宋、元商品经济的发展,明、清资本主义的萌芽,在冲击封建制度的同时,也冲击着宗族制度。在清代,宗族制度在衰败,宗祠不甚兴旺,宗法遭到冷遇;相反,人们却热衷崇信其他神鬼。康熙朝理学名臣汤斌说吴中"婚义不遵家礼","仁孝之急衰,任恤之风微"①。雍正时陈祖范说苏州人"颇忽于祭先祖,恪于祭外神"②。乾隆时沈德潜说"吴中富厚之家惟是美居室,饰车马,饮食相征逐,于尊祖敬宗之事略焉不讲"③。这些议论,相当真实地反映了江南宗族制度式微的状况。一部分统治者有鉴于此,力图恢复宗法关系。汤斌在苏州一面毁淫祠,一面"讲《孝经》《小学》,使人知重伦常而敦实行"④。一些士大夫和大地主为了维护宗族制度,兴修祠堂,举办义塾,整饬族规家范,义庄也正是在这种情势与要求下较多出现的。所以义庄是作为衰朽中的宗族制度的补剂而产生和发展的,两者之间有着密切关系。

(一)义庄是宗祠经济基础的重要成分

"尝思礼义明而彝伦自立,亦惟财用足而族谊可敦,古人所以设立义田以供一族之公用也。"这是1828年武进冯氏建立祠堂公积金碑记里说的话,⑤它明确说明祠堂与义田的关系:敦族敬宗,不仅要讲义礼伦常,还必须有充足的钱财、有义田才能办到,否则,祠堂的权力就会削弱或将难以维持。武进的另一蒋氏宗族中的一个地主分子以该族的祭祖史说明建立义田的必要,他说本宗族的祠堂已经设立多年,但是没有祭田,祭祖、扫墓所需费用临时向子姓摊派,经费不足,所以祭祖仪式、上祭物品以及祭后的合族会餐都是草草地进

---

①④《汤潜庵集》卷上《请毁淫祠疏》。

② 光绪《常昭合志稿》卷6《风俗》引陈志。

③《归愚文钞余集》卷4《张氏祭田记》。

⑤《毗陵冯氏宗谱》卷20。

行,达不到祭祖的意义。①在封建社会,一个宗祠要维持下去,需要办几件事:一是祭祖,这是尊祖敬宗收族的体现,是最必要的和最重大的事情;一是修族谱,族谱记载祖宗源派、子孙流派,是宗族的历史,为联系同宗之人所不可或缺,而族谱几十年就要增补一次;一是设义塾。进行这些事务,当然需要一定数量的常年收入。出租土地和房屋、放债都是祠堂经济来源的手段,其中地租是它稳定而有保障的主要来源。

(二)以义庄田赈贫宣扬亲亲之道,掩盖贫富不均和阶级对立

具有义庄、祠田宗族的族尊,可以通过义田的赈济,对族人实行控制。建庄者把"亲亲"列为崇高的目标,把"赡贫恤族"宣布为建庄的准则,声言义庄要以其财力,使生者有所养,壮者能婚配,病者获医药,丧者得安葬,使族人互助相亲,全宗族雍雍穆穆。

赈济同宗贫民,是义庄的一个重要任务,拟有详细的规则和办法,如吴江任氏赈恤事项为:"赡寡",接济贫穷的寡妇;"养老",给八十岁以上的族人祝寿和生活困难者救济;"劝学",予有功名的人以奖励;"恤病",赡助病残无依靠者;"助丧",资助不能安葬者;"救急",实行临时性的补助。②项目颇多,似乎考虑得很周全。义庄和宗祠的救济究竟能否解决穷人的生活问题,任氏家祠缺乏这方面的资料,其他宗族则有所提供,如武进薛墅吴氏每年给族中无法维生的孤儿寡妇米、麦各三斗。③宜兴筱里任氏每年给鳏寡孤独残废而生活无着的族人米二石,极贫至三十岁不能娶亲者助婚银三两。④江阴袁氏宗祠规定:凡苦节而无恒产者,每月给钱五百文;凡贫乏安分无力娶亲者给钱五千文;无力出嫁者给钱三千文;无力安葬者给钱四千文;孤幼无依者每月给钱三百文;贫苦产子者给钱七百文。⑤以上都是宗族用祠田收入来赈济的。在义庄方面,据广西陆川县连氏义庄的资料,该义庄规定,凡本支大口每季给米九斗,小口五斗四升,近族一户每季二石,远族一石八斗。⑥可以看出宗祠、义庄都搞了一点救济,或多或少地解决了贫穷宗族的部分生活问题。这种经济上

---

① 《毗陵薛墅吴氏家谱》卷12《捐田记》。

② 《有竹居集》卷13《任氏义田规条十二则》。

③ 《毗陵薛墅吴氏家谱》卷12给门。

④ 《宜兴筱里任氏家谱》卷2之5《三十七条例》。

⑤ 《澄江袁氏宗谱》卷3《祠规》。

⑥ 民国《陆川县志》卷11《孝友》。

的有限顾恤,就使地主阶级的亲亲之道得到某种宣扬,用血缘关系代替了同一宗族内的阶级关系。

(三)义庄以附设义塾培养士人,巩固和提高宗族地位

义庄一般设有义塾,拨给一部分土地或款项作为经费。义塾主要是接收贫寒子弟入学,即所谓"设家塾以培寒酸"①,不收学费,还供给廪膳、书籍,对学有成就的更加奖励。如武进吴氏宗祠规定:文童府县试给招复钱,中秀才给蓝衫费,补廪生给花红钱,参加乡试给宾兴费,出贡和中举都给花红钱,会试给公车费,中进士给花红钱,殿试给册卷费,钦点翰林院庶吉士和钦点鼎甲给花红钱。②这样义塾为宗族子第特别是贫宗子弟的就学和进学提供了条件。

义塾、宗祠办义塾,是所谓"养与教兼行"③。义庄赈济是养,义塾是教,即对青少年进行封建伦理与文化教育,如吴江江氏家塾,聘请"有学有品之儒"做塾师,以为学生榜样;以四书五经为教材;要求学生专心课业,遵守礼义,不得从事学业以外的杂务。经过这种教育,即使混不上功名的人,"亦能知礼义,改嚣凌亢暴放恣之气"④,若能取得功名,为官作宦,光宗耀祖,扩大宗族的势力与影响,从而维护了宗族制度。有的宗族,原来科甲就比较兴盛,先发者办义塾,又培养了人才,进一步发迹,更有条件兴学育士,如此长时期保持兴旺不败。如武进庄氏,科名鼎盛,被誉为"江左科名之盛颇推吾郡,而吾郡科名之盛尤推庄氏"⑤。该族庄存与中榜眼,其弟庄培因中状元,是为兄弟鼎甲。在道光前的清代,该族中有二十七人中进士。长洲彭氏在康、雍之世也出了两个状元、一个探花,进士代不乏人,"科名仕宦相继不绝"⑥。所以义庄、宗祠设立义塾,是维护、巩固宗族制度及整个封建制度的一个措施。

四、义庄是族权的经济基础

清朝统治者充分意识到族权对于政权的辅助作用,因此鼓励建立义庄。

---

① 《有竹居集》卷13《请题陆肇域设立义庄议叙呈词》。
② 《毗陵薛墅吴氏家谱》卷12《花红》。
③ 朱璵:《小万卷斋文稿》卷18《曹溪汪氏义学碑记》。
④ 王昶:《春融堂集》卷37《祠塾规条自序》。
⑤ 《毗陵庄氏族谱》卷首刘跃云序。
⑥ 《彭氏宗谱·彭氏家后传》。

雍正在阐述康熙"圣谕十六条"时,鼓吹宗族"立家庙以荐烝尝,设家塾以课子弟,置义庄以赡贫乏,修族谱以联疏远"①。乾隆于1751年南巡到苏州时,亲自去范仲淹祠堂察看,赐其园名"高义",并亲书匾额,又赏赐范氏后裔以貂币,②以示提倡。

清朝政府着力于保护义庄的土地所有权及其土地的稳定性,发给义庄立案执帖,明确规定"倘有奸徒捏冒诡寄,及不肖子孙自行盗卖,富家强宗谋吞受买,许给出帖首告,按律惩治"。凡卖义庄田"十五亩以上者,悉依投献捏卖祖坟山地原例,问发充军,田产收回,卖价入官。不及前数者,即照盗卖官田律治罪"③。政府不仅一般地承认包括义庄在内的公田的不可侵犯性,还用祠产"不入官"的措施给以特殊照顾。如1799年嘉庆下令查抄湖广总督毕沅,但他在苏州的灵岩山馆,由于做了家庙,抄家时"以营兆地,例不入官",而得以保存。④

除了经济上保护,政治上还予以鼓励。清朝政府把义庄建设者当作"孝义"加以旌表,还以"优叙"来奖励,布衣可以取得官衔,候选的提前补用,如候选员外郎陶筱建庄后,经过巡抚的推荐,乾隆特命"原衔即用,以示奖励"⑤。

清朝政府如此提倡、支持义庄,对于实行摊丁入亩制度更有特殊意义。丁银摊入地亩征收,编审制度随之成为具文,人民离开乡里的可能性增大,"于是游手纷于镇集,技业散于江湖,交驰横骛,而上之人不得问焉"⑥。清朝政府清楚地认识到,"搢绅之强大者,平素指挥其族人,皆如奴隶……愚民不畏官府,惟畏若辈,莫不听其驱使"⑦。于是借重宗族,即在官府与人民之间,利用祠堂和族长管理宗族人民,既巩固、扩大政权的阶级基础,又加强对人民的统治。他们用义庄庄规、祠堂宗约约束人民。如宜兴筱里任氏祠堂条例规定:"凡不孝不悌,帷薄不修,盗贼奴隶,此族恶大条也,不幸有犯者,公逐不许入祠,鸣官正法。"武进唐氏宗规:"如有犯不孝不悌,父兄指事告祠者,重则送官律

① 《圣谕广训·笃宗族以昭雍穆》。
② 王先谦:《东华录》乾隆朝卷33,乾隆十六年三月乙卯。
③ 乾隆四十四年江苏布政司发给吴县周姓义在执帖,见民国《吴县志》卷31《义庄》。
④ 钱泳:《履园丛话》卷20《园林》。
⑤ 沈德潜:《归愚文钞余集》卷4《陶氏义庄记》。
⑥ 张海珊:《小安乐窝集》卷18《聚民论》。
⑦ 姚莹:《覆方本府求言札子》,《皇朝经世文编》卷23。

治,轻则祠堂责处。"①武进吴氏条戒:"戒窝藏来历不明者,察出责究。"②这表明宗祠对那些不合于封建政权和伦理的人都要进行干涉,协助逮捕,或自行给以惩处。

祠堂本身还拥有对族人的一定的司法权,审理族人纠纷,可以施行从经济到政治的各种刑法,如打板子、记过、关押、捆绑示众、罚跪、罚款、赔礼,以至处死。

总之,清朝政府实行"以保甲为经,宗法为纬"的政治统治,③企图造成"人心维系,磐固而不动,盗贼之患不作"④,稳定封建秩序。清朝的历史表明,政权自上而下地支持族权,宗祠又自下而上地维护政权,两者结合,强化封建统治。义庄作为支撑族权的经济基础,有利于封建统治。

义庄的存在和发展,涉及土地占有状况、地主阶级经济成分、宗族制度、封建教育和科举等问题,而苏南的义庄更有其代表性,研究义庄史,有助于对某一特定时代的封建历史的了解。

(原载《中华文史论丛》1980年第3期,上海古籍出版社,1980年)

---

① 《毗陵唐氏家谱》。
② 《毗陵薛墅吴氏家谱》卷2。
③ 冯桂芬:《校邠庐抗议·复宗法议》。
④ 《魏源集·庐江章氏义庄记》。

清代宗族祖坟述略

　　清朝人给祖坟(亦称作祖山、祖茔、坟山、兆域、坟茔、宅兆)以崇高的地位,极其敬重,包括笔者在内的后世研究者忽视了清朝人的这种感情,对祖坟的研讨缺略,是以普遍认为祠堂、祀产、族谱是宗族的载体,是宗族之为宗族的原因和标志,其实祖坟亦为宗族载体的一种,只是我们忽略了它。清代北方宗族不被学者看重,以为不可与南方宗族同日而语,然而给祖坟以宗族史中应有的地位,不难发现它是北方宗族存在和活动的特点。因此,开展祖坟研究,会丰富宗族载体内涵,改变对北方宗族的认知模式,将使清代宗族史的讨论内容趋于全面,研究理论层次有所提升。祖坟的存在与人们的扫墓活动密不可分,是人们表达慎终追远情怀的一种形式。20 世纪的政治运动使得各个家族祖坟遭到严重破坏,唯台湾于清明节放假扫墓,2008 年大陆也将清明定为节日,予民众祭祖扫墓以方便,由此可知对清代宗族祖坟史的研究有其学术的、现实的意义。

　　鉴于清代宗族祖坟史尚无一般性的论说,笔者不拟只是研讨上述两个特别之处,仅将它作为文章的一部分内容,而将以较多的笔墨去描述清代宗族祖坟的基本状况,即宗族祖坟观念、建设规制、保护措施、墓祭及祖坟功用。由于宗族祖坟与个人的父祖之坟墓不完全相同,因而不构成宗族坟茔的个人祖坟建设与祭祀活动本文不作评述。

一、祖坟观念

　　清朝人如何认识宗族坟茔, 是何种意念促使他们进行祖茔建设和祭扫?他们的观念,总的来讲是孝道,要实现对祖宗的生养死葬和祭祀,在生前主要是孝养、孝顺,身后"视死如视生",为此而建设祖坟,进行墓祭。诚如灵石何氏道光间的《家训八则·修茔域》所云,"君子有终身之丧,忌日是也;君子有终身之养,丘墓是也。先儒谓坟墓乃祖宗体魄所藏。子孙思祖宗不可见,见所藏之处,如见祖宗一般"①。所以具体一点地讲孝道,就是祖茔建造和祭祀,就中涉及对先人死亡后魂魄依附的认识,祖先安葬兆域与风水的关系。

(一)祖坟藏体魄与报本说

古代社会存在人有"三魂七魄"(或"三魂六魄")之说,这"魂"(灵魂)导致宗族的祠堂兴建,"魄"(体魄)则引发祖茔的修筑。康熙朝吏部尚书、文坛领袖、河南商丘人宋荦为祖坟购置祭田,在《祖茔祭田碑纪》中写道:"神依于主(木主),体魄藏于墓。"②嘉庆间,广东乳源余氏《家规》的"尊重祠墓"条,谓"祖宗之灵爽,何依依于祠而已矣;祖宗之体骸,何归归于墓而已矣"③。湖南零陵龙氏《家规》亦云:"祠乃祖宗神灵所依,墓乃祖宗体魄所藏。子孙思祖宗不得见,见所依、所藏之处即如见祖宗焉。"④安徽婺源(今属江西)、祁门,江西浮梁三田李氏《祖训八则》中的《修祠墓》:"孔子言,孝子之丧亲也,卜其宅兆而安厝之,为之宗庙以鬼享之。祠墓者,所以妥祖宗之灵也。"⑤宋氏、余氏、龙氏、李氏一致认为祠堂和坟墓具有不同的功能,祠堂供奉的神主为祖灵所依凭,祖墓埋葬的祖宗遗体是体魄依据之所,祠堂、祖坟使得灵魂与体魄各有所归依。笔者这里不是为谈论祠堂的功用,以及祠堂与祖坟的功能差异,而是另有两个缘由:由于祠堂在宗族史中的地位已为人们所熟知,将清朝人的祠堂、祖坟相提并论的事实摆出来,以见祖坟在宗族行为和宗族史中的重要性;清朝人对祖墓与体魄关系的理解——"体魄藏于墓"的观念。

祖宗体魄藏于茔墓,无论是个人属文,宗族制定的规约、族谱凡例,族人写作的谱序,在在言之,兹录数则,先见清朝人不厌其烦的絮叨,而后笔者稍事解说。四川铜梁安居乡周氏《训规》中的《重坟墓》说到丘墓,"生有室宇,死有丘墓。惟兹抔土,乃祖宗体魄所依,子孙瞻仰所系者也"⑥。乾隆间江西新昌漆氏的族谱凡例云:"兆域,祖灵魄在也……于清明时祭扫,填修倾圯,应禁者议禁,防其侵坏,非重风水说也,心之所自致耳。"⑦江苏宜兴筱里任氏谓:"茔

---

① 灵石《何氏族谱》卷8《家训八则》,道光十四年续刻本。
② 宋荦:《西陂类稿》卷26《祖茔祭田碑纪》《文康公赐茔祭田碑记》,《四库全书》本。
③ 余有璋等纂修《乳源余氏族谱》卷1《家规并引》,嘉庆二十五年木活字本。
④ 零陵《龙氏六续家谱》卷首《家规》,民国十年刻本。湖南涟源李氏《宗规·祠墓当展》说出与龙氏雷同的话,见涟源《李报本堂族谱》卷首,民国五年报本堂活字本。
⑤ 李廷益等修婺源、祁门、浮梁《三田李氏宗谱》卷末《祖训八则》,光绪十一年木活字本。
⑥ 铜梁《安居乡周氏宗谱》卷1《训规》,光绪十年刻本。
⑦ 新昌《城南漆氏》,《漆氏重修族谱凡例》,光绪三十年本。

墓藏先人之体魄。"①上海曹氏同治间规范:"茔域为祖宗体魄所藏,关系最巨。"②直隶沧县张氏认为"坟茔,乃祖宗藏身之地也"③。山东黄县王氏说"茔域以妥先灵,尤为急务","祠墓者,所以妥祖宗之灵也"。④安徽歙县胡氏道光间族规的"修坟墓"条云,"坟墓乃祖宗所凭依之域,子孙报本地也"⑤。河南、四川、广东、湖南、安徽、江西、直隶、江苏、山西、山东各个宗族一致认为祖坟是祖宗体魄存在之域,藏形之所,确实形成共识,但是也有宗族将体魄与灵魂混而为一,如新昌漆氏视祖坟为灵魄之所,黄县王氏以坟墓为祖灵之所,不过此种魂魄分析不清,无碍于祖坟藏体魄说。

在这清朝人的屡屡叙说中,另有两个信息引起笔者关注,其一,建坟被视为刻不容缓的头等大事。上海曹氏讲祖茔"关系最巨",黄县王氏说"尤为急务",因为坟墓关系祖宗体魄的安宁,"入土为安",不建坟安葬,祖宗体魄无所归依,是子孙不孝的显著劣迹。其二,建坟报本,表现孝心。歙县胡氏谓祖坟系"子孙报本地","报本"之"本",狭义指生身父母,报本是报父母之恩,如同清初直隶滦州边氏所说:"凡我五官百骸聪明才干皆本之父母,受人财产尚知饮水思源,生身报本又何忘乎。"⑥但是就宗族成员讲,报本之本系指"一本",是谓宗人均是始祖、始迁祖所出,即"一本"所生,报本是子孙感激祖宗生身养育之恩。因之善置祖茔,报本之情怀始得有所表现,心理才能安宁,故而新昌漆氏发自内心说造坟是"心之所自致耳"。再则子孙思念消失于人世的祖宗,何处去寻觅,去释念?铜梁周氏、零陵龙氏、灵石何氏说得好,到坟茔去瞻仰,去拜祖坟与祠堂神主,如同见祖宗一般。要之,茔墓尊藏祖宗体魄,是宗族报本之地,所以从观念上讲建设祖坟是宗族头等要务。

(二)祖坟根基说

就逝者而言祖墓是祖宗藏形藏魄之所,从生者来说祖坟则是人生的根基。同治间四川开县唐氏云:"夫物本乎天,人本乎祖,祖茔所在,根本系焉。"⑦同

---

① 《宜兴筱里任氏家谱》,《祠墓记述》,民国十六年刻本。

② 曹浩等续修《上海曹氏续修族谱》卷1《谱例》,民国十四年崇孝堂排印本。

③ 孟村《张氏家谱》,《孟村张氏先茔志》,民国十二年本。

④ 《黄县太原王氏族谱》,《序·建修茔墙序》,宣统元年刻本。

⑤ 歙县《蔚川胡氏家谱》卷2,道光《规条》,民国四年刻本。

⑥ 滦州《边氏家谱》,《边氏家谱约叙》,民国二十七年唐山华美印书局本。

⑦ 开县《唐氏族谱》卷1《宗规十条》,同治十年刻本。

时间江西南丰黄氏亦称"祖山乃生身根本所系"①。湖南汉寿盛氏《家规》则云："茔山重地，身所自出"②。所谓"根本"，清朝人的意思有三个方面：一是说先人留下基业，即先人居住在这里，置有产业，从而拥有生活资源，泸州王氏在讲述设立祖坟道理中说："先人遗泽，有田庐以安其子孙，必先有坵垄以妥其宗祖。是坟茔者，祖宗依恋之乡而实子孙根本之地。根本之不修而欲枝叶之发秀，其可哉？"③祖先立足之地，有田地房舍遗留给子孙，子孙据以安生立命，自然是子孙根本之地了。祖遗田舍是物质财富，祖宗遗产还有精神财富，清人讲祖茔根基，就有从后一方面理解的。王氏迁徙至山东黄县，到乾隆年间已有十几世，热心者重修始祖墓和其他祖坟，并一一竖立坟碑记述祖先功德，事后自豪地宣称："邑之族众矣，吾族人何子姓繁衍，既吉且昌也，于碑可溯夫原本也；邑之族众矣，吾族人何孝悌忠信亲睦敦和也，于碑可溯夫家法也；邑之族众矣，吾族人何经明行修科第蝉联，观光桥门采芹泮水者，志且谓几半黄庠也，于碑可溯夫世德也。"④认为宗族人丁兴旺，讲求忠孝亲睦，举业连绵鼎盛，追溯其源，是祖宗家法和累世种福造成的，是优良传统致福。这种精神遗产是为二。三是祖坟关乎后人生存状况。绩溪周氏宗族认为"报本必先乎祖墓，追远尤切于坟山，前代之神灵所寄，后人之命脉攸关"⑤。祖茔建设的好坏，影响及于后世的生活质量，是报本大事，也是后人命脉所系。

祖茔之地，与宗族所在地是同意语，它是族人生活之区，繁衍延续之区。直隶沧县张氏《先茔志》说得好："吾祖徙居来沧，生于斯，长于斯，家于斯，族于斯，遂卜以村东南里许之地为茔焉。"⑥是啊，族人生于斯，长于斯，家于斯，族于斯，死于斯，葬于斯，后人追念先人于斯，族人周而复始地生活于斯，这个地方当然是宗族的根基。清朝人从继承物质、精神遗产方面感激祖宗，其实还有先人的社会关系遗产也为后人接受，这也是人们生活与立足于当地社会所不可缺少的要素，是"根基"的应有内涵，只是人们对此认识不足。后人的立足之境，为祖宗所创造，所给予，后人视为根基是尊重事实，合乎情理，是为不忘

① 黄家章等修南丰《西麓双井黄氏族谱》，《凡例》，同治十二年刊本。
② 汉寿《盛氏族谱》卷首《家规十六条》，光绪二十七年广陵堂活字印本。
③ 王家浚、王守亨等编《王氏族谱》卷1《坟茔记》，民国二十二年石印本。
④ 王次山修《黄县太原王氏族谱》，《序·祖茔建碑记》，宣统元年刊本。
⑤ 《绩溪城西周氏宗谱》卷19《禁碑》，光绪三十一年。
⑥ 沧县孟村《张氏家谱》。

本,以祖宗体魄所依托的祖茔为宗族的根本,宗族的根基就牢固不可动摇。

(三)讲风水与避"五患"观念并存

讲到墓地的选择,让我们回到清朝人的体魄观念上来。三魂七魄之三魂,是灵魂,是一种精神,它在人健在时存附于人体,人死亡,灵魂不灭,离开人体,依然存在。七魄,指气、力、中枢、精、英、天冲、灵慧,附于人体。后人为纪念先人和保存先人体魄,用神主承载灵魂,从事木主及其存放的祠堂建设,用坟墓安置体魄,故讲究遗体保存和兆域环境,是以有葬地的选择和风水说的流行。清人相阴宅的风水说,是讲求保存先人体魄与造福后人相结合的一种观念。人们认为人死有气,气能感应,影响于活人,所以要择生气凝聚之地安葬;为了聚气不散,需要界水限制气的运行;又为不使气散,必须有藏风的条件,总之,为了存气,讲求风水,兆域当在山环水抱、九曲环绕、藏风聚气之地。存气的要求仅仅是一个方面,更有生气的愿求:人们以为人体下葬后与墓穴之气结合,形成生气,通过阴阳交流造成的途径,影响后人的运气;葬地理想,先人骨骸得到地气的温暖,会造福子孙。

在风水观念的影响下,清人营造坟墓,都要慎重选择葬地,是为卜葬(卜兆、卜宅、卜地)。沧县边氏《茔地记》写道:"边氏始祖迁善公移居来此,殁后卜葬于吴官屯庄西北方。"①黄县王氏"来黄十有余世,先代祖茔卜城之坤隅"②。卜兆,选择茔域与墓穴。始迁祖的卜葬之地,而后成为宗族的祖茔。

卜葬讲求风水,宋代以来,江西堪舆家最富盛名,清代依然如此。新昌漆氏的祖茔呈莲花形,是风水师视为的上兆,故该族以之为发祥地:"吾族祖坟之有莲花形也,实为世代发祥之基,自明以来,其历代之考姒藏魄于其中者指不胜屈矣。"③灵石何氏的祖茔在"村北原里许,后倚崇山,峭壁插天。前接孔道,襟带汾流,峡溪左右环抱,山明水秀,术家谓何氏发祥以此"④。山西永宁人、康熙朝总督于成龙(谥清端)的坟山,据康熙间纂修的《于氏宗谱》记载:在州治北面名曰"横泉龙"的地方,其坟墓,"卯酉兼乙辛坐向。明堂宽容,奚止万马,前列大帐,秀峰高耸。天马、金马双贵,文星等山朝拱。出帐入帐,川水曲

---

① 沧州吴官屯《边氏族谱》,民国十八年重修本。

②《黄县太原王氏族谱》,《序·祖茔建碑记》,宣统元年刻本。

③ 新昌《城南漆氏族谱》,光绪三十年刊本。

④ 灵石《何氏族谱》卷5《洞沟右茔志》,道光十四年续刻本。

流,内帐角有阴砂,长抱外有罗星秀丽,重重关锁,不见水出,真科甲绵远,极贵极富大地。盖由清端公盛德深厚,天赐吉城,以启后人无疆之福祚耳"①。这些宗族都认为寻得风水宝地,葬祖讲求兆域形局,于是先人安宁和子孙发达,尤其是招致后裔昌盛、人丁兴旺、科甲连绵、累世簪缨。在这祖先、后裔双利的情形下,其实人们更关注于风水对后人有利的方面,是以发达子孙之说不离于口,这是后人一味期求、祈求祖宗保佑,而或多或少地忽视对祖先遗体保护的追求。有些清朝人认为这是偏颇之见,提出两种方法加以纠正:强调祖茔防范"五患",加深维护祖坟与福佑子孙辩证关系的认知。

一味为发达后人选择坟域的功利思想,遭到一些宗族的批评,如铜梁周氏说世人"于先世丘陇,动望其福报"②,表现出不满态度。另有一部分清朝人从社会环境与自然环境方面考虑葬地的选择,留意于避免"五患"。五患之说,出于宋儒程颐的《葬说》,谓选取葬地,"惟五患者不得不慎,需使异日不为道路,不为城邦,不为沟池,不为贵势所夺,不为耕犁所及"③。即要从长远谋虑,若所选的地方,日后成为道路,成为城郭之地,成为沟洫池沼之地,是易招势家权贵的攘夺之所,处于耕种田地之侧而会变成耕地的处所,有此五种可能的地方,日后祖坟会有不测之虞,自然不得安宁。清代宗族相信此说的颇有一些。湖南涟源李氏《宗规》云,"葬必择地避五患,不得泥风水邀福"④。滦州边氏的先世卜葬兆于大夫坨北,去家六七里,其意"非曰择山觅水,按穴寻龙,必期后裔之昌隆也,亦取乎地平土坚,庶免五患,以妥先灵而安体魄"⑤。长沙涧湖塘王氏的祭礼规范,讲到"前期择地之可葬者",注意防五患,引述程颐的话,并说这不是"世俗葬师之说"⑥。婺源、祁门、浮梁三田李氏家规亦是强调祖坟安体魄:"祖宗坟茔非但为子孙风水,实安先人体魄。"⑦李氏、边氏、王氏等宗族针对世俗风水之说的流行,告诫族人避免五患,保证祖宗体魄安宁,才是建坟选址的宗旨。

---

① 于准纂修离石《于氏宗谱》,清端公《横泉祖茔山图》,康熙年间刻本。
② 周泽霖纂修《安居乡周氏宗谱》卷1《训规》,光绪十年刊本。
③ 程颢、程颐:《二程集》,王孝鱼点校,中华书局,2004年,第623页。
④ 涟源《李报本堂族谱》卷首《宗规》,民国五年报本堂活字本。
⑤ 滦州《边氏家谱》,《先茔图说》,民国二十七年唐山华美印书局印本。
⑥ 《长沙涧湖塘王氏六修族谱》卷首二《四礼·丧礼》,民国三十八年听槐堂铅印本。
⑦ 婺源、浮梁、祁门《三田李氏宗谱》卷末《家规》,光绪十一年木活字本。

针对唯知风水造福后人说，一些宗族在风水说中倡导先人、后人并重观念，强调祖莹体现孝思与祈求祖宗庇佑统一的关系。乳源余氏家规云："葬必择地，避五鬼不必泥风水以邀福。陆世仪先生曰：譬如种子，人心则种子之善否也，风水则地土肥硗也。种子善，虽瘠土未尝不生，种子不善，虽极肥之土，未有种草而得豆，种稗而得谷者。所以儒生重心术，不重风水。"另一则祖训云："坟墓乃祖宗所依归，而子孙赖祖宗为庇佑，亡者亦安，理之常也。人所贵者，子孙为其死而坟墓有所托耳，世未有坟墓不祭守而子孙昌盛者也。"[1]讲风水是为保护祖宗遗体，而不是为后人，后人应当自身行为端正求福；须知祖宗希望有安体魄的坟墓，保佑子孙繁衍，子孙若对祖坟马马虎虎，怎会得到庇佑而昌盛。黄县王氏于嘉庆二十一年（1815）修缮坟莹围墙之后说，莹域为根本之地，必须及时维修，以求得"祖宗之灵爽，历久不敝；子孙之蕃衍，阅世弥昌矣"[2]。维护好莹墓，子孙才能绵延不绝，两者是因果关系，所以子孙不能单方面企望福佑，否则是不可得的。

虽有反对极端风水论者，但为后世追求风水仍为主流意识，从而产生三种持久不变的现象：一是留意穴位方向；二是族人为培植风水，害怕伤害祖坟龙脉，于是有禁葬祖山的规定；三是因争夺风水宝地而打官司，成为社会公害。

二、祖莹建设规制

婺源等地三田李氏家规，"子孙出外道经坟莹，无分晴雨，必须下马稽首"[3]。此一事，足见宗族对祖坟的敬重和相关规范。可以想见，祖山的尊重地位，必有相应的建设规制才能与之相适应，相匹配。莹墓有制，《周礼》有冢人之官，所谓正墓位，跸墓域，守墓禁。清代传承前代的遗规、风俗，皇家山陵系神圣之地，对其不敬者，列入"名例律"的"十恶"之条，属于罪大恶极；官民有其墓葬制度和习俗；法律对民间的祖坟及祀产予以保护。这里所述民间宗族墓制，内含始祖、始迁祖与后裔的葬制，封顶以外的地面建筑，不同社会身份

① 余有璋等纂修《乳源余氏族谱》卷1《家规并引》《余襄公训规十四条》，嘉庆二十五年木活字本。
② 王次山修《黄县太原王氏族谱》，《序·建修莹墙序》，宣统元年刊本。
③ 婺源《三田李氏宗谱》卷末《家规》光绪十一年木活字本。

者的葬法,以及义冢的设置。

(一)祖坟墓穴空间布局的昭穆制

坟茔昭穆制,是宗族的列祖列宗安葬遵循辈次昭穆序列法,一世祖葬在中间位置,二世在其左侧,三世在其右侧,如此类推,各依昭穆位次安葬。各个宗族的规约,多有相关规定,实际葬法,有条件的也多依此进行,然而限于茔域环境,许多宗族做不到。

沧州张氏墓地十五亩,形若棋盘,葬埋规则为,“左昭右穆,宛如雁行”。传到八世,因人口繁盛支派众多,遂各立新阡。①滦州边氏之祖坟葬法,始祖居中,二世因分为两派,昭穆制不明显,至第三世的一个支派实行昭穆制:“穴分昭穆,其长居中而次列,后世为穴,从此为定。”②平定州张氏,自张定则坟墓为始,其子孙“葬依昭穆,位次分明”③。湖南宁乡刘氏《家约》要求实行昭穆制:“祖山乃生身根本所系,凡理葬必须通闻族众,不许上犯昭穆,违者迁改重罚。”④江西南丰黄氏与宁乡刘氏作出文字雷同的规则。⑤零陵龙氏惧怕祖茔“昭穆失序”,家规告诫族人,祔葬祖山一事必须慎重,毋得希图地脉,或截来龙,劈祖冢,逼罗围,拦道口,欺祖压祖,以致昭穆失次,灭理伤伦,如有此事须速谕起迁,呈公论罪。⑥刘氏、黄氏、龙氏等宗族这种强力关注族人安葬昭穆秩序的族规,表明这些宗族实行祖坟昭穆制,然而有族人不予遵守,故而严申禁令,违者重处。

(二)房支墓制

宗族发展,世代延续,族人增多,一个祖茔势必不能容纳众多族人的坟墓,于是在宗族内有房支墓地的出现,并且由各房分别管理。房支葬法也有规制,以始葬的祖宗为主体,他人为祔葬,即子从父,媳从姑,卑幼从尊长之葬。灵石何氏自始祖葬洞沟右茔,长支五世,次支四世者皆祔。六世以下各支不祔葬者,另有坟山,形成房支墓群。⑦甘肃秦州张氏有全宗族祖坟,有各房分支派

---

① 沧县孟村《张氏家谱》,《孟村张氏先茔志》。

② 滦州《边氏家谱》、《先茔图说》,民国二十七年唐山华美印书局本。

③ 张文选等修《平定张氏族谱》,《张氏先茔墓志》,道光二十八年刻本。

④ 《宁乡南塘刘氏四修族谱》卷2《家约》,民国十年存著堂木活字印本。

⑤ 南丰《西麓双井黄氏族谱》、《凡例》,同治十二年刊本。

⑥ 零陵《龙氏六续家谱》卷首下《家规》,民国十年刻本。

⑦ 灵石《何氏族谱》卷5《洞沟右茔志》,道光十四年续刻本。

坟茔。其伏羲城桂家巷道后茔域一处，系阖族祖茔。州北山鸦儿崖茔域一处、州北山刘家堡唐家坟上茔域一处，皆系长房祖茔；州西头桥茔域一处，系长房长支光绪间仍用茔；州西三十店子挞马沟门黄家窑山前茔域一处，系长房祖茔，原在三十店子董家磨，因河崩移此，长房次支至光绪间仍用此茔。州南山石马坪茔域一处，系二房次支进祥支茔；州北山三台址茔域一处，系二房长支祖茔；州北山三台址二房长支茔上茔域一处，二房尔志支光绪间仍用茔；州北山坚家堡小鸦儿坪茔域一处，二房次支光绪间仍用茔；州北山坚家堡小鸦儿坪茔域一处，系二房印公支光绪间仍用茔地。州西南山张家山山后茔域一处，系三房祖茔；州西坚家河茔域一处，系三房祥公支茔；州西南山张家山山后茔域一处，三房新扎辰公光绪间仍用茔；张家山张家顶东北角茔域一处，三房监裕公支光绪间仍用茔；张家山杨家顶正南茔域一处，三房贤公支光绪间仍用茔。州南山南郭寺顶茔域一处，系四房祖茔。[①]张氏房支祖坟之多，令人不胜罗列。

泸州王氏祖坟，有始祖坟茔，更有房支坟域，遂有相应的管理祭祀规则：自始祖国贵起，所葬各处坟山，有合族共管者，有各房分管者。其坟茔管理区分为：王家湾宅左，始祖国贵、杨刘二氏合坟一座，合族管祭；下排两座，长房子孙管祭。小屋基宅右登朝、石谢二氏合坟一座，合族子孙管祭。滩子上德珂、金连与王氏坟两座，合族子孙管祭；下排各房之坟，各房子孙管祭。黄连屋基山坟两座，二房子孙管祭。走马岭坎下聂家村宅前山坟一座，三房子孙管祭。[②]新昌城南漆氏祖坟兆域，宗族与各房做出区分，某房管某远祖冢茔，协约遵守。[③]

(三)制作墓碑牌坊

墓穴封土四周，特别是前面，竖立碑石牌坊等标志物，具有表达子孙孝思不匮和显示宗族地位的双重含义。庶人坟墓可以树立石碑，品官则依品级，建设牌坊、碑铭、石像生等物，如同黄县王氏所说："秦汉以来往往用以记功德，而士大夫鸾翔凤翥之域，遂有神道之建碑。"[④]康熙朝大学士、安徽桐城人张

① 《续秦州张氏族谱》，《族祖茔暨各房祖宗茔域记址》，光绪三十四年续修本。

② 王家浚等编泸州《王氏族谱》卷1《坟茔记》，民国二十二年石印本。

③ 新昌《城南漆氏族谱》，《漆氏重修族谱凡例》，光绪三十年本。

④ 《黄县太原王氏族谱》，《序·祖茔建碑记》，宣统元年刊本。

英,与妻合葬于龙眠山,坟茔九级台阶,上为拜台,石雕翁仲,前沿四柱牌楼石坊一座,中正横梁上刻阳文"恩荣"二大字,康熙帝、乾隆帝御赐碑二方,分立于牌坊后。墓地两侧有双溪流过。其子雍乾两朝大学士张廷玉的坟墓亦在龙眠山,坟前石牌坊;两方巨型石碑,一方碑头是乾隆帝御书的"御制谕文",另一方亦为乾隆帝御书"御制祭文",碑文系满文、汉文合书;神道两侧六对石像生,系狮、羊、马、武士、文士等石雕像;五供石桌,上陈香炉、烛台二、宝瓶二,五供桌前有石垫一方,供祭祀跪拜之用;墓穴封顶围以墙;墙外有防土墙;整个坟园有围墙。护坟户"添"姓。[①]江西清江(今樟树市)龚氏之祖坟,自明代至乾隆二十八年(1763),其坟上下三层,前面竖墓表,再前面则有敕命石碑。[②]

平定州窦氏先茔,内有碑、石棹、石炉各一,茔四隅石柱各一,系雍正八年(1730)合族同立,茔前石坊一,系乾隆间建立。因碑碣牌坊,一应俱全,故其族人于光绪间云"先人备之久矣"[③]。同地张氏祖茔,以东与另一张氏之茔为邻,其祖讳有碑记可据;南抵姬氏故茔,立有石碑族谱,起着界碑作用。[④]同地白氏祖茔在州城东南,上坟道口左右立石柱两根,名为将军柱,上端立石狮,另有石牌坊一座,上刻"箕裘衍庆"四字,因年深日久,字迹含糊,于咸丰六年(1856)重修新描,焕然一新。[⑤]山东莱州赵氏,其五世祖为明代官员,夫妇合葬墓,封土前有石牌坊三座,牌坊后面望柱两根,坟前立石碑。至清末,历三百年之久,保存完好,为其清代后裔加意维修所致。[⑥]黄县王鸿中等二人于嘉庆九年(1804)中武举,其中一人并为解元,认为是罕有之幸运,是祖德宗功之遗泽,为表达尊祖之意,在祖坟树立旗杆。[⑦]真正是光宗耀祖了。

坟墓的标识,最重要的是墓碑,然立碑非贫寒之族所能办,亦有有财力而不为者,视对祖茔功能认知而定。其看重茔墓者,特别是为让后人能够确认某坟为某先人者,极力主张刻石立碑。平定州张玉润撰文《宜设墓表说》:"富贵子孙为其祖父营葬勒碑固分内事,独虑贫寒宗族,猝遇变故,其力不能如此。

① 张廷玉墓园状况,系笔者与安徽大学江小角教授、胡中生副教授实地参观得知。
② 樟树市《龚氏十四修谱谱》,《审语》,民国三年刊本。
③ 窦志默等增修平定《窦氏族谱》,《窦氏先茔创修围墙记》,光绪二十年增补印本。
④ 张文选等修《平定张氏族谱》,《张氏先茔墓志》,道光二十八年刻本。
⑤ 白凤章编平定《白氏家乘》卷1《白氏祖茔志》,民国五年石印本。
⑥ 《东莱赵氏家乘》,民国二十四年永厚堂铅印本。
⑦ 王次山修《黄县太原王氏族谱》,嘉庆《重修族谱序》,宣统元年刊本。

又见古茔之中荒冢累累,字迹不存,泯灭无传者不可胜计,良可哀叹,因劝后人务宜安置石椁,刻字以表之,又宜置一卧石,列表刊其人墓穴方位,以便异日子孙辨识。"[1]同地白凤章、倬云撰文《劝族人多立墓碣说》,亦倡是说。[2]反映不能立碑的宗族甚多。

(四)规范祔葬,禁止擅葬

宗族为了维护祖坟风水、培植祖坟龙脉,规范祔葬、余山埋葬办法,另制定特殊身份族人的葬法,禁止族人强葬、乱葬。

宗族有条件地允许祔葬,或准许族人买葬祖山余地。南丰江氏鉴于其他宗族有人盗葬,为防范此弊在本族的出现,于乾隆间立约,严禁盗葬,许可在宗族监督下祔葬。其办法是:族人葬亲于共祖坟山者,当于白昼行棺,族属送柩,临山观窆,不致侵犯;如或不告知族属,通过外戚私交,暮夜移棺,侵犯祖茔及族属坟墓者,族属鸣众踏看责迁,不服者送官治罪。[3]新昌漆氏的祖坟,因康熙四十四年(1705)以后葬者日众,宗族恐伤地气,有碍祖冢,公议不许擅葬,实行备价买葬法。凡欲安葬此祖山余地者,先选定穴位通知族众,备价银二十两、酒席银四两送交祠堂,然后公同登山开地,其地既要各傍各房祖冢之侧,又无侵碍,方许安葬,以期全风水而保祖墓。后因买葬者多,宗族乃制定"合族禁止买葬莲花形公约",不再允许买葬。[4]清江龚氏亦有类似办法,有大观桥、茔垄冈、郑家脑、新市四处祖坟,早在明代嘉靖十六年(1537)合族公议,不许再造新坟,可是清代以后因祠堂缺费,众议将大观桥坟地开葬三次,每穴收银四十两。[5]绍兴吴氏的角纸、杭湖二山祖茔久已禁止添葬,苍墺、甑箪、仰天螺、白牧诸山,虽许子孙余山埋葬,唯不准越近祖茔,违者会众教训。[6]宜兴任氏祖茔遭族人盗葬,而后又被该人卖给外姓,宗族发现后,认为伤了祖坟龙脉——"登穴展视,不胜低回惨结",乃大力整顿维护,绝对禁止祔葬,以免泄越灵气。[7]

① 张文选等修《平定张氏族谱》,道光二十八年刻本。
② 白凤章编平定《白氏家乘》卷6,民国五年石印本。
③ 南丰《济阳江氏分修族谱》,《济阳江氏修谱条款》,乾隆四十五年刊本。
④ 新昌《城南漆氏族谱》,光绪三十年本。
⑤ 龚克刚等修清江《龚氏十四修族谱》,《族约》,民国三年刊本。
⑥ 绍兴《汤浦吴氏宗谱》卷1《吴氏家规》,民国五年孝思堂刊本。
⑦ 《宜兴筱里任氏家谱》,任景龙《祖墓记》,民国十六年刻本。

宗族对于族人强葬、盗葬祖山,严厉惩治。绩溪周氏呈请县衙批准,特制《禁碑》,反对盗葬,并说明其缘由:掘挖盗葬,必至有伤气脉,侵害祖坟。从前盗葬者,或是贫苦无地可葬,出于不得已,情有可原,姑置勿论。今竖立禁碑,奉县主严禁。嗣后仍有于祖墓之前后左右盗葬者,人心全无,不孝实甚,定即先行押迁,呈官究治,革出宗祠,永远不许复入,决无徇隐。[①]婺源三田李氏发现盗葬祖坟的族人,即行齐集族众,强押该人即时掘墓他迁,如本人逃匿,即押其兄弟子侄起掘,并鸣官以不孝论罪。[②]宁乡刘氏族规,强葬祖山,侵犯祖茔,饬令迁出,做法事赔罪,并在祠堂责罚,如有不服,送官究办。[③]池州杜氏家法,祖坟前后左右私自盗葬,致伤来脉及坏坟境者,责令迁移后逐出境外,永远不许归宗。[④]

祖山即使多有空穴,亦非所有族人及其家属都能安葬,原因在于族人及其家属的社会身份不能葬于祖坟,宗族遂制定相关安葬方法。主要是拒绝贱民、殇逝者。山东即墨杨氏有松树茔,族人死而无嗣者、夭亡者、妾无出者、女子未适人者,并葬于此。[⑤]无嗣者、妾无出者,都是没有男性后人的,为人贱视,不能葬入正常族人的祖坟;妻无出无妨安葬祖茔,而妾不行,则因其社会身份低下之故。直隶故城县的宗族风俗,亦歧视无后之人,不得在祖坟安葬,另葬别处,名曰"绝户坟",致令无子者伤心至极,不忍闻其名目。[⑥]涟源李氏族规,族人之妻若再醮,不得返葬,如在他姓无子而卒,其子迎归进葬,犹可略为变通;若在他姓已生子,其子迎柩归者,不准进葬祖山。族内若有个别人已经迎葬祖山者,族谱则不注载葬向。这样做,一则维护夫妻名分,二则杜绝因其葬在本族祖坟而他姓藉以争夺坟山。[⑦]

(五)设立义冢

极少数宗族为维护祖茔和顾恤族人,设置义冢,供贫穷族人下葬。绩溪城西周氏设有义冢,添置的原因,谓为"义冢之设,可以为裔孙借急,可以止祖坟

① 周赟等修《绩溪城西周氏宗谱》卷 19《禁碑》,光绪三十一年敬爱堂木活字本。
② 李廷益等修婺源《三田李氏宗谱》卷末《家规》,光绪十一年木活字本。
③ 《宁乡南塘刘氏四修族谱》卷 2《家约》,民国十年存著堂木活字印本
④ 池州《仙源杜氏宗谱》卷首《家法》,光绪刻本。
⑤ 山东即墨《杨氏族谱》,道光刻本。
⑥ 宣统故城《祕氏族谱》,《处士祕公无逸墓志铭》,宣统二年重修本。
⑦ 涟源《李报本堂族谱》卷首《续修谱凡例》,民国五年报本堂活字本。

盗葬,其盛事也"。即两条理由,一为解除贫窘族人无葬地之苦,二可免除无地族人强占、偷占宗族祖山。该族义冢的建立,系胡里族人重建宗祠时,筹银一百五十两,建祠用一百两,以剩银五十两置买地业,为宗祠义冢,立碑订界,听凭派下子孙安葬,并希望仍有族人倡首邀捐,醵钱增买毗连地业,开拓义冢地亩。①同县东关冯氏亦备有义冢,系明代的先人、庠生世德所置,持续到光绪年间编纂族谱之时仍在使用。②黄县王氏的第七代王三聘在明代嘉靖间,致仕家居,买地三亩余,作为义冢,传至清季已三百余年,但被人侵蚀,剩有二亩余地,宣统元年(1909)阖族共同认为,与其追咎于既往,不若慎防其将来,特作《义冢记》,令族人久而不忘,以资保护。③王氏的设义冢出发点与周氏略有不同,重在恤贫,而非祖坟。广东南海县九江朱氏以族产施坟地和棺椁,立有章程:义地一邱,编列字号,每号可下一棺,不许宽占;族中男女亡故,委系无力买地,义产管事人查明,给地一号安葬;尸柩久停,亲属零落,将至暴露者,给地一号安葬。凡族中男女亡故,实系无力买棺,管事人查明,给棺银七钱,十五以下给银五钱,十岁以下给银三钱,四岁以下不给。④朱氏义冢管理办法务实而又周密,是公共财产较多、有热心能人的宗族才能做到。光绪间,上海葛尚钧捐出其母浦东遗奁地基三亩,作为宗族公墓之用。葛氏生活在大都会,一墓难求,以建立宗族公共墓地为务,深合人情。⑤

三、祖坟的维护

宗族祖茔如若依礼法安葬之后,接下来的事情是如何维护,保证其安全,因此必须不断地为坟墓培土,清除杂草,种植树木,标明界址,扶正碑石;丈量、记录祖茔的界址和绘制图形;制定族规,禁止族人盗卖坟山和林木;有条件者购置墓田,保护墓园和维持祭祀;不容许族内外侵害坟山田地林木者胡作非为,直至打官司。乳源余氏对此所作出的规定是:凡栋宇墙垣,有坏则修

---

① 周赟等修《绩溪城西周氏宗谱》卷19《义冢》《禁碑》,光绪三十一年敬爱堂木活字本。

② 冯景坊等编《绩溪东关冯氏家谱》卷首下《义冢记》,光绪二十九年活字本。

③ 王次山修《黄县太原王氏族谱》,《义冢记》,宣统元年刊本。

④ 朱次奇:《朱九江先生集》,《朱氏捐产赡族斟酌范氏义庄章程损益变通条》,载沈云龙主编:《近代中国史料丛刊第十三辑》,文海出版社印行。

⑤《上海葛氏家谱》《顿邱公会记》《葛氏公墓记》,民国刻本。

茸及时,罅陋则补盖无缓;碑石有损则重整之;树木什物则爱惜之,蓬棘蔓草则芟除之;或被侵占盗葬则合力恢复之;如有私行典卖,公送官究,不许入祠。①为了发现坟茔上的事故,有的宗族定立巡查规矩,如歙县胡氏族规,凡冢上木植、坟茔疆界,不时经理巡视,以防不肖之徒的侵犯。②具体的规定和做法是:

(一)保护维修:培土、护林、茸墙

坟园的整洁与否、树木的枯荣,反映宗族的盛衰面貌和在地区社会的形象,是以注重茔墓的修整,主要的事情是除草培土、植树护林、修茸坟墙。

圆坟培土。绩溪周氏宗族,将西门外鱼形母鲤塘、胡里东头铺后、铜镇桥、梅木坦、间坑口、前坑口、牛窝墓、里坑、隐张、坑口、周坑村口中央、高车、楼下巷、吴家坑等十四所坟域二十一个墓穴,维修完固,标志分明,希望祖茔幸保无虞。③开县唐氏同治十年(1871)规定,坟茔每年修整一次,清明前,祠中雇人上冢培修,以防坍圮。④铜梁周氏《训规》,各庄俱有丘墓,须以时展祭,斩其荆棘,培其松柏,永禁族人砍伐,勿使牛羊践履。每岁清明拜扫,周围仔细相视,有无倒塌漏痕,松薄坼缝之处,以及恶草恶木,根茎蔓延,恐其侵绕棺骸,当筑砌者、当填塞者、当斩除者,即速料理,断不可缓。⑤歙县胡氏族规,若坟墓平塌浅露,须于祭奠之日率众择土培之,不致暴露平没。⑥

坟墙维修。兰州颜氏的祖坟,因明季变乱,碑石残破,墙垣倾颓殆尽。康熙三十三年(1694)族长颜克如于拜扫之时,合族中老幼公谋,各输资财,鸠工修筑,重新整齐。⑦黄县王氏的石簸箕西祖茔,葬二世至六世祖,地近城市,往来行人踏践,虽屡筑土墙,而风雨剥蚀,旋即倾圮,不耐久远,乃于嘉庆间修建砖石墙,坚实牢固,同时修坟茔,设坟丁看守。⑧平定州窦氏先茔,地界坍塌,祭扫时族长商诸众人,增修围墙,于光绪十七年(1891)纠工砌石,不日告成。⑨沧州

① 余有璋等修《乳源余氏族谱》卷1《家规并引》,嘉庆二十五年木活字本。
② 歙县《蔚川胡氏家谱》卷2,道光二年所录《规条》,民国四年线装活字本。
③ 《绩溪城西周氏宗谱》卷19《禁碑》,光绪三十一年。
④ 唐道济撰开县《唐氏族谱》卷1《宗规十条》,同治十年刻本。
⑤ 周泽霖纂铜梁《安居乡周氏宗谱》卷1,光绪十年刊本。
⑥ 歙县《蔚川胡氏家谱》卷2,道光二年所录《规条》,民国四年线装活字本。
⑦ 《金城颜氏家谱》,康熙《重修祖茔墙垣记》,光绪十二年本。
⑧ 王次山修《黄县太原王氏族谱》,嘉庆《重修族谱序》《建修茔墙序》,宣统元年刊本。
⑨ 窦志默等修平定《窦氏族谱》,《窦氏先茔创修围墙记》,光绪二十年增补印本。

孟村张氏祖训:祖茔、树株、墙垣按时修理,不可疏忽从事,自取罪于先祖。①

坟树栽培。许多宗族认为坟域林木生长的状态反映宗族的兴衰,故而加意保护。铜梁周氏说"乔柯葱蔚,乃先茔之衣被,名陇之巨观"②,宗族的荣誉所在,自应加意培植。绍兴吴氏认为坟树之荣枯,事关人丁的盈缩,有一房的祖坟山,历来培养荫木,保卫合族风水,乾隆年间有人不懂得与损丁攸关的道理,欲砍坟荫,后经合族公议,由宗祠出资留养,永禁砍砟,并立契约,百余年来相安无异。③江西新淦县黄氏视护理坟树为事关礼义的大事,族谱写道:"诗谓维桑与梓,必恭敬止;礼谓为宫室不斩于邱木,义至深也。"因此要求族众,凡近居、近坟及各山各地,诸大树非公行妥议,不许轻伐,柴薪非届期不许私砍,如有不遵者罚之。④东光马氏的坟树,按照族规,每年补栽。⑤丰润董氏祖茔原先树木森然,青葱蔚起,但多历年所,霜皮剥蚀,渐渐消枯,族人问心难安,乃于乾隆十七年(1752)捐资修缮茔房,以备看坟之所,次年又公议各出资财,培植树木,并筹措坟工费用。⑥汉寿盛氏家规,茔山重地,止许蓄禁团林,以培风水,以安幽灵;有戕贼者,聚族重处。⑦

(二)立界碑与绘图载入族谱

为了确认祖坟,免受侵害,确保其安全,宗族丈量坟地面积,明了其四至、邻界、葬向,清查不明墓主的主名,为祖坟山命名,为祖坟逐一登记,设立墓碑、界石,以至绘制祖坟山图,载于族谱,务使兆域清晰,避免争讼;在有争议之处,尽量订立合约,和睦族人和族邻。

祖坟界址清晰。南丰江氏祖山四至分明,并立界石。其一,坐落十一都社坑,山名梨树窠,东至田为界,西至嵊脊为界,南至陈姓山嵊为界,北至李姓山嵊田为界,立有界石。另一坐落本都,山名芭蕉坑,螺蛳形,叠连数嶂,东至田及上舍江姓山圳为界,西至崔姓枫兜嵊脊为界,南至大路为界,北至嵊脊为界。⑧

① 沧县孟村《张氏家谱》,《庭训》,民国十七年本。

② 周泽霖纂铜梁《安居乡周氏宗谱》卷1,光绪十年刊本。

③ 绍兴《汤浦吴氏宗谱》卷1《吴氏家规》、卷36《独乐公名下并山契约》,民国五年孝思堂刊本。

④ 《临淦窗前黄氏重修族谱》,道光十五年印本。

⑤ 东光《马氏家乘》,《马氏宗祠条规》,1999年十一修本。

⑥ 丰润《董氏家谱》,《石碑十三文附》,民国十五年刊本。

⑦ 汉寿《盛氏族谱》卷首,《家规十六条》,光绪二十七年广陵堂活字印本。

⑧ 南丰《济阳江氏分修族谱》,乾隆四十五年刊本。

开县唐氏祖坟界址之清晰,记录于同治十年(1871)《宗规十条·培祖茔》:"始祖葬塔坪嘴山左,老屋基宅后,原定界址,老屋基宅后,下抵坟前土坎横过为界,左抵道香子梁直上主顶,又抵道香买赵姓坟地直上主顶为界。始祖妣葬石门关,山前齐苍坎,下抵唐洪祚与道庆地土横过为界,左抵开鸿地土直上主顶,右抵光圃小沟直上主顶为界。至若各房坟地,均有旧界可守,盖不得任人侵占。"①

祖山绘图,载入族谱。灵石何氏道光间修谱时,特地为祠堂、坟墓窥形度势,计其弓步,绘成图式,载入族谱。②泸州王氏在修辑族谱时,将各处坟茔标出山名,分清房分,志诸谱端。③平定州张氏乾隆间修谱,设"茔谱以志其葬,与所迁之地"④。涟源李氏的阖族坟茔,族谱内俱载地名,山向。⑤直隶南皮侯氏祖坟在县城东北里许,而族人不能确指某墓为某祖,后来将能够确认的,绘出坟图,使后世有所考据,以便春秋拜扫,并将墓图载入族谱。⑥滦州边氏族谱收有先茔图,备列祖茔状况,览者一目了然。⑦歙县胡氏对各处祖坟的四至、税亩、字号、土名、山向,画图载谱,以使考核有据。⑧同治间兴国刘氏因遭变乱,恐世远地遥,祖坟难明,因绘山向坟图以志之,以防侵渔。⑨南丰双井黄氏,同治间所修的族谱载有坟山图,图中注明系某人之坟冢,坐落都图四址,有无他姓坟墓相连。⑩上海曹氏早先就将各个祖墓绘成图案,存地址,详山向,俾后世不至茫昧失考,至同治间宗族订出规范,按旧规行事,力求做到坚持不懈。⑪池州仙源杜氏早期族谱,即绘有各支派发祥祖之墓图,光绪中族谱予以保存,其各派近代之祖葬在邻乡邻县者,亦准其自出刊费绘图,图后记其地名、形向及坟界、科丈契约,以俾子孙世守,免日久为人侵犯。⑫

---

① 唐道济撰开县《唐氏族谱》卷1《宗规十条》,同治十年刻本。
② 灵石《何氏族谱》,《族谱序》,道光十四年续刻本。
③ 王家浚等纂泸州《王氏族谱》卷1《坟茔记》,民国二十二年石印本。
④ 张学鲁等修《平定张氏族谱》,乾隆《张氏族谱序》,咸丰七年刊本。
⑤ 涟源《李报本堂族谱》卷首《初修谱凡例》,民国五年报本堂活字本。
⑥ 南皮《侯氏族谱》,《茔图》,民国七年重修石印本。
⑦ 滦州《边氏家谱》,《先茔图说》,民国二十七年唐山华美印书局本。
⑧ 歙县《蔚川胡氏家谱》卷2,道光二年所录《规条》,民国四年线装活字本。
⑨ 刘天成等修兴国《刘氏重修族谱》,《凡例》,同治元年刊本。
⑩ 黄家章等修南丰《西麓双井黄氏族谱》,《凡例》,同治十二年刊本。
⑪ 曹浩等续修《上海曹氏续修族谱》卷1《谱例》,民国十四年崇孝堂排印本。
⑫ 池州《仙源杜氏宗谱》卷首《凡例》,光绪刻本。

(三)设置看坟人

照管坟山,族人人人有责,但也容易形成无人管理状态,所以在历史上有的家族建立寺庙(也称家庙,然此种称谓易于同祠堂之称家庙混淆),专门看护坟茔,这在宋代就有所流行,明代仍之,清代亦有少数宗族继续利用寺庙;但是较多的宗族是使用坟丁照看坟山。

建立寺庙的宗族,如苏州范氏义庄,自宋迄清立有家庙,由义庄拨田,为寺僧供养资费。清江徐氏建有回龙庵,周围篱埂之内所有余地菜地以及大小树木,俱属庵内之业,族人不得私为侵扰。庵田六号,共计六亩二分。[1]同县杨氏有祖业新兴寺,不意于乾隆二十八年(1763)为之发生构讼案件,损耗了宗族祠田,因之祀事维艰,原先扩充祠田的设想更成为泡影。[2]浮梁郑氏有西峰山庵,道光间因庵基兴讼,加上另一讼事,使得宗族囊倾财尽。[3]宗族建设寺庙,供给僧人衣食及供奉香火钱,或者专门拨给寺庙田,收入归其支配。宗族用寺庙照管坟山,是因其超脱在宗族之外,对族人的损害祖坟行为,对房支在祖坟问题上的争执,可以有所不顾,而向宗族作出如实的反映,有益于宗族处置。当然,为维持寺庙而花费钱财是在所不计的,意外的讼案,则是宗族不能忍受的;至于不肖寺僧盗卖主家产业,更是宗族不能容忍的。从清江杨氏、浮梁郑氏家庙带来的讼事看,家庙对主家的宗族有利有弊,它不可能成为宗族管理祖茔的主要助力。

前面提到的桐城张氏祖坟有添姓坟丁,绍兴吴氏贤一派雇有坟丁,可知清代一些宗族拥有坟丁。安徽南部的徽州府、宁国府是宗族役使坟丁最普遍、最出名的地区,这里世仆制、伴当制历久相延,世仆、伴当是贱民,为主姓看管坟山是其主要事务之一,雍正朝下令解放世仆、伴当,但是他们并不能摆脱主姓的控制,多数世仆、伴当照旧为主姓管看坟山。其他地区的坟丁虽然不一定像徽州那样卑贱,但其身份低下,多系贱民、半贱民,最好的也不同于平民,为人贱视。他们为主家照管坟茔,主家给以田地耕种。清末名士、安徽桐城人吴汝纶的祖坟,设有"守墓家"[4]。浮梁郑氏的看坟人被视为奴仆,故其族史有"椑

---

① 徐廷攀修等纂《云溪徐氏族谱》卷5《祖阡基业》,嘉庆十八年刊本。

② 杨殿榑等修樟树市《清江杨氏四修族谱》,《设位报功说》,嘉庆七年刊本。

③ 浮梁祁门《郑氏宗谱》,《纪述管理庙祀事绪》,咸丰十一年刻本。

④ 《吴汝纶全集·日记》卷11《制行》,施培毅等校点,黄山书社,2002年,第4册第762页。

树下庄人陈奴失检,住屋忽遭回禄"之说。①宜黄罗氏雇人照管坟山,于同治六年(1867)将仙八都莹前墓堂一栋,让熊庆云及其子照看,熊庆云立有领批字据,罗氏给熊姓脚力铜钱十六千文,每年三月初八日罗氏来山挂醮,熊姓备饭款待,熊姓应将坟莹添土除草,若有不法者来山肆害,及罗姓子孙私伐山木,熊姓应报知罗姓各房,不得隐瞒,查出听罗氏重罚。②东光马氏的南莹,树木随年补栽,招佃看守,工食拨给坟前地十三亩,佃房三间;北莹树木,亦招佃看守,工食拨给金家窑地十亩,莹圈地十亩。③沧州戴氏对看坟人作出规定,不许他们串坟耕种,不许混行挑掘。④山东即墨万氏老坟,树株渐枯,于嘉庆十九年(1814)七月七日合族共议立树,捐钱买地筑室,觅人看守,并规定所有坟草,永年俱系看莹人收割;所有树木,永不准伐。⑤

(四)禁卖祖坟山林与保护祖坟的合约、官司

宗族为着保护公产和祖坟风水,不许族人损害坟山土地与树木,严格禁止霸占和盗卖,对于外姓的侵害及族内外勾结的破坏,更是同仇敌忾,绝不退让,打官司也在所不惜。然而坟地及林木并非绝对动不得,为了宗族公用也会经过公议而出卖。

宗族为了使族众明了保护祖坟的严肃性,特在宗谱中刊登有关法律文字,令族人知晓,避免侵害祖莹土地林木,陷入重罪。宁乡刘氏于宗谱抄录清律:砍伐坟围树木私卖一株者,杖一百、枷号三个月;过十株以上即行充发;盗坟前碑石砖瓦、木植者,亦照例治罪;地邻牌甲徇隐讳报者,一并照例究处。⑥平乐邓氏家谱载有与此对应的《律例歌》:"祖坟树木,子孙砍卖,十株以上,问拟军罪。"⑦乾隆二十年(1755)十二月十一日刑部奏定保护祖坟山林严惩盗卖事例:坟园树木除实在枯干者,许具呈该管官详查明确,准其砍伐外,如有不肖子孙将祖父母坟园树木砍伐私卖一株至十株者,杖一百,枷号三个月;如在十株以上即行充发。其盗卖坟莹、房屋、碑石、砖瓦、木植者,亦照此例治罪。刑

① 浮梁《郑氏宗谱》,《纪述管理庙祀事绪》,咸丰十一年刻本。
② 罗奂等修宜黄《棠阴罗氏永二公三修房谱》,《本支世次传·崇逊公》,光绪二年刊本。
③ 东光《马氏家乘》,《马氏宗祠条规》,1999年十一修本。
④ 沧州《戴氏族谱》,《城东莹祭田家规十二条》,光绪刻本。
⑤ 即墨《万氏谱书·东莹立树碑》,光绪六年刻本。
⑥《宁乡南塘刘氏四修族谱》卷2《律条》,民国十年存著堂木活字印本。
⑦ 平乐《邓氏宗谱》卷2《律例歌》,民国十三年刊。

部行文各省执行此项律例,安徽巡抚、布政司遂通令各府州县遵行,歙县项氏宗族又将文告刊于族谱,令族人谨遵。[1]

宗族规训严禁盗卖坟山并严格执行。江西广昌县涂氏反对出售祖茔,制定保守祖茔族约:"今世有贫而无行者,竟将祖坟改卖与人,丧心忘本,莫此为甚,吾族或有此辈,无论众坟私墓,合族追勒赎回,行家法除丁逐出,断断不宥。"[2]兴国刘氏族规:凡祖宗遗下祭田及祖坟窨堂,不许出售异姓,如有违者,鸣族责革。[3]绍兴柯桥杨氏族规:"盗典盗卖祭田,通族攻之,经官追治外,复杖于祠,逐之。生不与祭,死不入主,不列于谱。"[4]池州仙源杜氏家法:祖坟前后左右私卖与人,未葬者责令赎回,已葬者送官惩治请令迁移外,仍罄其家产以抵讼费,讼结后其人逐出境外,永不许归宗。[5]

歙县金川胡氏乾隆二十七年(1762)规定,有六种玷污祖宗行为者,皆不得上谱,其一为"弃祖",即弃卖祖坟地、族谱于异姓。道光二年(1822)所录《规条》,侵葬祖坟者,倍罚改正。倘恃强不遵,族长呈公理论。[6]黄县王氏九世长支的王之震墓在城西关谷草市村石崖子山,茔域大,分四分,同治五年(1866)五月内有远支族人王基私自将坟茔卖给赵姓,被近支族人告发,王基央求族长等人,情愿赎回坟茔,乃息讼。由此阖族共议管理办法,竖立界碑,将茔旁隙地三分作为春秋祭祀之资,交近支经管,并立帖据,只许耕种,不许典卖。[7]涟源李氏族规:倘有不肖,藉祖骸以占山,本房、各房并力共攻;强邻戕毁,尤当同心攻究,庶祖茔可保无虞。[8]宗族禁止盗卖祖坟祭田之严,不仅送官究治,而且永远开除出宗,甚而逐出本宗聚居村落,可见严肃认真的态度。

禁卖坟山林木,犯者惩罚除宗。宜黄县谢氏坟山树木被盗,特制定"祖山之所当蓄"族规,谓各处竹木柴薪,国赋攸资,近遭盗伐,致使童秃,目击心伤。嗣后再行盗砍,一经捉获,经族严规重罚。[9]沧州郑氏族规:祖茔中柏树为祖宗

① 《歙县桂溪项氏崇报堂祠谱·墓图》,《新例宪示》,乾隆二十六年。
② 广昌《豫章涂氏宗谱》,《祖训家规十二条》,同治十一年刻本。
③ 兴国《刘氏重修族谱》,《族规十条》,同治元年刻本。
④ 杨惟春等修《山阴柯桥杨氏宗谱》卷2《祭产、祭法》,光绪二十年敦伦堂木活字本。
⑤ 池州《仙源杜氏宗谱》卷首《家法》,光绪刻本。
⑥ 歙县《金川胡氏宗谱》卷首,民国二十一年刻本。
⑦ 王次山修《黄县太原王氏族谱》,《补遗》,宣统元年刊本。
⑧ 湖南《涟源李氏族谱》。
⑨ 谢赋文等纂宜黄《宜邑谢氏六修族谱》,《家规》,同治九年刊本。

庇荫,不许擅自斩伐,如有不肖子孙变卖坟树者,合族当共攻之,断不可远怨坐视。①池州仙源杜氏家法:窃取坟山及宗族村落水口树木者,照该地禁约处罚;恃顽不遵者照暂逐例,务俟遵禁方许归宗;赤贫无出者,暂逐后,三年无过答四十归宗。②休宁江村洪氏祠规:各祖墓山蓄养荫木,不许擅伐,虽有枯树,亦听其自倒,已倒之树收取公用。违者逐出宗祠,仍行惩处。③

尽管宗族反对盗卖坟山、坟树,可是在不得已的情形下,由族人公议而出卖。东光马氏祖茔有数株已经枯干古树,族人于咸丰十年(1860)公议货卖,为修家乘资费。④南宫白氏有祖坟枯死松树一林,无力培植,经合族首事会议决定,众无异言,将一百株枯死松树出卖,得价补种杨树,此所谓"去旧换新"⑤。平乐邓氏有祖遗山场一处,于咸丰元年(1851)以铜钱三十五千文出售,任从买主造坟,界内之树,亦由买主管业。⑥亦有售出祖茔地而赎回者,上海曹氏经十三世曹敏之之手,售出味经堂二十七保一图祖茔地十二亩七分,至宣统二年(1910),宗祠费银二千一百余元赎回。⑦

宗族深知打官司败家败族,在可能的情形下主张和解,协商立约化解争端,如清江龚氏族人与宗族合约交换墓地。嘉庆廿二年(1818),龚仪廷、和声二人将买的双塘塲田一亩一分,更换宗族的安阳地半亩为坟地,凭众定界,立有更换帖为据。⑧可是若有侵犯祖坟的情况发生,则必官厅相见,以争胜负。诚如光绪间绩溪邵氏所言:"惟父母之仇,祖坟被害,奸淫大变,应力申雪。"⑨绩溪许余氏家训对此态度鲜明,其"息争讼"云:凡人一生不入公门便是福人,惟有已葬祖坟命盗等事不得不讼,其余田地银钱都算小事,不必诘讼。⑩因祖茔而致讼的事情,在清代层出不穷,各地、各时无不有之,也可以说成为一种社会问题。坟山之争,常常因风水之说引起,徽州号称"文物之邦,而讼风反甚于

① 沧州《郑氏族谱》,《原谱凡例》,2004 年。
② 池州《仙源杜氏宗谱》卷首《家法》,光绪刻本。
③ 洪昌纂修休宁《江村洪氏宗谱》卷 14《祠规》,雍正八年刻本。
④ 东光《马氏家乘》,咸丰《序》,1999 年十一修本。
⑤ 白光华主编南宫《白氏族谱》,又名《尚书世家》,1995 年 5 月印本。
⑥ 平乐《邓氏宗谱》卷 2《祖许买阴地契据》,民国十三年续刊。
⑦ 《上海曹氏族谱》卷 4《赎购味经堂和瑞堂茔地记》,民国十四年版。
⑧ 龚克刚等修清江《龚氏十四修族谱》,《遂公祠祭田碑记》,民国三年刊本。
⑨ 绩溪《华阳邵氏宗谱》卷首《新增祠规》,光绪三十三年。
⑩ 《绩溪县南关许余氏惇叙堂宗谱》卷 8《家训》,光绪十五年刻本。

他处,大抵为风水居其半"①。

宗族祖坟官司多是与族邻发生的。清江龚氏因祖坟兴讼多起。康熙五十六年(1717),龚氏在大观桥地方有一片地,在族谱中说明此系坟茔明堂所在及四至界址,族邻聂宗素以大观桥溪旁迤来新长公洲,吁请开垦,知县批准,龚氏闻而奔控,聂姓旋亦应诉,当由县丞查勘得实,新任廖知县判断,龚氏以谱载之界址照旧管业,界外地方任附近居民牧放牛只。乾隆二十一年(1756),龚氏沙溪房祖坟被石溪杨姓妄占,因构讼需费,沙溪房子孙遂将东街铺店房一间卖与大节房族人名下为业以应诉。②道光二十七年(1847),浙江建德一片坟山,甲姓葬有祖坟,族谱记载其事,而乙姓却有山场契卷,并听风水之说,此山仍可造坟,遂至兴讼。③

山东莱州赵氏为维护祖坟告状三次,阻止他人在坟茔采石烧灰。赵氏十一世祖、尚书赵耀坟茔坐落在城西禄山前土山之阳,土人称呼为赵家山,咸丰四年(1854),附近村民于山腰开坑取石烧灰,举人、候选知县赵华琳等为此呈请禁止,知县屠道彰以赵尚书生居极品,殁被殊恩,所有附墓山理应敬谨保护,不得任意作践,出示严禁在赵氏茔旁挑取粉石,如敢不遵,许赵氏亲支投明乡地,指名禀究,决不宽贷!事过十余年后的同治七年(1868),又有吕姓、鞠姓多人在茔后开坑,六品衔即用直隶州同赵鸾披等呈请禁止,郭县令将吕姓等传案讯明究惩。二十余年后的光绪二十年(1894),候补巡检赵星润等呈称,有于姓人等到尚书坟垅山界之内时而牧樵作践,时而掘挑粉石,魏知县乃发布告示,予以禁止。④绍兴府会稽县吴氏族人串通外姓人砍伐坟树四十七株,族长、族董报案,李知县将肇事者责押,树木归祠堂,凭族长运售,得价开办吴氏学堂,办成禀请立案。族长因坟荫仍有树百余株,恐日后再有觊觎盗砍,叩请县令给示永禁,县令于光绪三十二年(1906)准批。⑤

不仅异姓之间,在一个宗族内部也因坟山争执不已,乃至酿成命案。浙江

① 《绩溪县南关许余氏惇叙堂宗谱》卷8《家训》,光绪十五年刻本。

② 龚克刚等修樟树市《龚氏十四修族谱》,《审语》《祭田》,民国三年刊本。

③ 段光清:《镜湖自撰年谱》,中华书局本,第27页。

④ 赵琪等撰《东莱赵氏家乘》,《坟墓附保护坟墓布告·清咸丰五年二月九日知县屠道彰保护坟墓布告、清同治七年十二月十九日知县郭廷柱保护坟墓布告、清光绪二十年六月初十日知县魏起鹏保护坟墓布告》,民国二十四年永厚堂铅印本。

⑤ 吴金璠等续修绍兴《汤浦吴氏宗谱》卷36《谕禁友竹公坟山碑》,民国五年孝思堂刊本。

富阳案牍累累,不少是争坟地案件。路玉书《正风水》诗云:"昨者俞氏族,衅因迁坟起。必求官履勘,亲莅众山里。两造互争竞,理各执一是。"[①]即系宗族内讧。嘉庆十九年(1814),江苏仪征张苻瑞父亲死,听信堪舆家言,该房不发达,皆因其祖母汪氏坟墓发了其叔张式封一房,只有毁坟,才能发达己房,于是雇人在夜间将其父尸权厝汪氏坟前,其五叔张式均不满,告到县衙,最终以由张式封给张苻瑞一百两银子、一块葬地,才将厝柩迁出。[②]

四、置坟田以护坟与祭扫

宗族无不重视墓祭,因之设立祭祀田业,制定或遵行传统祭礼,而祭祀的进行,不仅体现了孝道,在客观上更起着保护祖茔的作用。

举行墓祭,宗族既作出规定,又叙明其原因。乳源余氏的祖训云:"各处宗祖坟墓,岁节轮该祭扫,务在孝敬,以尽报本之诚。"墓祭表现子孙对先人的孝思,是事死如事生的实现孝道,体现出报本的诚意。宜兴筱里任氏考察墓祭的发展史,知道它并非出自上古,不过既然成为社会风俗,亦当遵循,所以在清明日全宗族祠堂祭祀之后,当日去本村二大祖茔拜扫,其他祖坟之祭则于次日进行。[③]沧州戴氏规定,李村祖茔每岁派两人扫墓,八里屯祖茔岁时祭扫须虔诚恭敬。[④]桐城吴汝纶由外地返里,未至家而先扫墓:光绪二十八年(1902)十一月十一日往马家冲父母墓,十二日去五里拐祖父母墓,十三日至曾祖父母坟,二十日去高祖父母、五世祖坟墓,二十一日至六世祖坟墓,二十四日启程赴保庆股新祠祭祖,二十六日至螺师山两位叔父葬地,十二月二十九日才回到家中。[⑤]他祭扫的对象已超出五服尊亲,是宗族范围的祭祀。

许多宗族特置祭产,尤其是护坟田业。此举具有双重目的,一是有稳定的经济收入保证祭祀的如期进行,另一方面是维护祖坟的稳定,因为坟茔长期无人祭扫,将被他人视为无后、无主之坟,觊觎侵占。兴国刘氏族规即是如此

① 张应昌编:《清诗铎》,中华书局印本,第874页。

② 张集馨:《道咸宦海见闻录》,中华书局本,第7页。

③ 《宜兴筱里任氏家谱》,《祠墓记述》,民国十六年刻本。

④ 沧州《戴氏族谱》,光绪三十四年刻本。

⑤ 《吴汝纶全集·日记》卷11《制行》,施培毅等校点,黄山书社,2002年,第4册第762页。

认知："世有老祖古坟，办祭无资，坟墓因而坵墟，以致他人冒占构讼公庭者，由失醮使然也。盖设立祭产不得侵渔分析，庶祖宗有血食，葬地自永存，为子孙者岂可忽乎哉。"①"祀产—扫墓—保存祖茔"的逻辑关系再清晰不过了。宗族祭祀产业有多种类型，这里不拟述说，仅就墓田略陈一二。清江龚氏以傅家墓坟后田三亩四分，改为耕地，以护坟茔。②同地云溪徐氏有多处祖坟山：土名牛脊巷，四围余山植松，每年额租钱二百文；土名朱溪叶艳坑，四围余山植松，每年额租钱四百文，另有守坟田三号，计官田一亩二分，每年额租一石四斗；土名洋湖冈，每年额租钱八百文。③沧州戴氏有城东茔祭田，为此订立《家规十二条》④。商丘宋氏有墓田一顷七十九亩。⑤山西安邑路氏在运城西十里铺关帝庙东南崖有六世祖海山茔，周围坟地四十余亩，乾隆二十八年(1763)清理之后，每岁除纳粮外，净得租银二十五两，用作包括墓祭在内的祭祀费用。⑥

宗族墓祭，通常由族长主理，或者在族长指导下由轮流选定的族人负责，沧州戴氏的城东茔祭田家规，明确"祭礼及修理坟墓等事，须从族中择数老人执年掌管"⑦。即行轮管制，选定受尊重的老年人主事。许多宗族采取这种办法。

宗族的墓祭，概略言之，大多数宗族一年一度，在清明节期间进行；亦有两次者，即在清明和十月初一日举行。清明祭祀的程序，在清明前夕或当日清晨，宗族派人巡视坟园，坟头有塌陷处则填补之，杂草刈除之。是日，群至祖茔，挂纸钱，上供品，祭奠，宗人饮胙。如宁乡南塘刘氏清明之祭扫，由值年经管备办纸钱、爆竹、香酒，会同各房，于公众祖山鸣锣挂祭，以展孝思，也是省视坟墓。⑧即墨杨氏清明之祭，前三日祭太原祖、沛祖、廪膳祖墓，子孙皆从；祭毕，各祭其私亲。祭器汤饭五，馒头三，韭饼二，米糕三，米蒸饼二，肴六，菜六，或各五油果，五山果，五茶，二酒，三炷香，前后各四拜。十月朔日祭太原祖墓、

① 兴国《刘氏重修族谱》，《族规十条》，同治刻本。
② 龚克刚等修清江《龚氏十四修族谱》，《遂公祠祭田碑记》，民国三年刊本。
③ 徐廷攀等纂清江《云溪徐氏族谱》卷5《祖阡基业》，嘉庆十八年刊本。
④ 沧州《戴氏族谱》，光绪三十四年刻本。
⑤ 宋荦：《西陂类稿》卷26《文康公赐茔祭田碑记》，《四库全书》本。
⑥ 路生财等纂修《安邑郇城路氏族谱》，《西十里铺坟地志》，同治十年刻本。
⑦ 沧州《戴氏族谱》，光绪三十四年刻本。
⑧ 《宁乡南塘刘氏四修族谱》卷2《族规》，民国十年存著堂木活字印本。

沛祖墓及以下诸墓,品仪视清明,唯无韭饼,易以蒸卷。先人忌日祭于墓,属于房支之祭则房支往,私人之祭则私往。所有祭祀的供品陈设,不得使用僮仆,必须子孙亲手摆设。①

清明墓祭,山西洪洞薄村十甲王氏实为典型。该族于乾隆二十八年(1763)议定清明祭祀事宜,规定组织祭礼的首事、主祭、参与者、经费、通知单、祭仪、祝文、序长幼礼、享胙、夫役各事:

首事十二人,轮流充任,他们向族人按份收礼金,开销不足部分由执事补贴,故需多人。

主祭者,族长;礼生四人,择族中在学者充任,衣帽自备;左右执事二人,礼仪娴熟者担任。

发送祭期与份金通知单给各户,文式:"某月某日节届清明,吾族祖茔岁有拜扫致祭之规,凡我族人,各输分资一星,预送首事,以便备办。专此转达,帖到书知。首事某某等具。"各户需要交纳份金:"凡族中已授室及幼童应嗣者,各输份金一星,预送首事,倘至日份金不到,除不许享胙外,仍罚补送份金,决不徇情。"

斋戒:前期三日,主祭者率族众及执事人等沐浴更衣。"饮酒不得至乱,饮食不得茹荤,不吊丧,不听乐,凡凶秽之事,皆不得预。"

祭一坛:捧爵家人一名;飞虎旗一对,夫二名;鹅簧一对,吹手二名;唢呐一对,吹手二名;铛钹二幅,乐户二名;乐鼓四面,乐户四名;宝盖旛一对,夫二名;押祭家人二名;香案一桌,夫一名;三罩一桌,夫一名;馒首一桌,夫一名;粉饭一桌,夫一名;汤猪一口,夫二名;汤羊一腔,夫一名;盐腊一桌,夫一名;干菜一桌,夫一名;蒸食一桌,夫一名;炉食一桌,夫一名;高垛一桌,夫一名;五架一桌,夫二名;押祭家人二名。礼生、阖族献馔一桌:海参、肘子、全鸡、鸡羹、正鱼、糟药、笋丝、蒸羊、什锦、小菜、烧麦、春饼、汤二碗、饭二碗、酒三爵、醋二盏、茶二钟。

迎神聚齐,不到者罚:至日,主祭者及阖族人等各具盛服,祗候迎祭。祭自首事处迎出,按既定路线至茔区。如有无故不到茔拜扫者罚,加份金一星,以作公用,决不徇情。

墓前陈设定规:至日黎明,茔上执事者先期到达,添土、除草、铺设毡席,

① 即墨《杨氏家乘·祭法》,道光版。

酒、茶在前,次馔,次果,次牲,次香案。

墓祭仪节:主祭者及合族人等俱到齐,各依尊卑长幼挨次拈香;上香毕,肃立恭候。亚赞唱礼,序立(每一世列为一行),行礼。引赞引唱,行通献礼,主祭者诣香案前,跪,随祭者皆跪,献帛,祭酒(倾少许于地)、奠酒(执事者接爵置馔前),往复三次,读祝,焚祝文,化钱纸,礼毕。常祭如此,故从简便,特祭,另有祭仪。

祝文定式:"惟某年号(如嘉庆)某年,岁次干支,某月干支,干支朔,越某日干支,孙某等谨以刚鬣柔毛清点庶品之仪,敢诏告于诰赠光禄大夫、镇守江南、江宁等处地方总兵官、前后府都督同知、显祖考大武府君,诰赠一品夫人、显祖妣范太君之墓前,曰:'惟我祖考,德厚流光。水源木本,云胡可忘?兹值清明,爰洁豆箬,拜扫墓侧,礼则有常。子孙罗列,孝思是将。祖其垂佑,百世永昌。尚享。'"

尊卑长幼仪节:拜扫已毕,即于墓前序长幼礼,族长与诸弟辈各挨长幼平立,北向,族长在左,诸弟辈拜之。拜讫,诸弟辈如前拜其中之年长者,逐位挨次拜遍。族长同诸弟辈处左西上,共受卑幼拜,明尊卑礼。分班,诸子侄辈率诸孙辈,皆北向,世为一行,各挨长幼,并立拜之。拜讫,诸子侄辈如前序长幼礼,亦如前处左西上,受其卑幼拜。拜讫,诸孙辈共逐位序长幼,逐辈明尊卑,俱如前仪。

享胙定规:至日,川厅内设席八桌。早饭,主祭族长并礼生四位,执事人等,小菜三桌,汤,肉丝,红丝,鸡饼,豆腐,韭菜,姜,大米饭。午,阖族随祭人等享胙,小菜八桌,玉酒二坛,每位馒首四个,杂烩一器,汤一小碗,大米饭一小碗。

颁胙定规:蒸食二个,炉食二个,炸二个,每小蜜一斤,馕面二斤,皮面一斤。炸五十余个。以上献食俱按随祭人定数,外加主祭族长并礼生、左右执事七份,以及各役每样一个十九份。如有故不能享胙者,除献食外,仍馒首四个,杂烩一器。

此外,有"待各役定规""赏各役定则",对与事之厨役、家人、屠户、吹鼓手等之饮食及赏银皆有规定,[1]详情从略。

王氏的清明墓祭仪礼,就民间扫墓讲,是完整的、讲究的,表现了子孙对

---

① 王楷苏等:《洪洞薄村十甲王氏族谱》卷27《祭祀》,嘉庆二年刊刻。

先人的缅怀、崇敬之情,以及教导族人尊卑长幼礼节。祭祀中所使役的乐户,是山西、陕西特有的贱民,为个人、群体服役,故王氏得以使用。

五、祖坟的功能

祖坟,有着凝聚宗族群体、为编纂宗族历史提供实物资料的两大功能,而在客观上成为后世学术界认识宗族历史的一种视角,获知其为宗族诸种载体之一,祖茔与墓祭的共存,就是宗族存在的有据可证之物。

(一)祖坟的宗族认同功能

祖茔是凝聚族人的物质因素,族人围绕祖坟进行的活动,寄托孝思的同时,确认同宗关系,对抗有争议的异姓,起着由祖宗认同导致宗族认同的作用。具体来看:

其一,宗族在扫墓之时,尊长往往向子弟进行祖先崇拜的伦理教育。直隶南皮陈氏,康熙间祠祭、墓祭过程中,长老陈观志有针对性向子弟讲述几位祖先的德泽,希望他们牢记心中,故在康熙六十年(1721)写作的族谱序言中说:"年节之奕祀奠扫,余常为后嗣指点迷津,历述诸世先祖之功德遗泽,莫不洗耳恭听,意欲晓之而心记哉。"①自诩说教为晚辈所接受。平定州窦氏于每年三月清明扫墓,少长咸集之际,窦瑸指着一座座坟墓,向后生一一说明某座是某祖之墓,他们间的昭穆关系,以及各个坟穴的山向,并以真挚情怀讲述"孝思追远,以志不忘"的道理。②利用坟头开展尊祖敬宗的教育,自然是生动活泼的,易于深入人心。前述洪洞王氏墓祭的祭奠仪式之后,紧接着举行族人尊卑长幼礼仪,晚辈一辈一辈地拜长辈,弟行一一礼敬兄长,仪节非常繁琐,耗费时间,可以想象,族人一上午的活动,早已饥饿,可能想着下一个节目——享胙会餐了,但是族长和执事坚持这一项目,就是要让族人学习礼仪,懂得礼法,进而知晓尊祖敬宗睦族的伦理道德。因祖坟而扫墓,而伦常教育令族人由祖坟而加强一本意识,以及同宗共祖的观念,从而产生或加深宗族的认同。

其二,由祖坟确认同宗关系。有祖坟作为证据,族人能够分清某人系属某房某支,某人又是哪门哪派,从而明了互相之间的血缘关系、辈分,谁亲谁疏,

---

① 南皮《陈氏族谱》,《陈氏祖历复修序》,2000 年五修本。
② 窦志默等增修平定《窦氏族谱》,《墓图说》,光绪二十年增补印本。

如何相处,如何称谓,以便在宗族社会中生活。这种互相了解,基于一本之亲的前提,了解的加深,进一步促进宗族的认同。康熙间徽州孙氏编修族谱,云自唐代末年移徙以来,已历二十七世,学者彭孙遹为之写序,谓望族动辄称"千世百世之上有人",感到奇怪,而孙氏"坟墓之处所,皆历历可考",故而可信。①坟茔不仅成为孙氏编写族谱的资料,更是宗族认同的依据,自然增强了宗族的凝聚力。

其三,在维护祖坟的抗争中,激发族人的共同使命感,凝成一体。潮州洪氏因始祖墓侧被大坑乡陈姓土豪霸占,族下各派聚集,呈官追回。以此为契机,宗族复聚,同立世系,以明昭穆,以别尊卑,希望使后世之子子孙孙尊祖敬宗。②这是祖坟官司起了聚族的作用。

(二)祖坟是宗族载体之一,这种性质在北方宗族认定方面尤显突出

族人以祖宗认同的思想共识,进而发展为群体认同,建立宗族组织,正式形成宗族团体,祖坟成为宗族的一种载体。

因祖坟祭祀的需要,出现各种名称与形式的祭祀组织。乾嘉之际,项城张氏重修祖茔的围墙,设立"约会",首事承管同族众茔,由张锡柱出任,他建立规矩,赎回公共地亩,植碑,年老卸任,首事由张允贤继充,为坟茔打井一口。③商丘宋氏家族原先没有祭祖的祀田,族人成立"祀先会",由宋福山倡首,文康继之,会众凑钱祭祀,康熙中宋荦说此会兴废不常,因"醵钱为牲醴之资,而族姓之丰啬不同,故难久行不替"④,所以主张增置祖坟祀田,自身即行捐助,以便维持墓祭的不衰。滦州民间热衷于供奉仙佛,边氏家族有人不满于这种现象,认为它使得伯叔兄弟亲党族属乖忤涣散,因此团族人之会,开展宗族活动,并同崇拜仙佛风习相拮抗,但是族人之会数兴数止。即使如此,人们还是关心祖坟和同宗,只要环境允许,力图合族复举其会。团会的目标,一是修茔祭祖,二是收族睦族,为了族人之会不致骤兴骤散,定名"久族会"⑤。上海葛氏

---

① 彭孙遹《松桂堂全集》卷37《新安孙氏族谱序》,《四库全书》本。

② 洪宗海等编潮州《洪氏宗谱》第1册,咸丰《岐北世系序》,民国十一年汕头名利轩印务局铅字排印本。

③ 张拱宸等修《项城张氏族谱》子部,嘉庆《再陈家传并茔内支用公钱志》,民国二十五年天津文岚簃印书局仿宋排印本。

④ 宋荦:《西陂类稿》卷26《祖茔祭田碑纪》,《四库全书》本。

⑤ 滦城《边氏族谱》,《久族会》,民国廿七年唐山华美印书局印本。

原先经营沙船业,富有,未建宗祠,道咸后家业渐衰,同光间有读书人想建祠堂而无力,表明族人有建设宗族的愿望。光绪三十二年(1906)创立顿丘公会,①目标是先修坟茔,继理公产,赎回南市青龙桥厂基地一亩三分。②

约会、祀先会、久族会、族公会等群体有着共同特点,就是为祭祖和祖坟而设,是宗族团体的初级形式,有首事,然而族姓不一定有共同认可的、有权威的族长,具有不稳定性。而较为稳定的是清明会,顾名思义,是宗族为清明祭祖而设立的。在一些地方,特别是北方和移民区的四川,清明会出现的比较多。在四川万源县多有清明会,所谓大族各立祠堂,置祭田,每年春秋按期祭祖扫墓,行礼如仪;亦"有无祠而置业,名为'某氏清明会'者,每岁清明扫墓,中元化财,胥以此款开支"③。没有祠堂和大量田产的家族,置备少量公产,作祭奠祖宗之用。泸州王氏由湖广迁徙四川,至光绪十八年(1892)已历两百余年,派衍十余世,未能建立祠堂,设有清明会,会内有公共财产,用于清明扫墓。族人闻知其他家族建设中元会,于中元节举办盂兰会为祖宗做法事,是以效法,组建中元会,合族商议向各房劝捐,筹备活动经费,并将清明会积存余钱,抽出六十串作为中元会底金,出贷生息,购买烧包为五世祖以上的祖考妣荐福。每年做会,定期于七月十六日,不得擅改日期。经理会首五人。④开县唐氏的祖茔本应为合族禁地,然有族人盘踞,因起清明会,令其迁出,嗣后永不许搭棚霸居。⑤

万源、泸州、开县等地区的宗族,在清明会以外,还有祠堂、中元会,在一个宗族内,有清明会、中元会并存的情况,两者没有明显的统属关系,然而清明会比中元会更为重要。在直隶、山东,农村家族多有组建清明会者。宗族略有公共财产,多为几亩坟地,租给族中贫穷成员,用其地租作为清明节族人祭祖的开销。因财力极其有限,很难对族人在经济上进行资助。清明会由族长负责,清明祭扫,长老带领后生,指认哪一座坟茔是哪一位祖宗的,仪式完成后聚餐,男子参加,族长讲话,表彰族中善人好善,批评出问题的族人,严重的予

---

① 顿丘,古地名,今河南清丰县;上海葛氏以顿丘为族望,故群体名称前面标出"顿丘"字样;顿丘公会,即葛氏公会。

② 《上海葛氏家谱》,《顿邱公会记》《葛氏公墓记》,民国十六年刻本。

③ 1932 年编纂《万源县志》卷 5《教育门·礼俗》。

④ 王家浚等编纂泸州《王氏族谱》卷 1,光绪《兴设中元会小引》,民国二十二年石印本。

⑤ 《唐氏族谱》卷 1《宗规十条》,同治本。

以处罚,希望以此达到教育子弟的目的,不令出现不良成员使宗族蒙羞。族长是辈分高而又年尊的人出任,但族内真正有权威的人是族人信服和家庭经济比较富实而又能干的人,实行的是族老制。①

约会、清明会都是以保护祖坟和墓祭为首要任务,兼及对族人的施行教化。清明会比较稳定,从形式、内容上来看,较之约会之类要高出一个层次。但是若同祠堂进行比较,祠堂又是上一个层次的组织形式。祠堂实行的是族长制,是较为严密的组织,有多人组成的办事机构,有一定的宗族公有产业,热衷于宗族事务的人员也较多,宗族活动也相对多一些(祠堂祭祖、祖茔扫墓、编纂族谱,以至村落社会的节庆活动),对族人的制约力也较强。在没有宗族祠堂的情形下,清明会具有祠堂的局部功能,成为祠堂的雏形,祠堂族长制就可能由此而产生。清明会任务虽较祠堂单纯,然已成为宗族的正式组织,其实质与祠堂相同,有清明会即标志宗族组织的建立。

因祖坟而出现清明会,祠堂是宗族群体成立的标志,清明会同样表明宗族群体的产生。如此说来,祖坟与祠堂,对于宗族而言,具有同等地位,这是清朝人早有的见解,不待今日研究者来发现。前引宋荦在《祖茔祭田碑纪》说"神依于主,体魄藏于墓",他接着又说"厥重惟均,仁人孝子固宜并致其追远之诚,而不容恝也"②。他强调祠堂和祖墓并重,不可偏废。乳源余氏、零陵龙氏将祖宗神灵依于祠堂、体魄藏于坟墓相提并论,均是基于祠墓并重的认知。祀产,用于祠、墓之祭,一身二任,不厚于祠,不偏于墓,祠堂、祖墓、祀产是三位一体,地位相当,祠堂、祀产均被研究者视作宗族的载体,祖墓何能向隅?亦应列入宗族载体序列。

应当说,祖坟是族人祖先认同、宗族认同的一种物证,从而有清明会的产生,促成作为社会组织的宗族的诞生,无疑,祖坟是宗族的一种载体。

对于北方宗族而言,祖坟更显其重要性,因为北方宗族公有经济不足,难于建立祠堂,缺少祠堂和祀产,似乎宗族并不存在。如若认识到祖坟就是宗族载体的一种,有了祖坟的前提,如果再有相应的祭祖扫墓活动和组织形式,宗族的存在则是无疑问的了。北方族姓多有祖坟,特别强调昭穆葬制及祖坟建设,还有清明会的组建,可知北方宗族的存在亦有一定的普遍性,唯其组织形

① 参阅冯尔康:《18 世纪以来中国家族的现代转向》,上海人民出版社,2005 年。
② 宋荦:《西陂类稿》卷 26《祖茔祭田碑纪》《文康公赐茔祭田碑记》,《四库全书》本。

式与南方有别,不像有祠堂那样明显。尊重祖坟存在的事实,并以此为视角,就可能将北方宗族的状况透视得清晰一些了。

(三)祖坟为族谱编纂提供物证及信息

祖坟在促进宗族认同功用之外,有助于溯源家世,清理宗族的历史,为族谱编写提供信史物证。

家族的渊源,迁徙的历史,非官宦之家往往缺乏文字记载,甚至长期没有文献可征,于是乎家族史靠口碑相传,年代越久,其真实程度大打折扣。不过有一种实物可供参考,就是祖坟。平定州潘氏家族的潘济于咸丰间考订其祖坟:三世祖葬城南棋盘垴,子孙今日犹往祭;五世祖秀,由岁贡任偃师县尉,卜地于西坪;七世祖洙,登明万历癸酉贤书,坟建于河头之师傅凹,盖倚冠山为祖龙;七世伯祖滨,坟复徙于棋盘垴祖茔之西;八世伯祖献民、俊民、彦民以及信民,皆卜葬于棋盘垴之西北;西坪之南,有剑川知州八世祖一龙穴位;其后文耀、文灿建坟广阳,作霖建坟获鹿王家沟,尧臣之窀穸留沟岭。①以坟茔的考订而论,其家族世系有所明晰。乾隆六年(1741),直隶乐寿陈氏修谱,除了访问族人,利用神主,更"远历邱坟""审察碑文",令坟茔和碑刻成为族谱资料来源的一种。②乾隆八年(1743)河南项城张氏修谱,"参考宗茔残碑、先世遗书,得其大略",乃将族谱写成。③兰州颜氏修谱,因当地屡经兵燹,遗失木主,但是"六房坟墓历历可考,岂有失序者乎"!④是以所编排的世系不会失序。

直隶献县纪昀宗族对明代以前的历史,自知非所能详,但明初以降,因有纪光吉、润生的墓志可据,以他们为始祖,可以整理出家族的世系。⑤这是利用墓志塑造宗族历史。泸州王氏是湖广的移民,早期的传说混乱不实,族谱云:"因流寇肇乱,蜀民靡有孑遗,有明洪武间,以楚人实四川,先世祖亦在遣中,乃由楚入蜀,居四川省川东道遵义军民府仁怀县土城里五村寨,鼻祖国贵公即生于是焉。迨明亡清兴而致仕家居,乃由此率眷迁泸州,插占于安贤乡走马岭坎下聂家村及王家湾两处。公住王家湾,卒于斯,葬于斯,坵垄坟茔,丰碑屹

① 潘组耀等修《平定潘氏合谱》,《潘氏坟墓记》,咸丰七年刻本。
② 乐寿《陈氏族谱》,乾隆《序》,光绪二十三年刻本。
③ 张拱宸等修《项城张氏族谱》子部,乾隆《张氏宗谱前序》,民国二十五年天津文岚簃印书局仿宋排印本。
④ 《金城颜氏家谱》,《刻修家谱序》,光绪十二年本。
⑤ 景城《纪氏家谱》,《系述》,嘉庆七年刊本。

屹。"①所谓明朝洪武年间移民四川是将清朝的事说成明朝了,然由湖广迁遵义,再迁泸州,路线是清晰的,定居王家湾,因有祖茔,则是确切无疑的。这些事例,似乎可以说明:有祖坟、墓碑在,能够被利用为编写族谱的素材,在宗族迁徙史和早期世系方面提供的应是信史材料。

前面叙说宗族的崇奉祖茔,加意维护,组建群体,敬谨扫墓,是虔诚者所为,并非所有族姓都能如此。在清代各个族姓对待祖坟,以及各族姓在不同历史时期的态度,多有差异,不能善待祖茔的族姓亦复不少,有其心无其力者更多,所以清代就有不少人对一些宗族的不肖子孙败坏祖坟表示不满,予以谴责。宋荦说:"每见故家之子孙有不肖者析田争产,辄至于祖宗藏体魄一席之地而亦裂之。"②灵石何氏《家训八则·修茔域》道出人们草率于墓祭父祖、不祭扫远祖坟茔的现象:"今时俗清明、中元,家举其仪,但不过视挂扫为具文,草草一奠了事。至远祖之墓,彼此推诿,或有终年不到者;树木为人斩伐而子孙不知,此与无后人者何异?"③零陵龙氏《家规》云,如果子孙"怠惰数岁,不一入祠,不一登墓,而于春秋时祭与清明挂扫,或遣无知子弟奉行故事,势必不知某祖系某名、某山葬某祖,将祠不免有倾圮之患,墓不免为蓬棘所丛,为子孙者置若罔闻,他人窥伺、侵害、盗卖、盗葬,肇衅成讼,破家荡产,所由起也,甚且祠宇易为禾黍,坟墓掘为沟渠,神灵所依体魄、所托子孙其忍乎哉?凡我族人谨守勿替,毋蹈斯弊"④。倘若没有不顾祖坟、祭扫虚应故事的现象,龙氏则不会有这种对子孙的殷殷教诲。《红楼梦》的"好了歌"有言:"古今将相在何方,荒冢一堆草没了。"可悲的荒冢,无后人祭扫的表征。将相的望族尚且如此,何况普通宗族。"好了歌"所说的古今共有现象,清代亦然。

诸家所反映的一些宗族蔑视祖坟和墓祭的现象,令人产生一种疑问,祖坟在世人心目中,在宗族建设中是否不重要,人们的观念是否因时间的推移发生了变化,出现对祖坟忽视的倾向,因此笔者提出的问题是:清代祖坟在宗族活动中的地位究竟如何,有无变化,轨迹是怎样的?这是需要讨论的课题,笔者限于知识,尚无能道及。所幸,王日根、张先刚著文《从墓地、族谱到祠堂:

---

① 王守亨等编泸州《王氏族谱》卷 1《王氏族谱序》,民国二十二年石印本。
② 宋荦:《西陂类稿》卷 26《祖茔祭田碑纪》《文康公赐茔祭田碑记》,《四库全书》本。
③ 灵石《何氏族谱》卷 7《家训八则》,道光十四年续刻本。
④ 零陵《龙氏六续家谱》卷首下《家规》,民国十年刻本。

明清山东栖霞宗族凝聚纽带的变迁》，认为山东栖霞宗族的收族形式经历了从墓地、族谱到祠堂的递相转换过程，明代以墓地为中心开展一系列宗族活动；入清以来，以族谱为中心统合宗族成为可能；祠堂的兴起延续和发展了墓祭传统，成为更具凝聚力的宗族整合方式。①在不同时期，祖坟、族谱、祠堂递相发挥主导作用，给我们诸多启迪，期盼这一问题能够研讨下去。

　　总括本文之意，清代宗族的祖坟，被视为安放祖宗体魄之所，地位崇高；虽为民间之事，没有像皇家山陵那样的体制，然也多所规范，墓穴空间布局，在理想的条件下遵行昭穆制，房支葬区制和坟丁护坟制；宗族视维护祖坟为重大事务、重要活动内容，成为宗族建设的重要环节，培土护林，竖立碑石，绘制坟图，载入族谱，反对盗卖坟山田地林木，不惜破财打官司；感念祖宗功德遗泽，设置祀田，进行持久不懈的墓祭。祖坟的存在令族人由观念上的祖宗认同，进到组织上的建立清明会之类的团体，令族姓的天然血缘事物变成宗族社会群体，成为宗族的一种载体，与祠堂、祀产、族谱共同构成宗族实体元素；祖茔还能为宗族编纂族谱提供实物史料；北方宗族不被学者看重，若给祖坟以应有的地位，以之为视角观察宗族史，可知它是北方宗族存在和活动的特点。

　　（2008 年 11 月 18 日草于旅次，载《安徽史学》2009 年第 1 期）

---

　　① 王日根、张先刚：《从墓地、族谱到祠堂：明清山东栖霞宗族凝聚纽带的变迁》，《历史研究》2008年第 2 期，转见"国学网·中国经济史论坛"，2008 年 09 月 11 日。笔者因居处环境，不克目睹《历史研究》杂志，而在网上亦未能读到文章的第一部分，实有憾焉。

清代北方宗族的祖坟建设与祭祀活动

笔者作有《清代宗族祖坟述略》(《安徽史学》2009 年第 1 期)一文,本来不必再写此文,然因北方宗族史研究有待加强,写出来也是一种参与。

学术界通常评论宗族的能否形成和活动状况,以具备三项条件为标准,即有祠堂、族产、族谱三项实体,以此论定南方宗族活跃,北方宗族少见,而且活动质量较差。此为可以认可的基本事实,然而笔者认为北方家族重视祖坟建设和祭礼,祖坟也是宗族实体的一种,应与祠堂、族产、族谱并列为四种实体。南方盛行祠堂族长制,北方流行为扫墓祭祖的清明会。所以北方宗族有其活跃性,虽比南方宗族活动在频繁程度上有所不及,但应肯定其存在,具有一定意义上的普遍性,不宜忽视它在北方人社会生活中的地位。

下面先简单说明清明会与祖墓祭礼,然后介绍祖坟建设和管理、祖坟祭祀情形。

一、宗族的清明会与祖坟祭祀

清明会,顾名思义,是家族为清明祭祖而设立的族人组织,在直隶、山东农村家族多有组建者。族长是辈分高而又年尊的人出任,但族内真正有权威的人是族人信服和家庭经济比较富实而又能干的人。

一般家族公共财产很少,仅有几亩坟地,租给族中贫穷成员,用其地租,作为清明节族人祭祖的开销。地租或由清明会收现钱,或由租种者提供祭祖所需的纸钱、香等。因财力极其有限,很难对族人在经济上进行资助。

清明会长老负责清明扫墓,长老带领后生,指认哪一座坟茔是哪一位祖宗的。仪式完毕聚餐,男子参加,族长讲话,表彰族中好人好事,批评出问题的族人,严重的予以处罚,就是不让吃馒头,不让吃肉,以事羞辱,希望以此达到教育族人的目的,不令出现不良子弟使宗族蒙羞。这时还有人出面讲情,求给吃食,更令人难受。过年时,晚辈例应请尊长吃饭,长辈乘机进行教育,对有毛病的请客晚辈,尊长或故意说不去,或故意挑剔食物,让人难堪而改过;若不敢请客,同辈人会说,怎么搞的,一年一顿饭都请不起,使得人不敢不请。

清明会的任务虽较单纯,然已成为宗族的正式组织,其实质与祠堂是一样的。有清明会即标志宗族组织的建立。相对祠堂族长制的宗族,清明会组织机构简单,宗族活动不多,对族人的制约力较为薄弱,族长不起多大作用,而族中有权威的人和老人共同维系宗族。实质上是族老制,与祠堂族长制有别。

二、祖坟建设与保护规则

(一)建设祖坟的观念是:祖坟藏祖宗体魄的孝思之说与祈求祖宗庇佑

"祠乃祖宗神灵所依,墓乃祖宗体魄所藏。"清朝人以为祠堂的神主是祖灵所依凭,祖墓则是祖宗体魄安居之所,灵魂、体魄有了妥善的安置,祖宗的体和魂就永远存在,子孙不仅尽了孝道,体现了孝思,还会得到祖宗的保佑。直隶沧州孟村张氏家谱《先茔志》就说"坟茔,乃祖宗藏身之地也"。山东黄县王氏的族谱《建修茔墙序》,亦认为"茔域以妥先灵,尤为急务","祠墓者,所以妥祖宗之灵也"。都是以坟茔为祖宗魂魄之所在。

妥善保护祖坟,会使子孙发达,黄县王氏认为祖茔好,是家族钟灵发祥渊源所在。族人王鸿中等二人于嘉庆九年(1804)中武举,其中一人并为解元,认为是罕有之幸运,是祖德宗功之报,为表达尊祖敬宗之意,在祖坟树立旗杆。真正是光宗耀祖了。

(二)如何选择坟地:占卜茔地与风水观念

人们修建祖坟时,都注意到风水,要卜葬。沧州张氏《先茔志》云:"吾祖徙居来沧,生于斯,长于斯,家于斯,族于斯,遂卜以村东南里许之地为茔焉。"同地边氏《茔地记》写道:"边氏始祖迁善公移居来此,殁后卜葬于吴官屯庄西北方。"黄县王氏《祖茔建碑记》,"来黄十有余世,先代祖茔卜城之坤隅"。卜葬,选择茔域与墓穴,目的是寻求风水宝地,令先人安宁和子孙发达,而尤以活人的发达兴旺为目标。

兆域形局的讲求。直隶东光马氏居于马家老庄,建茔于村北宣惠河之曲,已葬数墓,尚未如法,适有随漕运来的南方人,在茔内私葬骨灰器,为马氏先人所知,不毁其葬,后来南方人得知而感马氏之恩,指点随河曲行穴之法以报德,加之其他善事得到回报,故其后裔云:"由是家道浸昌,自六世祖以来科第联绵,簪缨络绎,皆食祖德之报云。"山西永宁人、康熙朝总督于成龙(谥清端)的坟山,据康熙间纂修的《于氏宗谱》记载:在州治北地,名横泉龙,自孝文分干,辞楼下殿,行十余里,顿起廉贞作祖,重重穿帐,又起三台高峰以为后坐,转出艮龙,行度逶迤,顿起现天主星,但卯脉落下微嫩,结小金星作穴,蝉翼、小砂左右环抱。卯酉兼乙辛坐向。明堂宽容,奚止万马,前列大帐,秀峰高耸。天马、金马双贵,文星等山朝拱。出帐入帐,川水曲流,内帐角有阴砂,长抱外有罗星秀丽,重重关锁,不见水出,真科甲绵远,极贵极富大地。盖由清端公盛德深厚,天赐吉城,以启后人无疆之福祚耳。

(三)祖茔规制

祖茔规制包括葬法、标志物、碑文、房支墓地、义冢。

昭穆制乃祖坟规制之一,其他如坟茔的标志性建筑亦有其制,并有品官和庶民之别。昭穆之制,是列祖列宗的安葬,应遵循昭穆排列法,一世祖葬在中间位置,二世在其左侧,三世在其右侧,如此类推,各依昭穆位次安葬。各个宗族的规约,多有相关规定。直隶文安王氏祖茔在张管营村西北隅,茔为子山午向,其葬之序次,自始祖至三世祖代为一冢,四世而下分左右列,左列为长门,右列为二门,各为直行,兄弟叔侄递衍而下,是曰跑马葬。平定州张氏之张定则一支,子孙"葬依昭穆,位次分明"。房支成员安葬一处,形成家族墓地,其中以祖宗为主体,子孙为祔葬。沧州戴氏之戴家坟墓群,计坟三百三十七座,其中有明朝兵部尚书戴才墓,七品官职以上三十七人,诰赠夫人四十三人。

竖立碑石坊表等标志物,表达子孙孝思不匮和显示宗族地位的双重意思。庶人坟墓可以树立石碑,品官则依品级,可建设碑铭、石像生等物。平定州窦氏先茔,内有碑、石棹、石炉各一,茔四隅石柱各一,系雍正八年(1730)合族同立,茔前石坊一,系乾隆间建立。因碑碣牌坊一应俱全,故其族人于光绪间云"先人备之久矣"。同地白氏祖茔在州城东南,道口左右立石柱两根,名为将军柱。坡上道口立石牌坊一座,上刻"箕裘衍庆"四字,年深日久,被风雨损坏,字迹含糊,于咸丰六年(1856)重修新描,焕然一新。黄县王氏,至乾隆间世远丁多,居处星分,遂有十世、十一世、十二世六十九位族人以修坟刻碑为己任,负土添坟,立碑,镌字大书始祖墓碑曰"王氏始祖墓",坟前设供桌,四周树木,并有茔房一座。该族人因为树坟碑思祖德,自豪地宣称本族讲孝悌、科举盛、族兴旺:"邑之族众矣,吾族人何子姓繁衍,既吉且昌也,于碑可溯夫原本也;邑之族众矣,吾族人何孝悌忠信亲睦敦和也,于碑可溯夫家法也;邑之族众矣,吾族人何经明行修科第蝉联,观光桥门采芹泮水者,志且谓几半黄庠也,于碑可溯夫世德也。"沧州孟村西赵河刘氏,至光绪中定居已近四百年,始祖之墓犹存,而碑表未具,其先陇不可尽识,乃合族众于始祖之墓刊石树碑。山东莱州赵氏,其五世祖为明代官员,夫妇合葬墓,封土前有石牌坊三座,牌坊后面望柱两根,坟前立石碑。至清末,历三百年之久,然保存完好,即其清代的后裔加意进行维修。

宗族义冢。黄县王氏之七世祖三聘生活在明代嘉靖间,致仕家居,买地三亩余作义冢,传至清末已三百余年。其地之北段旧有房屋四间,同治时族中有人擅自将此房典与他姓,族人赎回,增筑房屋,前后共十间。宣统元年(1909)阖族共同制作《义冢记》,令族人久而不忘,以资保护。

(四)祖坟管理规则

沧州戴氏对祖坟订有整套的管理规则——《城东茔祭田家规十二条》,如:李村祖茔每岁派两人扫墓;添茔只许在茔南风水河内取土,不许混挑;族人不许在茔侧居住,如居丧庐墓者听之;祭礼及修理坟墓等事须从族中择数老人执年掌管。

(五)祖坟维修与保护

修坟墙。黄县王氏族人常以始祖迁黄县已二十世,而二世祖之坟茔竟成往来通道,不加修整,将遭践踏,但有志而未逮。嘉庆二十一年(1816),重修族谱和茔房,备资建修茔后石墙,隔断行人往来,保护了祖坟。石簸箕西祖茔,葬其二世至六世祖。地近城市,往来行人不无踏践,虽屡筑土墙,而风雨剥蚀,旋即倾圮,不耐久远。于嘉庆间图久远之计,修建砖石墙,坚实牢固,同时修坟茔,着人看守。并望后世子孙,续而行之,见有残缺,时加补葺,以保久固。这就是未能避免"五患"而出现的维修事务。平定州窦氏先茔,光绪间地界坍塌,祭扫时族长商诸众人,增修围墙,皆欣然同心协力,于同治十七年(1891)纠工砌石,不日告成。

宗族着力于坟树的栽培。许多宗族认为坟域林木的状况,反映宗族的兴衰,故而加意培植保护。东光马氏的坟树,按照族规,每年补栽。丰润董氏祖茔原先树木森然,青葱蔚起,但多历年所,霜皮剥蚀,渐渐消枯,族人问心难安,乃于乾隆十七年(1752)捐资修缮茔房,以备看坟之所,次年又公议,各出资财,培植树木,以筹措坟工费用。

祖山绘图,载入族谱。南皮侯氏将能够确认的祖坟,绘出坟图,载入族谱。

滦州边氏族谱收有先茔图,备列祖茔状况,俾览者一见而犁然。

禁卖坟山林木。乾隆九年(1744),东光马氏祠约:坟中栽植树木,俱属公物,一枝一叶不许擅动。沧州盐山《郑氏族谱·原谱凡例》:祖茔中柏树为祖宗庇荫,不许擅自斩伐,如有不肖子孙变卖坟树者,合族共攻之,断不可远怨坐视。

为保护祖坟打官司。掖县赵氏为维护祖坟告状三次,阻止他人在坟茔采石烧灰。赵氏十一世祖赵耀尚书坟茔坐落在城西禄山前土山之阳,土人呼为赵家山,咸丰四年(1854),附近村民于山腰开坑取石烧灰,举人、候选知县赵华琳等为此呈请禁止,知县屠道彰以赵尚书生居极品,殁被殊恩,所有附墓山田理应敬谨保护,不得任意作践,出示严禁在赵氏茔旁挑取粉石,致伤故脉。如敢不遵,许赵氏亲支投明乡地指名禀究,决不宽贷! 事过十余年后的同治七年(1868),又有吕姓、鞠姓多人在茔后开坑数处,深至数丈有余,直透山前。六品衔即用直隶州同赵鸢掖等呈请禁止,郭县令将吕姓等传案讯明究惩。二十余年后的光绪二十年(1894),候补巡检赵星润等呈称,有于姓人等到尚书坟垅山界之内时而牧樵作践,时而掘挑粉石,贻害非轻。魏知县发布告示,仍云自示之后, 尔等毋得再赴赵家山赵氏祖茔四面界内牧樵作践以及掘挑粉石,致伤故脉。

(六)设置看坟人

看管坟山,除了族人,许多宗族雇人看守,是为"坟丁",其人身份低下,系贱民、半贱民。他们为主家管照坟茔,主家给以田地耕种。东光马氏的南茔,树木随年补栽,招佃看守,工食拨给坟前地十三亩,佃房三间。北茔树木,亦招佃看守,工食拨给金家窑地十亩,茔圈地十亩。沧州戴氏对看坟人作出规范,不许他们串坟耕种,不许混行挑掘。山东即墨万氏老坟,树株渐枯,于嘉庆十九年(1814)七月七日合族共议立树,捐钱买地筑室,觅人看守,并规定所有之草,永年俱系看茔人收割;所有之树,永不准伐。

(七)祖坟为纂修族谱提供资料

家族的渊源,迁徙的历史,非官宦之家往往缺乏文字记载,甚至长期没有文献可征,于是乎家族史靠口碑相传,年代越久,其真实程度大打折扣。然有一种实物可供参考,这就是祖坟。直隶献县纪昀家族对明代以前的历史,自知非所能详,但明初以降,因有纪光吉、润生的墓志可据,以他们为始祖,可以整理出家族的世系。这是利用墓志塑造宗族历史。

平定州潘氏家族的潘济于咸丰间考订其祖坟：三世祖葬城南棋盘垴，子孙今日犹往祭；五世祖秀，由岁贡任偃师县尉，卜地于西坪；七世祖洙，登明万历癸酉贤书，坟建于河头之师傅凹，盖倚冠山为祖龙也；七世伯祖滨，坟复徙于棋盘垴祖茔之西；八世伯祖献民、俊民、彦民以及信民，皆卜筑于棋盘垴之西北以葬；西坪之南，数家垒垒，则剑川知州八世祖一龙穴位；其后文耀、文灿建坟广阳，作霖建坟获鹿王家沟，尧臣之窀岁留沟岭。以坟茔的考订而论，其家族世系有所明晰。

利用祖坟、坟碑编写族谱。乾隆六年(1741)，直隶乐寿陈氏修谱，除了访问族人，利用神主，更"远历邱坟"，"审察碑文"，令坟茔和碑刻成为族谱资料来源的一种。

三、祖坟祭祀情形

(一)典型案例——山西洪洞王氏墓祭祭礼仪规

洪洞薄村十甲王氏于乾隆二十八年(1763)议定清明祭祀事宜，规定组织祭礼的首事、参与者、经费、通知单、祭仪、祝文、享胙、夫役各事，是完整的祭祀规则：

首事与执事。每次祭典，执事人员十二人，轮流充任。按份收礼金，开销不足部分由执事补贴，故需多人。

祭期通知单与份金。确定清明祭祀日期，给各户族发送通知单，有文式。

斋戒：前期三日，主祭者率族众及执事人等沐浴更衣。

祭一坛。

迎神聚齐，不到者罚。

墓前陈设定规与图。

墓祭仪节。

祝文定式。

尊卑长幼仪节。

享胙定规。

颁胙定规。

待各役定规及赏银，家人十名，劳役二名，厨役三名，屠户四名，夫头一名，吹手四名，金鼓手六名。共银一两七钱，钱三百三十二文，小食十九分。内中所说乐户,是山西、陕西特有的贱民,为个人、群体服役,故王氏得以用之。

(二)墓祭案例

祭祀始迁祖坟墓。丰润董氏《合族公立始祖碑记》,谓其始祖原籍定州中山,自明永乐二年(1404)徙居于此,历经二百零六年。忆及祖宗当日披荆斩棘,沐雨栉风,裕我后昆的盛德,于康熙五十一年(1712)三月合族立始祖碑,公祭之。很明显,此所谓始祖,就是始迁祖。可知宗族以始迁祖为始祖,以之为祭祀对象。

三次墓祭,日期有同异。直隶容城孙奇逢家族有清明扫墓,七月十五献麻谷,十月初一送寒衣之举;忌辰设食拜,子孙素食,不享客。沧州戴氏接受容城孙氏之法,亦于寒衣、忌辰设家祭。

供品,合于时宜。即墨杨氏对祭祀仪节、供品规定详细,祭日有除夕、元旦、上元、清明、中元、伏祭、中秋、十月朔日、冬至祭仪。其中清明之祭,三日内祭祖坟。祭器汤饭五,馒头三,韭饼二,米糕三,米蒸饼二,肴六,菜六,或各五油果,五山果,五茶,二酒,三炷香,前后各四拜。丧未满三年,哭,余则否。十月朔日祭太原祖墓、沛祖墓及以下诸墓,品仪视清明,唯无韭饼,易以蒸卷。忌日祭于墓,公祭则公往,私祭则私往。所有祭祀的供品陈设,禁用僮仆,箸盏肴馔皆子孙手设之。平定州蔡氏不像杨氏那样繁多,其墓祭供品为大碗八个,大盘四个,蒸点三碟,酥食三碟,水果三碟,米饭三碗,奠酒一甬,享香一束,素烛一对,鞭炮二把,纸锞十分。其仪注为,秉烛,焚香,供菜,行一跪三叩礼;献爵,行一跪三叩礼;撤馔,行一跪三叩礼。祭祀后,与祭者回到祠堂饮胙。杨氏、蔡氏的供品很多,然而是日用化的,如同活人的应节食物。

祭礼的祝文,多有固定的格式,因祭祀主体和时间有别,文字上稍有不同。平定州刘氏写于乾隆年间祭文,缅怀祖先,述及宗族历史和现状,颇有自豪感,文曰:

> 维大清乾隆某年某月某日宜祀之辰,不肖孙某暨合族人等谨以香烛祭品之仪,致祭于刘氏先茔之灵,曰:"祖功宗德,先人之遗泽靡穷,木本水源,后人之孝享宜笃。况我刘氏,族大枝繁,有根有据,谱牒班班。始祖自出,派衍河南开封杞县,姓氏赫然,肇迁平定。洪武初平,择居岭上,密尔榆关,忠厚勤俭,耕读家传。世世积德,辈辈光前,延及今世,媲美后先。登科登第,文武兼全,科试岁试,庠彦蝉联。言及务本,阡陌连田。再观逐

末,骑鹤腰缠,丁财秀贵,远迩称贤。皆因祖宗默佑,故尔福泽绵绵。兹当祭辰佳节,合族拜扫先阡,尊卑长幼俱属,曾立报本追远,各秉诚虔,既尔挂纸,亦复烧钱,三奠黄壤,一滴九泉,灵其不昧,来格翩翩,伏惟尚享。"

族人对宗族及其活动的态度,从虔诚者方面观察,宗族意识非常强烈,视同性命,如咸同间直隶故城有战事,邑人逃难,祕聘卿特地携带先人木主、谱牒一帙逃亡。然有人在尊祖睦族主流意识环境中,抱持应付态度,参加祭祖活动是为吃食,平定刘氏,自康熙九年(1670)约定每年七月十四日祭扫祖茔,但沿习既久,厌易即生,又因秋雨时行,会祭者少,有的族人并不到墓地祭拜,而径直到会食的寺院吃喝,成为世人的笑柄,故而该族重整祀典。整饬,表明宗族仍在坚持活动。

(写于 2009 年 8 月 18 日,系出席学术研讨会论文)

清代宗族祭礼中反映的宗族制特点

　　清代民间祭祀,家庭举行,宗族更是着力组织族人参加其祭祖活动;祭礼,朝廷对各色人等定有制度,宗族亦有与之相适应的规范;祭祀处所通常有祠堂、坟墓和家庭寝堂三处,祭仪也因场所不同而有区别;宗族祭祀对象和主持人的选定,集中地反映祭祀的合族目标和特点——团聚族众,追求大族、望族(绅衿宗族)地位,提升在区域社会的处境。

　　本文不拟全面讨论清代宗族祭祀观念、仪式、类型,宗族行为及其社会影响,仅将注意力放在祭祀对象、祭礼主持人、祭祖仪式后族人叙礼饮胙礼三个方面,进而探讨清代宗族祭礼所显露的宗族制特点。

一、前言:祭礼最重要的观念与清代宗族祭礼改革精神

　　《礼记》说祭礼是人伦最为重要的礼仪,是出于人的本性,是在先人过世后继续实行孝道的必有内容:"凡治人之道,莫急于礼。礼有五经,莫重于祭。""祭者,所以追养继孝也……孝子之事亲也,有三道焉:生则养,没则丧,丧毕则祭。养则观其顺也,丧则观其哀也,祭则观其敬而时也。尽此三道者,孝子之行也。"①清朝人传承前人观念,认为祭礼是头等大事。理学家、大学士李光地说"五礼莫重于祭"②。江西清江(今樟树市)龚氏宗族的《祭法》亦说:"夫礼有五经,莫重于祭,所以报本追远者也。"③山西洪洞薄村王氏族规《祭祀》也说"报本追远莫大于祭",并表示永远祭祖的态度:"吾族清明祭扫之仪,先人所定,是百世所当遵;先人之德泽与子孙之孝思,庶永永毋替矣。"④同县刘氏《祖

---

　　①《礼记·祭统》,《十三经注疏》本,下册第 1602 页。

　　② 李光地:《榕村集》,《家庙祭享礼略》;贺长龄、魏源辑:《皇朝经世文编》卷 66《礼政十三·祭礼上》,中华书局,1992 年。

　　③ 龚克刚等修樟树市《龚氏十四修族谱》,《祭法》,民国印本。

　　④《洪洞薄村十甲王氏族谱》卷 27《祭祀》,嘉庆印本。

训》根据古训,从营建祠堂和祭器,说明祭典的首要地位:"《礼》云将营宫室,宗庙为先,凡家造,祭器为先,则知祀典,其首重也。"①祭礼的慎终追远,既是表达对先人德泽的怀念与敬意,也是求得自身心灵的安宁。祭礼具有连续性,坚持不易,越发显得重要,因此宗族大加强调,而且将事情的性质提到吓人的高度。山西灵石何氏《家训八则·崇祀典》中说:"四时致享本出情所难已,是故《公羊传》曰:士不举此四者则夏不葛,冬不裘。夫豺獭犹知报本而况于人乎?"不祭祀连禽兽都不如,是何等严重的错误!怎容忽视!祭礼最为重要,清代宗族持此观念,必然会有相应的表现。

民间的祭礼,是在朝廷祭礼与传统祭礼双重影响下进行的,乾隆帝继位就向宗室诸王公讲述慎终追远的孝道:"朕维治天下之道,首重亲亲,亲亲之道,首在慎终追远。"②同时朝廷制定祭礼制度,除皇家、宗室王公祭典之外,分别为品官、庶士、庶人确定祭礼,令民间遵循。宗族亦表示遵照执行,如湖南涟源李氏报本堂《宗规》态度鲜明地表示:"先王制冠婚丧祭四礼,以范后人,载在《性理大全》及家礼仪节者,皆奉国朝颁降者也。民生日用常行,此为最切,惟礼则成父道、成子道、成夫妇之道,无礼则禽兽耳。"③以行否祭礼为人、兽之别,势在必行。然而宗族面对朝廷的祭礼和历史传统习俗,因财力、人力、知识等原因,不一定能够完全照办,而会有所变革,是以李氏《宗规》又说:"民俗所以不由礼者,或谓礼节烦多,未免伤财费事,不知师其意而用其精,至易至简,何不可行试?"李氏的意思是不背离孝道精神,采取适用的祭礼,这就是清朝人常说的"礼以义起",产生民间的祭仪,形成习惯,亦行流传。前述清江龚氏宗族亦是依据古礼和实际情况,制作自家的祭法,故其族谱作出的记录是:"三代之礼不相沿袭,缘人情,示因革,故曰有时而变,著《祭法》。"④

清代宗族祭礼改革及实践情形展示,以始祖、始迁祖为祭礼对象,是在尊祖敬宗旗帜下,努力扩大成员范畴,企图使自身成为较大规模的社会群体,而不仅仅是五服宗亲的小群体;大群体的追求,以及祭祀主持人的贵贵原则,配享的论"爵德功",反映的是对望族地位的向往,目标则在于获得社会荣誉和

① 《洪洞刘氏宗谱》卷2《祖训》,光绪印本。
② 《清朝通典》卷62《礼·凶二·亲王以下丧》,浙江古籍出版社,1988年,典2481。
③ 涟源《李报本堂族谱》卷首《宗规》,民国印本。
④ 龚克刚等修樟树市《龚氏十四修族谱》,《祭法》,民国印本。

地方社会资源的享有。

清代宗族笃信祭礼是五礼中最重要的礼仪，承载着慎终追远的孝道精神，不过繁琐古礼与朝廷祭礼制度民间难于实现，因而有所更新。

二、以始祖、始迁祖为祭祀对象与宗族之扩大

宗族祠堂祭祖，祭祀的是始祖，实即祭始迁祖，而民间祭祖之祖，按照朝廷的规定是高曾祖祢四亲，大大超过这个范围，官员和学者都来论证这种祭祀对象的合理性，而朝廷不加干涉。如此祭祖，强调一本之亲，祖宗的十几代，乃至更大范围的后裔汇聚在一起，宗族群体扩大化了。

（一）祠祀始祖、始迁祖的实际状况与舆论认定

祠祭、墓祭对象，一般情形是泛言"始祖"，或明言"始迁祖"，亦有以郡望、以名人为始祖者。

浙江嘉善陈氏祠堂"自始祖以下皆立主而祀之"[①]，明白无误表示祠堂祭祀始祖。安徽歙县项氏《祠祀·供奉神主龛室规》规定，祠堂寝室中间为正寝，左右为昭穆室，"始祖以下五世考妣，聿开巨族，泽利后人，其神主敬宜供奉寝室正中，永远不迁"[②]。供奉的是始祖及五世以上的祖先。沧州马氏原籍浙江会稽县大马家桥，明朝永乐三年(1405)，兄弟三人北迁，其一居于沧州西关外，占籍马家园，清朝乾隆二十四年(1759)合族追认为"始祖"，并谓"沧之有马氏自此始"[③]。山西平定州张氏早在明代万历二十三年(1595)清明日，就由"宗子宗孙竖始祖墓表"，清代沿袭不变。[④]

马氏、张氏所说的始祖，其实就是始迁祖，这是一种普遍现象，并且在宗族文献中交待得非常明确。灵石何氏即以始迁祖为始祖："礼，始迁徙者称为始祖，继始祖者为大宗。吾族自明经公甫居灵邑，于礼可称始祖。"[⑤]平定州刘氏《会祭注文》述其祖德宗功，其始祖即自河南杞县迁徙平定者："我刘氏族大枝繁，有根有据，谱牒班班。始祖自出派衍河南开封杞县，姓氏赫然，肇迁平

---

① 张惠言：《茗柯文四编·嘉善陈氏祠堂记》，上海中华书局"四部备要"本，第52页。
② 嘉庆《歙县桂溪项氏族谱》卷22《祠祀·供奉神主龛室规》。
③ 沧州《马氏全谱》，光绪《古沧马氏族谱引》，抄本，沧州马学华藏。
④ 张文选等修《平定张氏族谱》，《增续族谱并增图删图辩》，道光二十八年刻本。
⑤ 灵石《何氏族谱》卷1《凡例十则》，道光十四年续刻本。

定,洪武初平,择居岭上。"①江苏宜兴筱里任氏于顺康之际为建立大宗祠,《劝族建祠疏》述该族源流,"夫筱里之有任,从河南偃师来。我祖寿之公爰居兹里,盖五百年矣,十有八传,子姓甚庶"②。祠成祭祖,任寿之成为始祖,就是以始迁祖为之。绩溪南关许余氏《惇叙堂家礼》规则,"每年清明扫墓,凡发祥之祖由合族祠首虔备牲仪,合族同往"③。所谓合族祭祀的"发祥之祖",可以理解为始迁祖,和其他对宗族发展有大功之人。总的情形是始祖与始迁祖无别,然而也有认为有别的。江苏江阴辋川里姚氏,姚崇本长子虎士出赘辋川里,辋川里之姚即系虎士的后人,但是姚氏以崇本为始祖,因"礼,尊所自出。追始崇本公,尊所自出也,此报本之意也"。虎士虽为始迁祖,仅为姚氏的大宗,④不是始祖。

　　以始祖、始迁祖为祭祀对象之外,间有以宗族郡望、显宦为始祖的,相对而言要比泛言的始祖及始迁祖少得多,始祖、始迁祖成为宗族祭祀的首要对象,是清代宗族祭祖的基本事实。

　　(二)祭祀始祖、始迁祖的古礼依据

　　祠堂祭祀始祖、始迁祖,使之成为不祧之主,与朝廷的礼制不合,与"庶人祭于寝""士大夫不得祭始祖"的古训也不合,莫非是非礼行为?然而清代学者、官员不但不作这样的理解,反而去说明它合于礼法精神,是礼法改革行为,称之为"礼以义起",予以肯定。乾隆朝刑部尚书、礼学家秦蕙田在《始祖先祖之祭》中认为民间祭祀始祖合乎礼法,他的论证方法是以清代宗族之始祖,比附古礼所讲的"别子为祖",今世合于别子情状的人就可以成为始祖,具体地说是有大功于国封爵至王公者,因仕宦而移徙定居者,崛起而为品官者,这三种人的子孙都可以尊奉他们为始祖。⑤"别子为祖"成为民间祭始祖理论依

---

① 刘灿等修平定《刘氏族谱》,《会祭注文》,嘉庆十年刻本。

② 《宜兴筱里任氏家谱》,景龙《劝族建祠疏》,民国十六年刻本。

③ 《绩溪县南关许余氏惇叙堂宗谱》卷8《惇叙堂家礼》,光绪十五年刻本。

④ 江阴《辋川里姚氏宗谱》,《辑谱说》《姓氏源流》,同治刻本。

⑤ 秦蕙田《始祖先祖之祭》:"若今人家之始祖,其义于宗法之别子同者,固当祭也。何则?古之所谓始祖者,在诸侯则始封者也,在大夫士则别子也。别子有三,后世封建不行,则为有国之始祖者寡矣。然有大功勋,爵至王公者,虽无土地宜与古诸侯等,则其子孙宜奉为始祖而祭之矣。又后世天下一家,仕宦迁徙,其有子孙繁衍而成族者,则始之人宜为始迁之祖。与古别子之公子自他国而来者无异,是亦宜奉为祖而祭之矣。若崛起而为公卿者,虽不可同于诸侯,亦宜与古之九命八命七命等,其子孙奉为始祖,亦与古人别子之义相合……不可以士大夫不得祭始祖而谓之为僭也。"贺长龄、魏源辑:《皇朝经世文编》卷66,《礼政十三·祭礼上》。

据。始迁祖开辟新居地,为裔孙开创生活之源,子孙怀念,为永志不忘而奉为始祖,观前述许余氏的祭"发祥之祖"、平定州刘氏对披荆斩棘的始迁祖歌功颂德,就知民间的感情所在,不能违逆了。清道光间总督贺长龄编辑《皇朝经世文编》,选录王元启的《与陆朗夫论祭祀书》,王氏认为宗祠祀远祖之外,家祠也要祀之,贺氏不以为然,评论曰:"后世有通姓之宗祠,是即古大宗之遗意也。有寝东之家祠,即小宗之遗意也。五世以上远祖之主既设于宗祠,而同族岁时公祭之矣。而寝东之家祠又复设之,势必家各众主,人人自为大宗,岂合族正名之道乎。"①大宗祠既然祭祀远祖,家祠就不需要重复设立远祖牌位,以免宗法混乱。民间由于对大小宗法理解不同,祭祀有混乱的现象,学人意图加以规范,因而有不同意见的讨论。贺长龄是在支持祭祀远祖的前提下,与王元启辩诘。

(三)祭祀始祖、始迁祖形成较大规模的宗族

标题所示,可以从两个方面来叙述:五服之外族人祭祀始祖所形成的聚合是较大规模的群体;群体内部结构远较五服结构复杂,房支多,人员也多。

以五服为范围组成的宗族,成员不过二三十人,数十人,至多百十人,这样的宗族规模小。祭祀始祖、始迁祖的宗族,成员大大超越五服范畴,从而人员较多,规模较大。贺长龄说的"通姓之宗祠",是全族的祠堂,民间俗称大宗祠,与房支的所谓小宗祠、家祠相对应。这种祠堂所涵盖的成员,不只是五服宗亲,也不仅是小宗祠的房支宗亲,而是涵盖各房支的族人。对此,宜兴筱里任源祥在《祠堂议》中有比贺长龄明确得多的说明:"今通族为祠堂,即程子祭先祖、朱子祭迁主之义也。家世既久而祭限于制,亲之不可,忘之不忍,故合为一庙,而岁举一二祭。礼以义起,权不反经,而萃涣敦风于世教有裨益焉……高祖之大宗祠重四亲,而远者祧。通族之大宗祠重先祖,而后者祔。四亲之祭不可踰,而先祖之祭,虽百世可也。"②任氏原有家祠、支祠,而无大宗祠,任源祥的"通族为祠堂"与贺氏同意,系一族之总祠堂,区别于支祠和家祠;他特别指明家祠祭高曾祖祢四亲,其成员是高祖以下子孙,宗祠是通族之祠,祭祀远祖,祠堂成员大大逾于四亲子孙,由此令读者想象宗祠成员众多,成百上千乃情理中的数字。他同时指出设立始祖祠堂,是适合时宜的宗法改革,乃"礼以

①《皇朝经世文编》卷66《礼政十三·祭礼上》。
②《宜兴筱里任氏家谱》,《宗法上·议》,任源祥《祠堂议》,民国十六年刻本。

义起,权不反经",与秦蕙田同调。认识上如此,任源祥所主持建设的筱里任氏大宗祠,最大建筑神堂(俗称寝堂),三间结构,可以容纳三百余人,前轩接跗可容二百余人。①规模恢宏,五六百人聚于一堂举行祭礼,适应了族大人众的运用需求。任氏神堂名曰"一本堂",建造之时,任氏已定居六百年,传衍二十代,其时存活者,辈分差别至少有六七世,人员当有好几百人,无疑是大族,族人中有进士、部郎,有贤人如任源祥,因他的交游,请到名士侯方域、"宁都三魏"的魏禧为族谱作序,可知该族是望族。丰润董氏移徙二百年,至康熙后期,支派六门,自云"数传以来不下几千百人,其子孙亦可谓繁盛矣"②。任氏、董氏二例,表明合族祠堂,包含若干房支,成员扩大在五服之外,人数众多,往往是大族以至望族的组织。

宗族壮大的标志之一是门支多。祠堂之下区分房支,这样的二级结构是简单的;有的宗祠下分门派,门派下又分房支,形成三级结构;有的更分成四级、五级多层级结构,比较复杂了。道光十八年(1838),浮梁郑氏宗祠一本堂下属有西疃、东疃、南疃、北疃及木榻、白泥、大田、郑冲、兴里龙溪、锦江演川、中洲、郑村、祁峰、清溪、营前、峡城等处,参与祠堂祭祀和维修。③这么多门支,其宗族之壮大自不待言。

民间追祀高祖以上的始祖、始迁祖,亲尽不祧,祭祀远至十几代,以至几十代,所以嘉道间学者李兆洛说:"今庶士家宗祠,动辄数十世,族之繁者,木主几无所容。"④参与此种祭祀的成员必然分属于许多辈分,从而房派复杂和人员众多,而其结果是宗族发展壮大。清代宗族史的现实是伴随始祖、始迁祖的祭祀宗族扩大化,宗族成为影响基层社会状况的不可忽视的群体和力量。

三、配享对象、主祭人选体现的宗族望族追求

宗族祠堂祭祀始祖、始迁祖,此外有从祀,何种先人获得此种资格,许多宗族有规范,有不同意见的争论,然而论"德爵功"的规格为相当多的宗族所

---

① 《宜兴筱里任氏家谱》,任源祥《大宗祠述》,民国十六年刻本。
② 丰润《董氏家谱》,《合族公立始祖碑记》,民国十五年刊本。
③ 郑培先修浮梁祁门《郑氏宗谱》,《纪述管理庙祀事绪》,咸丰十一年刊本。
④ 李兆洛:《养一斋集·文集》卷3《孟岸金氏族谱序》,"四部备要"本,第42页。

接受;祭礼中有主祭、陪祭,何人担任此等要角,各个宗族也有不尽相同的做法,不过有官职和有功名的人士总是在祭礼中扮演重要角色。

(一)论爵论德论功的配享原则、实践与讨论

关于神主祧法,宗族遵守朝廷典制,定兴鹿氏族谱转录《大清会典》家庙祧制,谓我朝《会典》所载,凡四代之亲,例得于居室,立家庙,设室奉高曾祖祢,昭左穆右。高祖以上亲尽则祧,由昭祧者藏主于祖祠之东夹室,由穆祧者藏主于祖祠之西夹室,迁室祔庙,悉以昭穆之次,东序西序为祔位,岁以四时仲月择吉致祭。①宗族祠堂享堂的安放神主,依据宗法理念,以始祖、始迁祖为主神,牌位置于正中,然后按昭穆制,在其两侧置放其子若孙之木主。放置神主,一般的寝堂不过一二十位,再多就不得安放正面,依照五世则祧原则,改放东西两侧。宗族对较远的先人木主不行祧法,而对近世先人则不得不祧,如何祧?祧现存者高祖以上的一部分祖先牌位,如绩溪许余氏的"进主毁主"规则:自十九世以下分左昭右穆,用大白粉牌,界以朱丝,按次填写,座满则毁主;自高祖以下不毁,合本身取五世则斩之义。②

有许多宗族根据功业品德和对祠堂的贡献给一些先人设立从祀牌位,甚至允许捐资入主。从祀资格的论定,有所谓"论爵论德论功"的"三论"之说,创造者是宜兴筱里任氏。任氏宗祠的"一本堂",奉祀始祖,祔祀二世至十一世祖先,视为"共祖",永祀不祧。十二世以降先人的配享,于康熙五年(1666)、嘉庆四年(1799)先后定议,视其德、爵、功的情况来决定。符合三论原则者,立神位于一本堂,永远不祧。之所以实行三论,是为激励子孙向上和鼓励孝道:"论德论爵论功,所以著崇报之典,行激劝之道;或其子孙德盛爵尊功高,先人亦得配享,所以兴孝慈之思。"三论实行,与五世则祧古法不合,任氏认为是变通做法,乃礼以义起,不违背经意。③许多宗族没有任氏三论之说,实际行使的亦为三论之法。

歙县桂溪项氏祠堂寝室规制,龛座三间,中为正寝,左右为昭穆室,供奉规则是:始祖以下五世考妣神主供奉寝室正中,永远不迁;六世以下先人中,

---

① 定兴《鹿氏二续谱》,《碑记》,光绪二十三年本。

② 《绩溪县南关许余氏惇叙堂宗谱》卷8《惇叙堂家礼·祭礼》,光绪十五年刻本。

③ 《宜兴筱里任氏家谱》卷2之4《祠墓记述》,卷2之5《配享议·附配享定议》《配享续议》《配享定议》《神位议》,民国刻本。

凡荣膺封赠、文武仕宦、甲第科贡、仁贤盛德、忠孝节义以及各门门祖,以其爵德兼隆,光前裕后,神主祔享中龛左右,永远不祧;凡输金急公、建修祠墓、裹粮效力、捐辑谱乘用银百两以上者的神主,立于昭穆室供奉祔祭,也永远不祧,这是酬功神位。项氏与宜兴任氏的做法完全相同,所说"爵德并隆神主奉入中龛,祔食于始祖之侧,独与群异,以其有光前烈也"①,对论爵论德尤加推崇,更是见解一致。博罗林氏祠堂奉祀一世至九世神主,后世"有功德及于族中,与身列科目名登仕版者,亦得配食宗祠,以垂不朽之";族人对祠堂捐资助产,其祖先牌位可以迎入祠堂。②林氏亦是兼具三论的主张者和实践者。

定兴鹿氏宗祠《祠规》,明确祠堂专奉始祖,凡十四世以上悉尊昭穆从祀,"东西二室以贵者贤者"祔祀,并规定:嗣后族众人繁,宁严勿滥,"其非贵且贤或未达品高望重及有功于祠墓者,概不得入祠配食"③,强调的是贵与贤。福建南平麟阳鄢氏祖祠对于不祧祖先的栗主,经过公议,始祖之外,"绅衿乡饮"为必要条件,④即在官员、衿士以及乡饮大宾方面考虑,原则是论爵论德。

山西平定白氏修宗祠编族谱,特别奖励急公好义族人,规定捐助制钱一百吊以上者,在宗祠特立牌位"以昭激劝"⑤。在徽州大族中,普遍设置特祭、能干二祠,"以助赀之人有功于祠,故报享特祭以昭奖劝;办事之人有功于祠,故报享能干以示鼓励"⑥。白氏及徽州宗族特别鼓励有功于祠堂者,"能干"之名虽俗,倒是如实反映被祭祀的原因。

江西南丰西麓双井黄氏族规,"能捐赀助产入祠,以厚祖宗祭祀者,特立神主祀之,并永远给胙,以报善念"⑦。子孙捐钱为先人立神主在祠堂配享,这是侧重在论功方面。但是与任氏、项氏等的论功有所不同,那是对祠堂有功的本人,宗族认为值得崇敬而予立主从祀,黄氏的做法是有钱者为先人,而非被立主者本人对祠堂有贡献。然而此类宗族甚多,非止黄氏,流行于江西、福建、广东诸省。

---

① 嘉庆《歙县桂溪项氏族谱》卷22《祠祀·供奉神主龛室规》《祠祀·祔享中龛神主》。
② 林衍芳等编修博罗《林氏族谱》卷5《宗祠》《羊城、梁化合族祠记》,宣统三年排印本。
③ 定兴《鹿氏二续谱》,《祠规》,光绪印本。
④ 鄢宗云等修南平《麟阳鄢氏族谱》卷首,《祠规》,光绪四年刊本。
⑤ 白凤章编辑平定《白氏家乘》卷1《阖族公议续修家谱宗祠简章》,民国五年石印本。
⑥ 《绩溪县南关许余氏惇叙堂宗谱》卷10《报功神主序》,光绪十五年刻本。
⑦ 黄家章等修南丰《西麓双井黄氏族谱》,《凡例》,同治十二年刊本。

有些宗族对三论的从祀标准持批评态度。武进《洛阳戈氏宗谱·例言》写道:"宗庙之礼,以序昭穆,此不刊之典也。曾见绅士家止序贵贱,不论尊卑长幼,其与名分何?"[①]宗族内部有血缘尊卑的名分,三论以贵贱定配享,不顾辈分,不讲尊卑,是以有悖名分,违背了血缘伦序之情。可是社会上更有政治的尊卑名分,宗族,即因其成员的政治身份,而区分出皇族、贵族、品官、庶士和庶民的几种宗族,各种宗族本身即有尊卑之别,这是另一种名分。戈氏讲止序贵贱的是"绅士家",是官绅宗族的行为,庶民宗族想论贵贱也不可能。从宗族的社会政治类型来讲,有条件者讲究三论,因爵、德、功是对祠堂有贡献的人,宗族推崇他们有其道理,也是提高自身的社会地位。吴伟业写《任氏宗祠记》,谓任氏做法"具春秋祼献、辨等、尚齿,兼通以贵贵、尊贤之意。其法不必尽出于古,而秩然具备,君子谓任氏善于礼矣"。贵贵尊贤,就是礼以义起,从而支持包括民间祭始祖、三论在内的所有做法,[②]为任氏辩护。关于三论的讨论,并不影响它的实行。其实论德爵为绅衿宗族之所为,论功则庶民宗族亦可实现,三论在诸多宗族中实行,具有普遍性。

(二)尊贵者的主祭、陪祭

宗族之祭,由执事人操办,奠献礼由主祭、陪祭(亚献),或者还有三献的陪祭进行。主祭、陪祭的人选,有六种类型,一是宗子担任主祭,在设立宗子的宗族,当然由宗子充任,只有在其无能主祭时,才由他人代替。休宁茗州吴氏当于冬至、立春两祭时,立宗子奉祀。[③]宗子主祭,强调的是血统名分——长房长子。在清代,流行的是小宗法,少数宗族实行小宗法中的大宗法,立有宗子,以之为主祭。二为族长主祭。洪洞薄村十甲王氏于乾隆二十八年(1763)议定清明祭祀事宜,规定主祭者,族长;礼生四人,择族中在学者为之;左右执事二人,择族中礼仪娴熟者为之。[④]三是辈分高年龄长者主祭。湖南汉寿盛氏清明扫墓,值年族长司其事,择年长分尊者一人主祭。[⑤]四是祭礼轮值承办人主祭,在组织比较松散的宗族,祭祀由各家轮流承办,轮到谁主办,谁就是主祭。甘

① 武进《洛阳戈氏宗谱》卷首《例言》,民国刻本。
② 《宜兴筱里任氏家谱》,吴伟业《任氏宗祠记》、魏禧《任氏大宗祠记》,民国十六年。
③ 吴青羽撰休宁《茗洲吴氏家典》卷1《家规》,雍正十三年刊本。
④ 《洪洞薄村十甲王氏族谱》卷27《祭祀》,嘉庆印本。
⑤ 黄耀廷等辑绩溪《黄氏家庙遗据录》卷1《祠制·徽福定例》,咸丰元年绩东黄氏宗祠叙伦堂刊本。

肃秦州张氏，主祭由值年充任，不以官职为准；助祭，无论老少贵贱均可；一切执事，均由本年主祭择能分派。①五是综合型主祭。宗子或族长主祭，由尊贵者陪祭。福建安溪李氏祠祭四位执邑者，或以宗长，或以官职，或以年德来定。②六是尊贵者主祭。清江永滨杨氏每年腊祭，以有官职者一人主祭，若无出仕者，则以贡监生员中科分年齿俱长者主之；以最高辈老成者一人助祭，即择长辈六十以上者，无则次辈六十以上者。③浮梁县祁门郑氏祭典，主祭的选择，先仕宦，次齿德，否则被认为亵渎祖先；执事选斯文，俱公服，余用试前童生。④

主祭、陪祭是代表宗族向祖先致祭，其人选体现尊宗子、尚爵秩、崇年辈的原则，之所以强调爵禄，因官员、衿士懂得礼仪，更重要的是与古礼无禄不祭的原则相合。李光地在《家庙祭享礼略》即论述这种道理。他根据世间宗子多系编氓的事实加以说明：其一，古者卿大夫家世官世禄，皆朝廷所赐，宗子主之，故得以其禄祭；今无世官世禄，宗子无禄，不能按照大夫士之礼主祭，而有俸禄的官员则可。其二，古者宗子为朝廷所立，必娴于礼法；今则有樵采负贩者，使之拜俯兴伏，茫然不知，不能主祭。其三，古来为宗子者，受族人尊重，今则轻而贱之者已久，主持祭仪，人情不属，祖宗魂灵也不能接受。他的结论是：世变风移，礼以义起，今人家子孙贵者，不论其宗支，但依无禄不祭之法充当主祭——"使禄于朝者，执爵奠献"⑤。李绂在《宗子主祭议》持有相同的见解，特别是从祭礼的等级规格证明摒弃宗子、官绅主祭的合理性：古代祭用生者之禄，其规格，视主祭的爵禄，士祭以三鼎，大夫祭以五鼎，庶人无田不祭，既然如此，今世宗子是庶人，于礼不得主祭，幸而支子之子孙中有大夫，则可祭以五鼎，有士亦可祭以三鼎，因其名分以行祭献，则礼法俱合，足为宗祀之光。同时贵贵尊贤，亦足以鼓舞其族人。⑥李光地、李绂肯定绅衿主祭的合于礼法，一方面为有绅衿族人的宗族提供选择主祭的理论依据，另一方面则是反映有绅衿族人的宗族实际做法。

①《续秦州张氏族谱》，《宗祠条规》，光绪刻本。
②李光地：《榕村集》卷11《家谱序》《四库全书》本。
③杨如沄修《清江永滨杨氏三修族谱》，《条例》，乾隆二十七年刊本；《清江杨氏四修族谱》《腊祭条规》，嘉庆刻本。
④浮梁祁门《郑氏宗谱》，《新居祖庙归粮裕祭记》，咸丰十一年本。
⑤李光地：《家庙祭享礼略》，载贺长龄辑：《皇朝经世文编》卷66《礼政一三·祭礼上》。
⑥李绂：《宗子主祭议》，载贺长龄辑：《皇朝经世文编》卷66《礼政一三·祭礼上》。

祠堂配享神主在始迁祖之外的选定,不计辈分,只论德爵功;主祭、陪祭之确定,血缘与功名身份为必要条件。两者之中官职功名均占重要地位,甚至为决定性的因素,可见宗族祭礼中突出绅衿,无论是被祭奠还是主持祭典。而且绅衿的主祭,合于"有田则祭"的古礼,从义理与实际两方面均有其合理性,当然,宗族推崇绅衿,为的是显示宗族的功名身份,光宗耀祖,具有功利性。

四、祭祀中族人叙礼、饮胙礼与收族

祭礼的全部过程中,祭祖仪式后有族人叙礼,有的宗族还有饮胙、颁胙礼,这是祭祖礼的延伸,以对族人进行礼仪教育,也是尊祖敬宗收族的行为演习。

(一)祭仪中族人叙礼

祭祀中族人向祖宗行礼,有其尊卑长幼秩序,祭祖尾声,举行族人团拜礼,因与祭礼同时进行,故而特别隆重和有意义。

秦州西厢里张氏在祭祀礼仪中,立有"行序拜礼",即按辈分行相见礼,仪节为:大长辈就位,受次长辈以下跪拜礼,作揖答拜,退位;次长辈兄弟就位,先同辈对揖,接着接受又次辈以下礼拜,亦行作揖答拜礼,退位;三次长辈兄弟登场,分立对揖,而后接受四次辈以下的跪拜礼,答礼如前辈;四次辈、五次辈、六次辈、七次辈各辈行礼如前仪。[1]即墨杨氏岁首元旦祀先礼毕,族人按辈分叙礼,就中对同辈兄弟间的拜礼特别郑重,规范甚严:凡兄弟拜,如五人,最长者居西,以肩为比,次居稍西,三中央,四稍东,五极东,皆北向。其四人揖,则同揖;其四人跪,四叩,则最西者立而扶之;四人叩毕,起,又同揖。最西者受礼后退出,稍西者受其他三人礼,如前仪;然后中立者、稍东者次第受礼,同于前。兄弟行礼,不问亲疏,但以年齿论,哪怕长只一日一月亦须如此礼敬。[2]这是强调事兄之礼。清江熊氏元日祠堂祭礼毕,举行团拜礼,族人循次入班,首辈团拜,南面而立,他人按辈次两傍相向叙立,然后依辈次分批上前,向首辈礼拜,如此逐辈致礼。[3]

---

① 《续秦州张氏族谱》,《宗祠条规》,光绪三十四年续修本。

② 《杨氏家乘》,《家法》,道光本。

③ 清江《洴陵熊氏重修族谱》,光绪刻本。

这些宗族的叙礼规范,仪式繁琐,完成颇费时间,而宗族不嫌其繁,盖在于利用此种形式规范、教导族人知礼、习礼,如同洪洞王氏在《尊卑长幼仪节》所说,"逐辈明尊卑","明尊卑礼"。乾隆二十八年(1763),绍兴中南王氏《宗祠条规》说祀事,"序昭穆,辨贵贱,顺少长,习威仪,皆在于此"①,指明祭祀与明礼的表里关系。总之,祭祀中的叙礼,令族人懂得在宗族中个人的尊卑长幼身份,并应依照身份行事,由于每年进行一二次,令人养成习惯,生活中就会遵守礼法了。无疑,祭祀礼延伸的叙礼,是礼法教育和实践。

(二)饮胙礼中功名身份的重要性与族人习礼

祭奠礼、叙礼后,许多宗族举行饮胙礼,表示接受祖先的赐福。饮胙是族人在一起会餐,颁胙是分发族人胙肉或少许钱物。有的宗族颁胙、饮胙两项同时进行,有的只行一项,视宗族公共财产状况而定。在发放钱肉及会餐中,一般根据敬老的原则,多予高龄者以钱物;有一些宗族按照族人的社会地位和族内地位,给予仕宦青衿之士以优待,也是对族人的一种励志教育。同时强调遵守祭祀礼仪和相见礼仪,青壮年必须与祭,才能享受饮胙、颁胙待遇。

饮胙,依行辈叙座,表示尊重尊卑名分,令族人懂得礼仪。徽州休宁茗洲吴氏祠堂燕胙,照昭穆次序坐定,如尊长未到,卑幼不得先坐;或尊长已坐,其次尊长有事后到,弟侄辈皆起立,不得箕踞不顾,致乖长幼之序。坐定,值年到尊长席奉爵斟酒以致敬。②歙县汪氏祭毕,各领胙筹,俟鸣锣赴祠序坐,每名正主颁胙肉一斤,寿桃一斤,散胙酒若干。③

给予仕宦衣衿子弟、祠堂族长、执事特殊待遇。歙县汪氏祭毕,乡绅举贡生监与祭者,颁腥胙一斤,"以重士子,以鼓后学"④。山浙江阴中南王氏宗祠于雍正十一年(1733)规定,"宗庙之中,亲亲又当贵贵,凡有超群衣顶子弟,其给胙又较执事者次第倍之,以表奖劝之意"⑤。凡具有贡生、举人、进士和品官身份的族人,分到的胙肉,比祠堂主事人员还要多。南海陈氏家族作出类似的规定:祠祭,族老、绅衿、执事礼生俱加颁胙。⑥

---

① 王大泉修绍兴《中南王氏宗谱》卷首,民国三十一年三槐堂木活字本。

② 吴青羽:《茗洲吴氏家典》卷1《家规》,雍正十三年刊本。

③④《歙县汪氏崇本祠条规》,《崇本祠条规》,康熙三十年刻本。

⑤ 绍兴《中南王氏宗谱》卷首《宗祠规制》,民国刻本。

⑥ 光绪《南海金鱼堂陈氏族谱》卷10下《杂录》,转见广东省社会科学院历史研究所中国古代史研究室等编:《明清佛山碑刻文献经济资料》,广东人民出版社,1987年,第483页。

老年人多予胙肉。歙县汪氏祭毕,居乡八旬族老,无论出席祭仪与否,颁腥胙一斤,是所谓"仰体圣天子养老大典"①。清江杨氏颁胙,年届古稀,给喜钱壹百文,加胙肉半斤,年逾八旬,虽不与祭,亦给胙肉一斤,以尊高年。年逾六十有痼疾不能入祠拜祖者,亦许给本分胙肉,以示矜全。②

饮胙中注意礼节与纪律。绍兴吴氏饮胙时,尊卑序次而坐,毋得喧哗,燕毕雍容而返,其酗酒猖狂者标名祠内,终身不得与燕。③清江杨氏颁胙,不及与祭并年踰十五不拜祖者,毋许给胙;贸易在外五年不归者,亦毋许给胙,以罚其忘祖忘家。④饮胙重礼仪,同于叙礼,是对族人的知礼、习礼训练。对绅衿子弟的席次与胙肉的优待,从物质差异来讲是有限的,重要的是一种荣誉,表明获得者在族内享有崇高地位,宗族以此表示鼓励仕宦功名之士的光宗耀祖。

(三)祖宗旗帜下的收族作用

宗族祭祖既是形式,又是对族人的教化、团聚的手段,实现尊祖敬宗收族的不可或缺的环节,宗族发展壮大的必由之路。

祭祖是裔孙慎终追远,缅怀先人,高举祖先的旗帜以团聚族人。清朝人讲到当世宗族的祭礼,往往用祭典庄严隆重、与祭者肃穆敬谨来形容。同治间湖南《石首县志》说到当地祭祖风俗,与祭者"衣冠整肃,鼓乐具备,馔酒醴,皆务丰洁,族长以下,次第行礼"⑤。宣统间广东《南海县志》说该县宗族,"祭之日,肃穆将事,市井谰言,有敢出于口者,虽贵老,责无赦"⑥。尽管也有衣冠不整、与祭为饮胙的现象,必为他人耻笑,而宗族会自觉地加以整饬。如平定刘氏墓祭,一度有人斜衣小帽而来,且不到坟前行礼,径至饮胙处吃喝,宗族既感到非礼愧对祖先,又觉得"贻笑于人世"的耻辱,乃厉行整顿,明定规矩,若有"高坐待食而懒于墓祭者,一经查出,即刻退还分资,不许坐会",以为"如此约束,庶礼仪可以范人,祀典可以不坠,而尊祖敬宗之念,木本水源之思,人人由此而感动矣"⑦。诚敬的祭礼表达出强烈的尊祖意识,表明祖宗的旗帜为人们牢

---

① 《歙县汪氏崇本祠条规》,《崇本祠条规》,康熙三十年刻本。

② 杨殿榑等修《清江杨氏四修族谱》,《腊祭条规》,嘉庆七年刊本。

③ 吴金璠等修绍兴《汤浦吴氏宗谱》卷1《吴氏家规》,民国五年孝思堂刊本。

④ 杨殿榑等修清江杨氏四修族谱,《腊祭条规》,嘉庆七年刊本。

⑤ 同治《石首县志》卷8《风俗》。

⑥ 宣统《南海县志》卷4《风俗》。

⑦ 刘灿等修平定《刘氏族谱》,《刘氏会祭序》,嘉庆十年刻本。

牢地掌握和利用。

祭祖激发、增强族人一本意识,奠定宗族聚合的坚实牢固思想基础。祖宗一人,世代生生不息,繁衍出百十人,千百人,一本观念令祖宗与裔孙连为一体,也使千百裔孙连接在一起,观念上是如此,然而必须有若干环节才能使之凝聚,这环节主要有三个:编修族谱,明确族人之间的血缘关系、房支关系为其一;宗族拥有公共财产,能够给予族人实惠,令宗族有吸引力,族人产生向心力而依附宗族为其二;其三则是建设祠堂与祖坟,藉以举行祭祀,并在祭礼、叙礼、饮胙颁胙礼中教育族人懂得相互间关系和相处伦理。所以祭礼,令人知道尊祖敬宗收族,以祖先为旗帜,宗族组织为中介,族人凝聚为一体,祭祖的礼仪形式,实质是宗族团聚族人的方式方法,是收族行为的演习,也是群体力量的展示。祭祖团结散漫族人的道理,清人在实践中感受深刻,故而整饬祭礼的平定刘氏说:"祭扫瞻拜,以展报本之诚,以敦睦族之谊。"[1]丰润董氏于康熙五十一年(1712)就建立始祖碑一事讲道:"支分派散推而远之则愈疏,反本溯源引而近之则愈亲,此始祖之碑所由立也,追远者于斯,睦族者亦于斯,讵非吾族中数百年中所未有之盛也乎。"[2]博罗林氏重修大宗祠,认为族人看到祠堂,就会思索本身所自出,宗人实为一体,情义相维,痛痒与共,患难相恤,礼义相交,人人如此作想,则族人聚合紧密。[3]人们认为祭祀活动成为尊祖、收族的桥梁;因尊祖而睦族,导致宗族的兴旺,收到理想的效果。

综观上述种种事实,不难发现清代民间宗族祭礼富有特色,并体现出宗族制的一些特点:

民间宗族祭礼发生重大变异,导致宗族规模扩大:祭祀始祖、始迁祖,突破朝廷只祭高曾祖祢四代的限制;实行论德爵功的原则,不计辈世,予符合条件者以配享,与传统宗法原则不合;启用官员、功名身份的成员主祭,大有取代宗子之势;饮胙颁胙给予绅衿优待,突出他们的地位。因祭始祖,宗族成员大大超出服制范围,规模变大。

祭礼变化表现出宗族礼仪改革的功利性,同时是传统宗法主流观念的改变。配享"三论"原则、主祭与饮胙礼的突出绅衿地位,与传统大宗法宗子制相

① 刘灿等修平定《刘氏族谱》,《刘氏会祭序》,嘉庆十年刻本。
② 丰润《董氏家谱》,《合族公立始祖碑记》,民国十五年刊本。
③ 林衍芳等编修博罗《林氏族谱》卷5《宗祠》,宣统三年排印本。

冲突,然而有身份者主祭,又与世爵世禄制祭礼精神有某种吻合,否则"无田不祭",宗族就不可能举行始祖祭礼,所以观念变化是合于时宜的。

宗族具有等级性,各宗族追求进入官绅宗族阶层。朝廷区分皇族、贵族、品官、庶士和庶人的不同祭礼,可视为宗族社会政治身份的界标,显示宗族被区划为从皇族到庶民的六个等级。宗族有身份之别,民间宗族追求大族、望族处境,实质是希望由庶民宗族晋升为品官、庶士宗族,提高其社会地位。

(2009 年 3 月 5 日初稿,载《历史教学》2009 年第 8 期)

清代宗族与族人丧礼

古人讲人生"四礼""五礼",以丧礼、祭礼最为重要,丧礼有两大内容:处置遗体,包括装裹、送葬、安葬;处理遗体的观念和相应的礼仪。丧礼过程区分为三个阶段,即确认死亡和向遗体告别;出殡与下葬;从行奠礼到行祭礼。丧礼表达亲人对亡者的真诚哀痛,用礼仪规范而形成的制度,是人类文明的表现。家庭出了丧事本来是内部的事情,但在传统社会,家庭常常隶属于家族、宗族,故而丧事往往有宗族的参与,以致主导其进行。清朝人的丧葬,受着朝廷丧礼制度和宗族丧礼规范的制约,并承袭传统的社会遗风,主流方面是遵循礼法安葬亲人,但也出现违背丧礼的厚葬、宴客演戏、做佛事、停丧不葬、火葬、水葬等现象,宗族为遵守国法,对此极力反对,然而收效甚微,盖因其有深刻的社会原因,宗族,乃至国家都无能扭转。

一、前言:丧礼是古代传承最为完善的人生礼仪

丧礼是三千年传统文化传承最完整的领域,中华文化史上具有特殊的重要地位,是特别值得研讨的的历史课题。

清末民初人劳乃宣(1843—1921)在《致徐谦楼论丧服书》中说:"三代而下自秦汉以迄于今,衣服之制代有改革,而以白布衣冠为丧服,则数千年无所变更。载于《大清通典》的丧服着装,皆与古制无异,是丧服固百世之所因。三代圣人之制作百不存一于今,独五服之名、衰麻之等至今承用,无异古初。"[1]丧服的基本制度不加改易,自三代至清代历代相承,少数民族入主中原时期,有过令汉人遵行统治民族丧服之令,如南北朝时代北朝一度实行,遇到汉人反抗,也就作罢,元代有汉人主动接受蒙古人丧礼,而遭到朝廷斥责,至于清代,劳乃宣说朝廷明令施行的丧礼:"《大清通典》载有'斩衰服,生麻布旁及下

---

① 劳乃宣:《桐乡劳先生遗稿》,《致徐谦楼论丧服书》,民国十六年桐乡庐氏校刊版。

际不缉,麻经冠,菅屦,竹杖;齐衰服熟麻布旁及下际缉之,麻冠经,草屦,桐杖'之文,大功、小功、缌麻冠服经屦之制,皆与古制无异,与本朝冠服迥然不同,是仍沿用唐虞以来之古衣冠也。"他又说:"今南北乡俗,丧服多用梁冠衰麻,俨然古制,是为历代相沿未尝改制之确据,其与平日衣冠不同,非违国制也。尊古制正所以遵国制也。士大夫家间有仿满人丧服衣冠者,自以为遵国之制,实则"非也。①所以关于清朝人的丧礼,劳乃宣说明一个基本的事实,就是"遵循古制",传承二三千年以来的古代丧礼,而其具体内容有两个方面:一是实行丧礼五服制,二是丧家穿着白色衣帽。在他来讲还有不言而喻的内涵:既然实行五服制,治丧就不仅是丧家自家的事情,也是五服宗亲的家族、宗族的事情。

在人生的礼仪中,古人认为丧、祭礼最重要,《仪礼·昏义》讲述各种礼义的意义,谓"始于冠,本于昏,重于丧、祭,尊于朝聘,和于乡射,此礼之大本也"②。以丧礼与祭礼为重,清朝人同样将之视作头等大事。光绪间四川铜梁安居乡周氏宗族,为"宗人知所法"而制作的《训规》,内有"慎丧葬"之条,谓"丧尽其礼,祭尽其诚,此人生之大节,岂可苟焉而已哉?盖五礼,惟丧礼为大,而丧礼以慎终为先。虽时届仓卒,必慎之又慎,附于身者,衣衾从其厚,附于棺者,坎土期其坚,而思哀又不待言矣。至三年中,纵不能如古人之事事尽礼,而大端要不可失焉"③。湖南宁乡刘氏宗族以为,"丧以慎终,祭以追远,二者俱为根本,最切之务,不可偏废"④。人们以为给祖先人生之旅以最好的了结,是办好丧事;是永久缅怀,年复一年地进行祭祀。丧礼和祭礼的慎终追远,既是表达对先人德泽的怀念与敬意,也是求得自身心灵的安宁。

丧礼在清朝人的生活中如此重要,后世清史学界尚未作为重大课题加以研究,所幸民俗学、社会学、文化人类学、文化史、考古学对丧礼的研究成果,可供清史研究者利用和借鉴,也应是对清史学家的一种激励。但是那些学科的成果,内容多是地域性的、局部的、个案的,且少综合分析,宗族在其中的角色,更乏涉猎,这种状况似宜改变,否则与清朝人重视丧礼的历史极不相称。

---

① 劳乃宣:《桐乡劳先生遗稿》,《致徐谯楼论丧服书》,民国十六年桐乡庐氏校刊版。
② 《仪礼·昏义》,叶圣陶编《十三经注疏》本,中华书局,1980年。
③ 周泽霖纂修铜梁《安居乡周氏宗谱》卷1《训规》,光绪十年刊本。
④ 《宁乡南塘刘氏四修族谱》卷之首《重修凡例》,民国十年存著堂木活字印本。

服制攸关,丧葬成为丧家与宗族共同的事情,本文将讨论清代宗族继承传统丧礼与遵循朝廷礼制所形成的丧礼观念和相应制定的规范,参与族人丧葬事务的行为,力图纠正族人丧礼中的非礼习俗而效果不彰及其原因。

二、清朝丧礼法规与宗族的维护态度

清朝皇家由于自身的信仰、传统文化的影响和对民众教化的需要,制定从皇室、贵族、品官到士庶的丧礼。其品官丧礼,承袭于汉代以来的规范,准于《仪礼·士丧礼、既夕礼》的精神,而有相当幅度的增损;士庶丧礼规定简约,丧葬用物、仪式比品官减少或简单,然而在许多内容上与品官丧礼一致,相互适用,丧礼体现的孝道精神是完全相同的。

清朝在顺治三年(1646)制定丧服制,确定五服关系者的丧服。斩衰三年服,系子、在室女为父母,承重孙为祖父母及曾、高祖父母持此服;孝服用生麻布制作,不缝衽及下摆,麻冠、麻绖、草履、竹杖。齐衰一年服,侄为伯叔父母及在室姑,为亲兄弟,为亲兄弟之子及在室女,孙为祖父母,曾孙、玄孙为曾祖父母、高祖父母则减服丧期为五月、三月;孝服用熟麻布,缝衽及下摆,麻冠、麻绖、草履、桐杖。大功服九月,祖为众孙、在室孙女,父母为众子妇,伯叔父母为侄妇,为己之同堂兄弟及未嫁同堂姊妹;服用粗白布,冠、绖如之,茧布缘履。小功五月服,为(祖父亲兄弟的)伯叔祖父母、(父亲堂兄弟的)堂伯叔父母、再从兄弟及在室姊妹、同堂兄弟之子及女在室者、兄弟之孙及女在室者;服用稍细白布,冠、履同。缌麻三月服,为(曾祖之兄弟及其妻的)曾伯叔祖父母,为(父再从兄弟及其妻的)族伯叔父母,为同高祖兄弟的族兄弟及在室姊妹,兄弟之曾孙及曾孙女在室者,再从兄弟之子及女在室者,兄弟孙之妻,为同堂兄弟之妻,为同堂兄弟子之妻;服用细白布,绖带同,素履无饰。出了五服关系的,凡同五世祖者,皆为袒免亲,遇丧葬则素服尺布缠头。①

清朝政府对品官的丧葬礼仪,从初终、入殓、发引、下葬到茔墓有一整套的详细规定。主要内容为:有疾迁正寝,疾革书遗言,三品以上官具遗疏,既终乃哭。立丧主、主妇。护丧诸执事人治棺,发讣告。设尸床、帷堂、沐浴。饭含,三品以上用小珠玉,七品以上用金木屑。死之次日小敛,陈敛床堂东,加敛衣,

---

①《清朝通典》卷62《礼·凶二·品官丧,庶士庶人附》,浙江古籍出版社,1988年,典2482页。

依品级用称、复、禅。第三日大敛盖棺,设灵床枢东,枢前设灵座,陈奠几,丧主及诸子居苦次,族人各按服制穿着丧服。奠礼肴馔品物、焚帛,各按品级设置,族人齐集哭灵拜奠。死亡三个月内下葬。择日发引,前夕祖奠,翌日遣奠,会葬者毕集。棺椁,各级官员皆用朱漆棺。出殡,依品级用八至二的不同数量鞍马。仪从导引,满人以丹旐,汉人用铭旌,上书"皇清诰授某某大夫原任某官之灵枢"。灵车,上用竹架,结以彩,旁加帷幔,四角垂流苏,缯荒、缯帷并青蓝色。下葬,明器从俗。下葬环节中,祀后土,题主,虞祭。茔地封土之高广,石像生之多寡,守茔户之数量依据品级而定。墓门勒碑、螭首高度、雕刻图像、碑身高、广尺寸,龟趺高度亦因品级而不等。刻圹志用石二片,一为盖,书某官之墓,一为底,书姓名、乡里、三代、生年、卒葬月日、子及葬地,埋墓中。期年小祥,二年大祥,迁主入庙,家中乃撤灵座。整个丧期二十七个月。此外还有赐奠、赐谥制度。①官员对于父母之丧,必须回籍守制,从而失去升迁的机会。②

士庶人丧礼,略仿品官制,规格降低,如士庶送灵枢可用一鞍马;棺罩生、监用青绢,军、民春布;士用铭旌,庶人立魂帛;士茔封高六尺,庶人封高四尺;士圹志二,如官仪,民有志无碍。③士子在守制期间,不得参加科举考试。

为了实现丧礼规制和纠正违反丧礼行为,清朝还发布一些禁令,内容可分为两大类:禁止丧葬中非礼行为;反对丧礼铺张奢侈,以贯彻朝廷丧礼。涉及前一方面的,早在康熙二十六年(1687),下令禁止居丧演戏饮博。道光二十四年(1844),规定官员、士人、军民居丧二十七月,不得宴会、作乐,不得娶妻、纳妾,门户不换旧符。针对丧葬中出现的火葬、水葬和停丧不葬现象,清律规定:"凡有尊卑丧之家,必须依礼定限安葬。其从尊长遗言,将尸烧化及弃置水中者,杖一百;从卑幼,并减二等。"④即依礼在三个月内安葬,不得停丧不葬;若遵从尊长遗言火葬、水葬,丧主罚杖一百,从卑幼遗言,尊长减二等治罪。此外,丧家请僧道做佛事、法事,若造成不良风化,亦行罪责:"居丧之家,修斋设

① 《清朝通典》卷 62《礼·凶二·品官丧,庶士庶人附》,1988 年,典 2482—2483 页;《清史稿》卷93《礼志十二·品官丧礼》,中华书局,1976 年,第 10 册第 2722—2725 页。

② 光绪《清会典事例》卷 138《吏部·守制·内外汉官丁忧》,中华书局,1991 年,第 2 册第 779—781页;卷 572《兵部·职制·丁忧》,第 7 册第 423—425 页。

③ 《清朝通典》卷 62《礼·凶二·品官丧,庶士庶人附》,1988 年,典 2482—2483 页;《清史稿》卷 93《礼志十二·士庶人丧礼》,中华书局,1976 年,第 10 册第 2725 页。

④ 《清朝通典》卷 62《礼·凶二·品官丧,庶士庶人附》,浙江古籍出版社,1988 年,典 2482—2483页;《清史稿》卷 93《礼志十二·士庶人丧礼》,第 10 册第 2725—2726 页。

醮,若男女混杂,饮酒食肉者,家长杖八十,僧道同罪,还俗。"①关涉后一方面的,雍正十三年(1735)诏曰:"朕闻外省百姓丧葬侈靡,甚至招集亲邻,开筵剧饮,名曰'闹丧',且于丧所殡时杂陈百戏。匪唯背理,抑亦忍情。"敕督抚严禁陋习,违者治罪。丧礼是凶礼,婚礼是吉礼,民间因为三年丧礼中不能婚嫁,有在老人病危之际,或殡殓尚未结束之时,为儿子娶亲,所以皇帝又为此发出谕旨,指出"吉、凶异道,不得相干","三年之丧,创深痛钜",岂可悖理娶亲,因此官员、生监绝对不得违反朝廷禁令,不过"愚民不知礼教,虑服丧后不获嫁娶,遂乘父母疾笃或殡殓未终而贸然为之者,朕甚悯焉……其皂隶编氓,穷而无告,父母卧疾,赖子妇治饔飧者,任其迎娶,盥馈侍疾;瘳或服竟,再成婚礼"②。这就是"礼不下庶人",从权而已。当然,上述两类不是绝然之别,而是相通的,都是反对丧葬违礼逾制。

清朝关于丧礼的政策法令,要旨是实现"慎终追远,民德归厚",康熙帝在"上谕十六条"的第九条讲"明礼让以厚风俗",雍正帝就此解释"以礼治民",在诸礼中,"冠婚丧祭,非礼不备",守礼就可以厚风俗。"十六条"的第五条"尚节俭以惜财用","冠婚丧祭各安本分"③即为其内容之一。皇帝要求百姓丧礼守本分,就会风俗淳美。正因此,表彰七世同居、"丧祭无失礼"的湖南沅江人谯衿家族。④

丧礼的要点是实行丧服制,以礼葬亲,施行对象有贵胄、品官、士人与庶民之同与异。同者,无论何人皆要遵礼成服,乾隆帝上谕:"亲族者,乃天地之常经……嗣后虽朕之子孙,若遇近派尊属薨逝亦当成服。"⑤他如丧期同为二十七个月,都有小殓、大殓、发引这些治丧程序。异者在殓物、棺椁、灵车装饰、坟茔封土、碑碣、祭品等方面均有不同,从质量到数量依身份由高向下递减;这种差异是基于社会身份的考量,严于要求官绅士人,而对庶民则有所降低,古训"礼不下庶人"的观念还在现实生活中有着影响;在执行中从实际出发,反对违礼风俗——停丧不葬、铺张耗财、火葬、水葬、庶民丧中婚嫁,但是限于

---

① 官修《大清律例》卷17《礼律·仪制·丧葬、僧道拜父母》,张荣铮等点校,道光六年本,天津古籍出版社,1993年,第296页。

② 《清史稿》卷93《礼志十二·士庶人丧礼》,中华书局,1976年,第10册第2725—2726页。

③ 《圣谕广训》,天津津河堂宣统版。

④ 《清史稿》卷499《孝义传》,中华书局,1976年,第45册第13793页。

⑤ 《清朝通典》卷62《礼·凶二·亲王以下丧》,浙江古籍出版社,1988年,典2481—2482页。

一般性说教,重在引导,而非动辄治罪,故丧礼之实行,富有弹性,给庶民活动空间。

朝廷的丧葬制度和法令,宗族往往作出积极的回应,关注的焦点是遵守丧服制法令,惧怕族人不懂礼法而不能守孝,并导致犯法。丧礼标志性的制度是五服制,宗族对此特加留意,考虑到族人不一定懂得什么是五服关系,因而不知道如何服丧,许多宗族为此在族谱上刊载服制图,并对难以理解的内容予以阐释,好让族人对照遵守。湖南长沙涧湖塘王氏深明服制的意义与必须遵守,故云:"先王制服,协义称情,无过不及,惇序持平,亲亲之杀,礼所从生,仁孝天性,是训是行。"遂在族谱中辑入丧服图和《服制分疏》。其《服制分疏》简化服制内容和居丧守志规则,令人易于明了。①四川泸州王氏族谱转载服制图,不仅说明遵守必要,同时交待转录原因:"制度必遵,所以厚风俗也;制度不昭,惟博览载籍者得以旁稽而远绍,而力田贩负其何所籍以为折中乎!今捡丧服总图、本宗九族五服图、大宗小宗三父八母内外服制、祠堂礼制之图,俾隶习诗书者得以籍谱指示,而农工商贾及闺门妇女亦得捧谱而遵行矣。"

遵守丧礼制度,是为风俗淳厚,人际关系和谐;选载服制图,为读书人研习方便,为凡夫俗子对照运用,适合民间日用之需。是为选录的宗旨,正是为了用,对人们不容易明了的地方作出注解。如在《丧服总图》的《说明》讲解斩、衰服的"杖"不同之所在:"斩衰苴杖用竹,长齐心,本在下;齐衰杖以桐为之,上圆下方,长齐心,本在下;凡妇人皆不杖。"《本宗九族五服之图》讲明五服宗亲的各自丧服,甚为明晰,以"己身"而言,"兄弟不杖期,(其)妻,期年;姊妹,在室期年,出嫁大功;从兄弟,大功,妻,缌麻;从姊妹,在室大功,嫁小功;再从兄弟,小功,妻,无;再从姊妹,在室小功,嫁缌麻;三从兄弟,亦谓之族兄弟,缌麻,妻无;三从姊妹,亦谓之族姊妹,在室缌麻,嫁无"。对自身与同辈人的服属关系表达得非常明确。又对"承重孙""为人后者""袒免"分别作出说明:"凡嫡孙,父卒为祖父母承重,服斩衰三年;若为曾高祖父母承重,服亦同;祖在,为祖母止服杖期。""凡男为人后者,为本生亲属孝服其降一等,于本生父母降服不杖期,其本生父母亦为之降服大功。""凡同五世祖族叔,在缌麻绝服之外,皆为袒免亲,遇丧葬则服素服,尺布缠头。"袒免亲说的是同高祖下的宗亲,对于高祖兄弟的后裔是何种关系,在《分别宗族之图》加以解说:"高祖兄弟之曾

① 《长沙涧湖塘王氏六修族谱》卷首2《服制图》,民国三十八年听槐堂铅印本。

孙,于吾父为族兄弟,至己身则亲尽无服,但称宗伯宗叔而不称族矣。己身之族兄弟,至己之子又亲尽无服,此宗、族之辨也。"①

嘉庆间,广东乳源余氏的《余氏族谱》卷一收有《服制图》《本宗五服图》《三父服制图、八母服制之图》(三父指同居继父、不同居继父、从继母嫁之继父;八母指嫡母、继母、养母、慈母、出母、嫁母、乳母、庶母)、《妻为夫党服图》《外亲、母党、妻党服图》。②光绪十七年(1891)江苏仪征《蒋氏宗谱·服制图》,同样有丧服总图,其《三父八母服图》交待何谓"两无大功亲",即"谓继父无子孙,己身亦无伯叔兄弟之类";"两有大功亲",即"谓继父有子孙,自己亦有伯叔兄弟之类"。③道光间纂修的山西平定《窦氏族谱》,转录《大清律例统纂集成·服制》。④著录服制图的族谱很多,为省篇幅,不再例举。

对于朝廷的丧礼禁规,宗族规章亦加以重申,希望族人遵守不误。如湘乡平地胡氏《族约》:"居丧不演戏、不作乐,在制不嫁娶、不筵宴。凡三年服及降服子,丁忧不应试。凡丁忧以闻丧日期为始,不计闰月以二十七月为服满,如有违者即治以逆丧、短丧之罪。"⑤湖南涟源李氏报本堂《宗规》,"服未除不嫁娶、不听乐、不与宴贺,衰绖不入公门"⑥。都是复述朝廷的有关法规,殷切希望族人遵守之。总之,宗族维护朝廷丧礼,态度极其鲜明。

三、宗族关于丧葬过程礼仪的规范

现代学者常讲文化大传统与小传统关系的理论,朝廷的丧礼制度与地方民间丧葬习俗,犹如大、小传统的关系,历史上因袭的丧礼和朝廷的丧礼制度,是大传统,地区性的丧礼习俗是小传统。问题是这两种传统怎样结合,宗族的区域性丧葬文化,对大文化采取何种态度,取舍其何种内容。一些宗族宣称不要拘泥于古代丧礼,应信从习俗,便于实行。山东即墨杨氏于康熙间制定的《家法》,表示制作原则是"宜今易行,不泥于古",并说明其原因:"礼之用大

---

① 王家浚等编泸州《王氏族谱》卷1《服制图(旧载)》,民国二十二年石印本。

② 余有璋等纂修《乳源余氏族谱》卷1《服制图》,嘉庆二十五年木活字本。

③ 仪征《蒋氏宗谱·服制图》,民国刊本。

④ 窦志默等增修平定《窦氏族谱》,光绪二十年增补印本。

⑤ 《湘乡平地胡氏续修族谱》卷1《族约》,民国二十六年安定堂木刻本。

⑥ 涟源《李报本堂族谱》卷首《宗规》,民国五年报本堂活字本。

矣。《曲礼》内则、祭仪、丧仪、丧服四制,言之最悉,岂有所择焉。然委琐烦重,后生多视为迂阔。且古今异宜,风尚不同。执经而例之,恐其畏而思去也。"①安徽休宁茗州吴氏《家规》云:"丧礼久废,多惑于佛老之说,今皆绝之。其仪式悉遵文公《家礼》。"②认为传统丧礼已经不见,需要遵照朱熹《家礼》实行。他是因佛道文化浸淫于传统丧礼,而将之夸大为取代了儒家丧礼文化。其实笔者检阅若干宗族的丧礼规范,发现竟然是上古丧礼、文公《家礼》和清朝朝廷丧礼的翻版和民间化,是依照民间的实际情形有所增损,虽然是庶民的丧礼规范,却贯穿着《仪礼》的"士丧礼"的精神和内容。

在宗族丧礼规范中,长沙涧湖塘王氏的《四礼·丧礼》仪规相当完整,包括初终、开吊、作神主、祀后土、虞祭、除孝等诸多环节,每一步骤都有具体做法,反映宗族理想的丧礼大致情形。兹录其主要内容于次:

> 初终。疾病迁居正寝,戒内外,书遗言。既绝,家属乃哭,易服。
>
> 立丧主,即死者长子,无则长孙承重。
>
> 立护丧腥礼,以子弟知礼有才干者二人为之;主宾,主持宾客接待之礼;司货,主理丧事财物;司书,以子弟善书者为之;司祝,代行奠礼。
>
> 治棺,沐浴,含饭。
>
> 小敛,俗谓装束,设尸床于中堂,迁尸于床上。
>
> 大敛又加衾。
>
> 讣告于亲戚僚友。
>
> 举棺,置于堂中少西,设奠案。孝子寝苫枕块于棺侧,乃饘粥。
>
> 设布帷,置柩前,蔽外内。设魂帛,"用白布结同心象人形以依神"。置灵座。立铭旌,三品以上九尺,五品以下八尺,六品以下七尺,士庶人三尺,以红绸为之。
>
> 成服,古者明日小敛,三日大敛,至成服,则在死之第四日也。然士庶人家,遇盛暑,而敛不能三日者,必俟其期,反以伤孝子之心,是敛与服不必拘于古。五服之人各服其服,五服之中惟斩衰最重,齐衰、大功、小功、

---

① 即墨《杨氏家乘》,杨铭鼎定、康熙进士杨玠述撰《家法》,道光刻本。

② 吴青羽撰:《茗洲吴氏家典》卷1《家规》,雍正十三年刊本。文公《家礼》,一般认为朱熹撰,然有不同认识。

缌麻以次递降。

成服之日设奠加盛，孝子以下各就哭尽哀，自是以后朝夕奠，食时上食。孝子寝于地帷外，妇人寝于地帷内。七七之内，不许出中门；百日之内，不许出大门。三年不许与宴会，不许听音乐，不许贺亲友，喜庆不许更色衣。

吊唁。凡吊皆素服奠，用香烛酒果，赙用钱帛，具刺通明。吊时，孝子俯伏于帷内，诸侄若孙俯伏于帷外，吊毕叩谢。

治葬。今人即不遵古人三月而葬之制，不若速葬之为愈。既得地，定葬期，具书告于宾友。志石，用石二片，一书某公之墓，一书生卒年月日时、葬地、山向、配氏子女，以防异日墓崩之患。

作神主。外书显考姓名、讳号、第几公，神主内书生卒年月、所葬山向及奉祀之名。此为制作神主，而题主另有程序。

发引及祖奠礼。前数日，孝子亲引致奠赙，此即俗之开吊，各从乡俗为宜。先一日奉魂帛朝于祖，日晡设祖奠，司祝跪告云："永迁之礼，临辰不留，今奉枢车，式遵祖道。谨告。"厥明迁柩，奠祝云："痛惟某公奄忽弃世，兹奉灵柩安厝于某山之阳，丹旐既举，昭告惟寅，辂车载道，勿饰勿惊。"迁柩就舆设遣，奠祝云："灵辂既驾，往即幽宅，再陈遣礼，终天永诀。"灵车至墓，司祝奉魂帛就幄座主椟，置帛后遂设奠。

祀后土，前后两次，前次祝云："某敢告于某山土地之神，今为某营建宅兆，神其保佑，俾无后艰，谨以酒馔祇荐于神。谨告。"仪节随俗用。墓成后的仪祝同，但改"营建宅兆"为"窆兹幽宅"。

开茔域。穿圹，筑圹底灰隔，下棺，铺铭旌，下志石，埋魂帛，乃实土而渐筑之，务求其坚。

题主（俗称点主）。古者题主必至墓所，礼也。俗或因墓所穿狭，先时一概书就，抱至墓所而归；或仅留主字一点，至墓所点就，此犹存古之遗意，今当从之。题毕祝云："形归窀穸，神返室堂，神主既成，伏冀舍旧从新，是凭是依，谨告。"孝子奉主升车遂行，至厅事设灵座虞祭。

虞祭、再虞、三虞，安亡者之魂气之意。未葬之时，奠而不祭，犹以人道事之，孝子不忍死其亲之意，此后则行祭礼。

忌日，即周年之祭，自此由凶礼转入吉礼。

大、小祥。期年小祥，自丧至此不计闰凡十三个月，用初忌日行礼；再期而大祥,至此已二十五个月,孝子奉新主祔入祖位,徹灵座。大祥之后间一月而禫,送主至祠堂,丧主始饮酒食,服吉服。[1]

上述内容显示,王氏的丧礼相当程度地保存了《仪礼》和清朝品官、士庶丧礼规制,有的名目虽然不同,但确系古礼之意,如用白布结成人形状,相当于古代的"尸";发引前一日,即行古之祖奠礼。规范中多次讲到"从乡俗为宜",即在遵守礼法的前提下,丧仪的有些细节,尊重本地习俗,依之进行,不必一定按古礼,如小敛、大殓的日子,古礼分别在死者亡故的第三天、第四天,可是考虑到天气、保存尸体条件等因素,分别提前在死亡第二天、第三天进行,其实这也是清朝丧礼所规定的;又如虞祭之前的祭奠礼,古代称为奠礼,不称祭礼,清朝丧礼就不作奠礼、祭礼之别,王氏讲"奠而不祭,犹以人道事之",有存古道的意思,然而并未强调。《仪礼》士丧礼有四十三项程序,王氏丧礼有的予以省略了,不过有的宗族却加留意,或对某些丧礼说得更细致,如上望乡台("接三")、题主与进主之别等。

四、宗族协助族人治理丧事的规范与实践

朝廷丧礼,要求民间遵行,而对治丧过程中宗族的作用并无明确的规定,尽管在立丧主中含有宗族参与之意。民间则不同,宗族在制作前述主要针对丧家的丧葬礼仪之外,还从多方面规定族人如何参与同宗人家的丧事,特别强调:族人协助料理宗人丧事;族人吊孝与致送赙金;宗族和个人资助无力发丧者;设立宗族义冢。

协助族人料理丧事,以利孝子尽哀。沧州交河马连坦李氏睦族堂《家训》,"凡族人有婚丧大事,合族公办不许推诿"[2]。将族人丧事,当作合族之事,共同操办。即墨杨氏于康熙间由进士、县令杨玠制定《家法》,总的精神是合族共患难,对于丧事,原则是"凡有丧事,群聚而谋"。具体做法是多方面的:一是吊孝与陪吊,凡门内有丧,七日以内,朝夕往临;七日以外,逢七临;不仅自身吊唁,还要"候吊",即以主人身份感谢吊客,陪礼,直到没有吊客才离去。二是分工

---

① 《长沙洇湖塘王氏六修族谱》卷首 2《四礼·丧礼》,民国三十八年听槐堂铅印本。
② 交河马连坦睦族堂《李氏族谱》,《李氏谱例·家训》,民国八年七修本。

负责丧事,能书者主理柬帖,凡丧中文书之事,皆由其书写;选择有干才者主理丧务,众人听其支派,料理坟茔棚场之类,不得辞劳;门内家人佃户,尽拨执事。三是出殡、下葬众人上手,将灵柩送入车舆;将葬,群扶而纳之穴。四是饭食,凡执事人役,门内计数而分饭之,不得有所缺;五是财力帮助,凡有棺殓力不能办者,公众设法帮助。①如此,族人助丧,出钱出力,参与整个丧事过程,如同自家之事,绝不可袖手旁观。宗族之意在于体贴丧家,也是保持宗族体面:人家有了丧事,尤其是家长、尊长亡故,家属伤心不已,很难全力以赴办理丧事,或者会出差错,宗族派人协助治丧,既可使丧家尽情表达哀恸之情,亦可不出或少出失礼之事。

吊孝、送赙金,表达亲情。吊孝,休宁茗州吴氏家规,族有丧,众当哭临,至戚七日七次,其次二日一次,疏属三日一次。若死者是尊长,致礼四拜,平辈再拜,卑幼揖之。倘若死者是孝子顺孙、义夫节妇,为名教所推重、人望所推服者,以及登仕籍者,均予特殊的敬礼。②嘉庆以前,广东乳源余襄见族人有丧,一般人用三分银子买烧纸,认为这样的薄礼不得体,是将至亲视作路人,深可痛恨!而以往遇丧葬,"每以十人凑成纠银五钱,买备三牲,各具财包,至于柩前,各奠酒以表微敬,使生者顺而死者亦安,亲朋视之,有所感动"。故其制订训规,告诫族人不得仍行故俗,如违,族众当面教导以耻辱之。③甘肃秦州张氏族规:族人家中有人口死亡,必须报告本房房长,房长转告族长。若殁者年长,即由各房长约众酿资备仪致吊。吊仪,阖族按百钱备物致送,其另有来往应从丰厚者,听其自便。④江西新昌城南漆氏族规,族人丧礼,当日讣闻,尊卑素服往吊,礼到自然族谊叙。⑤试想,如果家长亡故,他的宗亲不来慰问家属,或者画卯式地打个照面,或者几乎没有吊仪,家属必然觉得宗人少亲情,寒心不已,将不会像乳源余襄所说的"使生者顺而死者亦安",而是令丧家气不顺,死者不得安;至于丧家的其他亲戚,面对亡者宗人的无情,将不是"有所感动",而会鄙视该宗族。宗族要求族人去丧家吊孝、陪吊,就是要丧家感到亲情的温暖,有宗族的关怀,坚定信心地从悲苦中走出来,生活下去。

---

① 即墨《杨氏家乘·家法》,道光本。
② 吴青羽:《茗洲吴氏家典》卷1《家规》,雍正十三年刊本。
③ 余有璋等纂《乳源余氏族谱》,《余襄公训规十四条》,嘉庆二十五年木活字本。
④ 《续秦州张氏族谱·族中平时条规》,光绪三十四年续修本。
⑤ 新昌《城南漆氏族谱》,《漆氏重修族谱凡例》,光绪三十年刊本。

资助钱物棺木,帮助无力丧家完成葬礼。丧事之中不可缺少的是棺材,许多宗族为此劝告族众,对无力备置者予以棺木,成全其葬礼。直隶沧州李氏家规,"族人有鳏寡孤独贫乏身死,暴露不能买棺葬埋者,合族公办,具棺葬埋,以全一脉之情"[①]。李氏所说的"暴露",指尸体裸露,无棺材而不葬,或用芦席裹尸下葬。只有无家可归的死者,自然更无宗族可以依托的游民死者,无人收尸,才会被地方人士以芦席裹尸,埋葬在乱葬岗,是最为可怜之人的下场。宗族怕出现芦席裹尸的裸葬现象,尽力帮助族人置棺安葬。

　　宗族义冢,为贫穷族人提供葬地。极少数宗族为维护祖茔不受侵害和顾恤贫穷族人,设置义冢,供无地族人下葬。绩溪城西周氏设有义冢,添置的原因,谓为"义冢之设,可以为裔孙借债,可以止祖坟盗葬,甚盛事也"。即两条理由,一为解除贫窘族人无葬地之苦,二可免除无地族人强占、偷占宗族祖山。义冢系用银五十两置买地业所建,立碑订界,听凭派下子孙安葬。[②]山东黄县王氏的第七代王三聘在明代嘉靖间,致仕家居,买地三亩余,作为义冢,传至清季已三百余年,但被人侵蚀,剩有二亩余地,宣统元年(1909)阖族共同认为,与其追咎于既往,不若慎防其将来,特作《义冢记》,令族人久而不忘,以资保护。[③]王氏的设义冢出发点与周氏略有不同,重在恤贫,而非祖坟。光绪间,上海葛尚钧捐出其母浦东遗奁地基三亩,作为宗族公墓之用。[④]葛氏生活在商业都会,一墓难求,以建立宗族公共墓地为务,深合人情。"死无葬身之地",是诅咒人的话,也是谴责人的话,而真正死无葬地者,是人生最悲惨的结局,亦为人所可怜。清代有的寺庙、会馆公所会设置义地,埋葬久而无人问津的尸体,宗族对此更应当有义不容辞的责任,唯有有经济能力而又有热心人的才能做到。

五、宗族极力反对丧葬中的四项习俗:用僧道、开宴戏、停丧不葬和火葬

　　民间丧葬中出现的一些风俗,有些是历久相延的,传承的,如停丧不葬、

① 交河马连坦睦族堂《李氏族谱》,《李氏谱例·家训》,民国八年七修本。
② 周赟等修《绩溪城西周氏宗谱》卷19《义冢》《禁碑》,光绪三十一年敬爱堂木活字本。
③ 王次山修《黄县太原王氏族谱》,《义冢记》,宣统元年刊本。
④ 《上海葛氏家谱》,《顿邱公会记》《葛氏公墓记》,民国刻本。

厚葬、宴乐、用僧道,有的是局部地区的,如火葬、水葬,然而严重程度,有些在清代更为突出,如停丧不葬成为大问题,用僧道做佛事更普遍。

宗族笃信儒家丧礼观念,所设的丧礼,是以保存完整尸体、实行土葬为前提,对反土葬的、非礼的习俗不能容忍,劝导族人不要陷入,犯了就应改正,并讲解其原因,以提高族人的认识能力。在宗族中,绩溪县南关许余氏的"三大非礼断不可从"、池州仙源杜氏的"去此五大非礼"的族规,可谓坚持正统丧礼的典型。许余氏《惇叙堂家礼·丧礼》说:丧事在宣歙间有三大非礼断不可从。第一是作佛事,谓之超度;第二是丧家以酒肉燕客;第三为惑于风水停丧不葬。希望"凡孝子当去此三大非礼而后可言丧礼"①。杜氏《家礼四条·丧礼》更说"徽、宁、池三府丧事有五大非礼",第一是以金珠玉帛唅殓,第二是作佛事谓之超度,第三是饮酒食肉视同喜庆事,第四是丧家以财物答谢亲友赙奠,第五是惑于风水久不安葬等。②三大非礼、五大非礼,包括作佛事、宴客演戏、停丧不葬、金银厚葬等。许余氏、杜氏虽然说的是安徽徽州、池州、宁国诸府的情形,这四种现象,在各省各地有所不同,如京师,丧家对唁问者无论奠分赙仪多寡从不备饭,客人亦不扰酒食。在直隶宝坻城内亦是如此,然离城四十里的林亭,丧家大开筵席,情形迥异。③不过那几种现象,尤其是停丧不葬、厚葬、请用僧道各地颇多相同之处。

(一)宗族反对厚葬,教导族人根据家庭经济状况操办丧礼

厚葬,直接的意思是说装裹、殉葬品过多,棺木过分讲究,扩大范围来讲是丧事中宴客演戏,做佛事,耗费钱财。厚葬与丧葬铺张,最严重后果是令家庭经济破产,极大程度地影响后人生计。破产治丧,是民间时而发生的事情,并引起一些官员和学者的担忧。康熙间,福建的丧葬婚嫁情形,"不敦尚本根,专饰虚文,富者务其繁华,贫者效其所为,卖田以嫁女,破产以治丧"④。天津"丧礼尚奢",连破落游荡子弟邬三,为给亡母办丧事也卖掉房屋。⑤卖田嫁女,破产治丧,成了两个社会问题。

乾隆间御史杨锡绂在《陈明米贵之由疏》中说到丧葬和婚姻的奢侈之风:

---

① 《绩溪县南关许余氏惇叙堂宗谱》卷8,《惇叙堂家礼·丧礼》,光绪十五年刻本。

② 池州《仙源杜氏宗谱》卷首,《家礼四条·丧礼》,光绪刻本。

③ 李光庭:《乡言解颐》,中华书局,1982年,第33页。

④ 《饬禁婚嫁丧葬华奢事》,《切问斋文钞》卷4。

⑤ 徐珂编撰:《清稗类钞·婚姻类》,中华书局,1992年,第5册第2081页。

铺张现象不仅出现在通都大邑,连荒徼山辟的农民,也渐习奢靡。①这是关心民瘼的官员希望改变厚葬的状况。宗族与官员同样关注丧礼的健康进行,试图从多方面纠正厚葬风习:不可违犯丧葬制度;用度应有节制,量力而行;不得铺张炫耀,图博虚名;心态上宁戚勿奢。

劝谕勿用金银玉器装殓。陪葬使用金玉是常见现象,特别是富厚之家,宗族对此持否定态度。涟源李氏主张丧事要在衣衾棺椁上花钱,但棺内不得用金银玉物殉葬,故而《宗规》云:"丧则惟竭力于衣衾棺椁,遵礼哀泣,棺内不得用金银玉物。"②山西运城安邑郇城路氏要求"殡殓衣物宜令人悉见,不可殉葬以金银器皿之类"③。池州杜氏更说明陪葬金银,将导致盗墓之害,辱及死者:"以金珠玉帛唅殓,启宵小觊觎之心,开棺烧棺,盗窃殉物,翻乱骸骨,人子不能报亲恩于生前,而反贻亲祸于身后,何其愚也。"④不用金玉陪葬,是反对浮华,也是因为只有贵胄品官才可以运用,庶民不要因此违制犯罪。

告诫族人丧葬费用有度,不奢靡、不简陋。乳源余氏《余襄公训规十四条》希望族人:"冠婚丧祭,宜从俭约,不可斗胜以炫耀人之耳目,以起祸门。"⑤言简意赅,对包括丧礼在内的四礼之行,以俭约为原则,不能有虚荣心去争强斗胜,否则是招祸之举。贵州紫江朱氏《家规十二则》"崇俭朴"条:今与吾族约,冠婚丧祭之费,宾客应酬之需,不丰不菲,从俗从宜,华而不靡,俭而不吝。⑥

丧葬用度以家庭经济状况来定。徽州钱氏《家规·重丧祭》:"凡治丧祭之道,一遵文公《家礼》,衣食棺椁,称家无有。"⑦新昌城南漆氏族规,"有丧之家,惟尽力殡殓,哭踊尽哀,随家丰俭慎终也"⑧。用度的原则是"称家无有",量力而行,避免破家丧葬事情的发生。

丧事表达哀戚心情最重要,应懂得宁戚勿奢的道理。前述安邑郇城路氏族规不得埋葬金银,同时要求族人实心治丧,不尚虚套:人子治丧以哀戚为本,毋事虚文,俱照文公家礼行之。丧具皆要坚固,茔兆亦须躬亲理视,这才表

① 杨锡绂:《陈明米贵之由疏》,《清经世文编》卷39。
② 涟源《李报本堂族谱》卷首《宗规》,民国五年报本堂活字本
③ 路生财等纂修《安邑郇城路氏族谱》,《凡例》,同治十年刻本。
④ 池州《仙源杜氏宗谱》卷首《家礼四条·丧礼》,光绪刻本。
⑤ 余有璋等纂修《乳源余氏族谱》卷1《余襄公训规十四条》,嘉庆二十五年木活字本。
⑥ 朱启钤修贵州《紫江朱氏家乘》卷4《旧谱家规十二则》,民国二十四年排印本。
⑦ 钱坤修《徽州彭城钱氏宗谱》卷1《家规·重丧祭》,光绪十年刻本。
⑧ 新昌《城南漆氏族谱》,《漆氏重修族谱凡例》,光绪三十年刊本。

现出诚孝之心。①浮梁、婺源、祁门三田李氏引用孔子治丧名言教导族人重哀情,不重浮华:"孔子曰丧与其易也宁戚,盖言居丧者务以哀痛为本,不可徒尚虚文也⋯⋯凡我子孙甚毋忘此。"②宗族讲的道理,居丧以哀痛为本,不可追求形式,讲究表面风光,徒尚虚文,并不能表现出诚意。儒家认为悲哀之情是人的孝道本性在丧礼中的显现,是真情的流露,是发自内心的,与其花钱走形式,不如从内心发出的悲哀更有价值。

(二)批评做佛事、建道场为诬枉先人有罪孽

丧家请僧侣做佛事、道士建道场是常见的现象,宝坻人亲死之日,即倩僧侣念"倒头经",逢七诵经,送三、送殡用僧道鼓吹。③浙江人因为相信人死后为鬼,因而请和尚念忏悔经,洗却先人罪过,以超度亡灵。④杭州人出殡,有的请和尚、道士、尼姑开道,走在灵柩前面,后面是旗牌执事,吹鼓手、车马及送殡亲友,多的达数千人。⑤浙江人、湖南常德人还请道士作法术,谓之"建道场"⑥。儒家抵制佛老,以传统丧葬伦理批评做佛事、建道场行为,认为这是好心而诬枉先人于罪孽。前述绩溪许余氏谓丧事三大非礼断不可行之一的"作佛事",就是首先将先人视作有罪,才会去给他超度,洗清罪孽。许余氏认为"父母行善何劳超度",如果父母真有恶行,儿子"惟有行善以解父母之恶",哪里是僧侣所能超度的?所以临丧"妄信邪说",做什么佛事,是"大非礼"之举。⑦传统文化是对亡故之人言善不言恶,多加颂扬,所谓"鸟之将死,其鸣也悲;人之将死,其言也善"。佛家之超度,基于人生会有不善之行的认识,超度以利来生,与儒家隐恶扬善观念不同,民间尽管有人以为人生多有罪孽,后人用超度的形式为其赎罪,儒家的丧葬观则漠视人们的这种情怀。

(三)反对宴饮演戏

宴客是丧中的一种常见现象,而且伴随的是演戏。宝坻乡间,吊客行过奠礼即行离去,到开席时,丧家知客多人分头去请入席,"来则鼓乐迎之,上席奏

---

① 路生财等纂修《安邑郇城路氏族谱》,《凡例》,同治十年刻本。
② 李廷益等修《三田李氏宗谱》卷末《祖训八则》,光绪十一年木活字本。
③《乡言解颐》,中华书局,1982年,第33页。
④ 张应昌辑:《清诗铎》,中华书局本,第898页。
⑤ 段光清:《镜湖自撰年谱》,中华书局本,第150页。
⑥《清诗铎》,第598页;《清稗类钞·丧祭类》,第8册第3548页。
⑦《绩溪县南关许余氏惇叙堂宗谱》卷8《惇叙堂家礼》,光绪刻本。

曲侑之,散仍吹打送之"。在席上是大吃大喝,因之有人作《西江月》予以嘲讽:"盼得一声告奠,快把地方先占。三百铜钱小分资,落得长吞大咽。吹吹打打笙歌,整整齐齐席面。孝子一遍谢不周,还说将他怠慢。"吊客虽说是来致哀,可把吃喝当作目标了。[①]

出殡是大仪式,比较简单的地方,如浙江诸暨人,用两面锣开道,后面跟着送丧的队伍。[②]一般的要气派热闹得多,其状况有如《铁砚斋存稿》作者曹德馨《薤里曲》所咏:"妙选笙歌耀旗帜,忍借亲丧作儿戏。灵輴峨峨游市廛,向晨发引晡未至。"[③]形容出丧时间长,歌舞载道,极不严肃,失去送葬之意。浙江鄞县丧家将灵柩用绮绣装饰起来,请戏班在队伍前列边走边演戏,后面是孝子队伍,号啕大哭。[④]在陕西,丧家有自备戏曲的,也有亲友送戏的。[⑤]丧中演戏娱乐与办丧事气氛不协调,乾隆间贡生、襄阳人顾夑璋讽刺道:"宾朋杂沓男女哗,笑声反把哭声掩。不情丝竹拦魂魄,灵蠡路鼓手空挝,此时棺中幸瞑目。"[⑥]丧家本来就哀戚,还要分心去宴请客人,实在不合人情,是以《乡言解颐》作者李光庭感慨地说:"夫以素服哀吊之日,而乐酒醴笙簧,非礼也。以衰麻可矜之人,而责其跪拜礼数,非情也。当初必有作俑之人,其后遂成为风俗,不如是则群起而攻之,乡俗亦何可尽从。"[⑦]宴客演奏,将丧事当作喜事办,引发一些宗族的反对,前述仙源杜氏、绩溪许余氏之外,涟源李氏《宗规》禁止宴客:"吊者止款茶,途远待以素饭,不设酒筵。"[⑧]休宁茗州吴氏的家规以丧家宴乐为不孝之罪,认为接受宴乐的客人是不义之行:"丧事不得用乐,不得饮酒食肉,违者不孝。丧礼凡有赐吊,悉用素肴相款,出吊于人亦菇素致哀,不得自处不义,陷人于恶。"[⑨]

(四)非议停丧不葬之风

停丧不葬,在清代是延续前代习俗的一种普遍现象。康熙二十九年

---

① 《乡言解颐》,第33页。

② 光绪《诸暨县志》卷17《风俗》。

③ 《清诗铎》,第854页。

④ 乾隆《鄞县志》卷1《风俗》;《清世宗实录》卷26。

⑤ 陈宏谋:《巡历乡村兴除事宜檄》,《清经世文编》卷28。

⑥ 《清诗铎》,第845页。

⑦ 《乡言解颐》,第33页。

⑧ 涟源《李报本堂族谱》卷首,民国刻本。

⑨ 吴青羽:《茗洲吴氏家典》卷1《家规》,雍正十三年刊本。

(1690)江苏昆山人邵德的祖父母已死二十年,母亲亦亡故七年,都未安葬,委托朱俊买浮葬地,又被人吞没二十多两银子,浮葬亦未能实现。①康熙五十四年(1715)秋天,大学士李光地请假回原籍福建安溪安葬母亲和妻子,时距伊父李兆庆之死已三十年,其父之柩系浅土封埋,需要起出与母合葬。到次年夏天还没有安葬妻子,原因是一时难于得到吉壤,不便安葬,故请求康熙帝多给假期,以便将葬事办妥。他前后用了三年时间始得藏事。②四川万源停丧不葬之俗,"直欲以先人遗骸为子孙求富求贵之资"③。因为停丧不葬,出现集中停枢处所。有的寺院附设存棺房,有的会馆义冢借人浮厝,有的人家房舍多,特辟闲房停枢。杭州租借停枢地,已成习俗:亲丧出殡,租赁西湖边小房一间存放,每年租金洋银二圆。④

官方及部分官员反对停丧不葬。康熙间刑部尚书徐乾学出于愤恨,提出严格执行违犯官员惩治法,停止生员科举考试法,然而对民间则毫无办法。他说:亲死不葬,是人子莫大之罪,况律有明禁,而世人往往犯之。欲救此弊,必须严格执行有关法律,按后周广顺年间诏书,亲丧未葬,已仕者不许荣进,未仕者不许应举,且必于保状内明书仪礼葬毕,方许服官赴试。其时福建官方采取了一些措施,如举人贡生服满应试,必须出具邻里结状,称已葬亲,并取地师、坟丁、土工结状。如无结状,不许赴试。徐乾学建议将福建的办法令各省通行,由各布政司负责。⑤雍乾间大学士朱轼,有同样的见解,建议:凡服除未葬者,仕宦不许补官,生儒不许应试。⑥乾隆间江西按察使欧阳用琦定出下葬期限,如超过服孝期的二十七个月,举人贡监生员不得应试,庶民杖八十。⑦

民间停丧不葬,出于多种原因,主要的有两条:一为笃信风水之说,难于觅得有利于子孙发达的风水宝地,另一为贫家无地无力安葬。官方对于停丧不葬没有根绝的办法,而治标举措亦不见成效。宗族的态度与官方禁止相一致,希望通过宗规对族人进行劝导和约束。他们针对停丧不葬的主要原因,从

---

① 中国第一历史档案馆编:《清代档案史料丛编》,中华书局,第 5 辑第 3 页。
② 《清代档案史料丛编》,第 9 辑第 16、31 页。
③ 1932 年《万源县志》卷 5《教育门·礼俗》,台湾成文出版公司,第 628 页。
④ 段光清:《镜湖自撰年谱》,第 151 页。
⑤ 徐乾学:《亲丧不葬》,《清经世文编》卷 63,第 1577 页。
⑥ 朱轼:《停丧不葬》,《清经世文编》卷 63,第 1577 页。
⑦ 欧阳用琦:《请定例禁疏》,《皇清奏议》卷 59,清都城国史馆琴川居士排印本。

三个方面解说停丧不葬的过恶,劝谕族人杜绝。

其一,讲求风水,主要是为祖先而不是后人,前者安、后者才能安。其实世俗讲风水坟地难觅,是为发达子孙。浮梁、婺源、祁门三田李氏家规述说祖坟的功用,是为安放祖先遗体,使得魂魄有依托,所谓"祖宗坟茔非但为子孙风水,实安先人体魄"①。这是将祖先放在第一位,而非子孙第一,定位一定要明确。铜梁周氏说世人,"于先世丘陇,动望其福报"②,批评一味为发达后人选择坟域的功利思想。绩溪许余氏讲述做人与坟山的关系,认为祸福取决于人之善恶,并由此而会获得不同的阴地:"夫亡者以归土为安,人家祸福由于善恶,故阴地由于心地,心地好当得好地,十日内亦可得好地,心地恶当得恶地,一百年还得恶地",断然不是风水师所能代谋的,故云"不求心地而求阴地,以亲死为求福计,大非礼"③。宗族告诫族人讲风水是为保护祖宗遗体,而不是为后人,后人应当以自身行为端正求福,希望族人从迷信风水师选地造福己身中解脱出来,及时安葬先人遗体。

其二,停丧不葬是不孝行为。讲述入土为安的道理,而不可为己身邀福讲求风水。徽州彭城钱氏家规:"父母坟墓及时茔葬,毋惑于地理之说,以致停丧多年,不能入土,大罪恶极,惨不可言。"④视停丧不葬为罪大恶极之行,以为它使得先人不能入土为安。

其三,同样关注坟墓的地理环境,唯视角迥异。一部分清朝人从社会环境与自然环境方面考虑葬地的选择,留意于宋儒程颐所倡导的避免"五患",即从长远谋虑,选择的墓地不能在可能建做居民区、建筑交通大道、地势低洼可能被水淹的地方,或者成为耕地之处,成为易招势家权贵的攘夺之所,有此五种可能的地方,日后祖坟会有不测之虞,自然不得安宁。清代宗族相信此说的颇有一些。湖南涟源李氏《宗规》,"葬必择地避'五患',不得泥风水邀福"⑤。直隶滦州边氏的先世卜葬兆于大夫坨北,去家六七里,其意"非曰择山觅水,按穴寻龙,必期后裔之昌隆也,亦取乎地平土坚,庶免'五患',以妥先灵而安体魄"⑥。

① 光绪婺源《三田李氏宗谱》卷末《家规》。
② 周泽霖纂修《安居乡周氏宗谱》卷1《训规》,光绪十年刊本。
③ 《绩溪县南关许余氏惇叙堂宗谱》卷8《惇叙堂家礼》,光绪刻本。
④ 《徽州彭城钱氏宗谱》卷1《家规》,光绪十年刻本。
⑤ 涟源《李报本堂族谱》卷首《宗规》,民国五年报本堂活字本。
⑥ 滦州《边氏家谱》,《先茔图说》,民国二十七年唐山华美印书局印本。

李氏、边氏认为避免五患,保证祖宗体魄安宁,才是建坟选址的宗旨。池州杜氏对停丧不葬深恶痛绝,谓"惑于风水久不安葬,不思地理除风、水、蚁三弊皆可迁葬,乃以亲骸为邀福之资,久暴露于荒烟蔓草,致野火焚枢,惨不忍闻,不孝之罪可胜诛哉"①。该族对墓地的安全,注意到防风、水、蚁之灾,顾及到自然环境。

(五)反对火葬、水葬

顺治五年(1648),政府公布丧葬则例,官民人等"有愿从旧制焚化者,听之"②。这里说的"旧制"是满洲之制度,所说允许官民火葬,主要是就满人而言。随后因火葬不合孝道,在汉人中加以禁止。到同治七年(1868),翰林院侍讲学士钱宝廉上疏,请求严禁火葬,同治帝批准,饬谕浙江巡抚禁止火葬,违令者按律治罪。③

在汉人当中,部分地区火葬有所流行,系传承前朝行为。清代广东人因土地少,土葬占据耕地多,不少人实行水葬、火葬,因而停丧不葬倒少见。④浙江一些地区实行火葬,乾隆五十四年(1789)绍兴知府李亨将该地历年禁止的事项一一查核,捡出尤为弊俗的十件事,勒令禁止,"焚烧尸棺"即为其一。⑤乾隆间举人、浙江海宁人吴文晖作《悯俗》诗,道及所见火化情形:孝子将尸亲棺枢抬到坟地,为使死者迅速到达西天,劈开棺材,烧化尸体,于是"椫毁棺开速厝火,赫然焰起如流虹"⑥。嘉兴府桐乡人郑敬怀作《火葬叹》,说停丧不葬就可能使亲尸委于沟壑,很可悲,而"忍心火葬到骨肉"就更惨,因为不下葬,尸身还是完整的,火葬连尸体都没有了。⑦同治中侍讲学士钱宝廉说杭州、嘉兴、湖州多有火葬之事,有的已经土葬,到中元节、冬至节开棺烧尸,叫作"明葬";如果尸身已经腐化,则烧棺材,称作"暗葬";有的尸首僵化,用斧头劈开再烧。火化时请僧道念经,并宴请亲友。⑧福建一些地区沿袭明代的火葬风俗,乾隆间,古

---

① 池州《仙源杜氏宗谱》卷首《家礼四条·丧礼》,光绪刻本。
②《清世祖实录》卷38,五年四月辛未条,第305页。
③《禁火葬录》,杭州同善斋善春坊光绪丙戌刻本。
④ 屈大均:《广东新语》,中华书局,第500页。
⑤ 乾隆《绍兴府志》卷18《风俗》。
⑥《清诗铎》,第845页。
⑦《清诗铎》,第851页。
⑧《禁火葬录》,抄本,南京大学图书馆藏;光绪《大清会典事例》卷400,中华书局版。

田知县叶世经、罗源知县梁翰分别在他们的任所禁止火葬。[①]福州闽清、永春州也有火葬现象。[②]火葬情形较为复杂，伤逝的婴儿、幼儿，无人收殓的野尸、某种病人，以及出家人，时或被烧化。河南开封人的二三岁小儿死亡，即行烧化，骨灰扬于四野，随风飘散，意思是除去祸根，不让他下胎再来作祟。[③]清后期，湘军中一些人在广东染上麻风病，死后怕运回家乡传染他人，乃行火葬，因用柴多，致使木柴涨价，广州人因而造出"烧柴贵"一词，以骂外地人。[④]火葬，主要流行在江苏、浙江、福建、广东的一些地方。

宗族强烈谴责火葬，警告族人不得做出不孝的犯罪行为。乳源余氏家规，以法律严禁教导族人，不许终身不葬、累世不葬之外，不得实行水葬、火葬。[⑤]涟源李氏亦告诫族人不得水葬，尤其不得火化，以免犯律获重罪。[⑥]火葬违背孝道精神，清人认为尸体残缺，是被刑戮，乃罪人的遭遇，而焚尸比尸体不全还要严重，是对先人的极大侮辱。因此人们不惜代价保全亲人尸体，否则就会落个不孝罪名。生员沈学文是道员的儿子，母故灵柩在堂，突然邻家起火，延及其家，他害怕烧化母柩，奋力抢救，被火烧死，从而因孝行受到知府旌表。[⑦]

(六)宗族反对厚葬等习俗收效甚微的原因

宗族非议、否定的那些葬俗，收效不大，表明宗族权威不足，官府是有权威的，同样收不到应有的效果，所以不单纯是权威的问题，需要深入探讨屡禁不止的社会原因。

第一，传统的厚葬观念和现实中的浮华风俗形成巨大力量，宗族、国家均无力扭转。惯性的力量无比巨大，以致人们不得不按照它的轨迹运动。丧事中的厚葬、做佛事、停丧不葬、火葬都是传统的，有着千百年的延续性，到清代就成为不可抗拒的力量。厚葬和丧事奢华，是古代丧葬主流观念和现象，代代皆然。早在汉代，东汉明帝指斥丧葬靡费，可是朝廷实行举孝廉政策，丧中孝子可以得到揄扬，举为孝廉，迈入官场，清代虽然没有这种出仕的好处，但仍能

---

① 同治《上元县志》卷 24 中《耆旧》；咸丰《顺德县志》卷 25《梁翰传》。

① 同治《上元县志》卷 24 中《耆旧》；咸丰《顺德县志》卷 25《梁翰传》。
② 民国《永春县志》卷 15《礼俗》。
③《清稗类抄·丧祭类》，第 8 册第 3547 页。
④《清稗类抄·方言类》，第 5 册第 2220 页。
⑤ 余有璋等纂修《乳源余氏族谱》卷 1《家规并引》，嘉庆二十五年木活字本。
⑥ 涟源《李报本堂族谱》卷首《宗规》，民国刻本。
⑦《清诗铎》，第 686 页。

够获得好名声。相反丧事办得过于简单,将会落个不孝恶名。至于停丧不葬,北宋司马光指出民间有因选择葬地而累世不葬的现象。宋太祖禁止火葬和出殡使用僧道威仪,宋高宗再次严禁豪富士族火葬,考虑到贫民的实际困难,不加干涉。明代以重罪惩治水葬、火葬葬亲者,处以杖一百的刑法;又鉴于贫民无地的难处,要求地方官建置义冢,俾之葬埋。现实生活中丧事俗尚浮华,长亲刁难,娘家闹丧,亲友求全议论,使得丧家不由自主地讲排场,图风光,多所靡费;亦有人为显示身份,撑持门面,而大肆操办。丧葬中浮华习俗,实系孝名和身份两种因素结合的产物,形成之后就难于改变了。

第二,族人经济条件不逮的无奈选择与宗族、国家的无能为力。宗族和朝廷都考虑到穷人无地安葬的现实问题,希图以设立义冢有所解决,然而义地极其有限,不能满足需求,致使火葬、停丧不葬得不到解决,宗族反对就起不到作用。

第三,多种文化影响人们的丧葬行为,宗族所信奉的儒家丧礼不可能独尊。做佛事,建道场,表明佛、道文化的介入丧葬,由于火葬是一些少数民族的习俗,汉人的袭用,也有民族文化交融的成分。无疑,清人的丧葬礼仪,表现出多种文化,而不是单纯的儒家文化。宗族信奉的儒家鬼神观念是朴素的,不能满足人们对身后求知的要求,而佛家的轮回观念就复杂得多,或多或少解除人们的一些疑惑,不论其科学与否,令人得到某种慰藉和解脱,如超度说,为免除地狱之苦、来生之罪,孝子为亡亲超度,是爱亲、孝亲的真情表达。这就是人情,儒家丧葬伦理反对也无济于事。应该说,宗族信奉的儒家丧礼顶不住佛道势力的影响力和渗透力。

六、余论:人生终结的丧礼,有益于家庭的传承和社会的稳定

清朝人慎终追远的丧礼,令人生有最好的终结,也是人类特有的纪念方式。俗语"雁过留声,人过留名","生不带来,死不带去"。丧礼,为亡者举行隆重的告别仪式(小敛、大殓、开吊)和送葬(出殡)、安葬仪式,建造坟墓,竖立碑石。亲人安息了,并有永久的纪念物,既"留物"(遗体)又"留名"。诚然,人是"赤条条来,赤条条去",物质方面是如此,然而人去,有遗体在,而后有遗骸在,再后有坟墓在,并非无影无踪,总有给亲人恋想之物,长存于记忆之中。丧礼充分体现了人的无比深厚的亲情。人类与任何动物不同,有后人举行的庄

严的葬礼和表达的深情怀念,即是差异的标志之一。劳乃宣说:"夫丧礼为天理人情之至,我中国自伊古以来相传之国粹也,人道之异于禽兽者,此其大端。"①诚然,延续几千年的丧礼,是中国人表达慎终追远的虔诚形式,其实也是人类的普世法则,过去如此,今后也会持续下去,必将与人类历史相始终。

清朝人的丧礼,有益于家庭、社会的正常延续,发挥着积极的社会作用。《礼记·丧服四制》云:"丧有四制,变而从时,取之四时;有恩有理,有节有权,取之人情也。恩者仁也,理者义也,节者礼也,权者知也。仁义礼知,人道具矣。"②丧礼体现人的"仁义礼智"四德。丧服制,子孙服最重,因受父祖之恩最大之故;疏属受恩少,礼仪减杀;丧葬应有期限,不能无限期拖垮丧家,丧葬费用不能无度,凡此皆为有节;事有权宜,是以各个时代大殓、小殓时期不一,是充分考虑天气、丧家经济条件等因素而作出的修正,是智慧的表现。将丧事办好,不可不遵循丧礼,也不能过于拘泥,因时、因地采取适合于丧家的办法,圆满地完成葬事,就是仁义礼智的综合运用。丧礼圆满终结先人的人生,子孙因尽孝而心安,同时令子孙的后人有了学习的榜样,将来也会给自身的父祖完满终结。如此代代传承,有益家庭传承,有利社会稳定。

丧礼是当事人情感的表露,应当得到尊重。丧失亲人,过度悲哀,可能有非理性之举,一人如此,众人就会造成丧葬弊俗,如破产葬亲,加之其他的社会因素,生出繁文缛礼、男尊女卑葬仪等不合理行为,既浪费社会资财,又有悖人的自然本性。后世人评论前代人丧礼弊端是必要的,改革丧礼也是必要的,但无需过度指责。一个时代有其礼仪,那是适合于当世的,明乎此,后世人何必多言。

(2009 年 1 月 4 日初稿,载《安徽史学》2010 年第 1 期,原题《略论清代宗族与族人丧礼》)

---

① 劳乃宣:《桐乡劳先生遗稿》,《致徐谯楼论丧服书》,民国十六年桐乡庐氏校刊版。
② 《礼记·丧服四制》,叶圣陶编《十三经注疏》本,下册第 1694 页。

清代宗族的兴学助学及其历史意义

清代宗族教育子弟的兴学、助学主要有两种形式：一系开办学塾，通常称作祠塾、家塾、义塾、义学；一是族约及文会规范的奖学、助学制度。

族学，与祠堂、族产、族谱、祖坟同样是宗族的一种实体，也即通常所说的一种载体，也是宗族建设的必要内容。宗族办学和奖学，希望以此培养子弟而光大门庭，提高宗族的社会地位。然而不是大多数宗族有条件实现的，能够办学者，也因财力等缘故，开办不同类型的学塾。办学和奖学方针很明确，是品学并重，目标是培养官宦和端人名士，为此聘请明师，制订学规和奖励章程，以提供脩金、膳食、奖励等方式支持族人学业和科举应试。宗族的办学助学活动，加强自身建设的同时，促进地区文化教育的发展，有利于人们的社会流动，并形成民间社会助学的优良传统，成为后世可资借鉴的文化资源。

一、宗族、家庭培养光宗耀祖仕宦高义人才的共识

宗族在"四民士为首"的认知下形成培养士人的理念，倡导族人读书，希望造就致君泽民、光宗耀祖的官宦、功名人士，成为望族或维持长盛不衰。宗族深知造就人才，需要族人克服读书有碍谋生的思想障碍，同时需要宗族用自身力量办学、助学，对可望成才的贫寒子弟应予特别关照。

(一)宗族看重四业中的士业，倡导家庭克服困难有目标地培养士子

在清代社会，"四民士为首"的传统观念深入人心，"士"为人们所崇仰，是平民向上社会流动的渠道，虽然崎岖难行。宗族与社会人士一样，认为四民之业是正当的，而四民中又以士为贵。广东宝安鳌台王氏《家规》谓"士为四民之首，一言一行，族之所仰望"①。广西平乐邓氏《家训》则云"士为四民之首，读书

---

① 乾隆宝安《鳌台王氏族谱·家规》，民国印本。

谈道"①。山西离石于氏《家训》亦说"四民之首曰士"②。表明崇尚士人为各个宗族的共识。既然如此,士的职业就是理所当然的追求目标,是以宗族谆谆教导族人家庭要让子弟自幼读书,向士人地位迈步。安徽休宁吴氏《家规》要求:"子孙自六岁入小学,十岁出就外傅,十五岁加冠入大学。当聘致明师训饬,必以孝悌忠信为主,期底于道。"③要求家庭从六岁开始教儿童识字,到十岁接受聘请的塾师教育。江西兴国刘氏宗规有"立学校"专条,要求各家设置家塾:"为父兄者各宜置立家塾,延师课读,勿使(子弟)荒业以嬉。"④

　　六岁读书,是对所有的儿童而言,具有普遍性,然而人的智慧不一,志向有异,不是每个人都能成为士子的,所以宗族又建议家庭按照青少年的材质确定培养方向,在士农工商四业之中选择一个,而着力打造那些可以成才的子弟。安徽池州仙源杜氏家训"定衡业",谓人无一定之业则无以为生,而士农工商皆为恒业,准确定位一种即可:"凡为父兄者,须量子弟材质之高下、身体之强弱各治一业,不可听其游惰陷入下流。如天资明敏专志读书足以显亲荣祖者,一族不可多得。"⑤歙县胡氏族规说出同样的道理:"四民职业立身成家之本。天姿秀美者读书得名,邦家之光,宗族之荣;次则力田,丰年亦农夫之庆;又次执艺营生,挟赀贸易……为父兄者各因其材,慎择师友,毋从匪彝;为弟子者,务宜专精其业,重望成名。"⑥四川铜梁安居乡周氏《训规》的"务本业"条认为,人生之事业不一,而耕读为重,其"秉性愚鲁者,可令务农"⑦。各个宗族的宗规祖训共同地认为族人应在四业中选取一个行当,聪颖者从学,争取成为士人。

　　令聪秀子弟读书,需要有端正的认识,还应有一定的财力,是以宗族要求家长设法克服困难,尽力而为。读书人不能务农做工,个人生活靠父兄,更不能养家,所以世间有"读书误人"的说法,不赞成让子孙从学。浙江山阴柯桥杨占熊就此作出辨白:"世言读书误人,不如安农服贾可资日用。此第以为养生

　　① 平乐《邓氏宗谱》卷2《家训小引》,民国十三年续刊。
　　② 离石《于氏宗谱》卷5《家训》,康熙刻本。
　　③ 吴青羽撰:《茗洲吴氏家典》卷1《家规》,雍正十三年刊本。
　　④ 兴国《刘氏重修族谱》,《族规十条》,同治元年刻本。
　　⑤ 池州《仙源杜氏宗谱》卷首《家训十条》,光绪刻本。
　　⑥ 歙县《蔚川胡氏家谱》卷2,道光二年录《规条》,民国四年线装活字本。
　　⑦ 周泽霖纂修铜梁《安居乡周氏宗谱》卷1《训规》,光绪十年刊本。

之谋耳,养生以衣食为重……若读书,则明义礼,识时势,穷可独善,达可兼善,其发施当更洪大。盖农贾之食报近,诗书之食报远也。"①指出从事农商固然现得利益,读书收益不在眼前,然而却是更大的,应当放眼看去。江西清江(今樟树市)聂氏《宗训》开导族人:"子弟聪明秀丽,能肄业者宜读诗书,父兄亦宜苦赡,以大振其家声。"②"苦赡",生活苦一些,咬紧牙关坚持供养,会有好结果。贵州紫江(今开阳)朱氏家规"教子孙",要求贫困族人无论如何也让子弟读书:"今为吾族约,凡有子有孙者,无论家之贫富,当蒙稚时即宜延师训课,严加管束,倘家计艰难,亦当使之附学从师,学习礼仪。"③就财力问题而言,宗族的意思是读书需要投入人力、财力,唯其如此,才会有大的回报。

宗族重视士人士业,向往族内出现士子,但是又是务实的,懂得产生士人不易,虽然强调族人克服困难争取让子弟受到文化教育,并不一味强求个个走士子之路,而是因材选择四业中的一种,培养可以造就的聪颖子弟。

(二)造就人才的具体目标与望族的追求

青少年读书,不是每人都能成为士人。宗族深明其理,所以对读书人表达四种愿望:上好者获得功名和出仕;次则为衿士;能成为雅士贤人,望重乡里,非常好;即使仅仅识字、知理也不错。有这四种人,宗族在乡里的声望、发言权会随着提升,会成为望族,就不会遭受他人、他族的欺凌。安徽绩溪南关许余氏惇叙堂《文会序》将这种愿求表述得甚为清晰:"学文以明道,则将敦品诣、饬纲常、美风俗,出则致君泽民而有功于国,处则型仁讲让而有功于家,谓非宗族之光哉!"④出仕致君泽民有功于国家,处室为贤士有益于乡里,均为宗族增光。江西浮梁郑氏宗训:"各瞳子姓要先读书,或以缙绅,或以青衿,皆可以增光俎豆,荣施宗族。"⑤品官、生员的祭礼、丧礼规格高于庶人,宗族有了官绅,提高了丧祭礼规格,所以郑氏才说增光俎豆,光耀宗族。平乐邓氏开办义学记,以为学童"异日振乡溪水,奏绩云台;入两秀之里,群夸俊秀重生,登十贤之堂,咸仰英贤崛起,其食报正未有艾也"⑥。登"云台"为显宦的不世出之荣

① 《山阴柯桥杨氏宗谱》卷 1《家训》,光绪二十年刻本。
② 聂典训等修清江《湖庄聂氏四修族谱》,《宗训八条》,光绪二十四年刊本。
③ 开阳《紫江朱氏家乘》卷 4《旧谱家规十二则》,民国二十四年刻本。
④ 绩溪县南关许余氏惇叙堂宗谱》卷 8,《文会序》,光绪十五年刻本。
⑤ 浮梁祁门《郑氏宗谱》,《祖庙训》,咸丰刻本。
⑥ 平乐《邓氏宗谱》卷 2《儒纬公义学记》,民国十三年刻本。

誉；"振乡溪水"，山水增色，只有立功、立德、立言的大贤才能做到。

凡此，均表示宗族对读书人寄予无尽的厚望，因为宗族的光辉也涵盖其中。绩溪高氏还看到读书仕宦之人固然为族增光，而因读书成为道德高尚的人有同样的作用，故《祖训·兴文教》云，"族内有读书人则能明伦理、厚风俗、光前而裕后，其关系非浅，又不但科第仕宦为宗族光已也"①。铜梁安居乡周氏知道获取功名不容易，退一步地说："即功名多舛，不能掇巍科以光耀祖宗，而品学兼优亦可作塾师，以教育子弟。"②能做塾师亦是好事，宗族绝不失望。乾隆间进士出身的江苏青浦人王昶独立兴办祠塾，谓能培养出异才固然好，做不到，也是令子弟成为正人君子，而不致入于下流小人："即或仅为博士弟子或并博士弟子不能，而八岁入塾，二十三岁出塾，十五年中日闻先生之教，日诵诗书礼乐之训，其于仁义道德孝弟中心之旨，必稍有所解且习以规言矩步，即有嚣凌亢暴放恣佻达之徒，磨砻渐革，变气质，移性情，上之可几君子，下亦不至小人之归，则有益于人才者甚大。"③总之，子弟读书，宗族自然希望获得功名、科举出仕，大增光彩，不过也很实际，切知功名难求，族人能够读书明理，就是人才了，就很难得。

有了秀才及其以上的功名之士，宗族的面貌就改观了，会多少改变平民素族的处境，可能上升为名门望族。清代四川南溪县民风"慕科第"，读书人"获青衿便登士族，门户攸寄，藉免侵凌"，如若中了举人、进士，其家人就会称雄乡里，结交官绅，成为望族。④若无士人官宦的宗族，难免被人欺辱。清初山东即墨杨氏强调"唯有读书高"，一位太学生说："子弟不用心读书，便是不肖。书香若断绝，尚成何人家！异日倘有长进，固可显荣共之；即使无所成就，家庭和睦，外人亦不敢欺凌。"康熙间杨文敬说："人家子弟惟读书为美事。除却读书，皆是贱业。人家子弟肯读书，便是家门兴旺之兆。"⑤杨氏对读书功用有两种理解：取得功名仕进最理想，否则读书明理也不受人欺负。在清代宗法性社会，尤其是在乡村，不同宗族的人为争夺自然资源和生存空间常常发生纠纷，

① 高富浩纂修绩溪《梁安高氏宗谱》卷11《高氏祖训十条》，光绪三年活字本。
② 铜梁《安居乡周氏宗谱》卷1《训规》，光绪十二年刻本。
③ 王昶：《春融堂集》卷37《祠塾规条自序》，清刻本。
④ 民国《南溪县志》卷4《礼俗》，载《中国地方志集成·四川府县志辑》，巴蜀书社，1992年，第31号第615页。
⑤ 《即墨杨氏家乘·家训》，道光刻本。

有功名之士能和官府沟通,就能控制社区,平民宗族就会被欺凌,即使没有遭到欺辱,也会感到压抑,所以宗族希望出人才,出官绅,成为望族。

(三)宗族实现培养士人理想的必行手段:兴学与助学

读书需要投资,宗族懂得这个道理,才教导族人"苦赡",但是族人设立家塾,聘请塾师,谈何容易。从蒙学开始到参加科举的学子,用度非常可观。休宁茗洲吴氏在《学田议》讲到脩金、膳食、笔墨、图书、交通、住宿、交际等费用:入学有脩脯执贽之仪,有礼传膳供之费;稍长能作文,有笔札之资、图籍之用、膏火之需;出而应试,有行李往来之供;平时从师访友,有旦夕薪水之给,朋友庆吊酬酢之情。如若参加乡试、会试费用更是巨大。这么大的财力支出,远非一般人家所能负担,必定迫使众多有望成才的学子辍业,而如果有外力资助,解除其后顾之忧,他会"定志于学",成为人才。[①]所以宗族知道仅仅呼吁求学,难于将愿望变成现实,宗族必须自身办学、助学。

吴氏认识及此,所以备置学田,作为长期支持子弟向学的专门经费。学田,还有一些宗族将同一性质的田产名为义田。这类田业,成为宗族兴学和助学的物质保障。与吴氏有共同认识的平乐邓氏宗族的邓孔盛认为"世非无学",然"无义学以倡之",为此与诸父兄弟倡议兴义学,得到众人首肯,由是施田亩,捐银谷,将祠塾办成。[②]办学,是宗族用自身财力开设招收本族子弟的学塾,其类型有多种;助学,也是宗族用自身财力资助子弟学业,其方式方法亦是多种多样的。具体情形留待下节叙述。

宗族办学,招收对象,应是族内所有学龄的青少年,具有普遍性,然亦有重点;助学虽亦有普遍性,不过更多地面向成绩优异学子,实质上是关照颖异子弟,即"吾家千里驹"那类人才。以《朱柏庐治家格言》出名的朱用纯名言"子孙虽愚,经书不可不读",紫江朱氏以同宗尤为笃信,家规要求所有子弟读书,而不论其资质如何,只是目标有所不同,对所有子弟普遍进行的是做人教育:"子孙当童蒙时,无论智愚贤否,皆宜使之就傅受学……使知孝悌、忠信、礼仪、廉耻为生人须臾不可或离之事。"聪慧者、肯于钻研者则望其成才:"聪明颖悟之子,或质虽中人,而沉潜笃实,雅堪造就者,即令其留心学问……以求身心性命之学,并出其余力以为制科决胜之文,俾得发名成业,展其所学,光

---

① 吴青羽撰:《茗洲吴氏家典》卷2《学田议》,雍正十三年刊。

② 平乐《邓氏宗谱》卷2《儒纬公义学记》,民国十三年印本。

辅国家。"①休宁古林黄氏《祠规》"隆师傅"条云:"人无论贵贱,质无论智愚,皆当择师傅以为之训迪。"②亦主张普遍教育。

绩溪高氏《祖训》在普遍要求族人读书知礼义之中,对"子弟佳者,则为之读书,使家贫无力,宗族宜加意培植"③。江苏震泽任氏家塾的招收对象是聪慧者:"必才质颖异及沉敬好学者,同族周知,愿入家塾,于每岁开课日报名入塾。"④宗族愿望子弟读书,不过寄希望于天资明敏专志读书者,而且知道这种人不可多得。宗族着意栽培天资秀美者,经济资助,精神鼓励,职业安排,在在为其着想。他们是宗族光大门庭期望之所在。这同时是符合历史传统的。

古代早就形成"吾家千里驹"的观念,钟爱之异于常人,使之成为门户所寄。清人亦复如此。雍乾时期的大学士、江西高安人朱轼即被族老视为千里驹,得到多方面关照,包括祈求塾师的特别训导。他功成名就后回顾及此,感慨万分:"自予总角入塾,辄为族中长老所爱怜,明子伯尝语塾师曰:'此吾家千里驹也,为我善教之。'年二十泮游,举族来贺,长老咸谓所望于子不止是也。康熙二十六年(1687)迄三十二年三次试乡闱,斗米只鸡之赠甚夥。吾家乡试者不少,而予独为族人所亲厚。比计偕北行,长老送予门外,慰勉丁宁,依依不忍舍,迄今一记忆,不觉泪下也。"长老请塾师对朱轼多关照、赶考时浓情厚意之送行赠物,成为激励朱轼的巨大精神力量。⑤绩溪胡传也是被族中长辈选中的读书苗胚,他少年进入家族茶庄做学徒,乃伯胡星五赏识之,认为有如此资质之青年子侄,不该在茶叶店里埋没了,长辈共同决定,让他专心读书,以便参加科举。⑥朱轼、胡传都成才了,没有辜负宗族厚望。精神上的鼓励很重要,安排青少年就学也重要,而财力的支持、宗族的兴办族学更是不可缺少的。

在传统农业社会,人们根深蒂固的生活理想是耕读传家,耕是生活之本,读是攀登社会阶梯的唯一通途。读,即走科举之路。因此教子弟读书,是家庭、宗族的共同大事。为此宗族建设祠塾和公有经济的学田,作为培养人才的门径和物质条件,以提高宗族社会地位。

---

① 开阳《紫江朱氏家乘》卷4《旧谱家规十二则》,民国二十四年刻本。
② 《休宁古林黄氏重修族谱》卷首下《祠规十六条》,乾隆十八年刻本。
③ 高富浩纂绩溪《梁安高氏宗谱》卷11《高氏祖训十条》,光绪三年活字本。
④ 任兆麟:《有竹居集》,《任氏家塾规则十条》,清刻本。
⑤ 朱轼:《与族人书》,《清经世文编》卷58,第1488页。
⑥ 胡适:《胡适口述自传》,唐德刚译注,华东师范大学出版社,1993年,第9页。

二、宗族兴办族学及礼聘塾师、教育方针

宗族创造条件设立祠塾,为办得成功,明定学规,着意聘请品学兼备的塾师及实践尊师重道的原则,规定德育第一、智育第二的教育方针,与此相配合选定基本教材,倡导循序渐进、重视践履的教学方法,制定生徒守则和奖惩方法,期望培养出众多人才,为宗族增辉。

(一)族学的开办

预备学舍,延聘塾师,或者还要提供学生的膏火费,唯有财力雄厚的宗族,或财力有限而有特别热心人经营的宗族,实现办学的愿望。清代有一些宗族和族人开办了族学,而且有宗族专项公产作为支撑,不过内中有两种情形:一是有专设的学田、义田,另一是宗族别有公共财产,给予祠塾以一定的拨款。在宗族直接办学之外,有族人在宗族聚居的村落开设家馆,与宗族关系甚为密切,这里一并述及。

有学田的宗族办学,前述青浦王氏、平乐邓氏即然,此外颇有一些。江苏苏州丁氏济阳义庄,开办义塾,有房屋十二楹,集书三万卷,读书田三百亩,给子弟修膳、应考费。[1]元和娄关蒋氏义庄,设在虎丘山塘者,置田三百亩以赡族中子弟读书。[2]光绪间吴县陈宗浩义庄办学塾,尤加关注不能从师的贫困子弟,予以资助。[3]元和曹氏设书田一百亩,"饩本支子孙读书者";设义塾田九十亩,饩同祖以下子孙读书者。[4]早在清朝初年,献"平台十策"的福建漳浦黄氏族中的黄性震,置立义塾,令阖族读书其中,置书田,收租四百石,为膳脩膏火之费。[5]乾隆十八年(1753),建宁县在籍知州徐时作捐学田十亩。[6]在乾隆以前,浙江会稽章应奎捐田产二十亩创办义塾,教授近族子弟中家境贫乏者。[7]四川横县傅氏,光绪初创办族学,由进士傅润生倡议,族人酿赀积谷,得钱千

---

① ② 民国《吴县志》卷 31《公署四·义庄附》。

③ 俞樾:《春在堂全书·杂文六编》卷 1《吴县陈氏义庄记》。

④ 李兆洛:《养一斋集·文集》卷 9《曹氏祠田碑记》,第 112 页。

⑤ 蓝鼎元:《鹿洲初集》卷 7《黄太常传》,《四库全书》本。

⑥ 《清高宗实录》卷 437,乾隆十八年四月下丁未,中华书局,1986 年影印本,第 6 册。

⑦ 道光《会稽县志稿》卷 18《人物》引"乾隆府志"。

余绪,置田数十亩,建学舍,延师课读,岁以租入之数助学生束脩膏火。①

并无固定学田而有族产的宗族,常常也热衷于办学,还有人以自身财力办理族学。在族学的建设中,甘肃兰州颜氏的经营历程,颇能表现宗族办学的坚韧性。雍正十一年(1733),任职总兵官的颜审源交给族弟松如银二百两,命立家塾,课训子弟以及乡邻。遂由族正华如操持,置本街房一区,整修为学舍,共费一百四十两,其余仅供二三年束脩,难以持久。遂与众公计,择族内有力者暂代银以成厥事。每岁以族内公项塾还,共银九十两。另外出典束龙口水磨,收租为先生束脩费。仍因经费不足,将塾舍移置东关虚皇楼,卖出旧塾得价银一百五十五两。乾隆四十九年(1784)颜凤宁任族长,因子弟课读未便,集众公议,出其接收旧族长凤泗存积制钱一百串,遂将学塾移建于祠堂路北,改东关学塾为店铺,每年取租以供馆师脩金之需。乾隆五十年(1785),颜秉琼续建廊房六间,规模宏敞,春读夏弦,业已宽绰有余。②

江苏宜兴筱里任氏动用宗祠经费,于祠堂内设立义塾,聘请塾师,教授族内贫穷子弟。③广东南海九江朱氏富有公共财产,设立家塾,购置书籍,增长生徒"见闻",其购买费用,"不为拘限"④。山西灵石何氏,在道光以前设有义学,并增加脩脯经费,加之其他义举,成为族人自豪的口实。⑤直隶正定王氏办有族学,故于光绪十九年(1893)将未定稿的族谱中的家传先行刊刻,以示家塾子弟,⑥既是以家族史教育子弟,也表达对族学的看重。甘肃武威段枢,经商,纳粟为监生,族人中多有生员、童生,办有家塾,他于光绪十一年(1885)延聘李对菴教授诸侄,十四年(1888)利用油房为学舍,聘请赵一堂教授诸侄及亲属子弟读书。⑦

学塾之中,有的是塾师个人开办的家馆,似乎与宗族无关,其实不然,因为来就学的主要是塾师本族子弟,学舍往往借用祠堂房屋,在许多方面受到

---

① 傅为霖辑横县《简州傅氏谱》卷6《族学序》,光绪二十六年凤山书院刊本。
② 《金城颜氏家谱》,乾隆《颜氏设立家塾记》《重修家塾记》《献助廉俸营息供奉祭祀家塾恤贫诸需记》,光绪十二年刻本。
③ 《宜兴筱里任氏族谱·义塾议》,民国十六年刻本。
④ 朱次琦:《朱九江先生集》,《朱氏捐产赡族斟酌范氏义庄章程损益变通规条》,沈云龙主编:《近代中国史料丛刊第十三辑》,文海出版社印行。
⑤ 《何氏族谱》卷7《家训八则》,道光十四年刻本。
⑥ 正定《王氏家传·后记》,光绪十九年刊本。
⑦ 《武威段氏族谱》,《太学生段公斗垣年谱》,宣统三年本。

本族关照。雍正朝礼部侍郎、皇子侍读、福建漳浦人蔡世远未仕时开家馆,所谓"数年来,集族中众子弟在家庙授业"①,就是借用祠堂为教室。陕西郃阳马氏的绛帐书舍,地址在宗祠衍绪堂后,有房屋三十余间,可容生徒六七十人。由廪生马和衢创办,其子亦为生员,继承授徒生涯。②河南项城张展书,晚年设帐授徒,族子中乃有中进士、中秀才者。③祠堂被用作族学、家馆的教室,具有普遍性,表明宗族是塾师家馆的后盾。

宗族所设之学,有蒙学、经学两种。前述吴县陈宗浩的陈氏义庄开设的家塾,分为经塾、蒙塾两斋。④南海朱氏着意搜购经史书籍,王昶祠塾拥有图书四万卷,金石文字一千余卷。⑤这类祠塾虽系蒙学,但留心提高办学层次,力图超出蒙学范围。宜兴任氏义塾是蒙学,因为办理经学,费用浩大,力未能举,故而表示徐徐再议。⑥蒙学,为童生考试之用。经学,或称举业学、书院,为学子参加科举做准备。限于条件,宗族祠塾较多的是蒙学。

宗族为办好祠塾,制定管理规则。震泽任氏为祠塾拟订《任氏家塾规则十条》,明确办学方针、方法,含有四项内容:办学目标是培养合乎主流社会要求的精英,即"选才俊""习威仪""严考课""藏书籍";尊师重道,选择德才兼备塾师,是为"重师范";奖惩严明,尤重惩治怠惰和有不良行为者,故有"戒庞杂""禁外务""惩败类"诸条;严格管理,是为"慎司事"。任氏的十条学则,实系宗族办学典型规范。

(二)聘请塾师

宗族懂得塾师是办好学塾的要角,因为塾师既要言教,更需身教,直接影响生徒思想品德和行为,必然对塾师要有选择地聘请,并持隆师重道的原则。休宁古林黄氏《祠规》"隆师傅"条说到子弟从学,"当择师傅以为之训迪"⑦。道出对师傅"隆"和"择"的两种要求。平乐邓氏《家训》"隆师道":"语云'师道立则善人多',此自古来治国治家者所以必隆师重道也。倘轻忽骄傲,不但功名

---

① 蔡世远:《二希堂文集》卷11《庚子秋帖示族中子弟》,《四库全书》本。

② 《郃阳马氏宗谱》,《绛帐书舍记》,民国二十五年增订本。

③ 张拱宸等修《项城张氏族谱》,子部,《炯公公、香雪公、仲蓬公、桐轩公、廷硕公合传十二世》,民国廿五年天津文岚簃印书局仿宋排印本。

④ 俞樾:《春在堂全书·杂文六编》卷1《吴县陈氏义庄记》。

⑤ 王昶:《春融堂集》卷37《祠塾规条自序》,清刻本。

⑥ 《宜兴筱里任氏族谱·义塾议》,民国十六年刻本。

⑦ 《休宁古林黄氏重修族谱》卷首下《祠规十六条》,乾隆十八年刻本。

难就,风俗亦不雅观矣。故弟子当一心听从,以求明理之实;即父兄亦宜加意崇重,以尽育才之心。"①无疑"隆"和"择"是宗族对待塾师的基本态度。池州仙源杜氏《家训》有"敬师友"条,突出"敬"字,因为尊师重道,师傅才能尽心教学,否则只有庸才才会受聘:"师不严则道不立,品端学邃之师当终身敬之,不可怠慢,否则严师不屑教诲,而苟就者皆庸师矣。"②择师需要有其标准,宗族的基本要求是震泽任氏《规则》说的"有学有品",但是任氏提得太简略,而其他宗族在原则之中又具体化一些。

休宁茗洲吴氏家规聘致明师的条件是:"延迎礼法之士,庶几有所观感,有所兴起,其于学问资益非小,若咙词幻学之流,当稍欷之,复逊辞以谢绝之。"③老师应为礼法之士,如若只是懂得词藻,即应当辞退,强调的是品德。南海九江朱氏家塾"敦迎甲乙科中学行兼备者为师,其有素孚士论、畜道德而能文章,则不以科第论"④。礼聘进士、举人为师傅,规格已经很高,还要选聘德高望重兼能文之人,标准就高得出奇了,不过德才兼优者功名稍次亦不排斥,所以最为重要的还是德性。各个宗族敦请师傅,无形中形成共识,即聘请有德名师,让他以身作则,在品德上成为学生的楷模;他明于学理,令学生学问上能有长进;为此不得苟且,一定要杜绝庸师。

聘名师、敬师傅、却庸师的愿望,应当在塾师束脩、膳食等方面表达出诚意,才能如愿。南海朱氏每年给师傅脩金银二百两,膳金银四十两,另送贽仪、节仪、迎送夫马银二十两。⑤待遇出奇地优厚。宜兴筱里任氏的开蒙义塾,岁给塾师脩金十六两,另外负责先生膳食,酌量给予银米。⑥兰州颜氏义学,起始付给塾师束脩十二千文,后因义塾经费来源不稳定,不能按时付给,自家感到"不免礼数不周",后来脩金减少至八千文,⑦如此自然难以请到理想的塾师。看来族学能否请到名师,取决于宗族的经济能力,富足者易于办到,经费不充者难于实现,不得不请庸师充数。脩金的多寡,直接反映尊师重道的态度,没

① 平乐《邓氏宗谱》卷 2《家训小引》,民国十三年印本。
② 池州《仙源杜氏宗谱》卷首《家训十条》,光绪刻本。
③ 吴青羽:《茗洲吴氏家典》卷 1《家规》,雍正十三年刊本。
④⑤ 朱次琦:《朱九江先生集》,《朱氏捐产赡族斟酌范氏义庄章程损益变通规条》,沈云龙主编《近代中国史料丛刊第十三辑》,文海出版社印行。
⑥《宜兴筱里任氏族谱·义塾议》,民国十六年刻本。
⑦《金城颜氏家谱》,乾隆《颜氏设立家塾记》,光绪十二年刻本。

有像样的脩金,师道尊严体现不出来,先生就很难自觉地、有高度责任感地从事教学,难于耐心教导、严格要求学生,《三字经》所说的"教不严,师之惰"的情形就不可能避免。所以宗族办学必须有物质条件,光有满腔的热忱和理想的愿望难奏肤功。

(三)首德行次文艺的教育方针、教材与教学法

前述宗族对塾师的德才兼备要求,业已很大程度上表明宗族办学方针,是德育品行第一,智育学业第二,培养品学兼优学子,与此相应的是教材、教学方法的确定,以及生徒守则的制定。

"先德行次文艺"的教育方针。唐朝初年、礼部尚书裴行俭说:"士之致远,先器识,后文艺。"①对士人提出德先艺后的做人次第要求,被清朝人奉为座右铭,列入祖训,运用到教育上,排定德育、智育的秩序和地位,即德育第一,智育第二。宝安鳌台王氏拟定于乾隆五十九年(1794)的家规即以此为要求族人的依据,其"端士习"条说道:"裴行俭云:'士先器识,后文艺。'惟士宜上体朝廷重士之意,祖宗劝学之心,躬行实践,砥砺廉隅,乃无愧一乡领袖也。"②常州姚氏、休宁黄氏、湖南涟源李氏和零陵龙氏宗规,均有"职业当勤",或"修职业"条,文字几乎完全相同:"所谓勤者,非徒尽力,实要尽道。如士者,则先德行,次文艺。"③皆持德育第一、智育第二观点。平乐邓氏认为义学,可以使得"入小学者得所籍,可登小子有造之班;十五以上入大学者多所赖,可跻成人有德"④。强调的不是获取功名,却是德行,将祠塾视作教育子弟做人的场所,表现出德育论者的观念。四川威远人、同治庚午科(1870)解元傅光弼讲到义学,也是学做人,才能移孝作忠,敬事长上,所谓"学亦学为人而已矣,贤父兄明夫养正之道,必使入为孝子,为悌弟;出则忠可移于君,敬可移于长"⑤。学童即使进学成为生员,同样应遵守本分。

既然德一业二,在族学教育中的贯彻,即令生徒按照朝廷要求,学习指定

---

① 《新唐书》卷108《裴行俭传》,中华书局本,第13册第4088页。
② 乾隆宝安《鳌台王氏族谱·家规》,民国重刻本。
③ 常州《辋川里姚氏宗谱》,《宗规》,同治刻本;涟源《李报本堂族谱》卷首《宗规》,民国五年报本堂活字本;《休宁古林黄氏重修族谱》卷首下《祠规》,乾隆十八年;零陵《龙氏六续家谱》卷首下《家规》,民国十年敦厚堂木活字本。
④ 平乐《邓氏宗谱》卷2《儒纬公义学记》,民国十三年续刊。
⑤ 傅为霖纂辑横县《简州傅氏谱》卷6《族学序》,清光绪二十六年凤山书院刊本。

的德育书籍、文告。"圣谕六条""圣谕十六条"和《圣谕广训》,在官学必讲,同时朝廷一再下令在民间宣传,要深入到义学祠塾。嘉庆间臣下议奏设立义学,清仁宗谕内阁:"义学使童子粗识文字,即能诵习《圣谕广训》,并通晓经书大义,庶几变化气质,熏德善良。"①清宣宗对于《圣谕广训》的宣讲更是着力,令儒臣结合当时社会情况予以阐释《圣谕广训》中的"黜异端以崇正学"一条,编撰四言韵文,颁行各省,启发愚氓。清文宗并谓"性理诸书,均为导民正轨,着各直省督抚会同学政,转饬地方官及各学教官,于书院家塾教授生徒,均令以《御纂性理精义》《圣谕广训》为课读讲习之要,使之家喻户晓,礼义廉耻油然自生,斯邪教不禁而自化,经正民兴,庶收实效"②。皇帝倡导于上,宗族实践于下。族学教授生徒以《圣谕广训》《御纂性理精义》③等伦常教化读物为课本。

族学的基本教材和主要学习内容,兰州颜氏十一世族长颜穆如运用朱熹"白鹿洞规"的原则制定的《家训》所规范的是一种典型:读书,应有次序,也即循序渐进,最当先读的是《小学》,次为《四书》,复次《五经》,"以立主敬存诚之基",即懂得三纲五常之理;《通鉴》《性理》,及长读之。"一以广见闻,知本原,一以考典故,知事理。知行并进,久久自当贯通,乃是有体有用之学。"颜穆如同时指出:"今国家取士,亦于《小学》《四书》《五经》《性理》《通鉴》中求人才。今之学者……徒事呫哔、工帖括,以钓声名、取利禄,其于古昔圣贤教人为学之意不合矣。吾宗子孙,其知所尚也。"④意思是族学所读之书,与朝廷科举取士的要求完全一致,但是不能为科举而读书,而应从立品出发,去学到这些书籍的精髓。他所指明的族学教材是小学、四书、五经和史书。所说的《小学》,是幼童开蒙读物,朱熹撰辑《小学》内外篇,杂取经传中关于少年儿童礼仪的内容,以启迪之。对后世影响甚大,元明清为之注释、增益者多达百余家,清世宗为之作序,顾八代译成满文。

祠塾一般的情形是先读《小学》,而后学"四书"。常州辋川里姚氏宗规要读的书籍和学习方法是:"七岁便入乡塾,学字学书,随其资质,渐长有知识,

① 《清仁宗实录》卷329,嘉庆二十二年四月壬辰,中华书局,1986年影印本,第5册第3352页。
② 《清文宗实录》卷23,道光三十年十二月己巳,中华书局,1986年影印本,第1册第335页。
③ 《御纂性理精义》,康熙五十六年大学士李光地奉敕编纂。
④ 《金城颜氏家谱》,《家训十条》,光绪十二年印本。

便择端悫师友,将正经书史严加训迪,务使变化气质,陶镕德性。"①这是先学识字、写字,次学"正经书史",应当与兰州颜氏书目相类。紫江朱氏《家规》"教子孙"述及家学内容:子孙当童蒙时,先课以《孝经》《小学》,随授以《四书》《六经》,为之讲明大义。深造者,即令其留心学问,凡《周礼》《礼仪》《国语》《国策》,先秦两汉之书,诸子百家之传,唐宋八大家,明代隆、万、启、祯之文,及程朱语录,靡不朝夕研究,"以求身心性命之学,并出其余力以为制科决胜之文,俾得发名成业"②。是要求学子既重经义,又重制艺,做人、科举兼得。

绩溪东关冯氏将书籍区分为宜读与禁读两类,认为"稍识字义,即宜以《小学》、吕坤《呻吟语》、陈宏谋《五种遗规》及先哲格言等书,常常于之观看;弹词、小说最坏心术,切勿令其入目,见即立刻焚毁,勿留祸根"③。休宁茗洲吴氏要求举业者多读圣贤经书,"不得分心诗词,及务杂技,令本业荒芜"④。冯氏、吴氏特别提出禁止阅读弹词、小说,不得分心诗词,是认为弹词、小说迷人心性,可能走入迷途,而诗词分散精力,可能荒芜本业,所以反复强调专心致志于攻读小学、经史。

祠塾在学习方法方面,关注于循序渐进、知行结合的原则,以及一些具体的阅读、写作方法。循序渐进教学,在前述教材安排次第上已经表现出来,生徒从识字的《小学》入门,次第于经史,一步一步加深,会收到预期效果。

在具体阅览、写作方面,即墨杨文敬全面阐述读书、质疑、深思、坚持、理解,以及作文、作诗方法,并且不惮其烦细加讲喻。他重点讲书要熟读及其原因:读书当有程限,每日功课不可过少,亦不可过多;过多则觉困苦无趣味,且将厌而思去;读书不可贪多,只是要熟;"昔人云,读书千遍,其义自现。孔子大圣人,尚韦编三绝,何况中人以下"。他讲读书要善于提出疑问,才会有自己的理解:读书有疑义,正须质问,不可忽略,不可强解,一有此病,便终身不能了彻;读书须要逐句逐字寻思,昔人尝说"三到",谓口到眼到心到,若但取顺口读下,与瞎子唱曲何异;读书每篇要彻首彻尾,细寻思其脉络所在,机构所在,自可得其精神。他讲读书要坚持不懈,不可中辍,引用韩愈的话"业精于勤,荒

① 常州《辋川里姚氏宗谱》,《宗规》,同治刻本。
② 开阳《紫江朱氏家乘》卷4《旧谱家规十二则》,民国二十四年刻本。
③ 冯景坊等编辑绩溪《东关冯氏家谱》卷首上《冯氏祖训十条》,光绪二十九年活字本。
④ 吴青羽:《茗洲吴氏家典》卷1《家规》,雍正十三年刊本。

于嬉"说道理：十日所得，一朝放纵，遂已追寻不转；又用董仲舒的三年不窥园故事，提出精勤的榜样；士三日不读书，便觉面貌可憎语言无味，故书不可一日不读。他还说到作文，需要文与题通融一体，再是要多写，讲求写作技巧：凡作文字，要沉心静气，将题情题理融会贯通，了无疑障，下笔自然中窾；作文最忌俗字，街谈俚语一入篇幅，便觉生厌；文章之妙，全在波澜顿挫，但不得别生枝节；文章须是有道理，道理真，不求好而自佳；文字最忌抄袭雷同，不唯观者生厌，且低却自己品格。①

蔡世远教导生童的读书方法，是写读书心得和日记，心得尤宜提炼，故其《帖家塾》云：凡子弟生徒午饭后，各粘楮片于壁间。嘉言善行皆可书，或小学，或日记故事，或纲鉴性理，末书"某月某日某人书"。如此写心得，既可以记录、巩固学习成果，又起着"每日三省吾身"的砥砺修身作用，所以他说"既有以触发其性情，闲邪心而起善念，又有以长益其记诵"。每日写一条，每年则会有三百条。如此事不劳而月计岁计，甚有益。②兰州颜穆如《家训》，讲到学习方法要遵循朱熹的"博学之，审问之，慎思之，明辨之，笃行之"格言，勤于、善于思考，而且要同实践相结合，尤不可只为科举，与古昔圣贤教人为学之意不合。③

读书要用诸实行。在少年时代，实践以练习礼仪为重。休宁茗洲吴氏学童的礼仪教育，包括学会先圣释菜礼，"除族讲外，凡童子入塾，首春塾师开馆，及仕进皆行之，不得怠忽"④。到了青年阶段，教学内容与实践结合，就要求全面实行了。紫江朱氏家规"教子孙"述及家学方法，着重在言行合一的培养，所谓"使子孙知孝悌忠信礼义廉耻为生人须臾不可或离之事，非徒诵习传说而已，尤当身体力行，奉以终生，俾得发名成业"⑤。在实践方面，宗族的注意力还扩大到在祠塾生徒之外的生员范畴。几个宗族要求塾师将"正经书史"严加训迪，是根据世俗三种不良教育目标特意提出的：上等者唯知教子弟获取科第功名，而不及道德；次等者教之杂字柬笺以便商贾书计；下者教之状词活套，以为他日刁滑之地。⑥

---

① 《即墨杨氏家乘》，道光刻本。

② 蔡世远：《二希堂文集》卷11，《四库全书》本。

③ 《金城颜氏家谱》，《家训十条》，光绪十二年印本。

④ 吴青羽：《茗洲吴氏家典》卷1《家规》，雍正十三年刊本。

⑤ 开阳《紫江朱氏家乘》卷4《旧谱家规十二则》，民国二十四年刻本。

⑥ 涟源《李报本堂族谱》卷首《宗规》，民国五年报本堂活字本。

世间读书人有种种不端行为,好自尊大,包揽词讼,出入公门是其大端,是以康熙间离石于氏《家训》告诫生员守法,勿得非为:一做秀才,惹祸招灾,总从一念之放肆起。我愿子弟小心敬畏,虽进学,与平人无异,埋头读书。切勿呼朋引类,做出非为的事来,那时悔之晚矣。①湖南零陵龙氏告诫子弟:切勿因读书识字,舞弄文法,颠倒是非,造歌谣,匿名帖。举监生员不得出入公门,有玷行止。②要之,宗族儆戒生徒、生员端正学风,重在践履,不得因读书识字而胡作非为。宗族的践履要求,实际上是遵循朝廷规矩,如湖南桂阳邓氏在族谱的卷首刊刻《盛朝卧碑》③。卧碑,系顺治九年(1652)颁布的《训示卧碑文》,刻石立于各个学宫,实质是学规,要求生员讲求孝道、忠道,尤其是禁止交结势要,干涉词讼,妄言军民事务,结党把持官府,武断乡曲。其实所谓"造歌谣,匿名帖"往往是反映民间对吏治不清、世道不公的情绪,只是那时官府和主流意识不允许。

(四)守则与惩罚

在述及震泽《任氏家塾规则十条》时已指出它的惩罚性守则内容,其他宗族亦为贯彻教育方针、实践知行合一理想,在学规中明定奖励、惩罚制度。凡是为人不端的,即使学业不错,亦不会给予精神的、经济的鼓励,还要处罚,直至除名。南海朱氏对于家塾中受业子弟,有月课奖励、厚给膏火,对不修士行、玷污门风者,摈弃出塾;在会课中,其佻达顽劣者,虽经熟,记过不赏。④直隶宁晋张氏的会课,所谓定优劣等赏罚之,包括处罚考试不合格的劣生。休宁茗洲吴氏令青少年就读,若因循怠隋,已经行过冠礼的,也要"去其帽如未冠时",等到折节改行,再为恢复。⑤至于祠塾的奖励规则及实行,将同宗族奖学、助学一并说明。

宗族办学的方针、方法,合于当时的主流意识和世情,出现相应的效果,产生并维持一些望族。兰州颜氏之为人称道,开办族学成为一个重要原因。故而光绪十二年(1876)进士穆燏观看颜氏家谱,得知义塾之事,乃云颜氏之蕃

---

① 离石《于氏宗谱》卷5《家训》,康熙刻本。
② 零陵《龙氏六续家谱》卷首下《家规》,民国十年敦厚堂木活字本。
③ 桂阳《邓氏族谱》卷首上,光绪三十三年登秀堂木活字本。
④《朱九江先生集》,《朱氏捐产赡族斟酌范氏义庄章程损益变通规条》,沈云龙主编:《近代中国史料丛刊第十三辑》,文海出版社印行。
⑤ 吴青羽:《茗洲吴氏家典》卷1《家规》,雍正十三年刊本。

衍炽昌,"良由崇祀事、重家塾,裕后与光前,相得而亦彰,善作与善述,相济以有成,非特一人一时之力也"①。四川横县傅氏"科名之盛则简州为最",被认为是重视教育的结果:"吾宗自楚入蜀,散处各州县,支派日蕃,非风气使然,亦教之豫也。"②江苏、浙江、江西、湖南、福建、广东多望族,科举兴盛,亦是宗族办学的必然结果。至于族学的德育第一方针,期望子弟有正确的人生观、道德观,知所非、知所惧,具体说是灌输儒家仁义道德伦理。德育第一是任何时代教育方针的不易法则。问题是德育的教材长期固定之后,往往成为僵死的东西,成为教条,青少年学子觉得不新鲜,容易拒绝接受,起不到预期效果。

三、宗族赞助、奖励族人修业与进学

宗族利用公产助学有四种方式,即帮助族人求学,给予学费、膳费;会课法,物质奖励优胜者;资助与试者;奖励进学者。此外,为鼓励族人进学出仕,祠堂活动中特殊优遇有功名者。宗族的奖助,使得贫家子弟有可能读书,进考场,取功名,成为仕宦。

帮助族人求学,对于有望学成的贫生尤加关照。祠塾对就学的子弟,通常不收学费,甚而由学塾提供膳食或伙食费,如江西建昌魏定国捐献的九十亩学田,收租一半供师长膏火,一半供诸生文课饭食之费。③吴县陈宗浩义庄的学塾,每年给予贫穷子弟学费钱六千,条件是每月朔望到义庄接受检查,对学业优良者另有奖赏。④前述元和蒋氏义庄以三百亩的田租赡济族中读书子弟,不知具体方法,因学田多,供给学费、膳费,应是基本的开支。绩溪梁安高氏文会规则,孤子读书能够作文的,每年贴笔墨钱一两。⑤

会课奖励。会课,是月考,或季度考,宗族因此而定出制度,给予优胜者以银钱的奖励。南海朱氏规定,蒙童背书会课,每年举行四次,其办法与奖励是:在祠堂举行背经会课,允许族内学童年十五以下、端重朴醇者执经求试。方法

---

① 《金城颜氏家谱》,乾隆《颜氏设立家塾记》《重修家塾记》《献助廉俸营息供奉祭祀家塾恤贫诸需记》,光绪十二年刻本。

② 傅为霖辑横县《简州傅氏谱》卷6,傅光弼:《傅氏学田记》,光绪二十六年凤山书院刊本。

③ 同治《建昌府志》卷9《记》,魏定国《伯庸公祠设立义田义学记》。

④ 俞樾:《春在堂全书·杂文六编》卷1《吴县陈氏义庄记》。

⑤ 绩溪《梁安高氏宗谱》卷11《文会贴例》,光绪三年刻本。

是各长老认真面试,学童以背诵如流、默写不误者为合式。中试者,大经赏银七钱,中经三钱五分,小经一钱八分。能通背五经,每经给赏外,另加奖银一两四钱,通背七经加银二两一钱,通背十三经加银三两五钱。①宜兴筱里任氏义塾,定于每年清明、冬至后一日,本族生童俱于祠堂会课,送请高明评次,以第给赏,鼓舞后进。②直隶宁晋张氏族规:子弟能够作文者,无论已未游庠,定期举行考试,由族人中有功名者主持,分别优劣等第,进行赏罚,以示激劝。③绩溪城西周氏文会,定期于二、五、八、十一月十五日举行,入会者子弟作文二首,俱要完篇,遵有赏,违有罚,即使未曾入会,亦允许参加会课,只是不能领奖。④同县梁安高氏文会每年会课,或由本族前辈出题阅卷,或请他姓饱学之士阅卷,由首事预备师生茶饭酒席。取超等者给膏火钱八百文,特等六百文,一等四百文。⑤

资助、奖励与试者及中试者。宗族以朝廷奖励中学者为榜样,奖助子弟,予以激励。桂阳邓氏族谱不仅刊载《盛朝卧碑》,同时刊出《赏格》,将清朝对生员、贡生、举人、进士的优待条例一一载明,如优免丁粮、廪膳银、脚价银、旗匾银等,并谓"皇恩何等深重,愿吾族人共劝勉之"⑥。宗族对童生应试、生员常年考试和参加乡试、举人参加会试的子弟给予经费的支持,以便顺利完成应试;对各级中试者、生员出贡者皆予祝贺,另发奖金。考试有试卷费、车船费、住店费,都在宗族赞助之列。

直隶东光马氏规定:乡会试贫不能下场者,公项中每名助钱四吊。文童县试贴钱四百文,复试一场贴钱二百文;府试贴钱六百文,复试一场贴钱二百文;院试贴钱六百文。生员考优拔贡贴银四两。生员下科贴银四两。举人会试贴银十两。进士殿试贴银十两。⑦宝安鳌台王氏奖励与试、中试、捐贡办法:凡文武监生给予花红银一两;中举给花红三十两、扁金银五两,解元另加十两;

① 《朱九江先生集》,《朱氏捐产赡族斟酌范氏义庄章程损益变通规条》,沈云龙主编:《近代中国史料丛刊第十三辑》,文海出版社印行。

② 《宜兴筱里任氏族谱·义塾议》,民国十六年刻本。

③ 宁晋《百忍堂张氏增修族谱》,同治十二年刻本。

④ 周赟等修宛陵《绩溪城西周氏宗谱》卷20《文会》,光绪三十一年敬爱堂木活字本。

⑤ 绩溪《梁安高氏宗谱》卷11《文会贴例》,光绪三年印本。

⑥ 桂阳《邓氏族谱》卷首上《赏格》,光绪三十三年登秀堂木活字本。

⑦ 高富浩纂东光《马氏家乘》,《马氏宗祠条规》,光绪三年活字本。

会试给水手银(盘费)二十两;进士给花红六十两、扁金银十两,会元加二十两,鼎甲加三十两;翰林、部属、侍卫,照进士加六十两;恩拔副岁优贡生花红十五两、扁金二两;拔贡、优贡赴京廷试,水手银二十两,例贡六两;生员一两,另给印卷银一两,廪生捐贡生加银三两,增生捐贡生加银二两,附生捐贡生加银一两。①福建延平鄢氏议赠祠银:中文武乡榜赠四十两,进士八十两,钦点翰詹及五贡皆有赠银,例捐贡职则予匹彩披红。②

宜兴筱里任氏赏给生徒和有功名者的花红是:童试给卷资一千八百文,岁科二试给卷资七百文,乡试给盘费三千文,会试给盘费十六千文。进学十千文,明经十二千文,举人十六千文,解元加倍,折戏钱同,进士二十四千文,折戏钱同,钦点庶常二十四千文,会元加倍,鼎甲再加倍,殿撰再加倍。③湘乡匡氏道光间的奖励办法:入泮者祠堂具贺礼四十千文,岁入廪膳者贺礼六千文,拔贡者贺礼二十千文,中举者贺礼一百千文,诣京会试者助费二十千文,至于会殿登科,更其重贺。又定,县府试列前十名者各赏钱二千文,终场者赏钱一千文。④四川隆昌郭氏于嘉庆二十年(1815)春祭之际,合族会议决定:祠堂公项余赀,入学者每名助钱一十六千文,中举者每名助钱四十千文,中甲科者每名助钱八十千文。宾兴院试,每名卷资钱一千文,在府给发;乡试每名卷资钱四千文;凡赴京应会试,每次每名助路费钱四十千文。⑤浙江山阴柯桥杨氏用宗祠公田五亩给予进学子弟,令其收租,以作读书资本;如后来又有人入泮,则前此受田者将田移交给后来者收租,以便多出有功名者。⑥这是族产不多,采取的权宜鼓励办法。

上面说到的是宗族利用物质奖励子弟求学、中试,然而精神鼓励,亦有着不可忽视的积极作用。因为族尊、长老的夸奖、期许,也是学子力求向上的动力,观朱轼求学期间,族老对他的赞许,对朱轼产生极大的鼓舞,成名后才那样深情地怀念那些尊长,就是明显的事例。

① 乾隆宝安《鳌台王氏族谱》卷3《条例》,民国重印本。
② 鄢宗云等修延平《麟阳鄢氏族谱》卷首《祠规》,光绪四年刊本。
③ 《宜兴筱里任氏家谱》,《礼》,民国十六年刻本。
④ 湘乡《匡氏续修族谱》首卷《公例》,道光八年解颐堂刊本。
⑤ 郭光埙等续修《隆昌郭氏族谱》元册,《合族公议》,宣统二年排印本。
⑥ 杨惟春等修《山阴柯桥杨氏宗谱》卷2《宗祠一切规条》,光绪二十年敦伦堂木活字本。

四、族学的历史意义

宗族兴学助学有其独特的历史价值,就其自身讲是强化建设,成为望族而长期保持。对社会产生多方面影响,即创造出一种办学方式,促进文化教育(尤其是地方文化教育)的发展;助学观念形成文化传统,泽及后世;有利于人口的社会流动。

宗族办学助学是自身建设的内容之一,令族学成为宗族的一种构成元素,并同祠堂、祖坟、族产、族谱一样是宗族的载体,增强了宗族活力。办学在一定程度上改变宗族的面貌,因为它使族人子弟得到受教育的机会,提高成员的素质,与家庭结合共同培养出四种人才,即官员、有功名者、知书达理者和识字者。这些人提高宗族的知名度和在地方上的话语权,甚至有同官府沟通的能力,从而提升宗族在区域社会的地位。宗族成员中的官员、贡生以上功名者获得竖旗杆、挂匾额,以至诰命、敕命,真正光宗耀祖,令他族称羡,宗族何其荣耀。

宗族设置学田办学助学是一项长远事业,非一时一事可比,它的持续性使得宗族可能连续出人才,从而保持宗族兴盛状态。韩凝春撰文《清代江浙族学研究》,认为族学对宗族的强、盛、善、稳起了积极作用,[①]不无道理。宗族的办学,远在清代以前出现,据王善军的研究结论,宋代的宗族义学达到前所未有的普及程度,承担启蒙教育作用,是教育生力军。[②]清代族学没有出现这种盛况,不过历代族学相承的事实,揭示宗族形成办学机制,也即形成培养人才的机制,成为一种文化传统,故而有连续性、持续性。这里所说的机制,是说宗族公产、办学、助学方法、宗族人才、宗族地位构成一个有机整体,各个部分相互作用及其过程,产生预期效果。其运作过程,若用图表表示:宗族发展在于人才(愿望、动力)—宗族公产—祠塾、文会、助学法(手段)—功名、仕宦—光宗耀祖、望族(效果)。在这机制之中,宗族因有公产而能办学、助学是关键,否则兴学助学无从谈起。

---

① 韩凝春:《清代江浙族学研究》,载张国刚主编:《中国社会历史评论》(第1卷),天津古籍出版社,1999年。

② 王善军:《宋代族塾义学的兴盛及其社会作用》,《中国史研究》1999年第2期。

宗族拥有的公产,同兴学助学结合起来,是清代宗族活动的实际情况,上文涉猎若干宗族个案不说,概括性的情形是:在广东各宗族利用公产兴学奖学是普遍现象,两广总督张之洞说:广东祠产,动逾千万,用资子孙读书。[①]广东有南海九江朱氏、宝安鳌台王氏拥厚资办学助学就不足为异了。福建建阳县民间,父祖分家之时,留一些田产为子孙读书之用,"故极贫之士颇鲜,而延师脩金从厚,诗书之遗泽孔长也"[②]。江西宜黄县棠阴罗氏支房有应宾公学田,收租四百五十斗,又鱼塘二坵,每年收鱼四十斤,[③]用以支持族学。福建、江西家庭分家,以遗产一部分作为助学公产,长期下来就变为房支公产、族产,使得族产支持族学固定化。湖南宗族奖励族人学业的"学谷",成为公共使用的专有名词。宗族培养人才机制的形成,形成习惯,成为习俗,于是产生办学助学的连续性,不断培养出人才,令宗族具有活力。

族学是学校教育的一种类型,是社会办学的一种形式,起着促进地方文化发展的作用。在清代社会,学校有多种类型,有国子学和府州县学,是官学,政府经办;书院,有各级政府兴办的,也有私人开设的;义学、社学,多由地方人士经办,宗族或作为地方一分子而参与;祠塾、家塾,宗族特立之学;家馆、门馆,家庭或个人私立之学。作为多种类型教育机构之一的族学,与主导地位的官学在作用方面不可同日而语,与高层次的书院也不处于同等地位,但作为学校的一种类型同样起着教育学子的作用,特别是官学的基层州县学,很不普及,一个县,一般情形是每三年才能有二十名童生成为秀才,进入县学,人们受教育的机会太少,族学从而弥补州县学的严重不足,成为区域教育重心。族学在教育体系中处于次要地位,但不可缺少,是促进教育事业发展的一种力量,有利于提高地区文化教育水准,并使得宗族村落成为地区文化教育中心。如郃阳廪生马和衢创办的绛帐书舍,培养了本族子弟,还接受本县及邻近的韩城、大荔、澄城数县学子求学,产生"每试冠军多出其门,而入黉宫登贤书者为数尤众,一时有'桃李公门'之颂",使得马氏村落"俨然为河西数县文

① 张之洞:《劝酌提祠产周济贫族示》,葛士濬辑《皇朝经世文续编》卷67,光绪十四年上海图书集成局。

② 陈盛韶:《问俗录》,书目文献出版社,1983年,第60页。

③ 罗荆璧等修《宜黄棠阴罗氏尚义门锦二公房谱》首卷《各公祭产·用宾公学田》,道光二十七年本。

化之重心,流风余泽亘世犹存"的局面。①马氏的社会声誉因之提高不必说,地区的文化教育也因之而发展。河南项城张桐轩的学馆,造就本族子弟,张尧松中进士、官刑部,张功辅、锡瑞、燮理、淑慎、淑川、淑允均入邑庠;他姓就学的马书成、马龙骧、刘仲连、刘仲选、李敏衡,皆有所成就,孙庆之亦早游泮水。②无疑张桐轩的学馆提升了当地文化教育水准。

传承、发扬前人助学传统,泽及后世。历史上形成的宗族办学,清代是持续发展期,并丰富、加强了宗族办学的文化意识,使之更具影响力。由于社会环境的巨大变化,20世纪以后宗族基本上失去办学的能力,但是只要可能,还会助学、奖学,时至今日,在海外华人的宗亲会仍有奖学的会章和实践,虽然宗亲会已经不是宗族,而是宗族的变异,然而传承了宗族办学助学的精神则是无疑的。大陆的宗族在20世纪80年代恢复活动之后,面对贫困子弟难于就学的现实,想到先前的宗族助学,不仅羡慕,还想学习,个别的宗族成立奖学基金会,向升入高中、中专、大专子弟发放奖学金。这就是宗族助学的文化观念泽及后世,是中华民族的一种精神财富。

宗族办学助学有助于人口的职业变动与社会流动。宗族兴学助学同科举制结合,令一些人变更职业,由农民而为与文化有关的职业人士,如做塾师、幕客、讼师、医师、风水师、账房先生等,更有少数人获得功名,进入官绅层,改变社会身份,脱离平民等级而进入特权等级。教育成为社会流动的重要因素,宗族办学就起到这种作用。社会流动是社会活力的表现,对造成社会流动的诸种因素的积极层面应予肯定。"万般皆下品,唯有读书高"的官本位意识,是中国传统文化的一种特点,宗族办学助学是在这种文化观念影响下进行的,同时也是促使这种文化流传的一种因素,所以宗族办学也有某种负面作用。

(2009年2月24日草就,载《清史研究》2009年第2期)

---

① 《邵阳马氏宗谱》,《绛帐书舍记》,民国二十五年增订本。
② 张拱宸等重修《项城张氏族谱》子部,《爓公公、香雪公、仲蕖公、桐轩公、廷硕公合传十二世》,民国二十五年天津文岚簃印书局仿宋排印本。

18、19 世纪之际的宗族社会状态
——以嘉庆朝刑科题本资料为范围

在中国第一历史档案馆(以下简称"一史馆")藏档中,有刑科题本一种,是清代地方督抚和中央三法司审理命案的记录,因其内容,一史馆又将其分类,其中由土地债务等原因形成的案件,命名为"土地债务类",再按文件形成的时间归类,嘉庆朝(1796—1820)产生的刑科题本土地债务类档案有三万二千多件。笔者于 20 世纪 80 年代中期,与一史馆研究部合作,带领南开大学历史学系一些研究生和本科生去该馆,将嘉庆朝土地债务类档案查阅一过,摘录了数百万字的资料。二十年后的今日,笔者重新阅读当年摘抄的资料,限于时间,仅仅认真读了四百余件,据以写成本文。

乾隆朝刑科题本档案,中国社会科学院历史研究所早在 20 世纪 60 年代作了摘抄,并公布《清代地租剥削形态》(1982)、《清代土地占有关系与佃农抗租斗争》(1988)两部资料选集,因而乾隆朝的刑科题本材料为学者有所利用。嘉庆朝的资料则基本上没有被研究者使用,笔者此文纯用这类史料,或许令拙文有了特点。刑科题本对案情交待得相当细致,使得我们有可能对它所反映的事物进行细部研究,故而这篇小文将用一件件档案素材说明宗族史中的细小事情,可能显得琐碎,不过对深入认识清代宗族社会状况或许有所裨益。案件发生在嘉庆年间,可是有的事情的肇因却蕴含在乾隆后期,因此它所反映的时间就不是纯粹嘉庆朝的,故而笔者所说的时间应该是 18 世纪末期到19 世纪初期的三四十年间。文章写法则是先交代档案材料所记录的宗族社会的事实,然后作一点宗族社会性质的分析。

一、宗亲间的互助与互救

嘉庆朝刑科题本反映宗族成员间的互助、互救的情形,可以区分为下述三种情况:

（一）日常互助

中保。族人买卖典当土地房屋,借贷、赊购银钱物件,要请亲友,特别是家族近亲作保证人,中人要在契约文书上签字画押,对成交的事情负责,如若借贷不能按期交还钱物,所卖田房产权有纠葛,中保要承担责任。所以做中人,常常是对卖方、借贷方的支持。

嘉庆二年(1797),四川阆中县邢洪先邀请堂兄邢洪仁作中,当给王士奇田地一分,五年(1800)十二月,邢洪先因贫穷,请邢洪仁一同到王家要求追加当价,买主不同意,邢洪仁将其妻、邢洪先将其子打伤致死。①五年(1800)十月,四川温江县刘体林将水田一段,凭中人刘兰纯,卖给堂兄刘体中,买主当即交出大部分价银,而下余部分过期不交,刘体林投告中人,六年(1801)四月向刘体中索讨,以致打死买主。②六年(1801)二月湖南邵阳县李有道将他和李信言所共有的山地一块,私自凭中人李信元卖给杨礼选,李信元出于照顾本家李有道而欺骗了外姓买主。③五年(1800)七月贵州陈家老五陈金玉、老六陈金黄请求二哥陈金万说情,向其亲戚石潮奉赊米一石二斗,三个月后陈金万代其亲戚向五弟、六弟讨要米价,竟然被两个弟弟打伤而死。④贵州遵义杨明扬无子,临终向妻胡氏说不必立后,将遗产分给侄儿,让他们轮流养活。二年(1797)九月,胡氏依照遗言,"邀凭族户,将伊夫所遗田产分予二、三、四各房子侄管业,议令每房各出银十两给予胡氏,以为养赡之资,各房应允,立有字据"⑤。上述数例的中保,均是族人、"族户",有了他们,才使得买卖、赡养契约得以成立。

立嗣。前述杨明扬不让立嗣子,像他那样有田产的人而不立嗣,并不多见,通常的情形是无子的人会在生前确定嗣子,或死后由宗族为其立继。山东邹县周某有三个儿子,为他们分家,每人得地十二亩,后来他的哥哥亡故,就将三子兴荣过继给伯母王氏,让把分给他的十二亩田带去,并且议定,王氏所

---

① 中国第一历史档案馆藏档,《内阁全宗·刑科题本·土地债务类·嘉庆朝》,第4546包;下引该馆档案,仅简单注明包号;又,该馆对土地债务类档案作了新的编号,此包号系旧有的,笔者暂时不能去查阅改变,对于需要检索的读者造成不便,尚请见谅。
② 第4589、4600包,前包题本系四川总督所作,后包是主管刑部的大学士题本。
③ 第4586包。
④ 第4593包。
⑤ 第4595包。

有的七亩田,在其故后,三子平分。①这就不仅是为兄长立后,还在经济上关照亡兄遗孀。安徽泾县王道传,在其三弟故世时,将次子王延沃过继给他,继承其三亩田业,王延沃仍随生父生活。②福建漳浦县丁秋无子,自幼抱养陈旺子的儿子殿邦为子,其弟丁节又将儿子丁章过继给他,及至丁秋夫妇故世,其兄丁弄收养殿邦,嘉庆六年(1801)族中分公项银,丁弄三兄弟共分到三十千文,三房均分,丁章与殿邦作为二房共得一十千文。③河南唐县康起玑出继为人后,不知是否有子,但是没有孙子,遂以康万良为继孙。④陕西渭南李澍修自幼出继族叔李光启,⑤这是过继给出了五服的族人,与给近房叔伯不同。家族为无子的族人立后,起着维系家庭的作用。

资助。宗亲相互帮助是常有的事情,以致承担债务。四川乐山宋氏妇女,先嫁范姓,夫死携带其女改嫁魏文才,将女儿改姓魏,并于嘉庆五年(1800)招赘王老么承继魏家,魏文才死,因其贫困,经本家魏万有、魏文清等议定,将家族的公共桑地出产供宋氏母女生活之用。⑥由此看来,魏姓家族,不歧视再婚妇女,还悯其困难,给予公产出息的顾恤。湖南安化陈明信在舅舅邱庆云家做工,舅舅不能及时给工钱,乃牵了他的牛卖钱,外出做生意,而别人说他盗牛,他的伯父陈道方怕他吃官司连累自己,出钱将牛赎回,以便他回乡拿牛去换工钱。⑦邵阳县徐立祥与堂叔徐亲南田地毗邻,共用坝水,该徐立祥用水灌田的日子,徐亲南予以堵塞,引发争闹,徐亲南却邀族人徐立任等人,指责徐立祥"触犯尊长",应该出钱赔礼,徐立祥不予理会,外出贸易,徐亲南又约徐立任等将徐立祥哥哥徐立珍的牛牵走,寻经族人劝解,由徐立珍出钱二千四百文交给徐亲南,换回牛只,以息事宁人。⑧以上有关牛只的两个案子,都是尊长出钱以图消弭事端。

收容。收留没有直系亲属的宗亲。四川峡江曾欢保,父亲死了,母亲改嫁,到剃头店当帮工,嘉庆五年(1800),十七岁,打架受伤,伯叔祖收留他在家养

---

① 第 4606 包。
②⑥ 第 4588 包。
③ 第 4712 包。
④ 第 4564 包。
⑤⑦ 第 4574 包。
⑧ 第 4592 包。

伤,然而伤重死去。①

干活。族人有急事,找宗亲去帮助做活,是极其平常的事情。广东潮阳梁阿磬于嘉庆五年(1800)闰四月二十五日放牛时突然腹痛,就请在地里割草的族人梁阿汉代为照顾牛只,自家回村歇息。②浙江仙居人应文标将田租给张钦法耕种,嘉庆三年(1798)向佃户借钱三千六百文,五年张钦法就扣租抵欠,六年夏收应文标去收割一半麦子,到七月三十日夜间,叫侄儿应希杰帮忙去抢割稻子,被张钦法发现,应希杰竟被张钦法的侄子张组富打死。③像应希杰这样应招帮忙的事,在笔者所见的档案里发生了多起,其实张组富也是应叔父之招而来的,从而惹了祸。

吃请。俗语的"家常便饭",用在宗亲生活中是贴切的,宗族活动和宗人家庭有事,宗亲间会有餐饮之举。嘉庆六年(1801)二月二十三日邵阳李信言与从侄李仲文、族兄弟李信荣、妻弟蒋老三在家"吃祭祀酒"④。

(二)急难之时的救助

"患难之交",中国人最为珍惜,也最为称扬。宗亲之间常常出现患难与共的情形,特别是在近房之间。出手排难,有多种情形,因血缘关系的疏密,区分出远近。人们之间的相互救助,采取由近及远的原则,首先是兄弟叔侄相助,挨次是五服内亲、族人之间相助,外出谋生中更是宗亲相帮。为亲人排忧解难,甚至不计自家的利害安危。救助不仅是对付外姓、同姓不宗的人,因为由近及远原则,乃至为近房而对远房结仇争斗。

兄弟叔侄相帮。浙江玉环厅张添锡于乾隆五十六年(1791)出典山地一块给姚阿娄,契据同时给予,然而契据内包含有未典地段,嘉庆六年(1801)姚阿娄要照契据所开地亩管业, 带领兄弟姚阿五及雇工到并未购买的地里耕种,张添锡随即与已经分家的弟弟张添送去阻拦,姚阿娄将张添送打伤,张添锡则将姚阿娄打死。⑤这是两对兄弟相帮一致对外。广东长乐县人张略成与张达帼,同姓不宗,两家相邻,屋后有官地一块,嘉庆元年(1796)立石分界,各自用作晒谷场,张略成占的面积小,他因租地少,场地够用,所以没有理会,后来增

---

① 第 4598 保。

②④ 第 4586 包。

③ 第 4614 包。

⑤ 第 4601 包。

318

加租地,感到场地小了,就在嘉庆六年(1801)端午节邀请堂侄张石秀去移动界石,张达帼与其堂弟张达敏走来阻止,发生争执,张石秀打伤张达敏,而张达帼打死张略成,张达帼被拟刑绞监候,张石秀逃逸被追捕。①一个堂侄、一个堂弟各为帮助亲人,一个受伤,一个成为潜逃犯。湖北蕲水胡有本及侄胡升谦、胡升让有公共田庄,租给陆得高、陆老九弟兄,嘉庆五年(1800)秋天胡家叔侄以约期已满,要收回自种,陆家兄弟要求秋后退佃,胡家兄弟带同雇工于九月初十去犁田,陆家兄弟遂打死胡升谦,打伤胡升让和工人沈三。②

五服祖孙相助。江苏如皋孙万益于嘉庆三年(1798)向监生戴宝贤借钱,不收利息,未还,嘉庆四年(1799)年三十又去借钱,戴宝贤不答应,孙万益就将他家茶碗摔碎,住在间壁的戴宝贤侄孙戴伯成闻声赶来,祖孙二人遂把孙万益打伤致死。③

族人相助。陕西临潼孙驴儿向借贷人田大怀讨债,被田大怀追打,孙登举见状,为保护族叔祖孙驴儿,失手将田大怀打死。④浙江临海人张洪豹交租,故意少交二斗,业主陈志经不肯少让,争打中,被赶集回来的张洪豹族叔张光义看见,他为帮助族侄,上前袒护,被陈志经打死。⑤

在外谋生相帮。江西瑞金人古奕祖与堂侄古喜奇同到福建长汀做挑夫,嘉庆五年(1800)十一月十一日有一个挑夫冯起中在邹细丰饭店吃饭,不能付现钱,被店主责嚷,古喜奇出于同类相怜,上前帮护冯起中,邹细丰就将古喜奇打伤,别人通知古奕祖,古奕祖赶来将古喜奇搀扶到住处刘贵官店内,请医生治疗,不治而亡,古奕祖遂去报案,请求伸冤。⑥在异地他乡,古喜奇无人可以依靠,只有堂叔是亲人,而古奕祖也因为他是堂侄,就以救助他为己任。四川合川人周元珑、周元贵兄弟移居邻水,租佃熊姓地主田地,王明绍、王斌父子也租种熊家的田亩,同院居住,周家兄弟看不上王家父子的不务正业,王家则向他们寻衅闹事,陈盛潮也种熊姓田,隔院居住,嘉庆五年三月,周家兄弟

---

① 第4591包。
② 第4588包。
③ 第4595包。
④ 第4556包。
⑤ 第4614包。
⑥ 第4547包。

联合陈盛潮致死王家父子。①

宗族房系内讧近房相助。湖南浏阳王氏有公共祭田,六房轮留管业办祭,嘉庆五年 (1800)该王孟举轮值,他将田租给小功服的王海南,嘉庆七年(1802)归王有堂轮值,要起佃自种,可是乡俗起佃得在头年十二月言明,王海南已经犁过田,不允起佃,三月初八王有堂带着侄子王代楠强行耕种,被王海南之子王明川等打伤,王有堂、王汉章遂带同弟侄到王海南家,打死王明川。王有堂与王海南共曾祖,自祖父起房系不同,然而死者系王有堂缌麻服侄,仍未出五服。②这个命案是王有堂与王海南两个房系相争的恶果。江西萍乡何姓也因公共山田租息导致小功服宗亲相残,嘉庆七年(1802)何文松轮值,小功兄弟何文贵往讨山租,被何文松弟弟何文标打伤而死,何文贵的侄子何仕庭报案,为叔父伸冤。③

救助的内容是多方面的,宗亲遭遇困难,代他向人求情,希图使他从困厄中解脱出来。四川彭县人尹崇俸于嘉庆五年(1800)二月受雇于净水寺,到五月患病不能做事,僧人道悟要把他辞退,尹崇俸之兄尹崇位到寺院,再三向道悟恳求,容留乃弟在寺里调养,只管吃饭,不给工钱,道悟遂允许尹崇俸继续留在寺中。④湖南靖州绥宁县李昌太将塘田典当给苏时春,仍归出典人佃耕,嘉庆六年(1801)李昌太用潮湿谷子交租,苏时春生气要收田自种,李昌太就请求族人李昌华向苏时春讲情,继续让李昌太佃种。⑤

以上族人相助的案例,是非不能一概而论,有的帮助在理方面,有的站在无理的一边,笔者在这里不是要分辨两造的是与非,而是说宗人与外人之间、宗人房系之间,不讲是非,而只讲五服宗亲的血缘原则,以此取决对族人困难、灾难的态度。

(三)特殊情况下充当苦主的角色

人命案件通常由苦主报案,这苦主应是直系亲属,即父子祖孙和夫妻,在没有直系亲属,或死者的子孙年幼,其他宗亲代为报告官府,恳求伸冤。报案者,除了亲人惨死的伤痛,而报案的内容,在官方是以"口供"来对待的,要如

---

① 第 4586 包。
② 第 4715 包。
③ 第 4711 包。
④ 第 4604 包。
⑤ 第 4712 包。

实,要承担责任,这是在心理沉重负担下、压抑下做出的,很不好受,一般情形下谁也不愿意充当这种角色,宗亲有义不容辞的责任,不容不去为死难宗亲处理后事。

兄弟报案。湖南衡山佃农吴蒂岳因用水溉田之争,被田主打死,乃兄吴文豪报官,"恳验究"[1]。河南洛阳杨振甲被人杀害,其兄杨印甲投报请究。[2]

叔侄报案。山东昌乐人韩小水在姜进贤家牧羊,死了两只羊,主家没有让赔偿;他的被雇,是受张玉的保荐,张玉觉得韩小水的无能使他没有脸面,责骂被保人,并在斗殴中致死韩小水。事发,韩小水的叔父韩克武投保报验。[3]前面说过四川乐山魏姓家族关照寡妇宋氏母女,后来出现变故,魏济明到那分桑地采取桑叶,并将宋氏母女打死,宋氏丈夫魏文才的堂侄魏万有报案请究。[4]

堂兄弟报案。安徽宿州宋玉被宋兹荣误伤身亡,他的堂兄宋兹美报案。[5]江西铅山人曾景盛交定金预购程有崟的竹箬,至期交货不足,引发殴打,曾景盛死亡,他的堂弟曾景春投报,求抵究。[6]

伯叔祖孙报案。前述曾会迪为侄孙曾欢保报究,即为实例。

由上述各种情形来看,在人们的生活之中,需要找人干活,请保人,找监护人,立嗣子,求资助,急难之中寻觅排忧解难之人,乃至死亡后的料理后事,都离不开宗亲。宗亲关系笼罩着宗人的生活,给人们生活以关注,这是生活的现实。

宗亲关系与人们生活的密切程度,又取决于血缘疏密关系,就是由近及远的原则,血缘越近的人,相互之间的关照就越多。

二、宗族公产、公益与纠纷

许多宗族拥有公共财产,举办公益事业,开展宗族集体活动,同时有助于族人生活的安排,但也往往造成事端,发生家族内难。这些方面,与前述的互助、互救生活,同是构成族人生活的一种内容。

---

[1][2][5] 第 4565 包。

[3] 第 4603 包。

[4] 第 4588 包。

[6] 第 4597 包。

321

(一)宗族公产、来源、管理与分配

在笔者看到的案例中至少有四十多个宗族拥有公共资产,透露出其来源信息的,多属先人故世前指定田业作为他的祭祀资源,而后成为祭田,为他的房分所有,待后房支扩大,产业成为宗族公有,或者开始就指定产业为宗族所公有,是族产而不是房系产。宗族公产主要是不动产的耕地和山林,有的也有浮财——银钱;族产的各项收入,在完纳钱粮之外,主要用于办祭,有余钱按人丁分给族人;公产有固定的经理人员,负责收纳与支出,而公产不多的宗族大都采取各房轮管的办法,轮值之年,既管理田产的收益,又办理祭祀事务,至于田地的经营方式则由宗族公议或轮值人员决定,或自家耕种,或出租给族人、外姓人;有的宗族公产的收益分配,采取按房按股的方法,多半开始时按房给股,后来房下又有房,各房的族人就依所得的股份,再进行分摊。宗族在公产管理中有漏洞,有的族人又因贫困而企图贪占公中的便宜,于是发生纠纷,甚至出现斗殴命案。

直隶宝坻张姓宗族有"公伙祭田,坐落不止一处",可知田产不是很少;"每年收的租息,作为完粮祭扫用度",这种祭田,名副其实是为祭祀之用;"公议张用庆经管总账,张美玉催交租钱",即管理人有两位,一管总账,一管收租,人选是族人公同商议出来的,是经过某种民主程序的,而非族长指定。该宗族祖坟边上还有几亩地,由张宗立租种,每年交纳东钱十六吊。嘉庆四年、五年(1799、1800)他连续两年欠交租金,嘉庆六年(1801)清明祭祀之后结算账目,让他交租,可是他在这以前为族中公事垫支一百多吊东钱,他要求以此抵算租钱,可是族众不同意,因为众人希望他交现钱,好分益,以便交钱粮,张宗立于是答应筹措现钱定日子交纳。①河南郾城刘姓家庙有祖遗祭地六亩,族人轮种,嘉庆五年(1800)由刘叫花耕种,八月间他的无服族兄弟刘顺诈称该轮到他耕种,并要分割刘叫花所种的芝麻。②江苏溧阳史姓祠堂有田产,收有存粮,嘉庆四年(1799)出粜稻米,族人史一沅蒙混私自挑走一石,被发现后,族长史其凤罚他祖前设祭;五年六月,史一沅又向经管人要求借用祠堂公存银十二两,经手人不同意,要由族长处断,史一沅乃将史其凤杀害。③原籍江西

---

① 第 4600 包。

② 第 4602 包。

③ 第 4588、4603 包。

崇义、寄籍南康的王世月,兄弟六人,其父遗留祭田九石八斗(种),①租给邱姓耕种,并收押租钱六十五千文,六兄弟轮年收租值祭。嘉庆五年(1800)王世月轮值,邱姓欠租,且无力还租与继续承佃,王世月乃将其所欠租谷估值五千文,另给他六十千文押租钱,将田收回自种,随后他二哥王世朋从外地回来,不明原委,以为他要"赖租减祭",责嚷他,以致被他打伤而亡。②

　　江西万载杨姓族人公有凤凰山场,租给兰姓等佃种,收租按八十股均分,雍正年间(1723—1735)以后陆续出卖六十四股给族人,下余杨伦红等人十六股,收租送到宗祠,按股分给。嘉庆四年(1799)十月又将山田立约阄分,各自管业收租。可是杨伦红却将他和杨可观分内的租子一并征收,引起两家的打斗。佃户表示他的地租是二十二千文,杨家不管谁来,都可以取租,可见杨家管理不严密,给不良族人钻空子,发生恶性案件。③江西武宁周姓有公山一丘,嘉庆二年(1797)三月,族众因乏公用,将山上树木以五十千文押给洪大衍,二分起息,立有文约,嘉庆五年(1800)还过本利,然欠利钱二千文,十一月周姓族人上山砍树,典主阻拦,形成命案。④浙江淳安徐姓宗族有毛桐岭秋字 454 号、455 号两个公山,分别是十二亩、二亩纳粮税额的面积,在各户名下纳粮。嘉庆四年(1799)十一月徐吉孙、徐万和出面将二山的柴薪树木的砍伐权出让给方长太,得价八十四千文,按股份所有权分给各户,由于有的股份业主没有及时得到钱文,造成斗杀案件。⑤

　　福建上杭刘姓宗族有公项银,族人刘芳文于乾隆五十八年(1793)八月借用十两,立有字据,每月按一分半起息,宗族将利息用作每年的祭扫费,嘉庆二年(1797)四月以后刘芳文拖欠利钱,五年(1800)端午日祭祖,刘芳文与祭,轮值办祭的刘腾应让他交纳欠租,发生争执,刘芳文受伤死亡。⑥江西新淦帅氏宗族也有公存银钱,帅俊万经管出入,嘉庆五年(1800)正月二十二日族众在公厅与他算账,他应交出六千文,远房的人要他立即拿出来,近房的人维护

---

　　① 清代南方有些地区以"石斗"为田亩的计算单位,每石种究竟合多少亩,各地不一致,不过总在六亩以上。

　　② 第 4601 包。

　　③ 第 4583 包。

　　④ 第 4714 包。

　　⑤ 第 4579 包。

　　⑥ 第 4581 包。

他,引发撕打,生出命案。①

宗族公产有田业,有银钱,产权归宗族所有,比较有稳定性,但也不是绝对的,会发生出卖、出典的事情,如万载杨姓、淳安徐姓的公山所有权就在变化,所以旧有的会减少、消失,而新的祭产又会不断出现,像王世月家族那样。家族产业不许族人个人私自出卖,因此才有稳定性,与此相一致的是产业契据管理有方,有的归宗祠统一收存,有的由长房保管。安徽歙县方姓,"祠内公业契据"向由"长房收执"②是为一例。族产不容侵犯,族人自觉地监督,起到保证作用。福建晋江李姓祠堂前有两株古树,一贯禁止砍伐树枝,嘉庆八年(1803)六月李虎去砍枯树枝,无服族叔李辇见而阻止。③

(二)祖遗田产的用水管理与纷争

族人的田产有一部分是祖先遗留下来的,这种田地的灌溉用水,在祖宗时代由于是自家的,不会有什么争竞,可是留传后代,每家分得的地块越来越小,用水的秩序就要重新安排,否则就会出现乱子,事实上宗族不仅内部需要,宗族与宗族之间的外部也需要进行用水资源的管理,然而纠纷还是不时地发生。

嘉庆六年(1801)四月,湖南邵阳徐立祥、徐亲南为用水的斗殴,前面说过,不必重复。嘉庆五年(1800)秋天,湖北黄安李空元因为天旱,公塘水少,偷挖从堂兄李再华的田埂放水灌田,被打伤死去。④湖北孝感汤姓宗族在嘉庆七年(1802)十一月发生卖田牵涉到未来用水的戕杀案,凶手汤洪桂,年七十二,有四兄弟,他行四。兄弟们的田有公塘,车水共用,但都经过三房汤洪富的田,十一月初二,汤洪富将二斗水田卖给丁万桂,汤洪桂得知,与二哥洪明等商量,觉得将来用水都要经过外姓丁万桂的田地,恐多不便,不如大家凑钱,帮助三房索回田业,于是逼着汤洪富找丁万桂退田,可是买主不答应,汤洪富因而生气发病,汤洪桂乘机将三哥勒死,企图嫁祸于丁万桂。⑤汤洪桂固然是丧尽天良,然而促使他如此行动的是用水缘故,可见农田水利资源的分配是重大的问题。

江西宁都州刘潮铭、刘捷贤堂兄弟的耕田上下毗连,同用圳水,嘉庆二十

---

① 第4579包。
② 第4504包。
③ 第4717包。
④ 第4595包。
⑤ 第4713包。

324

二年(1817)八月十四日刘捷贤堵塞刘潮铭水道自用,结果就出现了刘潮铭被打身亡的案件。[①]在宁都州还发生宗族之间争水打官司的事情。平阳乡有高陂水,灌溉中塘、洲塘、江口三村,郭姓中塘在上,张、崔二姓之村在下,各自车水溉田,都以明代万历年间(1572—1619)的地方志和顺治十五年(1658)、乾隆十九年(1754)公同修治与分用陂水的政府批谕作凭证。然而新修的宁都州志记载高陂系张、崔二姓先人所修,与郭姓无关,张、崔二姓遂于嘉庆四年(1799)六月上告,不许郭姓用水,署理宁都州知州石瓒韶以陂水乃自然之利,下令照旧公同灌溉。崔姓不服,继续上告,江西巡抚批示赣南道审理,赣南道转委会昌知县会同宁都知州勘讯,会昌令等认为郭姓只有私存远年官断批谕,并无州衙文献作根据,而崔姓、张姓交验的新志,有张汉宸、崔彬等兴筑字样,而且郭姓另有塘水,遂将高陂之水断归崔姓、张姓使用和管理。原来各姓都有陂水使用的管理人员,负责修缮、用水事务,崔姓遂命原来的管理人崔兴扬继续管业,合族拨给他十五石粮食作为酬劳。嘉庆七年(1802)四月十五日崔兴扬邀同族人修筑陂坝,所起沙土压在郭以匍的田里,郭以匍以此为由,掘堤放水,崔兴扬与崔兴全等巡夜发现,致死郭以匍,于是郭姓控告到湖南按察司,按察使衡龄审断,准许郭姓用水,唯安排三姓不同的用水时限,即郭姓准用二日,崔姓、张姓共用八日,并按照用水的天数,计日出资维修陂坝。[②]

无水不能种田,水和地一样关系着农民的生产和生活,因水利灌溉而产生的争端,就毫不足怪了。不过以上的事例都发生在南方的湖南、湖北、江西,这是水田地区,利用水利资源的纠纷多,而北方则比较少见这种现象。

(三)族人间的买卖、借贷与纠纷

族人之间有无偿资助,同时有借贷和买卖的关系,这其中有的有互助的因素,不过更明显的性质是买卖、借贷成分,是财产私有,你我分明的表现。

贵州仁怀县黄添桂原先借堂兄黄添俸银三两,将田一丘卖给黄添俸,借银就从田价中扣除,随后又将同一块田卖给另一个堂兄黄添潮,致使黄添潮、黄添俸两个堂兄弟争买田产。[③]四川彰明马魁文,弟兄五人,分家各过,他于嘉

---

① 第 4720 包。

② 第 4711 包。

③ 第 4535 包。

庆四年(1799)十月将水田二亩卖给四兄马化文,后来因贫穷要求找价,马化文责备他好吃懒做,不允加价,他就把四哥殴伤致死。①嘉庆五年(1800)八月湖南湘乡李白瑾凭中买族叔李本亦山地一块,预备做地基造屋,原来李本亦的祖父李次林在雍正年间(1723—1735)卖产时将这块地包括在内卖给了李宅士,至此李宅士的孙子李树北拿出田契,投报族户李青香等人,并告到官府,但是这块田地实际上李宅士及其后人没有管业,而仍由李本亦及其子孙管理,所以官方判断让李树北照李白瑾的价格再行购买,由李本亦出据卖契。②这一案例表明田地在宗族内部买卖是常见现象。本来,宗法习俗"卖产先尽亲邻",这不仅是伦理的事情,而且是有着实际利害的问题,观汤洪桂弟兄不愿把田地卖给外姓人的理由就立即明白了。

这些是宗族成员之间买卖田产和借用银钱的事情,此外还有交易、借用物品的。江苏泰兴栾盛宽于嘉庆六年(1801)正月十八日向无服族叔栾宗书买草,欠钱八十文,约定二月十一日还清,届期还过六十文,下欠二十文,栾宗书讨要,以致栾盛宽的母亲死亡。③四川广安黎琴向同曾祖堂兄黎珆买泥鳅,价钱一百文,交二十文,欠八十文。④嘉庆五年(1800)八月四川酆都刘仕彬将方桌、抽箱各一个卖给弟弟刘仕才,议定八百文,二十五日交钱,可是二十三日刘仕彬喝醉酒,强拉刘仕才去付账,生出不幸事件。⑤安徽泾县吴常九于嘉庆六年(1801)四月向二哥吴仲材借白布大褂一件、絮被一床,典当花用,六月吴仲材讨要衣被,被兄弟致死。⑥这些都是兄弟、族人间细微的琐事,竟然发生伤亡事故。

(四)图赖强求族人财物

各家各户的财产是分明的,虽然是亲兄弟、亲叔伯,以及五服内外族人,按理不得抢夺他人财产,强占小便宜,可是这类事情却是时常出现的。

强占便宜。陕西澄城李洪恩家有三棵梨树,梨果成熟的时候,他的为人强横的缌麻服叔李京造强行承包贩卖,由他出价,每年只给制钱五六百文,嘉庆五年(1800)七月将熟的梨果特别多,而麦子却是歉收,李洪恩希望在梨果方

---

① 第 4600 包。
② 第 4596 包。
③ 第 4593 包。
④ 第 4588 包。
⑤ 第 4574 包。
⑥ 第 4535 包。

面得到一些补偿,多卖一些钱,但是李京造只肯给一千文,李洪恩卖给他人,得到二千文,李京造则挑衅生出事端。①王免与兄王善寄居山西宁远,分居各过,王善有子王贵谦,父子也分家另过,王免不务正业,经常受乃兄周济,嘉庆二十二年(1817)十一月到侄子王贵谦家要饭吃,侄儿嫌弃他不给做,他遂到哥哥家抱怨,说王善不能教子。②

强借。陕西渭南人李澍修到汉中做蒙学教师,他的缌麻服兄李瑞澂也到汉中做磨面生意,折本歇业,他们住前后院,李瑞澂屡次向李澍修借钱,预备作本钱重新开业,李澍修无钱可借,李瑞澂就责备他薄情。③嘉庆五年(1800)八月,四川夹江黄国祥的孩子要吃豆,他就到堂弟黄国顺地里去割豆,被发现阻止,他反而说人家小气。④

讹诈。前述江苏溧阳史一沅杀害族长史其凤的事,其中还有一个原因,是他的讹诈族人行为被族长在官厅证实,怀恨在心,而蓄意报复。事情是这样的:史受六于乾隆四十八年(1783)购买史映兴两间平房,七年之后的乾隆五十五年(1790),与此房毫不相干的史一沅找到族兄史受六,强索酒礼银十六两,史受六把他告到县衙,史其凤到公厅证明他确系诈赖,知县遂处以枷刑。⑤

鸡鸭牲畜践踏田园粮食。贵州仁怀人廖天奇家的鸡,在嘉庆五年(1800)六月初七日进入廖天奇堂孙廖国俸的田内吃稻子,廖国俸赶鸡,鸡飞向山坡,廖天奇怕鸡走失,棒打廖国俸。⑥江苏通州曹菊的鸡鸭跑进堂弟曹利仁的田里,曹利仁赶逐鸡鸭,曹菊则赶打曹利仁。⑦嘉庆五年(1800)七月,福建漳浦陈见家的猪践踏缌麻服叔陈枫的菜园,陈枫驱赶,陈见的母亲涂氏反而阻拦。⑧江西东乡少年鲁海俚在无服族婶鲁魏氏园地旁边放牛,魏氏怕践踏园子,赶骂鲁海俚。⑨鸡鸭牲畜糟踏他人的田园粮食,他的主人认为毁坏人家的东西有限,而自家的家畜家禽宝贵,故对人家少有歉意,而对人家的赶逐则耿耿于怀,所以引出事端。

① 第 4594、4553 包。
② 第 4718 包。
③④⑨ 第 4574 包。
⑤ 第 4603、4588 包。
⑥ 第 4608 包。
⑦⑧ 第 4579 包。

三、宗族意识与通财观念

宗亲主动关照族人，或者族人强求宗亲照顾，这种事彷佛是两个极端，互不相容，而其思想观念却是相通的，这就是宗族意识和家族通财观念。

宗亲情义。族人是一个老祖宗所生，所谓出自"一本"，因此族人之间当有一本共祖的亲情，在生活的各个方面理应互相关照，有无相通，否则族人受苦受难，就会引起祖宗在天之灵的难受，有条件的族人就需要伸出援手，才能使祖宗安心。这种观念主导一些族人援助宗亲；如果不这样做，别人就会认为他不讲宗人情谊，而需要支援的人，也认为接受帮助是理所当然的事，因之要求他人资助倒显得理直气壮。如同前面讲到的：李瑞澂不能得到李澍修的帮助，就说他薄情；黄国香偷割黄国顺豆子，却说人家小气；浙江淳安徐吉孙等出面出让公山林木，又不能及时给有股份的徐善喜等人分红，开始，徐善喜"因念同族也就没有喷声"，后来一拖再拖，终于冲突斗殴。直隶房山唐辅臣与长子唐德分家各过，而与次子唐勇一起生活，唐辅臣租种官地，并欠有债务，唐德在各地做工度日，嘉庆五年(1800)九月秋收之时，唐勇收割庄稼，唐德因一家五口无食物，要求借粮食，唐勇回说家里要还租、还账，不能借，唐德又说五口人要饿死，唐勇就说饿死与我无关，莫非要我偿命不成，唐德认为兄弟说话厉害，"没有手足情分"，心里难受，于是故意把他打死。[①]他要求弟弟有手足之情，而自家则忘掉这种情义。这些事例无不说明：亲情，是施惠与受惠双方的共同理念。

尊长卑幼观念，或者说尊长权威意识。尊卑名分，使人在宗族内地位相殊，人们要依本分行事，才合于规范，当然这是宗法意识。曹菊的鸡只糟踏曹利仁的田禾，曹菊不认错，反而追打曹利仁，曹利仁因为他是堂兄，"不敢回手"，后来说给姐夫张宪度听，引出张宪度的抱打不平。[②]贵州广顺李小四出卖自家田产，李云连诬赖他是卖的族人李于德的绝户财产，要求分享田价，并责打李小四，后者因其为堂兄而退让，后来被迫反抗，把他打伤，赶紧磕头赔礼，

---

① 第4593包。
② 第4579包。

答应为他养伤。①李京造敢于欺凌李洪恩,凭恃缌麻服叔的长辈地位,人家稍微不听话,就用"违拗尊长"的帽子来打压。②嘉庆五年(1800)十月甘肃固原州龙王堡王姓族长王国佐滥施淫威,打死族人王礼。原来龙王堡有兴德寺,在乾隆五十五年(1790)被水冲坏,王国佐垫钱六十五千文修缮,兴德寺有会钱,出借众人,用还的钱还过三十三千二百文给王国佐,王国佐于嘉庆五年(1800)九月以欠钱久不归还将会首王贵生告到州里,王贵生遂与众人相商,向王国佐求情,并要求借钱人每人先还所借钱文的百分之二十。借有二千文的王礼听说此事,认为众人不应该向王国佐低头,还说要告王国佐,王国佐遂要所有的欠钱人到兴德寺与王礼算账,王礼明知不妙,赶紧求饶,王国佐仍下令:"罚打,把腿打断,使他不能行走。"众人不愿动手,王国佐遂以立即还钱相要挟,于是王染等开打,竟然将王礼打死。③

四、法律法令强力维护宗法宗族

清朝政府依照准五服以制罪原则立法,维护宗族尊长的利益,压抑卑幼,处理宗族内部纠纷和人命案件,同时依靠宗族族长协助处理和解决农村社会所发生的民事案件。

(一)宗亲法的审判原则及执行

清朝的大清律传承于明律,明律又是以唐律为蓝本制定的,中国古代的法律一脉相承,在人伦关系方面,均施行宗亲法,在族人范围内犯罪,要依据情节判定是非,但量刑判罪,则是绝对根据宗亲原则,对于同样的犯罪情节,由于犯人的宗族身份不同,会有相异的处断,即为尊长减刑,为卑幼加刑,今日看来非常不合理,而清代视为当然。

卑幼干犯尊长加重判刑。江西大庾刘行元无家室,在刘克昌酒店食住,嘉庆五年(1800)七月初一日晚上刘祥发、怀祝兄弟在酒店吃酒,无钱付账,刘行元帮着店家说话,发生冲突,刘行元致死刘祥发,死者是凶犯的小功服兄(同

---

① 第 4589 包。

② 第 4594、4553 包。

③ 第 4574 包。

曾祖的堂兄),所以刘行元被判处斩立决。①如果不是这种宗亲关系,刘行元只是绞监候的罪。广东归善人袁佐发砍柴度日,于嘉庆五年(1800)八月十六日向胞叔母范氏借钱,范氏同意,旋因堂叔袁怀恩阻拦,没有借成,袁佐发就将堂叔打死,于是依卑幼殴本宗小功服叔致死斩立决律执行。②湖北襄阳王作明、王作贵等弟兄三人,久已分家,仍然共同住在老屋,嘉庆六年(1801)初房屋被白莲教军焚烧,兄弟各自搭棚暂住,三弟王作贵提出分给他一片宅基地,自行造屋,长兄王作明还想弟兄住在一起,将来共同建造,遂爆发打斗,三弟失手致死长兄,王作贵被判处斩立决。③四川阆中侯成将地当给朱姓,朱姓租给侯琼耕种,侯成因缺钱使用,私自把田地的一部分佃给黄姓,嘉庆六年(1801)二月侯琼去耕田,侯成阻拦,侯琼把侯成打伤,而侯成将侯琼之妻郑氏打死。侯成是侯琼的同祖堂兄,所以四川总督拟刑:侯成依尊长殴卑幼之妇死绞监候;侯琼依卑幼殴本宗大功兄加凡斗伤一等,杖九十徒二年半。④前面说到四川彰明马家弟兄五人,五弟马魁文将二亩水田卖给四哥马化文,后来要求找价不遂,把哥哥打伤,四川总督拟刑:依弟殴胞兄成伤律,马魁文绞立决。⑤河南商丘韩四、韩五兄弟分居已久,韩四将分家以前出当的七亩地赎回,贫穷的韩五要求哥哥分给他二亩卖钱使用,韩四不允,韩五把他打死,河南巡抚为韩五拟出斩立决的判刑意见,上报中央。⑥总的来讲,凡是卑幼致死尊长,不论缘由,都是判刑斩立决,成伤是绞立决,比凡人之间的犯罪加几等治罪。

尊长犯卑幼轻判刑。陕西咸宁纸幅才请同曾祖堂兄纸幅继作保,赊欠贾维精油渣银十一两,嘉庆五年(1800)十二月二十八日讨要,纸幅继将在场的同曾祖堂弟纸幅经打死,陕西巡抚拟刑:纸幅继依尊长殴死小功卑幼律绞监候。⑦四川乐山周泰于嘉庆元年(1796)十一月向同高祖再从堂侄周德俸借银七两多,几年不还,嘉庆五年(1800)四月十五日争执中致死周德俸。终审,周泰依本宗尊长殴死缌麻卑幼律绞监候。⑧四川夹江郭正均拾得同曾祖堂弟郭

---

① 第 4547 包。
② 第 4549 包。
③ 第 4606 包。
④⑤ 第 4600 包。
⑥ 第 4605 包。
⑦ 第 4607 包。
⑧ 第 4565 包。

正青钱包,争执中致死郭正青,四川总督拟刑:郭正均以尊长殴死卑幼绞监候。[1]卑幼犯尊长,加重处刑;尊长犯卑幼,基本上是依凡人法处断,既不加刑,也不减刑,然而对比之下,法律将天平倾向尊长,卑幼与尊长在法律上不平等,所以清朝实行的是传统宗法性法律。

妇女案件的判决。妇女在涉及宗族的案件中,不论是受害人还是罪犯,刑法的处断,在遵循宗亲法的原则下,与男人有所不同。湖南永定胡庭举家庭因欠租,棉被、蚊帐被田主夺去,胡庭举为要回被、帐,在田主家门前将四弟的童养媳彭氏杀死,以图嫁祸于人,事发,湘抚拟刑:依兄殴弟妇至死依凡故杀者斩律,拟斩监候,秋后处决。[2]这与凡人之间相犯的处刑相同,而没有因为是尊长而减刑。前述山东邹县周家三兄弟,老三过继给伯母王氏,王氏有田七亩,身后三兄弟均分,老二周兴贵为早得遗产,起意与老大周兴德勒死王氏,二人依谋期亲尊长死律,凌迟处死。[3]安徽寿州马氏,前夫顾姓病故,改嫁陈松年,以带来的儿子为继子,改姓名为陈满仓,后夫死,向前夫的侄子顾如材借钱发丧,事后与他商量,要将后夫遗田出当,她的后夫伯叔陈凤安听说,派儿子陈尚文去阻止,结果被顾如材打死。顾如材依法被判处绞监候,至于马氏,判决书谓其"欲当田产,并不通知陈姓,致肇衅端,亦有不合,姑念妇女无知,从宽免议"[4]。若系男性,这样的情节,会有笞杖之刑。四川梓潼李文元,入赘唐家,嘉庆五年(1800)八月初四日,因为吃饭没有菜,要打妻子,岳母护卫女儿,被他打伤致死,遭到殴死妻之父母斩监候的刑罚。[5]如若是妻子杀害丈夫的父母,则会被凌迟处死。山西霍州张邢氏是继母,前房生张兴太,自生张兴顺,嘉庆六年(1801)正月她主持分家,按月轮留在两家吃饭,并留养老水田一亩,由两兄弟分年承种,春天,轮种的张兴太收了麦子,被人讨债,就用它还账,并没有告诉继母,邢氏知道后气愤之下自杀身亡。晋抚拟刑:张兴太照子孙违反教令致父母轻生律绞监候。[6]嘉庆七年(1802)七月四川安岳李枝魁偷砍堂兄弟李枝广柏树,李枝广的母亲责囔李枝魁,被李枝魁殴打,她的儿媳胡

---

① 第 4595 包。

② 第 4607 包。

③ 第 4606 包。

④ 第 4600 包。

⑤ 第 4591 包。

⑥ 第 4592 包。

氏为救婆母,失手致死李枝魁,这样的情节本应判刑绞监候,然而律例载明:如有祖父母、父母被人殴打,实系事在危急,其子孙救护情切,因而殴死人者,地方官要请旨定夺,结局是胡氏减为杖一百流三千里,系妇人,照例收赎。①

在审判族人之间的犯罪案子中,政府特别强调宗亲伦理,看作是重大案件,不可轻忽。江苏镇江府丹阳县岳姓家族元旦祭祖,岳忝忠误烧岳殿宪寄存祠堂的篾箩,岳殿宪就打死无服族叔岳忝忠,勒死大功服兄岳殿锡,江苏按院以"伦常重案",又因丹阳县的审理中有情节不清的地方,下令将案犯解往苏州府元和县,由两县会同审理。②前述陕西澄城李洪恩因为梨果的事与李京造争持,在被动中致死李京造,陕西巡抚审处,李洪恩应以殴死缌麻服叔罪判斩监候,但是他的父亲李京雨已经七十五岁,家中并无其他男丁,合于存留养亲的条例,而且死者李京造"恃尊欺凌,不敢与较,今因李京造知价霸买梨果未遂,屡次登门叫骂,该犯畏惧躲避,路遇,又被赶殴",才失手造成人命,家中"年逾七旬之老父,茕茕失养,情殊可悯",因而请皇上睿鉴。可是皇帝并不怜悯,勾决为斩监候。③嘉庆帝这样处断的根据无非是以下犯上,干犯伦常重罪,不论有多少抗争的理由,都是不准许的,按律办罪,决不开恩。

(二)推行孝道的存留养亲法

存留养亲法基本上是清朝的创造,即祖父母、父母年逾七十,家中又无次丁,犯死罪的男子,因为承担赡养老亲的责任,政府可以考虑不对他处死刑,留下来养活老人,当然还要看其他条件,特别是被害人的家庭状况,如果也有七十岁以上老人、家里并无次丁,则凶犯不能留养,否则就不公道了。笔者在案件中看到十余起有关存留养亲的例子,其中还有寡妇守节二十年以上,而年龄并未达到七十的人,也特殊照顾:考虑是否存留养亲。

浙江兰溪人胡联发和胡顺苟是无服族兄弟,同在龙游做泥水匠,嘉庆五年(1800)三月胡顺苟借胡联发一百五十文,四月胡联发讨要,胡顺苟说他"无情",并将他打死。胡顺苟家有七旬老母,并无次丁,而胡联发有分居的哥哥胡联魁,终审:胡顺苟着照例枷责,准留养亲。④免除了偿命死罪。湖北松慈谭之

---

① 第4712包。

② 第4564包。

③ 第4594、4553包。

④ 第4556包。

敏出了命案,而父亲七十岁,家无次丁,鄂抚为他声请存留养亲。①山西太谷人张泽宇到直隶蓟州桑梓村开饭店,与马坊庄开饭店的杭奇因账务纠葛,于嘉庆四年(1799)九月致死杭奇,凶犯在原籍有母白氏,六十三岁,别无兄弟妻子,其父死于乾隆四十一年(1776),即乃母守寡二十四年,终审允许他存留养亲。②

四川乐山徐启太于乾隆三十二年(1767)将一些田地施舍给三江寺和华光寺,由会首轮管收租,可是嘉庆六年(1801)正月,他又同儿子去那地里栽种桑树,被轮值会首徐志林打死。徐志林应判绞监候刑,然而他的母亲刘氏年逾七旬,弟弟出家为僧,别无丁男,可以考虑留养。皇帝批示:徐志林的弟弟还俗养亲,徐志林着判绞监候。③前述江西武宁周逢云家族以公山林木押给洪大衍,前者将后者打死,周逢云出继胞伯周恭沫,年七十二,继母五十二岁。但是赣抚不考虑他的存留养亲的事,因为他的家族"另有可继之人",不得存留养亲,仍拟刑绞监候。④所以过继与本生不同,留养的条件要多一些。

存留养亲,是法外开恩,表明清朝更着意于通过司法推行孝道和以孝治天下的方针。

(三)政府依靠宗族协助命案的审理与执行

在涉及家族人际关系的案件中,政府根据情节,常常要宗族提供有关资料,以便断案。

陕西同官王必升于嘉庆二年(1797)三月向王规借钱一百文,嘉庆五年(1800)六月王规讨要,被王必升打伤身亡,官府在审案中为了弄清两造的宗亲关系,指令该族提供证明材料,族长王新直到官厅供称,王规是王必升族叔,已隔十七代,并无服制,同时呈验绘制的宗图。这样证明两者无服制关系,官司就依照凡人之间的犯罪断案,王必升判处绞监候。⑤若没有宗族的证词,王必升的结局或许会按有服制关系来处断,那将是斩监候或斩立决。由此可见官府在审判中是让宗族发挥作用的。前述溧阳史一沅讹诈族人案,官方也是让该族族长史其凤出庭作证,从而给史一沅定了枷责罪。湖北京山罗光中

---

① 第4547包。
② 第4598包。
③ 第4597包。
④ 第4714包。
⑤ 第4604包。

殴伤其妻张氏导致死亡,他三岁丧父罗祥俸,母亲改嫁,按其犯罪情节应判绞监候,鄂抚在审理中考虑到处死他,罗祥俸有无承祀人的问题,令户族保邻出具甘结,证明罗祥俸确无直系子孙的承祀人,至于是否矜恤,特在嘉庆八年(1803)二月二十二日的题本中声明,请求皇帝睿断。①

案件对案犯的处理之外,官府还有未了的事情命令宗族承办,以便不再发生事端。前述河南郾城刘姓家庙的祭田,因族人争着承种而出现命案,官府在处决案犯同时,命该族公议招佃。②安徽泾县王延沃过继给三叔王道傲,继承其三亩田产,并由其生父管业,嘉庆五年(1800)生父故后,他的大哥接管家务,王延沃因丧妻,打算续娶,要求变卖那三亩地,可是大哥不允许,怀恨而杀害了他,官府处其斩立决,并饬令该族在昭穆兄弟之侄内为王道傲立后承嗣,以杜争端。③

(四)地方官将一些民事纠纷交由宗族处理

安徽宿松项佳士于乾隆五十九年(1794)将田四十亩出售给项忝禄,讲明由买主之子项万盛佃种,并从价银中扣除二十千文作为押租钱,嘉庆三年(1798)项万盛欠几石租子,项忝禄告到县衙追租,知县批复"族中理处",经由项菁干、高心哲等调停,项万盛还清欠租,项忝禄退还押租钱,另给项万盛出屋贺仪。④乾隆四十二年(1777)安徽歙县方志好与无服族人方起之妻通奸,经族中公议,"生死不许入祠",并禀报县衙存案,乾隆六十年(1795)亡故,其子绍昌要求将木主送进祠堂,族人阻止,打官司,县里的断决是尊重宗族的意见,依然是"不准入祠"⑤。

五、小议宗族的社会功能与特性

宗族的社会功能,从族人(个人与群体关系)、宗族群体、政府(政府与宗族关系)三个方面进行考察,而归结点则在宗族的功能与性质方面。

---

① 第 4715 包。
② 第 4602 包。
③ 第 4588 包。
④ 第 4601 包。
⑤ 第 4504 包。

（一）从族人个人的角度看其同宗族的关系

笔者注意到：

宗族给族人一个经济生活圈。族人要依靠族人之间的互助,相帮做农活,小量的无偿的粮物支援,承担少量的债务,充当买卖借贷活动中的保人,孤儿寡妇被近房收养,等等。族人之间的帮助是族人个人、家庭维持下去的必要条件,对于遭遇严重困厄的个人和家庭尤其如此。

宗族给族人一个社交圈。族人一出世,就确定了他在宗族中的辈分位置,即尊卑长幼的社会地位,族人的社交圈,第一位是宗族内的族人,当然是由近及远的关系,首先是本房的人,依次是近房、五服以及同宗族人。第二位是俗话说的"姑姨娘舅",就是父亲的姐妹(出嫁姑姑)家,母亲姊妹(姨母)家,妻子的娘家,母亲的娘家(外公、舅父家)。出嫁姑姑,原来是本族人,人虽然离开了,但同本族仍有密切联系,舅家是母亲原来的宗族成员,妻子娘家是岳父家族,通过个人同另外两个宗族发生关系,个人成为不同宗族联络的中介,从这个意义上说,个人更同宗族分离不开。第三位是朋友,如果有的话。一个居住在农村宗族环境的人,他的一生无非是同本族人、姑姨娘舅宗族的打交道,在这个社交圈中生活,给人以温暖,也得到他人的关怀。

形成宗亲文化氛围。个人参加宗族的祭祖扫墓活动,为族人的婚嫁丧葬贺喜致哀,休戚相关,这样做,视为自然,因为一本的观念,尊卑长幼的伦理,孝亲的文化,家族通财的意识,植根于脑际,宗亲文化的氛围,让人自觉地参与宗族活动和维护宗族利益。

维护小范围生态环境圈。族人聚族而居,所生活的那片地方的自然环境,宗族或多或少地意识到需要保护,所以为了持续农业生产,就自觉地保护水源,修筑塘坝,制定用水规则,那些因农田灌溉而发生的命案是破坏那种规范的不正常现象,而遵循的情况应当是常态。

维系家庭。没有儿子的族人从侄儿中收养继子,宗族给无子的族人立嗣子,资助寡妇,维持一个家庭不致破灭,继续存在下去。

宗族内部的某种生活干扰。因为是一个宗族的人,对他人的强占便宜、强行借贷、讹诈以及鸡鸭牲畜的践踏田园,往往要容忍,免得伤了自家人的和气,更有甚者,财产的处置有时也会受到族人的干扰,比如寿州陈凤安干预侄儿陈松年遗产的出卖。遵义杨明扬遗产不少,不让妻子胡氏立嗣和经管、出卖产业,而要分给二、三、四房的侄子,其中一个侄儿把他的田地出售,价银一百三十两,①可是侄儿每房对伯母胡氏的回报仅为十两。为什么杨明扬不卖田作胡氏养老之资,很明显,寡妇卖丈夫的遗产要受丈夫宗族的限止,大约杨明扬考虑及此,才想出分配遗产与赡养寡妻的办法,不过这并不是好方法,最终出了事,仍由政府下令为其遗孀立嗣。

上述六个方面的因素,令笔者认为:作为宗族一分子的族人,生活、生存在宗族社会人文环境中,既受到关照,又受其制约,在聚族而居的状态下是不可以离开宗族的,否则难于生存,换句话说,宗族在保障族人生活、生存中起着重大作用。

(二)政府对于宗族的实际态度

认可宗族的某种自治性。政府审案过程中令宗族提供证据,事情的本身,表示政府承认宗族作为一种群体存在的合法性,不仅如此,案件判断书的某些内容,即刑罚以外的善后事务——处置条文,有的亦让宗族处理,诸如立嗣、宗族公产的经营之类的事情,由宗族去完成。本来宗族在不经过官府时,就自行处理族内的一些纠纷,族人一般服从执行,使得自身具有某种自治性质,案件中政府命令它负责未了事务,事实上是承认宗族的这种自治性。

宗亲法的实行促进人们的宗族群体观念。宗亲法的尊卑长幼宗族观念和刑法,令人知道九族有公同命运,互相受着牵连,一人犯案,有的会无辜被牵连进去,至少亲房要提供证词,可能就会有罪。侄儿卖人家的牛只,本与伯父无干,他怕受连累,出钱赎牛以躲祸,这种共命运不就加强了人们的宗族群体意识吗!嘉庆七年(1802)四川忠州邹谷仕打死佣工袁成,提出私了,袁成的妻子陈氏因贫穷无靠而同意,后来事发,判案中,袁成的胞叔袁朝贵以知情不举,受杖刑一百。②叔侄、服亲就有关照的义务,叔叔不给侄子报案伸冤,当然要判刑。宗亲案件的事实教育族人应有宗族群体意识,利害一致,维护群体利益。所以宗亲法的实行,在客观上强化宗族族人的家族共同体意识。

政府认可宗族和实行宗亲法是为了实现以孝治天下的施政方针,用孝道令民众成为顺民,以利国家的治理。宗族是政府实施孝治方针的社会基础,政府是从其自身利益出发而看重宗族作用的。总起来说,政府是利用宗族协助其治理,从而给予极其有限的自治权利。至于清朝政府给予宗族的送审权、族

---

① 第4595包。
② 第4717包。

产保护权,以及一度赋予的处死不肖子孙减罪权,笔者目前在档案材料中尚未见到,就不在这里道及。

(三)宗族功能

宗族在一本观念主导下,在以宗法原则产生的宗族管理人族长具体组织下,通过祭祖扫墓、食祭祖饭(食馂余)、按股分红等活动,凝聚族人为一个群体。它的社会功能,简单地说:

管理公有经济。相当多的宗族具有或多或少的公有资产,或为田地房屋,或为银钱,均有收益,作为宗族公共用度。公产设有专门的管理人员,而且因为分工的需要,不只设置一人,或多人。拥有公产,因而能够如期祭祀祖先,给族人分派花红,或分配红利。宗族公产是宗族存在的物质基础,在一定意义上说,没有宗族公产的宗族是缺乏凝聚力的群体,具有宗族公产,并且管理完善,就会造成强有力的宗族群体。明智的宗族无不在致力宗族公有财产的发展和完善它的管理方面下功夫。

协调族众的内外人际关系。族人与族人、房系与房系、五服内亲与出服宗人之间,族人同族外人,都会因利害关系出现利益一致与不一致的两类状况。对于矛盾的方面,宗族要尽力去做协调工作,解决纠葛,如若化解不了,则会出现异常事故,成为宗族之累,所以无论从什么角度去看,宗族都会去弥补族人间产生的裂痕,或可能发生的问题。族人做田房买卖、银钱借贷的中人,就是起协调作用的一种表现形式,使得买卖成交、借贷实现。族人处于急难之中,近亲若不施以援手,族人出现命案,近亲若不报案恳求伸冤,宗族就会指使族人去做,就会指责近亲没有尽到责任,所以族人常常会主动去做。这样的行为虽属个人主动,然而是以宗亲的身份和缘由而采取的行动,同样具有宗族组织的性质。至于对外族的冲突,像郭姓与张、崔二姓的争水纠纷,被害人郭以匋的官司,就不只是他的家属的事情,而是郭姓一族的事,同样凶犯一方的崔姓宗族也是官司的另一方,因此围绕高陂用水的三姓历次官司,各自提交有利于本宗族的证据。当然宗族协调的能力是有限的,意外的事情不断发生,使它处于被动地位,尤其是宗亲间的命案,使它陷入尴尬境地。族人间发生争执的事件不少,乃因族人关系密切,利益攸关,好事与坏事总是连在一起的,越亲近倒越容易生事,比如买卖田房先尽亲邻,这样买卖的关系就会多,当然争执事情的出现就是不可避免的。在这里一本观念未能起到消弭作用,也是不难理解的。

管理或协调社区公共事务。前述管水是宗族及宗族之间的公共事务,家族出面管理,而这是重大事情,农业生产资源的好坏,一在土质,二在水利,这两项是自然条件,个人难以掌握,靠群体力量会好一些,特别是在用水方面。宗族还会同区域的其他组织一起办理地方的公共事务, 如管理寺庙财产,与寺庙公同举办社区的一些活动。固原龙王堡兴德寺的维修,由王姓族长王国佐垫钱,由族人借用的会钱归还,可知含有族人支付的性质。

奉政府之命协助处理族众纠纷。这在第四目的"地方官将一些民事纠纷交由宗族处理"中业已说明,不再赘述。政府是在办案,是理政,宗族的协助理事,自然具有政治性质,由此而言,宗族的功能中含有政治功能的成分。

总而言之,宗族是具有社会、政治功能的民间自治性群体,当然这种自治性出现在传统社会,与近代社会团体的自治性不是一回事,其"自治"的程度和性质不可同日而语,不过宗族在清代的某种自治性群体性质,也是不可忽视的。

(2004 年 7 月 31 日初稿,载《中国史研究》2005 年增刊)

清代的家庭结构及其人际关系

　　家庭是社会的细胞,是初级社会群体,却又是社会的"微型整体",可以反映社会的若干重要状况, 清代家庭生活史将向人们揭示清代社会的重要特点。

　　家庭以婚姻为基础,夫妻关系至为重要;血缘关系是家庭的纽带,父子关系在家内诸种人际关系中有特殊地位; 家庭因其成员的血缘结构和婚姻状况,区分出不同类型和规模。我们将把家庭结构和家内人际关系作为清代家庭史的主要内容予以说明。

一、多种类型的家庭结构

　　现代人把父母和他们的未成年子女组成的家庭称作"核心家庭",我们在清代的档案和家谱、方志、文集的传记中看到不少这类家庭的材料。康熙中江苏昆山人陈涵玉,有妻赵氏,子秉衡,三个女儿。计六口人。[1]乾隆时湖南桃源人李盛瑞,有妻和子,三口人,有弟李庭鹤已分居另过。[2]这些人家,成员包括父母和未婚的子女,子女有成年的及未成年的,以父母为主体。家庭人口不多,在三到六口之间。这些家庭大多从事农业,但经济状况不一,贫富相差悬殊。

　　康熙间江苏长洲人黄某,有妻,有儿子夫妇,有孙男、女各一人,共六口。[3]吴县王某夫妇,有子王福生夫妇,另有女孙一人。[4]这类家庭有两代人夫妇,不同于前一类型的只有一对夫妻,第二、三代是第一代人的子孙,是他们的直系亲属,这种家庭叫直系家庭。两对夫妇以外的人口,古人叫作"余夫",是家庭

---

① 《清代档案史料丛编》第五辑,第 59 页。
② 中国第一历史档案馆藏档,《内阁全宗·刑科题本·土地债务类》,嘉庆三年第 69 包。
③ 彭绍升:《二林居集》卷 23《黄氏家传》。
④ 民国《吴县志》卷 70《孝友》。

次要成员。它除了上述诸例中的第二代人的子女,还可以有第一代人的未婚子女。家庭人口在四至十人之间。

清初浙江乌程(今吴兴)人庄胤城,家富有,生三子,长廷钺,次廷铖,即以明史案而出名的人,廷铖无子,其兄弟皆有子,庄胤城有三房媳妇及若干孙辈,后主持分了家产。①嘉道时武进人张悦、张怡兄弟,都是生员,有老母,兄有四子,弟得一子,长期共同生活,后议分家,张怡为让产,提议按小五房分,而不以老二房为准,是时第三代也应有几对夫妇了。②这类家庭在其分家以前,第二代有两对以上夫妇,以此不同于直系家庭,而且有的有第三代夫妇,甚至不只一对,它可以视为核心家庭、直系家庭的联合体,故叫做"联合家庭"。

雍乾时山东栖霞北埠郝姓一家,五十余口,有田一百多亩,同耕共食。学者郝懿行就与这个家族同宗。③乾隆中湖南沅州蒲宗瑾家六世同居,其第三代兄弟五人,四代十七人,五代四十一人,六代六十人,共一百二十三人,由家长主持家政,各房没有私财,大锅里吃饭。④这种家庭成员多,辈分多,全有血亲关系,可称为家族家庭。

清代存在着没有一对完整夫妇的残缺家庭,还有独身家庭,这些是所谓鳏寡孤独畸零户。

各种类型的家庭互相联系,其成员经常不断地互相转化,前述联合家庭之庄、张等户,分家后产生出若干直系家庭和核心家庭,而原先的联合家庭不复存在。反之,核心家庭人口增多,可以发展为直系家庭或联合家庭;人口死亡还会成为残缺家庭。因此我们说清人家庭类型是固定的,内部成员则是在不停地变化中。当然,这些情况在其他朝代也都可以看到。

清代家庭有那么多类型,各类占据什么样的地位呢?即以何种为主,何种为次,人们大体生活在哪种家庭呢?回答这个问题的方法,最好是以户口册为资料,逐户逐个类型作出统计,算出比例,就很准确了;如果有不同时期的资料,还可以说明各种家庭类型在清代各个时期的变化。然而由于资料的不完整和难于搜集,现时不能采用这个方法,只好退而求其次,研究户口平均数,

---

① 《顾亭林诗文集·书吴潘二子事》。
② 《毗陵天井里张氏圣经公支谱》卷9。
③ 郝培元:《梅叟闲评》卷1。
④ 徐珂辑:《清稗类钞》,第五册,第2508页。

以了解各类家庭大致的地位。

乾隆《大清会典》记录,乾隆十八年(1753)各行省总户数 3884 万,《清高宗实录》记载,这一年人口 18367 万,平均每户约 4.7 人。道光九年(1829)福建户数 3999143,口数 19081872,正巧也是平均每户约 4.7 人。另据方志所提供的江苏吴县、江阴,安徽芜湖、太湖,浙江新昌、诸暨,江西于都、萍乡,福建云霄等县不同时期户口数字,我们计算结果,有的县平均每户高达 18.9 人,少的才 1.4 人,总算起来平均每户 7.4 口。(限于本文篇幅,不能详列具体数字和演算过程。)上述各种平均数是就我们所掌握的资料得来的。可以说是随机抽检的结果,不是普查,也不是典型调查所得,很难说它具有代表性。我们只能从全国的、一省的、若干县的平均户口数产生一个印象,即清代每户平均约有五口人。

前述核心家庭和直系家庭的实例中已知它们的人口一般在五口上下,前者以五为上限,后者以五为下限。从全国平均五口来看,这两类家庭应占家庭的大多数,而把联合家庭、家族家庭、残缺家庭排斥于次要地位。因此可以说,清人大多生活在直系家庭和核心家庭中,家庭规模不大,成员不是很多。

二、以丈夫为主宰的夫妻关系

传统的夫尊妻卑的名分在清代没有变化,只是个实践问题,法律对男女的不同科罪也是实行中的事情。清代以丈夫为主宰的夫妻家庭生活大致是如下情形。

在夫为妻纲的伦理社会,有的丈夫通情达理,而妻子在传统的三从四德伦理熏染下甘愿处于屈从地位,夫妻相处很好的不乏其人。《广东新语》作者屈大均,在宁夏与王华姜结亲,偕游山西、江南,年老后回到故乡广东番禺,王氏先卒,屈大均将友人哀悼词章汇为《悼丽》一书。其伉俪情好,传为美谈。乾隆丁未科鼎甲孙渊如妻王采薇能诗词古乐,谱曲吹奏给丈夫欣赏,孙渊如每每动情,王采薇死后绘其奏乐图像,永兹纪念。孙渊如的妹妹嫁吴鼐,帮助丈夫学习,希望他能与哥哥一样中鼎甲,郎舅相映,后来吴成了学士。人们把他们的生活视为"唱随佳话"。①

①《郎潜里纪闻初笔》,第 91 页。

也有妻子强势,能够挟制丈夫。雍正时编修汪师韩在圆明园内教授皇子,家中妻子怒责其妾,妾逃出,御史遂弹劾汪师韩治家无状,使其遭到罢官的惩罚。汪师韩不能理家,按清人的观念,是不能正夫妻名分,也即不能治国,理应罢黜。他的遭遇,是社会逼着丈夫制伏妻子,实现夫为妻纲。

夫妻关系有的紧张到互相残杀的程度。福建长汀人钟学友妻郭氏,八岁到婆家做童养媳,备受丈夫虐待,生有一女,被丈夫乱花钱卖掉,郭氏的夫妻生活如此不幸,气愤之下,在嘉庆初年将丈夫毒害,官府把她凌迟处死。①四川郫县人刘潮俸外出归来叫妻子张氏做饭,张氏因他贫穷不予理睬,刘就把张氏打死。川督勒保审案拟刑:"刘潮俸合依夫殴妻至地故杀亦绞律,应拟绞监候,秋后处决。"②一般地说,夫妻间互相残害,或是因为原本就没有爱情基础,或者后来感情破裂,双方都是不幸者。而同是故意杀害对方,妻子要被处以极刑——凌迟处决,丈夫则判处绞刑,且监候至秋后执行,夫妇在法律上的不平等如此之甚。

丈夫休妻的事也偶有出现,而卖妻的现象不少。出妻是男子的传统权力,夫妻感情不合,妻子只好忍受,男子则可以提出离异。如有一对夫妇结婚三十年,儿子也成了亲,可是儿子死了,丈夫归罪于妻子,把她嫁出。③不过清朝政府一般不判离婚,怕的是家庭破裂,带来社会问题,这在那个时代有保护妇女利益的客观作用。在社会下层把妻子当作财产出卖是常有的事。四川德阳县黄秀元在父亲黄同兰包办下,与江子陇女儿结亲,双方感情不合,黄同兰经江子陇同意,把江氏卖给曾宣为妾,得财礼十七千文。④清人姚柬之的《翁无妻》诗中记述了一个因无力交纳赋税而被迫卖妻鬻女的事例,丈夫曾想用一死来逃避差吏的追逼,妻子则要求把自己卖了以换取丈夫的生存,结果是把妻子女儿一起卖掉才交纳了赋税。休妻、卖妻均反映家庭关系的不和谐,即使感情融洽的夫妇,因贫困生活也不幸福。

休妻、凶杀的家庭总是少见的,夫妻生活完满的也是少数,在夫尊妻卑下平安相处的家庭则是通常的情形。

---

① ② 档案,《内阁全宗·刑科题本·土地债务类》,3112 号。

③《清诗铎》,第 965 页。

④ 档案,嘉庆三年第 73 包。

清人做丈夫的守则

一般认为,古人家庭以丈夫为中心,妻子只能按三从四德的标准去行事,去侍候丈夫。但是,仅仅这样看待古人的夫妻关系还不全面。

丈夫对妻子,有许多权力,也有他的义务,他不能滥施权力,社会道德、舆论、政府法令对丈夫也有约束。孔子讲,男子的职责是"修身齐家治国平天下","修身齐家"就包含对男子处理好夫妻关系的要求。我们可以从清朝光绪年间的两个家族对丈夫的规范,来看看历史上做丈夫的行为准则。

光绪二十年(1894)湖南益阳熊氏家族制定《家训》,内中有一条叫作"刑于","刑",意为法规。据说,古代圣人周文王以礼法对待他的夫人,被称为"刑于",也即夫妻和睦的典范。熊氏家训的"刑于",就写该宗族对夫妻关系的认识。该家训写道:"夫贵和而有礼,妇贵柔而不媚。"认为妇女不读书,有许多事理不明白,难免办错事,这时丈夫不能生气发怒,对她横加指斥,而应当反复给她讲道理,使她懂得了,自觉地改正过来。家训又说,做妻子的很难在德、言、功、貌四方面没有缺陷,也许不善言谈,也许容颜不俊,但是既然做了夫妇,丈夫就不能在这些方面过分挑剔妻子,若因此而指责对方,妻子又不能改变这种状况,必然产生悲观心理。熊氏宗族讲究夫妻的和睦,是要求丈夫能够宽容妻子的某些缺点和行为的失误,不要斤斤计较。[①]

光绪二十二年(1896)湖南平江人叶祥珍订的家训,也有一条是处理夫妻关系的。它要求夫妻和好,不过对夫妻之礼又有所说明:丈夫和妻子在亲爱之中要讲礼法,要有节度,就是在房帏之内,夫妻也别忘了庄重,若嬉闹无常,性生活无度,是不合礼义的,也不是做丈夫的应有行为。[②]

当然,熊、叶二氏家训的夫妻之道,都把女子看作"难养"的"小人",这是荒谬的。它要求丈夫先正身,要有宽广的胸怀,有能容人之过的度量。搞好夫妻关系,这种要求是有道理的。以前我们着眼于批判夫权,忽视了古代社会还有对丈夫的规范,难于全面理解历史上的夫妻关系。同时这种规范,对今天做丈夫的来讲,仍有参考的价值。

---

① 《熊氏续修族谱》。
② 《平江叶氏族谱》。

三、"天合"的父子关系

乾嘉考据学大师钱大昕说,父子是"天合"的关系,夫妻是人合的关系,自然父子关系重于夫妻关系。[①]在传统社会,他把这两种关系的地位看得极为透彻。

父子之间开始是教育与被教育的关系。清代做父亲的对儿子要进行职业教育和训练,在士农工商中给儿子选择一种职业,当然以士农为好,没有条件的只能从事他业。品德的、社交的教育,也是家长所重视的。方法多半讲究严厉,不溺爱。理学家张履祥让儿子维恭冬天包幅巾,儿子嫌难看不包,履祥看着他挨冻也不怜惜,坚决不准许戴帽子。直隶滦州边某是独子,幼年身体极弱,以致人们担心他会夭亡,但乃父"不以一子之故而少宽其教",坚持让他上学。他后来回忆说:"在学有严师,在家又有严父,故吾之学业进于成童。"[②]教育子女是家庭的功能,清人的教育主要是在家庭完成的,而父亲总想把儿子塑造成自家理想中的样子。

按理,父子关系的准则是父慈子孝。实际上,做父亲的不管在多么困难的情况下把儿子养大就算"慈"了,尽到职责了。人们的着眼点是要求儿子的孝。社会上确实出了不少孝子顺孙,清初崇明一对吴姓老夫妇把四个儿子卖为奴隶,四人个个争气,赎身开店铺,都对双亲争着尽孝,轮流供养,为供养循环得快,二老一家吃一顿。老父闲着赌博玩,儿子把钱给其赌友,让他们故意输掉,以使老爹高兴。安徽和州薛文、薛化礼弟兄佣工养母,母死,二人绝食殉亲。还有一些人愚孝,割股割肝治疗父母的疾病。孝养多发生在社会下层之家,上层家庭少见。有人说:"人子之能养父母也,什百中无一二焉。有之,则为乡曲之细民,欲于富贵家求之,殆千不得一矣。"[③]这个话还告诉人们,清代能尽孝的人不管在哪一个社会阶层都属少见;父子不相恤的事情太多了。如富贾吴士忍穷奢极欲,好声色犬马之乐,其父分居在外,要求他按照对待犬马的标准供养自己,而他只给吃一顿饭就把乃父打发走了。清代虽然不乏孝子,但父子关

---

① 《潜研堂文集》卷 8 《答问五》。
② 《边氏家谱》卷 1。
③ 《十种类钞·孝友类·崇明老人有孝子孝妇》,第 4 册第 1719 页。

系不融洽的当非罕见事情,做父亲的总有替儿子当牛马的哀叹。

家庭财产的父死子继传统和法律,维持家庭的传衍。清代遗产法仍是诸子继承制,没有儿子的由家族立近支侄儿为继嗣。有子或有嗣子,使这家香火得以延续,死者也就对得起祖先,财产也不致落到与血统无关的人的手里。这是维护私有制所绝对需要的。儿子的财产继承权,证明了父与子各为对方而存在,这正是父子关系比夫妻关系还重要的原因所在。妻子不生育,可以休弃;在父子、夫妻的交叉矛盾中,做儿子的要严格管制自己的妻子,乃至不惜以"不孝负姑"为名出妻,从而尽孝。这些无不说明父子的"天合"关系是清人家庭中最重要的人际关系。

在清人家庭中,尤其是人员构成复杂的家庭,还有兄弟、伯叔子侄、祖孙、婆媳、姑嫂、妯娌、叔嫂、姊妹等人际关系,都影响人们的生活和家庭生活的面貌。

"传食"——清人的分养父母

"吃派饭",是当代的词汇。记得在 20 世纪六七十年代,农村干部或工作队下乡,到农民家吃饭,交粮票和一点钱,叫作"吃派饭",所去的农户多将来人当作客人,量力做些好吃的。这里所说的吃派饭是另一回事,系指清代失去劳动力的老年父母,轮换到已经分开生活的儿子们家里吃饭、养老,那时人把这种赡养的方法唤作"传食"。

前述吴姓老人受四个儿子轮流供养就是传食典范。康熙二十二年(1683),江苏崇明县(今属上海市),吴姓老人已 99 岁,他的妻子仅比他小两岁,可以说都是百龄人瑞。他们的四个儿子,长子业已 77 岁,其他的都白了头。四人争着孝养父母,商定请老人轮流到各家用餐,开始一个月一轮换,后来儿媳们觉得公婆年岁太大,一月时间太长;得三个月以后才有侍奉的机会,不如一天一换,但是还感到不能尽情意,决定一餐一换,即早饭在老大家,午饭转到老二处,晚饭则到了老三家,次日早上老四备饭,如此类推周而复始。每逢五、逢十的日子,全家族在一起吃饭,为老人敬酒,说些庆贺吉祥的话,令老人高兴。在老人用餐的厅房的柜子里,儿子们各放一些制钱,以便老人饭后拿用,出去买些零食,若钱少了,儿子们会自动往里添钱,不使短缺。老人时或到友人家打牌,儿子叫人偷偷地送些钱给那家,让那人故意输钱,好让老人高兴,有时老人兴致冲冲地带着"赢"的钱回家,不知是儿子暗中孝敬他的,为他买的笑。这一对老夫妇晚来有福,"派饭"吃得好,岂止是口福,而是欢快的家庭人际关系,真正享受天伦之乐。

光绪年间,江苏有华金桂、银桂兄弟二人,操舟为业,分家各过,父亲早逝,有母傅氏,两家轮流供养,所谓"传食于二子"。老大娶妻沈氏,原来是童养媳,长大了圆的房。沈氏生有一女,为人诙谐,善于言笑,每当侍候婆母吃饭,以说些笑话,或者唱山歌给傅氏听,博得老人家一乐,多吃点饭。傅氏对大儿媳,因系童养带大的,既是婆婆,又是母亲,因之在抚爱之中掺和着严厉,动不动数说她一顿。老二妻子裘氏,生有一子一女,心地朴实,沉默寡言,孝养傅氏。两妯娌姊妹般地共处,相亲相爱,两兄弟孝顺乃母,傅氏偶尔有点不舒服,即不拉客人,二舟并在一起侍奉老母。这时裘氏主动为傅氏洗涤脏衣服和便器,让沈氏做饭熬药。沈氏过意不去,争着洗亵衣,裘氏不让,并且说嫂子跟随婆婆年久,知道婆婆心意,人又细心,适合于做饭煎药,我做粗活,没有关系,各人尽各人的心。

傅老太有这两对和睦的儿子媳妇的侍候,生活自是安适满意的了。不想有一个族侄媳周氏,也是童养媳出身,好搬弄是非,傅氏不让儿媳同她往来,可是她却找了一个机会,向沈氏造言:裘氏因沈氏是童养媳而看不起她。沈氏因而多心,冷淡裘氏,裘氏则莫名其妙,不知如何是好。婆婆傅氏看出她们的不自在,也以为是裘氏的毛病,一天借着一件事对裘氏说:你嫂子虽然是童养媳,但我将她当女儿看待,有时数道她,正表示我们之间的亲密关系,不是瞧不起她;媳妇不在于是否童养,而在于人品,贤能的人就值得尊重。话虽没有挑明,裘氏也多少明白原委,更热诚地对待嫂子,沈氏原是没有城府的人,于是关系和缓下来。偏偏这时沈氏女儿得了疾病,还把沈氏传染上了,裘氏不怕危险,侍候汤药,使沈氏母女转危为安,沈氏这才知道裘氏是真正敬重自己的,于是欢好如初。①

傅氏得到儿子和媳妇的孝敬,除了自身的长辈地位,还在于她的为人。她善于处理与子媳的关系,对童养媳慈严兼致,对二儿媳虽有某种误解,但不责备,委婉喻解,起到缓和两个儿媳妇紧张关系的作用。这样的为人,自然令儿媳敬重,"传食"到谁家,都会得到欢迎。

吴氏老夫妇、傅老太太在子媳分养下,晚年生活美满,得终天年,显然,"传食"的观念和方式是造成这个结果的原因之一。子孙多,跟着某一个过,可

---

① 《清稗类钞·孝友类·金桂银桂官妇之孝友》。

能会发生一些纠纷。如和这个儿子一起生活,别的儿子或许会说他偏心眼,而在一起过的儿子也许觉得负担太重,别的兄弟占了便宜。诸子轮流供养,各尽自身的责任,要孝养的都有机会,不情愿的也不能推卸,做老人的也不会有偏向,因此这是一种好的赡养老人的方法。

四、家长制家庭的特点和历史影响

家庭是最主要的社会制度,也是社会的细胞。清代的家庭有其特点,也对社会历史的变化起着影响。

(一)直系家庭为家庭结构小的主体,大家庭不占主流地位

前已说明清人家庭类型虽多,却以直系家庭和核心家庭数量最大,而其中直系家庭最重要。核心家庭主要孕育在直系家庭中,而且孕育较长时间后才从中分离出来。一般讲,家庭为第二代成亲之后,经过一段时间,第二代经济上能够独立,才可能分离出去,它绝不同于近现代家庭,能够谋生的子女一结婚就可以建立自己的家庭。在清代,核心家庭与直系家庭的分离也很不彻底,有时核心家庭在直系家庭、联合家庭的躯壳下存在着:它们有一些共同财产。家庭中的父子关系重于夫妻关系,主要不是体现在核心家庭中,而在直系家庭、联合家庭表得更明显。从直系家庭与核心家庭的关系与区别,更可看出直系家庭在家庭结构中的重要。

直系和核心两种家庭是中小型家庭,联合家庭是大家庭,后者数量不少,在清代家庭结构中也占重要地位。但是人们一说到古代家庭,就称之为封建大家庭,以为大家庭是家庭的主体,从清代的情形看,显然这是一种误解,是把联合家庭、家族家庭看得过多过重而造成的。联合家庭、家族家庭成员构成复杂,人数多,更讲求血缘关系和宗法关系,更注意家庭伦理和五服制度,是宗法性家庭的楷模,从性质上讲可以视作宗法性家庭的代表,但是它们在数量上还不能与直系家庭、核心家庭争高下,简单地以它们作为封建家庭的代名词是不合实际的,封建家庭就是大型家庭的误解需要消除,应当重视直系家庭的地位。

(二)父家长制形成家庭的等级结构和男尊女卑的社会

清代父家长对家庭财产,妻子命运,子女教育、职业、婚姻和社交,家庭对外联系,有主理权,是家庭的主宰,妻子儿女处于被支配地位,从而在家庭中

产生地位不同的等第,即父家长—男性成员—妇女的阶梯。这种家庭等级制是整个社会等级制的缩影,也是它的一个组成部分,即从家庭到家族到社会都有着等级制,家庭是它的起点。家庭中女子地位的低下,反映清代是男尊女卑的社会。

(三)清代农业型家庭稳定传统社会制度的作用

清代大多数家庭从事农业经营,它的功能最主要的也体现在组织农业生产上,其次才是抚育子女和赡养老人。它的生产功能的实现,使清代成为一家一户的小农经济社会,并使小农家庭成为社会基础。君主时代小农经济最稳定,清代家庭起着稳定社会经济结构、组织结构和社会秩序的作用,所以清代社会虽然处于近代生产的前夜,但并没有内在因素形成突破性的发展,造成了整个社会进展的迟滞。

(原载《文史知识》1987 年第 11 期,收入本文集时有所订补)

略述清代人"家谱犹国史"说

——释放出"民间有史书"的信息

阅读清朝人写的族谱序跋,常见"家之有谱犹国之有史"之说。编纂家谱者,或为家谱作序者,将家谱比作国史,其意何在?如何理解?笔者因经常阅览谱牒、文集,不时见到此说,因而有所思考。此种说法,家谱、国史并非并重,重点是在张扬族谱的价值,即用众人皆知的国史意义来类比,家谱身价自然就明显了。因此全面接触这个题目,需要在说明家谱、国史两者关系的同时,还论及关于家谱的学问,如人们为何修谱,怎样修谱,修谱人员及其宗族状况,修谱过程及结果,等等。笔者不欲张大题目,而愿大题小作,主要是从家谱国史两者异同、关联,述及家谱的价值。

清人所说的家谱犹国史,最简单的意思是国家有史书,家谱就像国史,是家族的历史。族史犹国史,清人的论述是从修撰及其撰修目标,编纂制度和习惯,著述所使用的素材,成品的功用诸方面叙述的。笔者则从"家谱犹国史"说中理解到民间有家谱,也即民间有其历史,有其史书。

一、官修史书有制度与私修族谱成习惯

道光间,浙江鄞县周氏撰成族谱《新河周氏宗谱》,承修者周芬在《序》中说家族的修谱,与国家修史、地方政府修志的撰写人状况不同,他说:"国史掌之柱下,郡邑志倡自官长,而家乘则责在子孙。"①中国古代官修史学极其发达,有修史制度和专门的修史机构,保证修史的持续进行。即以清朝而言,翰林院执掌修史,为皇帝撰修《起居注》《实录》;中央各衙门的《则例》定期编撰,一再续修;人物传记的《大臣传》《儒林传》等修了又修,遂有后来的《清史列传》问世;至于各种事件、战争亦有专门的记录。周芬说的"国史掌之柱下",即

---

① 周岳、周芬等修《新河周氏宗谱》,道光二十六年世德堂活字本。

此之谓。地方官编辑方志，清朝亦逐渐形成制度，统一编修"一统志"，不时下令地方修志，以至规定续修时间。编写方志虽然有制度，但执行上地方官有某种随意性，不像中央修史那样严格实行制度而效果显著，这就是周芬说的"郡邑志倡自官长"。

族谱之编修，在中古以前，基本上是官方修撰，宋人郑樵《通志·氏族略》述之甚明，清代康熙间江西临江府同知施廷元为清江杨氏族谱所作的谱序，有云"古者谱系之学掌于朝廷"[①]，即此之谓。可见原先民间之谱，亦为官学，这是人们的共识。宋代以后，除了皇家编纂玉牒及少数民族王朝为其本民族贵族编写族谱之外，民间的兴修族谱，完全是宗族内部的事情，修或不修，全由各个宗族自身决定，官府并不过问，只是偶尔提倡民间修谱，如雍正帝在《圣谕广训》中所说的"修族谱以联疏远"。民间修谱是自觉自愿的事情，由于民人认为修谱是尊祖敬宗收族的宗族要务，常常兴修家谱，并形成习惯，制定成族规，规定六十年一修谱，三十年一修谱，甚至于二十年一修谱，由于害怕出现年久不修的现象，笃信理学家朱熹的"三世不修谱则为不孝"之说，也形成祖训，著录于族谱。

既然是自愿修谱，就必然有其热心人，也实在有这种人，即贤孝不计功利之人，如同乾隆五十六年(1791)衍圣公孙宪培在直隶南宫《孔子世家谱·序》所写的：修家谱，善继善述，"此孝子慈孙所为"[②]。也是嘉庆间候选训导杨汝翔为江西临江府清江徐氏族谱作序所说的："谱系之修乃仁人孝子所用心。"[③]仁孝者热衷于修谱，谱序中屡见不鲜。雍正中，福建莆田人黄忆趋，因步履维艰未能到祠堂参加正月初五的宗祠大祭，乃命其子化龙修辑族谱，并自撰"要规十条、谱例十条"，令化龙遵循。化龙为举人，遵父命，在祠堂祭告祖先，表示全力诚心从事："若有操笔不严，肆意缺略，先世有大功德于子孙者，其品行文章、传记、诰命、墓所、匹配有一不稽者，神其谴之，稽之莫据，神其谅之。"终于在乾隆六年(1741)修成族谱。[④]

许多宗族有黄化龙父子这样的热心人，所以族谱一修再修。像江西新昌

① 杨如沄修《清江永滨杨氏三修族谱》，康熙间施廷元《序》，乾隆二十七年刊本。
② 南宫《孔子世家谱》，衍圣公孙宪培《序》，光绪六年刊本。
③ 徐廷攀修、徐攀桂纂《云溪徐氏族谱》，《徐氏重修族谱序》，嘉庆十八年刊本。
④ 黄化龙重修《莘郊黄氏族谱》卷2，乾隆六年《总修洗马祠大宗家乘跋》，乾隆十七年刻本。

漆氏在清代,自康熙起至光绪二十二年(1896),前后五次修谱,曰《城南漆氏族谱》。江苏常州宜兴任氏于顺治十六年(1659)至光绪十四年(1888)的二百二十九年间修谱八次,平均二十九年一次,实践一世一修族谱的理想。常州望族庄氏于顺治间修谱,康熙间复修,乾隆间三修,嘉庆四修,以后还有续修。湖南长沙涧湖塘王氏于康熙四十年(1701)、乾隆二十八年(1763)、咸丰三年(1853)、光绪二十四(1898)年四次撰谱,约四十五年进行一次。上述数例均属于历来被认为修谱多的地区,其实在北方和西部也有一些家族连续制作家谱。陕西郃阳马氏《郃阳马氏宗谱》,创修于康熙九年(1670),乾隆七年(1742)、乾隆四十六年(1781)、道光十七年(1837)、同治十一年(1872)、光绪三十一年(1905)数度续修,计凡六次,在二百三十五年中平均三十九年增修一次。甘肃兰州颜氏以"家政之大,序谱为重",在乾隆、嘉庆、道光及光绪年间四度重修。①

山西平定州张氏于康熙二十年(1681)修谱,刻于碑阴,是为碑谱,次后乾隆十一年(1746)、嘉庆元年(1796)、咸丰七年(1857)先后修谱,印为纸质本,计达四次。同地窦氏,雍正八年(1730)、道光二十七年(1847)、光绪十七年(1892)三度修谱。河南商丘宋氏,宋荦在任布政使时重修家谱,成《商邱宋氏家乘》八卷,将近三十年后,任江苏巡抚时再行增订至十四卷。②山东黄县王氏于康熙五年(1666)、嘉庆二十一年(1816)、光宣之际三次撰修《黄县太原王氏族谱》。直隶南宫孔氏于雍正十年(1732)、乾隆二十三年(1758)及五十六年(1791)、嘉庆二十四年(1819)、道光三十年(1850)、光绪六年(1880)六度修谱,平均四十年修一次。

修谱的族规,在一定意义上说是家族的制度。所以宗族虽然没有如同政府修史那样的常设机构、人员、经费和修史规范,但是有修谱的习惯和相应的族规,以此与官府修史制度相匹配,相媲美。不过仍应看到,宗族修谱能否持续进行关键在于要有热心人,要视族人的状况来定。周芬讲到修谱责在子孙,又说:"子孙之为农、为工、为商贾者,既苦于不知,而一二为士者又知而不为,其责果谁任乎?"责任在士人,士人固然有孝子贤孙,然也有不肖之人。在修谱中,有私心者,计较个人房分利害者,就不能修谱,即使兴修也做不好。乾隆间江

---

① 光绪《金城颜氏家谱》,乾隆二年颜穆如《重修家谱序》,光绪十二年本。
② 宋荦:《西陂类稿》卷24《三订家乘序》,《四库全书》本。

西南丰江氏合族续修族谱,有的房编纂,有的未能进行,原因是"举事之人有计利之心而无收族之谊",结果只纂成分支谱而不是整个宗族谱。①个人的意志在族谱编写与否方面反映得特别明显。国家修史有制度,宗族修谱有习惯和规约,毕竟有所不同,族人的随意性在起重大作用,究竟与制度不能相比。

二、史之善恶并书与谱之隐恶扬善

诟病族谱者往往谓其书写原则的"隐恶扬善",实践"家丑不可外扬"的处世之道,而国史则是善恶并陈,这是史与谱的一种差异。清代修谱者对此甚为明确, 道光间江西抚州宜黄罗氏所撰的族谱序言云:"余谓修谱同于修史,而有不同者,史则善恶毕彰,而谱则隐恶扬善,此其不同之大概也。"②明确指出一方面是"善恶毕彰",另一方面却是"隐恶扬善",谱与史的同与不同,要点也在这里。同时期匡定方制作湖南湘乡《匡氏续修族谱》,其《自序》论及谱与史相仿佛,特别说明史书善恶并书的特点和价值:"夫史以传诸亿万世,昭美恶,垂劝惩,盛衰治乱之迹,厘然不可紊,确乎不可易。"③史籍的披露坏人坏事,寓劝惩之意,"令乱臣贼子惧",诚有其原因。而族谱若记录族中不孝、不肖子弟,恐有伤于他们的子孙,令无辜的后人颜面无光,因为此种恻隐之心和顾及宗族体面,于是采取不记载的态度,对那种人采取不许上谱的"削谱除宗"办法。

谱与史的"书善"同趣,而"书恶"异趣,族谱不记录坏人坏事固为一弊,然而不要因此淹没另一种事实, 就是家谱以记叙全体族人及其妻室为使命,除了不肖子孙,无论贫富、尊贵者与平民都应收入谱牒。从求全来讲谱与史又是相同的。就此,沧州《郑氏族谱》序言之甚明:"一家之谱即一家之史也,史以记事,谱以布名,继述之事,有显扬之意,然无溢美,无誉词,盖恐诬我先人也,故曰家之有谱,犹国之有史。"又说谱,"普也,系也,亦归也,源同而脉异,谱,普其同"④。谱,被理解为"普",为"系",家谱分析族人世系,统统予以著录。福建南平鄢氏修谱亦持此说,谓"谱者,普也。恐宗属之涣,情义之携,而思所以普

---

① 江南金等修《济阳江氏分修族谱·序》,乾隆四十五年刊本。

② 罗荆璧、罗明诚等修《宜黄棠阴罗氏尚义门锦二公房谱》,首卷《新序》,道光二十七年本。

③ 湘乡《匡氏续修族谱》首卷《自序》,道光八年解颐堂刊本。

④ 沧州《郑氏族谱》,《梁口家谱序四》,咸丰十一年梁口村第二次修谱订本。

之也。故根源久而不知所从分,则不普;支流长而不知所为合,则不普;知其分矣合矣,而其间有缺佚,或纤悉之不备,则不普"①。要使族谱达到"普"的程度,应该使源远流长的宗族各个分支的成员,毫无遗漏地纳入谱书。

谱还被训释为"布",前述《匡氏续修族谱》的《张序》云:"谱之由来久矣,《玉篇》训属,属则有珠联璧贯之义;《释名》训布,布则有缕晰条分之意。"②族谱,被理解为普、布,说简单点,就是普遍记录族人之书。族谱的原意,记载所有的族人,"削谱"是例外,是万不得已之举。它的"隐恶扬善",固然如此,不因此忽视其记录所有族人历史的特征,草民的历史也汇入其中;而国史之"全"是在政治事件、政治人物方面求全,其实它是社会上层的历史,与草民不相干。

族谱的隐恶扬善,不是忠实于历史的态度,给人的是局部的、片面的历史记载。史书其实也是为尊者讳,多有篡改、隐瞒历史之事,以至有人愤恨地认为统治者所写的历史全部是伪造的。我国修史、修谱事业发达,隐瞒、捏造、篡改历史之弊,亦不可不察。

总之,可以理解族谱隐恶扬善的苦衷,以及与国史的隐瞒历史有共同之处,但是究竟与国史的善恶并书有别,是求全中的有别。

三、史以治国与谱以齐家

家族修谱,国家修史,各有其目标和功用,就其具体的,或者说先期的、明显的目的而言,显著不一。国史与族谱所研制的范畴广狭相差悬殊,方法因而有异,国史从国家的角度来总结历史的得失,族谱从宗族的角度研讨历史的经验。光绪八年(1882),陕西汉中府西乡县南关二里桥李氏修谱,其创意者认为:"家之有谱,犹国之有史也。史不修,无以鉴治乱、示惩劝;谱不修,无以溯先芬、联族属。"③所谓"鉴治乱、示惩劝",将修史的功用概括得极其准确,而且言简意赅。古代修史,主要是起史鉴的作用,用历史上的兴衰治乱,为帝王提供治理的鉴戒,所以司马光著作通鉴,命名为《资治通鉴》,"鉴治乱",即指此;

① 南平《麟阳鄢氏族谱》卷首《家谱小序》,光绪四年刊本。
② 湘乡《匡氏续修族谱》卷首《张序》,道光八年解颐堂刊本。
③ 李文敏编纂《西乡李氏家谱》,《李氏谱图序》,光绪八年本。

用史书教导臣民,尤其是读书人,是为史的教化作用,此即"示惩劝"。国史如此,家谱追溯祖宗的先德懿行,教育后人敦宗睦族,是为"溯先芬、联族属"。

如此解析国史、族谱的各自功能,是各个宗族的共识。道光间直隶南皮《陈氏族谱》的作者陈作梅说出类似的话:"夫族谱者所以发提先祖遗泽,志叙祖德宗功以启后昆者也,至若世系宗支之序,尊卑长幼之分,亦无不惟谱斯赖。族之有谱犹国之有史也,国无史则治乱弗能记,家无谱则世系支派莫能明,其关系之紧要更显谱牒之重大矣。"①家谱犹国史说,陈氏、李氏的认识逻辑,使用的语言大体相同,其他家族亦然。湘乡匡氏谱序在前引史书"昭美恶、垂劝惩"之后,接着写到谱书的作用:观之则"本源之思于是乎在,宗支之好于是乎笃,即齐家之宝筏也"②。谱牒成为齐家的钥匙,宗族发达、光耀门庭的法宝。

族谱的功能,进而被视为家运、国运的反映。康熙朝大学士、福建安溪人李光地就家族修谱,论述族谱与宗法、与家运的相互关系。他首先说"若夫谱之设,所以济宗之穷"。意思是说上古宗法已经不存在,赖有族谱保存宗法遗意。接着说他的家族谱牒具有三个特长,即尊长辈,尊爵位,尊贤人,实际是按照宗法伦理书写族谱,因而能对族人起警诫作用。用他的话说是:"吾家之谱其为善,亦有三焉:本以宗法而联之,所以长长也;标其爵命而荣之,所以贵贵也;系之传纪而彰之,所以贤贤也。三者备矣,然后昭穆序焉,名分严焉,劝戒彰焉。"进而说家谱反映宗族的兴衰,因他的家族在明清易代之际的战乱和吴耿尚"三藩之乱"时,仍然修祠堂和族谱,于是"谱与宗二者俱焕",一个家族能尊祖、尊王、尊圣,必定出人才,壮大兴盛,遂得出"宗谱之修废,家之兴衰之占也"的结论。③光绪中湖南汉寿盛氏修谱,郭群芳的《序》,亦从修谱验证宗族发展壮大,他赞扬盛氏"今人文蔚起,方兴未艾,他年必有珥笔史馆,与欧之五代、苏之古史接踵而联芳者"。何以见得,"皆将于是谱觇之也"④。由修谱而预示人才辈出,家运隆兴。

清末官至大学士的直隶定兴鹿传霖,在光绪二十二年(1896)该族族谱

① 南皮《陈氏族谱》,道光《陈氏族谱再修序》,2000年五修本。
② 湘乡《匡氏续修族谱》卷首《自序》,道光八年解颐堂刊本。
③ 李光地:《榕村集》卷11《家谱》,《四库全书》本。
④ 汉寿《盛氏族谱》卷首,光绪二十七年广陵堂活字印本。

《序》中，讲到族谱关乎宗法，宗法关乎世道，因谱牒修而能够维持风俗政教，他说："故者重姓族系世，维详设专官以掌之，所以厚风俗系人心也，政教寝衰，宗法废坠，于是私学谱兴焉。晋宋以还，矜尚门地，谱学乃大盛，后虽也变频仍，迭有兴替，然今之士族率皆有谱，即呼贩夫牧竖而问之，亦无不能举其高曾族党者，凡我神明之裔，莫不父兄子弟聚族而居，不至沦为异俗，实赖此亲亲之谊维系之也。"又谓其循乃祖、乃父之遗规，续修族谱，成卷十五，希望子孙能代习家法，述作相因，从子及孙，从孙及子，孙孙子子兴复宗祧，尊祖敬宗世守弗替，永保宗族兴旺，家谱续修。[1]他将修族谱维护传统社会的风俗，视为稳定社会的因素而予以揄扬。咸丰三年(1853)长沙涧湖塘王氏族谱的王式兴、式交等序言说族谱，"虽为一家不朽之书，未始不可与一代之史同增圣朝之光焉"[2]。广西平乐邓氏直接说明族谱对国家政事的补益："谱之修也，内以纲维人伦之大本，外以辅翼朝廷之政治，此岂小补云尔哉？"[3]修谱关乎国运，国家政兴人和，修谱会多，否则会寡，此说不无道理。

四、国史、族谱共同维系人伦的共性

史功之治国，谱功之齐家，是言其具体功能，比较之后，意义尚未尽释，而且前述谱、史编纂者身份及成品的可信度之比较，仍多缺略的地方，这里再次阐述史、谱编纂主旨和各方面的共同点。

(一)叙彝伦，维人道

治平、齐家的主题，相对于人生观来讲是具体目标，深入一个层次来看，作史修谱是教化人的灵魂。

长沙王氏咸丰三年续谱讫，序言云："夫国有史，国之谱也；家有谱，家之史也。史以纪政治之得失，谱以辨昭穆之伦序，其名异，其理同，要皆维人道于弗坠耳。"[4]"维人道"，维护人间伦理，社会正常秩序。此说非王氏所独有，江西清江云溪嘉庆十八年(1813)有三份谱序关注及此。徐佐攀、佐轩认为族谱：

---

① 定兴《鹿氏二续谱》，光绪二十三年本。

②③ 长沙《涧湖塘王氏六修族谱》卷首一，咸丰三年《四修族谱序四》，民国三十八年听槐堂铅印本。

④ 平乐《邓氏宗谱》卷1，同治三年《邓氏族谱序》，民国十三年续刊本。

"叙彝伦,别昭穆,敦礼让,教孝悌,为尊祖敬宗之大原。"贡生徐攀桂自谓"幼攻举业,未遂上进,厕名成均,究不克亢宗而耀祖于前哲,实无能为役,惟是闲居读书,念古帝平章之化,必先于九族亲睦,故每乐为族人讲彝伦之叙,敦睦之行,而于谱事遂刻不能去。"津津乐道彝伦之叙,著意于修谱。徐泰佐则说,"教著民彝,即风成雅俗"①。他们共同申述彝伦教育的重要,好让族人明白伦常大道,讲求孝悌忠信,形成敦宗睦族、世人礼让的优良社风民俗。

直隶故城祕氏也说:"家之谱犹国之史也,务使族属有辨尊卑,有序长幼,有别彝伦,秩秩而垂奕,祀谱所系者,不与史俱亚哉。"②谱与史共同讲究伦理道德,所以家谱犹国史,前者才能成为后者的亚配。谱与史的讲伦常,讲忠与孝,对于宗族来讲,不单单是强调孝道,还致力于由孝到忠,是所谓"移孝作忠",忠诚于国家君王,如广西平乐邓氏所说:"苏子(苏洵)有云,观吾谱者孝悌之心油然而生。则移孝以作忠,不亦增光于家乘也乎!"③国史也讲移孝作忠,而由家族来讲,效果就会更显著。

(二)史、谱相为表里,互相供给史料

国史、族谱各自记载国家、家族的历史,就其内容讲,似乎不相关联,然而许多"谱序"作者说出了它们在内容上的有机联系。康熙朝博学鸿词科的参与者毛奇龄在《坡山朱氏族谱序》里写道:"家之有谱,抑与国之有籍相表里也。"提出家谱、国史相为表里之说。毛奇龄又说:"读其书而知朱氏之盛,且因之,可以得古人敦族授姓之义,则内合其情,外分其等,虽先生(指朱兹受)子姓,必由此更大其宗乎!是亦为政也。"④从朱氏之史,可以得知古代授姓和宗法制度,而且宗族的建设与发展,也是国家宗法制度的实践与结果,这就是"是亦为政也",即家政与国政的一致之出。因此所谓国史、族谱互为"表里",有概括和细致之别,前者概约,后者具体,互相供给素材。

族谱拥有国史所需要的材料,江西余干人徐德忠《修族谱序》说得相当清晰和精彩,他说:"族姓之有家乘,亦犹朝廷之有实录。盖史于一代伟人,与夫嘉言懿行,忠孝节义必为之详其姓氏,陈其本末,而家谱实先志之,由一姓以

---

① 徐廷攀修、徐攀桂纂《云溪徐氏族谱》,《癸酉重修族谱序》,嘉庆十八年刊本。

② 故城《祕氏族谱》,康熙《序》,宣统二年重修本。

③ 平乐《邓氏宗谱》卷1,同治三年《邓氏族谱序》,民国十三年续刊本。

④ 毛奇龄:《西河集》卷27,《坡山朱氏族谱序》,《四库全书》本。

至众姓,以至天下,令天下之谱为天下之史,则史为天下之谱,而谱亦为一家之史矣。"①族谱之叙事,之叙人物风情,可供国史之采摘,道理显而易见,故二者相为表里。永清知县裴章美于康熙初说出同一的意思:"见家牒载先代履历行实,一如国史。"②至于修家谱,每每从国史迻录传记文,充实族谱内容,并且显示家族的功名仕宦之盛,炫耀乡里。故城祕氏修谱,多方搜集素材,"辑传志,核碑铭,以及制敕政绩,靡不条分缕析"③,使用了政府的文献,当然目的是为家族增彩。

史、谱的这种表里关系,甚至被人说成彼此不可缺的关系,缺此则无彼的关系。康乾间进士、编修储大文指出:"谱以订史,所谓一观诸要也。"又认为"谱学至宋而浸息,类例鲜要。今世传谱,又多明人拟作。……宋人无谱学,所以无史学也"④。所谓宋代无谱学即无史学,自系过甚其词,而强调史、谱表里一致,则是造成其致误的原因。

史、谱的表里关系,有的谱学作者还从族谱体例取材于国史的事实加以理解。储大文在为舅氏潘氏家族谱书作序中说,不敢评论舅家的族谱,"谨综其实,以衷于史例核确之义云尔"⑤。族谱的体例有个发展过程,起始是家族世系表和简单的序言,而后向史书体例看齐,逐渐增加志、传、图,即人物传记,祠堂、祀产、坟茔、艺文等志,坟墓、祠堂等图,以及世系表之外的图表,如科第表,如此,族谱在体例上也史书化,所以储大文谨按史书体例来衡量,赞美潘氏族谱的合于史书体裁。

(三)史、谱"信今传后"的理念

信今传后,是修史的准则,也是修史者的理念和道德标准,然而真能做到是异常不容易的,也是不多的,不过这个信念和追求是值得肯定的。

乾隆十年(1745)江西宜黄吴氏谱序:"文非献无征,献非文不传,家乘与国史,条例之广狭不同,而记载远近足以信今传后之道一而已矣。"⑥前述清江杨氏族谱施廷元《序》讲族谱撰写事实"贵严",以免滥收,出现以伪而乱真的

① 徐德忠编纂《徐氏宗谱》,《修族谱序》,康熙五十三年本。
② 翟凤翥纂闻喜《裴氏世牒》,裴章美《跋》,康熙五年刻本。
③ 故城《祕氏族谱》,康熙《序》,宣统二年重修本。
④⑤ 储大文:《存研楼文集》卷11《吴氏宗谱序》,《四库全书》本。
⑥ 吴文薰等修《吴氏伯武公房谱》,乾隆十年《延陵伯武公房谱老序》,乾隆四十二年刊本。

情形;修成后的收藏贵密,以防止有人篡改,令族谱成为"乱宗之具",如果那样,"乌足以信今而传后哉"[①]! 他们不约而同讲族谱信今传后的本质,以及与国史相同。信今传后,尊重历史的真实,不作假,不伪饰,后人才能相信,才能起到存史的作用。

五、谱犹史说释放出民众有自身史书的信息

族谱犹国史之说,归结起来就是族谱也是"史",本质是史,与国史一样是史书,不过是一为家族史,一为国家史,是拥有各种体裁史书中的一种;功能也相同,都是以主流意识的纲常伦理教化民人。既然如此,人们何以还要说,还要强调族谱犹如国史呢? 意在点出族谱的实质,也因之明确其在各种文献中的地位。在古人的观念中,史书在群籍之中是高贵的,仅次于经籍,古人、今人向有传播历史关系政权、国家存亡之说。如所谓"国无史而失国政,家无谱有失家法"。给族谱以应有的地位,就不应当以其为民间私修而小觑它,藐视它。清代人谆谆言之,不厌其烦地言之,要义在此。进入现代社会之后,笔者论说清朝人的族谱犹国史的见解,发现清人这种说法,释放出一种信息,即族谱作为民间私修的家族史,表明民间有史书,民众有史书,民众有历史。就此,笔者拟从族谱是家族史,族谱所记录的家族史是全社会的整体史的一部分和折射整体史两个方面予以说明。

仅就族谱的体例来了解族谱是家族史的记录。前已交待族谱体例向正史体例靠拢,具有表图、传记、专志的体例,可以容纳家族史的各项内容。储大文的《双桥范氏宗谱序》,叙述该谱体例要旨:"有世系图,有传,有小传。其书里居,为双桥、西望圩、高庄和巷内。其书宗祠,有高庄大宗祠,巷内小宗祠。其谱例,曰明宗支,曰详嫡庶,曰定升降,曰辨真伪,曰撰先美,曰严笔削,曰别丑类,曰重婚姻,曰正嗣续,曰厘名号,曰志始居。其谱义,曰睹亲疏之义,识长幼之序,知嫡庶之分,观盛衰之理。"[②]即有图、传、里居、宗祠是专志,所谓谱义,是指族规、祖训,亦为专志。如此体裁,可以叙述双桥范氏的基本历史。康熙朝大学士、安徽桐城人张英撰修族谱,其体例"首世谱,次世纪,次丘陇,次纶言,

---

① 杨如沄、杨如沂修《清江永滨杨氏三修族谱》,康熙四十五年施廷元《序》,乾隆二十七年刊本。
② 储大文:《存研楼文集》卷11《双桥范氏宗谱序》,四库全书本。

次家传,为若干卷"①。有世系、祖坟、家训、传记,简要地勾勒本家族的历史。

乾隆间山西灵石何思忠《族谱序》,谓何氏先居"豫省大石桥边,明代中期迁晋,卜居太岳北麓,即今两渡;其后子孙益众,或散处和溪,或涉汾而西迁于军营坊"。他纂修谱牒,"沿子孙溯其祖父,竟委穷源,各归统绪,设立表图,凡封荫及本身爵秩无不详载;即祠堂、坟墓窥形度势,计其弓步,考绘图式;并历世祖考妣行实节孝及传赞志表,碑铭杂文,当代名公巨卿如椽之余,堪为光宠,悉旁搜备采;若家训一篇,特摘其要者著焉"②。对何氏族谱的体例、宗族的历史与现状均有交待。

族史所反映的整体史,先从族谱对人物、事件的记载进行考察,然后再说家族史与整体史的关联。

(一)家族的综合历史及其特点

直隶故城《祕氏族谱》记叙该族历史,述及宗族移徙定居史,"先世由北通州里儿寺,占籍故城,居郑镇北之五户村,自有此谱则里邑迁徙可证也"。职业的耕、读两项,产生仕宦之人,"始祖而下业农,三世为庠生,代有名儒,六世乃贵显,七世、八世先后屡举孝廉,至九世成进士,以明经登仕籍者指不胜屈,自有此谱,则文章吏治可考也"。族谱还记载家族出现的德行高尚之人,"纯孝有人,殉难有人,坦率颖异秀丽有人,笃行好学有人,自有此谱,则潜德俊彦可稽也"。如其族人德兰为高尚之士,出嗣伯父,奉养数十年,既殁,营葬成礼;其兄伸枝早丧,家道零落,乃平分个人的产业,为其立后;舅氏袁某贫困,能曲体母意,赡给弗懈,并周恤其子孙。更有贞女烈妇的问世,"至于贞女之被虏不屈,刘氏之死之存孤,自有此谱,则妇道节烈益可彰也"。因此序谱者认为"祕氏一谱,史之义在是矣","行将与史册争光矣"③。一个耕读传家,且有仕宦之士的宗族,呈现在读者眼前。这个宗族是传统社会的个案,亦为一种典型。康熙间进士、学政、云南人谢履忠为江西宜黄谢氏族谱撰序,云该谱所载人物、艺文,莫非献典;祭产、丘墓,悉属名胜;大宗图、小宗图,能明宗法。④谢氏亦为耕读仕宦之族。

① 张英:《文端集》卷40《日照李氏族谱序》,《四库全书》本。
② 灵石《何氏族谱》,《族谱序》,道光十四年续刻本。
③ 故城《祕氏族谱》,康熙间《序》,宣统二年重修本。
④ 谢赋文等修纂《宜邑谢氏六修族谱》,康熙五十八年《初修旧序》,同治九年刊本。

祕氏、谢氏的耕读之家,是传统社会人们职业、理想的展现,反映的是社会最基本的现实和状况。

(二)战争对民间、社会的影响

谱序为说明修谱与宗族建设的困难与解决,往往述及战乱的破坏性恶果及影响,诸如族人死难,族谱焚毁,而丧乱之余,人们更加珍视宗族群体,着力恢复宗族活动和续修谱牒。

同治三年(1864),举人、加翰林主薄衔邓均为广西平州乐邓氏族谱撰写序文,谓谱主系"桂郡望族。族人登仕版,膺名经者,不一而驰;誉成均,蜚声黉序者,悉数难终"。因而令人感叹其家学渊源,人才之出有以致之。咸丰九年(1859),太平军进入县境,民众望风远遁,邓氏宗族所在地组织团勇,两相交锋,开头获得小胜,后来失败,"而同仇敌忾之心,不惟当时赞羡,即后世亦流传不朽","又未尝不叹其家传忠孝有之自来也"。该族儒者品学兼优,耕者挟以忠义之气,乃文武具备,治乱咸宜之族。[1]将一个危难之时有凝聚力的宗族描述出来。光绪九年(1883),直隶沧州刘氏谱序,回忆明清之际家族的不幸遭遇,先是"崇祯末年刘氏家庙、族谱、一切住居房屋均遭回禄,国朝定鼎之初,所有地亩尽被旗圈所占,一败涂地,至于此极,数世而后,虽有志欲继修家谱者奈财力不及未能遂愿,又兼文献不足遂绝笔焉",迨至乾隆四十六年(1781)始能修成族谱。[2]"圈地",是清初与"剃发""迁海"等构成五大弊政之一的恶政,至清末刘氏才敢书写出来。

江苏常州《宜兴筱里任氏家谱》光绪十四年(1888)的《第十二谱序》,讲到咸丰四年(1854)修成十一谱,此时丁口不下四五千,咸丰十年(1860)遇上太平天国战争,人口存者什二,谱籍又均散失,其仅有存者,亦大半残缺。[3]同地庄氏亦受太平军影响,《光绪元年修谱序》:咸丰末年"食旧德者半为国殇,其存者流离转徙,散之四方"。及至同治三年(1864)清军复常州,族人相率回归,存丁才三百八十余,不及战前三分之一,团聚而谋修谱牒、恤存亡之道,遂在光绪元年(1875)续谱成功。[4]河南《项城张氏族谱》光绪《重修宗谱序》记叙的

---

① 平乐《邓氏宗谱》卷1,同治三年《邓氏族谱序》,民国十三年续刊本。

② 沧县《刘氏族谱》,光绪《序》,刘辛庄刘德瀛等藏。

③ 任承弼编《宜兴筱里任氏家谱》卷1《第十二谱序》,民国十六年一本堂刊本。

④ 常州《毗陵庄氏增修族谱》,《谱序》,光绪元年本。

捻军的影响：咸丰末年，捻军活动在中原，烽烟四起，彼时之族众，避难逃奔散而之四方，迨后归来之宗支十仅有七，死亡、绝嗣者不可胜道！家乘已被焚，后来偶而得到一份，遂以之为根据补修，光绪三十年(1904)乃成。①咸同间，汉中府西乡县遭受战祸，二里桥李氏族人死于兵燹和瘟疫，江西按察使李文敏上任便道回乡，"见户族凋零，怨然心伤"，"孑遗之余，谋生不遑，诸房簿录盖无复有存者"，乃捐资修祖坟，封土植树，命子侄采访修谱，光绪八年(1882)葳事。②

(三)社会的变化与时代气息的反映

宣统元年(1909)山东黄县王氏族谱的王常翰谱序，运用古代所没有的"伦理学""进化论"的概念讲述家族人际亲等关系和进化论，家族与国家的关系："君臣、朋友、国家，以家族为起源，社会以家族而肇始。礼以亲族为本，法以亲族为规，研究伦理学者，必先自五等亲始，职是故也。……由亲族而家族，由家族而种族，竞争提携，由近及远，进化之公例也。"③

光绪三十四年(1908)江西浮梁人刘燮材在《光绪戊申续修族谱序》将生物学知识运用于社会学，论述人群及人群之分类："动物之有虫鱼鸟兽，与人对待者也；虫鱼鸟兽之各有名，与人有族姓对待者也。物有名不能一一名其名，人则尽人而能名之；夫尽人而名之则繁，仅以人种别之则浑，不繁不浑以区其人而族姓之说起焉，此群之所由成也。"他将人群分为三类，即"地合之群划以疆域，人合之群萃以流品，天合之群统以派系"。天合之群就是宗族，而宗族之合，又是靠宗法维系。他进而述及戊戌变法及其后的新政："窃谓朝廷变法图治，月异日新……废科举而起学堂，若农若工若商若军若医，悉与士人纳入辟雍之域，人群美备，度越前古。近复诏各府厅州县，举行地方自治。……今当举行地方自治之日，而吾谱适告成功，然则吾今日对于此谱，则又不目为告朔之饩羊而直目为导途之老马可也。"④他希望在地方自治之中宗族的天合之群得到振兴和发展。

西方的近代自然科学与社会学，在鸦片战争之后，逐渐传入中国，人们接

---

① 张拱宸、张培璋等重修《项城张氏族谱》，光绪《重修宗谱序》，民国二十五年天津文岚簃印书局仿宋排印本。

②《西乡李氏家谱》，龙文彬《序》、李文敏《李氏谱图序》，光绪八年本。

③ 王次山修《黄县太原王氏族谱》，《重修族谱序》，宣统元年刊本。

④ 刘燮材纂《南阳刘氏宗谱》，光绪三十四年刊本，国家图书馆藏。

受它,运用于对中国社会、宗族进行分析,重新思考社会伦理建设和家族建设,反映了近代中国的社会变革和宗族的演进。此处仅从宗族序跋涉及近代中国宗族的变化,浅显简陋,不过笔者《十八世纪以来中国家族的近代转向》①一书有所讨论,有兴趣的读者当可参阅。

族谱记叙的家族史,反映的是社会最基本的状况,主流的观念,正常社会秩序下与非正常状态下生活对比,社会变革中对人们生活的影响,所造成的人们思想意识的更新,所以说家族史是具体而微的国史,反过来说国史是一个个族史的整合物、综合物,族谱的宗族史与国史的整体史,真是相为表里的。

但是在这里还需要明确:国史是"正史",主要是政治史,是社会上层的历史;而族谱是家族史,宗族内部虽然也有贵族、官僚、士人、平民之别,总体而言,清代宗族是官绅平民的群体,是民众群体,作为家族史的族谱,是民众史,对着国史讲,更是如此。笔者正是珍惜族谱的这种特质,谓为民间史、民众史。国史之地位不可动摇,族谱则不然,乾隆帝就不以其为意,故而《四库全书》不收民间家谱。迨后国学大师梁启超倡言家谱为"国之瑰宝",其学术价值逐渐为人认可,不幸后来又被视为封建主义文化的代表物而予以毁禁。改革开放以后,学术界和民间才恢复其应有地位。族谱是民众史,应当珍视;民间有史,民众有史,中国史学的传统,值得大书一笔。

这篇小文,取材于族谱序跋,笔者仍将利用这类资料,另撰他文。族谱及其中的序跋,诚为史学瑰宝。

(2008 年 5 月 19 日于旅次,载《南开学报》2009 年第 4 期)

---

① 冯尔康:《十八世纪以来中国家族的近代转向》,上海人民出版社,2004 年。

宗族不断编修族谱的特点及其原因

——以清朝人修谱为例

经常翻检各个宗族的族谱,就会发现,宗族的编纂家谱,反复地进行,一次,两次,以至一二十次,本文就是叙述族谱这种不断编写的特点以及宗族为此而克服的重重困难,至于执着续修的缘由,也该是本文应有之意。这种族谱续修的特点,明代已有所表现,清代则相当明显,民国时期虽只有三十多年,宗族续谱依然坚持不懈,20世纪最后二十年再度出现修谱续谱的热潮。本文以清朝人的续修为例,考察续修族谱的状况和特点产生的原因。

一、族谱不断续修的特点

宗族续修谱牒的现象相当普遍,许多宗族是一修再修,续而又续,绵延不辍。元代以前的编修情形今人所知不多,然而知道明代、清代、民国时代以及共和国以来的情形:人们延续修谱,有一种风气,形成一种传统,似乎不编纂族谱,生活中缺少了什么,修了谱,精神上就满足了,心里就安然了。在清代,人们连续纂辑族谱,产生三续、四续、五续、六续……之宗谱。下面将列举各地的一些宗族一再重修的实例,以见一斑状态。

江苏常州宜兴筱里任氏,在明代四次修谱,清代则进行了八次,分别于顺治十八年(1661)、康熙三十六年(1697)、康熙五十四年(1715)、乾隆十年(1745)、乾隆四十九年(1784)、嘉庆十七年(1812)、咸丰四年(1854)、光绪十五年(1889)纂修。于二百二十九年中,平均不足二十九年修谱一次。及至民国十六年(1927),又行续修,与上一次的间距是三十八年,此为第十三次修纂。同郡武进庄氏,在明代有宗支图,清代七度修谱,始修于顺治八年(1651),二修于康熙三十八年(1699),至雍正元年(1723)三修,乾隆二十六年(1761)四修,五修于嘉庆六年(1801),道光十七年(1837)、光绪元年(1875)赓续进行,民国二十四年(1935)再续。同县吴氏,自明代隆庆六年(1572)至清代光绪九年(1883)的三百年余间修谱十一次,平均二十几年兴修一次。

安徽绩溪胡氏子修谱,于乾隆七年(1742)是第七次兴修,同治十三年(1874)九修,民国六年(1917)再修。婺源庆源詹氏宗谱,明代嘉靖间、万历间二度编修,清代雍正十三年(1735)三修,乾隆五十年(1785)第四次修纂。道光间编纂的黟县《西递明经胡氏壬派宗谱》,其《凡例》谓该族宗谱创"始于庆源图,继以献之公,元发公、梅严公、可象公继继相续",至此至少有四次修谱。

浙江绍兴《汤浦吴氏宗谱》谓该族始修谱于唐代天祐三年(906),明朝洪武年间(1368—1398)二修,康熙五十六年(1717)五修,民国五年(1916)十三修。同郡中南王氏于乾隆五十五年(1790)开始修谱,至民国三十一年(1942)第四次编修。鄞县全氏家族修谱,始于元代,二修于明初,三修于弘治、正德间,嘉靖朝四修,万历中五修,康熙后期第六次制谱。

湖南零陵龙氏自乾隆九年(1744)纂修起,经历乾隆四十一年(1776)二修,道光二年(1822)三修,咸丰八年(1858)倡议四续,同治二年(1863)竣事,至光绪五次纂修宗谱,民国十年(1921)复行续补,计六次修纂。宜章曹氏分别于康熙四十三年(1704)、乾隆三十年(1765)、嘉庆九年(1804)、道光十七年(1837)、同治九年(1870)和光绪二十二年(1896)六次纂谱。长沙涧湖塘王氏六次编修族谱,始于明代嘉靖二年(1523),其后清代四修,于康熙四十年(1701)、乾隆二十八年(1763)、咸丰三年(1853)、光绪三十年(1904)间进行,至民国三十八年(1949)又行续修。湘乡《武城曾氏衍湖南湘乡大界五修族谱》,成于民国三十五年(1946),前四次应当编纂于清代。宁乡南塘刘氏在民国十年(1921)完成四修族谱,前三次亦应系清朝人所为。

江西清江龚氏族谱,民国三年(1914)续修,已经是第十四次编修。据其康熙八修谱序云,龚氏始修族谱于南宋绍兴丁巳(1137),续修于元朝泰定间(1324—1327),明代五次修辑,分别为洪武戊午、宣德庚戌、宏治戊申、嘉靖乙丑、万历辛丑,至康熙五十九年(1720)第八次修纂。南丰西麓双井黄氏在同治十二年(1873)第十一次修谱,据其雍正间谱序云,宗谱始修于宋代元佑年间(1086—1093),雍正间的族谱是第八次修纂,因此雍正与同治之间有三次的族谱制作。宜黄谢氏六度编修族谱,道光二十一年(1841)、同治九年(1870)为两次写作时间。清江杨氏至嘉庆间已经四次纂修族谱,同县湖庄聂氏至光绪间亦为四度编修族谱的宗族,南昌《豫章黄祠四修主谱》于光绪二十五年(1899)刊成,这是联宗修谱,也进行了四次。

福建莆田《莘郊黄氏族谱》，明永乐十八年（1420）始修，乾隆十七年（1752）第六次修纂。闽侯《西清王氏族谱》，道光十年（1830）始修，民国二十四年（1935）续修，之后又有台湾和大陆先后编修的续修本。南平、延平《麟阳鄢氏族谱》，始修于明代嘉靖二十四年（1545），光绪四年（1878）完成四修本。

广东博罗林氏多次续修族谱，明代正统六年（1441）始修，康熙三十七年（1698）之修，谓为四修，嘉庆六年（1801）为五修，道光十一年（1831）系六修，咸丰十一年（1861）为七修，光绪七年（1881）系为八修，宣统三年（1911）是九修。二百一十三年间，纂修六次，平均三十五年编修一次，不为不密。兴宁《胡氏族谱》之咸丰元年（1851）谱云，明朝景泰五年（1454）始修，咸丰元年（1851）第三次修谱。

广西平乐《邓氏宗谱》，同治三年（1864）始修，光绪十七年（1891）二修，民国十三年（1924）三修。

四川隆昌《郭氏族谱》，始修于康熙五十六年（1717），至宣统二年（1910）第五次修纂成功。绵州罗江县《萧氏族谱》，雍正八年（1730）创修，咸丰五年（1855）续修。横县《简州傅氏谱》，乾隆三十三年（1768）兴修，光绪二十六年（1900）续修。

直隶东光《马氏家乘》，创修于万历四十六年（1618），二修于顺治十年（1653），三修康熙三十五年（1696），四修雍正元年（1723），五修乾隆三十年（1765），六修嘉庆十六年（1811），七修道光九年（1829），八修咸丰十年（1860），九修光绪二十四年（1898），清代共修八次。沧州《戴氏族谱》，清代六次纂辑：康熙十五年（1676），康熙三十五年（1696），乾隆四十一年（1776），嘉庆三年（1798），咸丰二年（1852），光绪三十四年（1908）。高邑《李氏族谱》亦先后编纂六次：乾隆四十九年（1784），道光五年（1825），道光二十四年（1844），同治九年（1870），光绪十一年（1885），光绪三十一年（1905）。故城祕氏七度修谱，创修于明代天启元年（1621），续修于崇祯九年（1637），三修于康熙九年（1670），复修于康熙三十三年（1694），五修于雍正七年（1729），至道光间六修，宣统间七修。沧州交河马连坦李氏，同治二年（1863）第五次修谱，民国八年（1918）第七次修成，在五十五年中三度修纂，不可谓不勤。沧州孟村西赵河刘氏在清代康熙间、乾隆四十二年（1777）、道光十年（1830）、光绪三十四年（1908），先后四次编纂族谱。宁晋《百忍堂张氏增修族谱》四次编写，为康熙三十二年（1693），乾隆二十二年（1757），嘉庆十六年（1811）和同治十二年

（1873）。乐寿《陈氏族谱》，亦修四次，分别成于乾隆六年（1741），嘉庆二十四年（1819），同治十二年（1873），光绪十五年（1889）。

山东掖县赵氏家谱，创修于明代万历二十九年（1601），清代顺治五年（1648）、康熙二十三年（1684）、乾隆二十年（1757）、乾隆四十年（1775）、光绪二十三年（1897）相继续纂，至民国二十四年（1935）第七次增修。黄县王氏于康熙五年（1666）、嘉庆二十一年（1816）、道光十三年（1833）、宣统元年（1909）先后四次修谱。

山西平定白氏家谱创修于弘治十二年（1499），再修于万历四年（1576），三修于嘉庆五年（1800），四修于咸丰九年（1859），五修于民国五年（1916）。白氏修谱不算多，然明、清、民国三个时代均有修辑。同地张氏先后于康熙二十年（1681）、雍正九年（1731）、道光二十八年（1848）、咸丰七年（1857）四度兴修族谱。同地窦氏道光二十七年（1847）、光绪二十三年（1897）两次修谱。

河南项城张氏，始修谱于明代万历八年（1580），次后乾隆八年（1743）、嘉庆五年（1800）、道光三十年（1850）、民国二十六年（1937）数度兴修。

陕西邰阳马氏之宗谱，在清代分别于康熙九年（1670）、乾隆七年（1742）、乾隆四十六年（1781）、道光十七年（1837）、同治十一年（1862）、光绪三十一年（1905）修纂，凡六次。民国二十五年（1936）再度编修。

甘肃金城颜氏是自明初定居下来的仕宦家族，系复圣颜渊之后。明代旧有族谱，至清代乾隆、嘉庆、道光及光绪年间数度续修。

清代各地宗族修谱续谱，比比皆然，不胜枚举。然而清人究竟编纂了多少族谱，已是无法得知之事。乾隆间编辑《四库全书》，排斥族谱，除了官修皇家玉牒，不予著录，故而无民间修谱信息。修谱是民间的事，私密性又强，当时不示于外人。由于族谱是宗族的神圣宝物，严禁出售，在清代不会出现于市场，清朝灭亡以后可以流通于世了，但在20世纪50—70年代又被大量销毁。流传下来的，分藏在各公共图书馆和个人手中，所以也难于确切知道清人纂修的族谱有多少存留下来。

江西民间修谱众多，后世专门研究家亦云其数量无从估计："到了清代中期以后，虽然江西全境一共修了多少谱将永远是个未知数，但以汗牛充栋、无族不谱来概括，当毫不过分。"[①]"汗牛充栋、无族不谱"，可以想象族谱数

---

① 梁洪生：《江西公藏谱牒目录提要》，江西教育出版社，2002年，第3页。

量之巨大。清人所修之族谱，抄本、印本、书谱、挂谱、碑谱，通同说来，以千计数，绝无疑议。如北京图书馆在20世纪80年代中期已清理的藏谱二千二百五十种，其中有一千一百种为清人所辑，占藏谱的51.56%。[1]湖南存世的家谱数量，据1997年中华书局出版的《中国家谱综合目录》记载，全国四百四十余家图书馆、文化馆、文管会、博物馆、纪念馆、档案馆(室)、文物商店收藏的有一千五百一十一种，占收录总数一万四千七百一十九种的10.3%，其中90%以上是道光以后修纂，而又以清末至民国时期为多。

明代以来各个时期宗族的连续修谱，使得宗谱的修纂形成不断续修的特点。中国文献中有多种文书(文种)具有续修特点，但是最为显著的只有两种文献，即地方志和族谱。州县的志书，由于历史的延续，不停地编写，乃至清朝有六十年必须续修的规定，因此后世叙述某地志书时，必须标识修纂年代，如"乾隆某某县志""道光某某县志""民国某某县志"，才能准确道出该书的最主要的信息。族谱与方志相同，不标明何时修纂的族谱，人们就不会确切得知该族谱的重要价值。不断续修，具有连续性，保存该州县、该宗族的完整信息，在图书的撰著时代有其实用价值，并给后人留下宝贵的历史资料。

二、续谱克服各种难题

创修、续修族谱，尤其是续修族谱，会遇到重重困难，宗族需要一一克服，始能如愿蒇事。续谱所面临的难题，归纳起来有三种，即族人是否乐意修纂，能否齐心合力；经费有无来源，是否充足；宗族有否编修人才，能否解决编辑过程中产生的技术问题。

(一)人心不齐与主事人的公道、权威

人心不齐的情形，在族谱的序跋中多有记叙。广东兴宁胡永禄于康熙四十九年(1710)与族人议论续修族谱，欲将旧谱未刊稿本先行刻印，以求久远保存。"孰知人心异古，事不由中，欲成者十之三，不欲者十之七。"不赞成者竟然达到七成，可见人心不齐的严重程度，究其原因，是此谱为"下房"属稿，其他房分不乐意。[2]这是房分的利益，造成人心不齐。直隶盐山郑氏族人希望塾

① 杨宝华：《北京图书馆藏家谱简介》，《谱牒学研究》，书目文献出版社，1989年，第1辑265页。
② 胡学易纂修《兴宁县胡氏族谱》，《续修谱序文》，咸丰年间序本，抄本。

师郑云龙修谱,他犹豫不敢应承,原因是"谱未易修也,修谱非一人私意"。他认为族谱书写的内容,不可以徇私意,自作裁断,比如高祖以上之事迹无可考据,无从执笔,若自高祖写起,对高祖以上的祖先不公正;族内人员情况掌握不清楚,难免出现漏载之弊;应当善恶并书,由此就会得罪人。[①]没有执笔人的"私意"无法书写,有"私意"则众人难于认可,也是人心不齐的一种原因。

还有族人怀疑修谱人不公,致使各房事情在族谱中反映不一,出现偏轻偏重现象。沧州吴虞臣意欲修谱,族人中"犹有以修谱为多事者",不支持他,他很不理解,在他看来修谱是家族的神圣事业,居然有人以为是"多事",乃责怪人家"不知其存心何也,岂人情乎"[②]? "多事"之说,反映人们对修谱必要性缺乏认知,是不懂得族谱的价值。至此可知,所谓人心不齐,有三种因素:各房分在宗族内的地位不同,弱势房在族谱中的记录也会不多,感到没有光彩,从而不乐于修谱;一些族人对修谱的意义不明了,因而缺少热情;修谱者做不到公正与事,不可能尽如人意,有能力编辑的族人畏惧谗言而不敢执笔。

宗族要克服修谱障碍,端在选择有公信力的撰稿人和主事人,应有赤诚公心,不谋本人、本房私利,热衷于族务,有威望,为族人所信服。他们能公正从事,反对者也就说不出话了。湖南汉寿盛氏宗族的秀才盛元音有志修谱,族人命其主修,并云:"非有公正不私之志不足以服人,非有鸠工庀材之能不足以成事,汝读书有素,谙练经史,续修之举诚能胜任而无难也。"[③]他遂于光绪二十七年(1901)撰成族谱。安徽祁门陈氏对纂修者特作规定:修谱责令儒生正人秉笔,毋许苟且偏徇,有伤族义。[④]选择有公信力者是解决人心不齐的有效方法。解决人心不齐的另一个方法是依照公众认同的方法编写族谱,如平定州张氏续谱,主事人表示遵守老谱成例:谱中所未载者,从而续之;凡增补嗣续一遵旧谱之成规,不敢少参以己意。[⑤]修谱难,诚然,因而使得一些宗族不能修谱,但是上述各宗族虽然说难,可是都是克服了困难,将族谱续编成功。

修谱有权威人士主持,令资料来源、编辑、出版有了保障。参与族谱编纂的人员,在宗族地位方面,有族长、耆老;社会身份上,则多为有功名者,做官

① 沧州《郑氏族谱》,《梁口家谱序四》,咸丰十一年梁口村第二次修谱订本。
② 沧州盐山《吴氏族谱》,《虞臣公序》,光绪本。
③ 汉寿《盛氏族谱》卷首《自序·续修谱序》,光绪二十七年广陵堂活字印本。
④ 《祁门武溪陈氏宗谱》,《新编凡例》,同治刻本。
⑤ 《平定张氏族谱》,《重修族谱序》,道光刻本。

人,塾师,读书识字者。南丰黄氏的宗谱,到雍正朝已有百余年未加续修,雍正十年(1732)是大比之年,各支派绅衿在秋闱之后同至君陵大祠,住宿三日,议定明年重修大宗谱,绅衿返回各自村庄,会同族人相商,皆"唯命是从",乃续修成功。①定兴鹿氏于乾隆十年(1745)、嘉庆八年(1803)、光绪二十二年(1896)三次修谱,均由官宦纂辑,最后一次的主撰为鹿传霖,其时彼为四川总督,后官至大学士。②平定州张氏乾隆十一年(1746)修谱的主纂张大典,系郡庠生,与事者有贡士张纯修。③道光二年(1822),洪洞李兰,系贡生、儒林郎候选州同知,鉴于族谱未修,乃于族人合谋,撰成族谱。同治四年(1865),由监生李绥来、教授儒林郎候选州同知晋来、监生鸿来合力修成续谱。④

广东宝安鳌台王氏,清初修谱者有司铎王杏村;乾隆末重修,则有主政璜州、孝廉王峙衡,明经王瓒等人。⑤乾隆十五年(1790),江西永新欧阳氏续修通谱,首事中多有生员和官员,庐陵支参与者有邑庠生六人,国学生三人,郡增生二人;安福支与事者,有广丰教谕;萍乡支有国学生二人;浏阳有国学生一人;宜黄有举人知县;攸县有邑庠生一人;湖北有太学生二人。⑥光绪间,宜黄《棠阴罗氏永二公三修房谱》之校订人皆功名人士,有太学生,郡附生,童生及从九品衔者。⑦官宦、功名人士、族长、族尊社会地位高,经济力量相对也好一些,童生、塾师有文化,受人尊敬,由这些有威望的人主持修谱,具有权威性,族人易于遵命,是修谱成功的保证。

(二)修谱经费的妥善筹措

经费问题设若不能妥善解决,族谱必难修成。福建鄢氏二百年未修谱,原因在于缺乏钱财。所谓"吾家之志修谱久矣,每以经费难集而不果"。同治十三年(1874)十月朔祠堂祭祖后,饮胙间众人决意修谱,于是设谱局撰稿,不惜花费,到光绪五年(1879)修谱成功。⑧婺源孙氏有湖溪、绣溪房派之分,因修谱经

---

① 黄家章等修南丰《西麓双井黄氏族谱》,雍正《西麓黄氏双井八修宗谱序》,同治十二年刊本。

② 定兴《鹿氏二续谱·序》,光绪二十三年本。

③ 张文选等修《平定张氏族谱》,乾隆《重序张氏族谱记》、乾隆《张氏族谱序》,咸丰刻本。

④ 李逢纶等修《洪洞李氏宗谱》,《宗谱自序》《后序》,同治四年刻本。

⑤ 宝安《鳌台王氏族谱·重印族谱序》,民国重刻本。

⑥ 欧阳安世纂《续修安福令欧阳公通谱》,《同续修通谱首事》,乾隆十五年修,民国间影印本。

⑦ 罗奂等修宜黄《棠阴罗氏永二公三修房谱》,光绪二年刊本。

⑧ 鄢宗云等修南平《麟阳鄢氏族谱》,光绪四年刊本。

费的摊派不公,未能合修族谱。同治九年(1870),绣溪派找到胡溪派,倡议联合编修宗谱,但含有格外勒出经费之意,胡溪派识破其意,坚辞不就,而后商诸族众,另修本房派的宗谱。①鄢氏二百年才能修谱,孙氏仅修支谱,皆因经费措手不易,或怕被他人讹诈勒索,一句话是费用问题,解决得好,修谱就能克服此种障碍。

经费来源,约计有四个方面:一是宗族公有财产,二是向族人摊派,三为族人认捐(乐捐),四系族人或房支认购族谱或族谱中部分篇幅的成本费。

宗族有公共积累者,可提供全部或一部分,如乾隆十一年(1746),平定州张氏修谱成,因缺乏经费未能刊刻,到五十年后的嘉庆元年(1796),族人以祖遗地四亩半历年积租利钱十余千,张如轺出钱十余千,刻板成功。②这是族产收入和族人乐捐将族谱雕版。

摊派亦有其法,或按丁,或按房,或两者结合。因为各房人丁不等,在族谱中所占页面不一,故经费不便划一均摊。为了摊派,宗族预造族人丁口册,按丁口向族人派钱。安徽绩溪邵氏所制订的《修谱条议》规定:"男女丁口应由众立总簿,各房立分簿,先令各房开造丁口齐全,然后汇列总簿,以便按数酌派丁银,既无遗漏,又昭公允。"③婺源詹氏开局修谱,其光绪年间的《局规》,采按丁收费之法:丁费,每丁敛洋银一员;发放红格本,由各房派清查丁数,当即缴一半费用,以为起动经费;编辑时如数缴讫,然后镌板。各派丁费必须亲自送局,由局给发骑缝收票,并盖经收人戳记以杜弊窦。局费浩繁,如丁费不能接济,各派随时增补,俟领谱时总算。④道光间,湖南湘乡匡氏续修族谱,按房派交钱:谱费每房派钱若干,定期送入谱房,不得延挨。领谱另行交费,每册定价钱二千文,各房经管人应先按每册送交一千文,以便办纸,预定册数由各房自定。预订之后已定者不领,无钱退还;后来想增订而无多余谱书可供给的,不得闲言埋怨。⑤池州仙源杜氏采取日常注意族人登记和生子之家交钱登入草谱的办法,积累修谱经费。具体办法是:各房须立草谱,每年正月初十日管祭

① 婺源《湖溪孙氏宗谱》卷1《湖溪孙氏重修宗谱辨讹》,同治十年刊本。
②《平定张氏族谱》开篇,嘉庆《续刻张氏族谱序》,咸丰刻本。
③ 邵俊培纂绩溪《华阳邵氏宗谱》卷首,光绪三十三年叙伦堂刊本。
④ 詹固维等修《婺源詹氏宗谱》卷首,光绪五年庐源绿树祠刻本。
⑤ 湘乡《匡氏续修族谱》首卷《匡氏续谱条规》,道光八年解颐堂刊本。

者请房长数人至祖堂,凡有生卒葬嫁娶应载入谱者,令其报名填入,娶妻、生子之家着出钱百文。①

劝捐。道光九年(1829)直隶东光马氏修谱,出重资以垫谱费者不下十余人,其余族中稍有力者亦竭力捐资,毫无吝色。②道光间平定张氏采取劝捐修谱方法。该族主事人深知修谱是合族公举之事,理宜计丁敛钱,然而族人贫富不等,殊难划一,因取劝捐一法,希望"族中贵者、富者、富且贵者轻财重义,勿生吝心,大力襄助,上慰先祖之心,下获取合族人之称赞"。劝捐被族中父老子弟认为盛举,各量力输财,足够剞劂之费。③南平麟阳鄢氏修谱,经费由各人自愿捐纳,一两到一百两不等。④

劝捐常常与摊派同时并用。同治十三年(1874)绩溪胡氏在太平天国战争之后续修族谱,即采取认捐与摊派两种形式集资,有特殊需要者另行出资。因为兵燹之后,流离迁徙,生丁式微,丁费不足敷用,仍藉各房派量力捐输,捐献人名载明谱内,以志不朽。如若子孙要给先人名下增写赞语,准其另刻墓图、容像及诰敕、行状、文集序言,刻工纸价俱系自认。⑤光绪间婺源、浮梁三田李氏修谱,谱内载有捐输房派和银两数目,在婺源、浮梁、黟县、池州、九江彭泽及浙江严州遂安各房派捐纳纹银十两至百两不等。⑥

有了来之不易的经费,需要精心管理和节省开支。宗族开设修谱局,对收支各项事务,总需未雨绸缪,如造预算,制订摊派、认捐、预定谱页办法。正如绩溪邵氏《修谱条议》所言:"兴举大事必筹经费,应先将用款若干豫大数,然后酌量筹费,庶出入相准,不至亏空,致误正事。"⑦宗族对修谱银钱收支管理极其认真,细致严谨,出入立账,专款专用,监督严明。邵氏对修谱经费的管理规则:修谱银钱分立"本派""外派"二簿,每派账目又须分房登记,以便检查;经手银钱,所有收存、出入账目,委派精明妥慎之人分别管理,每月结一大总,

① 池州《仙源杜氏宗谱》卷首,光绪刻本。
② 东光《马氏家乘》,道光《马氏重修家谱序》,1999年十一修本。
③ 张文选等修《平定张氏族谱》,《劝捐修谱引》《重修族谱序》,道光二十八年刻本。
④ 鄢宗云等修南平《麟阳鄢氏族谱》,《公项题捐照世次录》,光绪四年刊本。
⑤ 绩溪《清华胡氏宗谱》卷首《同治甲戌九修凡例十三条》,民国六年刊本。
⑥ 李廷益等修《三田李氏宗谱》卷末《三田李氏重修宗谱各派捐输芳名列后》,光绪十一年木活字本。
⑦ 邵俊培纂绩溪《华阳邵氏宗谱》卷首,光绪三十三年叙伦堂刊本。

另派公直者二人逐加稽核;倘有短少,经手者赔偿,如无错误,即于结总处盖一图记以表无私而昭大信;银钱汇存妥处,每封记明实数,当众加盖图记存入公匣;另立出入账目大总簿,置公匣内,每月应集众盘查一次,以示慎重公款,且杜挪移擅用之弊。①

经费开支,主要在雕刻工匠和纸张费用,编辑人员调查路费、薪水及应酬费也占一定分量。嘉庆间黟县南屏叶氏修谱,预算刻工、纸张费用,并早日订购制谱原材料,其《修谱事宜》云:谱用聚珍字版,谱司系婺源人,先立定议单,定明工价;谱纸采用青阳县隔山杨西冲地方甘维翰槽,一百斤约一万一千张,其价足钱二十三千八百文,一张作谱一页,须先期定槽,拣选白净,免致临时受急;尽量节约开支,支丁到局司事,公局不设伙食,唯备茶水,免致多费。修谱、发谱,都要祭祖酬神,亦有一笔支出。②

光绪十四年(1888)江西玉山张氏谱局资金的来源与使用情形是:族丁一千五百三十六丁,每丁均派大钱三百文,族谱刷印共六十二部,每部作价大钱三千四百五十文,除宗祠存留一部,由族人承卖,故丁钱、谱价两项共纳大钱六百五十七千四百五十文。给主修薪酬大钱六十三千文,副修共大钱二十三千文,协修、帮催、谱纸笔墨胭脂绸线共大钱一百三十三千二百四十三文,伙食共大钱一百四十九千九百九十五文,杂用大钱五十千九百七十五文,谱工给资大钱一百五十二千一百九十四文,膳夫工资大钱二十一千五百四十四文,另有建醮费用。③从清单可知,丁钱是收入主要来源,占总收入的70%。支出占第一位是工价,第二位是伙食,第三位为纸张。工价、纸张费用之多是当然的,而吃食居第二位似不尽情理,然而宗族认可。广东南海九江朱氏修谱,宗人、朝议大夫奎元兄弟愿任脯糈剞劂之费,书成,实费银二千二百两有奇。④修谱经费是一笔巨大数目,非藉众力和有钱者赞助不可。

(三)修谱资料的搜集与体例书例的完善

修谱还有两种难题,即资料的缺略并难于搜集,编辑方法的得当与完善极为不易。光绪十九年(1893)零陵龙氏第五次续修族谱,认识到"续谱难,续

---

① 邵俊培纂绩溪《华阳邵氏宗谱》卷首《修谱条议》,光绪三十三年叙伦堂刊本。
② 叶有广等修《黟县南屏叶氏族谱》卷8《附录修谱事宜》,嘉庆十七年木刻本。
③ 张维潢等修玉山《怀玉张氏宗谱》,《戊子腊月费用目录》,光绪十四年刊本。
④ 《南海九江朱氏家谱·序》,咸丰刻本。

族谱尤难"①。所说的"谱""族谱",令人不易理解,其实前面的"谱"指小范围族人之谱,即五服内外族人之谱书,后面的"族谱"中的"族",指一本之人,是始祖、始迁祖的后人所形成的群体,成员远远超出五服范围,"族谱"系合族之谱。续谱、合族谱,包含的人员众多,人多情况复杂,从修谱的技术层面来讲,自然增加难度,例如众多的族人之间服属疏远,情谊不浓,辈分易紊,世系不易考辨;人数多,里居散落,每家每人的资料难于搜集齐全和准确。

对族人资料的搜集与整理,宗族在修谱人员的分工中予以妥善处理。搜集素材有两种方法,一是宗族将人丁登记的事务交由房支办理,前面已经说到修纂之始,宗族为摊派而制造丁口册,此事往往让房派操持。二是宗族谱局派遣采访人员,专门进行有关族史资料的调查。两种渠道所得材料由谱局人员核实、汇总。宗族修谱的谱局,从倡修、监修、主纂到分修,是个完整的理事班子。江西清江聂氏重修族谱与事者分工是:倡修、增订、校阅、缮书、对读、监修、办理、搜山;四修分工:倡修、校正、缮写、对读、经理、敛费。②增订、校阅、校正是搜集与核实资料,搜山也是调查资料,对象是祖坟及其附属山地房产。道光八年(1828),湘乡匡氏修谱,合族设主纂、秉笔、校阅,各房设房职、造册人,各司其职。③造册人就是登记丁口册,内容包括人名、性别、年龄、排行(老几)、父母或子女,以及功名,这样就有了族人的个人基本资料。同年,江西浮梁刘氏修谱,设置首事有督修、族长兼同督修、纂辑、汇编、参会、校阅、增采、校核、校录、图集、支稿、校事。④增采是搜集新材料,图集是绘制祠堂、坟山图,校阅是核对资料的准确性,汇编是汇拢各房支材料,纂辑系汇总各方面的材料,而不只是人丁资料,是主编。

族谱的体例、书例的疑难问题,不是一个宗族一次修谱所能解决的,而是各个宗族在反复编写中积累经验,逐步有所前进,并由学者讨论、总结,而后形成比较完善的体例与书例。疑难问题是:如何真实记录宗族历史,书写什么,不写什么,怎样表达?族谱在世系表、世系图的内容之外,宗祠、祖坟、族规、艺文等专门内容要不要反映,这是体例的事情;对于涉及礼法、伦常的事

---

① 零陵《龙氏六续家谱》卷首《五续谱序》,民国版本。

② 聂典训等修清江《湖庄聂氏四修族谱》,《修谱人名》,光绪二十四年刊本。

③ 湘乡《匡氏续修族谱》卷首《续例》,道光刻本。

④ 刘燮材纂浮梁《南阳刘氏宗谱》,《道光戊子年续修宗谱名籍》,光绪三十四年刊本。

情,如女性、再婚妇女、义子、嗣子如何写法,不肖族人要不要记录,是否只书善,不书恶,这些是书例讨论的事情。乾隆间《四库全书》总纂、尚书、河间人纪昀的《景城纪氏家谱序例》[①]和咸丰间南海人、知县朱次琦的《南海九江朱氏家谱序例》[②],集中地表达清人纂修族谱的理念和体例、书例规范,为许多宗族续谱所采用。族谱体例逐渐向史书、志书看齐,出现史志化倾向,在世系之外,传志齐全,到明代业已定型。[③]

清朝前期湖南安化人陶必铨为石井刘氏宗谱作序,讲到该谱的门类,容纳有宗族世系总图、房派世系图、宗族居址、祠堂、祖坟、祖宗画像和赞文、祖宗格言、祖宗功德传记、族规家训等。又说这是运用省郡志例,"其用力勤矣,其树义精而垂范远矣"[④]。明确指出刘氏纂修宗谱,模仿地方志体例。族谱具有了与纪传体、方志体史书类似之体例,即有志、传、表、图。因此人们对族谱名称,使用"家乘"一名频率加大。

族谱之"谱",本意是记叙家族世系,故"族谱"主要反映宗族系谱,宗族史的全面内涵虽然按照习惯仍可用"族谱"来表达,不过有的人觉得有点缺憾,而"乘"是史乘,记录历史的庞杂内容,运用"家乘"一名,表示拥有类似志传表图之宗族史著述更为贴切一些,此乃清代以来族谱常用"家乘"名称的原因。[⑤]族谱体例完备,容纳宗族史的材料大增,故而内容丰富。写家谱,对于宗族中出现的坏人坏事,有善恶并书与书善不书恶两种主张和做法,但以不予记载为多,产生削谱法则。对于不符合婚姻伦理的女性(再嫁妇女),上谱与否及如何写法,各个家族处理方法不尽相同,然而在观念上则为一致,即以女性贞节为准则,失节者削,节烈者书;传宗接代观念也在起作用,妇女有生育,妾亦书,无出则再嫁妇、妾失去上谱机会。

---

① 纪昀:《纪文达公遗集》卷8,嘉庆十七年版;《续修四库全书》集部·别集类,第1435册第352页;又见贺长龄、魏源辑:《皇朝经世文编》卷58《礼政五·宗法上》;《景城纪氏家谱》,嘉庆七年刊本。

② 朱次琦:《朱九江先生集》卷8,光绪二十六年刊;咸丰《南海九江朱氏家谱》卷首之3;沈云龙主编:《近代中国史料丛刊第十三辑》,文海出版社印行,第301页。

③ 参阅常建华:《宗族志》第四章第三节,上海人民出版社,1998年。

④ 陶必铨:《石井刘氏族谱序》,贺长龄、魏源辑:《清经世文编》卷58,中华书局,1992年,中册第1482页。

⑤ 参阅钱基博:《上海倪王家乘·例略》:此书"不仍俗称曰'谱'者,盖'谱'者,家乘之一体,不足以赅之也;曰'乘'者,车载也,史家取载事为义,而特段'乘'之称者有焉,孟子曰,晋之乘,是也",1926年。

374

三、续修族谱的原因——存续宗法性宗族的愿望

宗族迎着困难,一次次续修宗谱,是何种动力驱使它非续修不可?如果比较具体地说,是对孝道的追求和对不孝舆论谴责的恐惧,是生活中处理宗族内部人际关系的实际需要,是争当望族的必要条件和一种标志;如果追索深层次的原因,则是在宗法制废除之后,为保存宗族和实践宗法遗意。

(一)孝道的追求与对不孝舆论的恐惧

"三世不修谱则为不孝"之说,为相当多的宗族所信奉,所戒惧,力争实现修谱,既可体现孝道,又不会遭受不孝的舆论谴责。衍圣公孔宪培为直隶南宫孔裔宗谱作序,指出修谱是孝子行为:"家之有谱,所以溯本原、纪支派、明世系而笃亲亲,非实有报本追远之诚,善继先人之志,善述先人之事者莫能为之,此孝子慈孙所为。"①道光间湘乡匡氏修谱,彭心鉴为之作序云:"三世不修谱不孝,士君子家藏谱帙,因时增修,此孝悌之心油然之所致也。"②重复宋人苏洵观览族谱孝悌之心油然而生之说,认为续谱是孝悌之心所致。同时期安徽婺源(今属江西)朱氏续谱,凡例谓前人将三世不修谱视作不孝,所以修谱令"子孙之名得历书以昭来裔,著其孝也"③。说明续谱本身就表示子孙的孝行。

修谱、续谱是实现孝道,为了坚持下去,宗族自然要不断续修,永不停歇。是以宜黄罗氏乾隆谱修成之际,要求子姓"各宜珍藏,尤望后之子孙继而修焉,永昭世典"④。歙县胡氏在道光谱编成之日规定,以后子孙"生娶卒葬及迁徙坟墓出处事业,须及时填写各支祀谱,或告祠首记明,以为后日续修张本"⑤。已经在为下一次续修做准备,否则就是不孝。子孙如果不能续修族谱,甚而加以阻挠,宗族将以不孝罪惩治之,绩溪邵氏为此订立严峻的族规:"古人云三世不修谱为不孝,此次修谱原为维系祖宗一脉起见,理应孝敬,将事同

---

① 光绪南宫《孔子世家谱》,乾隆五十六年衍圣公孔宪培《序》,光绪六年刊本。
② 湘乡《匡氏续修族谱》卷首《旧序》,道光八年解颐堂刊本。
③ 婺源《紫阳堂朱氏宗谱》卷1,道光间《朱氏世系续例》,光绪本。
④ 《宜黄棠阴罗氏尚义门房谱》,《守志公房谱例言》,乾隆二十三年本。
⑤ 歙县《蔚川胡氏家谱》卷2,道光壬午所录《谱规》,民国四年线装活字本。

襄盛举。倘有故行作梗或不终厥事者,是为忘祖,即以不孝论,应将其人本身以下削去,不入系图,以示痛绝,事关重大,罚规不得不严。"①

宗族将定期修谱制定为族规,强制按期进行。所规定的期限,多在三世以内。古人观念以三十年为一世,三世将及百年,那是行将落入不孝境地的危险界线,为多数宗族所不取,故而所定时日,多在三十至六十年之间。安徽祁门陈氏在同治间修谱,不忘提醒族人:谨遵古制,三十年一修。②光绪间池州杜氏《家政十四条》之"宗谱宜修",告诫族人,宗谱务必三十年重修一次,至迟不得逾六十年。③即墨万氏规定,修谱以三十年为例,慎勿姑待迟延,以失稽考。④直隶南宫孔氏于光绪间纂谱,凡例规定:家谱限六十年一大修,三十年一小修,大修以甲子为期,小修以甲午为期。⑤博罗林氏原定十年一修谱,后来改订二十年一修,至宣统已经三十余年未修,族人以此为憾,随即修成。⑥林氏修谱愿望强烈,规定续修期限太短,故而难于实现,不得不延长时间。实际上二十年也为期仓促,不易如期进行。与林氏有同样规定的宗族亦有一些,如山西汾阳韩氏族规是五年一小修,十年一大修,庶垂永久。⑦

(二)处理人际关系的需要

清朝农村居民普遍是"聚族而居",村落是一族或几个家族的聚居地,族人整年累月地生活在一起,日日打头碰脸,谁和谁血缘亲近,谁和谁应当怎样称呼,人们需要怎样的交往,是应该明确无误的,否则就不是"一本"之亲的族人关系,而是不相干的途人了,就严重违背了族人关系的原则,宗族顾虑及此,就要修谱和续谱。洪洞李氏于道光二年(1822)编辑族谱,四十年后,监生李绥来等认为,谱不唯不可无,而且不可不续,若不续修,原谱也等于无有,因为时间一长,族人就会不知宗族源流,不明个人的世次,不会慎重对待续嗣,不懂得回避尊长名讳,更不清楚族人的生卒,很可能出现同姓、同宗通姻的现象,虽然原来有谱也就如同无谱,族人会相视为路人,因此修谱必须前赴后

① 绩溪邵俊培纂《华阳邵氏宗谱》卷首《修谱条议》,光绪三十三年叙伦堂刊本。
② 《祁门武溪陈氏宗谱》,《新编凡例》,同治刻本。
③ 池州《仙源杜氏宗谱》卷首,光绪刻本。
④ 即墨《万氏谱例》,光绪六年本。
⑤ 南宫《孔子世家谱·修谱凡例》,光绪六年刊本。
⑥ 博罗《林氏族谱》卷4《九修族谱序》,宣统刻本。
⑦ 韩镇岳等纂修《汾阳韩氏支谱》四卷本《凡例》,光绪十年恭寿堂刻本。

继,前后辉映。于是在同治四年(1865)续成族谱,同时族人公议,此后二十载续修一次,庶可以继成谱之志,而家世永不紊乱。①李氏讲的族人生活实际需要,确实成为宗族续修族谱的原因。平定窦氏于道光二十七年(1847)修谱,至光绪二十三年(1897)正月合族祭先茔,祭毕饮胙,这时发现年届五十者族谱尚未列名,"且宗繁族巨,城乡散处,恐岁久失考,世系莫辨"。众人意识到事情的严重性,决意续修族谱,并能在冬月藏事。②

(三)修谱与否是宗族盛衰的标志

康熙朝大学士李光地阅读族谱时发出"宗谱之兴废,家之兴衰之占也"的感叹。因为"家替于暌,隆于聚,宗与谱所以聚其暌,而使之有统",即修谱聚族,故而兴旺。③

修谱是宗族凝聚力、组织能力、经济实力的集中体现,能够修谱,是宗族有活力的表现,也是大族、望族的标识;族谱不能修,表明宗族缺乏凝聚力,缺少修谱的财力,落入小族的处境。是以宗族要在社区立足,要争面子,亦需要修谱、续谱。武进庄学晦在《修谱序》中说,"世家大族之不可无谱也"④。世家大族就应当有宗谱,否则就不成其为大族。常州辋川里姚氏道光间修成的族谱,得到世人的赞扬,及至同治十一年(1872)再续,姚孟廉撰序兴高采烈地写道:"一时名流均有序赞,乡先辈见者谓敦本睦族崇实黜华,焕焉炳焉,洵家藏之至宝矣。"觉得族谱为宗族和个人脸面增彩。⑤南丰《西麓双井黄氏族谱·凡例》云,三世不修谱,将及百年,必定出现亲疏混淆,支派错乱的情形,如果有人来询问族人:你的祖上有某某、某某,谁是你的祖先呢?你想回答,若是不知道,这是多么难堪的事情!又进一步说,"祖且不知,况余亲乎"?为了不再产生丢失脸面的事,"自后子孙续修,毋越三世,识之哉"⑥。没有族谱,不知祖宗,无疑是衰落宗族才会有的现象,宗族当然要避免落入此种境况,一定要续修族谱。

(四)尊崇"尊祖敬宗收族"的伦理观念与进行宗族建设的手段

前述修谱续谱实现孝道,讲孝道就进入了伦理范畴,但它仅仅是宗法性

① 李逢纶等增修《洪洞李氏宗谱》,《后序》,同治四年刻本。
② 窦志默等增修平定《窦氏族谱》,《增修族谱序》,光绪二十年增补印本。
③ 李光地:《榕村集》卷11《家谱序》,《四库全书》本。
④ 《毗陵庄氏》《学晦公修谱序》,民国二十四年刊本。
⑤ 常州《辋川里姚氏宗谱》,同治《续修宗谱序》,民国刻本。
⑥ 南丰《西麓双井黄氏族谱》,《凡例》,同治本。

伦理的一种内涵,而清朝人认为,修谱续谱是全面实现尊祖敬宗收族的伦常。

李光地看到明清鼎革之际的四十年间,各个宗族沦落散佚,巨室凋零,而本宗"族属散而还聚,诗书歇而复兴",所以能如此,在于编修族谱,维护了宗法。他说:"若夫谱制设,所以济宗之穷。吾家之谱其为善亦有三焉:本以宗法而继之,所以长长也;标其爵命而荣之,所以贵贵也;系之传纪而彰之,所以贤贤也。三者备矣,然后昭穆序焉,名分严焉,劝戒彰焉。"①他认为修谱体现了长长、贵贵、贤贤宗法观念,令尊卑长幼孝道严明,从而"济宗之穷"。同时期的学者汪琬在谱序中写道:"学士大夫之为谱也,所以维宗法之穷也。"②一个说"济宗之穷",一个说"维宗法之穷",如出一辙,皆是补济、维护宗法于困厄之中的意思。原来,宗法制在分封制(实质是大宗制、以兄统弟制)破坏之后,变得支离破碎,成为小宗法。

到了清代,社会早已不是宗法社会,而是变异型宗法社会(或者说是具有宗法成分的社会),唯宗法观念的尊祖敬宗,作为意识形态流传于后世,影响于清朝人的宗族生活。李光地、汪琬的"济宗之穷",是就典型宗法制残余状况而言,希冀在新情况下有所延续,而办法就是修谱续谱。族谱的"济宗之穷",济在何处?就在讲求、宣扬长长、贵贵、贤贤的宗法伦理,而这正是宗族活动热心者的共同愿望。直隶高邑李氏乾隆间修谱,序言云"谱之设,原以纪世系而笃恩谊,昭法宗之意即寓其中"③,意即族谱讲宗法的宗亲之情,道出了宗法含义。嘉庆间江西清江徐氏续谱,认为"敬宗尊祖祢,即所以叙彝伦,别昭穆,敦礼让,教孝悌,为尊祖敬宗之大原"④。所谓叙彝伦,强调族谱在人伦建设上的重大作用。博罗林氏于道光十一年(1831)修谱的主事人林熊、督修世容、协修飏言等理解的族谱为教化之书:谱也者,一姓以为言也,而教孝教悌导一族之和平,养人心之敦厚者,实在乎此。⑤咸丰中长沙王氏谱序说族谱"以辨昭穆之伦序","维人道于弗坠"⑥,是维持尊卑长幼人伦法宝。李氏、徐氏、林氏、王氏均以维系宗法性伦常是族谱的普遍价值。

---

① 李光地:《榕村集》卷11《家谱序》,《四库全书》本。
② 汪琬:《尧峰文钞》卷26《代洪氏族谱序》,《四库全书》本。
③ 高邑《李氏族谱》,乾隆间《序》,光绪刻本。
④ 徐廷攀等修纂《云溪徐氏族谱》,《云溪徐氏重修族谱序》,嘉庆十八年刊本。
⑤ 《林氏族谱》卷4道光《续修宗谱序》,宣统刻本。
⑥ 《长沙涧湖塘王氏六修族谱》卷首,咸丰《四修族谱序四》,民国三十八年听槐堂铅印本。

宗族用修谱续谱来补救宗法、传播伦理,其基本内容是尊祖、敬宗、收族。康熙间尚书宋荦编纂族谱,自序云:"若夫谱牒所纪,期无失乎先王尊祖敬宗收族之遗法,而示后人以崇本返始之心。"①认为当今之世尊祖敬宗收族的方法就在于编修族谱。康熙三十七年(1698)博罗林氏修辑族谱,林彬序言谓:"盖闻族大则涣,涣必予之以萃,宗谱者,其即萃族之义欤。"②乾隆间,南丰江氏谱序云:"宗法修则涣者有以萃之,离者有以合之,使一本之亲长幼亲疏以叙相洽,以分相联,不至情谊隔绝,视若途人,若是谱之贵于合修也明矣。"③乾隆安徽婺源庆源詹氏宗谱谱序云:"人道亲亲也,亲亲故尊祖,尊祖故敬宗,敬宗故收族,夫族何以收,收之于谱牒也。"④同治间,山西洪洞李氏谱序写道:"族之有谱,所以承先德,启后昆,俾绵绵瓜瓞,永敦水源木本之思也。"⑤

林氏、詹氏、李氏等民间修谱,均认为族谱能够尊祖敬宗收族,特别讲到尊祖、敬宗、收族三者关系,人们因尊祖而敬宗,宗子、族长从而组织族人,形成宗族群体,藉着修谱,实现宗族的凝聚——收族,成为清人修谱续谱的共识。在尊祖、敬宗、收族与族谱四个方面中,要点,或者说根本点在收族,目标与后果均视收族是否实现;而收族的前提为尊祖,只有尊祖,人们有了水源木本之思,才懂得尊祖和敬宗;收族的条件在敬宗,有被拥戴的宗族首领,才能够汇集分散的族人成为群体,否则仅是血缘群体,而不是社会团体;收族体现于族谱编修、续修,众人均乐于上谱,谱成,原先未形成社会群体的血缘群体成为了社会组织,原来已经是社会群体的就更加巩固发展。

修谱续谱成为收族之法,即宋荦所说的"先王尊祖敬宗收族之遗法",宗子、宗族尊长无能以经济力量收族,族谱倒成了收族方法。总之,清人以修谱续谱为尊祖敬宗收族之道,尤其是典型宗法制破坏之后,修族谱被视为收族的重要方法和途径。尊祖敬宗收族的结果,使宗族成为牢固的社会群体,是以修谱续谱是宗族建设的环节与成果。

综上所述,明清以来,宗族的编纂族谱,形成不断续修的特点,而以清代最为突出,相当多的宗族数度修谱,甚至三四十年书写一次,周期不可谓不

---

① 宋荦:《西陂类稿》卷 24《三订家乘序》,《四库全书》本。

② 博罗《林氏族谱》卷 4,康熙《四修谱序》,宣统刻本。

③ 南丰《济阳江氏分修族谱》,《江氏分修谱序》,乾隆四十九年刻本。

④ 婺源《庆源詹氏宗谱》,乾隆五十年享叙堂活字本。

⑤《洪洞李氏宗谱》,《后序》,同治刻本。

短,密度不可谓不大。清人续谱是在克服种种困难情况下完成的,即解决房支之间的利害之争,族人取得续谱的共识,出资出力,在由权威人士组成的谱局主持下进行撰写;大族一次修谱,开支数百两银子,甚至上千两、数千两,诚非易事,非众志不能成城;谱书的编写原则和方法,即体例、书例的逐步完善,能够容纳宗族历史各个方面的资料,既符合义理,又令族人人人上谱,人人有历史记录,皆大欢喜。

清人如此追逐于修谱续谱,受着一种理想的支配:认为修谱续谱能够达到尊祖敬宗收族的目标。事实上宗族编纂族谱,宗旨是为联涣散维宗法,修谱过程是宗族的一种重要活动,后果有二:一是修谱是宗族建设中极其重要的一环,令宗族群体稳固,以大族、望族出现于社区社会,而族人取得强有力的宗族保护,易于生存;二是形成族史,成为宗族的一种载体,宗族成为社会群体的一种标志,而且为后世留下宝贵的历史资料,被称作"学术瑰宝"。

(2008 年 10 月 24 日草稿,载《淮阴师范学院学报》2009 年第 5 期)

清人谱法中求实际与慕虚荣的矛盾观念

一、前言

　　清代人纂修家谱活动中,少数人针对传统家谱中某些不尊重实际的观念和书写方法,强调修谱的"信今传后"原则,反对"恶饰",主张对古谱通权达变,对"削谱"、女性上谱、族源考辨、传记等方面提出改进的主张和书法,从而提高族谱质量,这种崇尚实际的谱法观念值得重视和继承。

　　家谱的写作由于受到慕虚荣观念及资料条件的限制,一定程度上影响到它的学术价值,主要是在族源、远年先人世系、某些传记可能有不实的记载,但是家谱仍然是历史学、人类学、社会学、人口学、优生学等学科的资料宝库。

　　笔者近日研讨清代和当代家族史,希望从意识层面了解家族制度和家族活动,如近作《清人"礼以义起"的宗法变革论》①,《清人"养为先务"的睦族论和家族通财观》②,《二十世纪中国社会各界的家族观》③等。这篇小文将讨论清朝人纂修家谱的历史,也是谈论修谱人观念上的问题。在先笔者就一些古人修谱不讲实际的现象作出评论,如以《古代宗族乱以名贤为祖先的通病——以明人〈新安萧江宗谱〉为例》为题目撰文,于1989年提交给陈捷先教授主持的"第五届亚洲族谱学术研讨会"④。如今这篇小文,亦将涉及家谱中的不实现

----

　　① 冯尔康:《清人"礼以义起"的宗法变革》,载朱诚如、王天有主编:《明清论丛》第二辑,紫禁城出版社,2001年。

　　② 冯尔康:《清人"养为先务"的睦族观和家族通财观》,提交给中国社会科学院历史研究所于2001年8月中旬主办的"清代政治变革与社会发展国际学术研讨会"。

　　③ 冯尔康:《二十世纪中国社会各界的家族观》,载张国刚主编:《中国社会历史评论》第二辑,天津古籍出版社,2000年4月。

　　④ 冯尔康:《古代宗族乱以名贤为祖先的通病——以明人〈新安萧江宗谱〉为例》,载联合报文化基金会国学文献馆编:《第五届亚洲族谱学术研讨会会议记录》,联合报文化基金会国学文献馆印,1991年9月。

象,不过关注点不在这里,而是想通过观察当时人认识上的分歧,分析人们思想意识上的原因,以理解为什么会出现这样的事情。家谱的学术价值,在历史上并没有怎么被人认识,人们因其中的不实成分,进而怀疑它总体的可靠性。近年在大陆由于谱牒学的研究、大型谱学工具书的编纂,人们不遑论及它的信史问题,其实不少人是有怀疑的,只是为某种热气所掩盖着,本文的出发点与此也不无关系。

清人修谱中对家族史和家族活动中的某种史实反映不反映到家谱里来,有不同的认识和讨论,在实践上也有一些相异的做法,表现出尊重或遮饰实际的两种不同观念,本文将对这种现象做出清理,然后了解各种观念产生的社会原因,进而关注家谱的学术价值。

修谱中讲求务实与羡慕虚荣的不同观念和相应做法,表现在下述诸方面。

二、姓源、初祖、始祖、远年世系和联宗合谱

清代以前,人们编写家谱、叙述家族历史,往往讲述家族姓氏的由来,所以谱书多有得姓源流的内容,而且一追溯就追到黄帝、帝王、名臣、圣人、贤人那里,就以后世尊为楷模的欧阳修和苏洵分别制作的家谱讲,都有姓源的内容,推到越王勾践和祝融氏。清人继承了前人的观念,多数人认为写姓源是理所当然的事情,然而有人提出异议。《四库全书》的总纂纪昀家族修谱,不讲姓源,纪昀说,汉将军纪成与晋司徒纪瞻不是一系,纪少瑜是吴姓,与中原纪氏无涉,因此纪姓之人虽都姓纪,但不是出于一个祖宗,是所谓"流合源殊",因此修谱"不述姓源,慎也"①。

道光间江苏海门王氏修谱,处家馆的施桢为作序文,发表了王氏姓源非一的见解。他说,一般人认为王氏有三个地望,为太原、琅琊,系周灵王太子晋之后,另一为京兆,出信陵君,是以这三望之王均被说成是姬姓后裔,然而几乎同时还有吴国王犯、晋国王良、秦国王稽、齐国王骥,难道都出于姬氏?表示相当程度的怀疑。他又含蓄地批评儒家大贤韩愈,说韩愈写王仲舒神道碑,将所有王氏视作三者后裔,这是应当斟酌的。据此,他不主张写作姓源及其图

---

① 纪昀:《纪文达公遗集》卷8《景城纪氏家谱序例》,嘉庆十七年版,第35页上。

谱:"总之,世系在千百载以前,代远难稽,作谱者但略着其梗概,以示数典不忘祖足矣,不当扭合为图,丛生纰缪。"[1]他主要批评姓源不实,以帝王为荣而误认祖先。创修于光绪四年(1878)、成书于宣统三年(1911)的甘肃《武威段氏族谱》,就段氏姓源问题,在《凡例》上说,有的人说段氏是共叔段之后,有的说是老子李聃遗胤,还有说是战国时魏人段干木的后裔,"诸说分纭,莫衷一是",何况"古今姓氏之学,不足征信也久矣",所以不必考姓源,"以免附会"。[2]看来不写姓源的主要是两个:姓氏可能是多元的,而流传久远,资料有限,一个家族很难考证清楚;考辨不清,强作附会,仍是不明祖宗是谁,倒贻笑大方。

反对在家谱中考证姓源的,在修谱人中是少数,多数人还是视为大事,以为非写不可。雍乾时期官员曹一士讲修谱有二"道",一是"慎而谱之",凡是不知道的事情就不写,以免附会疑误;二是"考姓氏,溯时代,由我之从生以及乎初生,毋敢有率略放佚焉,此追而谱之也"。[3]主张考论姓氏源流、始生之祖(初祖),只是在做法上采取谨慎态度,阙疑存信。乾隆十一年(1746)江苏盐城李氏修谱,李成章序云:"窃怪今之为谱者,不慎考其所自始,详细其所自生,每排张其门地,影响附会,冒不可知之祖而尸祝焉,俎豆焉。"[4]他批评人们将精力放在附会冒认上,而不下力气考证姓氏源流和始祖,可知他希望弄清姓源。咸丰间广东南海朱次琦修谱,强调学习纪昀谱法,但在姓源问题上看法相左,他说"姓氏源流,不可不考",纪氏家谱为慎重而不写源流,不符合古人谱法义理。[5]他叙述姓源的理由不外两条:不述姓源,是数典忘祖;记述是继承古人谱法传统。

纪昀谱法为许多人所尊重模仿,朱次琦谱法晚出,也产生不小的影响,他们在写不写姓源问题上的争论,反映清人修谱在族姓源流、初祖、始祖著录方面遇到难以处理的实际问题:不写不好,写则很难准确,为免出谬误,还是不写为好,这是不得已的做法;也知道难写,故取慎重态度,但应竭力而为之。两种态度,两种做法。这都要表示谨慎从事,愿望都是不忘本根,不犯数典忘祖

① 光绪己亥海门《王氏宗谱》卷1施桢《序》
②《武威段氏族谱》卷首《凡例》,民国三年版。
③ 曹一士:《四焉斋文集》卷3《沭阳任氏族谱序》,宣统二年刻本。
④ 1992年《建湖四修李氏宗谱》卷1《老谱序文选载·李成章序》。
⑤ 咸丰《南海九江朱氏家谱》卷首《南海九江朱氏家谱序例》;另见朱次琦:《朱九江先生集》卷8,光绪二十三年刊本。

的误失。

关于家族的远年世系,许多族谱有著录,对于其真实性,怀疑者、批评者实在不少。康雍之世的李绂为江西南丰傅氏族谱作序,见谱上列有自商代传说开始的六十三代人的世系表,因而说"世次详明若此,岂别有所据耶"[①]? 明着说不知其制表的材料来源,实际露出怀疑其真实性的态度。又给江西新建赵氏作谱序,指出前此的赵氏谱书,所记述的始迁祖赵抃事迹,与苏轼所写的神道碑不合,家谱上载有朱熹的序言,可是《朱子大全》上并没有此文,这都是误失,靠这次修谱改正过来了。[②]为李绂所赏识的全祖望讲到浙江鄞县西厢董氏族谱的世系表,在明初以来的人员准确,而在这以前的,与正史和志书皆对不上茬,真是"漫无依据,任心附会",因而询问董氏修谱人,回答说是抄录的旧谱,对此也有怀疑,但是先人的东西不敢改,并表示愿意做得精确,于是全祖望为之作出改订。[③]

纪昀修谱不讲姓源,但作世系源流,"谱首上溯始祖,而中间六世,阙所不知"[④]。制作远年世系,然而极其谨慎,不清楚的人物就不作记录。特别指出,谱系人物,"但存其可考,无牵合附会剿说氏族之书,以贻君子之讥者,是皆可作谱者法"[⑤],告诫人们不要抄袭姓氏、谱牒之书的成说,以免牵强附会,给他人提供说笑的资料。开启近世经世文编之作的陆燿对此更为严格,批评欠缺严肃的家谱,"世次统系,冒滥相沿,甚者至引远代君王将相为始祖",接着指明汉末以来江左著姓陆氏、顾氏后人的一些家谱世系不实的情形,说陆氏的各个支派,"世历千年,屡经变革,承传次第,安保尤不可深信之处"? 而所寓目的几种顾氏族谱,"大抵非两汉六朝显荣赫奕之人,耻以为祖"。他为避免陆、顾二氏修谱所出现的远年世系不确的弊病,所作之谱是十一世以来的"近谱",十一世以前不予著录。[⑥]

安徽泾县包世臣的家族自称是俗传"包青天"包拯的后人,谓其祖先包辉

① 李绂:《穆堂初稿》卷32《二仙桥傅氏族谱序》,乾隆五年刊本。

② 《穆堂初稿》卷32《新建赵氏族谱序》。

③ 全祖望:《全祖望集汇校注·鲒埼亭集外编》卷25《董氏重修族谱序》,朱鼎荣校注,上海古籍出版社,2000年,中册第1237页。

④ 纪昀:《纪文达公遗集》卷8《景城纪氏家谱序例》。

⑤ 纪昀:《纪文达公遗集》卷8《汾阳曹氏族谱序》。

⑥ 陆燿:《切问斋集》卷7《如皋顾氏族谱序》,嘉庆元年刻本。

是包拯第四子的孙子,赠封吏部尚书,包世臣对此颇有疑问,因为他查阅史书,知道包拯只传一子,哪里来第四个儿子?包辉赠封的事,显然是后人依据明朝的制度推测的,不足为据。①批评族人世代相传的讹传,具有相当的勇气。清道光元年(1821)江苏海门王氏纂谱,对老谱卷首的两个世系图,"考信无征",然而先人留下的,又不便取消,只好写个跋语,使族人知其不实的情况。②光绪末年,安徽祁门程氏纂辑家谱,发现明朝中叶自徽州迁出的程敏政所著《程氏统宗世谱》,将善和程氏仁山门下增添二代,后人不察,历次修谱,仍因其旧,至此次编纂,发现它的错误,予以改正,并在《世系谱图》附载程敏政的世系图,以及专门的辩驳文章。③

关于远年世系的讨论,要点大致在下述四个方面:第一个是勉强作远年世系,意图尊重祖先而实际上是误认祖宗。如李兆洛所说,"有谱而其世系乃益不明"④,反而制造了混乱。全祖望说得更深刻:"夫数典而忘祖,不可为也;攀援华胄而无祖,尤不可为也。"⑤忘祖不好,诬祖更坏。第二是不要迷信老谱,以为前人所作,照抄过来就行,或者明知有误,但因祖宗所传,不敢改动,这就是纪昀及道光元年海门王氏、光绪末年祁门程氏纂谱者所指出的,应从实际出发作出更正。第三个是详近略远,于己身较近,知道得确切的就书写,远年不清楚的就从略,即世系从可知之世开始写,系谱就准确了,所以恽敬说:"夫以远为不尽信,以近为可信,则谱信矣。"⑥第四是采取阙疑的态度和办法,世系中传疑的人物宁可不记载,而不将疑似的收录进去。

关于联宗合谱,谨慎者严格认定同宗,趋利者冒认求合,辨别不清者分合无常,实出无奈。同治间编著的江西《萍乡县志》,说当地人重视谱系,经常纂修家谱,对于"同姓异宗,必严辨之"⑦,意即在同宗的情形下才能联合修谱。河间纪昀家族所在地,还有北杨村、小河、王家庄的纪姓,与纪昀家族仅仅是同姓,并不同宗,纪昀修谱,特在谱名上冠以"景城"地望,表示与北杨村等地的

---

① 包世臣:《安吴四种》卷29《龙山包氏重修家谱序》,同治十一年注经堂重刊本。

② 光绪己亥海门《王氏宗谱》卷1《凡例》。

③《祁门善和仁山门宗谱》附录《光绪仁山门程氏宗谱·经修谱序》,2000年,第89页。

④ 李兆洛:《养一斋集·文集》卷3《江阴西郊陈氏谱序》,上海中华书局《四部备要》本,第42页。

⑤《全祖望集汇校集注》,第1237页。

⑥ 恽敬:《大云山房文稿·补编·小河马氏谱序》,中华书局《四部备要》本,第151页。

⑦ 同治《萍乡县志》卷1《风俗》,台湾成文出版社《中国方志丛书》本,第1册第207页。

纪氏不是一个家族，自然更不会联合修谱。①乾隆间江苏武进的奔牛、辋川里两个姚姓家族联合修谱，到道光间，奔牛姚氏续谱，找辋川里姚氏合修，辋川里的姚煦信等人经过细心考订，得知这两家人所尊奉的始祖并非一人，也即并不同宗，拒绝合作，并自行编纂辋川里姚氏宗谱，这种求实态度得到名流的称赞，为之作序，其他"乡先辈见者，谓敦本睦族，崇实黜华，焕焉炳焉，洵家藏之至宝矣"②。可见明辨宗派，为有识者所特加留意。

从现有资料看，奔牛姚氏道光间仍欲与辋川里姚氏合谱，倒并非有意作伪，而是辨别不清是否真正同宗，但是有些家族则是明知故犯了。如同李兆洛所批评的："攀援华胄，合宗联谱，以为夸耀，诬祖忘本，抑又甚焉。"③这是微寒之族，攀附望族，以图提高家族的社会地位。江苏嘉定、宝山的黄氏都出了名人，道光间崇海的黄氏修谱，找到嘉定黄宗起的祖父，要求合谱，遭到拒绝，但是光绪间黄宗起修谱，寻觅家族史资料，发现崇海黄氏的谱书竟有本家族名贤的名讳，可知崇海黄氏盗用嘉定宝山黄氏族望。④苏州吴县洞庭安仁里严氏是大族，祖先有以"伯"字为辈字的，与同县王家泾、后山严望里严姓并非同宗，可是嘉庆十四年（1809）在祖坟边上冒出两个坟头，刻碑云"安仁里始祖之墓"，并书两个"伯"字辈的人名，引起安仁里严氏的警觉，进行交涉，对方同意铲去"安仁里"字样，可知同姓不同宗的严姓，羡慕安仁里严氏的盛名，加以冒附，而本主则严行制止。⑤武城曾氏因系圣裔，享有优免的待遇，冒附的人自会不少，所以宗谱特作规定"严查混冒，杜紊宗也"⑥。

处在一个地方的同姓之人，由于年代久远，是否同宗，有时分辨不清，修谱的分合不定，成为并不乏见的现象，前述武进两个姚氏的情形就是显例。先迁崇明，后又部分迁徙海门的王氏，向有太原、琅琊二望的歧说，可是又弄不清楚，因此族谱合而分，分而合，"其间得失未可深言，即后来续修诸谱，或远绍多收而适成附会，或衍讹踵缪而绝少折衷"⑦。

①《纪文达公遗集》卷8《景城纪氏家谱序例》。
②同治武进《辋川里姚氏宗谱》卷1《与奔牛宗人议修谱辨》《辑谱说》《续修宗谱序》。
③李兆洛：《养一斋集·文集》卷3《孟岸金氏族谱序》。
④黄宗起：《知止盦文集》卷2《黄氏重修宗谱序》，民国四年嘉定光明印刷社刊本。
⑤民国二十二年《六修江苏洞庭安仁里严氏族谱》卷12《杜冒宗立碣记》。
⑥道光《武城曾氏重修族谱·例言》。
⑦光绪己亥海门《王世宗谱》卷1，王汉：《谱翼自序》。

是故意的同姓不同宗合谱，还是分辨不清而误合，都违背笃信"一本"共祖的家族宗法原则，也失去修谱合族的本意，李兆洛分析得至为深刻："夫谱以辨昭穆，非其祖之昭穆何辨焉；谱以收族属，非其祖之族属何收焉。"[1]

三、史志体例

族谱就其体例来讲，原本简单明晰，主体是家族成员的世系及谱系制作方的序例，至于传赞可有可无，就是有也极其简略，这是欧苏体例所显示的。元明以来，家谱的体例逐渐向史书、志书学习，出现史志化倾向，体例繁杂，在世系之外，传志齐全，到明代业已定型，[2]这从全祖望家族历次修谱的体例变化可以得到证实。鄞县全氏的修谱，据康熙后期参与修谱的全祖望讲，始修于元代，第二次修于明初，三修于弘治、正德之时，"体例犹未密"，四修于嘉靖朝，"体例备矣"，及至万历中第五次制谱，"厘为二十八卷，凡状、志、碑传之类无不备载"。[3]字里行间，透漏出全祖望对体例完善的赞颂。他所说的"状"是指"行状"，是传记类的文书，与碑传是不同体裁的传记，有传记和碑传，表明家谱汇集多种体裁的传记文；"志"是纪传体史书和地方志所必备的体裁，用于记录专门制度和专类事务，家谱把它借用过来，记述家族的专门事情，如家训、祠堂、坟茔、艺文等。

清代湖南安化人陶必铨为石井刘氏作谱序，说该谱"图之总也，协于不谋之和也；派之衍也，饬于不争之分也；考居址也，爱于其所亲也；谨祠墓也，敬于其所尊也；颂而容之于德之成者，阐幽也；风而声之于德之至者，征实修于名言也；休之以其所已能者，著功叙也；董之以其所未及者，训后来俾勿坏也"。表示这个家谱容纳有这个家族的世系总图、房派世系图、家族居址、家族祠堂、祖坟、祖宗画像和赞文、祖宗格言、祖宗功德传记、族规家训等内容。又说这是运用"省郡志例，增为十卷，告成于今。其用力勤矣，其树义精垂范远矣"[4]。明确指出刘氏纂修宗谱，学的是地方志的体例。于是家谱具有了与纪传

---

① 《养一斋集·文集》卷3《孟岸金氏族谱序》。

② 参阅常建华：《宗族志》第四章第三节，上海人民出版社，1998年。

③ 《全祖望集汇校注·鲒埼亭集外编》卷25《崇修桓溪全氏宗谱序》，第1235页。

④ 陶必铨：《石井刘氏族谱序》，载贺长龄、魏源辑：《清经世文编》卷58，中华书局，1992年，中册第1482页。

体、方志史书类似的体例,即有了纪、传、表、图。因此人们对家谱的名称,使用"家乘"一名的频率加大了。

家谱之"谱",谱叙家族世系,故"家谱"主要反映家族系谱,家族史的全面内涵虽然按照习惯仍可用"家谱"来表达,不过有的人觉得有点缺憾;而"乘"是史乘,记录历史的庞杂内容,运用"家乘"一名表示拥有类似志传图表的家族史著述更为贴切一些,这就是清代以来的族谱常用"家乘"名称的原因。[①]

清代家谱体例虽然完备,但在世系之外,人们的着重点是在传记方面。《武威段氏族谱·凡例》说,有的"家族详世系而阙事实,殆不过户籍名册之类,犹作史者有表而无传,于义岂当?今于累世积功行义,乡达为之立传者,依次汇编,创为传略一卷,俾世次为经,事实为纬,成一家之言,立百世之法焉"[②]。他以"史"的标准,要求家谱汇集传记文,换句话说,在他的观念里,家谱是家史,必须有传记,家谱才能成为"一家之言"的著作。辋川里姚氏家谱对家传之重视搜求,用不敢遗漏来表达:"祖宗行状传志,或名公表扬,或祖孙叙述乃祖宗功,德所由传,悉为载入,不敢遗漏。"[③]

武进庄氏是产生庄存与、庄培音兄弟鼎甲的望族,其嘉庆六年(1801)家谱凡例云:"家乘与国史不同,史家立传必加严核;家乘则祖父一行之善,实有可据,子孙必宜表扬垂后。旧谱所有各传,今仍一概收入。至于宗人爵高望重,有钜公撰述志铭,与国史相表里,亦宜载入,以备馆局征求年表附焉。"[④]毕竟是出名人的家族,气度不凡,家谱除了年谱、事述、铭状之外,另有国史列传、一统志传、府县志传、家传,计有五卷之多。这里有四点值得留意:从官方编纂的史志里取材,将本族人物的传记迻录到家谱里;官方的立传标准高,家传不能用此要求,立传宜宽;作家传,以备国史馆修史、地方政府修志时的采集资料;子孙通过阅读祖先传记,传承家风。

全祖望、陶必铨和武进庄氏、姚氏等之所以称颂家谱的体例完整,笔者以为,他们持有家谱史志化的观念,使它能够容纳更多的家族史材料,以便保存先人资料和对族人进行教化,有益家族的建设和维护家族的兴旺发达。

---

① 参阅钱基博:《上海倪王家乘·例略》:此书"不仍俗称'谱'者,盖'谱'者,家乘之一体,不足以赅之也;曰'乘'者,车载也,史家取载事为义,而特断'乘'之称者有焉,孟子曰,晋之乘,是也"。

② 《武威段氏族谱》卷首《凡例》。

③ 同治《辋川里姚氏宗谱》卷3《谱例》。

④ 民国《昆陵庄氏增修族谱》卷首《旧谱义例(嘉庆辛酉年)》。

在家谱体例完备、内容丰富的同时,也出现了内容不实和卷秩浩繁不易保存的问题,引起批评,从而产生简化家谱内容的撰述思想和方法,这主要体现在姚鼐的家谱主张之中。在他之前,李光地曾经赞扬宿迁徐用锡所撰的家谱,说他的记叙"简而悫"[①],意即简明而核实,加以提倡。桐城派古文集大成者姚鼐在《族谱序》《代州道后冯氏世谱序》等文中,针对世间流行的谱法,提倡"少变其体",并亲自实践。他的意思,第一是要准确,他从谱牒学史来看,认为先秦实行世卿世禄制,人们看重家史,有专门记录,故而世系明确,秦汉改制,不像以前重视出身,于是谱系不明;魏晋隋唐实行士族制度,社会普遍懂得谱学,家史容易明了,而五代以来士族消失,人们就很难确知世系了,于是"误托名人求以自重,是亦可谓愚也",因此今日作谱,先世不明的就空缺不书,这样比愚蠢的误托要好。第二是体例上,依照古来世表的做法,世系"率横列,而注历职、生卒、妻、子于其下,欲其文简而易检",即用一个世系表,将阖族之人及其履历都包括进去,这样行文简要,自然便于查找检索。第三是与第二点联系在一起的,即谱书开本要小,改变世俗通行的一尺见方的大型巨册本,书写或刻印成十行小字本,便于保存或携带,所谓"惟文册精简,亦挟而藏,则传久之道与"[②]!用一句话说,姚鼐的谱法试用简明体例,书写准确内容,册籍宜于保存和携带。他只要世表,摒弃史志体家谱的多种体裁和内容,自成一体。

　　他的谱法得到一些学者的支持,方东树即是一位大力宣传者,他说姚氏谱法,"为天下万世不易之良法",模仿其法,制作本族支谱。他特别针对史志体谱法中的传记文,说那些传记多是记载不实的虚文,家谱不需要对他搜集汇编,至于先人美德也应记录,在其人名下略写数语即可。[③]包世臣对家谱传记的书写,与方东树的观点相同,认为对于卓异行为的人,"不别立传,唯注明其名之下,文简而事实,不为虚美",这是近世人们所难于做到的。[④]

　　史志体家谱,体裁多样,易于内容丰富,但若在虚夸思想支配下,容易写些不实在的事情,尤其是传记中的虚美成分严重,为有识者所厌恶,是以简化体例的主张起而抗争,于是有两种体例的并存,对家谱的健康发展大有好处。

---

　　① 李光地:《榕村全书·全集》卷 12《徐氏族谱序》,道光九年刊本。

　　② 姚鼐:《惜抱轩集·文集》卷 3《族谱序》《代州道后冯氏世谱序》,上海中华书局《四部备要》本,第 19—20 页;方东树:《仪节轩文集》卷 12《族谱后述上篇》,同治七年刊本上。

　　③ 方东树:《仪节轩文集》卷 12《族谱后述上篇》,同治七年刊本上。

　　④ 包世臣:《安吴四种》卷 29《续修弓氏家谱序》,第 24 页下。

其实,姚鼐谱法是古谱之法,很难说是他的发明,不过他针对世间的家谱史志体例化,他的倡导就有其时代价值。

四、善恶并书与书善不书恶、削谱种种

古人写家谱,对于家族中出现的坏人坏事,是记录还是回避,向有不同主张和做法,但以回避和不记载的为多。明代富春孙氏族谱、鄞县槎湖张氏族谱是善恶并书的,所谓"有善有恶,区别森严"。明万历间全氏修谱,有人提议学习张氏做法,因有人反对而未果,到清代全祖望见到张氏谱,甚为诧异,认为"谱系中所未见"①。这种做法,确实很少,但是也不是绝对没有。清乾隆元年(1736)广东嘉应州洪氏编纂家谱,变更旧谱不录恶人的惯例,改成不分善恶,一概书写的办法,其《凡例》云:"谱者普也,合智贤愚不肖而普载,使不失世系者也。原例云,有不肖者,执谱鸣官,乃除谱内名字。是使禹不得有鲧,睦不得有舜也,非夷齐不念旧恶开人自新之意,今无分贤否,悉为登谱。"②令族人不分贤愚善恶,一律上谱,理由有二:族谱本来就是为记录所有族人的,是族人就不得遗漏;家族出了失行的人,固然不好,但是也要给他一个自新的机会,历史上大圣人舜还有一个不仁的父亲瞽叟,禹的父亲鲧就治不了河,难道就不是他们的父亲,后人不都知道的吗?也没有影响到舜和禹的名誉呀!将善恶并书的道理说得简单明了,并且相当有力。全祖望对于"书恶",虽然不主张,但表示理解,故云削恶不书,是用的《春秋》笔法,使人凛然知惧;而记载失行的人,不用怕他的子孙记恨,而是为孝子贤孙,包容万象。③

"书善不书恶"的主张占居多数,这里仅举朱次琦的说法就可以明了了。他说:"史兼劝惩,美恶并书;谱言劝,不言惩,故称美,不称恶,《春秋》为亲者讳,厚之至也;《唐表》于张氏、上官氏世系,美恶不讳,今不从,不欲以先人愧子孙也。"④他将家乘与国史区别开来,认为应有不同的表现方法:国史用《春秋》笔法,书恶,使乱臣贼子惧,而家谱则是劝人行善之作,应以仁爱为怀,写

---

① 《全祖望集汇校注·鲒埼亭集外编》卷34《跋槎湖张氏族谱》,第1447页。

② 《洪氏宗谱·凡例》,陈周党校补,浙江人民出版社,1982年,第3页。

③ 全祖望:《全祖望集汇校注·鲒埼亭集外编》卷34《跋槎湖张氏族谱》,第1447页。

④ 《海南九江朱氏家谱·卷首·序例》。

上祖先的罪恶,让他的子孙见了感到难堪,就不好了,所以不宜写坏人坏事。朱次琦的仁爱之心溢于言表,但忽视了尊重历史,以为可以不必计较。他只讲了不书恶的一个原因,而另一个缘故,是恶人败坏了祖宗名声,是家族的罪人,当然不能上谱,这就是任重光所说的:"至作奸犯科,以玷其先,以危其身,名虽列而随削。"①或如山东即墨万氏谱例所订:"有不才流于匪类者,先人之罪人也,不入谱。"②

因为不书恶,出现了削谱的法则,就是家族不幸有了失行的人,除名出宗,不得上谱,即使已经谱上有名也要削去,如同刚刚所说到的任重光及即墨万氏二谱的做法。究竟哪些作恶的人不能上谱呢?有的家谱说得很明白,就是犯法惩治的人,严重违反伦纪的人,以及从事不合家族规范的职业、信仰的人,这些人当然都是玷污祖宗的不肖子弟。宜兴筱里任氏家族于顺治康熙之际定义,"凡不孝不悌,帷薄不修,盗贼奴隶,此族恶大条也,不幸有犯者,公逐不许入祠,鸣官正法"③。这里讲到三种人,即忤逆不肖、乱伦的人,做强盗犯法的人,卖身为奴的人,家法、国法都不能容,所以告到官府,开除出宗,自然不可能上谱了。其实奴隶并没有犯法,可视做一种职业,只是流入贱民,玷污了祖宗和族中上层人士。武进庄氏道光十八年(1838)定例:"各分子姓中间,有不肖悖恶以至刑伤过犯,有案可稽,及自甘污贱,有玷先型,于家法应革出宗祠者,并于世表内削名。"④被削谱的也是那几种人,与筱里任氏一样。

胶州法坤宏修于乾隆中期的家谱,凡例有"逃入二氏者不书"⑤之条,九江朱氏赞成法氏之说,序例有"弃亲出家,削不书"的规定,⑥出家人不要父祖,家族谱牒也就不能容纳他了。古代出家人有佛教、道教两大种类,法、朱二氏两者并禁,有的只是不允许出家做和尚,所谓"通例,为僧尼者削不书"⑦。有的家谱则放宽一些,只是批评出家人忘本,仍准许上谱,但加注释,希望他们放弃信仰,回归宗族,所谓"逃入空门者,非复祖宗之子孙,但于父母图内及世系名

---

① 任重光:《知止斋遗编》卷中《荆溪任氏第十一谱序》,清刻本,第30页上。
② 民国即墨《万氏族谱》卷1《谱例》,光绪七年。
③ 民国《宜兴筱里任氏家谱》卷2之5《宗法·例》。
④ 民国《昆陵庄氏增修族谱》卷首《续增义例(道光戊戌)》。
⑤ 法坤宏《迂斋学古编》卷1《叙次宗谱例言》,乾隆中刻本,第19页上。
⑥ 咸丰《南海九江朱氏家谱》卷首《序例》。
⑦《六修江苏洞庭安仁里严氏族谱》卷首《序例》。

下书'出家',复归者讳之,仍开世序"①。天主教在某些地区开展传教活动之后有了一些信徒,家族就如同对待释道一样,不许上谱。上海葛氏光绪十二年(1886)谱例规定:"入西教者不书,杜异端也。"②"弃亲""异端"是点题之语,关键所在,佛老及西洋教既是异端,信仰者被家谱排除在外,乃是自然的事情了。

归结善恶并书与书善不书恶的两种观念,前者认为族谱是所有家族成员的谱书,家族成员理应一律登录,不应当有削谱的事情,而且记录出来,也是劝善惩恶,用以教育族人;后者主张隐恶扬善,为亲者讳,实际上也有家丑不可外扬的意思,对族人有仁爱的一面,然而对不同职业、不同信仰的族人的断然排除态度,看来又与人情相违了。

不许写上族谱的,还不只是犯法、忤逆违背、异端、贱民,对于女性及两性婚姻中有问题的人,也会削谱,或有异于寻常的书写方法,这里本应谈及,唯因它涉及女性与两性关系的重大问题,另立子目加以说明如下。

五、女性、两性关系书法

对于嫁进族内的妇女(妻、妾)、嫁出去的族女,根据她们的婚姻状况,特别是节操表现,在上谱与否书写方法上有着相当严格的讲究,甚而男子也会因婚姻失类而产生上谱的问题,而在观念上则是注重于贞节和有无子女。

妻。正常的写法,是出现在世系图表中丈夫的名下,注明她的姓氏、子女、卒年,或者还有娘家的地名;表示尊重妻的敌体地位的家谱,则将妻提行另写,即妻与夫在家谱的记录上是平头的。

妻的书写内容,一般少于夫,如不记载名字、生年和行次,理由是妇人从夫,有姓氏即可,无需有名;出生是在娘家的事,与夫族无关;他娘家的排行与夫家也没有关系,因为他在婆家的地位是依丈夫确定的,如丈夫是老大,他就是长媳、大嫂,如同纪昀家谱所说:"古谱,妇皆注明,今不注,据《孔丛子》也:妇人于夫氏,以姓氏称,礼也。""妇,谱卒而不谱生,其卒于我,其生不于我也。""不注(次第),妇以夫为长幼也。"③这是按照夫为妻纲的伦理,将妻作为

---

① 光绪益阳《熊氏续修族谱》卷首《凡例》;民国《昆陵庄氏增修族谱》卷首《旧谱义例》。
② 民国《上海葛氏家谱》卷1,葛士达:《谱例》。
③《纪文达公遗集》卷8《景城纪氏家谱序例》。

丈夫的附属来写作的,所以家谱没有妻的历史资料的完整性。当然有的家谱不像纪氏,是书写妻的行次的。

如若妻出现改嫁的情况,写法就大不相同了,有的在她的传记处,仅写一个"氏"字,氏的前面空一格,表示应该写她娘家的姓而故意不写;有的不写她的卒年、安葬地点和葬向;有的没有儿子就不写,最严重是完全不写。还是让我们来看家族有关规定中的观念,纪氏谱云:"妇改适者,旧谱皆书……今不书,隐夫凯风孝子报无言之恫者也。"①意思是不写她是为了同情孝子的难言之痛,不令他们难堪。而多数谱书则对她大为指责,如上海葛氏之所以不书再嫁妇是"重名节也"②。武进庄氏则谓为"除其姓,以寓微意,无所出者直削之,恶失节也"③。武城曾氏定例为:"寡而再嫁者,妇道玷矣;有子,书其生年,为子出身也;没葬不书,明与庙绝,外之也。"④如果生有儿子,还有保留她曾经是妻的经历,不过不写她娘家的姓氏,以表示对她的蔑视;这不是为了她,而是为的儿子。葛氏、庄氏、曾氏都是以"一女不嫁二夫"的贞节观念来对待再婚妇女的;曾氏提到再嫁妇与"庙绝"的话,值得注意,因为再嫁妇已经不是这个家族的人了,从宗法讲,既然无关系,自然不给上谱了。这些是从夫家再嫁的,如若再嫁过来的,待遇也是一样,如益阳熊氏的规矩:"再醮之妇,夫没,从前夫子者,不录。"⑤

妾。在名分上是半奴婢身份,不被当作家庭正经成员看待,上不上谱,也是有关名节的事情,但是在理念上却与再嫁妇大不相同。被允许上谱的,是为着"正家也"⑥,即从家长治理家庭讲让妾上谱,而不是妾有权利上谱,这是准可将妾书入族谱的标准解释。有的家族规定,"妾惟有子则得书,贵传宗也"⑦。传宗接代是家庭、家族的大事,妾因为给主家生了香火继承人,才取得上谱的资格,没有儿子只能对族谱向隅而泣了。至于如何写法,亦有义理管理着。同治六年(1867)桐乡劳乃宣的方法是,"有子之妾,书于其子格内"⑧,因为有儿

① 《纪文达公遗集》卷8《景城纪氏家谱序例》。
② 民国《上海葛氏家谱》卷1《谱例》。
③ 民国《昆陵庄氏增修族谱》卷首《旧谱义例》。
④ 道光《武城曾氏重修族谱·例言》。
⑤ 光绪益阳《熊氏续修族谱》卷首《凡例》。
⑥ 咸丰《南海九江朱氏家谱》卷首《序例》。
⑦ 同治武进《锏川里姚氏宗谱》卷3《谱例》。
⑧ 劳乃宣:《桐乡劳先生遗稿》卷2《续修劳氏遗经堂支谱序》。

子才上的谱,所以在儿子名下注出其生母,再一次说明妾的地位同是否生子有着重要关联。妾因有子而得上谱,可是儿子却不写在她的名下,而出现在嫡母名下——"凡妾生之子,书法与嫡子相同,以妻有正副,子无嫡庶之义也"①。"庶子不书所生母,统于嫡也。"②原来儿子是不分庶嫡的,是通属于父亲的,并非是妾身份的生母的,故而填入嫡母格内。即墨万氏定例,"妾与再醮,无子不载",可是又云"妾无子女而有节亦载,重节也"③。妻因不贞该载而不载,"节"在这里成为关键性的概念。对于女性而言,"节"是贞节、节孝、节烈,就是完全按照官方的伦理观念行事,不论本人付出多大的牺牲,只有为家庭、家族增光,卑贱而无出的妾,谱上才能有名,而失行(失贞)的妻则被逐出谱外。由此可见,名节观念主导着女性是否上谱以及在谱中的写法。

族女。族女是要嫁人的,出嫁叫作"于归",即成为婆家家族的人,而不再属于娘家宗族了,因此家族要不要对她做登录就成为讨论的问题,故而上不上谱,各个家族说法、做法不一。仍以景城纪氏、九江朱氏名谱为例,观察清人的有关观念。纪氏云:"古法记女之所适,今不记,从苏氏也。"④不记录,因为她已经不是本家族的人了,婆家家族会给她上谱。在这不书当中,也有例外,就是这个族女要有特殊的表现,能给家族增光。即墨万氏谱例:"诸谱有载女者,吾家女不入谱,而贞烈者必书,亦门楣光也。"⑤有这样的族女为家族的荣耀,借用节烈光宗耀祖,才给以"树碑立传"之荣。九江朱氏亦给有特殊事项的族女以记事的荣誉:"女可纪者,未嫁已嫁内外并得书。""在室者章女美,出适者为家荣也。"⑥在这里关键是有可纪录的节义事情。有的家谱书写族女,如桐乡劳氏定则,"女子所适,生卒年月"并书。⑦在这书写之中,又有不书的规定,辋川里姚氏"女亦子也,嫁者书,再嫁则不书"⑧。再婚失贞,故而取消其被登入的资格。要而言之,定则不书族女的,确有破例为她写的,定例书写的亦有因故不写

---

① 民国仪征《陈氏族谱》卷1《凡例》。案:此谱成于民国十年(1921),而依据于同治十一年(1872)之谱,故此处用来说明清人的观念。

② 《纪文达公遗集》卷8《景城纪氏家谱序例》。

③ 民国即墨《万氏族谱》卷1《谱例》。

④ 《纪文达公遗集》卷8《景城纪氏家谱序例》。

⑤ 民国即墨《万氏族谱》卷1《谱例》。

⑥ 咸丰《南海九江朱氏家谱》卷首《序例》。

⑦ 劳乃宣:《桐乡劳先生遗稿》卷2《续修劳氏遗经堂支谱序》。

⑧ 同治《辋川里姚氏宗谱》卷3《谱例》。

的,这书与不书,症结就在贞节与否,根本上还是关于道德的观念性标准。

女子因再婚而不书,男子续娶则没有疑义,如果婚姻失类,也要失去上谱的权利。仪征陈氏谱例:"凡男女婚娶,人伦之首,不可不慎,若贪财而娶卑微,娄富而嫁下贱,有辱门楣,有玷家乘,不录。"[1]本身是平民(良人)或以上的人,为了钱财,而同贱民结婚,不仅是自己跌落身份,更使家族遭到侮辱,如果还把他们(她们)写进家谱,也是对家族宝藏的谱牒的亵渎,因而将他们清除出谱。

总起来说,女性以及极少数的男性因为婚姻方面的伦理观念,出现上谱与否及如何书写的问题,各个家族的处理方法有相同、基本相同、不甚相同的差别,然而在观念上则是一致的,基本上是以女性的贞节为准则,失节者削,节烈者书,这是第一条;第二条是传宗接代思想,看妇女有出无出,有出妾亦书,无出则再嫁妇、妾失去机会;第三条是等级观念,婚姻失类,无论男女,概不宽容。

六、对异姓继入与族人继出的排斥与吸纳

族人所收养的异姓嗣子,族人出宗为他姓后裔,这两种情形家谱写不写,是需要处理的实际而又重大的难题。李兆洛说江阴陈氏修谱,"别他姓之来继者"[2],萍乡县志说当地人"不轻录养子"[3],都是讲论家谱对异姓子态度的。然而究竟如何理论,笔者从多种文献获知,对继入的异姓、继出的本家,都有记录与不记录的两种观点和做法,兹分别缕叙之。

异姓不上谱,是防止异姓乱宗观念的产物。宜兴筱里任氏说:"以异姓为嗣,与夫出嗣异姓者,皆罪也,法使归宗。"[4]既然是罪犯行为,自然禁止上谱了。武城曾氏谱例:"子出抚异姓,或随母嫁,均书寄居某家,冀归宗也。随母子数岁而来,带孕数月而生,及义子赘婿,均异姓也,概不收录,明非一本。"[5]上海葛氏谱法:"抱他人子为己子者,不书,重宗祀也。"[6]子孙是一个老祖宗的血

① 民国仪征《陈氏族谱》卷1《凡例》。
② 李兆洛:《养一斋集·文集》卷3《江阴西郊陈氏谱序》,第42页。
③ 同治《萍乡县志》卷1《风俗》,第1册第207页。
④ 民国《宜兴筱里任氏家谱》卷2之5《宗法·嗣继议》。
⑤ 道光《武城曾氏重修族谱·例言》。
⑥ 民国《上海葛氏家谱》卷1《谱例》。

胤,异姓之人与家族无血缘关系,不能收容,否则由他祭祀,祖宗是不能血食的。这种关乎"一本"与宗族祭祀的原则问题,焉能忽视。"倘有以外姓入嗣者,谱中概置不登,恐紊宗也。"①"倘非种之子,均不许窜入混收。"②都是以血系相同为准则,尊一本,防乱宗,家族排除异姓,就是基于这种观念。

体念人情,通权达变,允许异姓上谱方法的提出。异姓为后,是现实生活中常见的现象,不是令其归宗和不让上谱的简单事情,注重实际的家族,就谋求变通办法了。在江南以异姓为后并不乏见,为人后者承办丧事,在丧帖上具名,③为家族和社会所承认。有的异姓嗣子为了报答嗣父养育之恩,将本宗和嗣父之宗的两个姓氏合在一起,成为一个新姓氏,如陆费、陈陆、倪王等姓的问世。这些虽然不是上谱,然而接近了。为嗣子陈情的学术见解陆续为学者提出,如对"生功"与"养功"的评论,给养功以应有的关注,说明异姓嗣父子之间的密切关系,应当尊重。④

还有从人情和法律方面述说给予异姓嗣子应有地位的。张海珊就有的家族以不许异姓乱宗为名,驱逐嗣子,强立应继之子的事情,认为是不合乎人情的:"爱孰爱于所抚之子,弃生前所养育之子,而假死后立后之名,未见其当也。"又讲法律有允许异姓为子的律文:"律曰:遗弃小儿,听相收养,即从其姓,亲生父母,不准告认。"又举出旗人异姓为人后的情况:"旗人义子,自襁褓抚养成丁,以继其后,即准另记档案。"张海珊承认异姓为子与异姓为后是有区别的,为子是从生活需要出发,可以共同生活,互相扶持,为后是从宗法关系出发,异姓嗣子究竟与血缘嗣子有所不同,但法律认可给予姓氏,旗人又有另记档案的成例,受此启发,家谱对异姓嗣子就应有相应的变通处理方法。⑤

就笔者所知,变通的办法有两种,一种是将异姓嗣子直接书写于嗣父名下,但是要注出嗣子的原来姓氏,如嘉应洪氏将这种事情看得比较简单,谱例云:"其立嗣者,注立某人某子为嗣;立异姓者,但著名某姓而已。"⑥或者使用不同颜色的笔墨书写,以区分本宗和异姓,如浙江青田人作谱,"本宗者用红

---

① 民国《昆陵庄氏增修族谱》卷首《旧谱义例》。
② 光绪益阳《熊氏续修族谱》卷首《凡例》。
③ 民国《上海曹氏家族》卷1《谱例》。
④ 参阅冯尔康:《拟制血亲与宗族》,台湾《史语所集刊》第68本第4份,1997年12月。
⑤ 张海珊:《与严姓亲族书》,《清经世文编》第1499页。
⑥ 《洪氏宗谱·凡例》,陈周棠校补,第3页。

笔,异继者用蓝笔"①。另一种是为异姓嗣子在族谱中单独工目,予以记录。山东莱阳辛氏移徙渠邱,当地亦有辛姓之人,后来衰微,莱阳辛氏修谱,就将那些辛氏的人员收入谱内,但是为了区别于本宗,名之曰"养子谱"。这种把同姓不同宗的人列入谱内的做法,有人认为有悖宗法,提出异议,为辛氏家谱作序的法坤宏不以为然,认为既然将本宗与养子区别开来,使得同姓家族能联合起来,不至于互通婚姻,不违背先王礼法,有什么我们可以疑惑的!②

乾隆末年广东宝安王氏修谱,在本宗成员的世系图"正图"以外,另设"附图",登记下述人员:凡各房贪便,择石冈、海南栅各处为嗣,其系不可考者,或娶下贱,婚姻之不正者,或一时苟合,强包约下妇女生子,以为己有者,皆编列"附图"。这是将来路不可考的儿子、婚姻失类所生的儿子纳入附图,以示与正图成员的差别,并在家族权利方面做出规定:"凡属附图,大小宗祠,概不得主祀。若其子孙发迹,身登科甲,职列高官,方转为正图,亦上体朝廷议贵之义也。"③附图子孙既可上谱,又能参加祭祀,就是不能充当主祭人,但若有了功名,改入正图,就没有那种限制了。

光绪末年太仓陆氏修谱,对继出、继入的人员,分别作出《继入考》《继出考》,纳入谱中,并特作说明:"敬宗尤重收族,凡出继者,苟有可考,自宜载入谱中,惟既承他姓,当附列卷末。""抚异姓子者,载明由某姓入继,照支派世数,序列卷末。"这样做的原因,陆氏讲了两条:一是重人情,二是别婚姻。无论是继出、继入的,受嗣父恩养,若能独立,就离别而去,"微论显悖人情,亦恐有乖天理",这才有合姓的出现,才有命次子归宗的做法,体谅他们报恩的感情,应当将他们收入谱内。同时族谱说明他们继出、继入的情形,令族人知道他们的来历,好在议婚时留意,避免出现同宗通婚的事情:"爰是宗人会议,深虑或忘所自,订婚媾以舛彝伦,何妨变例行权,按谱牒而知源本。故于图则合之以联其情,于考则分之以辨所出,俾派别既资为依据,庶嫁娶可愆决鲁吴。"④"通权达变""体谅人情"的观念使异姓子孙以独特的形式叙入家谱。

---

① 光绪《青田县志》卷4《风俗·吴楚椿·风俗议》。案:县令吴楚椿为此种做法,是不逞之徒为谋人产业而作伪,该谱不是何族公共刊本。然而笔者以为载族谱内以笔墨颜色区分不同人员,应系当地民间实有的做法。

② 法坤宏:《迂斋学古编》卷1《辛氏族谱序》,乾隆刻本,第16页下。

③ 乾隆宝安《鳌台王氏族谱》卷1《凡例》。

④ 光绪《(陈氏)平原宗谱》卷首《凡例》、卷14《继入继出考》。

出嗣之子的上谱,在绝大多数家族是没有异议的,前述宜兴筱里任氏、武城曾氏、太仓陆氏谱例中,均表示记录继出宗人,究其原因不外两条:一是害怕婚姻致误,太仓陆氏说得最清楚,不必赘述;二是寄希望于他们异日认祖归宗,武城曾氏谱例业已表达此类愿望,这里也不复述。

七、名讳与称谓的回避

古人讲求为尊者避名讳,家庭家族注意,社会讲究,如果说话中带有祖宗名讳字眼,将被人笑话不懂礼法,不避人家父祖的名讳,则是对对方的不尊重,所以避家讳是大事。名字是特定人的符号,家谱如果不照实写出,就不知道是哪个人,从实书写,又可能被认为不敬祖宗,因此名讳如何表达,是谱例必备的重要内容。清代依据前人的经验,做出规范,就中亦反映出崇实与尚虚的矛盾意识。

"临文不讳"的直书思想。对于谱中人名的书写,景城纪氏谱例的规则是:"谱皆书名,临文不讳也。佚名则字,佚字则次第,佚次第则记以方空,辞穷也。序述之文,皆书字,佚字则名,亦辞穷也。"①九江朱氏谱例与此大体相同:"图皆书名,临文不讳也。苏氏谱于祖父之名加'讳'字,欧阳氏谱从其同谱者,今从欧谱。一族之公,非一人之私也。"②这两份规则对世系表图中的人名,照实书写,而且不在名字之前加写一个"讳"字,因为纂修家谱,是合族的公事,不是一个人的私事,不必要加书讳字表示恭敬。在纪传或叙事部分中的人物,就不写名,而用字号来表述,或称之为"公",以避免书名的不恭。如此区别对待世系表图与记叙文中人物的名字,是对人名的完整表达方法,既直书了名字,又表示出恭敬的意思。所谓"临文不讳"是对口述而言,谈话中的先人,可以用多种方法避免说出名讳,而能令听者知道说的是谁,可是书写世系,不写名字,阅读的人就无从知晓写的是哪一位,所以要不避名讳地表现出来。要之,是如实反映祖先世系,就不能避讳。这是尚实直书意识的体现。

去"恶饰"的直书思想。族谱对有官爵的人应如实写来,无爵禄人怎么办,中古时期人们加写"处士"字样,苏洵觉得不实在,改写做"不仕"。纪昀对此作

---

① 《纪文达公遗集》卷8《景城纪氏家谱序例》。
② 咸丰《南海九江朱氏家谱》卷首《序例》。

出批评,在谱例说:"其无官者,晋魏氏谱称,'处士',今不从,恶饰也。……苏轼谱注'不仕',今不注,毋庸注也。"①九江朱氏序例与此全同,兹不俱录。处士是隐士,是有条件做官而不做,与平民百姓不同,将平民写做"处士",是阿谀奉承,是缘饰,不合实际,故被纪昀斥做"恶饰",不可沿袭;至于"不仕"的话,写不写都是一个意思,何必多此一举,浪费笔墨。摒弃虚假不实的奉承词语,斥责为恶饰虚言,祖先是平民,就老老实实地承认是平民,不必制造"人上人"的假象,反映出崇实直书的理念。

上谱避讳改名。家族年代久远,后世之人的名字与前人同名,或者重一个字,这就与避祖讳的观念相左,平常时候人们可能还不理会,到上谱时问题就明显了,有些家族就制定改名讳的办法。武进庄氏嘉庆六年(1801)谱例云:"族众命名制字,有犯重及犯旁支尊长讳者,及其人已故,而现在之子孙亦当代为改正入谱。乾隆辛巳(二十六年)忍斋公增修,谆切诚谕,令各行改正,并嗣后命名各宜查谱,毋得再犯。兹嘉庆丁巳(二年)续修,犯者甚夥,不胜其改。因公议单名添一字,双名易一同音不同字,即有出身与已故者亦一例举行,庶几免于尊卑无序、长幼失伦之病。……嗣后务宜遵议,查谱更定,至各分命名,亦断不得再犯,以乖伦序。"②仪征陈氏家谱与此颇多相同,其凡例谓:"世系辽远,疏略不许(详),至幼辈而犯尊行名字者甚众,已卒犯复者,改同音一字,仍存原名于所改字下;若现在者有犯尊讳,不但不安,亦不详(祥),合速更之。"③庄氏对已故重名、重一字的人,要依照长幼的伦序,为卑幼改名,以体现为尊长避讳的敬意,如此改动,会出现名字与人难于对号的毛病,陈氏因而在更名的地方注出原名,以便人们对认。家谱制作人之所以不嫌麻烦,一定要更动人名,是纠正有乖伦序的行为,是真正实现避讳制度,体现尊卑长幼的伦理。

临文不讳,反对恶饰,是实事求是的观念,尊重实际,用此笔法能够克服因避讳问题可能产生的误书弊病。为避讳而更改已故者谱名、现在者人名,容易造成人物符号的混乱,给人们带来不便。从庄氏族人的命名实际情形来看,重名者众,屡教不改,表明避家讳,特别是避远年祖讳,不容易做到,强迫改变,未见有多大的效果或长远效果。可是庄氏、陈氏仍然坚持避讳,因为在他们的意

---

① 《纪文达公遗集》卷8《景城纪氏家谱序例》。

② 民国《昆陵庄氏增修族谱》卷1《旧谱义例》。

③ 民国仪征《陈氏宗谱》卷1《凡例》。

识里避讳是尊卑伦序的原则,不可违背,尊卑伦序观念是他们的指导思想。

八、生卒年、殇逝与丧服

生卒年写不写,殇逝者上不上谱,各个宗族依据对礼法的理解有些不同的做法。

记录生卒取决于祭祀。家谱世系中人名下的小注,大多有生年、卒年,因为这关乎着礼法。景城纪氏谱例说:"谱详生卒,古法也。详其生,而后长幼辨明;详其卒,而后忌日之礼可举也。"①记载生年,族人才便于分清同辈同龄人和不同辈而同龄人的少长、辈分次序,以便施行长幼之礼;丧礼有忌日的祭祀,卒年的记录,对人是一种提醒,免得遗忘失礼。所以生卒年的登录,不仅是为记录生存时间,更重要的是这些礼法的需要。有的家族反对记录生年,并非不懂得长幼伦序的道理,而是别有缘故,葛士达在谱例中讲出一番道理:

> 至生辰,与谱无关紧要,古无庆生日之礼,至唐天宝始有千秋节,内外庆贺,然只行宫掖,宋以后士大夫渐为之,至明而极盛,朝野藉此名目为贿遗之阶,今则贩夫俗子,踵事蹈常,不必五十、六十、七十而行之,且岁岁而行之,不必尊者、老者、长者而行之,及孩提在抱,亦复行之;不必生者行之,复为死者冥诞。小则烹鲜召客,大则演剧称觞,宜乎物力日艰,而风俗日偷也。兹谱书卒而不书生,寓微意也。②

这里不厌其详地长篇引录,可知葛士达不是不通人情,而是要扭转世俗的奢侈风尚。但是他忽略了人们凭借生年论长幼之序的合理需要,所以在其死后,族人不得不做出改订:"恐不载生年,则长幼或难辨别,且谱者一家之事,记载稍详,尚不有妨于例,故将生年一概敬填。"③葛士达的不书生年,有其特定环境下的道理,但与伦理有冲突,故而不能行之久远。

殇逝者的记录与否,基本上取决于丧服制度。一般来讲,一个人在宗谱里有两次出现的机会:一是在世系图里父亲的名下,会记载子几人,书名某

---

① 《纪文达公遗集》卷8《景城纪氏家谱序例》。
②③ 民国《上海葛氏家谱》卷1《谱例》。

某、某某;二是在世系表里有以他为主的记录。如果其人夭亡,修谱人会遵照丧服制度、婚姻状况、感情因素做出处置。

古代对于殇逝者的丧礼,区分为八岁以下的无服之丧,以及有服的长、中、下三殇(长殇19~16岁,中殇15~12岁,下殇11~9岁)。纪昀所做的谱例规定,在世系图内父亲名下的儿子过去只写名数,现在补写出名字;入谱以十六岁为起点,因为这个年龄算是成年了,就是死亡的话,也是长觞。①辋川里姚氏定例"中下殇不书,男授室,女适人,虽早亡亦书"②。中殇以下在世系表中并不显示,但是,不论男女,结了婚就作登录。益阳熊氏谱则:"若童子死,则书"殇",其有葬处可稽者,亦详注之,示不忘也。"③之所以记录,系于感情的怀念。武威段氏的有关谱例,值得仔细审量:"年之修短不分,其可考者,一律书之。"④根本不理会丧服制度,夭亡的亦是族人,都记录在家谱里。

以上,基本上是从家谱的体例考察清人写作家谱的指导思想,就中有崇尚真实的,也有欣慕虚荣的,笔者这样说,并非将具体的宗谱分成两类:一类尚实、一类尚虚,而是从修谱的总体情形看,有这么两种思想状况,或者说思想倾向。下面,将对这两种观念做出某种归纳,进而分析它对谱牒学术价值的影响。

九、结论

(一)两种谱法的观念并存与内涵

清人谱法的不同,出现在两个方面:在体例上有史传方志体与单纯世系之别;在书法上则有更多的差异。

尚实的谱法,真正笃信"信今传后"的谱学思想,精神实质是反对"恶饰",主张通权达变,认为家谱是所有族人的记录。信今传后是各家族修谱的普遍追求,大学士朱轼的表述可视为典型,他说:"予作谱,例严以正,辞简而尽,庶信今而传后焉。"⑤"信今"是将今人所认知的族史记录出来,并传给后人。其内

---

① 《纪文达公遗集》卷8《景城纪氏家谱序例》。
② 同治《辋川里姚氏宗谱》卷3《谱例》。
③ 光绪益阳《熊氏续修族谱》卷首《凡例》。
④ 民国《武城段氏族谱》卷首《凡例》。
⑤ 朱轼:《族谱解惑》,《清经世文编》卷58,第1486页。

涵之一是崇实黜虚,欣赏简单的世系体例,以为它容易资料准确,而且宜于保存携带,同时认为史志体谱书容易虚假浮夸,写进许多不实在的内容,本想尊祖,而适成诬祖。之二是坚持"谱者普也"的观点,认为家谱是所有族人的史书,对所有的人,应不分性别、年龄、职业、宗教信仰、婚姻状况、好人好事、坏人坏事,秉笔直书,善恶并陈,既可保存家族的完整记录,也可以对子孙劝善惩诫。之三是"阙疑"态度,对材料缺乏的人和事,或记载、传说不一的人与事,采取宁缺不误的手法,用空格做出表示,或虽写出,同时表明存疑的态度,或者干脆不写,这种阙疑也是求实的应有之义。一句话,求实的族谱观是认为族谱是信今传后的全家族、全体族人的真实记录。

维护宗法伦理不当而致误的谱学思想, 即为光耀门楣而谱法上忌讳较多,或者还有较重的虚浮观念。其表现是贪图体例完善,对姓族源流、远年祖先世系不顾资料条件强硬编写,造成不实诬祖;与此相反,因族人的职业、信仰、婚姻关系而"削谱",对出嫁族女往往不予记录:为表彰先人嘉言懿行,书写传记常常不惜超出实际情况。这里说致误是维护宗法理论不当造成的,是指致误者误解宗法理论的一些内容,主要在这三个方面:其一是为亲者讳的想法,使用书善不书恶的写作原则;其二是机械理解宗法伦常和丧服制度,过分强调夫为妻纲,妻妾嫡庶关系,所以不书或少写殇逝族人,不依妻的敌体地位书写其传记的应有内容,或无子女的妾不能上谱;其三是不顾族人生死(生存状况)一味宣扬光宗耀祖思想,如宣传节烈女子、孝子贤孙,不论其现实生活的艰难困苦,用她们的节孝给家族增添光彩,又如将族女拒绝于谱外,而又大写嫁出去的命妇、节妇,藉以为家族增光。

(二)家谱致误原因的综合考察

刚刚说到造成家谱记录不实的原因是理解宗法伦理的不当,只是一方面的缘故,其实还有多种因素。笃信信今传后谱法的家族谱牒也并非没有不实的成分,常常出现自相矛盾的地方,所产生的家谱,也是实中有虚,只是虚的成分较少或很少;单纯为光宗耀祖而作的谱书也是虚实并呈,所以就尊重实际与图慕虚荣两种谱法思想而言,其成品都有不实成分,因此有深入探讨其产生原因的必要。

祖宗谱法不可变、不可轻变的思想。古人,当然也包括清人,法祖观念严重,学习、尊重祖宗留下的家谱及其制法,也是法祖内容之一,因此谱例可以增加,但不可以改动,以致明知旧谱有纰误,而不敢改写,如前述鄞县董氏修谱,发现世系不准确的误失,可是族人认为"是皆出吾慈水旧谱之所载者,先人亦尝疑之,而弗敢遽删也",由于社会名流全祖望的建议,始行改正。①再如纪昀修谱,发现老谱中"三贤公"曾孙的名字写作"中贤"是误失,仍然"因其误而书之,礼无追改也"②。虽然是为遵守礼法而不改变,也是尊重旧谱观念的体现。对于不书族女的老谱,许多新修家谱的人感到应该改变予以增添,然而基于祖宗已有成法,最后不得不遗憾地宣布维持旧例。

不自觉地接受和维持传统的意识。家谱的某些书法,由于流传年代久远,使人的思维形成习惯定式,即是想做改革的人,也是常常顾此失彼,不自觉地违背了变革的意愿,比如九江朱氏的谱例充满求实精神,如对无官职的祖先不称作"处士",否则是恶饰,可是为没有封号的妇人作传,却写作"安人",这是所谓"从实称",也是沿用《朱子语类》称"夫人"的例子。③"安人"是妇人封赠之号,无职之男不用处士,而无封之女却用安人,这不协调中反映尊重实际的思想贯彻不彻底,致误的原因不在于虚饰,而是习惯上的沿袭。朱次琦于《谱例》中反对使用"处士",可是在《朱氏传芳集凡例》中,讲到他的上沙始祖朱子议,说他"为元时处士,明兴不仕而终"④。

陆燿激烈反对家谱在世系中攀附名贤,所修家谱,不书十一世以上祖先的世系,可是"别录前代嘉言懿行,自为一书。谓宗法之可疑者,吾阙焉,其事业文章苟可以为后嗣训者,无论或为先世与否,皆得勿替引之也"⑤。这个嘉言懿行集,陆姓之人即可,而不一定是本世系的先人,目的是用他们的嘉言懿行教育后人。既然不一定是祖先,哪一个古人不可以呢?陆燿在这里还是没有完全摆脱世俗攀附名贤的阴影。葛士达纂修家谱也是很慎重的,在对葛姓名贤问题上,也"将抱朴公(按,即葛洪)以后世传录为一卷,列于卷首,以资考镜"⑥。陆燿、葛士达都是不满于攀附名贤的制谱人,也不免受到某种影响,不自觉地在谱中记录本姓氏名贤的事迹,可知传统谱法影响之大。

---

① 全祖望:《全祖望集汇校注·鲒埼亭集外编》卷25《董氏重修族谱序》,第1237页。

②《纪文达公遗集》卷8《景城纪氏家谱序例》。

③ 咸丰《南海九江朱氏家谱》卷首《序例》。

④ 朱次琦:《朱九江先生全集》卷8《朱氏传芳集凡例》。

⑤ 陆燿:《切问斋集》卷7《如皋顾氏族谱序》。

⑥《上海葛氏家谱》卷1《源流叙略》。

联涣散的谱学功能观念导致求全意识。"制谱,收族之大者"①。"辨亲疏,定昭穆"②。编纂家谱是为了收族,令族人分清支派,明了"一本",在始祖的旗帜下联合起来。而"一本"的"本",人们通常的观念至少要推衍到始迁祖,如此一来,家族都要上推到十几代,或更多的代数,代际久远,族人之间的联络自然疏散,利用族谱加强联系,在族谱的内容方面,就需要讲族源,需要有远年祖先的世系和先人的事迹,因此族谱在体例上就不能简约,需要采用史志体。方东树说:"今谱非失之误,则失之漏。"③指明当时制谱的弊病,真是深刻,为求全,不免不实诬祖,为省力不免遗漏太多。修谱实有其难处。

世俗攀附名贤,不以为非。攀附名贤,东晋南朝以来就较为常见,但在中古时代,政府、家族和舆论监督,尚能时加纠正,而五代以降愈发严重,不可纠治,于是人们习以为俗,比如姓王的都以为出自周朝帝室,以信今传后为制谱目标的鳌台王氏,谱序云"吾家系出先踪,姓传帝裔。一水叶宏农之策,三公兆魏国之槐"④。颇以帝裔和三槐堂而自豪。至于是否如此,凡王姓者不会去打一个问号,追究在王姓诸源中出于哪一个?攀附名贤,固然是好虚荣,不实在,"徒为有识者喷饭之助"⑤,但是确实是事出有因:其一,名贤先人是一种很大的社会资源,可以加强家族自豪感,训导子弟努力上进;其二,这种社会资源,还可以帮助家族立足于当地社会,不受他人欺凌,甚而凌驾于他人之上;其三,文化程度不高的家族,由于始祖历史一般难于了解清楚,认名贤为祖先,也很少会提出怀疑,心理上不会有障碍。理解家族这种心理,就不必对那种现象加以责难,或过多的讥讪。

(三)关于家谱的学术价值

慕虚荣的谱法观念及方法,以及受谱法中不良因素的影响,所制作的成品——家谱必然会有虚假不实的成分,影响了它的价值和人们的看法。那么家谱容易出问题的地方,笔者以为主要是在:(甲)族源、姓源、初祖、始祖、远年先人世系的某些不真实,即早先的容易不实,而晚近的则较真实;(乙)传记记事的某种失真,远年之祖尤甚;(丙)因削谱及种种记录的谱例所造成的失

---

① 《迂斋学古编》卷1《胶西法氏宗谱小引》。
② 光绪益阳《熊氏续修族谱》卷首《凡例》。
③ 《仪节轩文集》卷12《族谱序》。
④ 乾隆宝安《鳌台王氏族谱》卷1《重修族谱后序》。
⑤ 钱大昕:《潜研堂文集》卷1《巨野姚氏族谱序》,《潜研堂全书》光绪十年长沙龙氏重刊本。

载。此外,基于资料缺乏所造成的误失和缺漏,然而这不是人为的因素,是在所难免的。家谱记载的不实成分大致如此。这些失误,理所当然地影响到家谱质量,也理所当然地引起一些当代人和后世学者的批评。

家谱中的不实成分,并非由于体例产生的,考辨姓源、远年世系就一定错误,写家传就一定渲染捏造事实,不是的,问题还是出在作者的写作态度上。史志体的家谱,由于体例完善,能够容纳有关家族史的各个方面的内容,若在尚实的思想主导下,更能记录家族的方方面面的活动。对于今天的谱学爱好者,有兴趣续修家谱的家族,可以提供丰富的资料,自是不必说的了。而对于学术研究来说,每一部家谱,就是个案研究的好材料,而全国以万计数的家谱就成为丰富的学术资源,它对于历史学、社会学、人类学、人口学、优生学等学科的研究,都有资料库的作用,即以对历史学而言,对家族史、家庭史、人口史、历史人物、妇女及两性关系史、地方史、民族史、边疆史、某些事件史,等等,都能提供大量的材料,或某些资料,笔者就此在《宗族制度、谱牒学和家谱的学术价值》①一文中有过较详细的说明,这里不再赘述。

清人纂修家谱存在着尚实际与慕虚荣两种观念和谱法的实际情形,两种观念有所交锋,当然不是多么严重的对立,不可做出夸张的理解,但是对于尚实的谱学观念确实值得给予特别的重视。时至今日,人们续修家谱,仍然容易出现古人慕虚荣的毛病,虽然是可以理解的事情,但总不是好现象。继承和发展清人的尚实观念,显然还有其现实意义。

(原载冯明珠编《文献与史学——恭贺陈捷先教授七十嵩寿论文集》,台湾远流出版社,2002 年)

---

① 冯尔康:《宗族制度、谱牒学和家谱学的价值》,国家档案局二处、南开大学历史系、中国社会科学研究院历史所图书馆等编:《中国家谱综合目录》,中华书局,1997 年。

清人谱序阐述的宗族建设理论

  清代各个宗族编纂族谱,相当多的有序言,刊于谱书首端,文人撰写的还见于文集。序言一般称作"序""谱序""自序";宗族不断续修家谱,因之续修的称为"续修谱序"或"重修谱序",连续修纂的,则为"三修谱序""四修谱序"等;迻录以前的谱序,则曰"原序""旧序"。亦有称作"谱略""修谱例言""谱引""开篇""谱叙"者,唯不常见;宗族的支派所修之谱,序言则云"支谱序";联合修谱曰"联宗谱序"。谱序的作者,有的是谱书编写者或其宗族中重要成员,大多数情形是个人写序,也有多人联合署名的,个别的由宗族集体具名,如"合族序""合族嗣孙首事人等公跋"。族人序跋之外,多有请族外人写作的"客序",其作者必然是仕宦名流,他们中有大学士和各级官员,进士、举人、贡生等各级功名拥有者。从作者身份来看,谱序表达的是士人和宗族上层的见解,然而却能反映、阐述近古宗族建设的理论和过程。本文将不涉及后一方面的内容,仅分析谱序对宗族建设理论的阐述,中心是想说明清人谱序是怎样论述小宗法与宗族群体组建、合族论与宗族群体扩大、保存宗法遗意论与"雅正风俗"诸种关系,以见宗族理论在宗族建设中的作用。

一、小宗法论是宗族建设的理论基础

  清朝人的谱序讲解的宗族理论是小宗法的,在实践中是以始迁祖为宗族的始祖,令其成为汇聚族人的旗帜,从而组建宗族。

  上古宗法制与封建制结合,形成典型的宗法社会,春秋战国的社会变革,到秦汉以后,作为制度的宗法制、封建制已不存在,而其遗意则有相当程度的保留,并对人们的社会生活产生重大的影响,清朝依然如此。宗法制是宗子制的大宗统率小宗,实质是大宗法制,或者被后世学者说成是"以兄统弟"制。宗法制破坏,大宗法制随之不复存在。宗法制下小宗法含有大小宗法双重含义,即小宗之中有大宗、小宗之别,清朝人据以建设宗族。康熙朝博学鸿词应试者汪琬说:《礼》曰别子为祖,继别为宗,继祢者为小宗。""后之儒者,以为大宗既不可复矣,不得已而思复小宗,以存王道于什一。夫俗之不古若也,盖已久矣。"①"继别为宗"者为小宗中的大宗,"继祢者为小宗"是小宗中的小宗,清朝人和宗法制废除后的秦汉以降学者相同,为保持宗法遗意,相信小宗法。汪琬虽然不以小宗法为然,但也承认世人的遵行小宗法是不得已而为之。汪琬还认为,就是小宗法的大小宗二重制的大宗法亦行不通。他说"别子为祖,继别为宗",别子之大宗无法实行有三个原因:一是今之大宗降为编氓者多,无庙,无田,不可能率领族中之显贵者举行祭祖典礼;二是古代族人异居同财,有余则归之宗,不足则资之宗,今之父兄子弟往往争铢金尺帛,以至于怨愤戕杀,哪里能同宗共财;三是,按宗法,宗子死,则族人为之服齐衰三月,其母妻死亦然,而今族人无此举动。②如此,唯有小宗制的小宗法可以施行。

嘉庆间江西抚州清江徐氏族谱编纂者在谱序中也是依据汪琬所引述的话,"闻之别子为祖,继别为宗,继祢者为小宗"。他进而论及其宗族:在南州者,屡经迁徙,次第至角陂,吴塘,最后由朱溪而徙今之云溪,其在云溪之始祖为荣卿公,因此荣卿公的云溪支,对角陂房来讲为小宗,而在云溪亦为大宗。③"继别为大宗,继祢为小宗。"康熙朝巡抚、侍郎田雯于感叹"宗法废"之时,叙述到它。在《萧氏族谱序》文中说,萧氏修谱,"大宗、小宗准乎礼"④。认同小宗法的大小宗法二重性。

谱序记录出许多宗族以始迁祖为祖宗,从而建宗立族,即小宗法下的宗族。直隶沧州马氏是移民形成的宗族,乾隆二十四年,马维城、维柱在族谱《谱引》讲述家族史:"原籍浙江绍兴府会稽县大马家桥人,系前明永乐三年,始祖兄弟三人迁北……来沧遂居于旧沧州西关外,占籍马家园,沧之有马氏自此始。"又云:"始祖断自此,追所自也。"⑤即以移徙的第一人为立族之祖,族谱的世系以其开端。直隶南皮集北头刘氏于乾隆三十二年修成族谱,以始迁祖为始祖,为该谱写序的翰林院侍讲学士李中简表示赞同,并就此指出:"氏故不与族同,氏之繁衍可以遍天下,而族之所聚则传于地而止……故凡身为子孙

---

① 汪琬:《尧峰文钞》卷26《代洪氏族谱序》,《四库全书》本。
② 汪琬:《尧峰文钞》卷26《汪氏族谱序》,《四库全书》本。
③ 徐廷攀修、徐攀桂纂《云溪徐氏族谱》,《云溪徐氏重修族谱序》,嘉庆十八年刊本。
④ 田雯:《古欢堂集》卷26《萧氏族谱序》,《四库全书》本。
⑤ 沧州《马氏全谱》,光绪《古沧马氏族谱引》,抄本,沧州马学华藏。

而述谱系,莫贵乎断以始迁之祖。"①一姓之人繁衍众多,迁移四方;一族之人聚居一地,以始迁祖为祖,不必上追始生之祖。

直隶吴桥邢家洼邢氏的光绪二十二年(1896)《邢氏族谱》,其邢锡晋的序文不主张追溯远年祖先,而以始迁祖为祖宗:"昔人云:宗不扳远,诚以年代既湮,不敢妄攀先正,或紊宗支也,而近代可考者则固所宜详。吾宗自前明永乐二年(1404)始由山东即墨县徙居畿南,是为迁吴桥之始祖。"②山西洪洞刘氏,相传为汉朝皇室后裔,然渺茫不可考,因此族人认定开始徙居洪洞县苏堡的刘祥为始祖,从他开端,延续到康熙末年修谱,已有十世,不再往前追溯。③礼部侍郎、乾隆帝师傅蔡世远在福建漳浦《黄氏宗谱序》中,批评汉晋以来有人远推授姓命氏之祖,其实"年代荒辽,岂其尽有可据者耶"?因之赞成"近世君子""自谱牒所可稽以为始者,致慎之志也"④。即推论远年之祖不信,以始迁祖为祖,才是谨慎的态度。

陕西邰阳马氏乾隆七年(1742)续修宗谱,马氏谱序认为始祖不必远追远祖的扶风郡望,"当必以开基创业始居者为始祖",在邰阳的以"自明时徙居南渠西、素业儒讳永祯始"⑤。进士、吏部主事龙文彬于光绪八年(1882)为陕西汉中《西乡李氏家谱》写的序文,讲述李氏迁徙史及始祖的确定:"李氏之先,居三原之李家桥,明成化(1465—1487)初,秀之公迁居西乡之南关,是为西乡李氏之始,越今传世十有三,历年四百有奇。"修谱"明义例,清源流,尊秀之公为一世祖,以前弗录,重所自出也"⑥。浙江鄞县周氏不明其始迁祖,不从传说,定自可信之祖。故周芬《序》说:"吾家自有明迄今历十余世,而溯所自出,鲜有确据,'宋尚书后'之说,其无征固已。"⑦

始迁祖是开辟新的生活居地的创始人,后裔安身立命的奠基人,以其为祖宗,从感情上,从切身利益上都能接受,而不必寻觅自身已经茫然的授姓命氏之祖(初祖、远祖),是讲求实际的思维方式和方法。

---

① 南皮集北头《刘氏族谱》,乾隆《沧州刘氏谱》李中简《序》,民国二十三年续刊本。

② 吴桥邢家洼第四次续修《邢氏族谱》,光绪二十二年邢锡晋《重修邢氏族谱序》,稿本。

③ 刘殿凤修《洪洞刘氏宗谱》卷1,康熙五十四年刘镇《宗谱自序》,光绪二十七年刻本。

④ 蔡世远:《二希堂文集》卷1《黄氏宗谱序》,《四库全书》本。

⑤ 《邰阳马氏宗谱》,乾隆七年第二次修谱马述《序二》,民国二十五年增订本。

⑥ 《西乡李氏家谱》,龙文彬《序》,光绪八年本。

⑦ 周岳等修《新河周氏宗谱》,道光二十六年世德堂活字本。

始迁祖,社会身份不一,虽有为官作宦者,而更多的是平民百姓,他们成为宗族的始祖,相当于上古的"继祢者为小宗"。宗族的尊奉始迁祖,表明是依据小宗法建设的,所建立的是小宗制群体。

以始迁祖为祖宗,以他的裔孙为范围开展宗族活动,如以他的裔孙为客体修定族谱,他的裔孙建造祠堂,举行祭祀祖先仪式等等。山西灵石的何氏,系明代从河南迁居而来,始迁者为该族族谱所称的"知祖明经公",繁衍到十一世的何思忠,于乾隆间修谱,说是"体先人之心以为心,则别亲疏,明长幼,序昭穆,以祖合宗,以宗合族,复籍可稽,犁然具备,是固不敢与国史上拟,而姓氏世次条理井井"①。"以祖合宗,以宗合族"之谓,即以始迁祖合宗,将族人团聚成一个共同体。始迁祖成为裔孙之间凝聚目标,力量的源泉。始迁祖的旗帜,是宗族成为群体,宗族进行建设所不可缺少,在宗族建设中起着无可替代的作用。

二、族谱合族论是宗族扩大成员的理论

清人在谱序中阐述纂修族谱合族的道理,诚然合乎事实,不过在笔者看来,更重要的是强调修谱的合族作用在于扩大了宗族成员,令宗族壮大成为不可忽视的社会群体。

族谱合族论,康熙朝翰林院检讨毛奇龄与乾隆间江西人王云焕所言,族群之"别"与"合",略有差异,而主旨则同。毛奇龄在《坡山朱氏族谱序》中说:"顾先王授姓,期于别族;而后人叙谱,重于合宗。"又说:"前王之授姓则别,而渐之于合也;今人之叙谱则合,而实成其别也。"②他的意思是古代圣王授姓,既是给人嘉许,又是区别不同的族群,而后人叙谱,是将分散的族人合于一群。所说的"今人之叙谱则合,而实成其别也",是汇合所有的族人于一谱,而谱法又以族人的房系、门派加以区别,进行着录,这又是"别"。王云焕为江西《清江永滨杨氏三修族谱》所写的《序》,同毛奇龄一样讲"合"与"分",他说:"谱必欲其合,不合则无以明统;宗欲其分,不分则无以别支派。"③合是宗法观

---

① 灵石《何氏族谱》,《族谱序》,道光十四年续刻本。
② 毛奇龄:《西河集》卷27《坡山朱氏族谱序》,《四库全书》本。
③ 杨如沄修《清江永滨杨氏三修族谱》,乾隆二十七年刊本。

念下合族明统,分是在宗族内部区分房分以别亲疏远近。

总之,毛氏、王氏所论族谱的制作精神是合宗、合族,是聚合族人于一个宗族之内。乾隆朝中书舍人刘玉册在直隶南皮集北头《刘氏族谱·序》中写道:"窃考古家乘之作所以示有别,明有亲也,有本支斯有分派,系图列谱使若为某子,若为某孙,亲疏远近可展卷而了然不爽也。"[1]乾隆八年(1743)河南项城张际盛谱序云:"余性喜诗书,幸入儒林,上而思夫一本之所以合,下而辨夫子姓之所以分,盖有深感于之族谱不修,宗派之未明耳",是以编纂族谱。[2]刘氏、张氏的议论分与合,也是说明"分"是分清支派,"合"是合族人为一体,要点也是在合族。所以毛氏、王氏、刘氏、张氏共同指明修谱是合族之举。

修谱确实是聚汇一个始迁祖下的各个支派的族人,产生人口众多、结构复杂的宗族群体。前述项城张氏于光绪三十年(1904)再度修谱,其时族众数百家、人丁数千口,分为两门,人多修谱难,张端廷坚持统一修谱,以体现一本之情,故云:"吾两门始祖本一而同源者也,与其两门两谱情相隔膜,何若总成一谱谊相连属之为愈耶!"其子熙明遵照他的意向,克服困难,修成合族之谱。[3]直隶沧州交河马连坦李氏于同治中修谱时,"稽本支之户口,而本村与异乡约有千家",修讫,又有该族沧州的一个支派来叙谱,被认为东支的一支,于是附于谱内。[4]可知马连坦李氏是千家以上的大族,因修谱认一本,将原来疏远的宗支,不相往来的宗支汇为一体。在成员众多的宗族,由各个房系支派组成,内部结构不似五服关系那样简单,而是像李氏宗族,有本村支,另有东支,东支内还有一些支派。

宗族原以五服为范围,成员自然有限,而以始迁祖为祖宗,宗族修谱少则七八世,通常是十几世,或更多的几十世。以十几世而言,同时在世的族人,当有数十百家,有人口数百,以至数千。宗族规模庞大,清人在对"宗族"概念的理解方面也反映出来。湖南湘乡胡氏说:"古者自己身上下四世为九族,又以高曾

---

① 南皮集北头《刘氏族谱》,乾隆三十二年《序》,民国二十三年续刊本。

② 张拱宸等重修《张氏族谱》子部,乾隆八年《张氏宗谱前序》,民国二十五年天津文岚簃印书局仿宋排印本。

③ 张拱宸等重修《张氏族谱》子部,光绪三十年张熙明《重修宗谱序》,民国二十五年天津文岚簃印书局仿宋排印本。

④ 沧州《李氏族谱》,同治二年《五修族谱又叙》,民国八年七修本。

及己身为五服……今则凡同姓同宗皆谓族。"①"同姓同宗皆谓族",族,不限于五服近亲,无服制关系的同祖之人皆为族人,皆同宗族。宗族之壮大,乃是社会现实,成为不可忽视的社会群体,是以清朝皇帝教化民众的"圣谕十六条"中有关于宗族的"笃宗族以昭雍睦"特指内容,以及有设立族正的特殊政策。

五服以外的众多族人的聚合,在于一本观念下的因尊祖而睦族,即令族人由近及远,想到疏远族人,也是一祖所出,因而应该亲近,不可以把族人当作路途的不相干之人。道光二十一年(1841)江西义宁陈氏修谱,陈永新在《南山潭埠合修谱序》讲述这一道理:

> 予因思阅世生人,阅人成世,嗣递益增,则势日涣,近者愈密,远者愈疏,虽自一人下视后来莫不分形以往,自祖宗视之则皆子孙也。乃服穷亲尽之余,门户既别,庆吊不通,甚至有睹面而不相识者,人情比比然也。倘非有世系之可考,其何联亲疏,笃宗族乎。观斯谱而长幼尊卑之序可以秩然明也,仁率义率,览斯谱而爱敬孝悌之心可以油然生也。古圣王之所谓亲睦九族者,其在斯乎。

从祖宗看,族人都是亲人,修谱,获知族人血缘关系,自会产生亲属感情,自会有孝悌之情。及至光绪二十一年(1895),该族续谱,进士、知县陈文凤《光耀堂谱跋》以水流的分合,比喻宗族的分合与族人关系,他说:"水先分而后合,大小必同其会归。谱牒之作亦犹是也……宗之有谱非徒辨亲疏,明远近,正以见疏者远者实与亲近为一体。支派既分,固不能混而同之,源流可合,亦不容薄而遗之也。"②

宗族编辑族谱,不只是为了区分族人的亲疏关系,更在于明了一本之情,不能薄待族人。咸丰间沧州《郑氏族谱》的《梁口家谱序四》说出与陈氏相同的话:"闻之水有源而支流远,木有本而枝叶繁,物且然也,而况人乎。"但是人们往往"仅知有父母,不知有祖宗",因此家谱不可不续。只有修家谱,"以祖宗传业于子孙,子孙共知有祖宗,以及故墓不迷,名讳不犯,且共有亲疏和睦之念……夫祖一人耳,以一人传至百千万人,其支愈多而愈分,其脉愈分而愈

---

① 《湘乡平地胡氏续修族谱》卷首《旧叙》,民国二十六年安定堂木刻本。
② 陈出新等修《义门陈氏大成宗谱》,光绪《光耀堂谱跋》,民国十年本。

远,故子孙有亲疏,而自祖宗视之皆骨肉也"。所以不亲骨肉,令人痛恨。①想到祖宗,不论多么疏远的族人,也必须敦睦关注。对此,康熙帝于三十二年(1693)发出的"敕谕"云及睦族原因,就在于"一本"共祖:"宗族之始,皆一祖所生,当极致亲睦,共相爱恤扶持以为生也。"②修谱,将各个门支的族人共同叙述于谱书之内,令族人成为一个整体。

小宗法论与始迁祖地位的确定,一本观念的流行,产生出族谱合族论,或者说这是一本观的具体化。修谱聚族,而能够聚族,是因有一本观念的思想基础,以始迁祖为宗族的祖宗,是族人的"一本"之源,崇拜祖宗,一本之裔孙就应当聚合在一起。合族论,是一本观念下族人聚合的理论。

三、编纂族谱保存宗法遗意论

谱序解说宗族编辑族谱,体现出上古宗法制的遗意,表达尊重小宗法的精神,宣扬的是敦宗睦族的孝义之道,是仁孝者的行为,而且有益于国家政教和宗族兴旺,从而也反映修谱在宗族建设中的作用。

上古宗法制废除之后,汪琬认为士大夫制作族谱,是维持宗法制的精神,故在《代洪氏族谱序》中写道:"自大宗小宗亡,而世谱兴焉;学士大夫之为谱也,所以维宗法之穷也。"③康熙五十八年(1719),翰林院编修、学政谢履忠说世卿世禄制不行,大小宗法俱废,有宋人欧阳修、苏洵的谱法出现,是"能明宗法,而先王因生赐姓之遗意犹在也","要之谱法也,亦宗法也"④。与汪琬见解相同,即谱法维系宗法。乾隆中,徽州鲍氏谱序说出同样的意见:"自宗法废而门地盛,门地盛而谱牒兴。谱也者,宗法所赖以存焉。"⑤康熙间探花、编修姜宸英的《大兴张氏宗谱序》,从相反的角度来看谱法与宗法的关系,他说:"自周历汉及魏晋以来,虽当南北朝横溃分裂之际,世家旧族皆能讲明谱法,不失其世守。至于唐之既衰,而氏族混淆,收族之道渐湮者,谱学不立故也。"⑥汪琬、

---

① 沧州《郑氏族谱》,郑云龙《梁口家谱序四》,咸丰十一年梁口村第二次修谱订本。
② 《圣祖仁皇帝御制文集》卷2《勒谕·谕内阁》。
③ 汪琬:《尧峰文钞》卷26《代洪氏族谱序》,《四库全书》本。
④ 谢赋文等修纂《宜邑谢氏六修族谱》,康熙五十八年《初修旧序》,同治九年刊本。
⑤ 徽州《棠樾鲍氏三续宗谱》,《新安棠樾鲍氏重修三族谱序》,乾隆二十五年刻本。
⑥ 姜宸英:《湛园集》卷1《大兴张氏宗谱序》,《四库全书》本。

姜宸英等是有名的文人,共同认为依据宗法观念编修族谱,传承了上古宗法精神。清人谱序所述的族谱保存宗法遗意,表现在:

(一)谱法贯彻宗法观念

所谓谱法维宗法之穷,是说谱法中贯彻了大小宗法的观念,宣讲了敦宗睦族之道,而只有仁人孝子才能够做到。康熙朝大学士李光地在讲述"若夫谱之设,所以济宗之穷"之后,说明族谱何以济宗法之穷的道理,以其族谱为例:"吾家之谱其为善,亦有三焉:本以宗法而联之,所以长长也;标其爵命,所以贵贵也;系之传纪而彰之,所以贤贤也。三者备矣,然后昭穆序焉,名分严焉,劝戒彰焉。"①即依据宗法伦理而作的家谱,使得昭穆分明,名分严肃,令人懂得如何按照宗法伦理行事。乾隆五十三年(1788),沧州王世桐所作的谱序云,上古宗法团聚族属,至近世惟有族谱合族,虽然不能以此比拟为宗子之法,"而由是率祖率亲兴孝兴悌,皆将不能以自已,亦敦宗睦族之要道也"。又说阅览族谱,"之上追往昔,既兴水木之思,感深一源,更敦亲睦之风,庶几各事其事,而思为宗族光也"②。相信人们观览族谱,明了祖先历史和族内人际关系,孝义之念自然而生。

乾隆四十九年(1784),直隶高邑李绵芸为族谱写序云:"余思谱之设,原以纪世系而笃恩谊,昭法宗之意即寓其中。"③族谱昭示宗法之意,令族人明了睦族之谊。光绪间,巡抚、陕西西乡人李文敏叙述其修谱的原因,是遵循乃父教导:"家之有谱,犹国之有史也。史不修,无以鉴治乱、示惩劝;谱不修,无以溯先芬、联族属。他日必有数典而忘者。汝等学业有成,须勉为之,使知木本水源,不忘所自,则仁孝诚敬之心油然生矣。"④修谱,懂得祖宗彝行厚德,从而产生仁孝的信念,以敦宗睦族,光宗耀祖。

康熙三十三年(1694),京官商垲为直隶故城祕氏族谱作序云:自从宗法废后,"族之有谱也,所以通宗法之穷也,非仁人孝子不能作也"。为什么这样说呢?因为"仁人孝子不忍没其先而乱其族,乃为之谱以纪之。其初起自梁隋,而唐宋元明以还,于今不易,统系相接,世次不紊,境犹存焉。然事非一人之

---

① 李光地:《榕村集》卷11《家谱序》,《四库全书》本。

② 沧州《王氏族谱》,乾隆《原序》。

③ 高邑《李氏族谱》,乾隆《序》。

④ 《西乡李氏家谱》,李文敏《李氏谱图序》,光绪八年本。

事,心非一人之心,苟非实有感于亲亲之重而不辞劳不惜费,则筑舍之谋未有能底于成者也,故曰非仁人孝子不能作也"①。商氏在解释仁人孝子制作族谱缘故中,带出族谱具有宗法的含义,即明世次,重亲情。

(二)修谱时制定族规及其体现的宗法观念

谱序记录宗族修谱之时,或者特地制订祖训、家规,或者编辑原有的规训,而此类族规反映的是宗法观念,属于宗族建设的伦理成分。约在康熙四十六年(1707),直隶滦州边氏纂辑家谱,特设"谱约",规范孝悌之行,内有:对父母的孝道,因身体来自父母,父母又有怀胎之苦,哺乳之艰,乃昊天罔极之恩,岂可悍然不顾;若兄弟犹分彼我,不明兄友弟恭之道,是欺慢父母的不孝行为;至于祖宗,又父母之根本,不祀祖宗是欺父母;族人虽远近不同,自吾祖宗视之皆一脉,则皆吾亲之一脉,不睦族是疏吾亲,皆为不孝。谱约所讲的人际关系,皆以孝为准则,以孝为人生根本。行孝,不必向父母日进三牲,只于父子兄弟之间真心相爱相敬,就是一蔬一水承得父母欢心,和气所钟,上迓天和,于是长寿命,获功名,兴家道,所以自古王侯卿相多生在孝悌人家。②毛奇龄的《三韩张氏家谱序》讲京师大兴县张氏族谱编辑"家规",而其目标,"则又以砥行、饬法、勤学、务业为兢兢"③。

康熙六十年(1721),四川隆昌郭氏族谱序言记录祖训十条,为"一、不许擅入衙门;二、不许逋负钱粮;三、不许忤逆不孝;四、不许欺侮尊长;五、不许侵凌卑幼;六、不许占夺田产;七、不许轻慢鳏寡;八、不许懒惰耕读;九、不许勾引害族;十、不许干犯名义"。且认为这十条,"词严义正,剀切详明,愚懦易知,且有二三条更切于人,敬备载之"④。乾隆二年(1737),兰州颜氏的族长颜穆如谓其主持修纂族谱,汇编祖训,并望族人遵循,他说:"惟是家有条约,犹国之有令典。令典之设期于无犯,条约之陈岂必相厉。今谱中所载典礼懿训,悉采先辈成规。而条约数事,则自吾远祖以来立为家法,经三百年如一日者,不敢妄有增损而轻重出入。随时小变之处,亦尝会同合族细加商酌,而后载之于谱。惟望我族本尊祖敬宗之心,为持身保家之计,不干条约,则人人能修己,

---

① 故城《祕氏族谱》,康熙三十三年《序》,宣统二年重修本。
② 滦州《边氏家谱》,《边氏家谱约叙》,民国二十七年唐山华美印书局本。
③ 毛奇龄:《西河集》卷 47《三韩张氏家谱序》,《四库全书》本。
④ 郭光埙等续修《隆昌郭氏族谱》元册,族谱《又序》,宣统二年排印本。

人人能治人,庶不负诸父昆弟委任之盛心,是所望也夫。"①

(三)修谱中制订体现宗法观念的辈字

编修家谱之时,家族往往制定辈字,以便族人命名之用,而辈字多用联句体裁,内容则反映宗族伦理,寄托家族旺盛发达之意。道光十三年(1833)直隶南皮陈氏修谱过程中,为后世命名而择字,即以五行相生之意旨,择用二十字,曰"明玉连金清,树生成茂松,秀炳忠厚志,吉庆增后鸿",以资后嗣排行沿用。②江西丰溪吕氏续增昭穆序次二十八字,联句为"渭玉发祥成伟烈,贤能绍美锡遐昌,居仁由义昭忠心,弈禩恢宏德泽长"③。光绪间山东莱州赵氏修谱,续拟"序传家正"四字,作为后人四世冠名之用,庶免名讳重出,而使宗族敦睦。④

(四)捍卫宗族纯洁性

讲宗法,需要捍卫宗族的纯洁性,也即维护宗法伦理的纯正性。宗法制以血缘关系为先决条件,讲究宗法,团聚宗族,必定要求宗族成员的血缘纯洁性,反对异姓乱宗。许多家族制作族谱,关注成员的血缘关系和人际关系,纠正不符合宗法伦理的现象。康熙五十三年(1714)山西平定州张氏修谱时发现,有"臧获之辈强作威势"混入族内,又有螟蛉之徒附入,造成"大乱失真"。故而再修族谱严格血缘世次,不容他人掺入,所谓"一族之次第,支分派解,脉络贯通,前者前,后者后,股股相依,世世相从,无所紊也"⑤。嘉庆十六年(1811),临汾韩氏修谱,主修者韩应均对三种现象表示不满:一为与祖宗名讳有一字相同;二为将螟蛉异姓混淆族姓,接纳入谱;三是家奴随主姓,数世之后主仆难辨,名分倒置,最可痛恨。他的修谱坚决杜绝此弊。⑥张氏、韩氏修谱,以杜绝破坏宗法的现象,从另一方面维护宗法。

此外,谱序认为宗族以宗法观念建立,对上有助于国家施行教化政策,对本身有益于家族的发展。这就是江西浮梁刘燮材、福建李光地和甘肃颜穆如分别在谱序中讲到的。光绪三十四年(1908)刘燮材云:"宗法之制,上以辅君

① 兰州《金城颜氏家谱》,乾隆二年颜穆如《重修家谱序》,光绪十二年本。

② 《陈氏族谱》,道光《陈氏族谱再修序》,2000年五修本。

③ 储大文:《存研楼文集》卷11《丰溪吕氏续昭穆序次联句序》,《四库全书》本。

④ 赵琪等撰《东莱赵氏家乘》,《序例》,赵宿膺《东莱赵氏六增族谱序》,民国二十四年永厚堂铅印本。

⑤ 张学鲁等修《平定张氏族谱》,康熙五十三年《张氏族谱小序》,咸丰七年刊本。

⑥ 韩应均修《韩氏宗谱》,《开篇》,嘉庆十六年刊本。

德之不及,下以束民志之不齐,有裨政教,实非浅鲜,即就敬宗收族而言,与其拜蛇拜火,迷信鬼神,孰与于报本追远,自崇其宗祖之为愈,此又于宗法中寓有保固宗族之义,尤不当轻言废置者也。"①认为宗法观念令民人有精神寄托,比迷信神鬼强,能够凝聚民人,有益国家。李光地则谓"宗谱之修废,家之兴衰之占也"。原因是"家替于暌,隆于聚,宗与谱所以聚其暌,而使之有统也夫"②。乾隆二年(1737)甘肃兰州颜穆如在谱序中说,"家政之大,序谱为重"③。也是说修谱为宗族要务,关乎宗族兴衰。

清代人在宗族活动中合群,合大群,深深懂得要符合于传统的宗族理论,又要根据社会的现实情况,创造相关的理论。小宗法论、合族论、族谱保存宗法遗意论,提供的正是清代宗族建设理论,人们据以组建宗族群体,而且这个群体成员大大超出五服范围,令宗族壮大力量,成为社会重要群体。新理论的形成和发挥作用,宗族的修纂族谱提供了契机,人们在修谱过程中探讨宗族行为的准则,对传统的宗法理论予以改造,得知小宗法合于时代要求,能够说明合族建宗的道理。要而言之,宗族理论是在宗族活动中,特别是修谱过程中提出的,发展的,又对宗族活动起着指导作用。

本文所使用的素材,来自族谱序言,由此可见谱序的史料价值。本文开篇讲述有关谱序的事,本来是可写可不写的,之所以书写出来,是想对这种文体有所叙说。作为一种文体的图书序言,应能绍述撰著的主旨及向读者所应交待的事情,是著作本身应有的成分,乃不可或缺者,也是阅览者必读的内容。就此而言,谱序同其他图籍之序言无有差异。笔者认识及此,才在阅读数百余篇谱序之后,利用它作为材料,于数日前写作《略述清代人"家谱犹国史"说——释放出"民间有史书"的信息》一文,今又撰述本文,在写竟之时,亦感谱序、书序是有价值的文体,读书不可或略,诚应开卷阅览。当然,有的序言,作者大诉甘苦,并非那么必要,有时还令读者览而生厌,则不是成功之作了。至于序文体中的"寿序""之官序"之类,客套话较多,价值自然不能与书序、谱序相提并论。附赘此数语,聊抒笔者对谱序的运用感想。

(2008 年 5 月 29 日于旅次,未刊)

---

① 刘燮材纂《南阳刘氏宗谱》,《光绪戊申续修族谱序》,光绪三十四年刊本。

② 李光地:《榕村集》卷 11《家谱序》,《四库全书》本。

③ 兰州《金城颜氏家谱》,颜穆如《重修家谱序》,光绪十二年本。

家谱的学术价值与现代社会价值

我们现存的家谱(宗谱、族谱、家乘、谱牒),大约有两万种,主要是明代、清代和民国年间遗留的,也有近年编辑的。家谱在古代有实用价值,政府用它做选任官员、私人用做选择婚姻的资料依据,它还是族长、家长进行伦理教育的教材,人们的社会地位和生活面貌随之而改变。历史发展到今天,时代巨变了,作为古文献的家谱自然地失去了上述的实用价值,但它保留的大量资料,有着学术研究价值,并将对现实生活发生不可忽视的影响。

一、家谱的学术研究价值

一般的家谱,特别是那些体例比较完善的谱书,要记录家族的姓氏源流、迁徙、世系、人物传记、宗祠、坟茔、祭祀、产业及契据、仕宦文书、宗规家训、宗人诗文等情况,内容丰富,反映的社会生活广阔。它的资料可供历史学、社会学、民俗学、民族学、文化人类学、人口学、文学、优生学等学科的学术研究和创作利用。本文仅从历史学的角度来认识它对史学研究的学术价值。

古往今来的史学家,不少人使用家谱资料著书立说,梁启超更总结性地指出,族谱是"重要史料之一","实可谓史界瑰宝"①。说得好,史家利用家谱,就我们认识所及,可以获得反映历史画面的下述各方面的资料。

(1)宗族史和家庭史。宗族结构、祠堂组织、宗族祖坟、宗族祭祀、宗族规约、宗族财产及经营、宗族经济、宗族教育和义学、宗法思想、宗族与政府、宗族与社区的关系,是宗族家庭制度的主要问题,家谱的这些方面的记载,提供了宗族制度和族权、家庭和父系家长制的研究材料。

(2)人口史。家谱资料可以对人口史所研究的下列问题做出贡献,这就是人口统计、人口寿命、男女性别、年龄结构、生育、人口教育和文化、职业、移民。

---

① 梁启超:《中国近三百年学术史》,中国书店,1985 年,第 336 页。

（3）历史人物。这里说的历史人物，指在历史上有某种影响且为史家所瞩目的，这些人在正史、方志和文集中往往有其席位，但是资料不一定完全，而族谱的传记、履历、世系，对一些历史人物及其家世常常可以提供一些资料。即使最一般的民人，凡修族谱者，均能上谱，有了简单的历史记录。

（4）下层社会生活史。下层群众的历史，官书很难见到，而宋代以降的族谱的兴修，越来越深入民间，所以对社会下层的生产劳动、经济状况、哀愁喜乐、风俗习惯有不少的反映。

（5）妇女史。关于女子的家庭生活，在宗族中的地位，以及做人的规范，族谱也有一些记录。

（6）民族史和边疆史。许多少数民族的宗族有家谱，而且有一定数量。少数民族又多居住在边疆，所以少数民族的家谱，对民族史和边疆史的研究颇有意义。

（7）地方史。宗族生活在固定的地域，古来就是族望与地望结合，谱牒记述的家族史，实即地方史的一部分，同时还能反映宗族与地方的关系，这都给地方史研究提供方便。

家谱对经济史、科技史、政治史、学术史、宗教史、身份史、华侨史、中外关系史，以及一些历史事件，也能或多或少地提供一些资料。比如明清时期徽州的世仆，就有史学家利用家谱材料作出研究成果；其他如倭寇史、客家史、太平天国史、中华天主教史的研究，都有族谱资料可供撷取。

上述谱牒对于各种专史和历史问题研究的作用，是对宗谱学术价值的直观的了解，表面的认识，我们认为家谱对史学研究的意义，可作深一层次的理解，把它归结为以下三点：

其一，认识历史须从宗族家庭着眼，可从家谱研究入手。作为社会细胞和初级社会群体的家庭、宗族，被有的学者认为"是中国社会最主要的社会制度，也是社会的中心"，"家庭以外的社会制度，在中国很难单独发挥其功能，如果和家庭制度不发生关系的话"。①的确，宗族制是中国历史的特点，一部中国史也就是一部放大了的宗族史，把握家族制度是认识中国历史的前提。因此要揭开中国历史之谜，就需要首先着眼于宗族史的研究。如果此说不谬的话，反映宗族史的谱牒自然应是史家开始研究的必读载籍的一种了。

---

① 蔡文辉：《社会学与中国研究》，台湾东大图书公司，1981年，第75页。

其二,为勾画中国历史全貌提供丰富的不可缺少的素材。无论是古代政府的史书、档案和地方志,士人的笔记、诗文集,都对历史进程和全社会面貌的某些方面缺乏记述,为史家全面考察历史引为憾事,但是上万种的谱牒,记叙了族人的社会活动,如做官、经商、当兵、联姻等;著录了宗族的外部联系,如与官府的关系,与其他宗族的交往,宗族的迁徙,这些记载反映地方的、全国的政治、经济、文化和社会的社会生活的某些侧面,所谓谱牒弥补正史、方志史料的不足, 就是指它能在各个社会生活领域提供细部的有益的资料,大大丰富史源,供史学家作各种专史和通史的研究。

其三,为史学的综合研究法的进一步实现提供可能。综合研究是史学研究的主要方法,没有谱牒资料也可以使用综合研究法,但那样难于真正做到,因为资料本身的不全面,怎能做到全面研究?只有在各方面资料充分具备的条件下,再有意识地运用综合研究法,就可能成功了,所以谱牒提供史料的同时,还对历史研究法的科学化有意义,这还是就着历史科学内部讲的综合。其实家谱反映的人类学、民族学、民俗学、社会学、人口学等学科的资料,可以利用它综合各学科的研究内容,用于研究包含史学在内的社会科学,有的学者已经这样做了。

卓有成果的谱学研究者、社会学家潘光旦撰著的《明清两代嘉兴的望族》①专书及《家谱还有些什么意义?》②等文,利用族谱文献,研究明清时期家庭的婚姻状况,说明优生学的道理。他希望谱牒学家把史学、遗传学、心理学、社会学、人类学结合起来,才能富有成果。③潘氏说的很有道理,不少学者也在这样做,他们在研究中国宗族社会时与人类学研究结合起来,如林耀华作《从人类学的观点考察中国宗族乡村》④,美国威特逊作《中国宗族的再考虑:历史研究中的人类学前景》⑤。近几年广东和香港学者采用了社会学、人类学与历史学互相结合的研究方法,探讨明清时期珠江三角洲家族制度的发展史。⑥这些学者的建议和实践,使我们认为历史学与其他人文学科以及自然科学的结合,在更广阔范围内进行综合研究,才可能科学地说明历史。在这中间,谱牒

---

① 商务印书馆,1947 年。

②③《东方杂志》第 43 卷,第 12 号。

④《社会学界》第 9 卷,1936 年。

⑤《中国季刊》1982 年第 2 期。

⑥《明清珠江三角洲家族制度发展的初步研究》,《清史研究通讯》1988 年第 1 期。

的资料,将使这些学科的研究沟通起来。

二、家谱的现实社会价值

家庭、宗族,作为社会细胞、初级社会群体的形式、内容和作用,今天与古代大有相同之处, 古代的因素仍然或隐或显地在现代社会生活中起着作用,留有痕迹;历史上的宗族思想,也即宗法观念或宗法性意识,是我国传统文化的一个组成部分,也在一定程度上支配人们的行动。我国政府似乎只有了解宗族和家庭的过去,才能认识它的现在,才可能深刻理解它在民众心理上和行为上的真正作用, 从而才可能制定符合于国情的正确的宗族和家庭政策;人民群众也只有对宗族文化有正确的科学的认识,摒弃其消极的因素,继承其优良的成分,才会对先进的、文明的生活方式的树立大有好处。

对我国传统的宗族文化,笔者经过初步的研究,认为它既是我们民族的精神负担,也有值得珍惜的因素。说它是历史的包袱,这是因为:

第一,宗族文化着力宣扬三纲五常的道德伦理和实践,而这恰是我国君主主义文化的基本内容。家谱所反映的宗族制的基本观念,是要人们尊祖、敬宗、忠君、行孝、敬夫,卑幼服从尊长,崇拜君和亲。宗族制的这种对成员的要求,与君主制国家对臣民的要求完全一致,换句话说是君主国家通过宗族制度和文化宣扬、贯彻其伦理思想。

第二,宗族文化是小团体文化,是中国传统文化封闭性、保守性的反映。宗族是小的群体,但却以自我为中心,搞本族利益至上,排斥他人。尊祖敬宗,自然是崇奉本族的祖先、大宗和宗族组织;宗祠保护族人,有条件时给予经济帮助,以维系群体的稳定;宗族培养人才,为的是光宗耀祖,发展宗族势力;宗族有小团体的荣誉感,清除违犯国法宗规的人、具有叛逆思想的人,保持其"纯洁性",以便在社会上争地位。宗族把它的小团体主义强加给族人,族人自觉或不自觉地加以接受——我是属于某宗族的,某个宗族是我的。古代是农业社会,人们生活在各个村落,社交不多,商品交换也少,基本上是自然经济,自我封闭。宗族的小团体观念,和历史上的生产方式、生活方式相一致,是时代的产物,反过来它又维护社会的封闭状态。小团体观念的封闭性与保守性是孪生兄弟,它把固有的事物都当做合理的,不能接受新事物,只好守旧,踏步不前,又是一种保守主义的文化,这正是中国传统文化的特点。

第三,宗族文化禁锢、抹杀个性与人性,这也是传统文化的君主主义的表现。宗族的规约繁多琐碎,把人的行动卡得死死的,诸如准许从事什么职业,不许做怎样的谋生;妇女同什么样的亲戚能走动,什么样的又不能;日常生活的规范细致到不许吹拉弹唱。人们的行为动辄得咎,人们的思想也被限制得死死的,婚姻是家庭、宗族做主,交游要得到尊长的允许,没有宗族思想所许可以外的个人生活、个人的爱好、个人意志的爱情和个人的事业。这样,人不是属于自身的,首先是家庭的、宗族的,其次是国家的。我国君主主义文化的精神实质,就是否定个人的存在,把人当作家庭、宗族、君主的附属品,人的生存就是做孝子顺民,贡献于家庭、宗族和国家,也即服从与附属于家长、族长和君主。国家要求臣民的是心甘情愿做奴隶,不要有个人的意志和反叛意识,绝对不允许造反、革命。宗族文化禁锢个性发展是君主专制主义文化的集中表现。

总之,作为中国传统文化的一个组成部分的宗族文化,反映出传统文化的专制主义的、落后保守的特点。对这种反对、不利新思想出现的文化观念,20世纪50年代以来进行了一些批判,但是家长制的观念和作风、任人唯亲和职工顶替制、祖先崇拜等体现宗族文化的因素,在政权机关和民间还有所表现,因此需要对它继续进行清理,消除它的恶劣影响,促使政府和人民解除君主主义宗法思想的精神枷锁。看来,这个任务还是很重的。

与糟粕并存的,是宗族文化中的精华。毋庸讳言,宗族文化也有着可以加以改造吸收的因素,这就是:

正直做人的要求与反对恶风邪俗相结合的精神。宗族要求其成员做孝子顺孙是君主社会的产物,但它同时要求族人做正直的人,作风要正派,要诚实,要勤奋,要俭约;它还会针对歪风陋俗告诫族人,不要陷溺其中。比如《平江叶氏族谱》记录该族光绪二十二年(1896)制订的宗约,内有"不可开场聚赌,放头抽利","不可贩卖洋烟(指鸦片烟),贪婪物件","不可酗酒行凶,持拳执棒","不可溺毙女儿,伤和天地"。反对赌博、贩卖与吸食鸦片、酗酒、淹死女婴。其他宗族也有这类表示,并对这些弊病的危害作了一些说明:吸毒是破家祸国的坏事;赌博、酗酒除不利于身家性命之外,还容易引出盗窃斗殴等危害社会治安的事;溺女是惨无人道的暴行,要遭天谴。这四种事情于己于家于国都有百害而无一利。宗谱族规的反对,尽管在说理上,今天看来不尽如人意,但方向是对的。现今的社会,仍然有着赌博、酗酒的问题,吸毒在禁绝后又有出现,溺女(包括胎中女婴)之事虽少,但歧视女婴,并祸及其世,则是常有的现象。这四事是社会病,是精神萎靡、缺乏文明的表现。我们先人在族规中的反对态度,说明我们民族有克服时弊的愿望和振作精神,尤其是把它同做人的正确态度结合起来,更有意义。人生活在社会上,很难不受风俗的影响,古人训诫对风俗要作区别,不屈从于恶风弊习,坚持做正直的人,这种宗族文化观念,无疑是有益的。对它讲的这类做人的道理,充实以时代的新内容,可以在创造民族新道德中吸收进去。

宗族文化中的认同观念,对保持、发展民族精神的统一,也有积极意义。我国的族谱,在历史上就起着认同的作用,它确认宗族成员是同一祖先的后人,有共同的利益,有共同遵循的宗族伦理。一个宗族如此,各个宗族也是这样,于是在全民族形成以宗族文化为内容的共同观念。宗族认同扩大为民族认同,在今天可以适应时代要求,发展为新的时代精神。香港学者林天蔚认为新的谱系学是培养认同的文化,对旧的宗族文化,"弃芜存精,一方面吸收西方家庭独立的精神,一方面保持我国传统的伦理思想"①。即抛却父系家长制和长幼尊卑观念,将富有亲情的传统美德保存下来,既是继承民族文化的优点,也使我们民族以其特点立足于世界民族之林的一种条件。据笔者所知,在澳大利亚,不时有白澳思想流行,歧视和打击有色人种的移民,华裔为争取合法权益,通过寻根、修家谱,明确自己的血族,加强团结,参加反对种族主义斗争。想不到中国宗族文化的认同性竟在华裔的现实斗争中起到积极的作用。这就说明,我们对古代宗族文化的认同性加以适合时代内容的改造,对于中华民族新文化的形成自会有其应有的贡献。

宗族文化的研究,对于新型家庭的建设也有参考价值。如旧时代择婚论门第,新时代理所当然地斥为谬误,但由此而注意对方家庭的健康状况和家风则是必要的。潘光旦指出婚配应当"建立在健全的身心、品性以及比较能一贯的产生此种品性的血系之上",而家谱,"如果对于血系的由来流变,品性的传递发展,能有充分翔实的记载,使我们于婚选之际,有所考察依据,多少便已尽了它所最应尽的能事了"②。实际上,一些家谱具有这类资料,能起这种提

---

① 林天蔚:《论我国文化中的谱系因子与谱系学的建立》,见台湾《第一届亚洲族谱学术研讨会会议纪录》,第39—40页。

② 潘光旦:《家谱还有些什么意义?》,《东方杂志》第43卷2号。

供择姻参考资料的作用。谱牒的资料在家庭建设上还可以起负面教材的作用。据报道,近年某村一对文盲老夫妇和他们的长子次子,认为犯有流氓盗窃罪的四子丢尽全家的脸面,把他投进长江淹死,村人观看这一行动拍手称快,赞扬他们大义灭亲。但是他们犯了杀人罪,受到法律制裁。他们的做法是受传统宗族思想的影响,是宗规族约所要求的,如果学界对谱牒作了全面的、充分的研究,人们事先受到了教育,会消灭这种家庭犯罪。族谱在建设现代家庭中会从正反两方面提供经验教训,当是没有多大疑义的。

宗族文化的研究还将有助于我国对外开放政策的实行。我国正在加强对外联系,广泛结交朋友,联络华裔,引进外资和科学技术。华侨散布于五大洲,他们中的许多人对祖国怀有亲情,希望了解中国,到中国寻根问祖。适逢其会,族谱成为实现这个愿望的一种媒介,也是寻根的一个内容。1983年美籍华裔学者秦家聪回国寻根,利用1928年刊刻的《无锡秦氏家谱》,在无锡惠山找到其先祖北宋词人秦少游的坟墓。菲律宾总统科拉松·阿基诺在1988年对我国进行国事访问之时到她曾祖父许玉宋的故乡福建龙海县鸿渐村访问,许氏宗族以新修缮的家庙迎接了贵宾和宗亲,丰富了她访问的内容,增进了中菲两国友谊。谱牒把不同国家、政权下的亲人联系起来。台湾歌手包娜娜的父亲包子章回到阔别四十余年的故乡昆明,与众家亲聚会,在《包氏宗系图》上填写他在台湾一家人的名字,本是同根生的族人紧紧地连在一起了。

寻根是当前世界性的潮流,在这种形势下,学术界做好中国宗族文化的研究、家谱的收集和利用,会收到两方面的成效:一是为海外华人的寻根问祖提供方便,以利于向海外华人的招商引资;二是开展与各国人民的交往,要因寻根产生更多的共同语言,以争取友人,促进我国现代化事业的实现。

三、续修家谱之我见

近几十年,海内外华人组织宗亲会,修辑家族谱,在持续进行着。1987年台湾各姓历史渊源发展研究学会出版的《台湾区族谱目录》,著录台湾收藏的家谱一万零六百多种,其中有相当一部分台湾各宗族近期编写的。不久前笔者收到澳大利亚一位华裔编辑的该家族的族谱。明朝末年迁居朝鲜的山东冯氏,遗胤聚居汉城(今首尔)者,至今仍按明朝礼仪,穿着明代服装祭祖,他们发启事,谓"当年兵荒马乱之时,仓促东渡来韩,不克将族谱携带同行,以至今日只知为临朐冯氏而已,吾等急欲得知中国原族之谱系,如果有缘,尚请各位多多给予指导"。缅甸王氏侨裔每年祭始祖,举行三天联欢会。假如我们有兴趣到深圳蛇口参观南宋最后一个皇帝赵昺的坟墓,将会发现那是近年香港赵氏宗亲会和亚、欧、美洲各地赵氏后裔捐资重修的。大陆也有修家谱的,甚至不在一个地方的族人从事联宗修谱。从时间上说,20世纪60年代初期、80年代以来续谱的多一些。种种迹象表明,中国大陆、中国台湾、中国香港以及海外华人修家谱,进行宗亲会的活动会继续下去。这就向人们提出一个问题,如何正确对待这种事情?对于国内人民的此类行为,是像过去那样反对,是不闻不问,还是别的什么态度?

20世纪50年代初期,在实行土地改革政策的时候,打击地主阶级,将宗族文化及其体现的家谱,当做历史垃圾加以清扫,首见公安部门。消灭地主阶级的政治斗争过后,对宗族文化遗存,似应根据新的形势采取相应的政策和措施。特别是对新出现的宗族活动和续修家谱,简单地沿用建政初期的政策与做法,一概加以反对,宣称"建祠堂、续家谱、联宗祭祖,是封建宗法活动,是我们的社会主义制度所不容许的"。这么说很容易,可是它在提法上不一定科学,在实践上也行不通,还是对这一类事情做新的研究,制定相应的政策为好。

笔者认为应当允许和指导家谱的编写,就是说既不是压制它,也不是提倡它,而是引导它走健康的道路。对于祭祖续谱的活动,要作具体分析,假如有人借此宣扬宗法思想,当然应该批评制止,如果不是这样,就不宜于是这种态度了。科拉松·阿基诺的来访,鸿渐村许氏因而修葺宗祠,包娜娜父女的访根问祖,乃至续修家谱,就没有被当作封建宗族活动,并被作了肯定的宣扬。今天从事宗族活动的,显然有了社会名流和一般民众的差异,名人做的就是好事,与名人无关系的,难道就一定是坏事,就在"社会主义制度所不允许"的范围之内?要一律否定?国家政策有其严肃性,有其应用范围的统一性,对同样的事情,不能对与特殊人物有关系的是一种解释,对其他的又是一个说法,那样叫人怎样理解政策,又怎么遵照执行?笔者认为对于群众自发地续修家谱,不必采取禁止的方法,还是加以指导为好。

时代不同了,适应旧时代要求的族谱的内容与形式,在今日不能照搬,要依据现时代的需要,修订旧体裁,创造新体例,反映新内容。比如旧的族谱给孝子顺孙贞女节妇作传,不反映族女的婆家家族历史,歧视上门女婿,族规宗约充满君主主义精神,新的族谱不能继续那样做,而要给在新的社会政治、经济、文化建设中做过贡献的男女立传,反映族女婆家、上门女婿家族史,记录新时代内容的家庭规约,肯定新时代的人物,体现男女平等思想。

关于这个问题,已经有人注意了,1985 年 12 月 21 日李明在《光明日报》发表文章,①倡议建立家庭档案,其内容包括家史及家庭成员活动经历材料,证件、证据材料,奖励材料,声像材料,信件材料,家产及使用维修材料,保健材料,等等,认为这是"家庭生活的记录,是家庭成员进行某项工作的依据和参考,是家庭文明建设的重要标志"。林天蔚建议扩大族谱的范围,"举凡与家(宗)族活动有关的史料,如户口、户籍、土地契约、婚约、生死证明书,族与族间械斗的碑记,祠堂内的功名牌等均应在搜集范围之内"。"家(宗)谱所叙世系,应由直系的父系,扩大而至旁属的母系,妻系,子(媳妇)、女(女婿)的活动事迹。"②这类根据新时代的要求提出的家谱、家庭档案的内容,很可以成为创造家谱新体例的参考。

另外,据美国犹他家谱学会的专家讲,美国人计算家族成员,以血缘关系为准则,包括子、女、孙儿、孙女,儿媳、孙媳不在其内,但是书写家谱,除夫妻及其父母子女外,还记录母系成员,如外祖母等女性,不及外祖父等男性。这同样也可以成为我国人民编纂家谱的参照因素。十多年以前我国提倡过忆苦思甜活动,这同家史有关系,然而那时是为阶级斗争服务的,以忆苦为主,不涉及家史的其他内容。这不是成功的经验。今天需要正确引导家谱的写作,以促进新型家庭、家族建设,发展民族文化。家族及其相应的制度有很强的社会适应性,在不同的生产方式和社会制度里它都能存在。人们一度以为宗族纯系自然经济下小生产的产物,岂知到近现代商品经济社会它仍然以不同的形式存在着,因此反映它的谱牒是必然会出现的,所以还是对它采取指导的政策为好。

笔者还认为当前要开展与加强谱牒学的研究。对旧时代遗留下来的族谱文献,前面说过,要继续批判它所宣扬的宗法思想;与此同时,需要对它作出全面的研究和说明,使其能够发挥学术价值和现代社会价值的作用。为此,社会应当建立谱牒的管理机构,建置谱牒研究中心,大力开展研究。笔者知道美

---

① 题目为《建立家庭档案好处多》。

② 林天蔚:《论我国文化中的谱系因子与谱系学的建立》。

国犹他家谱学会收藏中国家谱三千多种,并且制作《美国家谱学会中国族谱目录》,刊刻问世,同时还在继续从事中国谱牒的征集。据了解,我国只有一家图书馆的族谱收藏量超过犹他家谱学会,但是还没有把目录整理发表,这就是说我们的整理研究工作尚有许多不尽如人意之处。

当今许多国家学术界对谱牒学产生了浓厚的兴趣,世界性的家谱学术会议已召开过两次,而且规模很大。1980年在美国犹他州盐湖城举行的第二次世界家谱记录大会,参加的学者及关心族谱资料的各界人士每天多达一万一千人。亚洲族谱学术研讨会已经举行过三次,台湾、香港学者出席了这些会议。香港大学将于1989年4月举办亚太地区地方文献(方志、族谱、金石)研讨会。相比之下,大陆学者的研究尚未充分展开。所喜的是业于1988年夏天召开了首届中国家谱研讨会,同时成立了谱牒学学会,决定出版《谱牒学研究》会刊,表现出大力开展研究的良好愿望。如果它能得到有关方面的热情帮助、指导,想来会做出成绩,改变过往研究不力的状况,与各国同行共进,也是民族之光!识者有意赞助之乎?

(原载沈阳《社会科学辑刊》1989年第2—3合期)

朱次琦的为人与谱牒学研究

朱次琦(1807—1881),字子襄,又字稚圭,广东南海九江乡人。当时人尊他为"九江先生""后朱子"。他在 20 世纪受人称道,是作为思想家以及对谱牒学的贡献。辛亥革命参加者刘禺生在《世载堂杂忆》中说,朱氏学说"直追晚明,不落乾嘉诸儒之下,巍然自成其九江学派者也","斯则清代岭学之崛起者"。①张舜徽指出朱氏治学,"虽不屑为门户水火乏争,而其要仍以义理为归"②。1904 年南海人黄任恒在《古谱纂例·自序》中写道:"近时谱牒,惟吾邑朱子襄先生之著为最精。"③1946 年杨殿珣撰文《中国家谱通论》叙述中国谱牒学史,给朱次琦以一席地位,认为他是清代有贡献的谱学家,他修的《南海九江朱氏家谱》"异于前人""纯以考证之态度书之,斯真为一家之信史也"④。《南海九江朱氏家谱》为朱次琦所监修(后面将要交待),黄氏、杨氏以之为朱氏之作,可以不论,因为这并不影响朱氏在谱学史上的地位。那么,朱氏对古代谱牒学有何研究? 作何贡献?

朱氏于道光二十七年(1847)成进士,1849—1854 年在山西候补,咸丰二年(1852)署理襄陵县令,寻即辞官于 1855 年返回故里,广东官方聘请他主持广州学海堂教务,辞不应聘。同治改元(1862),征召朱氏复官,称病拒不接受。光绪七年(1881)夏,两广总督张树声、广东巡抚裕宽以其学行举荐,朝廷特赏五品卿衔,数月后朱氏亡故,清廷下命国史馆为其立传。朱氏返穗后在乡里教书,历二十余年,学生中有康有为、简朝亮等人,甚至有从山西跟随从学的。时人称他为"九江先生""后朱子"。朱氏著述甚丰,有《国朝名臣言行录》《五史实征录》《晋乘》《性学源流》《蒙古闻见》《国朝逸民传》等十余种,然他在病危之

---

① 刘禺生:《世载堂杂忆》,中华书局,1960 年,第 275 页。
② 张舜徽:《清人文集别录》卷 17《朱九江先生集》,中华书局,1962 年,下册第 470 页。
③ 黄任恒:《古谱纂例》,1925 年刊,广州美泰号发行。
④ 杨殿珣:《中国家谱通论》,《图书季刊》,新第 3 卷 1—2 期合刊,1946 年 6 月。

际付之一炬,仅有少量诗文得以幸存。光绪二十三年(1897),他的门人简朝亮为之搜集编辑成《朱九江先生集》,并为枣梨行世。邱炜菱另集《朱九江先生论史口说》,光绪二十六年(1900)剞劂。

一、朱次琦的经世思想、宗亲活动和谱学著述

经世致用之学,在清初盛行,衰微之后,在道光朝再度兴起,朱次琦力持其说。他说:"通经将以致用","学之而无用者,非通经也"。他作《五史实征录》,研究宋、辽、金、元、明史,是为总结前代的经验得失,给清朝人提供借鉴。为致用,他认为士人应当研读典章制度之学的"九通",以利实用。为贯彻主张,推崇清代经世致用之学的倡导者顾炎武,说顾氏的《日知录》"由体及用,简其大法,当少行于天下,而先王之道必不衰"①。朱次琦的学生康有为深明乃师思想之奥秘,说其师"主济人经世,不为无用之清谈高论"②。朱氏崇儒学,又讲究经世致用,克服前辈理学家高谈性天不重践履的弊病。

朱次琦经世致用之学小试于襄陵,在任仅 190 日,但惠政在民:规划水利、消除狼害、逮捕巨盗、访民疾苦、压抑豪横武官、不受陋规银两。他以孝友之道审理民间纠纷,对分家的案子,他总是劝两造:你们是骨肉至亲,谁吃了亏都不要紧,设若给你们判决了,输家更要埋怨,就结成仇恨,不如和解了。因为这样的调解,当地兄弟争财的案子减少了。③解州世袭翰林院博士关某侵夺族人财产,越境到襄陵打官司,次琦以关羽讲结拜义气,责备他同室操戈,违背乃祖家风。旁观的众人也同声责难,使关某痛哭认错。据说因此襄陵"无亲属讼者"④,宗族家人和睦相处了。离任时县民空巷相送,为立朱使君祠作纪念。时值太平天国运动,朱氏上书晋抚,谋划保守山陕方略,未被采纳,愤而辞官。

咸丰五年(1855)广州官民抗英,光绪六年(1880)两广督抚筹划海防以抵

---

① 以上皆见简朝亮编《朱九江先生年谱》。

②《康南海自编年谱》,中国近代史资料丛刊第八种《戊戌变法》,神州国光社 1953 年第 4 册第112 页。

③《朱九江先生年谱》,见《朱九江先生集》卷首之二。

④ 陈士枚:《平河均修水利之碑铭》,见《朱九江先生集》卷 10 附录;又见民国《襄陵县志》卷 24《艺文》。

御俄国,皆聘请朱次琦参与其事,他一概以病推辞。这似乎与他主张经世致用相矛盾,其实这是他相信命运、清高澹泊思想所决定的。咸丰二年(1852),他根据自身的经历认定,人的一生祸福都是天意,不可能去改变,所以他"信畏天命",给兄长弟弟写信,说他们兄弟"守分敬身,各安义命"①是对的。他谈到不参加抗英斗争的原因:当局没有固定的对英国政策,今天讲打仗,明天又议和,这样反复不定,好像是老天要让中国失败,这种天意哪里是人能够抗争的,②所以他澹泊为怀,不预政事。朱氏要求学生经世致用,意思是等待机运的到来再去实践。

朱次琦终身奉行宗法性观念和制度。自身"居家则孝友"③,道光十三年(1833)乡中发大水,朱次琦奉侍继母关氏逃难,身体受伤,不让关氏知道,怕老人伤心。④道光二十四年(1844),与兄士琦赴京考进士,临行关氏对他们说,我身体虽然虚弱,但我感觉良好,你们不用担心。朱次琦考罢回家,得知关氏病故,悲伤得吐血,三天不喝一口水,头发急白了,哭着说自己为了图功名,不顾母亲安危,是不孝的人。⑤

朱次琦从襄陵卸任返里,历经山西、直隶、河南诸省了解社会情形,感叹"风俗日益以敝,而亲情日益衰"⑥。返回故乡后注意在本宗讲睦族关系。他时时向族人宣传唐宋间的江西江州陈氏、元明间的浙江浦江郑氏等宗族的历史,说他们"世世通财,号为义门",受到朝廷旌表,记载于国史,天下共闻,认为本宗族有几千人,不应该落后于其他宗族,要做楷模。在他的鼓动下,族人纷纷捐献公共财产,如知府职衔朱奎元及其弟福元、显元三兄弟捐银 3000两,翰林待诏衔朱国恩捐银 1000 两,在朱次琦率领下维修祠堂,增置祭田。他仿照范氏义庄赡养族人的办法,制定《朱氏捐产赡族斟酌范氏义庄章程损益变通条例》,规定资助本宗穷人、鳏寡孤独和培养子弟的具体办法,并报请朝廷备案,以期长久保存。

①《朱九江先生集》卷 7《赴襄陵寄兄弟书》。

②《朱九江先生年谱》:"先生曰:'当政之常,今日言兵,明日言款,若天使之然者,岂人能与天争乎!'"

③ 王璟:《稚圭先生画像记》,见《朱九江先生集》卷 10 附录;又见闵尔昌:《碑传集补》卷 38。

④《朱九江先生集》卷 3《赴李大孝廉鸣韶招饮百韵》。

⑤《朱九江先生年谱》,见《朱九江先生集》卷首之二。

⑥《朱九江先生集》卷 8《南海九江朱氏家谱序》;该文又见《南海九江朱氏家谱》卷首之一。

他还与族尊倡修族谱。道光二十九年(1849)在朱次琦赴山西做官的饯别宴上，朱氏父老讲到续修家谱的事，然以条件不成熟作罢。及至次琦解组归田，族人再议修谱，朱奎元三兄弟愿意捐献梓刻费用，遂于咸丰九年(1859)设局修谱，共推次琦之弟、贡生宗琦主稿，国子监生朱士仁等编校，次琦为监修。他乃撰拟《南海九江朱氏家谱序例》，作为著述的体例和书法原则，历时十一年编定，次琦为作序文，同治八年(1869)刊成。①这是九江朱氏的第三次修谱。②

《南海九江朱氏家谱》的纂辑，次琦有倡修、规范和审订之功，是主修者之一，但乃弟宗琦为主要撰稿人，所以该谱"职事衔名"于"纂修"项下唯列宗琦之名，于每卷之首开列初辑、续修人名，也只书宗琦，不及次琦。③宣统《南海县志》讲到朱谱作者，只云朱宗琦撰，也不提次琦。④武作成编《清史稿艺文志补编》亦如是著录。⑤看来，次琦和宗琦是朱氏谱的作者，把它视为次琦一人的作品，并不完全准确。当然，他写的《序例》和《序》，是该书的纲领，应当特别重视。朱次琦另撰《朱氏传芳集凡例》，令宗琦依例编成《朱氏传芳集》八卷，⑥咸丰十一年(1861)刻印，流传后世。次琦的宗族观念，集中表现在前述家谱《序例》《例》赡族《条例》及《朱氏传芳集凡例》诸篇章中，它们都收在《朱九江先生集》第八卷中，《序例》《序》均载于《南海九江朱氏家谱》卷首。

二、朱次琦对谱牒学的贡献

朱次琦的《南海九江朱氏家谱序例》是一篇完整的系统的古代族谱的编修体例和书写方法，在体例上包含十项内容，即所谓"名谱""分编""宗支谱"

---

① 《南海九江朱氏家谱序》；《朱九江先生年谱》；《清史列传》卷76《朱次琦传》，中华书局，1987年，第19册第6308页；《碑传集补》卷38，缪荃孙：《朱次琦传》。

② 《南海九江朱氏家谱序》。

③ 见《南海九江朱氏家谱》原书。

④ 宣统《南海县志》卷11《艺文志》，《中国方志丛书》本第181种，第4册第1015页；卷19《文学·朱宗琦传》，第6册第1661页。

⑤ 武作成编：《清史稿艺文志补编》，中华书局，1982年，上册第401页。

⑥ 关于《朱氏传芳集》的编辑者，一般著作皆云次琦手辑(如《清史列传》本传)。实际情形如同《南海九江朱氏家谱》之著作一样，实为次琦、宗琦二人，梁耀枢的《朱氏传芳集序》言之甚明。又，《清史列传·朱次琦传》和缪荃孙的《朱次琦传》均谓该书五卷，误；《清史稿·艺文志补编》等书注作八卷，是。查原书，的确系八卷，前四卷为"正集"，收朱氏族人之诗文，后四卷为"外集"，录外族人所写朱氏之诗文。

"恩荣谱""祠宇谱""坟茔谱""艺文谱""杂录谱""全谱沿革从违之例",可以分为四大部分:族谱的命名;族谱的分编原则;分篇的七个类型;对于前人谱书体例和书写方法的取舍。

朱氏对每一篇的立篇原因和内容规范作了说明。

首叙"名谱之例",总结前人对族谱的命名,有帝系、世本、家谱、家牒、家史、家志等,而谱名还要同地望联称,以区别同姓不同地、同姓不同宗的家族情况,故而将该族谱取名《南海九江朱氏家谱》。

第二讲"分编之例",把族谱所要表述的内容,条分缕析,定为七类:宗支、恩荣、祠宇、坟茔、艺文、家传、杂录,并以此为谱书的编排秩序。

第三谈"宗支谱之例",要点是写明本宗得姓源起;作出宗族繁衍的世系图;制世系图的方法是按房派分别进行;世系图所要著录的本宗男性成员的表述方法和内容,其规范是:①写出名讳,包括原名、更名,缺名者用方空(□□)表示;②名后注出字号、官爵(无者不书任何字样,如处士);③书写其妻妾;④书写男儿,包括庶子;⑤立继之子,写明其生父、继父;⑥宗人迁出本族聚居地,写明其新居处所;⑦族谱除名的原则;⑧附书的方法,将支派失传、后裔无考者列为附记;⑨制作宗族居址图,亦为附录。

第四述"恩荣谱之例",写出宗人的功名仕宦勋爵及皇家所颁发的诏诰,并载节孝、耆寿所得的旌表。

第五谈"祠宇谱之例",说明宗族先祠祀后墓祭的道理,谱书记载祠堂,附录坊表、第宅、园亭楼阁。

第六为"坟茔谱之例",记录先人墓穴及方位,但不绘坟茔图。

第七作"艺文谱之例",讲解立艺文谱的传承原因,将族人著作分经史子集四部著录,并注出它的序跋或评语。

第八是"家传谱之例",叙说作家传的传统根据和方法,这里传主的注释内容比宗支谱详细,故有相应的规范,如传主及其妻子的称谓,族女的写法,传记事迹的求实态度及资料依据的说明。

第九讲"杂录谱之例",交待家谱书写杂录的原因和杂录的内容。

第十项为"全谱沿革从违之例",叙事较前面任何一项都庞杂;指明九江朱氏作家谱,为叙全族之谱而非分支谱;作谱不同于作史书的善恶并陈,采取书善不书恶的原则;不严格遵守上古的大小宗法,从现实出发,小宗可以立嗣;写族史尊重实际,不攀附名家;严格实行避讳的制度;前谱有不同记载的地方,现又无法澄清,保存异文;谱序,依古代方法,编于书末,但应从当时习惯,置于编首。

朱氏设计族谱内容的详备已如上述,我们还可以从三个方面再作比较研究。

一是和通常的家谱比较。就笔者读过的族谱而言,有"序例"论述谱书体例的作品较少,有的虽有"凡例""例言",多是讲族谱的具体规则,很少像朱氏"序例"那样兼有理论的说明。大多数谱书内容较为简略,仅有世系图,或者兼有祠堂、坟茔、家传,少数的具有朱氏"序例"所列的内容,甚至还有超过朱氏的。笔者在小书《清史史料学初稿》中指出,清人宗谱体例有十七个门类,为谱序、恩纶录、像赞、宗规家训、世系、世系录、派语、宦绩考、传记、祠堂、坟墓、祠产、先世考辨、著述、余庆录、五服图及领谱字号。①朱氏体例与此基本相同,只是立目不完全一致,在门类上主要缺少宗规家训和祠产两项。十七类内容是综合清人各族家谱所得,非为一家所兼具,就朱氏体例而言,已经相当完备了。

二是和纪昀家谱序例相比。前述杨殿珣在《中国家谱通论》称道朱氏谱例,还说它是"大半仿纪氏序例而加详"。"纪氏序例"指纪昀的《景城纪氏家谱序例》,杨氏对它极为称赞:"纪昀总纂《四库全书》,于历代书籍之部居,文章之体例,知之最详,故于谱中之子目详节,由来转变,知之最审。其所撰《景城纪氏家谱序例》……极为时人所传诵,为修谱者之圭臬,至今之修谱者,犹多奉行不悖也。"纪昀《序例》含"分篇之例""编纂之例""杂书法之例""损益古法之例""名称之例""编次标目之例"六项,②叙述了宗谱的类目和编写的具体原则,其分类为谱首、支谱、生卒谱、族居记、茔墓图、联名纪世图,没有艺文、杂录诸谱,生卒谱类似传记,但简略,显然不及朱氏的完备。朱次琦序例吸取了纪昀的许多成分,如无爵禄功名者不写作"处士"、同父异母诸子统书于父而不书生母等义例,均取自纪氏序例,朱次琦在吸收时有自身的见解,对是否追溯谱源等问题,明确表示不从纪昀法则。他是认真研究了纪氏序例,择善而从,所作序例又比为人崇奉的纪氏序例前进了一步。

三是与黄任恒的《古谱纂例》相比。黄氏盛赞朱次琦之作,同时对古代谱

---

① 冯尔康:《清史史料学初稿》,南开大学出版社,1986年,第189页。

② 纪昀:《纪文达公遗集》卷8,嘉庆间刻本。

牒体例深入钻研,积七八年之功,写出《古谱纂例》一书,认识到古谱的义例"多有朱先生所未言者"①。黄氏将古谱体例分为下列门类:姓源,分房(附除名),合谱,名字,里居,宗支,艺文,家传,选举,职官,生卒,祠墓,杂录,叙例,命名,余论(源流、要义、劝惩、诬误、入谱、称谓、修期、刊刻、保藏、散佚、贾祸等)。他是纵论先秦至清代古谱体例,朱次琦考虑的是编撰一族之谱,定然不会有黄氏综合的那样面面俱到。但是我们从黄氏所列表目中不难发现,族谱的重要内容,朱次琦考虑到了,并作了规范。

总之,朱次琦的"家谱序例",集古代,特别是清代修谱大成,提出完整的体例,不仅该族修辑宗谱有了准则,且为他族修谱提供楷模。这是朱氏贡献于谱牒学的第一方面。

第二个贡献是重实证的修谱思想。杨殿珣在前述论文中称许朱谱"无征不信"的求实态度,朱次琦在家谱序中也颇以此自诩,云其谱:"直而不污,信而有征,不侈前人,勿废后观,敢云美备。"他要求撰谱,根据历史文献,进行考证,如实反映,不虚美,不臆造,尊重事实。他的这种态度,备书于家谱序例之中。

谱牒之作为一些学者所厌恶,就在于它有攀附的作风,有些家谱的作者乱认先祖,把自己的家族说成是古代圣君名臣以及为人崇仰的学者的遗胤,把同姓不宗的名人作为家族成员而炫耀。严肃的谱牒学家深以攀附名贤为耻,而是实事求是,对祖先知道什么写什么,能知道哪一代先人就写到他那里,不勉强去追溯根源,以免犯乱认祖的荒谬。纪昀在其《家谱序例》中申述:为谨慎起见,资料不充足,不必去探究族源。朱氏认为"姓族源流不可不考",但必须考实,不能牵强附会。他在序例中特别批评一些名家不尊重事实的做法。

清代流行的族谱体例,创始人是宋代的欧阳修和苏洵,朱次琦对他们的攀附作风毫不留情。他说庐陵欧阳氏出于勃海,可是欧谱兼载千乘欧阳宗族;眉州苏氏的苏洵,却把赵郡、扶风、河南(洛阳)、河内诸郡的苏氏写进自己的家谱里,他们开了头,后来的作谱者,往往把其他地方的同姓不宗的名人记在谱中,以显示"族姓人才之盛"。他又说明末清初大学者、余姚黄宗羲作《黄氏世录》,把他父亲黄尊素的朋友,并非本宗的福建漳浦人黄道周写进去。明末

---

① 黄任恒:《古谱纂例·自序》。

文学家归有光为昆山人太常寺卿夏昶家族写《夏氏世谱》,却写了与其家族不相干的湘阴人夏原吉,原因是夏原吉为明初名臣。朱氏说最让人好笑的是明末慈溪人右佥都御史冯元飏作《冯氏谱》四篇,其第三篇专门罗列冯氏异姓亲戚中的显要人物,"以表门阀"。朱氏对这些名家的做法不屑一顾,表示"今皆不从,恶攀附之嫌也"。他家宗谱,只叙元末明初人、南海上沙朱子议一派后裔,《朱氏传芳集》只辑录朱子议遗胤的作品,不将他宗族的朱姓名人溢入谱内和传芳集内。

朱氏修谱重实证,还体现于重视文献记载,要求言之有据。他说给先人作传:"传中行为,要在不诬。"即不遗漏善事,也不说溢美的话。为了保存信史,增加可信度,在每个传的结尾,注明所依据的书籍,"示信也"。他为表示家谱所写的是事实,可供人审核,还写出相关的事情,如在"恩荣谱"中记族人的功名,是进士的,同时要注出该科的试题、典试人、会元、状元、榜眼、探花,这样人们就可到某某状元榜的文献中去查证,就不会作伪了。对于朱族三次修谱出现的记载矛盾,朱次琦认为是可以理解的,他说:"谱中文字,或前后异文,未归一律,盖征引异书,采访异手,参差错出,亦事势使然。"由于无法考订哪一个记载是正确的,所以不必改动,保存原文,以免因改变而出错误。要之,朱氏以求实的态度,作谱唯依据史料,考订史实,对无法澄清者,保留原始文献的记录以存疑,力求避免攀附名贤、虚美家传的谱牒通病。这种求真态度,为朱氏家谱成为信史奠定了基础。

朱氏修谱重实证,还表现在明辨义理上。有些历史现象,人们都看到了,但由于对它的看法不同,往往忽视实质,家谱就不能正确反映。如典型的宗法制行于西周,当时只有大宗有祭始祖权和无子立后权,小宗无子不能立后,也即不会得到嗣裔的祭祀,只能祔食于祖先庙堂。先秦以后大小宗法制度已不能实行,可是人们宥于传统观念,对小宗立后仍有保留,如康雍间大学士朱轼撰文《族谱解惑》,反对小宗立后。朱次琦批评他们"泥于古经",不知世变。他说大小宗法制与井田世禄制相结合,井田制早已废除,大小宗法制也破坏了,于理就不能不允许小宗立后,所以不必信守古代小宗不能立后的说法,在朱氏族内允许小宗立后,受祭祀,并登载于家谱,这才是"礼贵从宜,亦以义起"。古代谱书对于没有官爵的先人,常常称他为"处士",表示他不是一般的百姓,苏洵作家谱,不以此为然,改写作"不仕",也不直书为平民。朱氏认为写"处士"是美化先人,是不尊重事实的"恶饰",不足取;没有做官就是不仕,也不必写出来。朱氏的精神在强调事实,不需要用附加辞进行粉饰以迷惑人。

朱氏的第三个贡献是对谱牒学史作了较成功的勾勒, 他的见解概述于《南海九江朱氏家谱序》一文中,文字不长,兹将主要部分抄录于后:

> 谱牒之学,史学也。《周官》奠系世,辨昭穆,掌于小史。《史记》纪五帝讫夏殷周秦,并详其子孙氏姓。而《世本》一书,《汉志》隶《春秋》家。盖先王谱学之设,实与宗法相维,而表里乎国史。宗法立,而士大夫家收族合食,至于百世不迁,而奠其系世,辨其昭穆,朝廷且为之庇,官司藏册府,是故黄农虞夏之胄,阅数千祀而可知也。世禄废,宗法亡,谱学乃旷绝不可考。汉兴,天子奋于草茅,将相出于屠牧,率罔知本系所由来。魏晋至唐,仕宦重门阀,百家之谱上于吏部,维时官之选举必稽簿伏,家之婚姻必等门第,而谱学复兴。欧阳氏修《(新)唐书》有宰相世系之表,隐示国史家牒相为表里,且谓世族之盛,诸臣克修家法致然。迹其编纂论述,若创前史所无,然通人硕儒,咸许其湛深古谊,能探先王制作精意,盖创而实因也。五季丧乱,图牒尽湮,一二儒生乃欲掇拾补苴,翼存古宗法一线,及夸者为之,扳坿华腴,虚张勋阀,或至不可究诘,谱录一家,遂为识者厌薄,而去史益远矣。

朱次琦把谱学史划分为四个时期,认为先秦时代国家设立史官小史,记载帝王家族的世系和人们之间的辈分关系,成《世本》之类的谱书,它既是谱牒著作,又是国家的历史书;那时实行的是宗法制,需要辨明世系。所以他说"先王谱学之设,实与宗法相维,而表里乎国史"。及至"世禄废,宗法亡,谱学乃旷绝不可考"。这表明,朱氏认为先秦时期谱学伴随着宗法制而兴起,这是谱学的第一个时期。朱氏认为汉朝帝王将相出身草野,不知家世,所以不需要谱牒学,此为谱学不兴的时代,即第二期。魏晋至隋唐实行世族制、士族制,人们出仕、联姻皆注意家世,需要簿状,因而"谱牒复兴",再次表现出谱牒与国史相为表里的关系,这是第三期。接着是五代以后的第四期,谱学一方面受到重视,一方面又被妄人败坏了名声,所以要为恢复它的信史声誉而努力。

朱次琦对谱学史的探讨,把握它与宗法制及官修史书的关系,很准确。谱学总是和宗族制度、活动相关系,是因果关系,又是互动关系,没有先秦宗法

435

制,就没有谱学的出现;若无中世世族制、士族制,就不会有古典谱学的黄金时代;设如没有两宋以降的宗族活动,私家谱学的发展是很难想象的。正是在这种研究基础上,朱氏对谱学史的概述基本准确。笔者认为古代谱学发展是经历了五个时期,即先秦的发轫,两汉的奠基,中世的大发展,宋至清的民间修谱大发展时代,现代以来克服族谱宗法性思想成分的时代。朱氏说得不符合实际的地方,是对第二阶段的完全否定,其实两汉出现《郎氏官谱》《陈氏谱》谱书,与谱牒学密切相关的姓氏学,此时兴起,对两汉谱学的成果不宜一笔抹杀。朱氏的这一失误,无妨他对整个古代谱学史的成功描述。

但是,朱氏的看法基本上是综合前人的观点。"谱牒之学,史学也",这是人们普遍具有的理解。谱学兴衰与宗法制一致,人们也无异议。谱学发展中的那些变化,前人也多有论述,如纪昀在《河间孔氏族谱序》中说:

> 周之族姓,掌于太史。秦汉以后,此制不行,士大夫于是有家牒(李善《文选注》引扬子云《家牒》,知其事始于西汉)。六朝至唐,矜重门第,《隋书·经籍志》《唐书·艺文志》皆以谱牒为史学之一门,沿及宋元,此风复坠。然稽古之儒,怀敦本睦族之思者,颇时时间作,庐陵、眉山二谱,尤为后来所取法。[①]

又如桐城派古文大家姚鼐在该族《族谱序》中写道:

> 昔三代帝王及卿士大夫巫医祝卜之职,莫不出于世族,当时姓氏之分,端绪著备,而朝廷又专设之官而掌之,故黄农虞夏支裔流别数千岁之纪可得而知也。自汉以降,王者兴于草泽,将相出于屠牧,皆不能纪其先世,而谱牒寝以不详。及晋宋,因魏制以九品官人,重门户,辨族地,而后谱学复兴,以至于唐……自五代至宋,故家残灭,及元明屡遭兵火,今日天下无复有千年相传之家谱矣。[②]

纪氏、姚氏生活在朱氏之前,把他们关于家谱史的讨论与朱氏对照,不难

---

① 纪昀:《纪文达公遗集》卷8。
② 姚鼐:《惜抱轩集·文集》卷3,中华书局四部备要本,第19页。

发现朱氏同他们的观点无异。这样说,不等于否认朱氏的贡献,他确实将古代谱牒学史综述得很好,言简意明,比纪氏、姚氏说得系统,又充满他的反对伪造家谱的求实精神,实堪肯定。

朱氏的谱学主张和实践,影响后世的家谱著述。由于不同地区编辑谱牒各有特点,朱氏地处粤东,故该地人士学习起来较为亲切、方便。黄任恒之外,兴宁罗氏纂修族谱,效法朱氏体例,设立杂录一编,其《序例》云:"九江朱谱设为杂录,撷拾丛琐,别为一编,凡以济记述之穷,而补表扬之阙,亦事之所不容已。"民国间潮州洪宗海、洪已任纂辑《洪氏族谱》分立家传、世德、显扬、世系、祠宇、坟茔、杂录诸类,[1]显然在杂录、家传等编目上吸收了朱氏的体例。宋旭轩在《香港地区史学研究概述》一文中说到朱次琦的家谱,谓其:"卷首所编述的谱学流变及体例,对后来撰谱者的体例的提出,实证的学风,以及其谱学对后世的影响极大。"[2]是有道理的。

鉴于朱次琦对古代谱牒学的成功研究,系统的谱书体例的提出,实证的学风,以及其谱学对后世的影响,应当说他是古代谱牒学的重要学者,有着不容忽视的贡献。

(载台湾联合报文化基金会国学文献馆编《第六届亚洲族谱学术研讨会会议记录》,1993 年)

---

① 汕头名利轩印务局印本。
② 见《中国史学会史学集刊》第 13 期。